W0045190

Küting/Weber

Die Bilanzanalyse

Die Bilanzanalyse

Lehrbuch zur Beurteilung von Einzel- und Konzernabschlüssen

4., erweiterte und aktualisierte Auflage

von

Prof. Dr. Karlheinz Küting
Direktor des Instituts für
Wirtschaftprüfung an der
Universität des Saarlandes,
Saarbrücken

Prof. Dr. Claus-Peter Weber
WP, StB, RA
Geschäftsführer
ARTHUR ANDERSEN, Frankfurt
Honorar-Professor an der
Universität des Saarlandes

unter Mitarbeit von
Dr. Jürgen Bender, Saarbrücken
Dr. Peter Göth, Herzebrock
Dipl.-Kffr. Benita Hayn, Saarbrücken
Dipl.-Kfm. DipAcc. Christoph Hütten, Saarbrücken
Dipl.-Kfm. Thomas Kaiser, Stuttgart
Dr. Harald Kessler, Saarbrücken
Dr. Ulrich Kuhn, Essen
Dr. Peter Lorson, Saarbrücken
Dr. Stephan Mohren, Sternenfels
Dr. Joerg Pfuhl, Gütersloh
Prof. Dr. Horst Zündorf, Hamburg

1999
Schäffer-Poeschel Verlag Stuttgart

Die Deutsche Bibliothek – CIP-Einheitsaufnahme

Küting, Karlheinz:
Die Bilanzanalyse : Lehrbuch zur Beurteilung von Einzel- und
Konzernabschlüssen / von Karlheinz Küting ; Claus-Peter Weber.
Unter Mitarb. von Jürgen Bender … – 4., erw. und aktualisierte Aufl. –
Stuttgart : Schäffer-Poeschel, 1999
ISBN 3-7910-1384-X

Gedruckt auf säurefreiem, alterungsbeständigem, chlorfrei gebleichtem Papier

ISBN 3-7910-1384-X

Dieses Werk einschließlich aller seiner Teile ist urheberrechtlich geschützt. Jede Verwertung außerhalb der engen Grenzen des Urheberrechtsgesetzes ist ohne Zustimmung des Verlages unzulässig und strafbar. Das gilt insbesondere für Vervielfältigungen, Übersetzungen, Mikroverfilmungen und die Einspeicherung und Verarbeitung in elektronischen Systemen.

© 1999 Schäffer-Poeschel Verlag für Wirtschaft · Steuern · Recht GmbH & Co. KG,
Stuttgart

Einbandgestaltung: Willy Löffelhardt
Satz: Dörr + Schiller GmbH, Stuttgart
Druck: Franz Spiegel Buch GmbH, Ulm

Schäffer-Poeschel Verlag Stuttgart

Ein Tochterunternehmen der Verlagsgruppe Handelsblatt

Vorwort zur ersten Auflage

Die Kennzahlenrechnung ist das in der Analysepraxis vorherrschende Auswertungsinstrument. Dies erklärt, warum die Bilanzanalyse häufig auch als Kennzahlenrechnung betrachtet oder die Kennzahlenrechnung gar als klassische oder traditionelle Bilanzanalyse bezeichnet wird. Auf diesen wichtigen Teilbereich - mit seinen Möglichkeiten, aber auch Grenzen – geht das vorliegende Lehrbuch ausführlich ein.

Es beschränkt sich aber nicht auf die hiermit verbundenen Fragestellungen, sondern erörtert darüber hinaus die folgenden Sachverhalte:

- Die Bilanzanalyse darf nicht losgelöst von den bilanzpolitischen Gestaltungsmöglichkeiten gesehen werden, da zwischen beiden Bereichen sehr enge Wechselbeziehungen bestehen. Folglich kann auf eine Analyse der angewandten Bilanzpolitik nicht verzichtet werden.

- Zahlreiche neue Entwicklungen auf dem Gebiet der Bilanzanalyse verdeutlichen, daß die Kennzahlenrechnung nur einen Teilbereich des Fachgebiets ausmacht. Daher werden auch die neueren Instrumente der Bilanzanalyse vorgestellt.

- Eine aussagefähige Beurteilung von Abschlüssen muß der Tatsache Rechnung tragen, daß die Bedeutung der Konzernrechnungslegung ständig zunimmt. Mehr noch: Eine Analyse von'Konzernunternehmen ohne Berücksichtigung des Konzernabschlusses ist nicht möglich. Deshalb geht das vorliegende Werk verstärkt auf konzernspezifische Problemstellungen ein.

- Im Zuge der Globalisierung der Märkte darf die Bilanzanalyse nicht an den nationalen Grenzen haltmachen. Daher werden auch erste Ansätze einer internationalen Bilanzanalyse diskutiert.

Das vorliegende Werk ist als Lehr- und Arbeitsbuch konzipiert und richtet sich zunächst an die Studenten der Universitäten und Fachhochschulen. Der stets angestrebte Praxisbezug soll auch die Bilanzierenden in den Unternehmen und Finanzanalysten, die sich mit der Beurteilung von Einzel- und Konzernabschlüssen zu beschäftigen haben, bei ihrer Arbeit unterstützen.

Das Buch »Die Bilanzanalyse« ist das Gemeinschaftswerk zahlreicher jetziger und ehemaliger Mitarbeiter des Instituts für Wirtschaftsprüfung an der Universität des Saarlandes. Für die spontane und engagierte Mitarbeit danken wir allen Beteiligten ganz herzlich.

Ganz besonders bedanken wir uns bei Frau Diplom-Kauffrau Benita Nardmann und Herrn Diplom-Kaufmann Peter Göth, die für die umfangreiche redaktionelle Betreuung des vorliegenden Werkes und die inhaltliche Gestaltung einzelner Passagen verantwortlich waren. Sie waren es auch, die die Merksätze für dieses Buch formulierten.

Schließlich gilt unser Dank Frau Karla Wobido für die umfangreichen Arbeiten, die sie für die Fertigstellung auch dieses Buches zu leisten hatte.

Für Anregungen und Hinweise auf etwaige Schwachstellen oder erforderliche Erweiterungen wären wir den Lesern sehr verbunden.

Wir würden uns freuen, wenn das neu vorgelegte Werk an den Hochschulen sowie in der Bilanzierungs- und Analysepraxis eine positive Aufnahme fände, und die von uns aufgegriffenen Fragestellungen einer modernen und aktuellen Bilanzanalyse eine möglichst breite Zustimmung erführen.

Saarbrücken, im Juni 1993

Karlheinz Küting   Claus-Peter Weber

Vorwort zur vierten Auflage

Auch die dritte Auflage des Werkes ›Die Bilanzanalyse‹ fand sowohl in der Fachwissenschaft als auch in der Analysepraxis eine so hervorragende Aufnahme, daß bereits innerhalb kurzer Zeit eine Neuauflage erforderlich wurde.

Der Schwerpunkt der Neubearbeitung liegt im 3. Abschnitt (Neuere Ansätze der Bilanzanalyse) und trägt damit der wachsenden Bedeutung moderner Analyseverfahren Rechnung. So wurde das Kapital zur Diskriminanzanalyse grundlegend überarbeitet und ein Kapitel zu den ›Neuronalen Netzen‹ neu aufgenommen.

Zudem wurden Anpassungen vorgenommen, die durch die Verabschiedung des Gesetzes zur Kontrolle und Transparenz im Unternehmensbereich (KonTraG) sowie neuer International Accounting Standards erforderlich wurden.

Unser besonderer Dank gilt Frau Dipl.-Kffr. Sonja Brakensiek, Frau Dipl.-Kffr. Ulrike Eidel und Herrn Dipl.-Kfm., DipAcc. Christoph Hütten, die uns bei der Neuauflage unterstützt haben.

Wir würden uns freuen, wenn diese vierte Auflage nicht minder positiv aufgenommen wird wie die Vorauflagen. Kritische Hinweise und Verbesserungsvorschläge berücksichtigen wir gerne.

Saarbrücken, im August 1998

Karlheinz Küting   Claus-Peter Weber

Inhaltsübersicht

Inhaltsverzeichnis

Übersichtenverzeichnis

Abkürzungsverzeichnis

a.A.	anderer Ansicht
abs.	absolut
Abs.	Absatz
Abschn.	Abschnitt
Abt.	Abteilung
abzgl.	abzüglich
ADV	Automatische Datenverarbeitung
AG	Aktiengesellschaft
AHK	Anschaffungs- und/oder Herstellungskosten
AktG	Aktiengesetz
a.L.	am Lech
a.M.	am Main
AO	Abgabenordnung
a.o.	außerordentlicher
APB	Accounting Principles Board
Art.	Artikel
ASB	Accounting Standards Board
ASC	Accounting Standards Committee des CCAB (Consultative Committee of the Accountancy Bodies der Chartered Accountants Institute in England and Wales, Scottland, Irland sowie der Association of Certified Accountants des Instituts of Cost and Management Accountants und des Chartered Institute of Public Finance und Accountancy)
Aufl.	Auflage
AV	Anlagevermögen
BB	Betriebs-Berater (Zeitschrift)
Bd.	Band
BddW	Blick durch die Wirtschaft (Zeitung)
BECK BIL-Komm.	Beck'scher Bilanz-Kommentar
BerlinFG	Gesetz zur Förderung der Berliner Wirtschaft (Berlinförderungsgesetz)
betr.	betrieblich(e)
betriebsbed.	betriebsbedingt
Betriebsf.	Betriebsfunktionen
BEV	Break-Even-Punkt-Erreichung
BFuP	Betriebswirtschaftliche Forschung und Praxis (Zeitschrift)
BiBu	Bilanz und Buchhaltung (Zeitschrift)
BiRiLiG	Bilanzrichtlinien-Gesetz
BT	Bundestag

Buchst.	Buchstabe
bzw.	beziehungsweise
ca.	circa
CFK	Cash-flow zu Gesamtkapital
CFU	Cash-flow zu Umsatz
Co.	Corporation
COIN	Company Information numerical
CR	Computer und Recht (Zeitschrift)
DATEV	Datenverarbeitungsorganisation des steuerberatenden Berufes in der Bundesrepublik Deutschland
DB	Deckungsbeitrag, auch: Der Betrieb (Zeitschrift)
DBW	Die Betriebswirtschaft (Zeitschrift)
DGfB	Deutsche Gesellschaft für Betriebswirtschaft
d.h.	das heißt
Diff.	Differenz
DM	Deutsche Mark
DStR	Deutsches Steuerrecht (Zeitschrift)
DSWR	Datenverarbeitung, Steuer, Wirtschaft, Recht (Zeitschrift)
DV	Datenverarbeitung
d. Verf.	der Verfasser
DVFA	Deutsche Vereinigung für Finanzanalyse und Anlageberatung e.V
E	Exposure Draft
EDV	Elektronische Datenverarbeitung
EE-Steuern	Steuern vom Einkommen und Ertrag
EG	Europäische Gemeinschaften
EGHGB	Einführungsgesetz zum Handelsgesetzbuch
einschl.	einschließlich
EK	Eigenkapital
EKR	Eigenkapitalrentabilität
EPS	Earninger per Share
EO	Eigenkapitalquote
EStG	Einkommensteuergesetz
EStR	Einkommensteuer-Richtlinien
etc.	et cetera
EU	Europäische Union
e.V.	eingetragener Verein
evtl.	eventuell

f.	folgende
F.	Formel
FASB	Financial Accounting Standards Board
ff.	fortfolgende
FINN	Firmeninformation numerisch
FK	Fremdkapital
freiw.	freiwillig
Frhr.v.	Freiherr von
FRED	Financial Reporting Exposure Draft
FRS	Financial Reporting Standard
FuE	Forschung und Entwicklung
G	Gewinn
GAAP	Generally Accepted Accounting Principles
GBI	Gesellschaft für betriebswirtschaftliche Information GmbH
gem.	gemäß
GewESt	Gewerbeertragsteuer
ggf.	gegebenenfalls
GK	Gesamtkapital
GKR	Gesamtkapitalrentabilität
GKV	Gesamtkostenverfahren
GmbH	Gesellschaft mit beschränkter Haftung
GmbHG	Gesetz betreffend die Gesellschaften mit beschränkter Haftung
GmbHR	GmbH-Rundschau (Zeitschrift)
GP	Gesamtpunktzahl
Gütekl.	Güteklasse
GuV	Gewinn- und Veriustrechnung
GWB	Gesetz gegen Wettbewerbsbeschränkungen
HFA	Hauptfachausschuß des Instituts der Wirtschaftsprüfer in Deutschland e.V.
HGB	Handelsgesetzbuch
HMD	Handbuch Der Modernen Datenverarbeitung
Hrsg.	Herausgeber
i	Fremdkapitalzinsfuß
IAS	International Accounting Standards
IASC	International Accounting Standards Committee
i.Br.	im Breisgau
IDW	Institut der Wirtschaftsprüfer in Deutschland e.V.
IFAC	International Federation of Accountants
Ill.	Illinois
inkl.	inklusive

insbes.	insbesondere
InvZulG	Investitionszulagengesetz
i.S.d.	im Sinne des, der
i.S.e.	im Sinne eines
i.S.v.	im Sinne von
i.V.m.	in Verbindung mit
IW	Institut der deutschen Wirtschaft
JoAR	Journal of Advertising Research
JoF	Journal of Finance
K	Kosten
k.A.	keine Angabe
Kap.	Kapitel
KE	Knowledge Engineer
KFZ	Kraftfahrzeug
KGaA	Kommanditgesellschaft auf Aktien
KI	Künstliche Intelligenz (Zeitschrift)
KonTraG	Gesetz zur Kontrolle und Transparenz im Unternehmens- bereich
korr.	korrigiert(er)
krit.	kritische(r)
Krp	Kostenrechnungspraxis
KSt	Körperschaftsteuer
KStG	Körperschaftsteuergesetz
kurzf.	kurzfristig
KWG	Gesetz über das Kreditwesen (Kreditwesengesetz)
lfd.	laufend(em)
Lifo	Last in – first out
Ltd.	Limited
MA	Materialaufwand
Mat	Material
MIDIAS	Management-/Informations- und Diagnose-System
Mio.	Millionen
mod	modifiziert
Mrd.	Milliarden
m.w.N.	mit weiteren Nachweisen
neutr.	neutraler
No.	Number
Nr.	Nummer

o.O.	ohne Ortsangabe
ordentl.	ordentlicher
o.S.	ohne Seitenangabe
PC	Personal Computer
PublG	Gesetz über die Rechnungslegung von bestimmten Unternehmen und Konzernen (Publizitätsgesetz)
RA	Restaufwand
RAP	Rechnungsabgrenzungsposten
Rechng.	Rechnung
rev.	revised
Risikokl.	Risikoklasse
RL	Rentabilität(s)-Liquidität(s)
Rn.	Randnummer
ROI	Return on Investment
RSW	Rentabilität-Sicherheit-Wachstum
S.	siehe
s.	Seite
s.a.	siehe auch
SEC	Securities and Exchange Commission (amerikanische Börsenaufsichtsbehörde)
SFAS	Statement of Financial Accounting Standards
SG	Arbeitskreis »Externe Unternehmensrechnung« der Schmalenbachgesellschaft – Deutsche Gesellschaft für Betriebswirtschaft
so.	sonstige
Sp.	Spalte
SSAP	Statements of Standard Accounting Practice
St	Steuern vom Einkommen und Ertrag
StB	Der Steuerberater (Zeitschrift)
StuW	Steuer und Wirtschaft (Zeitschrift)
s.u.	siehe unter
TDM	Tausend Deutsche Mark
U	Umsatz
u.a.	und andere, auch: und andernorts
u.E.	unseres Erachtens
UKV	Umsatzkostenverfahren
U.S.	United States
USA	United States of America (Vereinigte Staaten von Amerika)
usw.	und so weiter
UV	Umlaufvermögen

v.	von
V	Verlust
VCI e.V.	Verband der Chemischen Industrie e.V.
vgl.	vergleiche
WiSt	Wirtschaftswissenschaftliches Studium (Zeitschrift)
WISU	Das Wirtschaftsstudium (Zeitschrift)
WP-Handbuch	Wirtschaftsprüfer-Handbuch
WPg	Die Wirtschaftsprüfung (Zeitschrift)
WWC	Worldwide Companies
z.B.	zum Beispiel
ZfB	Zeitschrift für Betriebswirtschaft
ZfbF	Zeitschrift für betriebswirtschaftliche Forschung
ZfhF	Zeitschrift für handelswissenschaftliche Forschung
ZfO	Zeitschrift für Organisation
z.T.	zum Teil
zzgl.	zuzüglich
ZVEI	Zentralverband der Elektrotechnischen Industrie e.V.
z.Z.	zur Zeit

1. Abschnitt
Grundlagen der Bilanzanalyse

1. Inhaltsbestimmung der Bilanzanalyse

Unter Bilanzanalyse ist die Aufbereitung (Verdichtung) sowie die Auswertung erkenntniszielorientierter Unternehmensinformationen mittels Kennzahlen, Kennzahlensystemen und sonstiger Methoden zu verstehen. BALLWIESER verbindet mit dem Begriff Bilanzanalyse die »Durchsicht und Auswertung von Jahresabschluß und Lagebericht zum Zwecke der Informationsgewinnung« (BALLWIESER, W. 1993, Sp. 211). Das Erkenntnisziel der Bilanzanalyse ist dabei die Erlangung eines den tatsächlichen Verhältnissen entsprechenden Bildes der wirtschaftlichen Lage, konkret der Vermögens-, Finanz- und Ertragslage eines Unternehmens. Auf dieser Grundlage soll die Beurteilung des Unternehmens in seiner Gesamtheit ermöglicht werden (vgl. REHKUGLER, H./PODDIG, T. 1998, S. 15).

1.1 Aufbereitung und Auswertung von Informationen

Die Aufbereitung (Verdichtung) der Informationen beschäftigt sich vorrangig mit einer bloßen Neuordnung (Umformung) der ansonsten nur schwer überschaubaren Informationsfülle. So sieht RIEBELL in der Bilanzanalyse das Zerlegen und Aufgliedern der Bilanz sowie der Gewinn- und Verlustrechnung. Zur Bilanzanalyse gehört dabei das systematische Übertragen der Bilanz- und Erfolgszahlen in ein sachgerechtes Bilanzauswertungsschema (Bilanzauswertungsbogen); diese werden dann strukturiert, d.h. durch Prozent- und andere Kennzahlen ergänzt (vgl. RIEBELL, C. 1995, S. 143).

Verdichtung und Strukturierung der Informationen des Jahresabschlusses

Nach einer weiteren Definition von KERTH/WOLF wird im Rahmen der Bilanzanalyse »das Zahlenmaterial einer Bilanz … in seine strukturbestimmenden Elemente zerlegt, die in sinnvolle Beziehungen zueinander oder zu Vergleichszahlen gesetzt, einen Einblick in die wirtschaftlichen Verhältnisse der bilanzierenden Unternehmen vermitteln« (KERTH, A./WOLF, J. 1986, S. 21f.). KRUMNOW schließlich sieht in der Bilanzanalyse »die Beurteilung von Unternehmen anhand von Informationen, die durch die Aufgliederung und Aufbereitung von Jahresabschlüssen in deren Einzelelemente sowie sachlogisch zusammenhängende Komponenten und Relationen gewonnen werden« (KRUMNOW, J. 1985, S. 783).

Aus allen drei Definitionen wird deutlich, daß sich dieser bislang dominierende Bereich der Bilanzanalyse vorwiegend mit einer Aufbereitung und Präsentation von Informationen, die schon der handelsbilanzielle Jahresabschluß enthält, beschäftigt. Die Bilanzanalyse versteht sich hier – auf eine Kurzformel gebracht – als eine verdichtete Informationsvermittlung.

Die Auswertung allerdings erhebt einen weitergehenden Anspruch als die Aufbereitung. Denn im Rahmen der Auswertung wird versucht, solche Informationen zu gewinnen, die nicht ohne weiteres aus dem Jahresabschluß oder sonstigen Informationsquellen entnommen werden können (vgl. auch LEFFSON, U.

Maßnahmen im Rahmen der Auswertung

1984, S. VIII). Das im Rahmen der Auswertung einsetzbare Instrumentarium kann folgendermaßen systematisiert werden (PEEMÖLLER, V.H./HÜTTCHE, T. 1992, S. 9):

Übersicht 1: Auswertungsinstrumente der Bilanzanalyse	
Bezeichnung	**Maßnahme**
Positionenanalyse	Analyse einzelner Bilanz- oder GuV-Posten (1)
Positionengruppenanalyse	Auswertung mehrerer, zusammengehöriger Positionen, die als Teil des Ganzen gesehen werden (2)
Relationenanalyse	Positionen oder Positionengruppen werden zueinander in Beziehung gesetzt (3)
Rechnungsumformungs-analyse	alle oder ein Teil der Positionen werden zu Rechnungen anderer Art zusammengefaßt (4)
Beispiele: (1) Analyse des Postens »Jahresüberschuß« bezüglich Betrag und Struktur (2) Analyse der Gruppe »Anlagevermögen« (3) Bildung der Relation »Anlagevermögen zu Umlaufvermögen« (4) Erstellung einer Bewegungsbilanz	

Bilanzanalyse als Ergänzungsfunktion

Dieser auf der Aufbereitung der Informationen aufbauende Beurteilungsvorgang wird auch vielfach als Bilanzkritik bezeichnet. Der Bilanzanalyse fällt in diesem Bereich eine Ergänzungsaufgabe zu, indem mit Zusatzinformationen, insbesondere durch die Verknüpfung vorhandener Informationen, ein verbesserter Einblick in die Vermögens-, Finanz- und Ertragslage eines Unternehmens erreicht werden soll. Auf der Grundlage abgesicherter Hypothesen soll gezeigt werden, in welcher Richtung und in welcher Intensität bei Eintritt bestimmter Tatbestände ein zu erwartender Einfluß wirksam werden wird.

Beurteilung und Prognose als Ergebnis

Ziel der Auswertung ist also im Rahmen dieser Ergänzungsfunktion der Bilanzanalyse die Bereitstellung von Maßstäben zur Beurteilung der gegenwärtigen sowie eine Prognose der zukünftigen wirtschaftlichen Lage eines Unternehmens.

Während bislang bloße Zahlenumformungen und damit die Aufbereitung im Mittelpunkt der bilanzanalytischen Literatur und Praxis standen, sollte nunmehr verstärkt dieser Ergänzungsaufgabe Beachtung geschenkt werden. Auf der Grundlage einer ›Wenn – Dann – Beziehung‹ sollen Aussagen darüber getroffen werden, »ob der Bedingungsteil einer Hypothese (die Wenn-Komponente) erfüllt ist und damit der Folgerungsteil der Hypothese (die Dann-Komponente) zur Prognose auf die zu beurteilende Unternehmung angewendet werden darf« (SCHNEIDER, D. 1989, S. 636). Ganz generell ist in diesem Zusammenhang zu bemerken, daß die Bilanzanalyse bis heute unter einem erheblichen Theoriemangel leidet. »Wer aus Bilanzen im Wege der Analyse Prognosen oder Handlungsempfehlungen theoretisch begründet abgeben will, benötigt nicht falsifizierte, empirische Gesetzmäßigkeiten, insbesondere Finanzierungshypothesen« (BALLWIESER, W. 1993, Sp. 219). Diese Hypothesen aber konnten bislang in Modellen noch nicht so konkretisiert werden, daß sie einem Test im Rahmen der empirischen Forschung zugänglich gemacht werden können.

Konkret ist zu zeigen, welche wirtschaftlichen Entwicklungen und Ergebnisse eintreten bzw. wie bestimmte Sachverhalte zu beurteilen sind, wenn sich bestimmte Einflußfaktoren einstellen. Die Interpretation der so gewonnenen Erkenntnisse als Abschluß des Auswertungsvorgangs ist mithin die entscheidende Phase im Rahmen der Bilanzanalyse. Hier ist es wohl weniger die Anwendung formalisierter Rechentechniken und Beurteilungsmethoden, sondern »in erster Linie Erfahrung, Fingerspitzengefühl und Sachverstand« (REHKUGLER, H./PODDIG, T. 1998, S. 14), die dazu beitragen, zu einer zutreffenden und zweckentsprechenden Beurteilung bestimmter Sachverhalte zu gelangen.

1.2 Analyse zielorientierter Unternehmensinformationen

Konzentration auf zweckdienliche Informationen

Die Einschränkung auf erkenntniszielorientierte Unternehmensinformationen in der oben gegebenen Definition soll zum Ausdruck bringen, daß nur die Angaben zu berücksichtigen sind, die für die Adressaten der Informationen auch von Bedeutung sind, d.h. dem Erkenntnisziel der Bilanzanalyse dienlich sind.

Grundsatz der Wesentlichkeit

Damit können dann auch all jene Einzelkomponenten vernachlässigt werden, die keinen oder nur einen geringen Einfluß auf die Untersuchungsergebnisse haben. Mit diesem Grundsatz der Wesentlichkeit im Rahmen der Bilanzanalyse (vgl. SIENER, F. 1991, S. 11ff.) soll der in der Analysepraxis häufig zu beobachtenden Ausuferung zu Zahlenfriedhöfen oder zur Informationsinflation begegnet werden. Oder ganz generell: Es soll einer Informationsüberlastung entgegengewirkt werden.

Der Begriff ›wesentlich‹ hat die Bedeutung von wichtig, bedeutsam, entscheidend, nennenswert, erheblich und relevant; »er bezeichnet einen beträchtlichen Grad einer Merkmalsausprägung« (LEFFSON, U. 1986, S. 435). Obwohl sich mehrere Arbeiten mit Maßstäben zur Quantifizierung der Wesentlichkeit auseinandersetzen und Vorschläge unterbreiten, kann eine eindeutige und operationale Definition, ab wann die Berücksichtigung eines Betrags, eines Postens oder eines Tatbestands den Einblick in die Vermögens-, Finanz- und Ertragslage verbessert und deshalb in die Analyse einbezogen werden soll, allgemein nicht abgeleitet werden. Aus diesem Grund wird hier der Wesentlichkeitsgrundsatz pragmatisch dahingehend verstanden, daß es auf die letzte Genauigkeit, die – im übertragenen Sinne – letzte Stelle hinter dem Komma, nicht ankommt (vgl. auch LEFFSON, U./BÖNKHOFF, F. J. 1982, S. 394ff.).

1.3 Einbeziehung von externen und internen Informationen

Die Bilanzanalyse kann dem Grunde nach sowohl externes als auch internes Material, soweit es zur Verfügung steht, verwenden.

Betriebsanalyse

Im Rahmen der internen Bilanzanalyse, die in der Literatur auch als Betriebsanalyse bezeichnet wird, haben die Analysten einen grundsätzlich unbeschränkten Zugriff auf sämtliche im Unternehmen anfallende Informationen. Die informationssammelnde Stelle hat damit Einfluß auf das Zustandekommen des Materials, oder sie stellt das Material zusammen (vgl. auch BUCHNER, R. 1981, Sp. 194).

Da hier die Analyse ohne die Beachtung der externen Publizitätswirkungen vorgenommen werden kann, können auch solche Informationen in die Betrachtung einbezogen werden, die einen – im Vergleich zur Auswertung des für Externe zugänglichen Datenmaterials – verbesserten Einblick in die Unternehmenslage erlauben und die üblicherweise externen Adressaten vorenthalten werden. So können interne Daten aktueller, zutreffender und zukunftsorientierter als externe Daten sein.

Externe Bilanz-analyse

Der externen Analyse stehen lediglich die Informationen zur Verfügung, die durch die Unternehmensführung entweder aufgrund freiwilliger Maßnahmen oder gesetzlicher Vorschriften publiziert werden. Weiterhin werden im Rahmen der externen Analyse solche Informationen ausgewertet, die von Dritten erstellt und allgemein »zugänglich sind, wobei der analysierenden Stelle die Prüfungsmöglichkeit der Richtigkeit der Angaben fehlt« (BUCHNER, R. 1981, Sp. 194). Ausgangspunkt bei der externen Bilanzanalyse sind daher stets allgemein verfügbare Informationen. Hier gilt es festzustellen, daß der Jahresabschluß – sowie gegebenenfalls Zwischenabschlüsse – für die externen Bilanzadressaten, »die wichtigste, häufig die einzige Informationsquelle« (DÖRING, U. 1995, S. 134) darstellen.

Übersicht 2:   Informationsbasis der externen Bilanzanalyse

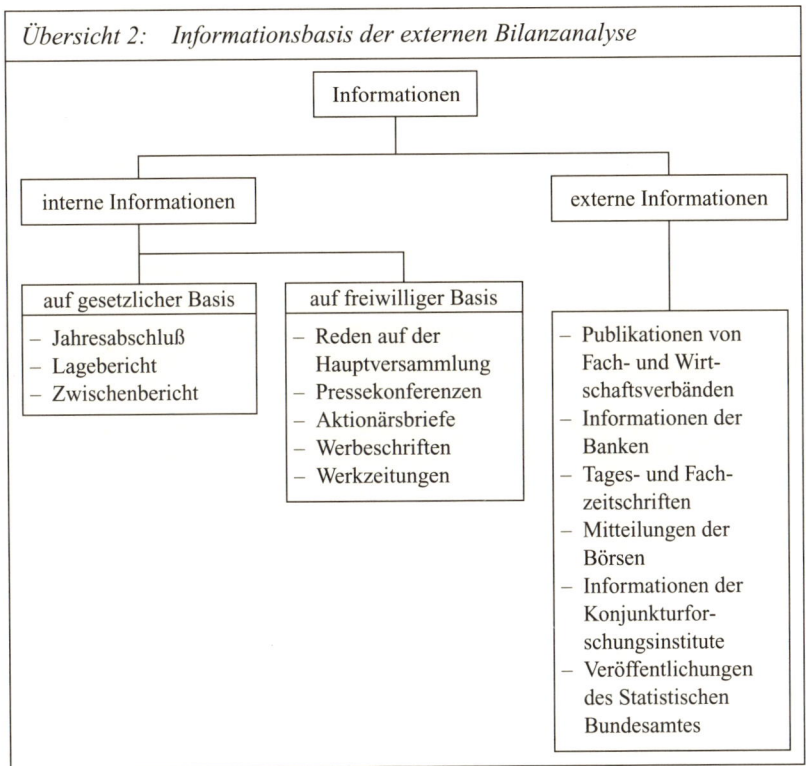

Bei der externen Analyse ist zu beachten, daß die Informationsqualität und -quantität – je nach Adressatenkreis – völlig verschieden sein kann. So können z.B. Großaktionäre und Hausbanken mit faktischen oder die Belegschaft mit gesetzlichen oder vertraglichen Informationssonderrechten ausgestattet sein (vgl. LANGE, C. 1989, S. 9). Diese Besonderheiten stellen in der Praxis jedoch nicht den Ausnahmefall dar. Im Gegenteil, besonders bei den faktischen Sonderrechten ist der Informationsgrad verschiedener Adressatengruppen »fließend und steigt mit der Machtposition des Analysten« (PERRIDON, L./STEINER, M. 1997, S. 530). Damit können sich unter Umständen Unternehmensexterne Zugang zu Daten verschaffen, die ansonsten allein der Unternehmensleitung vorbehalten sind. Insofern ist auch die Grenze zwischen Unternehmensinternen und -externen fließend und einzelfallbezogen.

Besondere Informationsrechte

Da sich die Bilanzanalyse aber in der Analysepraxis überwiegend nicht mit der Auswertung von Informationen des eigenen, sondern vielmehr eines fremden Unternehmens beschäftigt, erklärt dies, warum häufig nur externe Informationen zur Verfügung stehen und der Begriff Bilanzanalyse meist auf die externe Analyse eingeengt wird.

Begriffseinengung

1.4 Informationsquellen der – externen – Bilanzanalyse

Jahresabschluß

Die Bilanzanalyse bezieht nicht nur die Informationen der Bilanz als Gegenüberstellung der Aktiva und Passiva in die Betrachtung ein, sondern analysiert weitergehend auch die Daten der Gewinn- und Verlustrechnung und des Anhangs sowie des Lageberichts. In diesem Zusammenhang ist zu beachten, daß der Anhang zunächst solche Angaben enthält, die dort, im sogenannten dritten Teil des Jahresabschlusses, pflichtgemäß erscheinen müssen.

Darüber hinaus gibt es Informationen, die wahlweise in der Bilanz, in der Gewinn- und Verlustrechnung oder im Anhang vermittelt werden. Die Verlagerung von Informationen in den Anhang führt zwar einerseits zu einer leicht lesbaren Bilanz und Gewinn- und Verlustrechnung, sie erschwert aber andererseits die Arbeit des Analytikers, da es für die Gestaltung des Anhangs keine verbindlichen Vorschriften gibt und der Anhang damit wegen der möglichen Informationsfülle an Übersichtlichkeit verlieren kann. Eine Analyse der Jahresabschlüsse zeigt, daß deutsche Unternehmen einen regen Gebrauch von der Verlagerung der Informationen in den Anhang machen. Die Bilanzanalyse muß daher verstärkt auch den Anhang in die Auswertung einbeziehen.

Einzel- und Konzernabschluß

Im Rahmen eines konzernverbundenen Unternehmens stellt sich die Frage, ob der Einzel- oder der Konzernabschluß für die Analyse heranzuziehen ist. Zutreffend bemerkt REUTER: »Wer Bilanzanalyse von konzernmäßig verflochtenen Unternehmungen betreibt, handelt fahrlässig, wenn er den Konzernabschluß aus der Betrachtung herausläßt« (REUTER, E. 1988, S. 285). Die Frage sollte hier sinnvollerweise nicht Einzel- oder Konzernabschluß lauten, vielmehr werden verläßlichere Beurteilungsergebnisse erst dann erreichbar, wenn beide Abschlüsse in einer gemeinsamen Analyse betrachtet und zusammengeführt werden.

Sonstige Informationsquellen

Neben den Angaben des Jahresabschlusses werden auch sonstige publizitätspflichtige oder freiwillig publizierte Informationen – wie z.B. Angaben des Lageberichts oder Zwischenberichte gemäß Börsengesetz, aber auch Ansprachen auf Hauptversammlungen, Veröffentlichungen der Wirtschaftspresse, Brancheninformationen, Veröffentlichungen der Industrie- und Handelskammern und Börsenkursentwicklungen – in die Betrachtung einbezogen, so daß zutreffender von einer Jahresabschlußanalyse oder einer Unternehmensanalyse gesprochen werden sollte.

Da sich der Begriff Bilanzanalyse jedoch allgemein durchgesetzt hat, wird im Einklang mit der überwiegenden Fachliteratur an dieser traditionellen Begriffsbildung festgehalten.

1.5 Einbeziehung quantitativer und qualitativer Informationen

Quantitative Daten als Ausgangspunkt

Die Bilanzanalyse im hier verstandenen Sinne bezieht sich sowohl auf quantitative als auch auf qualitative Informationen. Quantitative Daten zeichnen sich dadurch aus, daß die entsprechenden Informationen als monetäre oder als mengenmäßige Größen formuliert werden können. Aufgrund ihres zahlenmäßigen Charakters lassen sie sich zum einen problemlos in Kennzahlen transformieren, und zum anderen stellen sie Punktaussagen mit einer eindeutigen Wertrelation dar. Diese Informationen bilden den Ansatzpunkt der traditionellen Kennzahlenrechnung.

Darüber hinaus können qualitative Informationen unter Umständen ein zusätzliches umfangreiches und wichtiges Analysepotential in sich bergen (vgl. WERNER, U. 1990, S. 370). Deshalb sollen verstärkt auch solche entscheidungsrelevanten Daten in der Bilanzanalyse berücksichtigt werden, deren Aussagegehalt sich offensichtlich nicht in einer operationalen Kennzahl vermitteln läßt. Dazu gehören neben den verbalen Informationen des Anhangs und Lageberichts auch solche numerischen, also zahlenmäßigen Daten, wie z.B. Nutzungsdauern von Anlagegütern oder Zinssätze für die Bewertung von Pensionsrückstellungen, deren Wirkungen auf Bilanz- und Erfolgsgrößen nicht unmittelbar (direkt) meßbar bzw. quantifizierbar sind. Die Methoden, die geeignet sind, auch dieses Analysepotential in die Betrachtung miteinzubeziehen, sind in der qualitativen Bilanzanalyse zusammengefaßt (vgl. 3. Abschn. 4.).

Einbeziehung verbaler Informationen

2. Aufgaben der Bilanzanalyse

Ausgehend von den Funktionen des Jahresabschlusses, der unter anderem als Instrument der Rechenschaftslegung und Informationsvermittlung dient, kann die Bilanzanalyse als ein Hilfsmittel bei der Transformation der zur Verfügung stehenden Unternehmensdaten in bedarfsgerechte und entscheidungsrelevante Informationen betrachtet werden. Bei der Beantwortung der Frage nach den Aufgaben der Bilanzanalyse ist es also notwendig, auf die zum Teil sehr unterschiedlichen Interessen der verschiedenen Adressaten des Jahresabschlusses (vgl. dazu WÖHE, G. 1997, S. 290ff.) einzugehen.

2.1 Adressaten des Jahresabschlusses

Die Frage nach den Adressaten des Jahresabschlusses soll auf der Grundlage der sogenannten Koalitionstheorie beantwortet werden. Hiernach ist der Kreis der Zielträger des Jahresabschlusses durch ein Unternehmenskonzept zu bestimmen, das alle Personen oder Personengruppen in sich einschließt, die an der Unternehmung in irgendeiner Weise beteiligt sind (vgl. COENENBERG, A.G. 1997, S. 745ff.). Entsprechend dieser Deutung erscheint der Jahresabschluß als ein finanzieller Rechenschaftsbericht der Unternehmensleitung gegenüber den Koalitionsteilnehmern. Zu dieser Koalition zählen neben der Unternehmensleitung selbst alle Personen, die mit der Unternehmung in direkter Beziehung stehen, wie z.B. aktuelle und potentielle Anteilseigner und Gesellschafter, Kreditgeber, Kunden und Lieferanten, aber auch Arbeitneh-

Koalitionstheorie

mer und Gewerkschaften sowie die interessierte Öffentlichkeit (vgl. GRÄFER, H. 1997, S. 19ff.).

Interessenlage bestimmt den Analysezweck

Anlaß der Bilanzanalyse ist demnach das Informationsbedürfnis der Koalitionäre. Dieses Informationsbedürfnis ist der Antrieb für die Vornahme der Analyse, zumindest aber sind die jeweiligen Personenkreise an den Ergebnissen der Auswertung der Unternehmensdaten interessiert. Da aber die Informationswünsche der Koalitionäre völlig verschieden sein können, kann es auch die Aufgabenstellung der Bilanzanalyse schlechthin nicht geben. Vielmehr ist es zutreffend, daß der Zweck der Bilanzanalyse von den Informationen abhängig ist, welche diejenigen suchen bzw. benötigen, die die Jahresabschlüsse vorgelegt bekommen (vgl. LEFFSON, U. 1984, S. 25). Eine Trennung des Zwecks bzw. der Aufgabe der Bilanzanalyse von der jeweiligen Interessenlage des Analysierenden kann also nicht vorgenommen werden. Die Bilanzanalyse ist somit »ein adressaten- und zweckspezifisches Auswertungssystem« (PELLENS, B. 1989, S. 155); ihre Zwecksetzung wird aus den »Informationsinteressen der Bilanzadressaten deduziert« (BUCHNER, R. 1981, Sp. 195).

Hinsichtlich der Aufgabenstellung bilanzanalytischer Beziehungen soll zwischen der externen und internen Bilanzanalyse unterschieden werden. Die Adressaten der externen Bilanzanalyse werden auch als Outsider, die Adressaten der internen Analyse dagegen als Insider bezeichnet.

Externe versus interne Bilanzanalyse

Eine externe Bilanzanalyse wird dann vorgenommen, wenn der Analyst den Jahresabschluß eines fremden Dritten untersucht. Die interne Analyse hingegen bezieht sich auf das eigene Unternehmen. Wie bereits gezeigt wurde, ist die Aussagefähigkeit der gewonnenen Daten unterschiedlich hoch. Sie hängt ganz davon ab, inwieweit der Analysierende auf unternehmensinterne Informationsquellen zugreifen kann oder nicht.

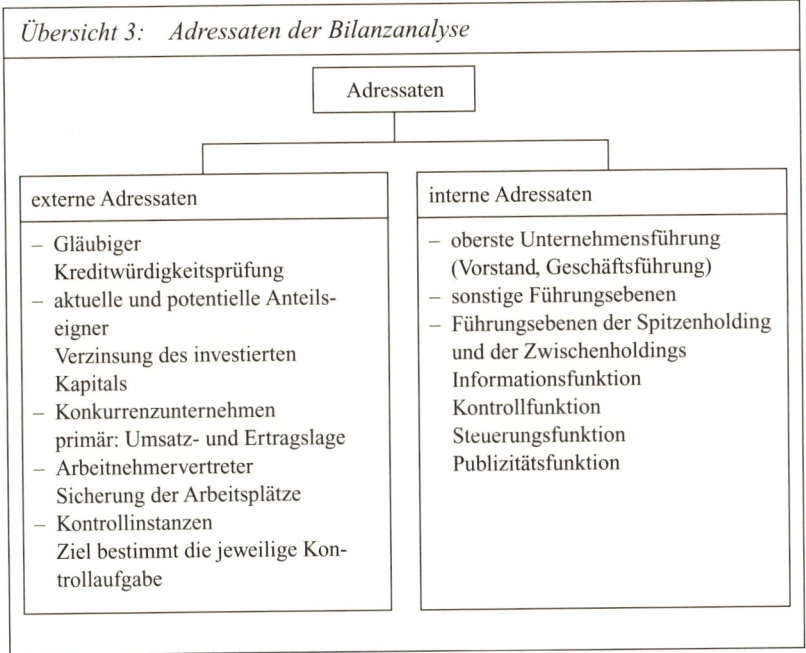

Übersicht 3: *Adressaten der Bilanzanalyse*

Adressaten

externe Adressaten

– Gläubiger
  Kreditwürdigkeitsprüfung
– aktuelle und potentielle Anteils-
  eigner
  Verzinsung des investierten
  Kapitals
– Konkurrenzunternehmen
  primär: Umsatz- und Ertragslage
– Arbeitnehmervertreter
  Sicherung der Arbeitsplätze
– Kontrollinstanzen
  Ziel bestimmt die jeweilige Kon-
  trollaufgabe

interne Adressaten

– oberste Unternehmensführung
  (Vorstand, Geschäftsführung)
– sonstige Führungsebenen
– Führungsebenen der Spitzenholding
  und der Zwischenholdings
  Informationsfunktion
  Kontrollfunktion
  Steuerungsfunktion
  Publizitätsfunktion

2.2 Externe Bilanzanalyse/Externe Adressaten

Im Rahmen der externen Analyse dominiert die Informations- und Beurtei-
lungs- bzw. Interpretationsfunktion der Bilanzanalyse. Informationen werden
einerseits benötigt, um Entscheidungen zu treffen, die das analysierte Fremd-
unternehmen tangieren (z.B. Erwerb oder Verkauf von Anteilen, Gewährung,
Prolongation oder Rückzahlung von Darlehen). Andererseits kann aber auch
die Analyse eines anderen Unternehmens dazu dienen, eine eigene Standortbe-
stimmung vorzunehmen und gegebenenfalls Anlaß zur Kurskorrektur der eigenen Unternehmenspolitik sein. Insofern kann der externen Analyse auch eine
derivative Kontroll- und Steuerungsfunktion zufallen. Ziel einer Bilanzanalyse
ist es, ein Werturteil über die wirtschaftliche Lage eines Unternehmens abzugeben. Um ein Unternehmen zutreffend beurteilen zu können, müssen allerdings Vergleiche angestellt werden. Dabei kommen der Zeit-, Betriebs- und
Normenvergleich in Frage.

*Grundsätzliche
Aufgaben der
externen Bilanz-
analyse*

Das Informationsbedürfnis von Gläubigern (Lieferanten und Kreditinstitute)
richtet sich hauptsächlich auf die Kreditwürdigkeitsprüfung. Hier steht die
Frage im Vordergrund, ob die Zins- und Tilgungszahlungen fristgerecht erfolgen können. Speziell für Banken dient die Bilanzanalyse zur Risikoabschät-
zung bei der Entscheidung über Kreditanträge, gleich, ob es sich um die Aufnahme von Neukrediten, Krediterhöhungen oder die Verlängerung gewährter
Kredite handelt, sie ist aber auch entscheidend bei der laufenden Überwachung

*Interessenlage
der Gläubiger*

eines Engagements. Darüber hinaus wird die Bilanzanalyse auch als Instrument zur Unternehmens- und Kundenberatung verwendet.

In den USA entscheidet beispielsweise ein Credit-Rating der großen Anlageberatungsgesellschaften auf der Grundlage ausgewerteter Bilanzen über die Einordnung von am Kapitalmarkt etablierten Unternehmen in bestimmte Risikoklassen. Der Wechsel in eine andere Risikoklasse hat dabei unmittelbare Konsequenzen für die Höhe der Kapitalkosten des Unternehmens (vgl. COENENBERG, A.G. 1990, S. 13).

Interessenlage der Anteilseigner

Das Informationsbedürfnis der aktuellen und potentiellen Anteilseigner richtet sich vorrangig auf die Verzinsung des in dem Unternehmen investierten Kapitals sowie auf die Möglichkeit der Wertsteigerung von erworbenen Anteilen, also die Zunahme ihres Vermögens (vgl. WÖHE, G. 1997, S. 291). Darüber hinaus werden Anteilseigner jedoch auch bestrebt sein, das Risiko ihrer Kapitalanlage abzuschätzen, um die Renditeerwartung entsprechend relativieren zu können.

Interessenlage der Konkurrenz

Das Informationsinteresse von Konkurrenzunternehmen umfaßt alle Bereiche der zu untersuchenden Unternehmung. Von besonderem Interesse werden jedoch Umsatz- und Ertragslage und die Struktur des Kapitals sein. Als Vergleichsgröße dienen die eigenen Kennzahlen, die jedoch so aufbereitet werden müssen, daß sie mit den Kennzahlen aus der Analyse des Jahresabschlusses des Konkurrenzunternehmens vergleichbar sind. So kann unter Umständen durch einen Vergleich mit der Konkurrenz die eigene Leistungsfähigkeit gemessen werden. Im übrigen erfordert die Entwicklung von Unternehmensstrategien stets auch umfassende und sorgfältige Informationen über die Ertragskraft und Finanzstärke der einschlägigen Wettbewerber (vgl. COENENBERG, A.G. 1990, S. 13).

Interessenlage der Kontrollinstanzen

Zu den Kontrollinstanzen zählen Personen oder Institutionen, die die Unternehmen überprüfen. Dies sind beispielsweise Abschlußprüfer, die Bundesaufsichtsämter für Banken und Versicherungen, das Bundeskartellamt, das Finanzamt und andere. Sie müssen sich über den Bereich informieren, der ihnen im Rahmen ihrer Kontrollaufgabe zugedacht wurde. Die Vergleichsmaßstäbe werden ihnen in der Regel gesetzlich vorgegeben. So muß der Abschlußprüfer nach den §§ 316 und 317 HGB überprüfen, ob der Jahresabschluß entsprechend den gesetzlichen Vorschriften erstellt wurde. Zusätzlich müssen Banken auch die Bestimmungen des Gesetzes über das Kreditwesen erfüllen (z.B. §§ 13ff. KWG über die Bestimmung zur Vergabe von Großkrediten). Das Finanzamt benutzt als Vergleichszahlen oft bestimmte Kennzahlen (z.B. den Rohaufschlag oder die Umsatzverprobung). Demgegenüber benötigt das Bundeskartellamt Kennzahlen, die Auskunft über Marktkonzentrationen geben (z.B. zur Feststellung eines marktbeherrschenden Unternehmens gem. § 22 GWB).

Die Arbeitnehmer sowie ihre Vertreterorganisationen (Betriebsrat, Wirtschaftsausschuß, Gewerkschaften) sind an Informationen interessiert, die ihnen Auskunft darüber geben können, ob ihre Arbeitsplätze, ihre betrieblichen Sozialleistungen und gegebenenfalls ihre Gewinnbeteiligungen auch für die Zukunft gesichert sind. Deshalb richten sich ihre Interessen in erster Linie auf die Ertragslage, an der sie auch die Möglichkeit zur übertariflichen Entlohnung oder der Erhöhung der Tariflöhne messen. *Interessenlage der Arbeitnehmer*

Zusammenfassend gilt festzustellen:

So unterschiedlich die Informationswünsche der verschiedenen Adressaten auch sein mögen, so konzentrieren sich ihre Fragen doch auf zwei Problemstellungen:

(1) die Beurteilung der gegenwärtigen Ertragslage mit dem Ziel der Prognose der künftigen Ertragskraft des Unternehmens;

(2) die Beurteilung der finanziellen Stabilität zur Einschätzung der Fähigkeit des Unternehmens, seinen gegenwärtigen und zukünftigen Zahlungsverpflichtungen nachkommen und mögliches oder notwendiges Wachstum und Anpassungsmaßnahmen an veränderte Markt- und Konjunkturlagen finanzieren zu können« (GRÄFER, H., in: KÜTING/WEBER 1990a, I. Kap., Rn. 193).

2.3 Interne Bilanzanalyse/Interne Adressaten

Neben externen Adressaten ist auch die Unternehmensführung selbst im Rahmen verschiedener Fragestellungen auf den unterschiedlichen Führungsebenen an der Untersuchung und Analyse des eigenen Jahresabschlusses interessiert. Wenn hier der Begriff Unternehmensführung verwendet wird, bezieht er sich nicht nur auf die oberste Unternehmensführung (Vorstand oder Geschäftsführung), sondern auf alle Führungsebenen des betrachteten Unternehmens. Handelt es sich um ein Tochterunternehmen, kommen als weitere Insider die Führungsebenen der Spitzenholding und der Zwischenholdings in Betracht.

Auf der Grundlage der Jahresabschlußanalyse wird zunächst versucht, Informationen zu gewinnen und Zusammenhänge transparent zu machen. Diese Informationsfunktion dient vorwiegend einer Informationsverdichtung und bezweckt die Aktivierung des Aussagegehalts des eigenen Jahresabschlusses im Hinblick auf spezifische betriebliche Fragestellungen (vgl. VOGLER, G./MATTES, H. 1976, S. 1). Dabei ist der Analyst bestrebt, nicht nur den Jahresabschluß an sich auszuwerten, sondern auch das umfangreiche Informationspotential des gesamten Geschäftsberichts mit geeigneten Methoden weitestgehend auszuschöpfen (vgl. LACHNIT, L. 1976, S. 49). *Informationsfunktion*

Werden die verdichteten Informationen zu vorgegebenen Vergleichsmaßstäben in Beziehung gesetzt, gelangt man zur Kontrollfunktion der Jahresabschlußanalyse, in deren Mittelpunkt eine »retrospektive Analyse des Betriebsgesche- *Kontrollfunktion* hens« (MERKLE, E. 1982, S. 327) steht. Um diese durchführen zu können, müssen die Vergleichsmaßstäbe formuliert werden. Diese Maßstäbe sind im wesentlichen Vergleichszahlen aus unterschiedlichen Rechnungsperioden (Zeitvergleich), aus unterschiedlichen Unternehmen (zwischenbetrieblicher Vergleich) oder wurden anhand von wie auch immer ermittelten Normgrößen festgelegt (Soll-Ist-Vergleich).

Auf der Grundlage dieser Vergleichsmaßstäbe soll eine Beurteilung des eigenen Unternehmens bzw. ausgewählter betrieblicher Sachverhalte vorgenommen werden. Dabei kommen einfach strukturierte Wertungsskalen zur Anwendung, die den betreffenden Tatbestand lediglich als gut oder schlecht bzw. besser oder schlechter beurteilen. Diesem Vergleich schließt sich ein weiterer Arbeitsschritt an, der nach Ursachen und Gründen für die vorgefundenen Abweichungen sucht.

Steuerungsfunktion Letztlich müssen im Rahmen der Steuerungsfunktion die Schlußfolgerungen aus der Abweichungsanalyse gezogen werden. Einerseits müssen dabei die Ursachen der unzureichenden Ergebnisse durch geeignete Maßnahmen behoben werden, andererseits müssen auch Maßnahmen ergriffen werden, um besonders günstige Entwicklungen auszunutzen und für die Zukunft zu sichern. Insofern ist die Jahresabschlußanalyse nicht nur ein »Instrument der Schwachstellenforschung und Schwachstellenüberwindung« (VOGLER, G./MATTES, H. 1976, S. 2), sondern auch ein Instrument der Chancenerkennung und Chancennutzung.

Unternehmens- Ganz allgemein wird die Bilanzanalyse damit auch zu einem Instrument der
führungsfunktion Unternehmensführung. Denn es ist unübersehbar, daß kaum ein Entscheidungsträger in der Lage sein dürfte, ohne Einsatz von Kennzahlen und sonstiger Analyseerkenntnisse sämtliche, in einem Unternehmen laufend benötigte Analysen zu erstellen und alle betrieblichen Entscheidungen zu treffen.

Es ist gerade ein Wunschtraum des Analytikers, aber auch jedes Entscheidungsträgers, durch das Ausfindigmachen externer und interner Faktoren, Knicke oder Trendwenden in der Entwicklung der wirtschaftlichen Lage eines Unternehmens vorherzusagen. Dennoch werden diesbezüglich konkrete Erkenntnisse wohl regelmäßig verborgen bleiben. Der Analytiker muß schon zufrieden sein, wenn es ihm gelingen sollte, sich langsam abzeichnende Veränderungen rechtzeitig festzustellen (vgl. LEFFSON, U. 1984, S. 29) oder geeignete Fragen aufzuwerfen, um solche Entwicklungen als möglich oder gar wahrscheinlich zu erkennen. Damit ist er zwar vom erklärten Erkenntnisziel der Bilanzanalyse, das in der Erlangung eines den tatsächlichen Verhältnissen entsprechenden Bildes der Vermögens-, Finanz- und Ertragslage liegt, weit entfernt, hat aber dennoch unter realistischer Einschätzung ein zufriedenstellendes Analyseergebnis erreicht.

Öffentlichkeits- Ein weiterer Grund, die Analyse des eigenen Jahresabschlusses recht intensiv
wirkung zu betreiben, liegt in der Öffentlichkeitswirkung der publizierten Jahresab-

schlußdaten des Unternehmens (vgl. hierzu GRÄFER, H. 1997, S. 22). Denn: Die »Bilanzen und Erfolgsrechnungen sind bewußt gestaltete Informationen, mit denen sich eine bilanzierende Unternehmung an einen Kreis von Interessenten wendet« (HAUSCHILDT, J. 1992, Sp. 278). Die Unternehmensführung versucht daher zu antizipieren, wie die Öffentlichkeit auf die eigene Bilanz und bestimmte Bilanzrelationen reagieren wird. Diesen Überlegungen kann zwar bereits durch den Einsatz bilanzpolitischer Instrumente Rechnung getragen werden, indem »erwartete, tradierte Kennzahlenverhältnisse antizipiert werden« (WERNER, U. 1990, S. 374). KAPPLER spricht in diesem Zusammenhang zutreffend von einer »Kennzahlenkultur« (KAPPLER, E. 1972, S. 135).

Aber auch der fertige Jahresabschluß sollte noch einmal auf Schwachstellen und Ansatzpunkte einer möglichen Kritik hin untersucht werden. Diese Analyse könnte Anlaß dazu geben, entsprechende Formulierungen im Anhang zu wählen, bestimmte Aussagen auf der Hauptversammlung oder Pressekonferenz zu treffen bzw. ganz allgemein die Argumentationsbasis vorzubereiten oder zu verbreitern.

Interne Informationsinstrumente

Häufig wird darauf hingewiesen, daß für die Unternehmensleitung die Analyse des zu veröffentlichenden Jahresabschlusses im Hinblick auf ihre Informationsmöglichkeiten über das Unternehmensgeschehen nur von subsidiärer Bedeutung sei, da das Management über aussagefähigere interne Informationen verfüge (vgl. JAKOBS, O.H./GREIF, M./WEBER, D. 1972, S. 426). Diese Aussage trifft für Großunternehmen zweifelsfrei zu, denn interne Informationen, die unter anderem aufgrund von Planabschlüssen, der Investitionsrechnung, der (Sparten-)Kapitalergebnisrechnung oder der kurzfristigen Erfolgsrechnung gewonnen werden, dürften in aller Regel einen höheren Aussagewert besitzen als die veröffentlichten Jahresabschlußdaten. Andere Planungs- und Kontrollrechnungen haben hier die »Bilanzanalyse an den Rand des Planungs- und Kontrollgeschehens gedrängt« (DÖRING, U. 1995, S. 134).

Andere Funktionen des Jahresabschlusses

Mit dem Jahresabschluß verfolgt die Unternehmensleitung in Großunternehmen neben der Erfüllung gesetzlicher Vorschriften und der Verpflichtung zur Selbstinformation im Zweifel aber auch andere Ziele (vgl. hierzu DANERT, G. 1980, S. 989):

(1) Positive Darstellung der eigenen Leistung verbunden mit einer zukünftigen Leistungsgarantie,

(2) Sicherung oder Optimierung der Finanzierung für das Unternehmen bei den Kapitalgebern,

(3) Gestaltung der Bilanz als möglichst positive Grundlage für die Verfolgung der angestrebten Ziele.

Hoher Stellenwert der Jahresabschlußanalyse bei kleineren Unternehmen

Für die vielen kleinen und mittleren Unternehmen und deren Berater hat der Jahresabschluß und dessen Analyse dagegen einen anderen Stellenwert. Denn die vom Gesetzgeber erzwungene Buchführung und der daraus abgeleitete Jahresabschluß sind hier häufig das einzige systematische Rechenwerk, das kontinuierlich Aufschluß über die wirtschaftliche Entwicklung des Unternehmens gibt und dabei nach gesicherten Regeln und Verfahrensweisen aufgestellt wird. In dieser Situation greift die Unternehmensleitung gern auf das ohnehin vorhandene Zahlenmaterial, wie es sich im Jahresabschluß bietet, zurück und versucht, diese Informationen nicht nur zur Rechenschaftslegung, sondern auch als Lenkungs- und Kontrollinstrument zu nutzen (vgl. GRÄFER, H. 1997, S. 22).

Insbesondere in kleinen und mittleren Unternehmen fällt also dem Steuerberater/Wirtschaftsprüfer als betriebswirtschaftlich geschulter Fachkraft im Rahmen der Jahresabschlußrechnung, aber auch der Unternehmens- und Managementberatung eine zentrale Rolle zu. Die Durchführung einer möglichst aussagefähigen Bilanzanalyse ist für den Steuerberater/Wirtschaftsprüfer eine gleich in mehrfacher Weise wichtige Aufgabe. Er sollte aufgrund der festgestellten Schwachstellen und Stärken seines Mandanten wichtige Ansatzpunkte in der Beratung für finanzielle, wirtschaftliche oder organisatorische Maßnahmen ableiten (vgl. RIEMER, R. 1979, S. 13).

Ergebnisse der Bilanzanalyse als Bestandteil des Prüfungsberichts

Die Darstellung sowie die Erläuterung der wirtschaftlichen Lage des Unternehmens auf der Grundlage einer Bilanzanalyse zählt im Rahmen der für alle mittleren und großen Kapitalgesellschaften gesetzlich vorgeschriebenen Jahresabschlußprüfung zu den Grundsätzen ordnungsmäßiger Prüfungsberichterstattung. So ist festzustellen, daß der Prüfungsbericht und damit die Ergebnisse der Bilanzanalyse häufig eine wesentliche Quelle zur Selbstinformation für den Unternehmer sind, aber auch ein entscheidendes Instrument bei der Aufgabenerfüllung eines eventuell vorhandenen Kontrollorgans darstellen (vgl. COENENBERG, A.G. 1990, S. 14; BREYCHA, O./SCHÄFER, W., in: KÜTING/ WEBER 1990, § 321 HGB, Rn. 34ff.).

3. Ansätze der Bilanzanalyse

3.1 Traditionelle Bilanzanalyse als Kennzahlenrechnung

Als Analysemethoden bedient sich die Bilanzanalyse vorwiegend der Kennzahlenbildung und des Kennzahlenvergleichs. Insofern wird die Bilanzanalyse häufig auch als Kennzahlenrechnung betrachtet oder die Kennzahlenrechnung als klassische, traditionelle oder konventionelle Bilanzanalyse bezeichnet.

Kennzahlen

Kennzahlen sind hochverdichtete Maßgrößen, die als Verhältniszahlen oder absolute Zahlen in einer konzentrierten Form über einen zahlenmäßig, also quantitativ erfaßbaren Sachverhalt berichten. Mit ihrer Hilfe sollen die Datenmengen des Jahresabschlusses verdichtet werden zu wenigen, aber aussagekräftigen Größen, um auf relativ einfache Weise komplizierte betriebliche Strukturen und Prozesse abzubilden (vgl. REICHMANN, T. 1993, S. 16).

Auf der Grundlage von Kennzahlensystemen als einer systematischen Anordnung von einzelnen Kennzahlen wird versucht, die relevanten betrieblichen Vorgänge und Erscheinungen in ihrer inneren Verbundenheit sowie deren Einbettung in einen komplexen Gesamtzusammenhang darzustellen (vgl. LACHNIT, L. 1976a, S. 216). Bei einer isolierten Betrachtung einzelner hochverdichteter Kennzahlen können demgegenüber wichtige Detailinformationen verloren gehen.

Da man einer Kennzahl für sich allein betrachtet nur einen sehr begrenzten Aussagewert zuschreiben kann, schließt sich der Kennzahlenbildung in aller Regel ein Kennzahlenvergleich an. Hierzu verwendete Vergleichsmaßstäbe sind einerseits bestimmte, für sinnvoll erachtete Verhältnisse von Aktiva oder Passiva jeweils untereinander oder zwischen Aktiva und Passiva einer Bilanz, andererseits auch als sinnvoll unterstellte Verhältnisse von Daten der Gewinn- und Verlustrechnung (vgl. KAPPLER, E. 1974, Sp. 901).

Kennzahlen-vergleich

3.2 Neuere Ansätze der Bilanzanalyse

Die Bilanzanalyse beschränkt sich aber nicht nur auf die Kennzahlenrechnung, vielmehr sind im Rahmen der bilanzanalytischen Bemühungen Weiterentwicklungen zu verzeichnen, die insbesondere auf nachfolgende Gründe zurückzuführen sind:

Ursachen für die Entwicklung neuerer Ansätze

(1) die Kritik an der klassischen Bilanzanalyse mit ihrer aufgeblähten und ausufernden Kennzahlenproduktion sowie die oftmalige Zusammenhanglosigkeit dieser Kennzahlen (vgl. HAUSCHILDT, J. 1988, S. 115),

(2) die Entwicklung von statistischen Verfahren, die es ermöglichen, auf systematische Weise Unterschiede zwischen zwei Stichproben zu suchen, vergleichbar und damit bewertbar darzustellen und schließlich auch Aussagen über die Qualität der Ergebnisse treffen zu können (vgl. HAUSCHILDT, J. 1988, S. 115),

(3) die steigende Zahl von Insolvenzen zu Beginn der 80er Jahre,

(4) der Rückgriff auf – in der Bilanzanalyse bislang überwiegend vernachlässigte – qualitative Informationen der veröffentlichten Unternehmensdaten als analytische Zielgröße sowie

(5) die Einsatzmöglichkeit von Computern in der Bilanzanalyse. Dadurch wird dem Analytiker die Erfassung, Aufbereitung und Auswertung der Datenmenge erleichtert. Allerdings können trotz computergestützter Bilanzanalyse die Grenzen und Probleme der Bilanzanalyse nicht oder nur graduell überwunden werden.

Zu den neueren Methoden der in der Bilanzanalyse angewandten Instrumente zählen zunächst die Krisendiagnosen bzw. Insolvenzprognosen mit Hilfe multivariater Diskriminanzanalysen. Ansatzpunkt dieser Methoden ist die Frage,

Multivariate Diskriminanzanalyse

inwieweit es signifikante Merkmale (Kennzahlen) gibt, die es erlauben, ein Unternehmen mit Hilfe von mathematisch-statistischen Verfahren als ›gut‹ oder als ›schlecht‹ im Sinne seiner nachhaltigen Ertragskraft und Zukunftschancen und insbesondere auch seiner Zahlungsfähigkeit zu qualifizieren (vgl. GRENZ, T. 1987, S. 15ff.).

Künstliche
Neuronale Netze
Zur Beantwortung gleichgelagerter Fragestellungen erscheint ebenfalls der Einsatz Künstlicher Neuronaler Netze geeignet. Sie stellen einen Zweig der Künstlichen Intelligenz dar, deren Anwendungsbereich als lernende Systeme insbesondere in der Lösung komplexer und schlecht strukturierter Probleme gesehen werden kann (vgl. ERXLEBEN, K. u.a. 1992, S. 1237ff.) In jüngeren Untersuchungen konnte gezeigt werden, daß Neuronale Netze als Verfahren der Mustererkennung neben multivariaten Diskriminanzanalysen erfolgreich zur Krisendiagnose bzw. Unternehmensklassifikation im Rahmen von Kreditwürdigkeitsentscheidungen eingesetzt werden können (vgl. KRAUSE, C. 1993). Die Einteilung in ›gute‹ und ›schlechte‹ Unternehmen wird ebenso anhand trennfähiger Kennzahlen durchgeführt (vgl. REHKUGLER, H./PODDIG, T. 1998, S. 323ff.) allerdings sind Neuronale Netze aufgrund der weniger restriktiven Annahmen hinsichtlich der verwendeten Kennzahlen universeller anwendbar und können überdies neben quantitativen auch qualitative Daten in die Analyse einbeziehen.

RSW-Verfahren
Zu den neueren Entwicklungen zählt auch ein am Institut für Betriebswirtschaftslehre der Universität Kiel entwickeltes System der Fundamentalanalyse zur Beurteilung von börsennotierten Aktiengesellschaften. Dieses Verfahren beurteilt die Unternehmen anhand von sechs Kennzahlen nach Rendite, Sicherheit und Wachstum (RSW-Verfahren). Die Kennzahlen werden mit Hilfe statistischer Verfahren zu einem Gesamt-Score verdichtet und vergleichbar gemacht (Scoring- bzw. Punktbewertungsverfahren) (vgl. SCHMIDT, R. 1990, S. 55ff.).

Verstärkter EDV-
Einsatz
Um den Informationsverarbeitungs- und Beurteilungsprozeß im Bereich der Bilanzanalyse rationeller und wirtschaftlicher zu gestalten (vgl. WÖHE, G. 1997, S. 872), werden zunehmend – neben den bereits dargestellten Ansätzen, die ebenfalls mit Hilfe der EDV durchgeführt werden – Analysemethoden entwickelt, die den EDV-Einsatz im Bereich der Bilanzanalyse noch verstärken. Zwar ist es nicht möglich, die gesamte Bilanzanalyse zu automatisieren, sondern es verbleibt, da subjektive Beurteilungen und Bewertungen nicht völlig eliminiert werden können, nach HAUSCHILDT »eine Mensch-Maschine-Interaktion« (HAUSCHILDT, J. 1992, Sp. 279). Dennoch kann ein Großteil der Rechen- und Auswertungsarbeit von Computern übernommen werden.

Nutzung von
Datenbanken
In den Bereich der EDV-gestützten Bilanzanalyse ist zunächst die Nutzung von Datenbanken bei der Sammlung und Auswertung von Jahresabschlußinformationen einzuordnen.

Zu den Entwicklungstrends der verstärkten Anwendung EDV-gestützter Analysemethoden zählt des weiteren der Einsatz von Expertensystemen. Diese wissensbasierten Systeme sind grundsätzlich dann einsetzbar, wenn Probleme nicht mit Hilfe eines eindeutigen mathematischen Modells, sondern lediglich durch gespeichertes Sach- und Erfahrungswissen von Experten gelöst werden können.

Expertensysteme

Schließlich ist auf die bereits angesprochenen Bemühungen zur möglichen Berücksichtigung qualitativer Daten des Anhangs und des Lageberichts in der Analysepraxis hinzuweisen. Der Gegenstand dieser qualitativen Bilanzanalyse reicht im Rahmen der Auswertung der verbalen Berichterstattung von einer Untersuchung des Grades der Bestimmtheit von Aussagen über die Intensität der freiwilligen Berichterstattung bis hin zur präferierten Wortwahl im Unternehmens- und Zeitvergleich.

Qualitative Bilanzanalyse

Daneben läßt auch die Analyse des Einsatzes bzw. der Qualität des bilanzpolitischen Instrumentariums weitere Erkenntnisse über die tatsächliche wirtschaftliche Lage des Unternehmens erwarten. Insbesondere dieser letzte Aspekt verdient eine besondere Würdigung. Denn es bestehen enge Beziehungen zwischen der Bilanzanalyse und der Bilanzpolitik. Zutreffend bemerkt daher WERNER, daß eine »Theorie der Bilanzanalyse nicht unabhängig von einer Theorie der Bilanzpolitik entwickelt werden darf« (WERNER, U. 1990, S. 375).

Analyse des bilanzpolitischen Instrumentariums

Merksätze:

1. Bilanzanalyse umfaßt die Aufbereitung und Auswertung von Informationen zur Beurteilung der gegenwärtigen und Prognose der zukünftigen Unternehmenslage.

2. Um einer Informationsüberlastung entgegenzuwirken, sind nur erkenntniszielorientierte Informationen in die Analyse einzubeziehen (Grundsatz der Wesentlichkeit).

3. Im Rahmen der Jahresabschlußanalyse ist in Abhängigkeit vom Adressatenkreis zwischen interner und externer Analyse zu unterscheiden. Je nach Stellung des Adressaten variieren seine Informationsquellen und demzufolge sein Informationsstand.

4. Die Aufgaben und der Zweck der Bilanzanalyse werden von der Interessenlage der internen (Insider) und externen (Outsider) Adressaten bestimmt.

5. Im wesentlichen konzentrieren sich die Informationswünsche jedoch auf Aussagen zur Beurteilung der gegenwärtigen und künftigen Ertragslage sowie der finanziellen Stabilität.

6. Neben dem traditionellen Ansatz der Bilanzanalyse in Form von Kennzahlenrechnungen gewinnen die qualitative Bilanzanalyse, die Analyse des bilanzpolitischen Instrumentariums und komplexe Auswertungsverfahren, die mit Hilfe eines verstärkten EDV-Einsatzes durchführbar sind, zunehmend an Bedeutung.

2. Abschnitt
Traditionelle Bilanzanalyse
als Kennzahlenrechnung

1. Kapitel: Grundlagen

Ihre einfache Berechnung und die ihr in der Analysepraxis beigemessene hohe Aussagekraft haben betriebswirtschaftliche Kennzahlen und Kennzahlensysteme zu einem Instrumentarium werden lassen, das aus der Jahresabschlußanalyse nicht mehr wegzudenken ist (vgl. NAHLIK, W. 1993, S. 100). Die Kennzahlenrechnung ist damit das in der Analysepraxis eindeutig dominierende Analyseinstrument.

Die Grundlagen der Kennzahlenrechnung bilden zunächst einzelne Kennzahlen sowie Kennzahlensysteme als eine geordnete Gesamtheit von Kennzahlen. Darüber hinaus zählt der Kennzahlenvergleich ebenfalls zu den traditionellen Instrumenten der Urteilsfindung im Rahmen der Bilanzanalyse.

1. Kennzahlen

Kennzahlen sind hochverdichtete Maßgrößen, die als Verhältniszahlen oder absolute Zahlen in einer konzentrierten Form über einen zahlenmäßig erfaßbaren Sachverhalt berichten. Es handelt sich um numerische Informationen, die die Struktur eines Unternehmens oder Teile davon sowie die sich in diesem Unternehmen vollziehenden wirtschaftlichen Prozesse und Entwicklungen ex post beschreiben oder ex ante bestimmen sollen (vgl. MERKLE, E. 1982, S. 325).

Begriff und Aufgaben der Kennzahlen

Die spezifische Form der Kennzahl soll es ermöglichen, komplizierte betriebliche Sachverhalte und Strukturen sowie Prozesse auf relativ einfache Weise abzubilden, um damit einen möglichst schnellen und umfassenden Überblick zu gewährleisten. Dies gilt insbesondere auch für Führungsinstanzen, die mit Unterstützung von Kennzahlen der internen Betriebsanalyse ihre Kontroll- und Steuerungsaufgaben wahrzunehmen haben.

Ganz allgemein sind Kennzahlen als ein rechentechnisches Mittel aufzufassen, das bei der Lösung von Entscheidungsproblemen verschiedenster Art zur Quantifizierung, aber auch zur Qualifizierung von Informationen beitragen kann (vgl. HEINEN, E. 1976, S. 147). Die Konstruktion dieser betriebswirtschaftlichen Kennzahlen hängt entscheidend vom jeweiligen Informationsbedarf des Analysten bzw. Entscheidungsträgers ab.

Kennzahlen als Entscheidungshilfe

Auf der Grundlage einer mathematisch-statistischen Abgrenzung können Kennzahlen als absolute und relative Zahlen klassifiziert werden.

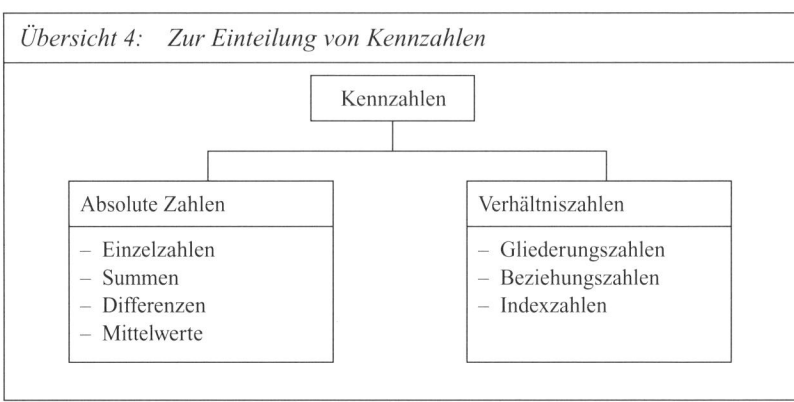

Übersicht 4:   Zur Einteilung von Kennzahlen

1.1 Absolute Zahlen

Begriff der Grundzahl

Absolute Zahlen – auch Grundzahlen genannt – geben an, aus wievielen Elementen eine näher bezeichnete Menge besteht. Diese Grundzahlen wiederum können in Einzelzahlen, Summen, Differenzen und Mittelwerte unterteilt werden.

Kennzahleneigenschaft

Lange Zeit wurde die Diskussion darüber geführt, ob absolute Zahlen überhaupt Kennzahleneigenschaft haben, d.h. einen eigenen besonderen Erkenntniswert besitzen. Dabei wurde die Kennzahleneigenschaft mit der Begründung in Frage gestellt, daß man nur mehrere Zahlen untereinander vergleichen könne und nur durch einen Vergleich eine Urteilsbildung möglich sei. LACHNIT weist in diesem Zusammenhang zutreffend darauf hin, daß der Vorgang eines Vergleichs keinesfalls identisch mit dem Bilden von Verhältniszahlen ist (vgl. LACHNIT, L. 1979, S. 160). Als Beispiel soll die Kennzahl Preis angeführt werden, die als absolute Zahl beim Preisvergleich für bestimmte Produkte durchaus einen hohen Erkenntniswert besitzen kann.

Hier wird mit der herrschenden Meinung die Ansicht vertreten, daß auch die absolute Zahl durchaus eine Kennzahl sein kann. Es steht außer Frage, daß z.B. die Größen Umsatzerlöse, Cash-flow, Bilanzsumme und Wertschöpfung wichtige Kennzahlen darstellen und es sich auch hierbei um betriebswirtschaftlich durchaus bedeutsame Daten mit Erkenntniswert handelt (vgl. HOFMANN, R. 1977, S. 207).

1.2 Relative Zahlen

Relative Zahlen – auch Verhältniszahlen genannt – entstehen dadurch, daß zwei absolute Zahlen in Quotientenform zueinander in Beziehung gesetzt werden. Sie geben also die Relation zweier aufeinander bezogener Größen an. Bei der Bildung dieser Verhältniszahlen ist das sogenannte Entsprechungsprinzip zu beachten. Es beschreibt den nahezu selbstverständlichen Sachverhalt, daß die Komponenten einer Kennzahl in einem sinnvollen inneren Zusammenhang stehen müssen. Oder: Die in einer Kennzahl verwendeten Größen müssen sich entsprechen, denn von der jeweiligen sachlogischen Beziehung hängt der Erkenntniswert einer Kennzahl ab. Daher ist in diesem Zusammenhang der »Parallelismus von Sach- und Zahlenlogik« (FLASKÄMPER, P. 1928, S. 15) zu beachten. *Begriff der Verhältniszahl*

Der wesentliche Vorteil von Verhältniszahlen ist in der Möglichkeit zu sehen, die Bedeutung einzelner Größen in Relation zu anderen Sachverhalten aufzuzeigen. Ein weiterer wichtiger Vorteil liegt darin, daß Verhältniszahlen keine Rückschlüsse auf die absolute Höhe der Ausgangsdaten erlauben (vgl. MÄRZ, T. 1983, S. 12) und somit die Angabe von Verhältniszahlen auch dann möglich ist, wenn die Ursprungsdaten in ihrer absoluten Höhe nicht bekanntgegeben werden dürfen und gleichwohl ein Vergleich angestellt werden soll. *Vorteile*

Verhältniszahlen können ihrerseits in Gliederungs-, Beziehungs- und Indexzahlen unterteilt werden.

(1) Gliederungszahlen zeichnen sich dadurch aus, daß die Größe im Zähler des Quotienten ein Bestandteil des Nenners ist. Gliederungszahlen geben damit die Teilgröße im Verhältnis zur begrifflich übergeordneten Gesamtgröße an. Gliederungszahlen erscheinen meist in Form von Prozentzahlen und dienen vornehmlich dazu, Teilmengen der Gesamtmenge zu analysieren, z.B. *Gliederungszahlen*

$$\text{Eigenkapitalquote} \quad = \quad \frac{\text{Eigenkapital}}{\text{Gesamtkapital}} \times 100$$

Dieselbe Größe kann einmal Teil- und einmal Gesamtmenge sein. Die jeweilige Einordnung muß daher in Abhängigkeit von der relevanten Bezugsgröße gesehen werden. So ist einerseits das Eigenkapital eine Teilmenge des Gesamtkapitals. Andererseits ist das Eigenkapital die Gesamtmenge zur Teilmenge des gezeichneten Kapitals.

Von Bedeutung ist der Hinweis, daß der ungeschulte Analyst aus Gliederungszahlen falsche Schlußfolgerungen ziehen kann, sofern nicht auch die zugrundeliegenden absoluten Zahlen bekannt sind.

Die folgenden Jahresabschlußzahlen bzw. -relationen eines Unternehmens verdeutlichen beispielhaft dieses Problem:

	1990 DM	1991 DM	1990	1991
	absolut		in % der Bilanzsumme	
Anlagevermögen	300	220	60	55
Umlaufvermögen	200	180	40	45
Bilanzssume	500	400	100	100

Obwohl – absolut gesehen – sowohl das Anlage- als auch das Umlaufvermögen abgenommen haben, könnte für den ungeschulten Leser leicht der Eindruck entstehen, daß nur das Anlagevermögen, nicht aber das Umlaufvermögen abgenommen hat. Deshalb sollten – falls vorhanden – möglichst auch die absoluten Größen in die Betrachtung einbezogen werden.

Beziehungszahlen (2) Bei der Bildung von Beziehungszahlen hingegen werden verschiedenartige Gesamtheiten aufeinander bezogen, denen der oben dargestellte Teilmengencharakter fehlt. Wesentlich ist jedoch, daß die in Beziehung zueinander gesetzten Größen in einem sachlogischen Zusammenhang stehen (vgl. dazu COENENBERG, A.G. 1997, S. 578). Dies könnte beispielsweise eine Mittel-Zweck-Relation sein. So wird z.B. der Gewinn als verursachte Größe dem Gesamtkapital als verursachende Größe gegenübergestellt.

Indexzahlen (3) Indexzahlen sind Meßzahlen, die Daten in ihrer zeitlichen Veränderung dadurch übersichtlicher aufbereiten, daß der Anfangs-, Mittel- oder Endwert einer Reihe als Basiswert oder Grundzahl gleich 100 gesetzt wird und die übrigen Werte im Verhältnis dazu umgerechnet werden.

Bei Indexzahlen ist der sogenannte Basiseffekt zu beachten. So können z.B. Schwankungen von Abschlußposten, die in ihrer absoluten Höhe relativ gering sind, durch eine kleine Basis sehr stark hervortreten (vgl. auch LEFFSON, U. 1984, S. 113).

Das untenstehende Beispiel verdeutlicht diesen Zusammenhang:

	1984 DM	1985 DM	Diff. in DM	Indexzahl, wenn 1984 = 100
Kasse	10	30	20	300
Bank	200	300	100	150

2. Kennzahlensysteme

Kennzahlensysteme – auch als »Kennzahlenkombinationen« (BUCHNER, R. 1985, S. 36) bezeichnet – haben in der Wirtschaftspraxis eine große Bedeutung erlangt. Insbesondere sind diese Rechnungen in Großunternehmen weit verbreitet und haben dort ihren festen Stellenwert. Sie werden als Instrument der Unternehmensführung gleichermaßen für Zwecke der Planung, Steuerung und Kontrolle eingesetzt.

Bedeutung der Kennzahlensysteme

Ein Kennzahlensystem ist die Gesamtheit von auf logisch-deduktivem Wege geordneten Kennzahlen, die betriebswirtschaftlich sinnvolle Aussagen über Unternehmungen und/oder ihre Teile vermitteln (vgl. REICHMANN, T. 1993, S. 19f.). Kennzahlensysteme versuchen, die bislang beziehungslos nebeneinander stehenden Einzelkennzahlen in einem System von gegenseitig abhängigen und einander sich ergänzenden Kennzahlen als eine geordnete Gesamtheit zusammenzufassen (vgl. STAEHLE, W. 1975, S. 317). Auf diesem Weg werden die betriebswirtschaftlichen Interdependenzen von Einzelaussagen deutlich gemacht, um so die Qualität der Gesamtaussage wesentlich zu erhöhen.

Auf der Grundlage von Kennzahlensystemen wird versucht, auf relativ einfache Weise die Eindimensionalität der bloßen Kennzahlenanalyse zu einer »multidimensionalen Kennzahlensystemanalyse« (BUCHNER, R. 1985, S. 36) auszubauen.

Sogenannte (Insolvenz-)Prognosemodelle, die empirisch-induktiv vorgehen, auf mathematisch-statistischen Tests oder Auswahlverfahren basieren und in der Literatur teilweise auch als Kennzahlensysteme charakterisiert werden, sind hier nicht Gegenstand der Betrachtung.

2.1 Aufbau von Kennzahlensystemen

Mit Hilfe von einzelnen Kennzahlen kann sich der Adressat bzw. der Analyst schnell und einfach über bestimmte betriebliche Tatbestände informieren. Während z.B. bei der Bildung von Verhältniszahlen komplexe Sachverhalte und Zusammenhänge einerseits auf einen einzigen Quotienten reduziert werden, geht jedoch andererseits mit dieser konzentrierten Informationsvermittlung die Gefahr einher, daß wichtige Einzelheiten der zu beschreibenden Situation verloren gehen können.

Notwendigkeit von Kennzahlensystemen

Dieser Gefahr eines Informationsverlusts kann im Rahmen der Strukturierung von Kennzahlensystemen ganz oder zumindest teilweise durch eine rechentechnische Aufgliederung, Substitution oder Erweiterung einer einzelnen Kennzahl begegnet werden.

Maßnahmen im Rahmen der Strukturierung

(1) Bei einer Aufgliederung (Zerlegung) werden der Zähler und/oder der Nenner in einzelne Bestandteile (Teilgrößen) der Gesamtgröße zerlegt.

Aufgliederung

Beispiel:

Die Umsatzerlösgröße kann in den Export- und Inlandsumsatz oder speziell im Rahmen der Konzernrechnungslegung in Außen- und Innenumsatzerlöse untergliedert werden.

Substitution   (2) Bei einer Substitution werden der Zähler und/oder der Nenner durch andere Größen erklärt (ersetzt), ohne daß die Kennzahl wertmäßig verändert wird.

Beispiel:

– Der Umsatz wird abgeleitet aus der Differenz zwischen den Entgelten und der Umsatzsteuer.
– Der Umsatz wird interpretiert als das Produkt von Absatzmenge und Preis.

Erweiterung   (3) Bei einer Erweiterung wird die Ausgangskennzahl im Zähler und/oder im Nenner durch die gleiche Größe erweitert.

Beispiel:

Beim Quotienten Kapitalgewinn/Gesamtkapital werden die Zähler und Nenner durch die Umsatzerlöse erweitert, so daß als Ergebnis die sogenannte Umschlagshäufigkeit des Gesamtkapitals (Umsatzerlöse/Gesamtkapital) und die sogenannte Umsatzrentabilität (Kapitalgewinn/Umsatzerlöse) als Hauptkomponenten des sogenannten Return on Investment (kurz: ROI) abgeleitet werden.

Werden die genannten Formen der Aufgliederung, Substitution und Erweiterung von Kennzahlen rechentechnisch miteinander verknüpft, spricht man von Rechensystemen; stehen sie lediglich in einem bloßen Systematisierungszusammenhang zueinander, spricht man von Ordnungssystemen.

2.1.1 Rechensysteme

Aufbau von   Rechensysteme fächern auf der Grundlage dieser drei Rechenvorgänge eine
Rechensystemen   Ausgangskennzahl (Spitzen- oder Primärkennzahl) in zwei oder mehr Unterkennzahlen auf, indem diese sodann wiederum in noch weiter nachgelagerte Unterkennzahlen zerlegt werden. Die Ausgangs- oder Spitzenkennzahl eines Kennzahlensystems soll innerhalb des Systems die wichtigste Aussage vermitteln, wobei sie nach Aufgliederung, Substitution und Erweiterung in weitere Unterkennzahlen selbst nicht zur Erklärung anderer Kennzahlen herangezogen wird. Auf diesem Weg wird eine regelmäßig hierarchisch und pyramidenförmig gestaffelte Kennzahlenordnung – wie im Du Pont-System umgesetzt – abgeleitet. Schematisch läßt sich die Ableitung eines Rechensystems aus der Spitzenkennzahl A:B z.B. wie in Übersicht 5 darstellen.

Übersicht 5 zeigt, daß jede einzelne Kennzahl eines rechentechnischen Kennzahlensystems als rechnerisches Ergebnis vorgelagerter oder als rechnerische Einflußgröße auf nachgelagerte Kennzahlen abgebildet werden kann und somit exakt der Ursache-Wirkungszusammenhang zwischen den jeweiligen Stufen des Kennzahlensystems erkennbar wird (vgl. SCHENK, H. 1939, S. 25 f.).

Übersicht 5:   *Aufbau eines Rechensystems*

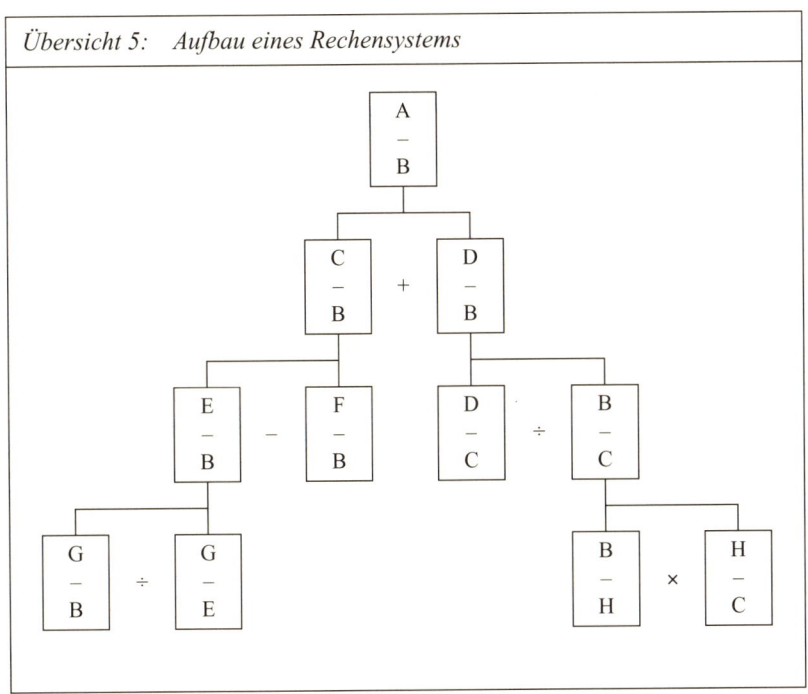

Diese rechentechnische Verknüpfung sichert gleichzeitig auch die Program-   *EDV-Einsatz*
mierbarkeit dieses Typs von Kennzahlensystemen und ermöglicht damit auch   *möglich*
den rationalisierenden Einsatz der elektronischen Datenverarbeitung.

2.1.2 Ordnungssysteme

Wird die rechentechnische Verknüpfung der einzelnen Systemelemente als ein
konstitutives Begriffsmerkmal von Kennzahlensystemen aufgegeben, ist damit
die zweite Form eines Kennzahlensystems angesprochen. Es wird als sachlogisch strukturiertes Kennzahlensystem oder Ordnungssystem bezeichnet.

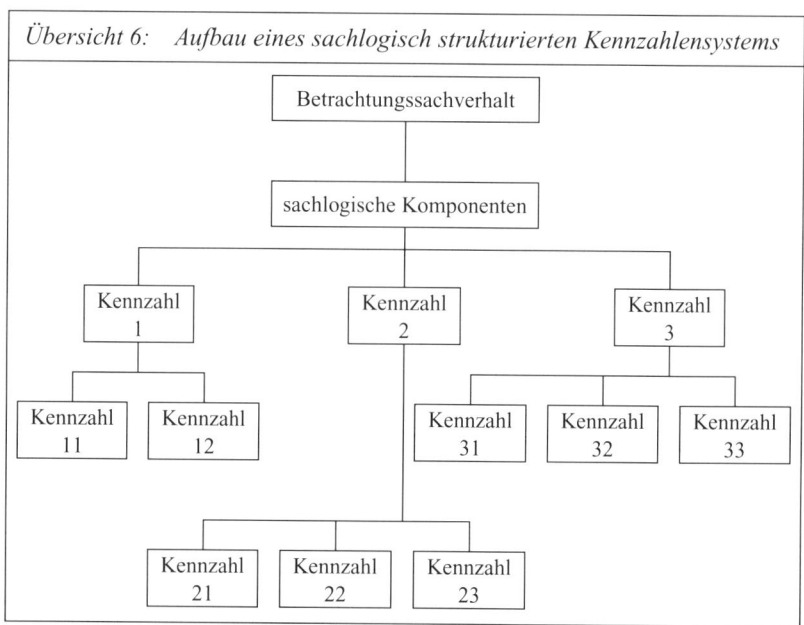

Übersicht 6:   *Aufbau eines sachlogisch strukturierten Kennzahlensystems*

In der Literatur werden synonym auch die Begriffe Kennzahlensystematik oder Kennzahlenanordnung verwendet, um bei dieser Kennzahlengesamtheit ganz offensichtlich die Bezeichnung als ein System bewußt zu vermeiden.

Struktur des Ordnungssystems

In dieser Form eines Kennzahlensystems werden die einzelnen Elemente, also die verschiedenen Einzelkennzahlen, in unterschiedlichen, durch betriebswirtschaftliche Sachzusammenhänge miteinander verknüpften Gruppen erfaßt, ohne daß eine quantifizierbare Beziehung zwischen den Elementen hergestellt wird. So kann eine solche sachlogische Systematisierung der Kennzahlen nach den spezifischen Unternehmensfunktionen oder – wie im ZVEI-System praktiziert – nach den Gruppen Rentabilität, Ergebnisbildung, Kapitalstruktur und Kapitalbindung erfolgen. Mit dieser Darstellungsweise wird ein bestimmter Sachverhalt durch mehrere gleich- und/oder unter- bzw. übergeordnete Kennzahlen abgebildet.

Ebenso wie beim Rechensystem kann auch hier, wie Übersicht 6 zeigt, ein Systembild erstellt werden. Der Unterschied zum Rechensystem liegt allein darin, daß hier die Rechenoperationen zwischen den einzelnen Elementen fehlen (vgl. LACHNIT, L. 1979, S. 30f.).

Merksätze:

1. Die Kennzahlenrechnung ist das in der Analysepraxis vorherrschende Analyseinstrument.

2. Kennzahlen stellen komplizierte betriebliche Sachverhalte und Prozesse in stark konzentrierter Form dar und bieten somit eine Entscheidungshilfe bei Problemen verschiedenster Art. Es kann zwischen absoluten und relativen Kennzahlen unterschieden werden. Letztere lassen sich wiederum in Gliederungs-, Beziehungs- und Indexzahlen unterteilen.

3. Ein Kennzahlensystem ist die Gesamtheit von auf logisch-deduktivem Wege geordneten Kennzahlen, die betriebswirtschaftlich sinnvolle Aussagen über Unternehmungen und/oder ihre Teile vermitteln (vgl. REICHMANN, T. 1993, S. 19 f.). Die einzelnen Kennzahlen sind entweder rechentechnisch miteinander verknüpft (= Rechensystem) oder stehen lediglich in einem bloßen Systematisierungszusammenhang zueinander (= Ordnungssystem).

2.2 Beispiele von Kennzahlensystemen

Stellvertretend für die Vielzahl der in der Wirtschaftspraxis angewandten Kennzahlensysteme sollen hier das Du Pont-Kennzahlensystem, das ZVEI-Kennzahlensystem und das RL-Kennzahlensystem skizziert werden.

2.2.1 Das Du Pont-Kennzahlensystem

Dieses wohl älteste und allgemein bekannteste Kennzahlensystem – auch als Grund- oder Basismodell eines Kennzahlensystems bezeichnet – verwendet die E.I. DU PONT DE NEMOURS AND COMPANY, Wilmington, Delaware, bereits seit 1919 (vgl. Übersicht 7).

Das Du Pont-Kennzahlensystem (vgl. E.I. DU PONT DE NEMOURS AND COMPANY 1959), das in der Wirtschaftspraxis häufig das Grundgerüst für ein umfassendes Planungs- und Kontrollinstrument bildet, bezieht sich bei DU PONT nicht nur auf die Unternehmung als Ganzes. Vielmehr hat es hier eine weitaus größere Bedeutung erlangt, indem die Kennzahlen auch für einzelne Produktgruppen (Industrial Departments, Sparten, Divisions) ermittelt werden.

Anwendungsbereich

Diese Departments, die sich ihrerseits in die vier betrieblichen Hauptfunktionen Produktion, Verkauf, Forschung und Kontrolle untergliedern, werden jeweils von einem Generalmanager geleitet (Matrixorganisation). Sie sind demnach für die Funktionsbereiche der Beschaffung, der Produktion und des Absatzes innerhalb ihres Departementes, die jeweils Profit-Centers im Sinne einer selbständigen Erfolgsquelle darstellen, voll verantwortlich (= Unit of Responsibility). Fragen der Finanzierung und Liquidität sowie der gewinnabhängigen Steuerpolitik betreffen allein den Verantwortungsbereich der Konzernleitung. Dies erklärt auch, warum das Du Pont-System keine Kennzahlen zu diesen Bereichen enthält.

ROI als Spitzen-kennzahl

Das Du Pont-System ist als Rechensystem konzipiert und hat somit die Gestalt einer Kennzahlen-Pyramide (Du Pont-Tree oder ROI-Tree). Als Spitzenkennzahl verwendet das Du Pont-System den Return on Investment (ROI), im deutschsprachigen Raum auch als Kapitalrentabilität oder als Ertrag aus investiertem Kapital bezeichnet. Ganz allgemein kann der ROI als relativierter Gewinn aufgefaßt werden, der mit Hilfe eines bestimmten Kapitaleinsatzes erzielt wird. Durch Erweiterung der ROI-Formel mit dem Umsatz im Zähler und im Nenner (vgl. Übersicht 7) werden die eigenständigen Kennzahlen der Umsatzrentabilität (Umsatzgewinnrate) sowie der Umschlagshäufigkeit des Gesamtkapitals (Kapitalumschlag) gebildet.

Strukturierung der nachfolgenden Ebenen

Durch diese Erweiterung der Spitzenkennzahl werden leicht überschaubar jene Wege bzw. Ansatzpunkte aufgezeigt, wie die ROI-Kennzahl verbessert werden kann. Dies kann einerseits durch eine Verbesserung des Kapitalumschlags erfolgen, indem eine Erhöhung des Umsatzes und/oder eine Senkung des investierten Kapitals vorgenommen wird. Andererseits ist aber auch eine Verbesserung der Umsatzrentabilität möglich.

Nach diesen drei Spitzenkennzahlen werden im Du Pont-System keine Verhältniszahlen, sondern nur noch absolute Größen verwendet. Sie dienen im einzelnen der Ertrags-, Aufwands-, Vermögens- und Kapitalanalyse.

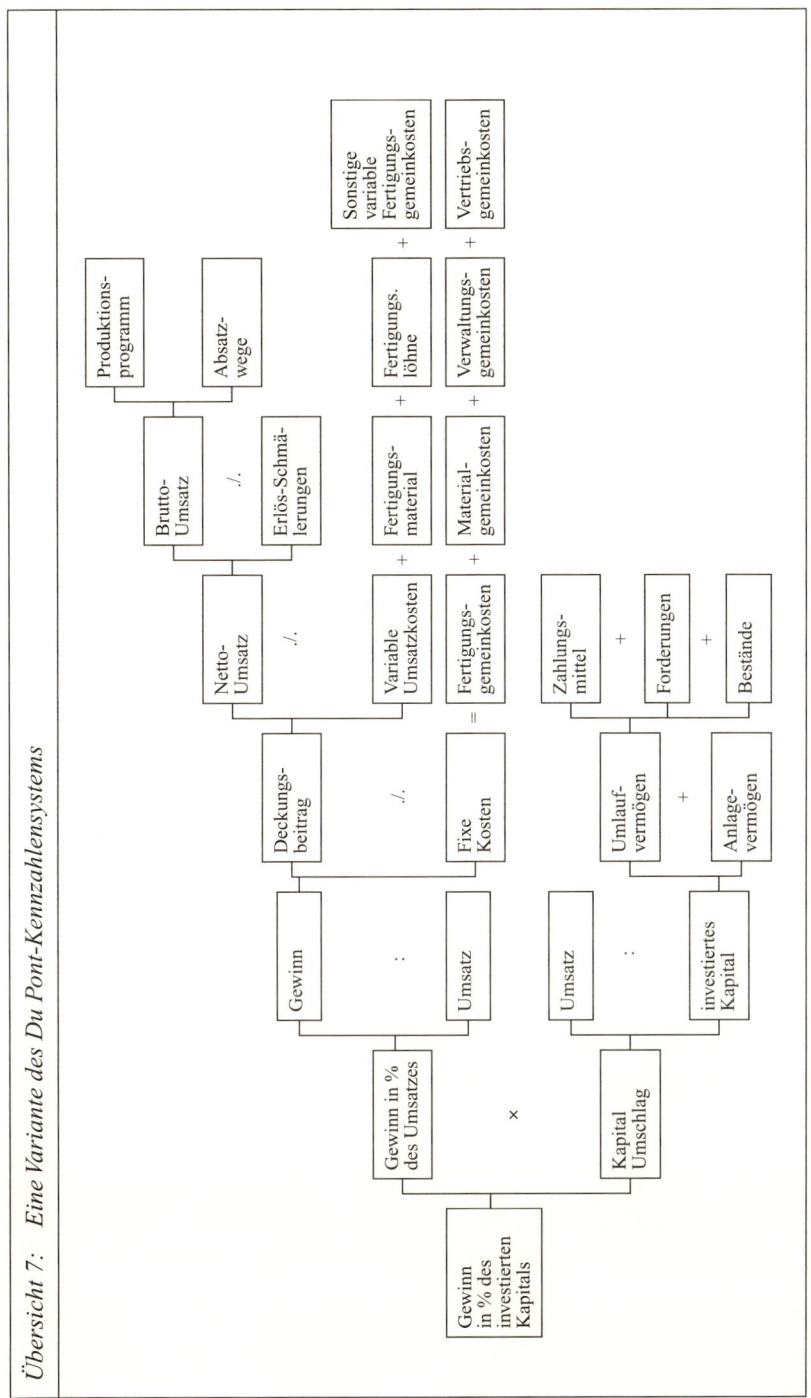

Übersicht 7: Eine Variante des Du Pont-Kennzahlensystems

Schaubildhafte
Darstellung

Bei der formellen Aufbereitung des Kennzahlensystems bedient sich Du Pont der Gestaltungsform eines Schaubildes. Es werden für jedes Department sogenannte Control-Charts verwendet, die schaubildhaft die Entwicklung von Kennzahlen darstellen und ihrerseits wiederum Bestandteil des gesamten Summary Du Pont Set of Charts -Systems sind. Diese Charts bzw. Tabellen umfassen zunächst Ist-Kennzahlen, die die jeweils aktuelle Situation widerspiegeln. Darüber hinaus werden die Ist-Kennzahlen für die letzten fünf Jahre ermittelt, und schließlich werden in den Unterlagen auch die Soll-Kennzahlen nach dem Budget aufgeführt.

2.2.2 Das ZVEI-Kennzahlensystem

2.2.2.1 Aufbau

Struktur und
Anwendungsbereich

Das vom ZENTRALVERBAND DER ELEKTROTECHNISCHEN INDUSTRIE e.V., Frankfurt/Main, erstmalig im Jahre 1970 vorgestellte ZVEI-System, das aufgrund seines erheblichen Umfangs in der Übersicht 8 lediglich in seinem schematischen Aufbau abgebildet wurde, ist offensichtlich ein in Deutschland sehr bekanntes und weit verbreitetes Kennzahlensystem. Es ist – ebenso wie das Du Pont-System – als Kennzahlen-Pyramide konzipiert und vereinigt die Merkmale eines gemischten Rechen- und Ordnungssystems in sich. Das Gesamtsystem ist grundsätzlich ein Rechensystem. Die Hauptkennzahlen können gleichwohl als Ordnungssystem interpretiert werden. Obwohl von einem Wirtschaftsfachverband entwickelt, ist dieses Kennzahlensystem branchenneutral anwendbar und wird – zum Teil mit Anpassungen an die Gegebenheiten anderer Branchen oder auch einzelner Unternehmen – von Unternehmungen der verschiedensten Wirtschaftszweige mit großem Erfolg eingesetzt.

Übersicht 8:   ZVEI-Kennzahlen

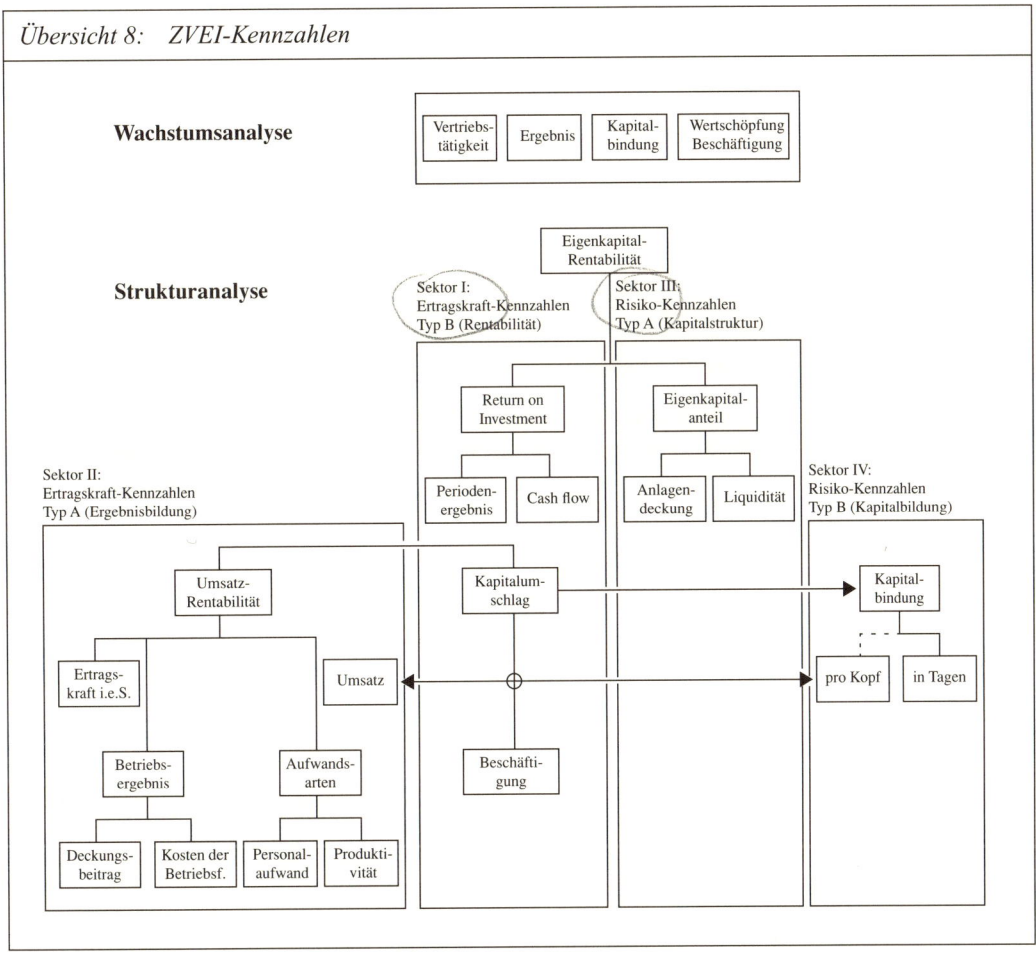

Als Spitzenkennzahl, die die betriebswirtschaftlich wichtigste Aussage des gesamten Kennzahlensystems in konzentrierter Form vermitteln soll, wählt das ZVEI-System – wenn auch mit einer wenig überzeugenden Begründung – die Eigenkapitalrentabilität.

*Eigenkapitalrenta-
bilität als Spitzen-
kennzahl*

Das System enthält Verhältniszahlen und absolute Größen, greift sowohl auf Angaben des handelsrechtlichen Jahresabschlusses als auch auf Daten aus der Kosten- und Leistungs- sowie der internen Ergebnisrechnung zurück und verwendet gleichzeitig Wert- und Mengengrößen. Da diese Informationen vielfach nur dem internen Rechnungswesen zu entnehmen sind, erklärt dies auch, warum eine vollständige Anwendung des ZVEI-Systems dem externen Analytiker nicht möglich ist und damit allein unternehmensinternen Zwecken vorbehalten bleibt.

Informationsquellen

Verfahrensweise   Das ZVEI-Kennzahlensystem unterteilt die Systemelemente in Haupt- und Hilfskennzahlen. Hauptkennzahlen führen den analytischen Gedankengang fort und bedürfen einer weiteren Analyse, während Hilfskennzahlen zur rechentechnischen Erklärung von Hauptkennnzahlen herangezogen werden und keinen sachlogischen, sondern lediglich einen formalen Zusammenhang herstellen. Insgesamt verwendet das System 210 (!) einzelne Kennzahlen; es handelt sich dabei um 88 Haupt- und 122 Hilfskennzahlen.

Alle im System verwendeten und zuvor auf ihre praktische Relevanz in den Betrieben hin überprüften Kennzahlen werden auf einem besonderen Definitionsbogen unter Angabe des jeweiligen Kennzahlentitels exakt bestimmt. Hier werden der Anwendungszweck, die Formel selbst und der Formelinhalt eindeutig und leicht verständlich definiert.

Unternehmens-
wachstum
und -struktur   Das ZVEI-System umfaßt die Analysekategorien des Unternehmenswachstums und der Unternehmensstruktur und stellt zunächst mit der Beobachtung der Indikatoren Vertriebstätigkeit (Auftragsbestand, Umsatz), Ergebnis (umsatzbezogenes Ergebnis, Periodenergebnis, Cash-flow), Kapitalbindung (Vorräte, Sachanlagen, Personalaufwand), Wertschöpfung und Beschäftigung auf das Unternehmenswachstum ab. In diesem Zusammenhang finden auch die Veränderungszahlen gegenüber dem vorhergehenden Zeitraum bzw. Zeitpunkt besondere Beachtung, um auf diesem Wege das relative Unternehmenswachstum sichtbar zu machen.

Strukturanalyse   Die Strukturanalyse bildet den Hauptteil des ZVEI-Kennzahlensystems. Sie soll die Unternehmenseffizienz mit Hilfe von Beziehungs- und Gliederungszahlen analysieren und grenzt den gesamten Analysebereich nach vier Untergruppen (= sogenannte Analysesektoren) ab, die ihrerseits wiederum die Rentabilität, Ergebnisbildung, Kapitalstruktur und Kapitalbindung zum Gegenstand der Untersuchung machen.

Die Analyse der Rentabilität (sogenannte Ertragskraft-Kennzahlen vom Typ B) erfolgt insofern, als der ROI einmal hinsichtlich des Periodenergebnisses und zum anderen unter dem Gesichtspunkt des Cash-flow analysiert wird. Die Analyse der Kapitalstruktur (sogenannte Risiko-Kennzahlen vom Typ A) betrachtet den Eigenkapitalanteil unter den Aspekten der Anlagendeckung und der Liquidität. Im Rahmen der Analyse der Ergebnisbildung (sogenannte Ertragskraft-Kennzahlen vom Typ A) erfolgt eine Zerlegung des Periodenergebnisses in die Umsatzrentabilität, die ihrerseits wiederum in ihre Komponenten Ertragskraft im engeren Sinne, Betriebsergebnis (Deckungsbeitrag, Kosten der Betriebsfunktionen), Aufwandsarten (Personalaufwand, Produktivität) untergliedert und in den Kapitalumschlag überführt wird. Die Analyse der Kapitalbindung (sogenannte Risiko-Kennzahlen vom Typ B) schließlich formt den Kapitalumschlag und die Kapitalbindungszeit um.

2.2.2.2 Aufgaben

Ausgehend von der Grundannahme, daß Kennzahlen Schlüsselfunktionen bei einer systematischen Kontrolle der Geschäftsentwicklung, der Konzipierung notwendiger Anpassungsmaßnahmen und für die kurz-, mittel- und langfristige Planung übernehmen können, versteht sich das ZVEI-System zugleich als analytisches Instrument und als Planungsinstrument.

Als Instrument der Unternehmensanalyse finden sowohl der Zeitvergleich als auch der Betriebsvergleich Anwendung. Das Kennzahlensystem ist als analytisches Instrument auf sachliche Feststellungen hin ausgelegt. Eine Wertung kann deshalb nur im Verhältnis zur unternehmerischen Zielsetzung, also außerhalb des Kennzahlensystems, erfolgen. Das ZVEI-Kennzahlensystem will als analytisches Instrument »nicht beunruhigen oder beruhigen, sondern es will den Betrachter mit der Frage konfrontieren, ob die Verhältnisse mit den Unternehmenszielen übereinstimmen« (BETRIEBSWIRTSCHAFTLICHER AUSSCHUSS DES ZENTRALVERBANDES DER ELEKTROTECHNISCHEN INDUSTRIE e.V. 1989, S. 36).

Instrument der Unternehmens- analyse

Als Planungsinstrument will das ZVEI-Kennzahlensystem einen Vergleich der tatsächlichen Effizienz eines Unternehmens mit seinen Zielvorstellungen anstellen. Dabei gibt es den unternehmerischen Zielsetzungen durch Plangrößen zahlenmäßig faßbaren Inhalt. In diesem Sinne versteht das ZVEI-System Planung als Konstruktion einer gedachten Effizienz (Planziele), die mit den allgemeinen Zielsetzungen (die nicht in der Effizienz selbst bestehen, sondern diese zur Voraussetzung haben) abgestimmt ist. Der Planungsvorgang selbst vollzieht sich in den nachfolgenden sechs Schritten:

Planungsinstrument

(1) Planung der Hauptkennzahlen,
(2) Abstimmung der Hauptkennzahlen untereinander,
(3) Berechnung der Hilfskennzahlen,
(4) Abstimmung der Hauptkennzahlen mit den Hilfskennzahlen,
(5) Auswahl und Planung der Ausgangs-Plangröße (absolute Zahl),
(6) Berechnung und Abstimmung der übrigen absoluten Zahlen.

2.2.3 Das RL-Kennzahlensystem

2.2.3.1 Aufgaben

Ausgehend von den Grundannahmen, daß

Grundannahmen

(1) die Informationen aus dem betrieblichen Rechnungswesen nur zu einem Teil unmittelbar für unternehmerische Führungsaufgaben geeignet sind,

(2) die Rechnung mit Kennzahlen und Kennzahlensystemen auf einem theoretisch recht unbefriedigenden Niveau steht,

(3) zwar verschiedene Kennzahlensysteme erarbeitet worden sind, wobei aber keines hinreichend auf die Aufgabe zugeschnitten ist, ein Führungsinstrument zu sein, weil sie entweder unvollständig oder aber nicht komprimiert worden sind,

entwickelten REICHMANN/LACHNIT das sogenannte Rentabilitäts-Liquiditäts-Kennzahlensystem (kurz RL-System).

Planungs- und Kontrollinstrument

REICHMANN/LACHNIT betrachten das RL-System als ein flexibles und bedeutendes Planungs- und Kontrollinstrument, welches in Umfang und Inhalt gezielt auf die Erfordernisse der unternehmerischen Erfolgs- und Liquiditätssteuerung zugeschnitten ist und in konzentrierter Form über die für die Unternehmensführung wichtigen Sachverhalte, wie z.B. Rentabilität, Liquidität, Erfolgsquellen oder Unternehmensstruktur, berichten soll (vgl. REICHMANN, T./LACHNIT, L. 1976, S. 723).

Erfolg und Liquidität als zentrale Kenngrößen

Das RL-Kennzahlensystem ist als unternehmensinternes Instrument konzipiert, das zur Lenkung des Gesamtunternehmens benutzt werden kann. Es betrachtet gleichrangig den Erfolg und die Liquidität als zentrale Kenngrößen des Steuerungssystems und trägt damit auch dem Umstand Rechnung, daß die Aufrechterhaltung der jederzeitigen Zahlungsfähigkeit eine unerläßliche Voraussetzung für den Bestand jedes Unternehmens ist. Es führt unter anderem deshalb bereits zu einer bedeutenden Weiterentwicklung der Kennzahlenrechnung, weil die bisherigen Kennzahlensysteme zu einseitig auf die Rentabilität ausgerichtet sind und den Liquiditätsgesichtspunkt stark oder gänzlich vernachlässigen.

Das RL-Kennzahlensystem bedient sich der Instrumente des Soll-Ist-Vergleichs sowie des Zeitvergleichs und ermittelt die einzelnen Kennzahlen teilweise für jährliche, vierteljährliche, monatliche oder wöchentliche Analysezeiträume.

2.2.3.2 Aufbau

Struktur

Das RL-Kennzahlensystem (vgl. Übersicht 9) setzt sich aus insgesamt 39 Kennzahlen zusammen und verwendet sowohl Verhältniszahlen als auch absolute Zahlen aus dem externen und internen Rechnungswesen. Es ist ein Ordnungssystem, da die einzelnen Elemente des Kennzahlensystems nicht rechentechnisch, sondern sachlogisch miteinander verbunden sind, und besteht aus einem allgemeinen Teil, der von der Unternehmensleitung in jedem Fall zur laufenden Planung, Steuerung und Kontrolle benötigt wird, und einem Sonderteil, der jene Kennzahlen enthält, die firmenspezifisch zur Ergänzung der laufenden Grundlagen benötigt werden.

Spitzenkennzahlen des allgemeinen Teils

Der allgemeine Teil des Kennzahlensystems beginnt mit den Spitzenkennzahlen ordentliches Ergebnis und liquide Mittel. Das ordentliche Ergebnis als Ausgangskennzahl des Rentabilitätsteils wird als zentrale Erfolgsgröße be-

trachtet, die den tendenziell nachhaltigen Erfolg aus Leistungs- und Finanzaktivitäten verkörpert und sich planen und monatsweise vorgeben läßt.

Dem ordentlichen Ergebnis sind sodann die Gesamtkapitalrentabilität, die Kapitalumschlagshäufigkeit und die Umsatzrentabilität nachgeordnet. Während
sich Kapitalrentabilitäten nur für eine jährliche Vorgabe und Kontrolle eignen,
da der Betrag des im Unternehmen investierten Kapitals nicht ohne umfangreiche zusätzliche Erhebungen kurzfristig festzustellen ist, können die Umsatzrentabilität und Teile der Kapitalumschlagshäufigkeit kurzfristig ermittelt werden.

Rentabilitätsteil

Die Umsatzrentabilität gibt an, wieviel betriebsbedingter Gewinn je Einheit
Umsatz erzielt wird, und bringt zum Ausdruck, wie gut das Unternehmen seine
Leistungen am Markt verkaufen und wie kostengünstig es diese herstellen
konnte. Die Kapitalumschlagshäufigkeit ist ein Ausdruck dafür, wie intensiv
die Vermögensgegenstände genutzt werden, und läßt erkennen, wie oft das betriebsbedingte Kapital umgeschlagen worden ist.

Als Spitzenkennzahl des Liquiditätsteils gibt die absolute Größe liquide Mittel
den Betrag an Geld und geldnahen Beständen an, den die Unternehmung aufgrund ihrer Umsatz- und Aufwandsplanung zur Abwicklung und Sicherung des
betrieblichen Geschehens benötigt. Diesen liquiden Mitteln sind der Cash-flow
und das Working Capital nachgeordnet. Der Cash-flow wird als Finanz- und als
Erfolgsindikator betrachtet. Er gibt an, in welchem Umfang die Unternehmung
aus eigener Kraft durch ihre betriebliche Umsatztätigkeit finanzielle Mittel erwirtschaften kann bzw. erwirtschaften konnte. Das Working Capital als Differenz von Umlaufvermögen und kurzfristigen Verbindlichkeiten besagt im Falle
einer positiven Größe, daß die kurzfristigen Verbindlichkeiten durch Vermögensteile abgedeckt sind, die Geld sind oder in ungefähr gleicher Zeit zu Geld
werden.

Liquiditätsteil

Im Sonderteil des Kennzahlensystems stellen REICHMANN/LACHNIT jene Zahlenangaben zusammen, die firmenindividuell, z.B. in Abhängigkeit von der
Branche, Unternehmensstruktur oder speziellen Marktsituationen, und zur Ergänzung der Kennzahlen des allgemeinen Teils erforderlich sind. Auch im Sonderteil werden Zahlen zur vertieften Analyse der Einflußfaktoren von Rentabilität und Liquidität angeschlossen und reichen hier von Umsatzanteilen einzelner Artikel über Preisobergrenzen für die wichtigsten Einsatzmaterialien bis
hin zu einer Deckungsbeitragsanalyse.

*Bedeutung
und Struktur
des Sonderteils*

Übersicht 9:   Rentabilitäts- und Liquiditäts-Kennzahlensystem (RL-System)

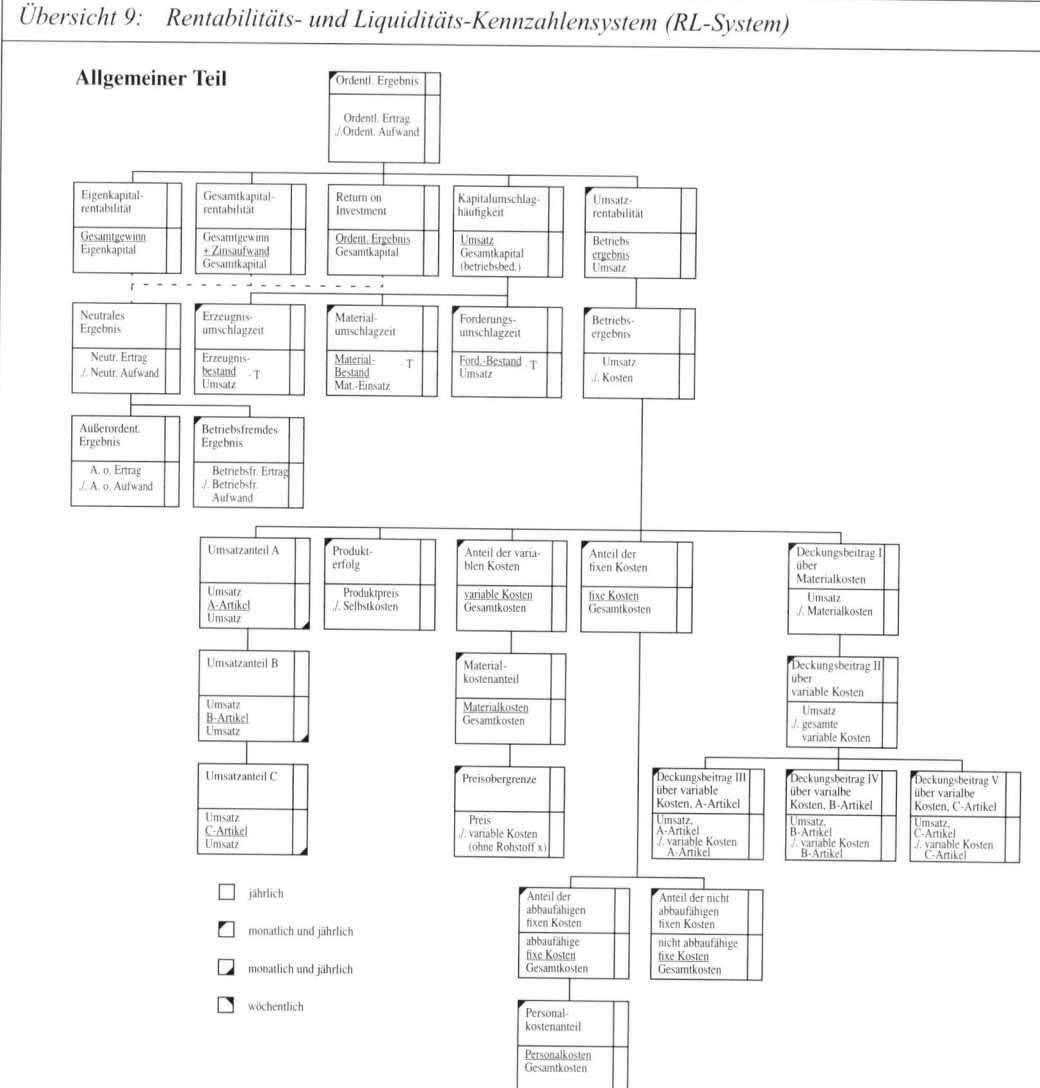

Übersicht 9: (Fortsetzung)

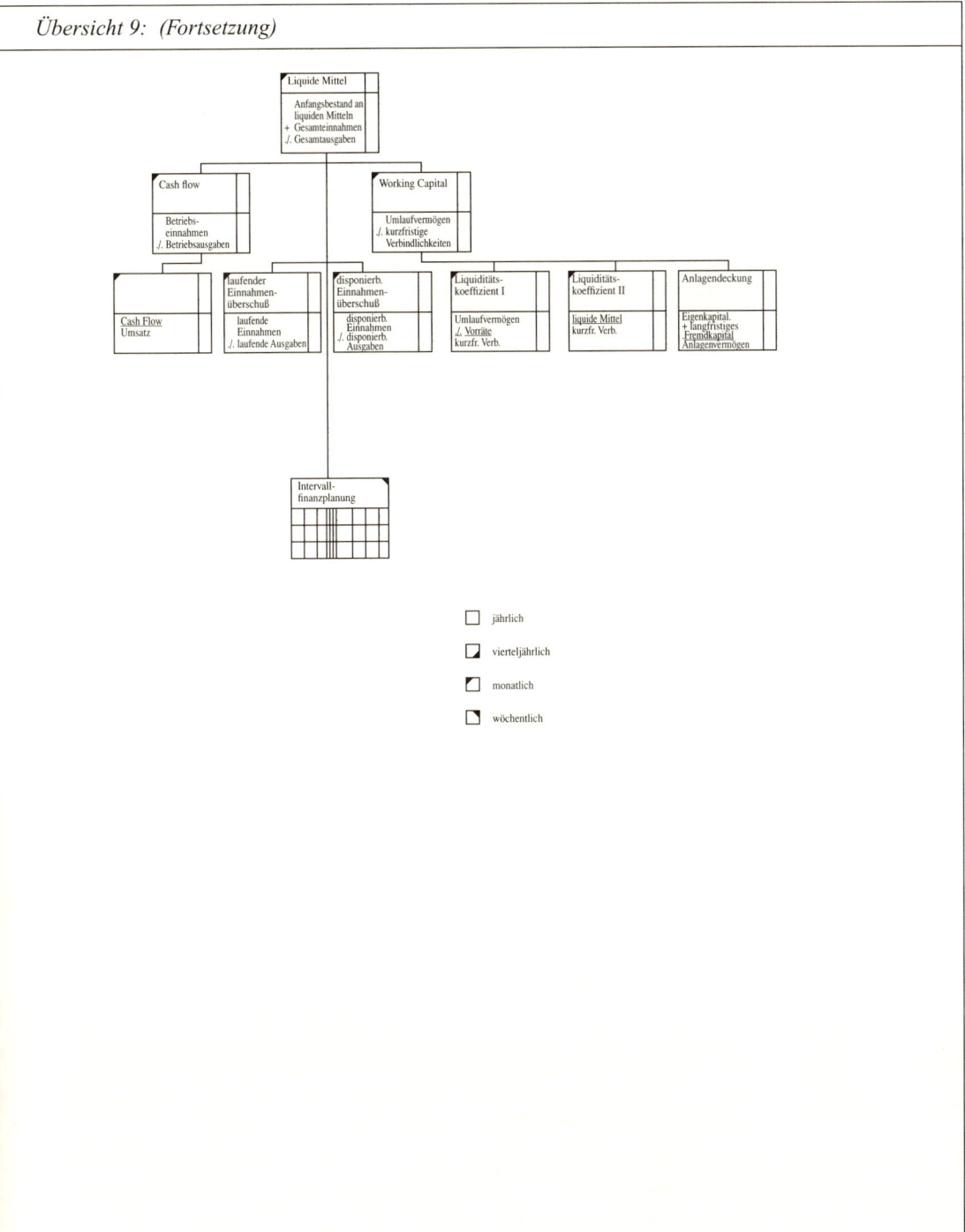

Merksätze:

1. Das Du Pont-Kennzahlensystem stellt, in Gestalt einer Kennzahlen-Pyramide, ein Rechensystem dar, das als Spitzenkennzahl den ROI verwendet. Es dient der Aufwands-, Ertrags-, Vermögens- und Kapitalanalyse.

2. Das ZVEI-Kennzahlensystem ist ebenfalls als Kennzahlen-Pyramide konzipiert und vereinigt die Merkmale eines gemischten Rechen- und Ordnungssystems in sich. Als Spitzenkennzahl fungiert die Eigenkapitalrentabilität. Das ZVEI-System umfaßt die Analysekategorien des Unternehmenswachstums und der Unternehmensstruktur und wird sowohl zur Unternehmensanalyse als auch als Planungsinstrument eingesetzt.

3. Das RL-Kennzahlensystem dagegen ist ein Ordnungssystem, das gleichrangig den Erfolg (Rentabilitätsteil) und die Liquidität (Liquiditätsteil) als zentrale Kenngrößen betrachtet. Es findet Einsatz als Planungs- und Kontrollinstrument.

3. Auswertungsmethoden

3.1 Statische Analyse

Keine Berücksichtigung des Faktors Zeit

Die statische Analyse – auch als »Einzelanalyse« (KUSSMAUL, H. 1984, S. 149) bezeichnet – bezieht nur Größen des betrachteten Unternehmens in die Auswertung ein, die den gleichen Zeitpunkt oder die gleiche Zeitperiode betreffen. Es handelt sich bei der Analyse der Beständebilanz um eine Zustands- oder Momentaufnahme des wirtschaftlichen Geschehens, bei der der Zeitablauf unberücksichtigt bleibt. Bei der Gewinn- und Verlustrechnung werden nur die Daten einer einzigen (derselben) Periode in die Analyse einbezogen. Diese statische Analyse ist der Ausgangspunkt für die Bildung von Kennzahlen und liefert gewissermaßen das Handwerkszeug für weitergehende analytische Betrachtungen.

Notwendigkeit eines Vergleichsmaßstabs

Die statische Analyse reicht aber regelmäßig nicht aus, um bestimmte Informationen hinreichend werten zu können. Denn es fehlt ein Maßstab, an dem die einzelnen Bilanzposten der Höhe nach und die Werte der einzelnen Kennzahlen gemessen werden können. Da die Mehrzahl der Kennzahlen aber erst durch einen sinnvollen Vergleich mit anderen Kennzahlen Bedeutsamkeit und Aussagekraft erhält, wird die Kennzahlenrechnung in der betrieblichen Praxis in einem zweiten Schritt grundsätzlich als Vergleichsrechnung ausgestaltet.

Zu Recht betont GRÄFER daher, daß Bilanzanalyse »immer explizit oder implizit einen Vergleichsvorgang« (GRÄFER, H. 1997, S. 92) beinhaltet, denn eine Kennzahl kann erst durch die Gegenüberstellung mit normativen Richtwerten oder empirisch abgeleiteten Kenngrößen eine eigene Aussagequalität erlangen. Und schließlich ist gerade in diesem Zusammenhang zutreffend festzustellen, daß der einzelne Jahresabschluß ein überaus schlechtes Informationsinstrument zur Vermittlung entscheidungsrelevanter Daten ist (vgl. BALLWIESER, W. 1987, S. 57).

Durch die Analyse einer einzelnen Kennzahl kann also noch kein Urteil gebildet werden. Man ist allenfalls dazu in der Lage, gewisse auffällige Merkmale oder Indizien zu erkennen und herauszustellen. Solche Auffälligkeiten betreffen alles das, was in der Bilanz als untypisch bezeichnet werden muß und gleichsam als unerwartete Erkenntnis »praktisch ins Auge springt« (KERTH, A./WOLF, J. 1993, S. 106). Eine Wertung im Sinne von ›gut‹ oder ›schlecht‹ ist in dieser Situation nicht möglich. Dieser Zusammenhang erklärt auch, warum erst der sich an die statische Analyse anschließende Vergleich das traditionelle bzw. klassische Instrument der Urteilsfindung im Rahmen der Bilanzanalyse ist (vgl. HAUSCHILDT, J. 1971, S. 345).

3.2 Vergleichende Analyse

Ein Vergleich liegt vor, wenn gleichartige oder ähnliche Größen, die sich auf unterschiedliche Perioden oder Zeitpunkte beziehen oder bei unterschiedlichen Betrieben bzw. betrieblichen Teilbereichen gemessen wurden, ins Verhältnis zueinander gesetzt werden.

Ein sinnvoller Vergleich setzt dabei voraus, daß (vgl. dazu GRÄFER, H. 1997, S. 93f.; KERTH, A./WOLF, J. 1993, S. 107)

Voraussetzungen

(1) das verwendete Datenmaterial vor der Bildung von Kennzahlen nach den gleichen Prinzipien bzw. Kriterien aufbereitet ist und

(2) die aus der Aufbereitung gewonnenen Grunddaten für die verschiedenen zu betrachtenden Perioden und betrieblichen Sachverhalte inhaltlich vergleichbar sind. Insbesondere sollte sichergestellt sein, daß die Bewertung der zu analysierenden Größen nach gleichen oder vergleichbaren Grundsätzen vorgenommen wurde.

3.2.1 Zeitvergleich

Beim Entwicklungs- oder Zeitvergleich werden Größen einander gegenübergestellt, die sich auf unterschiedliche Zeitpunkte bzw. unterschiedliche Zeiträume beziehen, jedoch stets ein und dasselbe Objekt betreffen. Aufgrund eines solchen Vergleichs sollen Vorgänge im Zeitablauf sichtbar und Entwicklungstendenzen verdeutlicht werden.

Mit dem Zeitvergleich werden lediglich Veränderungen sichtbar gemacht, wie sie sich im Jahresabschluß niedergeschlagen haben; die Ursachen dieser Veränderungen werden damit keinesfalls gezeigt (vgl. LEFFSON, U. 1984, S. 111). So besteht auch hier die Gefahr, daß der Analyst bestimmte Beeinflussungen

Gefahr der Fehlinterpretation

oder Manipulationen nicht erkennt oder nicht erkennen kann und er somit anstelle der tatsächlichen, eine eventuell vorgetäuschte Entwicklung der Unternehmung für richtig hält (vgl. LEFFSON, U. 1984, S. 103).

Vorteile des Zeit-
vergleichs

Die Vorteile des Zeitvergleichs belegen die folgenden Sachverhalte:

(1) Eine wesentlich höhere Aussagekraft des mehrperiodigen Bilanzvergleichs im Vergleich zur einperiodigen Bilanzanalyse liegt darin, daß der Einsatz bilanzpolitischer Instrumente, der in einer bestimmten Periode aufgrund unternehmensinterner Ziele stattfand, in den meisten Fällen schon in der folgenden Periode entgegengesetzte Wirkungen mit sich bringen kann, die somit die früher vorgenommenen Bilanzgestaltungen zum Teil wieder aufheben (vgl. JACOBS, O.H./GREIF, M./WEBER, D. 1972, S. 427).

Werden z.B. in t_1 fertige Erzeugnisse zu Einzelkosten bewertet und damit in t_1 stille Reserven gelegt, erfolgt eine Auflösung dieser stillen Reserven bereits in t_2, wenn die Erzeugnisse in dieser Periode verkauft werden.

Konkret gilt also folgender Zusammenhang: Bleibt ceteris paribus im Zeitablauf die Höhe der stillen Reserven konstant, wird das bilanzielle Vermögen in Höhe der gelegten stillen Reserven zwar ständig zu niedrig ausgewiesen. Da es sich aber um einen ständig konstanten Bodensatz an stillen Reserven handelt, wird in Jahren, in denen die Bewertungsreserven unverändert bleiben, der Ertragsausweis in der gesamten Höhe nicht verfälscht (Bodensatzthese).

(2) Eine mehrperiodige Vergleichsrechnung läßt einmalige Zufälligkeiten und außerordentliche Ereignisse leichter erkennen und kann ihre Auswirkungen im Rahmen der Entscheidungsfindung relativieren. Dieser Sachverhalt erhält eine erhöhte Bedeutung, denn der Gesetzgeber hat den Begriff des Außerordentlichen für den gesonderten Ausweis in der Gewinn- und Verlustrechnung in § 277 Abs. 4 HGB sehr restriktiv ausgelegt. Er entspricht nicht mehr den Vorstellungen einer betriebswirtschaftlichen Erfolgsspaltung.

(3) Änderungen bilanzpolitischer Maßnahmen fallen im Rahmen einer mehrperiodigen Betrachtung nicht so stark ins Gewicht und erfahren insofern eine Neutralisierung im Vergleich zur Analyse eines einzelnen Abschlusses. Die handelsbilanziellen Vorschriften sehen zwar in § 284 Abs. 2 Nr. 3 HGB die Angabe und Begründung von Abweichungen von Bilanzierungs- und Bewertungsmethoden sowie die gesonderte Darstellung der damit verbundenen Beeinflussung der Vermögens-, Finanz- und Ertragslage vor. Jedoch dürfte es im Einzelfall schwierig sein, eine gegebenenfalls vorhandene verbale Information, die in aller Regel zur Erfüllung dieser Gesetzespflicht bereits ausreicht, zu quantifizieren.

Auch der in § 252 Abs. 1 Nr. 6 HGB erstmalig geregelte Stetigkeitsgrundsatz dürfte hier wohl kaum die bilanzanalytische Beurteilung wesentlich erleichtern.

3.2.2 Soll-Ist-Vergleich

Beim Soll-Ist-Vergleich – auch Normvergleich oder normativer Vergleich genannt – werden den vorgefundenen Istwerten entweder Richtwerte oder Planwerte gegenübergestellt. Gemeinsam ist diesen Richt- und Planwerten, daß sie einen normativen bzw. Vorgabecharakter haben. Während Richtwerte in aller Regel Erfahrungswerte der Vergangenheit zur Grundlage haben (etwa Durchschnittswerte verschiedener Perioden), ist man bei Plandaten bemüht, sich von Daten der Vergangenheit zu lösen. Vielmehr treten an ihre Stelle zukunftsorientierte Größen einer analytischen Kostenplanung, die im Rahmen einer systematischen Verbrauchsanalyse – auf der Grundlage technischer und arbeitswissenschaftlicher Studien – festgelegt wurden.

Normvergleich mit Plan- oder Richtwerten

3.2.3 Zwischenbetrieblicher Vergleich

Beim Unternehmens-, Betriebs- oder zwischenbetrieblichen Vergleich werden Unternehmen gleicher oder verschiedener Branchen, aber auch einzelne Betriebe mit Betrieben des gleichen Unternehmens oder mit den Betrieben fremder Unternehmen verglichen.

Anwendungsbereich und Bedeutung

Zusätzliche Analyseerkenntnisse sind zudem dann zu erwarten, wenn der Unternehmens- und Betriebsvergleich auch um internationale Aspekte erweitert wird. Denn im Rahmen der Globalisierung der Märkte dürften regionale bzw. Ländergrenzen auch für die Zwecke der Bilanzanalyse an Bedeutung verlieren.

Auf dieser Grundlage soll die Stellung des eigenen Unternehmens im Vergleich zu anderen Unternehmen und Betrieben abgelesen werden können, und es sollen sich damit Ansatzpunkte zur Beseitigung möglicher Schwachstellen finden lassen (vgl. MERKLE, E. 1982, S. 329).

Der Unternehmensvergleich ist ein sinnvolles Hilfsmittel der Analyse, wenn er die folgenden Voraussetzungen erfüllt (vgl. dazu HAUSCHILDT, J. 1996, S. 9):

Voraussetzungen

(1) Der zwischenbetriebliche Vergleich sollte großzahlig sein, also nicht nur zwei Unternehmen umfassen, sondern so viele Unternehmen in die Untersuchung einbeziehen, daß der Analyst die Bandbreite des Möglichen im Positiven wie im Negativen feststellen kann.

(2) Er sollte außerdem Unterschiede der zu vergleichenden Unternehmen aufzeigen können. Im Vergleich müssen strukturelle Unterschiede, die Produktions- und Marktsituationen betreffen, genannt werden.

3.2.4 Kombination der Vergleichsmethoden

Die bislang dargestellten Analysemethoden können nicht nur nebeneinander und damit für sich isoliert angewendet werden; es kann auch eine Kombination beim gleichzeitigen Einsatz der Vergleiche erfolgen, wenn z.B. ein Unternehmensvergleich auf unterschiedlichen Zeitbasen oder gleichzeitig mit einem Soll-Ist-Vergleich durchgeführt wird.

Systematisierung In Form einer Übersicht kann eine Systematisierung der betrieblichen Kennzahlenvergleiche vorgenommen werden. Dabei bezeichnet der direkte Vergleich die Gegenüberstellung gleicher Kennzahlen, ohne Rücksicht darauf, ob sie aus anderen Unternehmen oder Perioden stammen bzw. Soll- oder Istgrößen darstellen (vgl. Übersicht 10).

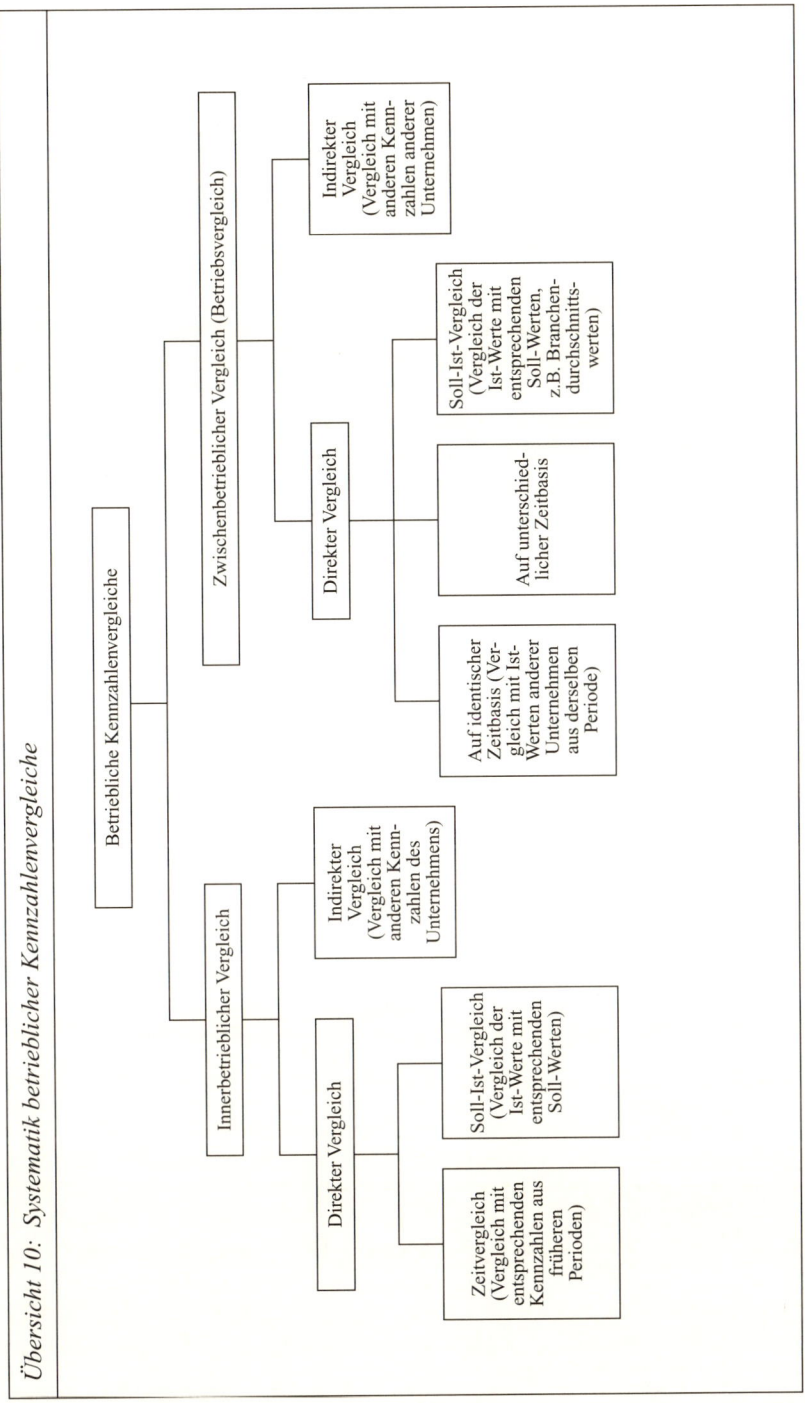

Übersicht 10: Systematik betrieblicher Kennzahlenvergleiche

4. Grenzen der Kennzahlenrechnung

Wenngleich Kennzahlen ein in der Literatur ausführlich diskutiertes und in der betrieblichen Praxis häufig verwendetes Hilfsmittel zur Unternehmensbeurteilung darstellen, schränken wichtige Faktoren die Aussagefähigkeit der Kennzahlen und damit auch die Möglichkeiten der Bilanzanalyse insgesamt unter Umständen erheblich ein. Der Analytiker sollte nachfolgende Grenzen der Kennzahlenrechnung beachten, um mögliche Fehlurteile zu vermeiden:

Doppelt veraltetes Zahlenmaterial

(1) Die Ergebnisse der Jahresabschlußrechnung sind gleich in mehrfacher Hinsicht veraltet. Zunächst sind handelsrechtliche Bilanzen Abrechnungen über vergangene Perioden und durch einen ausgeprägten Vergangenheitsbezug charakterisiert (vgl. MOXTER, A. 1975, S. 328). Zwar finden im Jahresabschluß auch vereinzelt Zukunftsaspekte Berücksichtigung (z.B. durch Rückstellungsbildung und Festlegung von Nutzungsdauern), gleichwohl dominiert der Vergangenheitsbezug, schon als Folge des pagatorischen Anschaffungskostenprinzips und auch des Vorsichtsprinzips.

Neben der Vergangenheitsorientierung kommt hinzu, daß zwischen dem Bilanzstichtag und dem Zeitpunkt der Veröffentlichung ein längerer Zeitraum liegt (vgl. Übersicht 11).

Sowohl die Vergangenheitsorientierung als auch die Zeitspanne zwischen dem Bilanzstichtag und der Bilanzveröffentlichung können dazu führen, daß die Kennzahlen nicht mehr aktuell sind, d.h., sie wurden zwar richtig aufgestellt, müssen aber im Augenblick der Verwendung als überholt und veraltet betrachtet werden (vgl. STAEHLE, W. 1969, S. 67). Dies gilt insbesondere für die stichtagsbezogenen Kennzahlen zur Vermögens- und Liquiditätslage.

Übersicht 11: Fristen des Blanzrechts

Unternehmenskategorie / Fristen zur	kleine Kapitalgesellschaft	mittelgroße Kapitalgesellschaft	große Kapitalgesellschaft
Aufstellung des Jahresabschlusses	6 Monate	3 Monate	3 Monate
Einberufung der Gesellschafterversammlung	11 Monate	8 Monate	8 Monate
Einreichung des Abschlusses zum Handelsregister	12 Monate	9 Monate	9 Monate

2) Der Jahresabschluß enthält nicht alle für eine aussagefähige Jahresabschlußanalyse erforderlichen Informationen. Zunächst geben die Bilanz
und Erfolgsrechnung allenfalls den zahlenmäßigen, in Geld ausgedrückten
Teil des ökonomischen bzw. unternehmerischen Handelns wieder. In die
Kennzahlen als solche und in ihre Komponenten gehen daher auch nur
quantifizierbare Größen ein. Sachverhalte, die nicht quantifizierbar sind,
entziehen sich somit einer Kennzahlenrechnung, mögen sie auch noch so
bedeutsam sein, um die Lage einer Unternehmung zu beurteilen. Da z.B.
Präferenzen auf Beschaffungsmärkten, die Qualität des Managements, die
Marktstellung, das Image und das technische Know-how als Komponenten
eines originären Firmenwerts nicht oder nicht hinreichend quantifiziert
werden können, können diese Faktoren auch keine Verwendung im Rahmen der Jahresabschlußanalyse finden. Sie können, wenn überhaupt, nur
aus der Ertragsentwicklung im Zeitablauf und im Vergleich zu Wettbewer-
bern abgeleitet werden.

Außer der Tatsache, daß der Jahresabschluß im wesentlichen nur quantitative Informationen vermittelt, sind diese Informationen auch deshalb unvollständig, weil nur solche Geschäftsvorfälle erfaßt werden, die vermö-
gens-, finanz- oder ertragswirksame Auswirkungen von begonnenen oder
abgeschlossenen Transaktionen widerspiegeln. Es fehlen daher Informationen z.B. über Abnahme- und Lieferkontraktverpflichtungen, freie Kreditlinien, Auftragsbestände und Beschäftigungsgrade, Mengenaussagen
über die Zusammensetzung der Vorräte sowie über schwebende Geschäfte,
sofern nicht Verluste daraus drohen.

(3) Die Beurteilung der Unternehmensentwicklung basiert bisher auf lediglich subjektiv festgelegten Sollwerten von Kennzahlen. Es fehlt eine allgemein anerkannte betriebswirtschaftliche Theorie zur Festlegung von Sollwerten für gesunde Unternehmen (vgl. BAETGE, J./NIEHAUS, H.-J. 1989,
S. 145f.; SCHNEIDER, D. 1985, S. 1492f.).

*Fehlen eines objek-
tiven Vergleichs-
maßstabs*

(4) Die Daten der Jahresabschlußanalyse sind bewertungsabhängig und damit
das Resultat subjektiver Wertungsprozesse. Sie können bilanzpolitisch
durch die unterschiedliche Ausnutzung von Bilanzierungs- und Bewertungswahlrechten sowie durch die Auslegung von Ermessensspielräumen
in erheblichem Maße beeinflußt werden. BUCHNER bemerkt in diesem Zusammenhang treffend, daß das publizierte Zahlenmaterial »in wesentlichen Teilen bilanzpolitischem Ermessen des Rechnungslegenden ausgesetzt ist, so daß die Zuverlässigkeit der Jahresabschlußdaten bezüglich der
Abbildung von Sachverhalten nur sehr eingeschränkt ist« (BUCHNER, R.
1981a, S. 109).

*Zweckorientierte
Bewertungspolitik*

Da die Bewertung im Jahresabschluß zweckabhängig vorgenommen wird,
ist es folglich notwendig, bei der Analyse stets nach dem Bewertungs-
zweck zu fragen, um die Grundtendenzen der Bewertung abschätzen zu

können (vgl. HAUSCHILDT, J. 1996, S. 2). Von besonderer Bedeutung ist dabei die Frage nach den übergeordneten Zielen der Unternehmenspolitik, an denen sich die Bewertung wie auch die Bilanzpolitik insgesamt orientieren. Selbst dort, wo Gesetz und Rechtsprechung den bilanzpolitischen Spielraum einengen, kommt es nicht zwangsläufig zu einer Aufwertung der Jahresabschlußinformationen für die Zwecke der Bilanzanalyse. Vielmehr kann es insbesondere durch die Kodifizierung des Grundsatzes der vorsichtigen Bilanzierung und Bewertung nach § 252 Abs. 1 Nr. 4 HGB und seine konkreten Ausprägungen zu eindeutigen Unterbewertungen des Vermögens bzw. zu ökonomisch wenig sinnvollen Aufwandsvorverrechnungen kommen. Das Ergebnis ist also in vielen Fällen eine eher pessimistische Darstellung der Unternehmenslage (vgl. SCHULT, E. 1991, S. 21; COENENBERG, A.G. 1997, S. 565).

Sowohl die Unvollständigkeit des Datenmaterials als auch die vielfältigen Möglichkeiten einer zweckorientierten Bewertungspolitik können dazu führen, daß das zugrundeliegende Analysematerial zumindest unter dem Gesichtspunkt der Aufgaben und Ziele der Kennzahlenrechnung in seiner Eignung stark beschränkt ist. Beachtenswert ist an dieser Stelle, daß die beschriebene Grenze im Rahmen einer grenzüberschreitenden Analyse verstärkt zur Geltung kommen muß.

Starke Kompri-
mierung komplexer
Sachverhalte

(5) Kennzahlen stellen zwangsläufig ein vereinfachendes Bild des Unternehmensgeschehens dar. Zunächst werden im Jahresabschluß bestehende Unterschiede innerhalb der Abschlußposten verwischt, indem Einzelposten zu Sammelposten zusammengefaßt werden. Darüber hinaus werden in Verhältniszahlen komplizierte Sachverhalte und Zusammenhänge auf eine Nenner- und Zählergröße sowie auf das Ergebnis der Division reduziert. Aufgrund der Beschränkung auf diese wenigen Größen besteht zwangsläufig die Gefahr, daß wichtige Erkenntnisse, soweit sie sich auf Einzelposten beziehen, verloren gehen. Dieser Nachteil und diese gleichzeitige Grenze der Kennzahlenbildung erklären, warum Kennzahlensysteme gegenüber einzelnen Kennzahlen in der betrieblichen Praxis ständig an Bedeutung gewinnen.

Irreführende
Postenbezeich-
nungen

(6) Die Bezeichnung von Abschlußposten kann zu Fehldeutungen führen. Als Musterbeispiel wäre hier der Posten »Eigenkapital« anzuführen, wie er im neuen Bilanzrecht als erster Posten auf der Passivseite anzuführen ist. In zweifacher Hinsicht ist festzustellen, daß sich hinter dieser Größe keinesfalls, wie zunächst zu vermuten wäre, das bilanzielle Eigenkapital verbirgt.

– Der Posten »Eigenkapital« enthält auch – bilanzanalytisch betrachtet – Fremdkapital, denn in dieser Größe ist auch der Bilanzgewinn enthalten, der aber regelmäßig zur Ausschüttung an die Anteilseigner zur Verfügung steht und daher unter bilanzanalytischen Gesichtspunkten Ähnlichkeit mit einer kurzfristigen Verbindlichkeit hat. Folglich ist er für

Zwecke der Bilanzanalyse – zumindest in Höhe des zur Ausschüttung vorgesehenen Betrags – grundsätzlich dem kurzfristigen Fremdkapital zuzurechnen.

– Um das bilanzielle Eigenkapital zu ermitteln, müssen die auf der Aktivseite der Bilanz ausgewiesenen Korrekturposten zum Eigenkapital mit dem passivischen Bilanzposten »Eigenkapital« saldiert werden. Hierzu zählen z.B. die ausstehenden Einlagen auf das gezeichnete Kapital, soweit sie noch nicht eingefordert worden sind, und die eigenen Anteile. Weiterhin müssen die Eigenkapitalanteile sogenannter Mischposten (z.B. Sonderposten mit Rücklageanteil und Baukostenzuschüsse) hinzugerechnet werden.

(7) Die Beständebilanz ist eine Stichtagsrechnung und bildet eine Momentaufnahme des Unternehmensgeschehens ab. Durch den Einsatz geeigneter bilanzpolitischer Instrumente kann diese Momentaufnahme zielorientiert – über die Inanspruchnahme von Ansatz- und Bewertungswahlrechten sowie von Spielräumen hinaus durch Sachverhaltsgestaltung – beeinflußt werden. Hinzuweisen ist in diesem Zusammenhang auf die Wahl von Zahlungsterminen, auf das Instrument der Beschaffungspolitik sowie die Bildung stiller Reserven (vgl. WÖHE, G. 1997, S. 834f.) oder auf Besonderheiten der Kreditpolitik innerhalb eines Konzernverbunds. Zur wirkungsvollen Bilanzgestaltung kann hier die Gewährung von Krediten durch Konzernmitglieder kurz vor dem Bilanzstichtag stattfinden, wobei die alsbaldige Rückzahlung der Verbindlichkeiten oft nur wenige Tage nach dem Bilanzstichtag erfolgt.

Zielorientierte Gestaltung der Stichtagsrechnung

Als weitere Beispiele wären hier das Sale-and-Lease-back-Geschäft sowie der gezielte Abschluß von Factoringverträgen anzuführen. Schließlich ist in diesem Zusammenhang zu resümieren, daß die Möglichkeiten, eine Kennzahl durch Bilanzpolitik, also durch die Ausnutzung von Wahlrechten, Ermessensspielräumen und die Anwendung der Sachverhaltsgestaltung, zu verfälschen, so erheblich sind, daß mit Hilfe der traditionellen Bilanzanalyse durch einen Zeit- oder Betriebsvergleich negative Entwicklungen meist erst zu spät erkannt werden können (vgl. BAETGE, J. 1980, S. 653).

(8) Darüber hinaus besteht die Gefahr einer Fehlinterpretation von Kennzahlen, wenn

Gefahr von Fehlinterpretationen

– eine Fehldeutung über die Zähler- und/oder Nennergröße vorgenommen wird,

– die Zusammenhänge zwischen der Nenner- und Zählergröße verfälscht interpretiert werden,

– eine falsche Schlußfolgerung über das Ergebnis der Division gezogen wird.

Die Problematik einer Fehlinterpretation von Kennzahlen soll an nachfolgendem Beispiel verdeutlicht werden.

Beispiel:
Vorratsintensität

In zahlreichen Beiträgen zur Kennzahlenanalyse wird dem Quotienten Vorratsvermögen/Gesamtvermögen eine gewisse Bedeutung beigemessen. Diese als Vorratsquote oder auch als Vorratsintensität bezeichnete Kennzahl kann nach Auffassung verschiedener Autoren in der Literatur einerseits auf einen Lagerstau (Absatzprobleme) hinweisen, andererseits aber auch eine Änderung in der Vorratswirtschaft signalisieren (vgl. KERTH, A./WOLF, J. 1993, S. 119). Ganz allgemein soll diese Kennzahl ein Indikator für die Rationalität der Lagerhaltungspolitik sein. Je geringer der Kennzahlenwert ist, um so besser sei die Lagerhaltung und umgekehrt.

Einflußfaktoren
auf die Kennzahl

Die nachfolgenden Sachverhalte zeigen, daß die verschiedensten Ursachen die Vorratsquote beeinflussen und gleichzeitig eine Interpretation dieser Kennzahl nicht unmaßgeblich erschweren können:

– Die Unternehmung kann bewußt eine veränderte Marketingstrategie verfolgen und beispielsweise das Sortiment erweitern.

– Der Nenner sinkt, indem z.B. Forderungen schneller eingezogen werden (z.B. auch durch Factoring) oder flüssige Mittel abfließen.

– Veränderte Produktionstechniken und Logistikkonzepte – wie z.B. das Just-in-Time-Prinzip oder das KANBAN-System – führen zu einer Veränderung der Lagerhaltung.

– Die Preiskomponente verändert sich und führt bei Konstanz des Mengengerüsts zu einer veränderten Bilanzrelation. Als Beispiele seien die Preisschwankungen auf dem Öl- oder Goldmarkt angeführt.

– Konzerne dürfen in ihren Abschlüssen gem. § 298 Abs. 2 HGB die Vorräte in einer einzigen Größe ausweisen, so daß der externe Bilanzanalyst die Veränderung der einzelnen Teilkomponenten nicht erkennen kann.

– Insbesondere in Konzernen werden unter Umständen die unterschiedlichsten Aktivitäten zusammengefaßt. Die einzelnen Teilkomponenten der Vorräte können in den einzelnen Branchen eine verschiedene Bedeutung haben und sind oftmals nur schwer vergleichbar.

– Gem. § 268 Abs. 5 HGB dürfen die erhaltenen Anzahlungen auf Vorräte auch offen von dem Posten »Vorräte« abgesetzt werden. Sie dürfen aber auch als eigenständiger passivischer Bilanzposten ausgewiesen werden. Je nach Ausweistechnik kann damit die Höhe der Vorräte unter Umständen erheblich verändert werden. Spätestens im Rahmen der Strukturbilanz sollte dieser Tatbestand entsprechende Berücksichtigung finden, um somit eine Vergleichbarkeit für Analysezwecke herbeizuführen, was aufgrund des offenen Ausweises freilich keinerlei Probleme bereitet.

– Aufgrund von (befürchteten) Beschaffungsengpässen und einer entsprechenden Risikovorsorge wird eine veränderte Lagerpolitik gewählt.

– Geänderte Bewertungsmethoden – wie etwa der Wechsel von der
Durchschnittsbewertung zur Methode nach der Verbrauchsfolge oder
der Ansatz der fertigen und unfertigen Erzeugnisse zu Einzelkosten
statt zu Vollkosten – können den Ansatz der Vorräte erheblich verändern, ohne daß damit eine andere Lagerpolitik einhergehen muß.

– Insbesondere bei saisonalen Abhängigkeiten braucht der ausgewiesene Lagerbestand nicht repräsentativ für die Lagerhaltung während
der gesamten Rechnungsperiode eines Unternehmens zu sein. Die
Wahl des Abschlußstichtags kann somit erheblichen Einfluß auf die
Bestandshöhe und auch auf das zahlenmäßige Verhältnis des Bilanzpostens »Vorräte« zu den anderen Posten haben (vgl. LEFFSON, U.
1984, S. 54f.).

Dieser nicht vollständige Katalog zeigt, wie viele verschiedene Ursachen
Einfluß auf die Vorratsquote nehmen können. Diese Ursachen können
auch gleichzeitig sowie mit unterschiedlichen Vorzeichen auftreten, so
daß die Interpretation der Untersuchungsergebnisse mit der gebotenen
Vorsicht durchgeführt werden sollte. Werden diese Zusammenhänge
nicht beachtet, läuft der Analyst Gefahr, eine Fehlinterpretation der Untersuchungsergebnisse vorzunehmen, die hier am Beispiel der Vorratsquote demonstriert wurde, die es aber bei jeder Kennzahlenbildung zu
vermeiden gilt.

(9) Einzelabschlüsse von Konzernunternehmen können dadurch in ihrer
Aussagefähigkeit beeinträchtigt werden, daß Lieferungen oder Leistungen zwischen Konzernunternehmen mit marktunüblichen Konzernver-
rechnungspreisen bewertet oder aber liquide Mittel zwischen den einzelnen Konzerngliedern umgeschichtet werden. BALLWIESER spricht in diesem Zusammenhang von der »Gefahr der nahezu völligen Aussagelosig-
keit von Einzelabschlüssen« (BALLWIESER, W. 1987, S. 57).

*Mangelnde Aussa-
gefähigkeit der
Einzelabschlüsse
von Konzernunter-
nehmen*

(10) Schließlich sind auch das Prinzip der Wirtschaftlichkeit sowie der Wesentlichkeitsgrundsatz der Rechnungslegung als Grenzen der Bilanzanalyse als Kennzahlenrechnung zu beachten. Denn auch im Rahmen der
Kennzahlenbildung sollten die Kosten der Informationsgewinnung den
Informationsnutzen, also den durch die betreffende Information erzielten
zusätzlichen Ertrag nicht übersteigen. Diese Bedingung ist zunächst
wirksam für die Beschaffung und Aufbereitung des Grundlagenmaterials
der Kennzahlenrechnung und bezieht sich somit zunächst auf das Vorfeld
der Kennzahlenbildung.

*Wirtschaftlichkeits-
und Wesentlichkeits-
grundsatz*

Das Postulat der Wesentlichkeit ist darüber hinaus auf die Kennzahlenanalyse an sich gerichtet und verlangt, daß nur solche betrieblichen Sach-

verhalte in die Analyse einbezogen werden, die den Einblick in die momentane oder zukünftige Unternehmenslage verbessern bzw. von denen eine mögliche Beeinflussung der Urteilsfindung des Kennzahlenempfängers erwartet werden kann (vgl. SIENER, F. 1991, S. 18). Die Berücksichtigung des Grundsatzes der Wesentlichkeit in der Bilanzanalyse soll damit gleichzeitig verhindern, daß es zu einer in der Analysepraxis häufig zu beobachtenden Inflation der Kennzahlen kommt.

Konsequenzen für den Analytiker

Jeder Analytiker, der mit Kennzahlen arbeitet, sollte sich dieser Grenzen der Kennzahlenrechnung bewußt sein, denn ansonsten läuft er Gefahr, daß das scheinbar so leicht zu handhabende Instrumentarium der Kennzahlenbildung nicht zu einer Hilfe wird, sondern zu Fehlbeurteilungen verleitet. Stets gilt es zu beachten, daß Kennzahlen ein schwieriges und potentiell sogar ein gefährliches Instrument der Unternehmensbeurteilung darstellen und bei fehlender Sachkenntnis, d.h. insbesondere bei Nichtbeachtung der Grenzen der Kennzahlenrechnung, zu folgenschweren Fehlentscheidungen gerade im Rahmen der Betriebsanalyse führen können (vgl. PERRIDON, L., Vorwort zu STAEHLE, W. 1969, S. 7).

Dennoch kann auf eine traditionelle Bilanzanalyse zur Beurteilung von Unternehmungen nicht verzichtet werden. Denn auch weiterhin kommt der Bilanzanalyse als Kennzahlenrechnung trotz aller berechtigten kritischen Stellungnahmen und der möglichen Fehlurteile eine »Schlüsselrolle bei der Interpretation komplexer Unternehmensinformationen« (KREHL, H. 1985, S. 6) zu.

Merksätze:

1. Im Rahmen der statischen Analyse werden nur Größen des gleichen Zeitpunkts oder der gleichen Zeitperiode betrachtet, ohne daß sie an Vergleichsmaßstäben gemessen werden.

2. Die vergleichende Analyse kann als Zeitvergleich (mehrperiodiger Bilanzvergleich), als Soll-Ist-Vergleich durch Einbeziehung von Richt- oder Planwerten oder als (internationaler) zwischenbetrieblicher Vergleich ausgestaltet sein. Zudem kann eine Kombination der Vergleichsmethoden vorgenommen werden.

3. Obwohl die Kennzahlenrechnung im Rahmen der Bilanzanalyse einen hohen Praxiswert besitzt, schränken wichtige Faktoren, wie z.B. das doppelt veraltete Zahlenmaterial, die Unvollständigkeit der Informationen und der zweckorientierte Einsatz des bilanzpolitischen Instrumentariums die Aussagefähigkeit der Kennzahlen und die Möglichkeiten der Bilanzanalyse gegebenenfalls stark ein.

**2. Kapitel: Aufbereitungsmaßnahmen im Rahmen
der Bilanzanalyse als Kennzahlenrechnung**

Der veröffentlichte Jahresabschluß entspricht nicht von vornherein den Erfordernissen der Bilanzanalyse. Daher müssen die Daten des Jahresabschlusses in einer sogenannten Strukturbilanz aufbereitet werden, um eine sinnvolle Verwendung der Werte in der eigentlichen Kennzahlenrechnung gewährleisten zu können. Im folgenden soll nun gezeigt werden, wie eine solche Strukturbilanz aus den Daten der Originalbilanz, d.h. der veröffentlichten Handelsbilanz, abgeleitet werden kann.

1.   Grundlagen

Bevor die Adressaten der Bilanzanalyse zusätzliche Informationen aus der Bildung von Kennzahlen gewinnen können, die Kennzahlenrechnung also ihrer Informations-, Kontroll- und Steuerungsfunktion gerecht werden kann, ist zunächst ein umfangreicher Aufbereitungsvorgang notwendig. Dieser wiederum kann in folgende zwei Arbeitsschritte unterteilt werden:

*Aufbereitungs-
maßnahmen*

(1) Korrektur von Abschlußposten der originären Jahresabschlüsse (= Umbewertung einzelner Abschlußposten; grundsätzlich nur im Rahmen einer internen Analyse möglich);

(2) Verdichtung und Zusammenfassung der möglicherweise im ersten Arbeitsschritt korrigierten Abschlußposten zu aussagefähigen und in der Kennzahlenrechnung sinnvoll verwendbaren Größen (vgl. COENENBERG, A.G. 1997, S. 567). Das so erstellte und aufbereitete Rechenwerk kann als Strukturbilanz bezeichnet werden.

Die eigentliche Kennzahlenbildung als Kernstück der Bilanzanalyse schließt sich erst an diese relativ arbeitsaufwendigen Aufbereitungsmaßnahmen an. Ihr sind Arbeitsschritte einer analysegerechten Zusammenfassung der einzelnen Werte des Jahresabschlusses vorgelagert, die wesentlichen Einfluß auf die Qualität der Kennzahlenkomponenten und damit auf die Aussagefähigkeit der Abschlußanalyse insgesamt nehmen können.

Bei den der eigentlichen Kennzahlenbildung vorgelagerten Arbeitsschritten ist im einzelnen zwischen Maßnahmen der Umbewertung und der Umgliederung zu unterscheiden, wobei die Umgliederungsmaßnahmen wiederum in Umgruppierung, Neubildung, Aufspaltung, Erweiterung und Saldierung untergliedert werden können (vgl. auch die Übersicht 12). Während sich im Zuge der Umbewertung die Wertansätze einzelner Abschlußposten und damit verbunden – ebenso wie bei den Saldierungen und Erweiterungen – auch die Bilanz-

*Umbewertung und
Umgliederung*

summe im Vergleich zur Originärbilanz verändert, bleibt bei den nachfolgenden Umgliederungen (1) bis (3) die Bilanzsumme konstant.

(1) Bei einer Umgruppierung wird ein bestehender Posten einem anderen bereits bestehenden Posten der gleichen Bilanzseite zugeordnet.

(2) Im Rahmen einer Neubildung werden bereits existierende Posten einer im Zuge der Bilanzanalyse neu zu schaffenden Abschlußkategorie der gleichen Bilanzseite zugerechnet.

(3) Kennzeichen einer Aufspaltung ist, daß ein bestehender Posten mehr als einer Abschlußkategorie zugeordnet wird.

(4) Kennzeichen einer Saldierung ist die Aufrechnung eines Postens oder von Teilen davon mit einer Bilanzkategorie der anderen Bilanzseite.

(5) Das Gegenteil der Saldierung stellt die Erweiterung dar, im Rahmen derer saldierte Posten aufgeschlüsselt und auf die andere Bilanzseite transferiert werden.

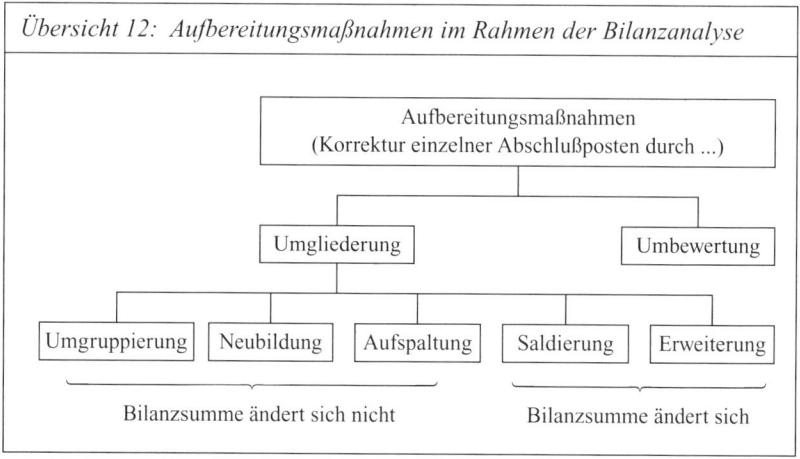

Übersicht 12: Aufbereitungsmaßnahmen im Rahmen der Bilanzanalyse

Diese Aufbereitungsmaßnahmen werden erforderlich, weil der Jahresabschluß in der Form, in der er erstellt und veröffentlicht wird, nicht den Anforderungen der weiteren Analyse entspricht (vgl. GRÄFER, H. 1997, S. 60). Daher geht es zunächst darum, die Daten des Jahresabschlusses in der Strukturbilanz so aufzubereiten, daß die jeweiligen Größen danach unmittelbar für den eigentlichen Vorgang der Kennzahlenbildung entnommen werden können.

2. Erstellung der Strukturbilanz

Bei der Strukturbilanz handelt es sich somit um eine nach den Zielsetzungen und Aufgaben der Bilanzanalyse aufbereitete und umgestaltete Originalbilanz. Bei der Erstellung der Strukturbilanz werden im Rahmen der Aufbereitungsmaßnahmen die Posten auf der Aktiv- und Passivseite zweckmäßigerweise zu jeweils zwei Kategorien – dem bilanzanalytischen Anlage- und Umlaufvermögen auf der Aktivseite sowie dem bilanzanalytischen Eigen- und Fremdkapital auf der Passivseite – zusammengefaßt.

Gliederung der Aktiv- und Passivseite

Dabei ist das Umlaufvermögen danach zu gliedern, wie lange es im Unternehmen gebunden ist, und diese Fristigkeit ist ebenfalls das Klassifikationsmerkmal bei der Unterteilung der Fremdkapitalien. Da gem. § 268 Abs. 4 HGB bei jedem Posten der Forderungen jener Teil mit einer Restlaufzeit von mehr als einem Jahr zu vermerken ist, liegt es nahe, das bis zu einem Jahr gebundene Umlaufvermögen als kurzfristig zu bezeichnen. Ansonsten könnte das Umlaufvermögen als längerfristig gebunden bezeichnet werden.

Fristigkeit als Gliederungskriterium

Gem. § 268 Abs. 5 HGB müssen alle Kapitalgesellschaften den Betrag der Verbindlichkeiten mit einer Restlaufzeit bis zu einem Jahr bei jedem gesondert ausgewiesenen Posten vermerken. Weiterhin müssen mittelgroße und große Kapitalgesellschaften gem. § 285 Nr. 1 und 2 HGB auch den Betrag der Verbindlichkeiten mit einer Restlaufzeit von mehr als fünf Jahren für jeden Abschlußposten kennzeichnen. Durch eine einfache Nebenrechnung können daraus auch die Verbindlichkeiten mit einer Restlaufzeit zwischen einem Jahr und fünf Jahren ermittelt werden. Es liegt daher nahe, aufgrund dieser Informationen das Fremdkapital hinsichtlich der Fristigkeit wie folgt zu untergliedern:

kurzfristig	=	Restlaufzeit bis zu einem Jahr
mittelfristig	=	Restlaufzeit zwischen einem und fünf Jahren
langfristig	=	Restlaufzeit über fünf Jahre

Bei den erhaltenen Anzahlungen, die passivisch unter den Verbindlichkeiten ausgewiesen werden (vgl. § 266 Abs. 3 C. 3. HGB), kann im strengen Sinne nicht von einer Restlaufzeit gesprochen werden. Für Zwecke der Bilanzanalyse sollten sie daher im Zweifel dem kurzfristigen Fremdkapital zugerechnet werden.

Die Strukturbilanz als Ergebnis der durchgeführten Aufbereitungsmaßnahmen bildet die Grundlage für alle weiteren Untersuchungen, womit ihr »die Funktion eines Bindegliedes zwischen der Bilanzaufstellung und der Bilanzauswertung« (KERTH, A./WOLF, J. 1993, S. 104) zukommt. Die Strukturierung wird im Hinblick auf eine spätere Arbeitserleichterung bei der Kennzahlenbildung vorgenommen, so daß die Strukturbilanz zur Beantwortung einer Vielzahl bi-

Grundlage der Kennzahlenbildung

lanzanalytischer Fragestellungen herangezogen werden kann. Sie liefert praktisch die Ausgangszahlen, die dann unmittelbar bei der Bildung von Standardkennzahlen zueinander in Beziehung gesetzt werden können. Somit ermöglicht die Strukturbilanz schnell und relativ einfach eine erste Einschätzung des zu beurteilenden Unternehmens.

Praxiswert   In der Praxis wird eine Strukturbilanz z.B. von Banken erstellt, die bei Kreditvergabeentscheidungen auf die Jahresabschlußdaten zur Einschätzung der wirtschaftlichen Situation und Entwicklung eines Unternehmens in Vergangenheit und Gegenwart angewiesen sind. Darüber hinaus haben insbesondere die Wirtschafts- und Finanzzeitungen eigene Strukturbilanzen entwickelt, um dem Leser leicht überschaubare Gesamtübersichten in standardisierter Form zu vermitteln.

Da die Jahresabschlußunterlagen nach Form und Inhalt bei den verschiedenen Unternehmen nicht übereinstimmen, setzt eine effiziente Bilanzanalyse eine vereinheitlichte und auch maschinell verarbeitbare Basis voraus (vgl. BURGARD, H. 1983, S. 304). Dies erklärt auch, warum in der Analysepraxis umfangreiche Formularsätze zur rechnerunterstützten Auswertung entwickelt wurden.

Fehlen verbind-   Für die Erstellung einer Strukturbilanz gibt es weder gesetzliche Vorschriften
licher Aufberei-   noch haben sich allgemein anerkannte Aufbereitungsregeln gebildet. Die hier
tungsregeln   abgeleitete Strukturbilanz kann daher auch nur als Vorschlag betrachtet werden.

Neben den Originärdaten des Abschlusses können in der Strukturbilanz auch Relativzahlen enthalten sein, indem z.B. die einzelnen Teilkomponenten in Relation zur Bilanzsumme gesetzt werden. Weiterhin können gesonderte Spalten für Zeit- oder Branchenvergleiche die Aussagefähigkeit einer Strukturbilanz erhöhen (vgl. Übersicht 13).

Übersicht 13: Formale Gestaltung der Aktivseite einer Strukturbilanz					
	1996		Veränderung gegenüber dem Vorjahr	1995	1994
Strukturbilanz – Aktiva	abs.	in %	in %	abs.	abs.

A. Bilanzanalytisches Anlagevermögen
  I. immaterielle Vermögensgegenstände
  II. Sachanlagen
  III. Finanzanlagen					

AV insgesamt					

B. Bilanzanalytisches Umlaufvermögen
  I. Vorräte
  II. Forderungen und sonstige Vermögensgegenstände
  III. Wertpapiere
  IV. Schecks, Kassenbestand, Bundesbank- und Postgiroguthaben, Guthaben bei Kreditinstituten
  V. Rechnungsabgrenzungsposten					

UV insgesamt					
Bilanzvermögen insgesamt		100			

Vor- und Nachteile

Eine Anhäufung von Zahlen, Posten und Angaben im Anhang erschwert den gewünschten Einblick in die für die Analysetätigkeit relevanten Strukturen und macht daher einen schnell überschaubaren Gesamtüberblick erforderlich. Darin liegt einerseits der Vorteil der Strukturbilanz. Andererseits kann die Strukturbilanz die Realität nur sehr vereinfacht wiedergeben. Hierin liegt gleichzeitig auch ihre Schwäche.

Bestimmungsfaktoren der Analysequalität

Daraus folgt: Da mit der Zusammenfassung der Daten im Rahmen der Strukturbilanz Informationen verdichtet werden und ein Teil somit für die weitere Analyse verloren geht, sollte dem Aufbereitungsvorgang eine erhöhte Aufmerksamkeit geschenkt werden. Die Güte einer Analyse wird entscheidend von der Sorgfalt bestimmt, mit der die Aufbereitungsarbeit durchgeführt wurde (vgl. SCHEDLBAUER, H. 1978, S. 2425). Darüber hinaus entbindet die Strukturbilanz den gewissenhaften Analytiker nicht von der Pflicht eines intensiven Studiums des Ausgangsmaterials.

Der Gesamtüberblick einer aufbereiteten Bilanz kann zwar auf strukturelle Besonderheiten aufmerksam machen. Eine Ursache-Wirkungs-Analyse und weitergehende Betrachtungen erfordern aber regelmäßig das Studium und die Auseinandersetzung mit den Ursprungsdaten. Diese Ursache-Wirkungs-Analyse kann unter anderem auf der Grundlage von Kennzahlensystemen vorgenommen werden.

2.1 Aufbereitungsmaßnahmen auf der Aktivseite

2.1.1 Ausstehende Einlagen auf das gezeichnete Kapital

Ausweisalternativen   Gem. § 272 Abs. 1 Satz 2 HGB ist das gezeichnete Kapital in voller Höhe auf der Passivseite auszuweisen. Die ausstehenden Einlagen auf das gezeichnete Kapital sind auf der Aktivseite vor dem Anlagevermögen gesondert aufzuführen, die davon eingeforderten Einlagen sind zu vermerken.

Gem. § 272 Abs. 1 Satz 3 HGB dürfen die noch nicht eingeforderten ausstehenden Einlagen aber auch von dem gezeichneten Kapital offen auf der Passivseite abgesetzt werden. In diesem Fall ist der verbleibende Betrag als »eingefordertes Kapital« in der Hauptspalte auszuweisen und der eingeforderte, aber noch nicht eingezahlte Betrag ist unter den Forderungen gesondert aufzuführen und entsprechend zu bezeichnen.

Bilanzieller
Charakter   Die Problematik bei der bilanzanalytischen Behandlung der ausstehenden Einlagen resultiert aus der Doppelnatur dieses Postens. Man kann die ausstehenden Einlagen als eine »Wertberichtigung zum Eigenkapital« (GRÄFER, H. 1997, S. 65f.) oder als eine »Art Gegenposten zum nominell ausgewiesenen Kapital« (WÖHE, G. 1997, S. 296) ansehen. Somit wäre ihnen dann ein Korrekturpostencharakter zuzuerkennen.

Kürzt man das Eigenkapital um die entsprechenden Beträge, so wird damit berücksichtigt, daß unter ökonomischen Gesichtspunkten nur der Teil des ausgewiesenen Nennkapitals an der Erzielung des unternehmerischen Erfolgs beteiligt ist, der von den Gesellschaftern auch tatsächlich einbezahlt wurde (vgl. KUSSMAUL, H. 1984, S. 154). Verzichtet man jedoch bei der Erstellung der Strukturbilanz auf eine Saldierung, werden später solche Beträge in die Analyse der Liquidität und die Beurteilung der Ertragslage einbezogen, die dem Unternehmen bei seiner laufenden Geschäftstätigkeit noch nicht zur Verfügung stehen.

Ausstehende Einlagen haben aber auch Forderungscharakter; denn sie beinhalten Forderungen der Gesellschaft gegenüber ihren Anteilseignern.

Für die bilanzielle Behandlung der ausstehenden Einlagen im Rahmen der Strukturbilanz werden nachfolgende Regeln vorgeschlagen:

(1) Sind die Einlagen noch nicht eingefordert, sollten sie gegen das gezeichnete Kapital aufgerechnet werden.

Saldierung gegen das gezeichnete Kapital oder Aktivierung

(2) Sind die Einlagen eingefordert, ist eine differenzierte Betrachtung anzustellen.

— Bestehen keine Bedenken hinsichtlich der Solvenz der Anteilseigner, sind die eingeforderten Beträge als echte Vermögenswerte zu betrachten. Eine Aufrechnung gegen das gezeichnete Kapital stellte in diesem Fall die Unternehmenslage falsch dar. Im übrigen wären Abschreibungen auf diese Forderungen vorzunehmen, wenn sie als zweifelhaft gelten.

— Kommt der Analytiker im Einzelfall zu dem Ergebnis, daß die Einzahlung gefährdet sein könnte, sollte eine Aufrechnung gegen das gezeichnete Kapital erfolgen. Aus Vorsichtsgründen wäre im Zweifelsfall dieser Vorgehensweise der Vorrang einzuräumen.

2.1.2 Aufwendungen für die Ingangsetzung und Erweiterung des Geschäftsbetriebs

Nach § 269 HGB dürfen Aufwendungen für die Ingangsetzung und Erweiterung des Geschäftsbetriebs aktiviert werden. Es handelt sich bei den Ingangsetzungsaufwendungen – in einer Kurzformel ausgedrückt – um die Ausgaben zum Aufbau der Innen- und Außenorganisation. Demgegenüber beinhalten die Erweiterungsaufwendungen die entsprechenden Ausgaben zum Ausbau, also die Inbetriebsetzung bei Betriebserweiterungen und -umstellungen, insbesondere bei der Aufnahme neuer Betriebszweige. Die Ingangsetzungsaufwendungen fallen somit während und die Erweiterungsaufwendungen nach der Gründungsphase einer Unternehmung an.

Charakterisierung

Wie das Gesetz im Aktivierungswahlrecht gem. § 269 HGB bereits zum Ausdruck bringt, sind die Aufwendungen für die Ingangsetzung und Erweiterung des Geschäftsbetriebs als Bilanzierungshilfe zu verstehen. Es handelt sich hierbei um Bilanzhilfsposten bzw. bilanzielle Hilfsgrößen.

Bilanzierungshilfe

Der Ansatz eines Aktivpostens, der überdies allein handelsrechtliche Bedeutung besitzt und den Zweck verfolgt, eine in der Anlauf- oder Erweiterungsphase eines Unternehmens eventuell auftretende buchmäßige Überschuldung zu verhindern, wird ausdrücklich zugelassen, obwohl kein Vermögensgegenstand vorliegt. Da diese Aktivposten im Zweifelsfall nicht verwertet werden können, müssen die Aufwendungen für die Ingangsetzung und Erweiterung des Geschäftsbetriebs bei der Erstellung der Strukturbilanz aktivisch eliminiert werden. Da sich durch die Aktivierung der Aufwendungen der Jahreserfolg und damit das Eigenkapital erhöht hat, ist nunmehr konsequenterweise das Eigenkapital um die entsprechenden Beträge zu kürzen (vgl. GRÄFER, H. 1997, S. 74; BALLWIESER, W. 1989, S. 36).

Saldierung mit dem Eigenkapital

2.1.3 Geschäfts- oder Firmenwert

Gem. § 255 Abs. 4 HGB darf als derivativer Geschäfts- oder Firmenwert »der Unterschiedsbetrag angesetzt werden, um den die für die Übernahme eines Unternehmens bewirkte Gegenleistung den Wert der einzelnen Vermögensgegenstände des Unternehmens abzüglich der Schulden im Zeitpunkt der Übernahme übersteigt«.

Komponenten des Geschäfts- oder Firmenwerts

Nach WÖHE besteht der Geschäfts- oder Firmenwert aus drei Komponenten (vgl. dazu WÖHE, G. 1980, S. 99):

– dem Wert der nicht bilanzierungsfähigen Wirtschaftsgüter, wie Kundenstamm, Organisation usw.;

– dem Kapitalisierungsmehrwert, der in den bilanzierten Wirtschaftsgütern verborgen ist;

– dem Betrag, der gegebenenfalls à fonds perdu bezahlt wird, weil der Käufer den Betrieb oder das Unternehmen unbedingt erwerben will und er das Objekt sonst nicht bekäme (sogenannter strategischer Mehrwert).

Der Geschäfts- oder Firmenwert kann auch darauf beruhen, daß ein über dem tatsächlichen Wert des Betriebs liegender Preis bezahlt wurde, um sich durch den Erwerb störender Konkurrenz oder eines lästigen Kartellaußenseiters zu entledigen (vgl. KROPFF, B., in: GESSLER u.a. 1973, § 153 AktG, Rn. 64).

Saldierung mit dem Eigenkapital

Dem Geschäfts- oder Firmenwert fehlt mit der nicht gegebenen Einzelverkehrsfähigkeit die Grundvoraussetzung für einen bilanzierungsfähigen Vermögensgegenstand. Eine Möglichkeit zur Veräußerung besteht höchstens in Verbindung mit dem Unternehmen selbst. Daher ist es unter anderem insbesondere aus Vorsichtsgründen geboten, den Geschäfts- oder Firmenwert in der Strukturbilanz mit dem Eigenkapital zu saldieren. Da die Verwertbarkeit dieses Postens im Ernstfall als sehr zweifelhaft zu bezeichnen ist und die Vorgehensweise der Saldierung einer eher vorsichtigen Eigenkapitalermittlung entspricht, soll das Eigenkapital regelmäßig um die Höhe des ausgewiesenen Geschäfts- oder Firmenwerts korrigiert werden (vgl. dazu auch RIEBELL, C. 1996, S. 395; BALLWIESER, W. 1989, S. 37). Dabei wird nicht verkannt, daß der Geschäfts- oder Firmenwert im Einzelfall einen durchaus beträchtlichen objektiven Wert haben kann.

2.1.4 Erhaltene Anzahlungen auf Bestellungen

Ausweisalternativen

Erhaltene Anzahlungen sind grundsätzlich auf der Passivseite als eigenständiger Posten unter den Verbindlichkeiten zu zeigen. Der Gesetzgeber läßt aber in § 268 Abs. 5 Satz 2 HGB eine abweichende Behandlung zu: »Erhaltene Anzahlungen auf Bestellungen sind, soweit Anzahlungen auf Vorräte nicht von dem Posten ›Vorräte‹ offen abgesetzt wurden, unter den Verbindlichkeiten gesondert auszuweisen«.

Eine offene Absetzung bei den Vorräten führt dazu, daß die Bilanzsumme verringert wird. Dies hat zur Folge, daß mit der gewählten Ausweistechnik wichtige Bilanzkennzahlen beeinflußt werden können. Dies gilt um so mehr, als der Bilanzposten »erhaltene Anzahlungen auf Bestellungen« in manchen Branchen eine wichtige Rolle spielt und daher mit der gewählten Ausweisform ein erheblicher Einfluß auf das Bilanzbild genommen werden kann. In der Bilanzierungspraxis sind mehrere Fälle bekannt, in denen eine offene Absetzung der erhaltenen Anzahlungen von den Vorräten dazu führte, daß in der Endspalte der Bilanz überhaupt keine Vorräte mehr ausgewiesen wurden. *Offene Absetzung*

Erhaltene Anzahlungen werden von Unternehmen insbesondere zur Finanzierung von Großprojekten eingesetzt. Ihnen steht zwar als Gegenleistung noch nicht das in Auftrag gegebene, fertiggestellte Objekt gegenüber, dennoch können aber das zur Fertigstellung des Projekts beschaffte Rohmaterial und unfertige Erzeugnisse bereits vorhanden sein. Eine Verrechnung der erhaltenen Anzahlungen mit den Vorräten bringt damit zum Ausdruck, daß in der Bilanz ausgewiesene Vorräte in Höhe der erhaltenen Anzahlungen faktisch dem Abnehmer zuzurechnen sind (vgl. Leffson, U. 1984, S. 61).

Gleichwohl wird hier aber dem Bruttoausweis des Postens »erhaltene Anzahlungen auf Bestellungen« in der Strukturbilanz aus nachfolgenden Gründen der Vorrang eingeräumt: *Bruttoausweis in der Strukturbilanz*

(1) Wird eine Anzahlung getätigt und ist der Auftragnehmer nicht in der Lage, den Auftrag durchzuführen, so ist er verpflichtet, die erhaltene Anzahlung an den Auftraggeber zurückzuzahlen. Insoweit ist die erhaltene Anzahlung aus der Sicht des Auftragnehmers eine finanzielle Verpflichtung, sie stellt damit eine Verbindlichkeit dar (vgl. Knop, W., in: Küting/Weber 1995, § 268 HGB, Rn. 212).

(2) Die Strukturbilanz soll auch einen Einblick in die Kapitalstruktur gewähren und somit auch die Mittelherkunft verdeutlichen. Eine Aufrechnung der erhaltenen Anzahlungen auf Bestellungen mit den Vorräten spiegelte sowohl die Kapitalstruktur als auch die Unternehmensfinanzierung unzutreffend wider.

(3) Der Gesetzgeber differenziert in § 268 Abs. 5 Satz 2 HGB zwischen Anzahlungen auf Bestellungen und Anzahlungen auf Vorräte. Die Verrechnungsmöglichkeit besteht nach der hier vertretenen Ansicht nur für die zuletzt genannten Anzahlungen. Hierdurch soll sicher gestellt werden, daß allein in den Fällen eine Verrechnung vorgenommen wird, in denen für den Auftrag, auf den sich die erhaltene Anzahlung bezieht, bereits Vermögensgegenstände angeschafft oder hergestellt worden sind (vgl. Knop, W., in: Küting/Weber 1995, § 268 HGB, Rn. 213). Eine pauschale Verrechnung aller erhaltenen Anzahlungen auf Bestellungen dürfte somit nicht erlaubt sein. Von besonderer Bedeutung ist diese eingeschränkte Verrechnungsmöglichkeit für Unternehmen des industriellen Anlagenbaus.

Ganz offensichtlich wird dieser Sachverhalt zumindest teilweise in der Bilanzierungspraxis nicht so gesehen. Eine unkritische Übernahme der mit Anzahlungen saldierten Bilanzwerte der Vorräte hätte jedoch die aus bilanzanalytischer Sicht vermeidbare Folge, daß neben der Mittelherkunft und der Finanzierung auch die Vermögenslage verzerrt dargestellt würde.

Bei Abwägung der Pro- und Kontraargumente wird folglich hier dem Ausweis nach der Bruttomethode der Vorrang eingeräumt.

2.1.5 Eigene Anteile

Doppelcharakter

Eigene Anteile einer Gesellschaft, deren Erwerb bei einer AG durch § 71 AktG und bei der GmbH durch § 33 GmbHG geregelt ist, besitzen, ähnlich wie die ausstehenden Einlagen, einen Doppelcharakter (vgl. dazu auch COENENBERG, A.G. 1997, S. 156). Diesem wird seit Verabschiedung des KonTraG zumindest ansatzweise auch bilanziell Rechnung getragen (vgl. § 272 Abs. 1 Satz 4 HGB).

Korrekturposten:
Saldierung

Einerseits können eigene Anteile als Rückzahlung des gezeichneten Kapitals betrachtet werden, so daß sie dann als ein reiner Korrekturposten zum Eigenkapital – als negatives Eigenkapital – zu interpretieren wären. Sofern die eigenen Anteile nicht ohnehin gem. § 272 Abs. 1 HGB passivisch vom Eigenkapital abgesetzt wurden, wäre es für die Strukturbilanz zweckmäßig, diese gegen das Eigenkapital aufzurechnen, da mit dem Erwerb eigener Anteile das Unternehmen Kapital, das ursprünglich zur Verfügung gestellt wurde, zurückgewährt hat (vgl. WEBER, H.K. 1980, S. 1455).

Vermögenswert:
Aktivierung

Andererseits können eigene Anteile auch echte Vermögenswerte darstellen, wenn sie z.B.

(1) den Arbeitnehmern der Gesellschaft als Lohnbestandteil zum Erwerb angeboten werden sollen oder

(2) dazu dienen, Aktionäre nach § 305 Abs. 2 AktG oder § 320 Abs. 5 AktG im Zuge von Unternehmenszusammenschlüssen abzufinden.

Deshalb ist es eine durchaus vertretbare Vorgehensweise, wenn in den genannten Fällen die eigenen Anteile als selbständige Vermögenswerte betrachtet und daher nicht gegen das Eigenkapital aufgerechnet werden (vgl. REHKUGLER, H./ PODDIG, T. 1998, S. 38).

Einzelfallent-
scheidung

Wie die eigenen Anteile in der praktischen Bilanzanalyse zu behandeln sind, muß somit einzelfallbezogen entschieden werden. Im Zweifel sollte aus Vorsichtsgründen eine Aufrechnung gegen das Eigenkapital vorgenommen werden. Dabei ist zu beachten, daß Kapitalgesellschaften bei aktivischem Ausweis eigener Anteile gem. § 272 Abs. 4 Satz 1 HGB eine Rücklage für eigene Anteile zu bilden haben. Hier ist ein Betrag einzustellen, »der dem auf der Aktivseite der Bilanz für die eigenen Anteile anzusetzenden Betrag entspricht«. Die Korrekturmaßnahme besteht dann darin, die eigenen Anteile auf der Aktivseite und die Rücklage für eigene Anteile auf der Passivseite gegeneinander aufzurechnen.

2.1.6 Aktivische Rechnungsabgrenzungsposten

Formelles Ziel der Strukturbilanz ist es, auf jeder Bilanzseite lediglich zwei Teilkomponenten, nämlich Anlage- und Umlaufvermögen auf der Aktivseite sowie Eigen- und Fremdkapital auf der Passivseite, auszuweisen. Für den aktivischen Rechnungsabgrenzungsposten heißt dies, daß für einen gesonderten Ausweis dieses Postens neben dem Anlage- und dem Umlaufvermögen kein Raum besteht. Für Zwecke der Bilanzanalyse sollte daher der aktivische Rechnungsabgrenzungsposten grundsätzlich in das Umlaufvermögen umgegliedert werden.

Grundsätzlich: Umgliederung

Diese Zuordnungsregel gilt nicht für das Disagio. Übersteigen die von einem Darlehensnehmer zur Erfüllung einer eingegangenen Verbindlichkeit zu leistenden Rückzahlungen die ihm zufließenden Beträge, so darf der sich ergebende Differenzbetrag als Disagio gem. § 250 Abs. 3 Satz 1 HGB aktiviert werden. Wird vom Aktivierungswahlrecht Gebrauch gemacht, ist das Disagio in den Rechnungsabgrenzungsposten der Aktivseite einzustellen und über die Laufzeit des Kredits planmäßig abzuschreiben. Wird von der Aktivierung dagegen kein Gebrauch gemacht, ist der gesamte Differenzbetrag in der laufenden Periode als Aufwand zu buchen.

In Höhe des Disagios kommt eine Verpflichtung auf das Unternehmen zu, der kein konkreter Gegenwert gegenübersteht. Es handelt sich somit nicht um einen echten Vermögensgegenstand, sondern um einen Korrekturposten zur Passivseite. Folgerichtig müssen daher die Disagiobeträge aus dem Rechnungsabgrenzungsposten ausgesondert und gegen das Eigenkapital verrechnet werden. Im übrigen dient diese Zuordnungsregel einer besseren Vergleichbarkeit mit jenen Unternehmen, die diesen Bilanzposten nicht in Ansatz gebracht haben.

Disagio: Saldierung

2.1.7 Latente Steuern

Die Erfassung latenter Steuern gründet auf der Überlegung, daß sich der in der Handelsbilanz ausgewiesene Ertragsteueraufwand in erster Linie aus der Steuerbilanz ableitet und daher dieser Steueraufwand nicht notwendigerweise mit dem entsprechenden Jahreserfolg der handelsbilanziellen Rechnungslegung korrespondiert. Die latenten Steuern sollen deshalb eine Kongruenz zwischen dem sich in der Handelsbilanz ergebenden Erfolg und den dort gezeigten ertragsabhängigen Steuern herstellen. Da allerdings nur die sogenannten zeitlichen Differenzen zwischen Handels- und Steuerbilanz erfaßt werden, führt der Ansatz latenter Steuern nicht zu einer völligen Kongruenz der Ergebnisse beider Rechenwerke.

Charakterisierung

Das HGB regelt in § 274 die sogenannten primären latenten Steuern für den Einzelabschluß. Während für passivische latente Steuern eine Passivierungspflicht besteht, ist für aktivische latente Steuern ein Aktivierungswahl recht gegeben. Hinzuweisen ist außerdem auf die Möglichkeit, aktivische und passivische latente Steuern zu saldieren.

Aktivposten:
Saldierung

Bei den aktivischen latenten Steuern entsteht kein Zahlungsanspruch gegen den Staat. Es kann sich daher bei dieser Form latenter Steuern nicht um Vermögensgegenstände im Sinne des Bilanzrechts handeln (vgl. Ballwieser, W. 1989, S. 36). Wird die Strukturbilanz somit als Instrument betrachtet, primär einen Vermögensstatus zu ermitteln, müssen latente Steuern folgerichtig auf der Aktivseite eliminiert werden. Als Abgrenzungsposten bzw. Bilanzierungshilfe wären sie gegen das Eigenkapital aufzurechnen, denn durch die Bildung des Abgrenzungspostens wurde das Eigenkapital entsprechend erhöht.

Passivposten:
Umgliederung

Werden aktivische latente Steuern gegen das Eigenkapital saldiert, dann müßten konsequenterweise die passivischen latenten Steuern aus dem Fremdkapital ausgegliedert und dem Eigenkapital hinzugefügt werden. Dies ergibt sich unmittelbar aus der Überlegung, daß dieser Abgrenzungsposten zuvor das Eigenkapital gemindert hat.

Konservative versus
progressive
Bilanzierung

Die oben abgeleiteten Zuordnungsregeln sind nicht unumstritten, denn der Charakter dieser fiktiven Steuern ist bislang nicht eindeutig geklärt. In diesem Zusammenhang gewinnen zwei weitere Überlegungen an Bedeutung:

(1) Fallen aktivische latente Steuern an, ist dies in aller Regel ein Indiz dafür, daß Aufwendungen in der Handelsbilanz gebucht werden, die steuerrechtlich als Betriebsausgaben keine Anerkennung fanden. Somit geht die Bildung aktivischer latenter Steuern mit einer eher ›konservativen‹ Bilanzpolitik einher, die im Zweifel zu einer Bildung stiller Reserven führen kann.

(2) Die Bildung passivischer latenter Steuern ist ein Ausdruck dafür, daß in der Steuerbilanz Betriebsausgaben dem Aufwand in der Handelsbilanz zeitlich vorgelagert sind. Es kommt somit zu einer Steuerstundung. Diese eher ›progressive‹ Bilanzierung sollte im Zweifel im Rahmen der Bilanzanalyse kritisch beurteilt werden.

2.2 Aufbereitungsmaßnahmen auf der Passivseite

2.2.1 Bilanzgewinn

Berücksichtigung
der Gewinnver-
wendung

Die Gewinnverwendung kann bei der Erstellung des Jahresabschlusses nach neuem Bilanzrecht unterschiedlich berücksichtigt werden. Abgesehen vom Regelfall der Erstellung vor einer Gewinnverwendung räumt § 268 Abs. 1 HGB auch generell die Möglichkeit ein, die Bilanz nach einer vollständigen oder teilweisen Verwendung des Jahreserfolgs aufzustellen. Bei dieser Ausweisform tritt an die Stelle der Posten »Jahresüberschuß/Jahresfehlbetrag« und »Gewinnvortrag/Verlustvortrag« der Posten »Bilanzgewinn/Bilanzverlust«.

Sowohl für den Fall, daß der Jahresabschluß vor oder nach einer teilweisen Gewinnverwendung aufgestellt wird, ist der Ausschüttungsbetrag im Bilanzposten »Eigenkapital« enthalten. Da aber der Ausschüttungsbetrag nach Feststellung des Jahresabschlusses den Unternehmensbereich verläßt und dadurch die Liquidität kurzfristig belastet wird (vgl. GRÄFER, H. 1997, S. 76), weist er – wirtschaftlich betrachtet – Ähnlichkeiten mit einer kurzfristigen Verbindlichkeit auf (vgl. DÖRING, U. 1993, S. 198). Für Zwecke der Bilanzanalyse ist der Ausschüttungsbetrag, der sich aus dem regelmäßig angegebenen Gewinnverwendungsvorschlag entnehmen läßt, daher aus dem Eigenkapital auszugliedern und in das kurzfristige Fremdkapital einzustellen. Dieser reine Passivtausch wirkt sich neutral auf die Bilanzsumme aus.

Umgliederung

2.2.2 Sonderposten mit Rücklageanteil

Der Sonderposten mit Rücklageanteil ist in den §§ 247 Abs. 3 und 273 HGB geregelt und kann sich aus zwei Unterkategorien zusammensetzen:

Unterkategorien

(1) Er muß jene Beträge aufnehmen, die als Passivposten für Zwecke der Steuern vom Einkommen und Ertrag zulässig sind und in der Handelsbilanz gebildet werden dürfen (vgl. § 247 Abs. 3 HGB). Es handelt sich hier um die sogenannten steuerfreien Rücklagen (z.B. Rücklage gem. § 6b EStG, Rücklage für Ersatzbeschaffung gem. Abschn. 35 EStR).

(2) Darüber hinaus kann er die steuerrechtlichen Mehrabschreibungen aufnehmen, die früher regelmäßig unmittelbar von den Vermögensgegenständen abgesetzt wurden. Gem. den §§ 254 und 281 Abs. 1 HGB dürfen sie sowohl direkt durch die Absetzung von den aktivischen Posten als auch indirekt als Sonderposten mit Rücklageanteil passivisch berücksichtigt werden.

Die Teilkomponente der steuerfreien Rücklagen ist aus Beträgen gebildet worden, die bisher nicht der Einkommens- oder Ertragsbesteuerung unterworfen waren. Die Steuerlast wird jedoch nicht endgültig aufgehoben, sondern nur für eine mehr oder weniger lange Zeit hinausgeschoben (sogenannter Steuerstundungseffekt). Dies erklärt, warum nach herrschender Meinung die Sonderposten mit Rücklageanteil als Mischposten betrachtet werden. Sie enthalten sowohl Eigenkapitalanteile als auch – wegen der bei ihrer Auflösung einsetzenden Besteuerung – Fremdkapitalanteile, die auch als Rückstellungen für Steuerverpflichtungen betrachtet werden können.

Steuerfreie Rücklagen

Bei den steuerrechtlichen Mehrabschreibungen im Sonderposten mit Rücklageanteil handelt es sich um aufgedeckte stille Reserven, die demgegenüber bei einer aktivischen Absetzung nicht ohne weiteres aus der Bilanz ersichtlich sind. Gleichwohl dürfen nicht sämtliche Beträge dieser stillen Reserven als Eigenkapital betrachtet werden. Vielmehr haben die steuerrechtlichen Mehrabschreibungen das steuerbilanzielle Ergebnis gekürzt und damit bereits zu einer

Steuerrechtliche Mehrabschreibungen

Steuerminderung geführt, die bei einer planmäßigen Abschreibung erst später eingetreten wäre und somit nicht mehr möglich ist.

Hälftige
Aufspaltung
Mit anderen Worten: Da die steuerrechtlichen Mehrabschreibungen in keiner Beziehung zu den tatsächlichen, unter ökonomischen Gesichtspunkten sinnvollen Wertminderungen des jeweiligen Vermögensgegenstands stehen, führen sie zwangsläufig zur Bildung stiller Reserven. Diese stillen Reserven sind bei ihrer späteren Auflösung zu versteuern, bedingen also vergleichsweise höhere Steueraufwendungen in Folgeperioden, so daß auch die steuerrechtlichen Mehrabschreibungen als zweite Teilkomponente des Sonderpostens mit Rücklageanteil – genauso wie die sogenannten steuerfreien Rücklagen – aus Vereinfachungsgründen jeweils hälftig dem Eigen- und Fremdkapital zugerechnet werden sollten.

In diesem Zusammenhang ist zu bemerken, daß bei einer aktivischen Absetzung der steuerlichen Mehrabschreibungen eine vergleichbare Aufbereitungsmaßnahme von einem externen Analysten nicht vorgenommen werden kann. Einerseits sind Kapitalgesellschaften gem. § 281 Abs. 1 Satz 1 HGB verpflichtet, lediglich die im abgelaufenen Geschäftsjahr vorgenommenen Abschreibungen dieser Art anzugeben. Andererseits erhält der Bilanzanalyst keine Informationen darüber, in welchem Umfange die aufgrund der steuerlichen Mehrabschreibungen gebildeten stillen Reserven wieder aufgelöst wurden.

2.2.3 Baukostenzuschüsse

Charakterisierung
Bei den Baukostenzuschüssen handelt es sich um nicht rückzahlbare (verlorene) Zuwendungen. Diese Zuwendungen werden von Dritten in Form von Barleistungen gewährt und dienen zur Deckung der Gesamtbaukosten. Insbesondere bei Energieversorgungsunternehmen sowie Unternehmen der Wohnungsbaubranche können diese Posten eine große Bedeutung erlangen. So beträgt z.B. im Abschluß 1994 der Fränkischen Überlandwerk AG, Nürnberg, der Abschlußposten »Baukostenzuschüsse« 37,4 % der gesamten Bilanzsumme.

Aufspaltung:
$$\frac{2}{3} : \frac{1}{3}$$
Bilanzanalytisch stellen die Baukostenzuschüsse Mischposten dar, die sowohl Eigen- als auch Fremdkapitalanteile enthalten. In Anlehnung an die Vorschriften (betreffend das AktG 1965) des Bundesaufsichtsamts für das Versicherungswesen werden die Baukostenzuschüsse in der Strukturbilanz im Verhältnis zwei Drittel zu einem Drittel jeweils dem Eigenkapital und dem langfristigen Fremdkapital zugeordnet (vgl. BERING, R. 1975, S. 37).

2.2.4 Sonstige Zuschüsse und Zulagen

Die bilanzielle Behandlung von Zuwendungen der Öffentlichen Hand, insbesondere von Investitionszuschüssen und -zulagen wurde bislang uneinheitlich beurteilt. Mittlerweile geht allerdings die aktuelle Literaturmeinung von der grundsätzlichen handelsrechtlichen Zulässigkeit dreier unterschiedlicher Vorgehensweisen aus (vgl. dazu ELLROTT, H./SCHMIDT-WENDT, D., in: BECK BIL-KOMM. 1995, § 255 HGB, Rn. 113ff.; KNOP, W./KÜTING, K., in: KÜTING/WEBER 1995, § 255 HGB, Rn. 63ff.).

Bilanzielle Behandlung

Für die nicht rückzahlbaren Zuwendungen kommt einerseits eine Behandlung als Anschaffungskostenminderung und andererseits eine sofortige erfolgswirksame Gewinnvereinnahmung in Frage. Daneben hat sich auch die Ansicht durchgesetzt, daß eine erfolgswirksame Vereinnahmung der Zuwendung über die Nutzungsdauer des betreffenden Vermögensgegenstands über die bilanztechnische Lösung der Einstellung der Beträge in einen gesonderten Passivposten bei ungekürzten Anschaffungskosten zulässig ist.

Zuordnung zu Eigen- und Fremd-kapital

Ein solcher Passivposten, der beispielsweise als ›Sonderposten für Investitionszuschüsse/-zulagen im Anlagevermögen‹ ausgewiesen werden könnte, muß im Rahmen der Erstellung der Strukturbilanz umgegliedert werden. Wurde der Passivposten für steuerpflichtige Investitionszuschüsse gebildet, so empfiehlt sich aufgrund des zu erwartenden Steuerabflusses eine jeweils hälftige Zuordnung zum Eigen- und Fremdkapital. Steuerfreie Investitionszulagen hingegen können grundsätzlich in voller Höhe in das bilanzanalytische Eigenkapital umgruppiert werden.

2.2.5 Pensionsrückstellungen

Bei den ausgewiesenen Pensionsrückstellungen handelt es sich um zukünftige Zahlungsverpflichtungen der Unternehmung, bei denen nur noch hinsichtlich der Höhe und des Zeitpunkts der Fälligkeit Ungewißheit besteht. Es sind eindeutig Schulden, die dem langfristigen Fremdkapital zuzurechnen sind. Für sogenannte Neuzusagen der Pensionsverpflichtungen besteht seit Inkrafttreten des Bilanzrichtlinien-Gesetzes eine Passivierungspflicht.

Charakterisierung

Pensionszusagen, die vor dem 1. Januar 1987 erteilt wurden, sind von der eingeführten Rückstellungspflicht nicht betroffen. Für sie gilt weiterhin ein Passivierungswahlrecht. Ein ebensolches Wahlrecht gilt gem. Art. 28 Abs. 1 EG-HGB in jedem Fall für mittelbare Zusagen oder Anwartschaften sowie für ähnliche unmittelbare und mittelbare Verpflichtungen. Der externe Analytiker kann aus der Bilanz nicht erkennen, ob für diese Altzusagen oder sonstige mit einem Passivierungswahlrecht ausgestattete Pensions- oder ähnliche Verpflichtungen tatsächlich in voller Höhe Rückstellungen gebildet wurden.

Altzusagen

Allerdings müssen Kapitalgesellschaften gem. Art. 28 Abs. 2 EGHGB sämtliche in der Bilanz nicht ausgewiesenen Rückstellungen für laufende Pensionen,

Anwartschaften auf Pensionen und ähnliche Verpflichtungen jeweils im Anhang in einem Betrag angeben. Der Analyst hat somit bei Kapitalgesellschaften die Möglichkeit, Informationen über die nicht abgedeckten Pensionsverpflichtungen zu erhalten.

Da auch die nicht abgedeckten Pensionsverpflichtungen eine echte Schuld des Unternehmens darstellen, sollten auch sie im Rahmen der Strukturbilanz berücksichtigt werden. Dies kann durch einen Passivtausch erreicht werden, indem der entsprechende Betrag der sogenannten Unterdeckung – unter Vernachlässigung gegebenenfalls zu berücksichtigender steuerlicher Wirkungen (vgl. dazu KÜTING, K./NARDMANN, B. 1993, S. 1837) – vom Eigen- in das Fremdkapital umgegliedert wird, so daß die Bilanzsumme insgesamt keine Änderung erfährt. Damit wird in der Strukturbilanz für alle Pensionsverpflichtungen eine Rückstellung ausgewiesen.

2.2.6 Aufwandsrückstellungen

Charakterisierung

Während nach § 152 Abs. 7 Nr. 1 AktG 1965 Aufwandsrückstellungen nur als Rückstellungen für unterlassene Instandhaltung und Abraumbeseitigung zulässig waren, erlaubt § 249 Abs. 2 HGB über den Ansatz solcher Rückstellungen gem. § 249 Abs. 1 Satz 2 Nr. 1 und Satz 3 HGB hinaus ganz allgemein den Ansatz von Aufwandsrückstellungen.

Da die Bildung einer Aufwandsrückstellung voraussetzt, daß ein Aufwand in der laufenden oder in früheren Perioden entstanden sein muß, spricht dieser Sachverhalt zunächst dafür, die Aufwandsrückstellungen auch in der Strukturbilanz dem Fremdkapital zuzuordnen. Somit wäre im Vergleich zur Originärbilanz keine Aufbereitungsmaßnahme erforderlich.

Argumente für eine Umgliederung

Dieser Betrachtungsweise stehen aber folgende Argumente entgegen:

(1) Aufwandsrückstellungen zeichnen sich dadurch aus, daß sie weder auf einer wirtschaftlichen noch auf einer rechtlichen Verpflichtung Dritten gegenüber beruhen. Sie haben daher den Charakter von reinen Innenverpflichtungen, so daß man in diesem Zusammenhang durchaus von »Nichtschulden« (BALLWIESER, W. 1989, S. 29) sprechen kann.

(2) Aufwandsrückstellungen dienen der Vorsorge für konkrete künftige Ausgaben. Insofern kann man in einer weiten Auslegung Aufwandsrückstellungen den Charakter einer Bilanzierungshilfe für diese zukünftig auftretenden Belastungen zuerkennen (vgl. MAYER-WEGELIN, E., in: KÜTING/WEBER 1995, § 249 HGB, Rn. 231). Der Bilanzierende kann sich allerdings diesen zukünftigen Belastungen durch entsprechende Planänderungen entziehen.

(3) Da die gesetzliche Regelung der Aufwandsrückstellungen zwei interpretationsbedürftige unbestimmte Rechtsbegriffe enthält, bieten diese Rückstellungen dem Bilanzierenden eine Möglichkeit, in erheblichem Umfang stille Reserven zu bilden (vgl. GRÄFER, H. 1997, S. 204).

(4) Da die Ausgaben, für die Aufwandsrückstellungen gebildet werden, in größeren zeitlichen Abständen anfallen können, sind Aufwandsrückstellungen unmittelbar nicht zahlungswirksam und stehen dem Unternehmen möglicherweise als Kapital langfristig zur Verfügung.

(5) Würden Aufwandsrückstellungen im Rahmen der Bilanzanalyse als Fremdkapital betrachtet, erführen jene Unternehmen, die diese Bilanzierungshilfe in Anspruch nehmen, eine relative Schlechterstellung im Vergleich zu jenen Unternehmen, die von einer solchen Rückstellungsbildung keinen Gebrauch machen.

Damit sollte deutlich gemacht werden, daß die bilanzanalytische Behandlung der Aufwandsrückstellungen keine pauschale Betrachtungsweise erlaubt, sondern ein differenziertes Vorgehen erforderlich macht. In der Tat führen die aufgeführten Gründe dazu, daß mehrere Banken die Aufwandsrückstellungen in der Strukturbilanz in das Eigenkapital umgliedern und damit zum Ausdruck bringen, daß es sich bei diesen Beträgen faktisch um eine versteuerte Rücklagenbildung im Rahmen der Gewinnverwendung handelt. *Einzelfallentscheidung*

Beiden Vorgehensweisen, also der Zuordnung zum bilanzanalytischen Fremdoder Eigenkapital, kann gefolgt werden. Es muß individuell entschieden werden, welcher Betrachtung der Vorrang einzuräumen ist. Bei dieser Entscheidung ist zu berücksichtigen, daß Aufwandsrückstellungen Bestandteil des Postens »sonstige Rückstellungen« sind. Zwar besteht gem. § 285 Nr. 12 HGB im Anhang eine Erläuterungspflicht, falls Rückstellungen, die in der Bilanz unter dem Posten »sonstige Rückstellungen« nicht gesondert ausgewiesen sind, »einen nicht unerheblichen Umfang haben«. Doch eine Auswertung von Jahresabschlüssen zeigt, daß in der weit überwiegenden Zahl der Fälle keine oder lediglich implizite und ungenaue Angaben zur Existenz von Aufwandsrückstellungen gemacht werden, ohne quantitative Angaben zur Höhe der Aufwandsrückstellungen zu machen. Daher kann im Rahmen der externen Bilanzanalyse in aller Regel keine Umgliederung der Aufwandsrückstellungen vorgenommen werden.

In der hier zur Diskussion gestellten Strukturbilanz ist gleichwohl eine Umgliederung der Aufwandsrückstellungen in das Eigenkapital vorgesehen.

2.2.7 Passivische Rechnungsabgrenzungsposten

Da es letztlich Ziel der Strukturbilanz ist, auch auf der Passivseite lediglich zwei Teilkomponenten – nämlich das Eigen- und das Fremdkapital – auszuweisen, ist analog zur Vorgehensweise auf der Aktivseite der passivische Rechnungsabgrenzungsposten dem Fremdkapital – und hier im Zweifel dem kurzfristigen Fremdkapital – zuzurechnen. *Umgliederung*

2.3 Verbundbeziehungen

Mit der Änderung des HGB hat der Gesetzgeber neben den Vorschriften der §§ 15 ff. AktG eine weitere Begriffsbestimmung verbundener Unternehmen in § 271 Abs. 2 HGB vorgenommen, die sich grundlegend von der aktienrechtlichen Regelung unterscheidet. Mit der Anpassung dieser beiden Regelungsbereiche soll bis zur »Verabschiedung einer Richtlinie über die Verbindungen zwischen Unternehmen, insbesondere über Konzerne, abgewartet werden, die voraussichtlich eine Definition der verbundenen Unternehmen enthalten wird« (BT-Drucksache 10/4268, S. 106). Die Vorschriften des HGB und des AktG gelten künftig unabhängig nebeneinander.

Gesonderter Ausweis von Verbundbeziehungen

Nach neuem Bilanzrecht sind in der Bilanz nachfolgende Verbundbeziehungen als eigenständige Abschlußposten gesondert auszuweisen:

(1) Anteile an verbundenen Unternehmen im Finanzanlagevermögen (vgl. § 266 Abs. 2 A. III. 1. HGB);

(2) Ausleihungen an verbundene Unternehmen (vgl. § 266 Abs. 2 A. III. 2. HGB);

(3) Forderungen gegen verbundene Unternehmen (vgl. § 266 Abs. 2 B. II. 2. HGB);

(4) Anteile an verbundenen Unternehmen im Umlaufvermögen (vgl. § 266 Abs. 2 B. III. 1. HGB);

(5) Verbindlichkeiten gegenüber verbundenen Unternehmen (vgl. § 266 Abs. 3 C. 6. HGB).

Gem. § 266 Abs. 1 HGB müssen die obigen Posten nur von großen und mittelgroßen Kapitalgesellschaften ausgewiesen werden. Für das verkürzte Bilanzschema der kleinen Kapitalgesellschaft ergibt sich insoweit keine gesonderte Ausweispflicht.

Im Rahmen der Offenlegung können mittelgroße Kapitalgesellschaften die obigen fünf Abschlußposten auch alternativ im Anhang angeben (vgl. § 327 HGB).

Begründung

Der gesonderte Ausweis der Verbundbeziehungen soll die Beziehungen zu verbundenen Unternehmen transparenter gestalten und damit einen besseren Einblick in die Beziehungen zu verbundenen Unternehmen ermöglichen (vgl. BALLWIESER, W. 1989, S. 26). Der gesonderte Ausweis ist konsequent; denn Beziehungen zu verbundenen Unternehmen haben eine besondere Qualität, die anders zu bewerten ist als die zu sonstigen, nicht konzernverbundenen Unternehmen. So dürften beispielsweise Kreditgewährungen und Prolongationen von Verbindlichkeiten im Verhältnis zwischen verbundenen Unternehmen leichter möglich sein und Ausleihungen häufig niedrig verzinslich oder gar unverzinslich gewährt werden. Ganz generell ist auf den Zusammenhang hinzuweisen, daß wirtschaftliche Probleme des Mutterunternehmens zumeist auch die Tochterunternehmen in Mitleidenschaft ziehen, insofern als bei der Krise einer großen Beteiligungsgesellschaft sich die Muttergesellschaft regelmäßig zu entsprechenden Stützungsmaßnahmen genötigt sieht (vgl. GÖLLERT, K. 1984, S. 1846).

Diese Überlegungen machen deutlich, daß sich dem Analytiker durchaus wertvolle Erkenntnisse eröffnen, wenn den Verbundbeziehungen auch im Rahmen der Bilanzanalyse eine erhöhte Aufmerksamkeit geschenkt wird. Dies könnte in der Weise erfolgen, daß im Anlage- und Umlaufvermögen sowie im Fremdkapital die Verbundbeziehungen zusammengefaßt und gesondert ausgewiesen werden. Denkbar wäre aber auch eine Vorspalteninformation oder ein ›Davon-Vermerk'.

Berücksichtigung in der Strukturbilanz

3. Ergebnis: Die Strukturbilanz für den Einzelabschluß

Aus den vorangegangenen Überlegungen ergibt sich die in den nachfolgenden Übersichten 14 und 15 abgeleitete Strukturbilanz für den Einzelabschluß.

Übersicht 14: Strukturbilanz für den Einzelabschluß (Aktiva)
Strukturbilanz – Aktiva
A. ~~Ausstehende Einlagen auf das gezeichnete Kapital~~ ~~– davon eingefordert –~~
B. ~~Aufwendungen für die Ingangsetzung und Erweiterung des Geschäfts-~~ ~~betriebs~~

C. **Bilanzanalytisches Anlagevermögen**
   I. immaterielle Vermögensgegenstände
     (./. aktivierter Geschäfts- oder Firmenwert aus den Einzelabschlüssen)
   II. Sachanlagen
   III. Finanzanlagen

D. **Bilanzanalytisches Umlaufvermögen**
   I. Vorräte (bei offener Absetzung einschl. »erhaltene Anzahlungen auf Bestellungen«)
   II. Forderungen und sonstige Vermögensgegenstände
   III. Wertpapiere (evtl. ./. eigene Anteile)
   IV. Schecks, Kassenbestand, Bundesbank- und Postgiroguthaben, Guthaben bei Kreditinstituten
   V. Rechnungsabgrenzungsposten (./. Disagio)

E. **Latente Steuern**

Übersicht 15: Strukturbilanz für den Einzelabschluß (Passiva)

Strukturbilanz - Passiva

A.   Bilanzanalytisches Eigenkapital

      gezeichnetes Kapital (ggf. gemindert um den Nennwert/rechnerischen Betrag eigener Anteile)
      (./. nicht eingeforderte Einlagen)
+   Kapitalrücklage
+   Gewinnrücklagen
      (evtl. ./. Rücklage für eigene Anteile)
./. Aufwendungen für die Ingangsetzung und Erweiterung des Geschäftsbetriebs
./. aktivierter Geschäfts oder Firmenwert
./. Disagio
./. aktivische latente Steuern
+   passivische latente Steuern
./. nicht ausgewiesene Rückstellungen für Pensionen und ähnliche Verpflichtungen
+   Aufwandsrückstellungen
+   50% der Sonderposten mit Rücklageanteil (gilt auch für die in diesem Posten unter Umständen enthaltenen steuerrechtlichen Mehrabschreibungen)
+ $66\frac{2}{3}$% der Baukostenzuschüsse
+   50% der Sonderposten für Investitionszuschüsse im Anlagevermögen
+   Sonderposten für Investitionszulagen im Anlagevermögen
      Berücksichtigung der Gewinnverwendung:
      a) vor erfolgter Gewinnverwendung
         ± Jahresüberschuß/Jahresfehlbetrag
         ± Gewinnvortrag Verlustvortrag
         ./. auszuschüttender Betrag
      b) nach teilweiser oder vollständiger Gewinnverwendung
         ± Bilanzgewinn/Bilanzverlust
         ./. auszuschüttender Betrag

B.   Bilanzanalytisches Fremdkapital

      50% der Sonderposten mit Rücklageanteil
+ $33\frac{1}{3}$% der Baukostenzuschüsse
+   50% der Sonderposten für Investitionszuschüsse im Anlagevermögen
+   auszuschüttender Betrag
+   Rückstellungen aus der Bilanz
      (./. Aufwandsrückstellungen; ./. passivische latente Steuern)
+   nicht ausgewiesene Rückstellungen für Pensionen und ähnliche Verpflichtungen
+   Verbindlichkeiten
      (einschl. »erhaltene Anzahlungen auf Bestellungen«)
+   Rechnungsabgrenzungsposten

| kurzfristig = vor Ablauf eines Jahres fällig | mittelfristig = Fälligkeit zwischen einem und fünf Jahren | langfristig = nach Ablauf von fünf Jahren fällig |

Merksätze:

1. Die der eigentlichen Kennzahlenbildung vorgelagerten Schritte lassen sich in Maßnahmen der Umbewertung und der Umgliederung (Umgruppierung, Neubildung, Aufspaltung, Erweiterung und Saldierung) unterteilen.

2. Die Strukturbilanz als Grundlage aller weiteren Untersuchungen stellt eine nach den Zielsetzungen und Aufgaben der Bilanzanalyse aufbereitete und umgestaltete Originalbilanz dar.

3. Bei der Erstellung der Strukturbilanz werden im Rahmen der Aufbereitungsmaßnahmen die Posten der Aktiv- und der Passivseite zweckmäßigerweise zu jeweils zwei Kategorien – dem bilanzanalytischen Anlage- und Umlaufvermögen auf der Aktivseite sowie dem bilanzanalytischen Eigen- und Fremdkapital auf der Passivseite – zusammengefaßt; verbindliche Aufbereitungsregeln gibt es jedoch nicht.

3. Kapitel: Teilbereiche der Bilanzanalyse als Kennzahlenrechnung

1. Finanzwirtschaftliche Bilanzanalyse

1.1 Grundlagen

1.1.1 Gegenstand und Bedeutung der finanzwirtschaftlichen Bilanzanalyse

Das zentrale Anliegen der finanzwirtschaftlichen Bilanzanalyse muß allgemein in der Beurteilung der Liquiditätslage eines Unternehmens gesehen werden.

Liquidität und unternehmerische Existenzsicherung

Die Frage nach der liquiditätsmäßigen Verfassung eines Unternehmens bildet ein originäres Erkenntnisziel aller am Unternehmen im weitesten Sinne beteiligten Personen. Denn Zahlungsunfähigkeit (Illiquidität), verstanden als das auf dem Mangel an Zahlungsmitteln beruhende dauernde Unvermögen eines Schuldners, seine fälligen Verpflichtungen zu begleichen, ist neben der Überschuldung ein Auslöser für ein insolvenzrechtliches Verfahren. Die Aufrechterhaltung der Liquidität ist daher die wichtigste Voraussetzung für die Existenz und den Fortbestand eines Unternehmens.

Finanzielles Gleichgewicht

Gleichwohl stellt das Bemühen um die Sicherstellung der Zahlungsbereitschaft keine dem Gewinnstreben gleichrangige Zielvorstellung dar. Vielmehr handelt es sich um eine für die langfristige Gewinnmaximierung unabdingbare Nebenbedingung. Erst wenn es dem Unternehmen gelingt, alle Zahlungsströme im Hinblick auf das Ziel der Gewinnmaximierung optimal aufeinander abzustimmen, befindet es sich im angestrebten finanziellen Gleichgewicht.

In der Literatur findet sich eine Vielzahl unterschiedlicher Liquiditätsbegriffe. Daran zeigt sich, daß es den Liquiditätsbegriff schlechthin nicht gibt. Vielmehr hängt es vom Bezugsobjekt und der jeweiligen Fragestellung ab, was unter Liquidität im Einzelfall zu verstehen ist.

1.1.2 Begriff der Liquidität

1.1.2.1 Darstellung verschiedener Liquiditätsbegriffe

Absoluter Liquiditätsbegriff

Bezugsobjekt bei der Abgrenzung des Liquiditätsbegriffs kann zum einen das Vermögen und zum anderen das Unternehmen als Rechtssubjekt sein (vgl. WÖHE, G./BILSTEIN, J. 1994, S. 21ff.). Liquidität als Eigenschaft von Wirtschaftsgütern läßt sich umschreiben als zeitlicher Abstand eines Vermögensgegenstands vom Geldzustand. Diese auch als absolute Liquidität bezeichnete Interpretation, die auf die Rückverwandlung eines Vermögensgegenstands in Zahlungsmittel abstellt, existiert in zwei Ausprägungen. Erfolgt die Wiedergeldwerdung im Rahmen der normalen Umsatztätigkeit des Betriebs, d.h. bei einem zweckentsprechenden Einsatz der Gegenstände im Produktions- und Absatzprozeß, spricht man von natürlicher Liquidität oder auch von Selbstliquidations-Liquidität (vgl. LÜCKE, W. 1984, S. 2362). Die Liquidität eines Vermögenspostens kann aber auch durch den Erlös ausgedrückt werden, den eine sofortige Veräußerung des Gegenstands erbringt, ohne daß der durch den Betriebsablauf bedingte natürliche Geldwerdungsprozeß abgewartet wird (künstliche Liquidität). Diese vorzeitige Wiedergeldwerdung setzt gewöhnlich die Inkaufnahme eines Disagios im Sinne eines Wertverlusts gegenüber dem im normalen Geschäftsablauf erzielbaren Mittelrückfluß voraus.

Bezieht man den Liquiditätsbegriff auf ein Rechtssubjekt, konkret auf ein Unternehmen, so versteht man darunter dessen Fähigkeit zur jederzeitigen Abstimmung der Ein- und Auszahlungen in zeitlicher und betragsmäßiger Hinsicht. Dieses Verständnis von Liquidität wird als relative Liquidität bezeichnet. Zu ihrer Beurteilung werden zwei verschiedene Ansätze herangezogen: zum einen die statische (zeitpunktbezogene) und zum anderen die dynamische (zeitraumbezogene) Liquidität. Beiden Methoden ist gemeinsam, daß sie Relativbetrachtungen anstellen und jeweils bestimmte Bestands- bzw. Stromgrößen zueinander in Beziehung setzen. Sie unterscheiden sich jedoch hinsichtlich ihrer Datenbasis und haben ihre Wurzeln in völlig unterschiedlichen Denkkategorien.

Relativer Liquiditätsbegriff

Die sogenannte statische oder strukturelle Liquidität entspringt bilanzmäßigem Denken und ist vermögensorientiert. Sie geht von einem Vergleich von Bilanzposten aus und fordert, daß fällig werdenden Verbindlichkeiten liquide Mittel bzw. leicht liquidierbare Vermögenswerte in mindestens gleicher Höhe gegenüberstehen müssen. Anders die pagatorisch geprägte dynamische Liquidität, die sich aus der Finanzplanung entwickelt hat und alle zukünftig in einer Unternehmung anfallenden Ein- und Auszahlungen gegenüberstellt (vgl. HAHN, O. 1971, S. 152). Sie kann nur auf der Grundlage eines Finanzplans oder einer prospektiven Kapitalflußrechnung hinreichend zuverlässig beurteilt werden.

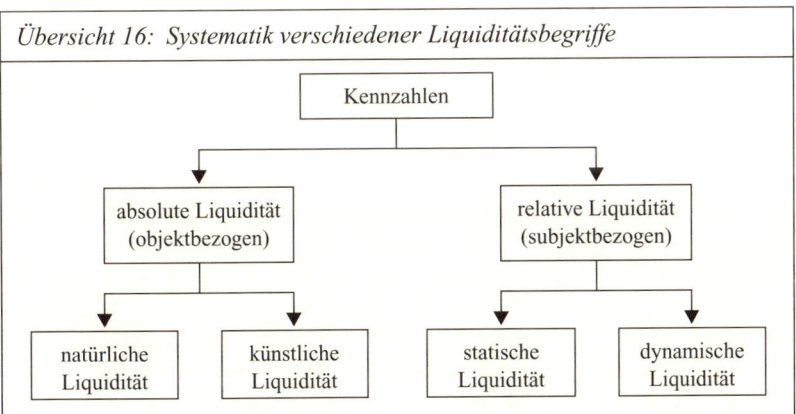

Übersicht 16: Systematik verschiedener Liquiditätsbegriffe

1.1.2.2 Liquidität und finanzwirtschaftliche Bilanzanalyse

Welcher der vorstehend erläuterten Liquiditätsbegriffe der finanzwirtschaftlichen Bilanzanalyse zugrunde zu legen ist, hängt zunächst von dem Zustand ab, in dem sich das zu betrachtende Unternehmen befindet. Grundsätzlich kann bei der Liquiditätsbeurteilung von zwei unterschiedlichen Prämissen und dementsprechend von zwei unterschiedlichen Fragestellungen ausgegangen werden (vgl. COENENBERG, A.G. 1997, S. 598): Steht das Unternehmen vor der Liquidation oder ist mit dessen Fortführung im Sinne des Going-Concern-Prinzips zu rechnen? In beiden Fällen hat die Liquiditätsanalyse ganz unterschiedliche Fragen zu beantworten.

Liquiditätsbegriff und Unternehmenszerschlagung

Muß ein Unternehmen wegen Überschuldung oder dauerhafter Zahlungseinstellung liquidiert werden (Stichwort: Unternehmenszerschlagung), interessiert in erster Linie, welche finanziellen Mittel den Gläubigern zur Abdeckung ihrer Außenstände zur Verfügung stehen. Die Vermögensgegenstände müssen durch vorzeitigen Verkauf, also schon vor Ablauf ihrer normalen, planmäßigen Selbstliquidationsperiode in Zahlungsmittel transformiert werden, um zum Ausgleich der finanziellen Verpflichtungen verwendet werden zu können. Folglich interessiert für den Fall der Unternehmenszerschlagung allein die künstliche Liquidität. Welche Finanzmittel einem zu liquidierenden Unternehmen zur Schuldentilgung insgesamt zur Verfügung stehen, kann nur anhand eines Kreditstatus zuverlässig beantwortet werden.

Liquiditätsbegriff und Unternehmensfortführung

Soll hingegen die Liquidität und finanzielle Stabilität eines fortzuführenden Unternehmens untersucht werden, stehen naturgemäß andere Analyseziele im Vordergrund. Hier geht es weniger um die Eigenschaft von Vermögenswerten, in Geld umgewandelt werden zu können, als vielmehr um die Fähigkeit eines Unternehmens, den laufenden Geschäftsbetrieb durch Aufrechterhaltung der Zahlungsfähigkeit dauerhaft zu sichern.

Da der Bilanzanalyse in erster Linie die Aufgabe zukommt, Informationen als Entscheidungsgrundlage für jene Personen bereitzustellen, die sich in irgendeiner Form an einem ›lebenden‹ Unternehmen finanziell beteiligen wollen, soll im folgenden der Aspekt der Unternehmenszerschlagung vernachlässigt und ausschließlich auf die Liquiditätsanalyse eines fortzuführenden Unternehmens abgestellt werden. Damit wird zugleich deutlich, daß eine solchermaßen abgegrenzte, entscheidungsorientierte finanzwirtschaftliche Bilanzanalyse sinnvollerweise nur vom dynamischen Liquiditätsbegriff ausgehen kann.

1.1.3 Datenbasis der Liquiditätsanalyse

1.1.3.1 Grundsätzliches

Am besten ließe sich die Fähigkeit eines Unternehmens zur Aufrechterhaltung der jederzeitigen Zahlungsfähigkeit anhand eines Rechenwerks bestimmen, dem alle in absehbarer Zukunft zu erwartenden Zahlungsbewegungen im Hinblick auf ihre Zeitpunkte, ihre Höhe und ihre Unsicherheit entnommen werden können und das darüber hinaus Informationen über Kreditlinien, Prolongations- und sonstige Kapitalbeschaffungsmöglichkeiten liefert. Solche gemeinhin in einem Finanzplan zusammengestellten Daten stehen dem externen Liquiditätsanalysten aber regelmäßig nicht zur Verfügung. Statt dessen ist er bei seinen Untersuchungen allein auf die veröffentlichten und damit allgemein zugänglichen Informationsquellen eines Unternehmens angewiesen.

Die wichtigste Informationsquelle der externen Liquiditätsanalyse ist damit der handelsrechtliche Jahresabschluß, bestehend aus Bilanz und Gewinn- und Verlustrechnung. Bei Kapitalgesellschaften werden diese Bestandteile ergänzt durch den Anhang sowie den Lagebericht, denen jedoch unter Liquiditätsaspekten generell nur eine untergeordnete Bedeutung zukommt. Einzuschränken ist diese Aussage allerdings für Jahresabschlüsse börsennotierter Mutterunternehmen. Denn mit Inkrafttreten des KonTraG haben diese nunmehr ihren Konzernanhang um eine Kapitalflußrechnung, die ein wichtiges Instrument der Liquiditätsanalyse darstellt, zu erweitern. Neben diesen Daten sollte der externe Analytiker zusätzlich alle anderen ihm zugänglichen Publikationen über das Unternehmen auswerten. Zu denken ist dabei an Hauptversammlungsansprachen, Veröffentlichungen der Wirtschafts- und Fachpresse, Publikationen der Industrie- und Handelskammern und der Verbände über zu erwartende Konjunktur- und Branchendaten etc. (vgl. GRÄFER, H. 1997, S. 23). Allerdings sollte sich der Analytiker bei allen veröffentlichten Informationen über ein Unternehmen stets der Möglichkeit einer subjektiven Färbung bewußt sein und sich fragen, welche Wirkung die ihm dargebotenen Informationen auf ihn haben sollen. Ein kritischer Umgang mit dem vorhandenen Datenmaterial ist jedenfalls unerläßlich (so auch SCHULT, E. 1991, S. 21).

Informationsquellen der externen Liquiditätsanalyse

1.1.3.2 Kritik am Jahresabschluß als Informationsquelle

Die Generalnorm des § 264 Abs. 2 HGB fordert vom Jahresabschluß, daß er ein den tatsächlichen Verhältnissen entsprechendes Bild der Vermögens-, Finanz- und Ertragslage vermitteln soll. Diese Formulierung unterscheidet sich von der früheren aktienrechtlichen Bestimmung namentlich durch die ausdrückliche Nennung des Begriffs Finanzlage.

Liquiditätsanalysen und Generalnorm

Nach RÜCKLE bezeichnet der Begriff der Finanzlage das Ausmaß der Fähigkeit eines Rechtssubjekts zum künftigen Ausgleich der betrieblichen Ein- und Auszahlungen (vgl. RÜCKLE, D. 1986, S. 174). Dahinter steht offenkundig die Überlegung, daß die Zahlungsfähigkeit (Liquidität) eines Unternehmens bis zum Betrachtungszeitpunkt (Bilanzstichtag) bereits durch dessen Fortbestand dokumentiert wird und damit Liquidität sinnvollerweise nur im Sinne von zukünftiger Liquidität verstanden werden kann (vgl. BAETGE, J./COMMANDEUR, D., in: KÜTING/WEBER 1995, § 264 HGB, Rn. 26). Folgt man diesem Verständnis von der Generalnorm, so müßte der handelsrechtliche Jahresabschluß grundsätzlich ein den tatsächlichen Verhältnissen entsprechendes Bild der zukünftigen Liquiditätslagen vermitteln.

Auch wenn eine solche Auslegung der Generalnorm aus Sicht des externen Analysten zweifellos zu begrüßen wäre, erweist sie sich indessen bei näherer Betrachtung als nicht haltbar. Da der Jahresabschluß ein primär vergangenheitsorientiertes Instrument der Rechnungslegung ist und Kapitalflußrechnungen, Finanzpläne oder sonstige gleichwertige Prognoserechnungen nur eingeschränkt bzw. nicht zu seinem Pflichtumfang gehören, vermag die Generalklausel letztlich kein Bilanzierungs- und Erläuterungsverhalten zu erzeugen, das zu einer den tatsächlichen Verhältnissen entsprechenden Darstellung der Liquiditätslage führte.

Fehlender Liquidi-
tätsbezug der
Bilanzen

Bilanzen enthalten lediglich Stichtagsbestände an Vermögen und Kapital. Folglich können sie allenfalls Anhaltspunkte zur Abschätzung der aus diesen Beständen zu erwartenden Ein- und Auszahlungen liefern (vgl. HÄRLE, D. 1970, S. 97). Dies hat zur Folge, daß eine Vielzahl liquiditätswirksamer Informationen der Bilanz nicht entnommen werden kann. So fehlen beispielsweise Angaben über die aus den zahlreichen Dauerschuldverhältnissen (Arbeits-, Miet-, Pacht-, Dienstverträge etc.) resultierenden Zahlungsmittelbewegungen, über Verpflichtungen und Ansprüche aus schwebenden Geschäften oder über kurzfristig verfügbare oder mobilisierbare Finanzreserven (Kreditlinien).

Unzureichende
Fristigkeitsangaben

Um beurteilen zu können, ob sich ein Unternehmen künftig im finanziellen Gleichgewicht befindet, sind neben den Informationen bezüglich des Umfangs und der Höhe der zu erwartenden Ein- und Auszahlungen auch die genauen Terminen dieser Zahlungsmittelbewegungen zwingend erforderlich. Auch dieser Informationswunsch des Analysten wird vom Jahresabschluß letztlich nicht befriedigt. Die nach den §§ 268 Abs. 5 und 285 Nr. 1 HGB geforderte Angabe der Verbindlichkeitsbeträge mit einer Restlaufzeit von bis zu einem und mehr als fünf Jahren ermöglicht zwar die Erstellung eines sogenannten Verbindlichkeitenspiegels. Diesem kann aber kein entsprechend aufgebauter Forderungsspiegel gegenübergestellt werden. Zudem ist die im Jahresabschluß für Forderungen und Verbindlichkeiten vorgesehene Fristigkeitsstruktur viel zu grob, um auch nur annähernd zuverlässige Aussagen über die zeitliche Übereinstimmung der aus diesen Bestandsgrößen resultierenden Ein- und Auszahlungen machen zu können.

Bewertungsabhän-
gigkeit und fehlen-
der Zukunftsbezug

Im übrigen muß darauf hingewiesen werden, daß sich die oben aufgeführten allgemeinen Mängel des handelsrechtlichen Jahresabschlusses aus Sicht der externen Bilanzanalyse in besonderer Weise auch auf Liquiditätsuntersuchungen auswirken. Beispielhaft seien hier die Bewertungsabhängigkeit und der fehlende Zukunftsbezug der Daten erwähnt. So führen die vom Vorsichtsprinzip geprägten Gewinnermittlungsprinzipien (Nominalwert-, Realisations- und Imparitätsprinzip) dazu, daß die potentiellen Einzahlungen eher zu niedrig und die potentiellen Auszahlungen eher zu hoch angesetzt sind. Darüber hinaus kann durch zahlreiche bilanzpolitisch motivierte Sachverhaltsgestaltungen, wie etwa die Wahl des Bilanzstichtags, die Vornahme konzerninterner Kredittransaktionen kurz vor oder nach dem Bilanzstichtag, das Sale-and-Lease-back-Geschäft oder den gezielten Abschluß von Factoringverträgen, die Analyse der Liquiditätslage nachhaltig erschwert werden.

1.1.3.3 Konsequenzen für die Liquiditätsanalyse

Die Grenzen der externen Liquiditätsanalyse liegen dort, wo die zur Verfügung stehenden Informationen nicht den aus den Erkenntniszielen abgeleiteten Informationserfordernissen entsprechen (vgl. COENENBERG, A.G. 1997, S. 564). Infolgedessen muß das Ziel der Liquiditätsanalyse der vergangenheitsorientierten Informationsgrundlage angepaßt und neu formuliert werden. Gerade weil dem externen Analysten ein (interner) Finanzplan nicht zur Verfügung steht, muß er auf Hilfslösungenn zurückgreifen, die zumindest ansatzweise Aussagen über die künftige Zahlungsfähigkeit eines Unternehmens im Sinne der dynamischen Liquidität erlauben.

Suche nach Hilfs-lösungen

Dabei dürfen sich Liquiditätsanalysen nicht – wie häufig zu beobachten – allein auf die Untersuchung des Zusammenhangs zwischen Investition und Finanzierung und damit auf die Bildung verschiedener Deckungsgrade unterschiedlicher Fristigkeit beschränken. Diese einseitige Ausrichtung der Analyse wird den an die Liquiditätsbeurteilung gestellten Anforderungen nur bedingt gerecht. Die Gewinnung von Informationen über den liquiditätsmäßigen Zustand eines Unternehmens muß vielmehr als ein komplexer Vorgang begriffen werden, der erst durch das Zusammenfügen vieler kleiner Mosaiksteine ein relativ klar umrissenes Bild ergibt und sich nicht in der Bildung und Auswertung von bestimmten, durch Horizontalanalysen gewonnenen Beziehungszahlen (Deckungsgrade, kurzfristige Liquiditätsgrade) erschöpfen darf. Zwar handelt es sich bei letzteren zweifellos um einen wichtigen Bereich der Liquiditätsanalyse, doch müssen – gerade für längerfristige Betrachtungen – auch die Erkenntnisse der vertikalen Vermögens- und Kapitalstrukturanalyse gleichsam flankierend in die Beurteilung der Liquiditätslage eines Unternehmens einfließen. Die erwähnten Teilbereiche werden im folgenden unter dem Begriff der Bilanzstrukturanalyse zusammengefaßt.

Vermögens-, Kapital- und Horizontalstruktur-analyse

Bei Kapitalgesellschaften, die ihren Jahresabschluß um einen Anhang sowie einen Lagebericht zu erweitern haben, sollte der Analyst nicht darauf verzichten, auch diese Informationsquellen unter Liquiditätsgesichtspunkten auszuwerten. Während die Vermögens-, Kapital- und Horizontalstrukturanalyse im Zeichen der (stichtagsbezogenen) Kennzahlenbildung stehen und darauf abzielen, drohende Liquiditätsengpässe anhand von bestimmten Bilanzrelationen kenntlich zu machen, geht es bei der Analyse dieser Bestandteile des Jahresabschlusses im wesentlichen um die Auswertung verbaler Angaben.

Auswertung von Anhang und Lagebericht

Sowohl für den Anhang als auch für den Lagebericht kann festgestellt werden, daß ertragsstarke und liquide Unternehmen tendenziell eher bereit sein dürften, detaillierte Angaben über künftige Zahlungsmittelbewegungen zu machen, als jene, die mit Liquiditätsengpässen zu kämpfen haben. Letztere suchen ihre Chancen wohl eher in bilanzpolitisch gesteuerten Liquiditäts- und Finanzie-

rungskennzahlen, in der Hoffnung, daß die (Kreditvergabe-)Praxis auch weiterhin Unternehmensbeurteilungen anhand von »Formeln, Faustregeln und
schematisierten Normen« (HÄRLE, D. 1970, S. 89) durchführt. Anhang und Lagebericht dagegen erschöpfen sich in Selbstverständlichkeiten. Auch solche
Betrachtungen können dem externen Analysten zuweilen wertvolle Hinweise
auf die liquiditätsmäßige Verfassung eines Unternehmens geben.

Cash-flow- und Kapitalflußrechnungen

Eine weitere Verfeinerung der Untersuchungsergebnisse liefern Analysen auf
der Grundlage von publizierten oder aus der Gewinn- und Verlustrechnung abgeleiteten Stromgrößen. Hierbei handelt es sich in erster Linie um die Cash-
flow-Rechnung sowie die Kapitalflußrechnung. Mit Hilfe der Cash-flow-Rechnung soll eine zutreffende Aussage über das Innenfinanzierungspotential der
Unternehmung in der abgelaufenen Periode ermöglicht werden (vgl.
2. Abschn., 3. Kap. 1.3). Die Kapitalflußrechnung als Zeitraumrechnung soll
dagegen Aufschluß über die Struktur bestimmter Zahlungsströme eines Unternehmens geben, indem bestimmte Mittelbewegungen während einer Periode
dargestellt und erklärt werden (vgl. 2. Abschn., 3. Kap. 1.4).

Die Übersicht 17 faßt die skizzierten, im folgenden näher zu betrachtenden
Methoden zur Liquiditätsanalyse zusammen.

Übersicht 17: Methoden zur Liquiditätsanalyse

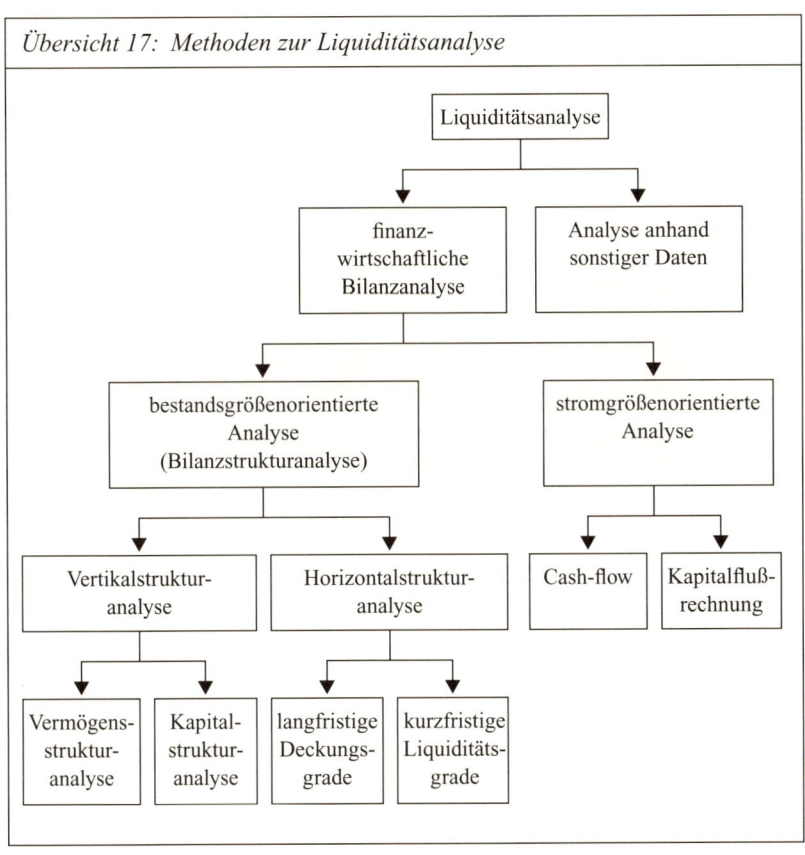

Merksätze:

1. Die finanzwirtschaftliche Bilanzanalyse hat die Beurteilung der Liquiditätslage eines Unternehmens zum Ziel.

2. Die Aufrechterhaltung der Liquidität ist die wichtigste Voraussetzung für den Fortbestand eines Unternehmens. Sie bildet eine unabdingbare Nebenbedingung zum Ziel der langfristigen Gewinnmaximierung.

3. Der Begriff der Liquidität wird in unterschiedlichen Ausprägungen verwendet.

4. Erkenntnisziel der finanzwirtschaftlichen Bilanzanalyse ist die dynamische Liquidität, verstanden als die Fähigkeit eines Rechtssubjekts, seinen fälligen Zahlungsverpflichtungen zu jeder Zeit uneingeschränkt nachzukommen.

5. Auf der Grundlage des handelsrechtlichen Jahresabschlusses ist eine unmittelbare Beurteilung der ständigen Zahlungsbereitschaft einer Unternehmung nicht möglich. Daher muß auf ›Hilfslösungen‹ zurückgegriffen werden.

6. Bei den unter Punkt 5 angesprochenen Hilfslösungen handelt es sich um die Bilanzstrukturanalyse, die Cash-flow-Rechnung sowie die Kapitalflußrechnung.

1.2 Bilanzstrukturanalyse

1.2.1 Untersuchungsziele der Bilanzstrukturanalyse

Untersuchungsziel: Liquiditätssicherungsvermögen

Es wurde bereits darauf hingewiesen, daß eine unmittelbare Beurteilung der zukünftigen Zahlungsfähigkeit eines Unternehmens auf der Grundlage des einem externen Analysten zur Verfügung stehenden Datenmaterials nicht möglich ist. Folglich ist dieser darauf angewiesen, durch Analyse des handelsrechtlichen Jahresabschlusses Indikatoren ausfindig zu machen, die Auskunft über das Liquiditätssicherungsvermögenn des Unternehmens geben (vgl. auch SCHULT, E. 1991, S. 136f.) und damit Rückschlüsse auf die künftige Zahlungsfähigkeit erlauben.

Bestimmungsfaktor absolute Liquidität

Das Liquiditätssicherungsvermögen eines Unternehmens wird im wesentlichen durch zwei Faktoren bestimmt: Der erste Bestimmungsfaktor ist das Ausmaß, in dem die in den Vermögensgegenständen gebundenen liquiden Mittel über den Umsatzprozeß wieder freigesetzt werden (absolute Liquidität) können. Der Umfang dieser potentiellen Liquidität richtet sich zum einen nach der Bindungsdauer des in den einzelnen Vermögensgegenständen gebundenen Kapitals (natürliche Liquidität) sowie zum anderen nach der Möglichkeit, im Unternehmen vorhandene Vermögensgegenstände ohne Gefahr für den Fortbestand des Unternehmens vor Ablauf ihrer Selbstliquidationsdauer veräußern und damit in liquide Mittel zurückführen zu können (künstliche Liquidität).

Hiervon zu unterscheiden ist der zweite Bestimmungsfaktor des künftigen Liquiditätssicherungsvermögens, die Möglichkeit des Unternehmens, finanzielle Mittel von externen Kapitalgebern zu beschaffen. Diese Form der Liquiditätsbeschaffung von außen wird selbst wiederum durch zwei Kriterien bestimmt. Grundvoraussetzung dafür, daß sich Kapitalgeber finanziell im Unternehmen engagieren, ist in erster Linie die Erwartung, daß das Unternehmen in der Zukunft Gewinne erzielen wird. Denn nur unter dieser Bedingung kann eine ordnungsgemäße Bedienung sowie gegebenenfalls Rückzahlung des hingegebenen Kapitals erwartet werden. Damit wird deutlich, daß zur Beurteilung der zukünftigen Liquiditätslage eines Unternehmens dessen Erfolgserzielungsvermögen nbesonderes Interesse geschenkt werden muß.

Bestimmungsfaktor Erfolgserzielungsvermögen

Man könnte einwenden, zur Beurteilung des Erfolgspotentials sei eine unmittelbare Betrachtung der Erfolgsquellen, wie sie sich in der Gewinn- und Verlustrechnung widerspiegeln, zweckdienlicher. Dem ist jedoch entgegenzuhalten, daß die finanzwirtschaftliche Bilanzkritik die unmittelbare Erfolgsquellenanalyse nicht ersetzen, sondern vielmehr ergänzen soll. Denn Schwächen im finanziellen Aufbau werden nicht selten überlagert durch Wachstumsphasen der Wirtschaft (vgl. SANDIG, C. 1976, Sp. 649). Sie schlagen sich daher oftmals erst nach einer Änderung der wirtschaftlichen Rahmenbedingungen, d.h. mit einer gewissen Verzögerung in der Gewinn- und Verlustrechnung nieder. Demzufolge muß die vordringliche Aufgabe der Bilanzstrukturanalyse darin gesehen werden, etwaige strukturelle Mängel im Finanzaufbau der Unternehmung aufzudecken und auf die von ihnen ausgehenden Gefahren für das Erfolgserzielungsvermögen aufmerksam zu machen.

Freilich darf nicht übersehen werden, daß der Beurteilung des Erfolgserzielungsvermögens eines Unternehmens auf der Grundlage des handelsrechtlichen Jahresabschlusses eine erhebliche Unsicherheit anhaftet. Denn die Fähigkeit der Unternehmung, Gewinne zu erzielen, wird von zahlreichen Größen beeinflußt, deren Berücksichtigung sich dem außenstehenden Betrachter weitestgehend verschließt (z.B. Qualität des Managements, Entwicklungen auf den Absatz- und Beschaffungsmärkten, technischer Fortschritt usw.). Daher kann selbst bei noch so sorgfältiger Analyse des Jahresabschlusses nicht ausgeschlossen werden, daß ein heute florierendes Unternehmen über kurz oder lang in eine wirtschaftliche Schieflage gerät und Verluste erleidet. Da derartige Verluste bekanntlich zu einer Minderung des Eigenkapitals führen, stellen sie eine latente Bedrohung für den Fortbestand eines Unternehmens dar. Aus dieser Tatsache läßt sich als sekundäres Analyseziel die Verlustabsorptionsfähigkeitn – verstanden als die Fähigkeit, Verluste ohne unmittelbare Gefahr für die Existenz des Unternehmens auffangen zu können – ableiten. Diese findet ihren sichtbaren Niederschlag in der jeweiligen Eigenkapitalausstattung.

Bestimmungsfaktor Verlustabsorptionsfähigkeit

Übersicht 18 faßt die Bestimmungsfaktoren des langfristigen Liquiditätssicherungsvermögens eines Unternehmens zusammen.

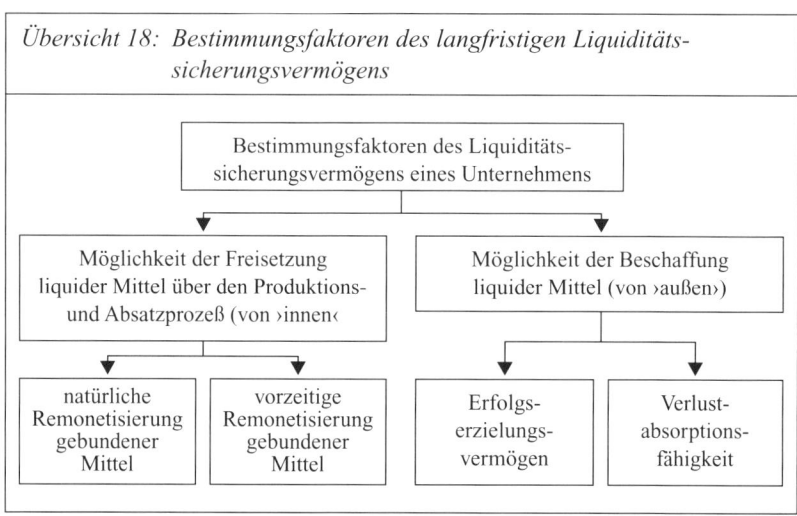

Übersicht 18: Bestimmungsfaktoren des langfristigen Liquiditätssicherungsvermögens

Die Aufgabe der Bilanzstrukturanalyse ist es, durch Bildung von Kennzahlen zur Vermögens-, Kapital- und Horizontalstruktur Aussagen zu den vorstehend formulierten Analysezielen zu treffen.

1.2.2 Grenzen der Bilanzstrukturanalyse

Mehrdeutigkeit der Untersuchungsergebnisse

Abgesehen von der Mangelhaftigkeit des dem externen Betrachter zur Verfügung stehenden Informationsmaterials (vgl. ausführlich hierzu oben 2. Abschn., 1. Kap. 4.), die insbesondere die Analyse des Innenfinanzierungspotentials erschwert, wird die Bilanzstrukturanalyse zusätzlich durch zahlreiche Interpretationsschwierigkeiten bei der Auswertung der vorgefundenen Ergebnisse beeinträchtigt. Als ein besonderes Problem erweist sich dabei die Mehrdeutigkeit zahlreicher Beobachtungen. Die Ursache hierfür kann zum einen in der Unkenntnis über die Hintergründe einer bestimmten Entwicklung bestehen. So läßt sich beispielsweise ein im Zeitablauf gestiegener Bestand an Verbindlichkeiten aus Lieferungen und Leistungen sowohl als Indiz für »Finanzierungsengpässe und Schwierigkeiten bei der Kapitalbeschaffung« (GRÄFER, H. 1997, S. 201) als auch für eine gestiegene Marktmacht des Unternehmens (Stichwort: verlängertes Zahlungsziel) deuten. Welche Interpretation im Einzelfall plausibler erscheint, kann nur unter Heranziehung zusätzlicher Informationen beurteilt werden, etwa der Entwicklung der liquiden Mittel im entsprechenden Zeitraum (vgl. KUSSMAUL, H. 1984, S. 198f.).

Zum anderen sind mehrdeutige Aussagen aber auch als Folge der partiellen Widersprüchlichkeit der oben abgeleiteten Analyseziele denkbar. So mag ein umfangreicher Grundbesitz für Gläubiger unter Risikogesichtspunkten, d.h. als Zugriffsobjekt im Falle eines Unternehmenszusammenbruchs, durchaus vorteilhaft erscheinen. Gleichzeitig muß jedoch gesehen werden, daß das im Grundvermögen gebundene Kapital keinen unmittelbaren Ertrag abwirft und damit die Fähigkeit, Gewinne zu erzielen, erheblich belasten kann. Zur Auflösung eines derartigen Konflikts zwischen Rentabilitätsziel einerseits und Sicherheitserwägungen andererseits bedarf es stets eines wertenden Urteils des Analysten. Dies kann regelmäßig nur im Rahmen der Gesamtbeurteilung des Unternehmens erfolgen.

Ähnliche Überlegungen, wie sie hier für einzelne Vermögensposten angestellt wurden, gelten für die allgemeine Beurteilung der Abstimmung von Kapitalbeschaffung und Kapitalverwendung. Auch dieses Ansinnen wird dadurch erschwert, daß zweckkonforme, d.h. Sicherheits- und Rentabilitätsaspekte berücksichtigende Finanzierungshypothesen bis heute noch nicht entwickelt wurden. Statt dessen stützt sich die Praxis überwiegend auf sogenannte ›goldene Regeln‹, die zwar eine wissenschaftliche Absicherung vermissen lassen, sich jedoch im Laufe der Zeit bewährt haben (vgl. hierzu unten 2. Abschn., 3. Kap. 1.2.4).

»Flucht in Praktikerregeln«

Merksätze:

1. Die Bilanzstrukturanalyse mit ihren Teilbereichen der Vermögens-, Kapital- und Horizontalstrukturanalyse soll durch Bildung von Kennzahlen Anhaltspunkte über das Liquiditätssicherungsvermögen eines Unternehmens liefern.

2. Das Liquiditätssicherungsvermögen richtet sich einerseits nach den Möglichkeiten der Freisetzung liquider Mittel über den Produktions- und Absatzprozeß sowie andererseits nach dem Außenfinanzierungspotential eines Unternehmens.

3. Diese Formen der Beschaffung liquider Mittel werden in erster Linie beeinflußt von:

   – der (natürlichen bzw. künstlichen) Liquidierbarkeit der einzelnen Vermögenswerte,

   – der Fähigkeit zur nachhaltigen Erzielung von Erfolgen sowie

   – der Fähigkeit zur Absorption etwaiger Verluste.

1.2.3 Vertikalstrukturanalyse

1.2.3.1 Vermögensstrukturanalyse

1.2.3.1.1 Ausgangspunkt: Verhältnis von Anlage- zu Umlaufvermögen

Grobstrukturierung des Vermögens

Im Rahmen der Vermögensstrukturanalyse sollte vor dem Hintergrund der angestrebten Analyseziele zunächst eine Grobstrukturierung des Vermögens nach der Dauer der Vermögensbindung erfolgen. Dahinter steht die Überlegung, daß tendenziell

(1) die Wahrscheinlichkeit einer drohenden Illiquidität abnimmt und

(2) sich die Erfolgsaussichten eines Unternehmens bei gleichzeitiger Verringerung des Verlustrisikos um so besser darstellen,

Auswirkungen bei abnehmender Dauer der Vermögensbindung

je niedriger der Anteil des langfristig gebundenen Vermögens ist. Hierfür lassen sich mehrere Gründe anführen (vgl. BITZ, M./SCHNEELOCH, D./WITTSTOCK, W. 1995, S. 382f. sowie COENENBERG, A.G. 1997, S. 587ff.).

So muß gesehen werden, daß mit sinkender Dauer der Vermögensbindung

(1) sich das Vermögen tendenziell schneller verflüssigt bzw. verflüssigen läßt;

(2) die Belastung des Unternehmens mit Fixkosten ceteris paribus zurückgeht und Beschäftigungsänderungen dementsprechend weniger stark auf die Erfolgslage durchschlagen;

(3) die Kapazitätsausnutzung tendenziell steigt, was sich ebenfalls positiv auf die Rentabilität auswirkt und verstärkte Zuflüsse liquider Mittel über den Umsatzprozeß erwarten läßt;

(4) der Kapitalbedarf und damit die Belastung des Unternehmens mit Kapitaldienstkosten zurückgeht;

(5) die Anpassungsfähigkeit des Unternehmens an Strukturänderungen auf den Absatzmärkten und an den technischen Wandel steigt, da Umschichtungen im langfristig gebundenen Vermögen regelmäßig schwieriger durchführbar und zudem verlustträchtiger sind als im kurzfristigen Vermögen.

Kennzahlen zur Beurteilung des langfristig gebundenen Vermögens

Zur Beurteilung des Umfangs des in einem Unternehmen langfristig gebundenen Vermögens werden insbesondere die nachfolgenden Intensitätskennzahlen gebildet:

(F. 1.1)

$$\text{Anlageintensität} \quad = \quad \frac{\text{Anlagevermögen}}{\text{Gesamtvermögen}} \times 100$$

(F. 1.2.)

$$\text{Arbeitsintensität (Umlaufintensität)} = \frac{\text{Umlaufvermögen}}{\text{Gesamtvermögen}} \times 100$$

Folgt man der oben abgeleiteten These, wonach sich das Erfolgserzielungsvermögen eines Unternehmens sowie die Liquidierbarkeit der Vermögensgegenstände um so besser und das Verlustrisiko um so geringer darstellt, je niedriger der Anteil des langfristig gebundenen Kapitals ist, scheint aus bilanzanalytischer Sicht eine möglichst niedrige (hohe) Anlageintensität (Arbeitsintensität) vorteilhaft. Eine solche Schlußfolgerung ist jedoch in dieser allgemeinen Form nicht zulässig.

Erstens muß berücksichtigt werden, daß der Anteil des Anlagevermögens am Gesamtvermögen entscheidend von der Branchenzugehörigkeit und dem jeweiligen Schwerpunkt der wirtschaftlichen Betätigung eines Unternehmens abhängt. So weisen beispielsweise Produktionsunternehmen in aller Regel eine weitaus höhere Anlageintensität auf als Handelsbetriebe. Aus diesem Grund können die obigen Intensitätskennzahlen allenfalls als ein Prüfkriterium dafür angesehen werden, ob sich die Zusammensetzung des Vermögens eines Unternehmens im Bereich des Branchenüblichen bewegt oder nicht.

Vermögensstruktur und Branchenzugehörigkeit

Zweitens lassen die in Rede stehenden Kennzahlen nur begrenzt Rückschlüsse auf das tatsächliche Ausmaß der Kapitalbindung im Unternehmen zu. Denn ihre Aussagekraft wird unter anderem dadurch beeinträchtigt, daß zahlreiche betriebsnotwendige Vermögensgegenstände nach den herrschenden Bilanzierungskonventionen keinen Eingang in die Bilanz finden (vgl. SCHULT, E. 1991, S. 22f.). Zu denken ist dabei etwa an das gesetzliche Verbot der Aktivierung selbsterstellter immaterieller Vermögensgegenstände des Anlagevermögens (vgl. § 248 Abs. 2 HGB) oder an die Möglichkeit, durch bestimmte Sachverhaltsgestaltungen (z.B. Leasing) Gegenstände des Produktivvermögens bilanzneutral zu erwerben.

Weitere Beeinflussungen

Des weiteren muß berücksichtigt werden, daß die Zugehörigkeit bestimmter Vermögensgegenstände zum bilanziellen Anlage- bzw. Umlaufvermögen nur bedingt Auskunft über die Dauer der jeweiligen Vermögensbindung gibt. Verantwortlich hierfür ist unter anderem die Existenz eiserner Bestände oder langfristiger Forderungen aus Lieferungen und Leistungen im Umlaufvermögen. Diese Sachverhalte bewirken, daß die Höhe des langfristig gebundenen Kapitals auf der Grundlage der pauschalisierenden bilanzgliederungsorientierten Intensitätskennzahlen zu niedrig eingeschätzt wird. Gerade umgekehrt stellt sich die Situation dar, wenn im Anlagevermögen Vermögensgegenstände ausgewiesen werden, deren Remonetisierung kurz bevor steht (z.B. Überkapazitäten im Sachanlagevermögen; Beteiligungen, für die eine Veräußerungsabsicht besteht).

Aussagen über die Dauer der Vermögensbindung

Beeinflussung
durch Bewertungs-
maßnahmen

Nicht zu unterschätzen sind schließlich auch solche Einflüsse auf die bilanzi-elle Vermögensstruktur, die sich aus Bewertungsmaßnahmen ergeben. Von Be-deutung ist dabei zunächst die Tatsache, daß das Umlaufvermögen durch-schnittlich mit aktuelleren Preisen bewertet ist als das Anlagevermögen (vgl. COENENBERG, A.G. 1997, S. 588). Dieser Effekt führt in Zeiten steigender Preise zum Ausweis einer zu niedrigen (hohen) Anlageintensität (Arbeitsinten-sität). Darüber hinaus wird die Vertikalanalyse der Vermögensstruktur beein-trächtigt durch zahlreiche Bewertungsfreiheiten des geltenden Bilanzrechts. Zu nennen sind hier z.B. die Möglichkeit der Vornahme steuerrechtlicher Son-derabschreibungen einschließlich der Art und Weise ihrer bilanziellen Verrech-nung oder die unterschiedlichen Verfahren zur Bewertung des Vorratsvermö-gens.

Fazit

Aus dem bisher Gesagten dürfte deutlich hervorgegangen sein, daß die ein-gangs erwähnten Intensitätskennzahlen bei isolierter Betrachtung keine zuver-lässigen Aussagen über die Liquidierbarkeit der ausgewiesenen Vermögens-werte, das Erfolgserzielungsvermögen bzw. Verlustrisiko eines Unternehmens erlauben. Vielmehr bedarf es hierzu einer detaillierteren Analyse einzelner Vermögensgruppen. Dabei sollte ein besonderes Interesse der Entwicklung der Vermögenszusammensetzung im Zeitablauf gelten, um aus dieser Kenntnis Trendaussagen für die Zukunft formulieren zu können.

1.2.3.1.2 Analyse des Anlagevermögens

1.2.3.1.2.1 Sachanlagevermögen

Altersstruktur

Von einer Untersuchung des Sachanlagevermögens werden in zweifacher Hin-sicht Aufschlüsse über den Vermögensaufbau eines Unternehmens erwartet. Im Rahmen einer rein statischen Betrachtung geht es zunächst darum, die Qualität des vorhandenen Anlagevermögens zu beurteilen. Als verläßlicher Indikator hierfür wird üblicherweise dessen Altersstruktur angesehen. Dem liegt offenkundig die Überlegung zugrunde, daß nur ein Unternehmen mit modernen Fertigungsanlagen in der Lage ist, seine Marktposition langfristig zu sichern bzw. auszubauen. Auch lassen sich aus der Altersstruktur des Be-triebsvermögens Anhaltspunkte über den Umfang der in naher Zukunft erfor-derlichen (Ersatz-)Investitionen und den dadurch ausgelösten Kapitalbedarf gewinnen (vgl. GRÄFER, H. 1997, S. 218f.).

Kennzahl zur
Altersstruktur

Zur Beurteilung der Altersstruktur des Produktivvermögens wird in der Litera-tur im wesentlichen auf die Kennzahl Anlagenabnutzungsgrad (vgl. F. 1.3) ver-wiesen, deren Ermittlung für den externen Bilanzleser erst durch den Wechsel der Darstellungsform für das Anlagengitter von der nach dem AktG 1965 vor-gesehenen direkten Nettomethode auf die nunmehr ausschließlich zugelassene direkte Bruttomethode ermöglicht wurde.

(F. 1.3)

$$\text{Anlagenabnutzungsgrad} = \frac{\text{kumulierte Abschreibungen auf das Sachanlagevermögen}}{\text{historische Anschaffungs- und Herstellungskosten des Sachanlagevermögens}} \times 100$$

Vereinzelt findet sich die Auffassung, daß durch die neue Ausweistechnik »die Altersstruktur des Anlagenbestandes deutlich erkennbar« (GÖLLERT, K./RINGLING, W. 1986, S. 126) werde. Auch soll aus der Gegenüberstellung der kumulierten Abschreibungen und der historischen Anschaffungs- und Herstellungskosten der »Reinvestitionsbedarf bei den einzelnen Gruppen von Anlagewerten ersichtlich« (GÖLLERT, K. 1984, S. 1846) sein.

Die Aussagefähigkeit obiger Kennzahl darf indes nicht überschätzt werden. Denn erstens kann der bilanziell ermittelte Anlagenabnutzungsgrad nur als bedingt verläßlicher Maßstab für die Altersstruktur eines abnutzbaren Vermögensgegenstands angesehen werden, da die Höhe der jährlichen Abschreibungen, abgesehen vom eigentlichen Werteverzehr, auch von bilanz- und steuerpolitischen Faktoren beeinflußt wird. Eine Eliminierung der besonders stark verzerrenden steuerrechtlichen Mehrabschreibungen ist dabei schon deshalb nicht möglich, weil derartige Abschreibungen für jedes Geschäftsjahr nur in ihrem Gesamtbetrag (unterteilt nach Anlage- und Umlaufvermögen), nicht jedoch für die einzelnen Bilanzposten anzugeben sind. Aber selbst bei Außerachtlassung dieses Mangels vermittelt der Anlagenabnutzungsgrad zweitens lediglich einen groben Überblick über das durchschnittliche Alter der zu einem Bilanzposten zusammengefaßten Vermögensgegenstände. Die Ursache hierfür ist vor allem darin zu sehen, daß dem Bilanzleser detaillierte Informationen über die Nutzungsdauern der einzelnen Vermögensgegenstände, über die konkret angewendeten Abschreibungsmethoden sowie über den Umfang der bereits voll abgeschriebenen Anlagegüter in aller Regel nicht zugänglich sind. Damit aber muß drittens auch der Versuch fehlschlagen, aus den Informationen des Anlagengitters den Ersatzzeitpunkt für bestimmte Anlagegüter zu bestimmen.

Dies zeigt das Beispiel eines angenommenen durchschnittlichen Abnutzungsgrades von 50 % für zwei in einem Bilanzposten zusammengefaßte Maschinen. Unterstellt man eine lineare Abschreibung für beide Maschinen, ist es für einen externen Betrachter nicht erkennbar, ob etwa (1) eine Maschine neu, die andere dagegen umgehend zu ersetzen ist oder ob (2) für beide Maschinen erst die Hälfte ihrer ursprünglichen Nutzungsdauer abgelaufen ist. Daß sich mit zunehmender Anzahl und Heterogenität der zusammengefaßten Vermögensgegenstände die möglichen Denkkombinationen beträchtlich erhöhen, bedarf keiner näheren Erläuterung.

Kritische Würdigung der Kennzahl

Notwendigkeit eines Damit dürfte zugleich deutlich geworden sein, daß einer rein stichtagsorien-
Zeitvergleichs tierten (statischen) Strukturanalyse des Anlagevermögens nur ein begrenzter
Aussagewert zukommt. Sie sollte regelmäßig ergänzt werden durch eine Analyse der Entwicklung des Anlagevermögens im Zeitablauf. Im Mittelpunkt
steht dabei die Frage nach den Ursachen für etwaige markante Veränderungen
in der Höhe des ausgewiesenen Anlagevermögens. Wie die nachfolgenden
Überlegungen zeigen, stellt sich jedoch auch bei ihrer Beantwortung das Problem der Mehrdeutigkeit einzelner Beobachtungen.

Beispiel für die So ist nach dem Gesagten ein über die Jahre sinkender Anteil des Sachanlage-
Mehrdeutigkeit vermögens am Gesamtvermögen unter dem Blickwinkel der Erfolgserzie-
lungs- und der Verlustabsorptionsfähigkeit eines Unternehmens zwar grundsätzlich positiv zu werten. Beruht die Abnahme des Produktivvermögens indes
ausschließlich auf dem sukzessiven Verkauf von Anlagegegenständen, insbesondere Immobilien, um auf diese Weise stille Reserven aufzudecken und einen gesunkenen ordentlichen Erfolg zu kaschieren, sollte diese Entwicklung
eher bedenklich stimmen. Dies unterstreicht auch die von BAETGE/NIEHAUS
empirisch gewonnene Erkenntnis, wonach »die guten Unternehmen ... höhere
Immobilienwerte ausweisen als die schlechten Unternehmen« (BAETGE, J./
NIEHAUS, H.-J. 1990, S. 82). Inwieweit dies der Fall ist, sollte mit dem Instrumentarium der Erfolgsspaltung überprüft werden (vgl. hierzu unten
2. Abschn., 3. Kap. 2.3.1).

Kennzahlen zur Zu denken ist ferner an die Möglichkeit, daß das Sachanlagevermögen infolge
Investitionspolitik der Unterlassung von Neu- bzw. Ersatzinvestitionen veraltet ist, seine Abnahme im Zeitablauf also einen künftigen Investitionsnachholbedarf zum Ausdruck bringt (vgl. PERRIDON, L./STEINER, M. 1997, S. 533). Aufschluß hierüber geben zumindest ansatzweise die nachfolgenden Kennzahlen zur Investitionspolitik eines Unternehmens:

(F. 1.4)

$$\text{Investitionsquote} = \frac{\text{Nettoinvestitionen im Sachanlagevermögen}}{\text{Sachanlagevermögen zu historischen AHK}} \times 100$$

(F. 1.5)

$$\text{Wachstumsquote} = \frac{\text{Nettoinvestitionen im Sachanlagevermögen}}{\text{Jahresabschreibungen auf Sachanlagen}} \times 100$$

(F. 1.6)

$$\text{Abschreibungsquote} = \frac{\text{Jahresabschreibungen auf Sachanlagen}}{\text{Sachanlagevermögen zu historischen AHK}} \times 100$$

Die Investitionsquoten wird vielfach als ein Maß für die Zukunftsvorsorge eines Unternehmens angesehen (vgl. GRÄFER, H. 1997, S. 216). Die Nettoinvestitionen sind dabei definiert als die Differenz zwischen den im Anlagengitter ausgewiesenen Zugängen des Geschäftsjahrs und den zu Restbuchwerten bewerteten Abgängen. Letztere Größe läßt sich aber nur dann problemlos ermitteln, wenn im Rahmen eines Abschreibungsspiegels die auf die zu historischen Anschaffungskosten bewerteten Abgänge entfallenden kumulierten Abschreibungen offengelegt werden. Andernfalls muß die Zählergröße nach dem folgenden Berechnungsschema approximiert werden (vgl. MAYER, A. 1989, S. 256).

Investitionsquote

Übersicht 19: Berechnungsschema zur näherungsweisen Ermittlung der Restbuchwerte der Abgänge im Geschäftsjahr

	Bilanzanfangsbestand zu Restbuchwerten
+	Zugänge des Geschäftsjahrs
+	Umbuchungen in das Sachanlagevermögen
+	Zuschreibungen des Geschäftsjahrs
./.	Abschreibungen des Geschäftsjahrs laut GuV
./.	Umbuchungen aus dem Sachanlagevermögen
./.	Bilanzendbestand zu Restbuchwerten
=	**Abgänge zu Restbuchwerten**

Wenngleich bei dieser Berechnungsmethode die Nettoinvestitionen aufgrund von Abschreibungen auf geringwertige Wirtschaftsgüter gegebenenfalls leicht überhöht ausgewiesen werden, so lassen Änderungen der Investitionsquote im Zeitablauf doch zumindest ansatzweise Wachstums- bzw. Schrumpfungstendenzen bei den zu untersuchenden Unternehmen erkennen. Ergänzend sollte diese Kennzahl in einen Unternehmensvergleich einbezogen werden, da auf diese Weise die relative Entwicklung eines Unternehmens gegenüber seinen Mitkonkurrenten deutlich wird.

Aussagegehalt

Gefahr der Fehlin-
terpretation

Bei der Interpretation der Investitionsquote gilt es allerdings zu beachten, daß Investitionen im Sachanlagevermögen vielfach nicht kontinuierlich, sondern in Schüben erfolgen, sich also in bestimmten Jahren kumulieren. Dies kann die interperiodische Vergleichbarkeit der Kennzahl merklich beeinträchtigen. Denn hohe Nettoinvestitionen in einem bestimmten Jahr führen nicht nur zu einer erhöhten Investitionsquote für die jeweilige Periode, sondern bewirken gleichzeitig einen Anstieg der Nennergröße dieser Kennzahl, der sich in den folgenden Jahren negativ auf die Investitionsquote auswirkt.

Investitionsquote
kein Indikator für
Unternehmens-
wachstum

Des weiteren darf eine hohe Investitionsquote nicht unbedingt als ein Indiz für ein starkes Unternehmenswachstum gewertet werden. Denn die betrachteten Investitionen kompensieren zum Teil lediglich einen in der abgelaufenen Rechnungsperiode eingetretenen Werteverzehr. Zu Recht betont daher COENEN-BERG, daß »echtes Wachstum ... erst dann gegeben (ist; d. Verf.), wenn über die Abschreibungen hinaus investiert wird« (COENENBERG, A.G. 1997, S. 592). Dieses Stadium ist erreicht, sobald die Wachstumsquoten über 100 % liegt.

Die Untersuchungen zur Investitionspolitik eines Unternehmens sollten schließlich abgerundet werden durch eine kritische Analyse der Abschreibungsquoten im Zeitvergleich. Zwar läßt diese Kennzahl aufgrund der bereits oben erwähnten Informationsdefizite externer Bilanzleser bei isolierter Betrachtung nur bedingt Rückschlüsse auf die Abschreibungspolitik einer Unternehmung zu. Allerdings ist sie vielfach geeignet, die aus der zeitlichen Entwicklung der Investitions- und Wachstumsquote abgeleiteten Trendaussagen zu untermauern. So ist eine im Zeitablauf sinkende Abschreibungsquote bei gleichzeitig abnehmender Investitionsquote ein nahezu untrügliches Zeichen dafür, daß das Unternehmen ›von seiner Substanz lebt‹.

1.2.3.1.2.2 Finanzanlagen

Aufschlüsselung
finanzieller
Verflechtungen

Gem. § 285 Nr. 11 HGB haben Kapitalgesellschaften solche Unternehmen im Anhang aufzuführen, von denen die Gesellschaft direkt oder indirekt mindestens 20 % der Anteile besitzt. »Außerdem sind die Höhe des Anteils am Kapital, das Eigenkapital und das Ergebnis des letzten Geschäftsjahrs dieser Unternehmen anzugeben, für das ein Jahresabschluß vorliegt«. Alternativ können die nach § 285 Nr. 11 HGB geforderten Angaben auch in eine gesonderte Anteilsliste aufgenommen werden, die zwar nicht zusammen mit dem Anhang zu veröffentlichen ist, deren Hinterlegungsort jedoch angegeben werden muß. Diese Informationen geben dem Analytiker in Verbindung mit den in der Bilanz detailliert aufzuschlüsselnden finanziellen Beziehungen zu verbundenen Unternehmen bzw. Unternehmen, mit denen ein Beteiligungsverhältnis besteht, einen Einblick in die finanziellen Verflechtungen der Kapitalgesellschaft mit anderen Unternehmen.

Aus der Kenntnis dieser Verflechtungen und der aus ihnen resultierenden finanziellen Konsequenzen ergeben sich für den Bilanzleser zusätzliche Informationsbedürfnisse. Denn die vielfach zu beobachtende Tatsache, daß Schwierigkeiten bei einzelnen Unternehmen eines Konzernverbunds oftmals auf das gesamte Gebilde ausstrahlen, sollte für den Analysten Anlaß sein, bei der Beurteilung eines bestimmten Unternehmens auch die wirtschaftliche Gesamtsituation des Konzerns in sein Kalkül einzubeziehen. Besondere Aufmerksamkeit muß dabei dem Bestehen von Ergebnisabführungsverträgen geschenkt werden, da derartige vertragliche Beziehungen das Schicksal eines Unternehmens maßgeblich beeinflussen können. Sofern das Unternehmen nicht freiwillig über das Bestehen eines Ergebnisabführungsvertrags im Anhang berichtet, kann dessen Existenz gegebenenfalls auch aus der Gewinn- und Verlustrechnung ersehen werden, da »Erträge und Aufwendungen aus Verlustübernahme und auf Grund einer Gewinngemeinschaft, eines Gewinnabführungs- oder eines Teilgewinnabführungsvertrags erhaltene oder abgeführte Gewinne ... jeweils gesondert unter entsprechender Bezeichnung auszuweisen« (§ 277 Abs. 3 Satz 2 HGB) sind.

Konsequenzen aus der Verflechtungsstruktur

1.2.3.1.3 Analyse des Umlaufvermögens

1.2.3.1.3.1 Forderungsstruktur

Der Forderungsstruktur und ihrer Entwicklung im Zeitablauf sollte im Rahmen der vertikalen Vermögensstrukturanalyse erhöhte Beachtung geschenkt werden, da zahlreiche Unternehmenszusammenbrüche erfahrungsgemäß ihre Ursache im Absatzbereich haben, d.h. sich als Folgekonkurse darstellen.

Ermittlung von Zahlungsschwierigkeiten der Kunden

Wirtschaftliche Schwierigkeiten bei Großabnehmern des Unternehmens kündigen sich regelmäßig in einer verlängerten Debitorenlaufzeit an (vgl. SCHULT, E. 1991, S. 57). Diese läßt sich mit Hilfe der Kennzahl

(F. 1.7)

$$\text{Kundenziel} = \frac{\text{durchschnittlicher Bestand an Forderungen}}{\text{Umsatzerlöse}} \times 365$$

ermitteln. Bei einer Verschlechterung dieser Kennzahl kann vermutet werden, daß das zu untersuchende Unternehmen zur Ausdehnung seines Umsatzes an Kunden schlechterer Bonität und damit größerer Risikoträchtigkeit geliefert hat oder daß grundsätzliche Zahlungsschwierigkeiten der Kunden vorliegen. Daß ein langes Kundenziel bei eingetretenen Liquiditätsengpässen durch verschiedene Maßnahmen verkürzt und dadurch der Einzahlungsstrom intensiviert werden kann, erscheint eher unwahrscheinlich. Denn ein steigendes Kundenziel beruht im allgemeinen auf außerbetrieblichen Faktoren. Nicht der fehlende Zahlungswille, sondern die mangelhafte Zahlungsfähigkeit der Kunden ist zumeist der Grund (vgl. SCHULT, E. 1991, S. 57).

Berücksichtigung von Restlaufzeiten

Ergänzend hierzu sollte die Entwicklung der Forderungen mit einer Restlaufzeit bis zu einem Jahr (= Differenz zwischen dem Bilanzwert der Forderungen und dem nach § 268 Abs. 4 HGB von Kapitalgesellschaften auszuweisenden Betrag der Forderungen mit einer Restlaufzeit von mehr als einem Jahr) in die Betrachtung einbezogen werden. Denn diese Kennzahl signalisiert eine gestiegene Debitorenlaufzeit unter bestimmten Voraussetzungen bereits früher als das nach obiger Formel berechnete durchschnittliche Kundenziel.

Freilich darf ein verlängertes Kundenziel respektive eine Abnahme der kurzfristigen Forderungen aus Lieferungen und Leistungen nicht unreflektiert als Indiz für die nachlassende Bonität der Kunden des Unternehmens gewertet werden. Denkbar ist vielmehr auch, daß bestimmten Kunden gezielt günstigere Zahlungsbedingungen eingeräumt wurden, um auf diese Weise neue Märkte zu erschließen oder daß die Zunahme der Debitorenlaufzeit durch einen gestiegenen Anteil der regelmäßig längerfristigen Exportforderungen des Unternehmens verursacht wurde (vgl. RIEBELL, C. 1996, S. 525). Aufgrund dieser Mehrdeutigkeit kann eine endgültige Interpretation der bezeichneten Kennzahlen erst im Rahmen der abschließenden Gesamtwürdigung des Unternehmens erfolgen.

Analyse der Konzernverflechtungen

Durch die nach neuem Bilanzrecht obligatorische Angabe der Forderungen gegen verbundene Unternehmen wurde dem Bilanzanalysten des weiteren die Möglichkeit zur Beurteilung der Intensität der Einbindung eines Unternehmens in den Leistungsaustausch eines Konzernverbunds eingeräumt. Für die Aktivseite wird diese durch die Kennzahl

(F. 1.8)

$$\text{Konzernverflechtung} = \frac{\text{Forderungen gegen Konzern- und Beteiligungsunternehmen}}{\text{Gesamtvermögen}} \times 100$$

zum Ausdruck gebracht. In Verbindung mit dem auf der Passivseite ausgewiesenen Anteil der Verbundverbindlichkeiten aus Lieferungen und Leistungen spiegelt sie die Abhängigkeit des betrachteten Unternehmens von der wirtschaftlichen Gesamtsituation des Konzerns wider. Mehr noch als bei den übrigen Forderungen sollte das Interesse bei der Analyse der Verbundforderungen ihrer Entwicklung im Zeitablauf gelten. Sowohl eine auffällige Zunahme in der Höhe als auch ein permanenter Anstieg der Fristigkeit müssen hier Anlaß zu weiteren Nachforschungen geben. Denn diese Entwicklungen sind nicht selten das Ergebnis von Absatzschwierigkeiten über die Grenzen des Konzerns hinaus bzw. Ausdruck von Liquiditätsengpässen innerhalb des Verbunds.

1.2.3.1.3.2 Vorräte

Bei der oben durchgeführten Grobstrukturierung der Aktivseite der Bilanz nach der jeweiligen Dauer der Vermögensbindung wurden die Vorräte als Bestandteil des Umlaufvermögens dem kurzfristig gebundenen Vermögen zugerechnet. Genauere Informationen über die Bindungsdauer des im Vorratsvermögen investierten Kapitals vermittelt die folgende Kennziffer:

Bindungsdauer des im Vorratsvermögen investierten Kapitals

(F. 1.9)

$$\text{Umschlagsdauer des Vorratsvermögens} = \frac{\text{durchschnittlicher Bestand an Vorräten}}{\text{Umsatzerlöse des Geschäftsjahrs}} \times 365$$

Sie zeigt an, wieviele Tage die Vorräte durchschnittlich im Unternehmen verbleiben, bis sie verbraucht werden (vgl. SCHULT, E. 1991, S. 56). Die Zählergröße ermittelt sich dabei als arithmetisches Mittel aus dem Anfangs- und Endbestand eines Geschäftsjahrs.

GRÄFER sieht in der Vorratsumschlagsdauer in erster Linie ein Instrument der kurzfristigen bestandsorientierten Liquiditätsanalyse, da diese erkennen lasse, inwieweit »das Unternehmen in der Lage ist, Anspannungen der Liquiditätslage durch den laufenden Umsatzprozeß zu mildern« (GRÄFER, H. 1997, S. 172). Im Zusammenhang mit anderen Analysemethoden leistet diese Kennziffer indes auch wertvolle Dienste bei der Beurteilung des künftigen Erfolgserzielungsvermögens eines Unternehmens. Berücksichtigt man nämlich, daß es einerseits aus Rentabilitätsgründen das Ziel der Unternehmensleitung sein muß, den Bestand an Vorratsvermögen möglichst niedrig zu halten, andererseits aber der Mindestbestand an Vorräten nicht zuletzt auch von der Höhe des jährlichen Umsatzes mitbestimmt wird, muß ein Anstieg der Umschlagsdauer regelmäßig Bedenken begegnen. Denn eine solche Entwicklung deutet auf eine suboptimale Vorratshaltung hin, deren Gründe entweder in einem vernachlässigten Beschaffungswesen oder in einer Überschätzung der Absatzmöglichkeiten liegen können. Beide Aspekte, insbesondere jedoch Absatzstockungen, können Auslöser einer Unternehmenskrise sein.

Aussagegehalt

Ein Kontrollkriterium zur Überprüfung der Wirtschaftlichkeit der Lagerhaltung bildet die Kennzahl

(F. 1.10)

$$\text{Vorratsintensität} = \frac{\text{durchschnittlicher Bestand an Vorräten}}{\text{Bilanzsumme}} \times 100$$

Sie gibt insbesondere im Branchenvergleich Aufschluß über die Vorratspolitik der Unternehmung.

Kritik an den Kennzahlen zur Vorratspolitik

Andererseits sind aber gerade die erwähnten Kennziffern zur Vorratspolitik ein Paradebeispiel dafür, wie sehr die Aussagefähigkeit einer einzelnen Kennzahl durch eine Vielzahl vom externen Analysten nicht oder kaum kalkulierbarer Einflußgrößen beeinträchtigt werden kann. So kann eine gesunkene (gestiegene) Umschlagsdauer ihre Ursache erstens in einer erhöhten (gesunkenen) Vorratshaltung infolge gewandelter Rahmenbedingungen haben. Exemplarisch für derartige Änderungen im wirtschaftlichen Umfeld sind erwartete Preissteigerungen oder Angebotsverknappungen auf den Beschaffungsmärkten, die Einführung neuer Produktionstechniken (Stichwort: Just-in-Time-Fertigung), die Erweiterung der angebotenen Produktpalette oder auch geänderte Einkaufskonditionen mit entsprechender Anpassung der optimalen Bestellmenge anzuführen.

Zweitens können Schwankungen der Umschlagsdauer preisinduziert sein, ohne daß Änderungen im Mengengerüst eingetreten sind. Zu denken ist dabei zunächst an die Möglichkeit einer unterschiedlichen Preisentwicklung für Vorräte und abgesetzte Fertigerzeugnisse. Aber selbst bei identischem Preisverlauf kann die Anwendung unterschiedlicher Bewertungsverfahren für die einzelnen Vermögensgegenstände dazu führen, daß sich Zähler- und Nennergröße der in Rede stehenden Kennzahl auseinander entwickeln und damit vordergründig eine geänderte Lagerhaltung signalisieren.

Drittens ist darauf hinzuweisen, daß die Umschlagsdauer des Vorratsvermögens von der Art der wirtschaftlichen Betätigung abhängig ist (vgl. RIEBELL, C. 1996, S. 523). Damit schlagen sich bei solchen Unternehmen, die mehrere verschiedene Geschäftszweige betreiben, auch Strukturverschiebungen zwischen den jeweiligen Bereichen zwangsläufig in der Umschlagsdauer nieder. Sind einzelne Betätigungen zudem noch saisonabhängig, wird dieser Effekt weiter verstärkt.

Die vorstehenden Ausführungen haben die Mehrdeutigkeit einer Veränderung der Umschlagsdauer des Vorratsvermögens im Zeitablauf deutlich hervortreten lassen. Sie lassen sich analog auf die Kennzahl Vorratsintensität übertragen. Um die tatsächliche Ursache für eine bestimmte Entwicklung ausfindig zu machen, ist der Analyst daher auf zusätzliche Informationen angewiesen. Sofern diese nicht dem Anhang, Lagebericht oder der Wirtschaftspresse zu entnehmen sind, kann eine abschließende Interpretation der Kennzahlen nur im Rahmen der Gesamtbeurteilung des Unternehmens erfolgen.

1.2.3.1.3.3 Liquide Mittel

Aus der Höhe der liquiden Mittel lassen sich für die Verlustabsorptionsfähigkeit sowie das künftige Erfolgserzielungspotential eines Unternehmens grundsätzlich keine unmittelbar verwertbaren Anhaltspunkte gewinnen. Denn der Betrag der erforderlichen Liquiditätsreserve wird im wesentlichen durch die Höhe der kurzfristigen Auszahlungsverpflichtungen determiniert, deren Schätzung sich dem externen Bilanzanalytiker weitestgehend verschließt. Darüber hinaus kann gerade der Umfang der ausgewiesenen liquiden Mittel bilanzpolitisch relativ einfach beeinflußt werden. Aus diesem Grund sind denn auch Aussagen mit Vorsicht zu genießen, wonach gesunde Unternehmen erfahrungsgemäß über einen vergleichsweise hohen Bestand an liquiden Mitteln verfügen. Dies gilt um so mehr, als eine überschüssige Liquiditätshaltung eine unnötige Belastung für die Rentabilität des Unternehmens darstellt, obgleich zu bedenken ist, daß in den liquiden Mitteln auch Festgeldguthaben enthalten sein können. LEFFSON vermutet gar, daß »häufig flüssige Mittel aus optischen Gründen zum Abschlußstichtag angesammelt werden, um den Bilanzleser ... über die Liquiditätslage der Unternehmung ... zu täuschen« (LEFFSON, U. 1984, S. 57).

Untauglichkeit der liquiden Mittel als absolute Größe

Merksätze:

1. Den Ausgangspunkt der Vermögensstrukturanalyse bildet die Untersuchung der Grobstruktur der Aktivseite mit Hilfe der Kennzahlen der Anlage- bzw. Umlaufintensität.

2. Auf der Grundlage dieser Kennzahlen lassen sich erste › Vorurteile ‹ über die wirtschaftliche Lage eines Unternehmens formulieren, die sodann mittels verfeinerter Untersuchungsmethoden und weiterer Kennzahlen zu bestätigen oder zu widerlegen sind.

3. Besonderes Augenmerk bei der Analyse der Aktivseite sollte der Zusammensetzung und zeitlichen Entwicklung des Sachanlagevermögens sowie der Forderungen gelten.

4. Zur Beurteilung des Sachanlagevermögens bietet sich die Bildung der Kennzahlen Anlagenabnutzungsgrad, Investitions-, Wachstums- und Abschreibungsquote an.

5. Bezüglich der Forderungen sollte das Interesse in erster Linie der Entwicklung des durchschnittlichen Kundenziels und des Ausmaßes der Konzernverflechtung im Zeitablauf gelten.

1.2.3.2 Kapitalstrukturanalyse

Ziele   Die Kapitalstrukturanalyse, auch als Finanzierungsanalyse bezeichnet, soll die Zusammensetzung des dem Unternehmen zur Verfügung gestellten Kapitals nach Art und Überlassungsdauer aufzeigen.

Die Kapitalstrukturanalyse ist unter Liquiditätsgesichtspunkten von zweifacher Bedeutung. Zum einen dient sie der Abschätzung von Finanzierungsrisiken, zum anderen gibt sie Aufschluß über die Kreditwürdigkeit des betreffenden Unternehmens bei Kreditinstituten im Hinblick auf die Prolongation bzw. Substitution vorhandener Kredite oder die Beschaffung zusätzlichen Fremdkapitals.

Die Auswertung der Kapitalstruktur ist besonders dann geboten, wenn der externe Analytiker aufgrund seiner bisherigen Untersuchungen mit einem erhöhten Kapitalbedarf des zu analysierenden Unternehmens rechnet. Denn in diesem Fall dürfte die Aufrechterhaltung der Zahlungsfähigkeit maßgeblich von den Möglichkeiten zur Beschaffung neuen Kapitals abhängen. Wie gut oder schlecht dies einem Unternehmen voraussichtlich gelingen wird, kann zumindest ansatzweise durch eine Analyse der Kapitalstruktur beurteilt werden.

1.2.3.2.1 Ausgangspunkt: Verhältnis von Eigen- zu Fremdkapital

1.2.3.2.1.1 Statische Betrachtung

Absolute Höhe der   Das zentrale Untersuchungsobjekt der Kapitalstrukturanalyse bildet die Eigen-
Eigenkapitalaus-   kapitalausstattung des zu analysierenden Unternehmens. Zu ihrer Beurteilung
stattung   stützt sich die Praxis im wesentlichen auf die Kennzahlen Eigenkapitalquote
(vgl. F. 1.11) und Fremdkapitalquote (vgl. F. 1.12). Sie sollen den Bilanzleser über die Verlustabsorptionsfähigkeit eines Unternehmens informieren.

(F. 1.11)

$$\text{Eigenkapitalquote} = \frac{\text{Eigenkapital}}{\text{Gesamtkapital}} \times 100$$

(F. 1.12)

$$\text{Fremdkapitalquote} = \frac{\text{Fremdkapital}}{\text{Gesamtkapital}} \times 100$$

Haftungsfunktion   Bei zeitpunktbezogener Betrachtung der bezeichneten Kapitalkoeffizienten
des Eigenkapitals   kann der Grundsatz aufgestellt werden, daß eine Unternehmung um so solider finanziert ist, je höher der Anteil des Eigenkapitals an der Bilanzsumme ist. Denn erstens vergrößert sich mit steigendem Eigenkapitalanteil definitionsge-

mäß die Haftungssubstanz eines Unternehmens. Daraus folgt zugleich, daß zumindest die Gefahr einer durch Überschuldungen ausgelösten Insolvenz mit wachsender Eigenkapitalquote ceteris paribus geringer wird.

Zweitens muß gesehen werden, daß ein hohes Eigenkapital aufgrund seiner unmittelbar bestandssichernden Funktion insofern eine akquisitorische Wirkung entfaltet, als es die Beschaffung von Fremdkapital erleichtert (vgl. SCHULT, E. 1991, S. 158). Denn je geringer das Risiko von Vermögensverlusten für einen potentiellen Gläubiger ist, desto eher wird er sich zu einer Kreditvergabe an das Unternehmen bereit erklären, zumal nach empirisch gesicherter Erkenntnis eine zu geringe Eigenkapitalausstattung eine häufige, wenn nicht gar die häufigste Insolvenzursache ist (vgl. BAETGE, J./NIEHAUS, H.-J. 1990, S. 84). Daraus wird ersichtlich, daß ein hohes Eigenkapital mittelbar auch die Gefahr einer Insolvenz durch Illiquidätn reduziert. Darüber hinaus eröffnet es dem Kaufmann die Möglichkeit zur Wachstumsfinanzierung.

Akquisitorische Wirkung des Eigenkapitals

Drittens stehen eigene Mittel (genauer: Eigenkapitalgegenwerte) dem Unternehmen im allgemeinen langfristig zur Verfügung und garantieren damit eine hohe Dispositionsfreiheit und relative Unabhängigkeit von Kreditgebern. Insbesondere steht nicht zu befürchten, daß durch einen unvorhergesehenen Abzug der entsprechenden Mittel Vermögenswerte veräußert und infolgedessen Einbußen in der Rentabilität bzw. Abgangsverluste hingenommen werden müssen.

Unabhängigkeit von Kreditgebern

Schließlich werden durch eine Finanzierung mit Eigenkapital im Gegensatz zur Aufnahme von fremden Mitteln keine festen Zins- und Tilgungszahlungen ausgelöst. Damit ist gewährleistet, daß Mittelabflüsse über den Betrag des in einem Geschäftsjahr tatsächlich erwirtschafteten Vermögenszuwachses hinaus nicht zu befürchten sind. Diese Tatsache wirkt sich insbesondere in Krisenzeiten stabilisierend aus.

Keine festen Zins- und Tilgungszahlungen

Dennoch soll hier nicht der Eindruck erweckt werden, daß aus bilanzanalytischer Sicht stets eine möglichst hohe Eigenkapitalquote wünschenswert ist. Den geschilderten, überwiegend aus Sicherheitserwägungen abzuleitenden Vorzügen einer Eigenfinanzierung stehen nämlich nicht zu übersehende Nachteile gegenüber, die im Einzelfall den Ausschlag zugunsten einer Fremdfinanzierung geben können. Zu denken ist in diesem Zusammenhang etwa an die steuerrechtliche Diskriminierung der Eigenfinanzierung, die sich namentlich in der hohen Steuerbelastung des Dividendenanspruchs der Aktionäre niederschlägt (vgl. GRÄFER, H. 1997, S. 197). Darüber hinaus ist der erwähnte Vorteil der flexiblen Ausschüttungsgestaltung im Falle einer Finanzierung mit Eigenkapital bei näherer Betrachtung zu relativieren. Denn zum einen läßt sich das Vertrauen der derzeitigen und potentiellen Anteilseigner, welches Grundvoraussetzung dafür ist, um in späteren Jahren gegebenenfalls die Eigenkapitalbasis durch Zuführung weiterer Mittel von außen zu verbreitern, auf Dauer nur erhalten bzw. gewinnen, wenn das Ausschüttungsverhalten des Unternehmens

Nachteile der Finanzierung mit Eigenkapital

berechenbar bleibt. Dazu aber ist es erforderlich, daß auch in wirtschaftlich schwierigen Zeiten von einer Kürzung der Dividende nach Möglichkeit abgesehen wird. Zum anderen kann durch eine Reduzierung der Dividende aber auch der Zugang zu den Kreditmärkten erschwert werden. Denn Fremdkapitalgeber werden einen solchen Schritt regelmäßig als ein Indiz für eine verschlechterte wirtschaftliche Lage des Unternehmens deuten und dementsprechend ihre Bonitätseinschätzung nach unten revidieren.

Zwischenergebnis Bereits diese wenigen Überlegungen machen deutlich, daß die Frage nach der optimalen Kapitalstruktur in allgemeiner Form nicht beantwortet werden kann, da Rentabilitäts- und Sicherheitsaspekte bei der Entscheidung für eine Finanzierung mit Eigenkapital oder mit Fremdkapital teilweise in Konflikt zueinander stehen.

Leverage-Effekt Besonders deutlich tritt dieser Zusammenhang im sogenannten Leverage-Effekt zutage.

Danach gilt:

(F. 1.13)

$$R_{EK} = R_{GK} + (R_{GK} ./. i) \times \frac{FK}{EK}$$

mit: R_{EK} = Eigenkapitalrentabilität,
R_{GK} = Gesamtkapitalrentabilität,
FK = Fremdkapital,
EK = Eigenkapital,
i = Fremdkapitalzinsfuß.

Wie sich aus der Formel F. 1.13 unschwer ableiten läßt, ist es für ein Unternehmen unter Rentabilitätsgesichtspunkten sinnvoll, sich möglichst hoch zu verschulden, solange die Rendite des investierten Kapitals (= Gesamtkapitalrentabilität) über dem Zinssatz für Fremdkapital liegt. Gerade umgekehrt stellt sich die Situation jedoch dar, wenn die Investitionsrendite die für das Fremdkapital zu entrichtenden Zinsen nicht mehr deckt. In diesem Fall führt jede Erhöhung der Verschuldung zu einer Verringerung der Eigenkapitalrentabilität. Im Extremfall kann diese sogar negativ werden mit der Folge, daß die Haftungssubstanz angegriffen wird und das Insolvenzrisiko steigt.

Optimaler Verschuldungsgrad Das Dilemma dieses und ähnlicher Ansätze zur Optimierung des Verschuldungsgrades besteht sichtlich darin, daß einerseits in die Berechnung in hohem Maße unsichere, von der zukünftigen Entwicklung abhängige Größen eingehen, die der Anwender allenfalls annähernd prognostizieren kann, andererseits jedoch bereits geringe Schwankungen dieser Schätzgrößen zu völlig unterschiedlichen Ergebnissen führen können. Darin liegt denn auch die Ursache dafür, daß zum Verhältnis von Eigen- zu Fremdkapital nur tendenzielle Aussagen formuliert werden können, etwa dergestalt, daß einem steigenden leistungswirtschaftlichen Risiko bzw. einer zunehmenden Varianz der Unternehmenserträge durch einen höheren Eigenkapitalanteil Rechnung getragen werden sollte (vgl. PERRIDON, L./STEINER, M. 1997, S. 535).

Mit dieser Erkenntnis wird zugleich deutlich, daß die Beurteilung der Kapitalstruktur eines Unternehmens nicht ohne Bezug zur Vermögensseite erfolgen kann. Zu Recht betont daher GRÄFER die Bedeutung des Grundsatzes der Risikoentsprechung, wonach »die Unternehmung ... ihren speziellen Risiken entsprechend mit Haftungskapital ausgestattet sein (muß; d. Verf.)« (GRÄFER, H. 1997, S. 194). Auch ein Vergleich der Eigenkapitalquoten zwischen verschiedenen Unternehmen erscheint nach dem Gesagten allenfalls innerhalb einer bestimmten Branche sinnvoll, da insoweit von einer zumindest partiell übereinstimmenden Risikostruktur ausgegangen werden kann.

Grundsatz der Risikoentsprechung

1.2.3.2.1.2 Dynamische Betrachtung

Muß vorschnellen Schlußfolgerungen aus der absoluten Höhe der Eigenkapitalquote bzw. des Verschuldungsgrades mit Vorbehalten begegnet werden, so gilt dies erst recht für Aussagen über deren Entwicklung im Zeitablauf. Zwar trifft es zu, daß ein Zeitvergleich mit diesen Kennzahlen besonders einfach durchzuführen ist. Das eigentliche Problem bildet allenfalls die exakte Trennung von Eigen- und Fremdkapital. Nicht geringe Schwierigkeiten bereitet hingegen die Interpretation der jeweiligen Ergebnisse. So kann aus einer über mehrere Jahre hinweg permanent gestiegenen (gesunkenen) Eigenkapitalquote nicht ohne weiteres abgeleitet werden, daß sich die Vermögensrisiken für die am Unternehmen beteiligten Personengruppen verringert (erhöht) haben. Denn zum einen gilt es zu berücksichtigen, daß die Risiken für die Kapitalgeber ausschließlich durch die Struktur der Aktivseite der Bilanz determiniert werden, wohingegen die Passivseite lediglich über die Höhe des Risiko- bzw. Verlustpuffers informiert. Daher muß bei Zeitvergleichen stets geprüft werden, ob beobachtete Strukturverschiebungen auf der Passivseite nicht durch gegenläufige Entwicklungen auf der Vermögensseite – sprich: eine veränderte Risikosituation – ausgeglichen oder gar überkompensiert wurden.

Eigenkapitalausstattung im Zeitablauf

Zum anderen können Bewegungen der Eigenkapitalquote aber auch rein rechentechnisch begründet sein, namentlich dann, wenn das bilanzielle Fremdkapital risikoneutral erhöht oder vermindert worden ist. Als Beispiel sei hier nur der Verkauf nicht risikobehafteter Vermögensgegenstände unter gleichzeitiger Rückführung von Fremdkapital erwähnt. Hier kommt es allein aufgrund der gesunkenen Nennergröße als Ausdruck eines verminderten Gesamtkapitaleinsatzes zum Ansteigen der Eigenkapitalquote. Die dem Analysten vordergründig signalisierte erhöhte Solidität der Unternehmensfinanzierung ist dagegen in Wirklichkeit nicht eingetreten.

Schließlich kann die Höhe der Eigenkapitalquote ›optisch‹ auch durch den Einsatz des formellen bilanzpolitischen Instrumentariums beeinflußt werden, beispielsweise durch den unterschiedlichen Ausweis der erhaltenen Anzahlungen, wenngleich dieser Effekt durch eine sachgerecht erstellte Strukturbilanz ausgeschaltet werden kann.

Ergebnis

Die vorstehenden Überlegungen haben verdeutlicht, daß die Interpretation pauschaler Kennzahlen, wie die der Eigenkapitalquote oder des Verschuldungsgrades bei isolierter Betrachtung einer ernsten Gefahr von Fehldeutungen unterliegt. Daher sollten die auf diese Weise gewonnenen ›Vorurteile‹ über die finanzwirtschaftliche Situation des Unternehmens in jedem Fall mittels ergänzender Analysen und Kennzahlen abgesichert werden.

1.2.3.2.2 Strukturanalyse des Eigenkapitals

Zusammensetzung des Eigenkapitals

Unter dem Gesichtspunkt der Verlustabsorptionsfähigkeit interessieren im Rahmen der Eigenkapitalstrukturanalyse zum einen etwaige Verfügungskompetenzen über die in der Bilanz ausgewiesenen Eigenkapitalgegenwerte sowie zum anderen die Möglichkeiten des Unternehmens, sein Haftungskapital zu erhöhen.

Haftungsfunktion

Grundsätzlich kann festgestellt werden, daß das Eigenkapital seine Haftungsfunktion nur erfüllen kann, solange es nicht durch Verluste aufgezehrt bzw. wieder an die Anteilseigner ausgeschüttet worden ist. Wenn vor diesem Hintergrund in der Literatur angeführt wird, Eigenkapital stehe dem Unternehmen in der Regel langfristig zur Verfügung, so wird damit incidenter von einer Verringerung der Kapitalbasis durch Verluste oder Entnahmen abgesehen. Davon kann freilich allgemein nur bei florierenden Unternehmen ausgegangen werden. Gerade für diesen Fall ist die Haftungsfunktion des Eigenkapitals jedoch gänzlich ohne Bedeutung.

Völlig anders stellt sich dagegen die Situation dar, wenn das Unternehmen in eine Schieflage gerät. Hier kann sich die Haftungsbasis unter Umständen in kürzester Zeit drastisch reduzieren. Insbesondere besteht dabei die Gefahr, daß die Anteilseigner in einer solchen Situation versuchen werden – soweit sie dazu rechtlich (Stichwort: gesetzliche Ausschüttungssperren bzw. Verwendungsbeschränkungen) und tatsächlich (Stichwort: Selbstorganschaft) in der Lage sind – das ursprünglich in das Unternehmen eingebrachte Kapital wieder abzuziehen, um auf diese Weise den ihnen drohenden Vermögensschaden zu begrenzen. Aus diesem Grund sollte bei der Eigenkapitalanalyse speziell solcher Unternehmen, deren weitere wirtschaftliche Entwicklung mit nicht geringen Risiken behaftet ist, der Verfügbarkeit über einzelne Teile des Eigenkapitals verstärkt Beachtung geschenkt werden.

Über die Möglichkeiten einer börsennotierten Aktiengesellschaft, ihre Haftungsbasis durch Aufnahme neuer Mittel zu verbreitern, gibt ansatzweise die Struktur des Eigenkapitals in Form des Bilanzkurses (vgl. F. 1.14) Aufschluß.

Möglichkeiten der Beschaffung zusätzlichen Eigenkapitals

(F. 1.14)

$$\text{Bilanzkurs} = \frac{\text{bilanzielles Eigenkapital}}{\text{gezeichnetes Kapital}} \times 100$$

Im Vergleich zum Börsenkurs signalisiert diese Kennzahl, »welchen Ertragswert bzw. welche stillen Rücklagen die Börse in der Gesellschaft vermutet« (GRÄFER, H. 1997, S. 159). Liegt der Börsenkurs weit über dem Bilanzkurs, deutet dies in aller Regel auf eine Bereitschaft der Anleger zur Aufnahme junger Aktien des Unternehmens hin. Dies gilt insbesondere dann, wenn die Altaktien ein hohes Kurs-Gewinn-Verhältnis aufweisen. In diesem Fall kann nämlich davon ausgegangen werden, daß der von den Börsenteilnehmern gezahlte ›Aufpreis‹ auf den Bilanzkurs im wesentlichen hohe künftige Ertragserwartungen widerspiegelt.

Der Einfluß der stillen Reserven kann zumindest teilweise auch dadurch eliminiert werden, daß der Ermittlung des Bilanzkurses nicht das bilanzielle Eigenkapital, sondern das um die vom Analysten aufgedeckten stillen Reserven erhöhte Eigenkapital zugrunde gelegt wird. Auf diese Weise gelangt man zum korrigierten Bilanzkurs:

(F. 1.15)

$$\text{korrigierter Bilanzkurs} = \frac{\begin{array}{c}\text{bilanzielles Eigenkapital}\\ \text{+ stille Reserven}\end{array}}{\text{gezeichnetes Kapital}} \times 100$$

Auch hier gilt die Aussage, daß die Ertragserwartungen der Börsenteilnehmer um so höher sind, je größer die Differenz zwischen dem korrigierten Bilanzkurs und dem tatsächlichen Börsenkurs ausfällt.

Auch bezüglich des Erfolgserzielungsvermögens eines Unternehmens läßt die Zusammensetzung des Eigenkapitals bestimmte Rückschlüsse zu. Einen Einblick in die Ertragslage des Unternehmens in der Vergangenheit vermittelt die Entwicklung der Rücklagenquote im Zeitablauf (vgl. F. 1.16). Sie zeigt an, in welchem Umfang die Gesellschaft ihre Haftungsbasis jährlich durch Gewinnthesaurierung bzw. Kapitalzuführungen gestärkt hat.

Fähigkeit und Bereitschaft zur Gewinnthesaurierung

(F. 1.16)

$$\text{Rücklagenquote} = \frac{\text{gesamte Rücklagen}}{\text{Eigenkapital}} \times 100$$

Eliminiert man aus der Zählergröße die in der Kapitalrücklage erfaßten Kapitalzuführungen von außen, gelangt man zum Selbstfinanzierungsgrad.

(F. 1.17)

$$\text{Selbstfinanzierungsgrad} = \frac{\text{Gewinnrücklagen}}{\text{Eigenkapital}} \times 100$$

Dieser kann als Maßstab für die Thesaurierungsfähigkeit und -bereitschaft eines Unternehmens in der Vergangenheit angesehen werden. Zu berücksichtigen ist jedoch, daß die Aussagefähigkeit dieser Kennzahl durch Kapitalerhöhungen aus Gesellschaftsmitteln beeinträchtigt wird. Dem kann jedoch im Rahmen eines Zeitvergleichs durch eine entsprechende Korrektur der Zählergröße Rechnung getragen werden. Weitaus größere Schwierigkeiten bereitet dagegen die Abschätzung des Ausmaßes der Selbstfinanzierung durch Bildung stiller Reserven. Inwieweit sich diesbezüglich aus dem handelsrechtlichen Jahresabschluß Informationen gewinnen lassen, ist hier indes nicht zu vertiefen. Zu dieser Frage kann auf die Ausführungen im 2. Abschn., 1. Kap. 4. verwiesen werden.

1.2.3.2.3 Strukturanalyse des Fremdkapitals

1.2.3.2.3.1 Fristigkeitsstruktur

Bei der Analyse der Zusammensetzung des Fremdkapitals interessiert zunächst die Dauer, für die die einzelnen Teile des Fremdkapitals dem Unternehmen zur Verfügung stehen. Informationen hierüber liefert eine entsprechend aufbereitete Strukturbilanz.

Optimale Fristig-
keitsstruktur des
Fremdkapitals

Die Frage nach der optimalen Fristigkeitsstruktur des Fremdkapitals läßt sich – ähnlich wie die Wahl des optimalen Verschuldungsgrades – nicht generell beantworten. Zwar kann eine Finanzierung grundsätzlich als um so solider angesehen werden, je höher der Anteil des langfristigen Fremdkapitals ist. Denn die Gefahr einer unerwarteten Kapitalrückzahlungsverpflichtung sowie der damit verbundene Entzug liquider Mittel nimmt mit abnehmender Fristigkeit des Fremdkapitals zu. Demgegenüber erweisen sich kurzfristige Finanzierungen – je nach Kapitalmarktverfassung – häufig als kostengünstiger (vgl. GRÄFER, H. 1997, S. 201). Darüber hinaus garantieren sie dem Unternehmen eine höhere Anpassungsfähigkeit an einen im Zeitablauf schwankenden Kapitalbedarf. Daraus folgt, daß eine abschließende Beurteilung der Fristigkeitsstruktur des Fremdkapitals nur in Abhängigkeit vom Aufbau der Aktivseite erfolgen kann. Aus diesem Grund soll dieser Aspekt hier zunächst zurückgestellt und bei der Erörterung der horizontalen Kapital-Vermögensstrukturregeln (vgl. 2. Abschn., 3. Kap. 1.2.4) erneut aufgegriffen werden.

1.2.3.2.3.2 Verbindlichkeiten

Ein vorrangiges Ziel der Analyse der Verbindlichkeiten ist es, Aufschlüsse über die Zahlungsgewohnheitenn des zu beurteilenden Unternehmens zu erhalten. Hierzu eignet sich in erster Linie die Kennziffer

*Zahlungsgewohn-
heiten gegenüber
Lieferanten*

(F. 1.18)

$$\text{Lieferantenziel} \quad = \quad \frac{\text{Bestand an Warenschulden}}{\text{Wareneingang}} \times 365$$

Der Bestand an Warenschulden ermittelt sich dabei als Summe der Verbindlichkeiten aus Lieferungen und Leistungen (Passiva C. 4.) und der Verbindlichkeiten aus der Annahme gezogener und der Ausstellung eigener Wechsel (Passiva C. 5.). Bei der Berechnung des Wareneingangs sind neben den Aufwendungen für Roh-, Hilfs- und Betriebsstoffe und für bezogene Leistungen auch die Veränderung des Bestands an Roh-, Hilfs- und Betriebsstoffen zu berücksichtigen.

Das Lieferantenziel gibt die durchschnittliche Dauer der Inanspruchnahme von Lieferantenkrediten zum jeweiligen Stichtag an. Als problematisch an dieser Kennzahl wurde bereits erkannt, daß Veränderungen im Zeitablauf, insbesondere eine Zunahme der durchschnittlichen Kreditdauer, nicht monokausal erklärt werden können. Des weiteren stellt sich das Problem, daß diese Kennzahl lediglich die Verhältnisse am jeweiligen Stichtag abbildet und damit die Entwicklung während des Geschäftsjahrs völlig außer acht läßt. Dem kann auch nur ansatzweise dadurch Rechnung getragen werden, daß die Zählergröße als arithmetisches Mittel aus dem Bestand am Anfang und demjenigen am Ende der Rechnungsperiode ermittelt wird.

Verschiedentlich wird vorgeschlagen, in den Betrag der Warenschulden auch Verbindlichkeiten gegenüber verbundenen Unternehmen bzw. Beteiligungsunternehmenn einzurechnen (vgl. COENENBERG, A.G. 1997, S. 574). Abgesehen davon, daß aufgrund der nur unter bestimmten Voraussetzungen anzugebenden Mitzugehörigkeit zu anderen Posten (vgl. § 265 Abs. 3 HGB) nicht in jedem Fall festgestellt werden kann, welcher Anteil der in den Passivposten C. 6. und C. 7. ausgewiesenen Verbindlichkeiten das Ergebnis von Lieferungs- und Leistungsbeziehungen ist, erscheint diese Vorgehensweise insofern problematisch, als der innerkonzernliche Leistungsaustausch in erheblichem Maße von konzern(bilanz)politischen Überlegungen geprägt sein kann. So ist beispielsweise denkbar, daß Zahlungsverpflichtungen gegenüber Tochterunternehmen auf Anweisung der Konzernleitung zügig beglichen werden, um diesen eine liquiditätsmäßige Unterstützung zu gewähren. Aufgrund derartiger unternehmensexterner Effekte sollten die Verbundverbindlichkeiten grundsätzlich isoliert betrachtet werden. Wie bereits für die Verbundforderungen dargestellt

*Verbindlichkeiten
gegenüber verbundenen bzw. beteiligten Unternehmen*

(vgl. oben 2. Abschn., 3. Kap. 1.2.3.1.3.1), muß dabei das Hauptaugenmerk der betragsmäßigen Entwicklung dieser Posten im Zeitablauf sowie etwaigen Veränderungen in der Fristigkeitsstruktur gelten.

Besicherung von   Von besonderer Bedeutung für die derzeitigen bzw. potentiellen Gläubiger ei-
Verbindlichkeiten   nes Unternehmens ist die nunmehr in § 285 Nr. 1b HGB geforderte Angabe der
durch Pfandrechte oder ähnliche Rechte gesicherten Verbindlichkeiten.n Von ihr erwartet der Analyst Aufschlüsse darüber, inwieweit das Aktivvermögen bereits durch vorrangige Zugriffsrechte Dritter belastet ist. Bei der Interpretation dieser Anhangangabe sind jedoch zwei Besonderheiten zu beachten. Erstens besteht nach herrschender Meinung keine Pflicht zur betragsmäßigen Aufteilung der gesicherten Verbindlichkeiten. Dies hat zur Folge, daß der namentlich für die langfristigen Gläubiger des Unternehmens interessante grundpfandrechtlich gesicherte Teil der Verbindlichkeiten nur bei freiwilliger Übererfüllung der gesetzlichen Angabepflichten erkennbar wird. Zweitens werden von der Berichtspflicht des § 285 Nr. 1b HGB solche Haftungsverhältnisse nicht erfaßt, die sich aus der Bestellung von Sicherheiten für fremden Verbindlichkeiten ergeben. Derartige Vereinbarungen, die häufig zwischen den Unternehmen eines Konzernverbunds anzutreffen sind, lösen jedoch bei Kapitalgesellschaften eine Vermerkspflicht auf der Passivseite unter der Bilanz gem. § 251 HGB aus. Die Interpretation dieser Angabe begegnet aber den gleichen Schwierigkeiten wie die Deutung des Sicherheitennachweises gem. § 285 Nr. 1b HGB, da die hier zu dokumentierenden Haftungsverhältnisse in ihrer Struktur äußerst heterogen sein können (z.B. Sicherungsübereignungen, Forderungsabtretungen, Grundpfandrechte).

Entwicklung   Hohe erhaltene Anzahlungen, als der letzte der hier zu betrachtenden Posten
der erhaltenen   innerhalb der Verbindlichkeiten, deuten im allgemeinen auf eine relativ starke
Anzahlungen   Marktposition des Unternehmens hin. Da es sich in der Regel um zinslos gewährte Mittel handelt – von der Möglichkeit, daß sich die Leistung von Anzahlungen kaufpreismindernd auswirkt, sei hier abgesehen –, erhöhen sie die Rentabilität des Unternehmens. In Verbindung mit den Informationen des Lageberichts läßt die Entwicklung dieses Bilanzpostens im Zeitablauf vielfach Rückschlüsse auf die Auftragslage bei den betrachteten Unternehmen bzw. auf die wirtschaftliche Situation der Abnehmer zu. Dies gilt insbesondere für Branchen, die durch eine langfristige Auftragsfertigung gekennzeichnet sind, da hier den Anzahlungen naturgemäß eine erhebliche Bedeutung zukommt. Ist bei einem solchen Unternehmen ein anhaltendes und nachhaltiges Sinken der erhaltenen Anzahlungen zu verzeichnen, läßt dies die Vermutung zu, daß entweder die Beschäftigungslage rückläufig ist oder aber infolge veränderter Rahmenbedingungen (wirtschaftliche Schwäche der Abnehmer, erhöhter Konkurrenzdruck etc.) Anzahlungen im ursprünglich gewohnten Maße nicht mehr durchgesetzt werden können. Soweit sich diese Annahmen aufgrund weiterer Analysen bestätigen, ist mit Belastungen für die Liquiditätslage als Folge eines verminderten Mittelzuflusses von außen zu rechnen. Darüber hinaus muß in

diesem Fall das Erfolgserzielungsvermögen des Unternehmens als beeinträchtigt angesehen werden.

1.2.3.2.3.3 Rückstellungen

Für Rückstellungen fordert GRÄFER im Rahmen der externen Bilanzanalyse eine Prüfung, ob diese »in ausreichendem Maße gebildet worden sind« (GRÄFER, H. 1997, S. 203). Diese Aussage erscheint insofern problematisch, als eine Rückstellungsbildung zweifellos dann als ausreichend anzusehen ist, wenn kein Verstoß gegen die einschlägigen Gesetzesvorschriften zu verzeichnen ist. Davon aber wird ein externer Bilanzleser regelmäßig ausgehen können und – mangels entsprechender Informationen – ausgehen müssen, zumal die Einhaltung der Rückstellungsbestimmungen regelmäßig einen Schwerpunkt der für große und mittelgroße Kapitalgesellschaften obligatorischen Jahresabschlußprüfung darstellt.

Folglich kann die eigentliche Frage für den Analysten nur lauten, inwieweit der Bilanzierende über das gesetzlich determinierte Mindestmaß hinaus zusätzliche Beträge den Rückstellungen zugeführt hat. Hohe freiwillige Einstellungen können dabei generell als Kennzeichen einer guten Ertragslage angesehen werden. Denn aufgrund der erfolgsmindernden Wirkung der Rückstellungsdotierung sind ›gesunde‹ Unternehmen häufig an hohen Zuführungen interessiert – z.B. um auf diese Weise den Wunsch der Aktionäre nach höheren Dividenden bereits im Keim zu ersticken –, während notleidende Unternehmen vielfach zugunsten eines positiveren optischen Erscheinungsbildes nach außen (z.B. gegenüber Kreditgebern) eine restriktive Rückstellungspolitik betreiben.

Freiwillige Bildung bzw. Überbewertung von Rückstellungen

Ferner ist zu berücksichtigen, daß sich ein Unternehmen mit der Entscheidung für oder gegen die Bildung einer fakultativen Rückstellung respektive mit der Wahl einer bestimmten Bewertungsmethode in vielen Fällen nicht nur für das jeweilige Geschäftsjahr festlegt, sondern für einen längeren Zeitraum. Dies gilt insbesondere für solche Rückstellungen, bei denen der Erfüllungsbetrag ratierlich über mehrere Jahre hinweg angesammelt wird (sogenannte Ansammlungsrückstellungen). Denn in diesen Fällen verbietet der Grundsatz der Bewertungsstetigkeit (vgl. § 252 Abs. 1 Nr. 6 HGB) jede unbegründete Aussetzung der Rückstellungszuführung oder Änderung der Bemessungsmethode (vgl. KESSLER, H. 1992, S. 182f.). Daraus folgt: Sofern sich ein Kaufmann zu einer freiwilligen Bildung bzw. ›Überbewertung‹ von Ansammlungsrückstellungen – verstanden im Sinne einer Bewertung mit einem über dem nach kaufmännischer Vorsicht gebotenen (Mindest-)Wertansatz liegenden Erfüllungsbetrag – entschließt, geht er offenkundig davon aus, daß aufgrund der erwarteten zukünftigen Erfolgslage durch die Fortschreibung der entsprechenden Rückstellungen das vom Jahresabschluß vermittelte (positive) Bild des Unternehmens auch in späteren Jahren nicht beeinträchtigt wird. Diese Einschätzung ist für den externen Betrachter insofern bedeutsam, als wohl niemand das Unternehmen und dessen voraussichtliche Entwicklung besser kennt als der Kaufmann selbst.

Erkennbarkeit freiwilliger Rückstellungs-dotierungen

Durchforstet man das geltende Handelsrecht nach den hier in Rede stehenden Bilanzierungs- und Bewertungsfreiheiten für Rückstellungen, die zudem einem externen Betrachter nicht verborgen bleiben, so stößt man insbesondere auf die drei folgenden Sachverhalte:

(1) die gesetzlichen Wahlrechte zur Bildung von Aufwandsrückstellungen (vgl. § 249 Abs. 1 Satz 3 sowie Abs. 2 HGB),

(2) das Wahlrecht zur Passivierung von Pensionen, die vor dem 1. Januar 1987 erteilt wurden und deren Erhöhungen (vgl. Art. 28 Abs. 1 Satz 1 EGHGB) sowie

(3) die Möglichkeit der Wahl eines unter dem steuerrechtlichen Zinssatz von 6% liegenden Diskontierungsfaktors für die Bewertung von Pensions-rückstellungen.

In den genannten Fällen sieht das Bilanzrecht eine mehr oder weniger detaillierte Angabepflicht im Anhang vor. So bestimmt § 285 Nr. 12 HGB, daß in der Bilanz gebildete Aufwandsrückstellungen zu erläutern sind, wenn sie einen nicht unerheblichen Umfang haben. Die Berichterstattungspflicht über die Art der Ausübung des Passivierungswahlrechts für Pensionszusagen bzw. über eine Abweichung von den steuerrechtlichen Bewertungsmethoden bei Pensions-rückstellungen leitet sich nach allgemeiner Auffassung aus § 284 Abs. 2 Nr. 1 HGB ab (vgl. ELLROTT, H., in: BECK BIL-KOMM. 1995, § 284 HGB, Rn. 86ff. und 127). Im Falle des Verzichts auf eine Passivierung von Pensionsaltzusagen fordert Art. 28 Abs. 2 EGHGB darüber hinaus die Angabe des Fehlbetrags im Anhang. Aus diesen Informationen wird zumindest ansatzweise ersichtlich, ob der Kaufmann von der betreffenden Möglichkeit der freiwilligen gewinnredu-zierenden Rückstellungsdotierung Gebrauch gemacht hat.

Abgesehen von den erwähnten Gestaltungsmöglichkeiten sind der Rückstel-lungsanalyse jedoch enge Grenzen gesetzt, da über zahlreiche Bewertungsfrei-heiten nicht näher berichtet werden muß und diese sich somit einer externen Beurteilung entziehen.

1.2.3.2.3.4 Sonstige finanzielle Verpflichtungen

Obwohl es sich bei dem nach § 285 Nr. 3 HGB geforderten Ausweis der son-stigen finanziellen Verpflichtungen um eine reine Anhanginformation handelt, soll dieser Aspekt im Rahmen der Kapitalstrukturanalyse kurz beleuchtet wer-den, da sich aus dieser Angabepflicht wichtige Erkenntnisse bezüglich der Fi-nanzierung einer Unternehmung ergeben können.

Begriff

Mittelgroße und große Kapitalgesellschaften haben die sonstigen finanziellen Verpflichtungen, die weder in der Bilanz noch nach § 251 HGB ausgewiesen werden müssen, mit dem Gesamtbetrag im Anhang aufzuführen, wenn dies für die Beurteilung der Finanzlage von Bedeutung ist. Finanzielle Verpflichtungen können auf privatrechtlichen Schuldverhältnissen beruhen, sich aus gesetzlichen Bestimmungen ergeben oder aufgrund eines faktischen Zwangs zur Leistungspflicht bestehen.

§ 285 Nr. 3 HGB enthält keine exemplarische Aufzählung berichtspflichtiger Tatbestände. Die Ansichten hinsichtlich des Inhalts reichen von Verpflichtungen, die sich im Rahmen des Going-Concern ergeben, bis hin zu Verpflichtungen, die außerhalb des normalen betriebs- und branchenüblichen Rahmens liegen. BALLWIESER zieht zur Lösung der Abgrenzungsproblematik den Wortlaut des § 264 Abs. 2 Satz 2 HGB heran, »wonach zusätzliche Angaben zu machen sind, wenn besondere Umstände dazu führen, daß kein den tatsächlichen Verhältnissen entsprechendes Bild der Finanzlage vermittelt wird« (BALLWIESER, W. 1987, S. 66). Ob – wie im WP-HANDBUCH ausgeführt – die zur Beurteilung der Finanzierung von Investitionsvorhaben erforderlichen Hinweise auf »vorhandene Liquiditätsreserven, beabsichtigte Veräußerungen, Kreditlinien, Cash-flow-Überschüsse ...« (WP-HANDBUCH 1996, Bd. I, Buchst. F, Rn. 527) anzugeben sind, muß angesichts der von den Unternehmen vielfach praktizierten restriktiven Berichterstattungsgepflogenheiten ernstlich bezweifelt werden.

Die Kategorie der sonstigen finanziellen Verpflichtungen kann somit als Auffangposten für solche zukünftigen Zahlungsverpflichtungen des Unternehmens gekennzeichnet werden, die nicht zu passivieren oder als Haftungsverhältnisse gem. § 251 HGB anzugeben sind und denen sich die Kapitalgesellschaft einseitig wohl nicht zu entziehen vermag. Mit anderen Worten, bei den nach § 285 Nr. 3 HGB angabepflichtigen Sachverhalten handelt es sich um nach herrschender Bilanzierungskonvention nicht bilanzwirksame Belastungen der finanziellen Dispositionsfähigkeit eines Unternehmens.

Um diesem Charakter der sonstigen finanziellen Verpflichtungen bei der Bilanzanalyse Rechnung zu tragen, schlägt COENENBERG die Berechnung einer wie folgt modifizierten Fremdkapitalquote vor (vgl. COENENBERG, A.G. 1997, S. 594):

Berücksichtigung bei der Ermittlung der Fremdkapitalquote

(F. 1.19)

$$\text{Fremdkapitalquote II} = \frac{\text{Fremdkapital + sonstige finanzielle Verpflichtungen}}{\text{Gesamtkapital}} \times 100$$

Fraglich erscheint, ob auf diese Weise die Aussagefähigkeit der Fremdkapitalquote erhöht werden kann. Hiergegen spricht zum einen die Tatsache, daß in den Gesamtbetrag der anzugebenden sonstigen finanziellen Verpflichtungen gegebenenfalls auch hinreichend konkretisierte Innenverpflichtungen einzube-

Sonstige finanzielle Innenverpflichtungen

ziehen sind, soweit diese nicht bereits durch Bildung einer Aufwandsrückstellung berücksichtigt wurden. Die Zurechnung derartiger Beträge zum bilanziellen Fremdkapital wird indessen von zahlreichen Autoren kritisch beurteilt (vgl. hierzu oben 2. Abschn., 2. Kap. 2.2.6).

Uneinheitliche Erfüllung der Berichtspflicht

Zwar ließe sich einwenden, aufgrund des geschilderten Effekts werde letztlich die Vergleichbarkeit der Kennziffer Fremdkapitalquote erhöht, da als Folge der Erweiterung der Zählergröße um die sonstigen finanziellen Verpflichtungen bei der Messung der Verschuldung eines Unternehmens Innenverpflichtungen unabhängig von ihrer bilanziellen Behandlung im Jahresabschluß berücksichtigt würden. Bei näherer Betrachtung vermag dieser Gedanke jedoch nicht zu überzeugen. Denn das Vorliegen einer finanziellen Belastung i.S.v. § 285 Nr. 3 HGB löst für sich betrachtet noch keine Berichtspflicht im Anhang aus. Ergänzend muß hinzukommen, daß die Angabe für die Beurteilung der Finanzlage des betreffenden Unternehmens von Bedeutung ist. Dies ist nach verbreiteter Auffassung der Fall, wenn die Zahlungsverpflichtungen »den finanziellen Spielraum einschränken« (vgl. Ellrott, H., in: Beck Bil-Komm. 1995, § 285 HGB, Rn. 24). Diese in hohem Maße auslegungsbedürftige Einschränkung läßt eine einheitliche Erfüllung der Berichtspflicht nach § 285 Nr. 3 HGB kaum erwarten. Vielmehr muß davon ausgegangen werden, daß insbesondere solche Unternehmen, bei denen sich bereits aus bestimmten Kennzahlen der Bilanz Anhaltspunkte für eine angespannte finanzielle Situation ergeben, die Berichtspflicht gem. § 285 Nr. 3 HGB eher restriktiv handhaben werden, um eine zusätzliche Beeinträchtigung des vermittelten Bildes von der wirtschaftlichen Lage nach Möglichkeit zu vermeiden.

Mangelnde Aussagekraft der Angabepflicht

Die Aussagekraft der Anhangangabe nach § 285 Nr. 3 HGB wird weiterhin dadurch relativiert, daß eine finanzplanorientierte Aufgliederung nach Arten und Fristigkeiten der einzelnen Verpflichtungen nicht erforderlich ist. Hinzu kommt, daß das Pendant zu den sonstigen finanziellen Verpflichtungen, die ›sonstigen finanziellen Ansprüche‹, nicht angegeben werden müssen. Insgesamt hängen damit die Möglichkeiten des externen Analysten, aus den Anhangangaben nach § 285 Nr. 3 HGB Aussagen über den Umfang der Zu- und Abflüsse liquider Mittel abzuleiten, von der Informationsbereitschaft des zu analysierenden Unternehmens ab.

Konsequenzen für die Bilanzanalyse

Aus diesem Grund wird vorgeschlagen, die Anhangangabe lediglich als ein ergänzendes Beurteilungskriterium im Rahmen anderweitiger Analysen heranzuziehen. So sollten z.B. angezeigte mehrjährige Verpflichtungen aus Miet- oder Leasingverträgen sowie aus begonnenen Investitionen bei der Beurteilung der Zusammensetzung und Entwicklung des Anlagevermögens im Zeitablauf Beachtung finden. Gleiches gilt für die stets gesondert anzugebenden sonstigen Verpflichtungen gegenüber verbundenen Unternehmen (vgl. § 285 Nr. 3, 2. Halbsatz HGB), wenn es darum geht, anhand der in der Bilanz ausgewiesenen Verbundforderungen und -verbindlichkeiten die Intensität der finanziellen Verflechtung innerhalb eines Konzerns zu untersuchen. Allerdings sollte der

Analyst auch in diesen Fällen die Möglichkeit einer bilanzpolitisch gesteuerten Berichterstattung in sein Kalkül einbeziehen.

Merksätze:

1. Die Beurteilung der Solidität der Finanzierung eines Unternehmens erfolgt in der Analysepraxis vorwiegend anhand der Kennzahlen Eigenkapitalquote bzw. Fremdkapitalquote. Gleichwohl kommt diesen Kennziffern – als absolute Größen wie auch in ihrer Entwicklung im Zeitablauf – nur eine bedingte Aussagekraft zu, wenn bei ihrer Interpretation die Aktivseite nicht in die Betrachtung einbezogen wird.

2. Mittels einer tiefergehenden Strukturanalyse der Passivseite lassen sich primär Informationen über vorhandene Erfolgspotentiale des betreffenden Unternehmens gewinnen.

3. Der Selbstfinanzierungsgrad als Ausdruck für die bisherige Thesaurierungsfähigkeit und -bereitschaft der Gesellschaft gibt einen groben Einblick in die Ertragslage in der Vergangenheit.

4. Die Zusammensetzung der Verbindlichkeiten informiert ansatzweise über die das Unternehmen belastenden Kapitalkosten.

5. Freiwillige Rückstellungszuführungen können schließlich als ein Indiz für eine überdurchschnittliche Gewinnsituation gewertet werden.

1.2.4 Horizontalstrukturanalyse

1.2.4.1 Vorbemerkungen

Wurde bislang versucht, im Wege einer Partialanalyse der Passivseite Anhaltspunkte zur Beurteilung der Liquiditätslage eines Unternehmens zu gewinnen, so sollen im folgenden die Möglichkeiten und Grenzen der Horizontalanalyse näher beleuchtet werden. Gegenstand dieses Untersuchungsansatzes ist die Beurteilung der Abstimmung von Finanzierung und Investition unter Risiko- und Rentabilitätsgesichtspunkten sowie unter dem Aspekt der Fristenkongruenz der beschafften und in Vermögenswerten gebundenen Mittel. Zu diesem Zweck werden bestimmte Abschlußposten der Aktiv- und Passivseite in Relation zueinander gesetzt.

Gegenstand

Diese gleichzeitige Betrachtung von Kapitalaufbringung und -verwendung erwiese sich als unproblematisch, wenn der Analyst auf wissenschaftlich fundierte Finanzierungshypothesen zurückgreifen könnte, anhand derer die optimale Finanzierung für ein beliebig vorgegebenes Investitionsprogramm abgelesen werden kann. Derartige Regeln wurden indessen bis heute nicht entwickelt (vgl. SCHNEIDER, D. 1989, S. 637). Auch erscheint zweifelhaft, ob sie in allgemeiner Form überhaupt abgeleitet werden können. Denn angesichts

Fehlen wissenschaftlich fundierter Finanzierungshypothesen

der Ungewißheit zukünftiger Entwicklungen lassen sich Optimalitätskriterien für die Unternehmensfinanzierung nicht ohne subjektive Wertung formulieren.

Vor diesem Hintergrund verwundert es nicht, daß die Praxis zur Beurteilung der Deckungsstruktur eines Unternehmens überwiegend auf Hilfslösungen zurückgreift, die sich im Laufe der Zeit mehr oder minder bewährt haben. Die wichtigsten dieser sogenannten Praktikerregeln sollen nachfolgend kurz skizziert werden. Anschließend ist auf die an ihnen geäußerte massive Kritik näher einzugehen.

1.2.4.2 Vorherrschende Beurteilungskriterien

1.2.4.2.1 Grundsatz der Fristenkongruenz und langfristige Deckungsgrade

1.2.4.2.1.1 Darstellung

Goldene Finanzie-rungsregel

Beurteilungen zur Solidität der Finanzierung eines Unternehmens in Abhängigkeit von der Zusammensetzung der Aktivseite erfolgen derzeit überwiegend auf der Grundlage der sogenannten goldenen Finanzierungs- bzw. goldenen Bilanzregel. Erstere wurde im Jahr 1854 von HÜBNER speziell für Banken entwickelt (vgl. HÜBNER, O. 1854, S. 28) und später in allgemeiner Form auf Industrie- und Handelsbetriebe übertragen. Sie bringt das Prinzip der Fristenkongruenz zum Ausdruck, indem sie verlangt, daß zwischen der Bindungsdauer der im Unternehmen investierten Mittel und der entsprechenden Kapitalüberlassungsdauer (zumindest) Übereinstimmung herrschen muß. Danach sind einzelne Vermögensgegenstände jeweils mit solchen Mitteln zu finanzieren, die mindestens für einen ebenso langen Zeitraum zur Verfügung stehen, wie das Kapital in den Vermögensteilen gebunden ist. Grob vereinfacht läßt sich dieser Zusammenhang in den nachfolgenden Formeln ausdrücken:

(F. 1.20)

$$100\% \quad \geq \quad \frac{\text{langfristiges Vermögen}}{\text{langfristiges Kapital}} \times 100$$

(F. 1.21)

$$100\% \quad \leq \quad \frac{\text{kurzfristiges Vermögen}}{\text{kurzfristiges Kapital}} \times 100$$

Der goldenen Finanzierungsregel liegt damit sichtlich die Vorstellung zugrunde, daß durch die Einhaltung des Grundsatzes der Fristenkongruenz die Liquidität der Unternehmung langfristig aufrechterhalten werden kann. Als problematisch erweist sich für den externen Bilanzanalysten, daß die Überprüfung dieser Finanzierungsregel auf der Grundlage der von der Bilanz vermit-

telten Informationen nicht möglich ist. Die vorgenommenen Fristigkeitsabstu-
fungen bei Vermögen und Kapital (kurz-, mittel- und langfristig) lassen eine
exakte Überprüfung dieser Regel nicht zu.

In der Folge wurde mit der goldenen Bilanzregel ein operational formulierter *Goldene Bilanzregel*
Finanzierungsgrundsatz entwickelt, der dadurch gekennzeichnet ist, daß einzelne in der Bilanz ausgewiesene Vermögensposten bzw. Gruppen von Aktivposten zu bestimmten Passivposten der Bilanz bzw. zu Gruppen von Passivposten in Beziehung gesetzt werden, wobei sich die Gruppenbildung nach der
Dauer der Vermögensbindung bzw. Kapitalüberlassung bestimmt (vgl. BIEG,
H. 1983, S. 492). Diese an der Bilanz ausgerichtete Konkretisierung des
Grundsatzes der Fristenkongruenz (goldene Bilanzregel) besagt, daß langfristig gebundenes Vermögen mit langfristigem Kapital finanziert werden muß
und kurzfristig gebundenes Vermögen mit kurzfristigem Kapital finanziert
werden darf.

Umstritten ist, was als langfristig gebundenes Vermögen zu verstehen ist. Soll
hierunter nur das Anlagevermögen oder etwa auch der eiserne, d.h. dauernd
gebundene Bestand an Umlaufvermögen subsumiert werden? Weiterhin besteht Uneinigkeit darüber, welche Teile des passivierten Kapitals als langfristig
zu gelten haben. Ist es nur das Eigenkapital oder gehören auch langfristig zur
Verfügung stehende Fremdmittel dazu? Je nachdem wie man diese Fragen beantwortet, gelangt man zu verschiedenen Fassungen der goldenen Bilanzregel,
die auch als langfristige Deckungsgrade bezeichnet werden.

(F. 1.22)

$$\text{Deckungsgrad A} = \frac{\text{Eigenkapital}}{\text{Anlagevermögen}} \times 100 \geq 100\%$$

(F. 1.23)

$$\text{Deckungsgrad B} = \frac{\text{Eigenkapital + lang-}\atop\text{fristiges Fremdkapital}}{\text{Anlagevermögen}} \times 100 \geq 100\%$$

(F. 1.24)

$$\text{Deckungsgrad C} = \frac{\text{Eigenkapital + langfristiges Fremdkapital}}{\text{Anlagevermögen + langfristig gebundenes Umlaufvermögen}} \times 100 \geq 100\%$$

Für die vorstehenden Kennziffern lassen sich zwei unterschiedliche Interpreta- *Interpretations-*
tionsmöglichkeiten anführen. Zum einen können die jeweiligen Deckungs- *möglichkeiten*

grade als Mindestanforderungen zur Gewährleistung der jederzeitigen Zahlungsbereitschaft eines Unternehmens begriffen werden. In diesem Sinne verkörpern sie lediglich »eine weitere Operationalisierung der Fristenkongruenzregel« (PERRIDON, L./STEINER, M. 1997, S. 539). Insbesondere aus Gläubigersicht ist aber auch eine Deutung der Deckungsgrade als Risikobegrenzungsnormen denkbar. Dies wird deutlich, wenn man sich die oben gewonnene Erkenntnis nochmals in Erinnerung ruft, wonach das Investitionsrisiko mit steigender Dauer der Vermögensbindung aufgrund der größer werdenden Ungewißheit über die zukünftige Datenentwicklung tendenziell zunimmt. Vor diesem Hintergrund kann die Forderung nach ausschließlicher oder zumindest überwiegender Finanzierung des langfristig gebundenen Vermögens durch Eigenkapital als Ausdruck dafür gewertet werden, das erhöhte Investitionsrisiko nach Möglichkeit allein den Eigenkapitalgebern anzulasten.

Diese Interpretation tritt deutlich zutage, wenn die dargestellten Deckungsgrade in leicht modifizierter Form, nämlich durch ausschließliche Einbeziehung der risikobehafteten Teile des Vermögens in die Zählergröße, auch als Wagnisdeckungsgrade bezeichnet werden (vgl. hierzu ausführlich KUSSMAUL, H. 1984, S. 198).

1.2.4.2.1.2 Kritik

Ob mit Hilfe der dargestellten Finanzierungsregeln (goldene Finanzierungs- und Bilanzregel) eine optimale Finanzierung sichergestellt werden kann, erscheint aus mehreren Gründen fraglich:

Theoretische Konzeption

(1) Die Kritik an den vorstehenden Finanzierungsregeln muß sich – neben der Mangelhaftigkeit des in sie einfließenden Datenmaterials – in erster Linie gegen ihre theoretische Konzeption wenden. So ist zu bemängeln, daß die vorgestellten Praktikerregeln der primären Zielvorstellung der Unternehmen, nämlich dem Streben nach größtmöglicher Rentabilität des Kapitaleinsatzes, nicht hinreichend Rechnung tragen.

Ungenaue Fristigkeitsangaben

(2) Die bei den Deckungsgraden vorgenommene Gruppenbildung von Aktiv- bzw. Passivposten führt zu einer Vermischung von Bilanzposten mit ganz unterschiedlicher Liquiditätswirksamkeit. »Die Angaben über die Fälligkeitstermine in Bilanzen sind derart unpräzise, daß es selbst bei Fristenentsprechung der einander gegenübergestellten Gruppen von Aktiva und Passiva möglich ist, daß das Vermögen im Zeitpunkt der Fälligkeit des Kapitals nicht in voller Höhe liquidiert werden konnte« (BIEG, H. 1983, S. 496). Somit muß unterstellt werden, daß sich die Vermögensteile im Rahmen des normalen Umsatzprozesses in mindestens gleichem Maße und zum gleichen Zeitpunkt in Zahlungsmittel verwandeln lassen, wie dies die Kapitalrückzahlungspflicht verlangt, oder daß sich die hierzu erforderlichen Mittel in Analogie zum wiederkehrenden Kapitalbedarf prolongieren oder substituieren lassen (vgl. HÄRLE, D. 1961, S. 88).

(3) Unter Liquiditätsgesichtspunkten bleibt ferner unberücksichtigt, daß die aus dem Umsatz des Vermögens resultierende Freisetzung liquider Mittel nicht nur zur Rückzahlung des ursprünglich investierten Kapitals ausreichen muß, sondern darüber hinaus auch zur Finanzierung aller weiteren, zur Aufrechterhaltung der Betriebsbereitschaft erforderlichen Auszahlungen, wie z.B. für Neuanschaffungen, Löhne, Mieten etc. Somit ist die Zahlungsfähigkeit des Unternehmens nur sicher gestellt, wenn nach der Liquidation der Vermögensteile kein erneuter Kapitalbedarf besteht, es sich also um einen einmaligen Investitionszyklus handelt, oder aber Kapital prolongiert bzw. substituiert werden kann (vgl. HARTMANN, B. 1985, S. 214). Ist diese in den Deckungsgraden und dem Grundsatz der Fristenkongruenz implizit unterstellte Prämisse nicht erfüllt, gerät das betreffende Unternehmen bei Fälligkeit der Kredite in Zahlungsschwierigkeiten, weil es entweder seine Gläubiger nicht befriedigen oder die zur Betriebsfortführung erforderlichen Auszahlungen nicht erbringen kann. Stehen dem Unternehmen Prolongations- und Substitutionsmöglichkeiten zur Verfügung, dann ist das in den obigen Kennzahlen zum Ausdruck kommende Deckungsverhältnis aber ganz offensichtlich keine notwendige Voraussetzung für die Aufrechterhaltung der Liquidität (vgl. HÄRLE, D. 1970, S. 110).

Deckung des wiederkehrenden Kapitalbedarfs

Mag die vorstehende Kritik an den Finanzierungsregeln im Grundsatz auch berechtigt sein, so berührt sie dennoch die Eignung der in Rede stehenden Kennzahlen in ihrer derzeitigen Verwendung nur bedingt. Denn die bilanzanalytischen Deckungsrelationen dürfen nicht als unmittelbare Entscheidungskriterien für die Unternehmensführung zur Planung einer unter Risiko- und Rentabilitätsgesichtspunkten optimalen Finanzierung mißverstanden werden. Vielmehr handelt es sich schlicht um Prüfsteine für die Kreditwirtschaft zur Abschätzung des Risikos von Vermögensverlusten im Falle einer (längerfristigen) Kreditvergabe.

Krisenorientierung der Finanzierungsregeln

Ein solches Risiko besteht – wie oben dargelegt – grundsätzlich nicht, wenn davon ausgegangen werden kann, daß das kreditnehmende Unternehmen (auch) in Zukunft rentabel arbeitet. Ausschließlich gestützt auf eine Jahresabschlußanalyse ist eine derartige Prognose jedoch nur in den wenigsten Fällen mit hinreichender Sicherheit möglich. Gerade dieser Tatsache sollen die zur Diskussion stehenden Strukturregeln Rechnung tragen, indem sie implizit eine Sicherung des Kreditgebers für den pessimistischen Fall anstreben, daß das Unternehmen bis zur Fälligkeit der Mittel in wirtschaftliche Schwierigkeiten gerät. So verstanden wirken sie gleichsam als »Beruhigungsdroge« (SCHNEIDER, D. 1989, S. 637).

Unter diesem Blickwinkel wird etwa die Forderung der goldenen Finanzierungsregel nach fristenkongruenter Finanzierung verständlich. Denn bei nachhaltig gesunkener Bonität eines Schuldners sind die Kreditgeber häufig weniger an einer Prolongation als vielmehr an der Rückzahlung der seinerzeit hingegebenen Mittel interessiert. Dieses Ansinnen sieht sich indes bei

Gefährdung der Kreditrückzahlung durch fristeninkongruente Finanzierung

fristeninkongruenter Finanzierung erheblich gefährdet. Denn zum einen besteht die Gefahr, daß die investierten Mittel bis zum Fälligkeitszeitpunkt des Kredits noch nicht über den Umsatzprozeß zurückgeflossen sind und damit gegebenenfalls durch vorzeitige, in der Regel verlustbringende Desinvestitionen bereitgestellt werden müssen. Zum anderen wird aber auch eine Substitution des zu tilgenden Kredits erschwert, da eine Verletzung des Grundsatzes der Fristenentsprechung regelmäßig als ein Belastungsfaktor bei der Beurteilung der Kreditwürdigkeit eines Unternehmens angesehen wird.

Deutlicher noch tritt die Krisenorientierung im Fall der dargestellten Deckungsgrade (vgl. F. 1.22 bis 1.24) zutage. Denn warum in einem fortzuführenden (florierenden) Unternehmen etwa das Anlagevermögen vollständig durch Eigenkapital finanziert sein soll, läßt sich ohne weiteres nicht begründen. Gerechtfertigt erscheint auch hier allenfalls die Forderung nach Fristenkongruenz (vgl. WÖHE, G. 1997, S. 828ff.). Ihr wird allerdings auch dann entsprochen, wenn das Anlagevermögen durch entsprechend langfristiges Fremdkapital finanziert ist.

Deckungsgrade als Risikobegrenzungs- normen

Verständlich wird diese Regel hingegen, wenn man sie als Risikobegrenzungsnorm begreift, die auf eine mögliche Liquidation des Unternehmens abstellt. Unter dieser Voraussetzung wird eine Veräußerung von Gegenständen des Anlagevermögens in aller Regel nur mit erheblichen Verlusten möglich sein, während für Vermögensgegenstände des Umlaufvermögens in der Regel unterstellt werden kann, daß diese zumindest in Buchwerthöhe liquidiert werden können. Aus dem Bedürfnis, ein Durchschlagen dieser potentiellen Abgangsverluste des Anlagevermögens auf die Gläubiger zu verhindern, läßt sich hier die Forderung nach vollständiger Unterlegung des Anlagevermögens mit Eigenkapital zwanglos erklären.

Immerhin findet die goldene Bilanzregel in dieser engen Auslegung heute kaum noch Anwendung. Statt dessen wird eine partielle Finanzierung des langfristig gebundenen Vermögens durch langfristig verfügbares Fremdkapital als unbedenklich erachtet. Dies dürfte nicht zuletzt eine Folge der permanent gesunkenen Eigenkapitalquoten bei deutschen Unternehmen einerseits und des gestiegenen Konkurrenzdrucks im Kreditgewerbe andererseits sein. Damit sind die inzwischen geringeren Anforderungen an die horizontale Kapital-Vermögensstruktur gleichzeitig Ausdruck einer zugunsten einer erhofften höheren Rentabilität in Kauf genommenen größeren Risikobereitschaft der Kreditwirtschaft.

Bedeutung der Finanzierungs- regeln für (poten- tielle) Anteilseigner

Durch die vorstehenden Ausführungen soll nicht der Eindruck erweckt werden, für die Eigenkapitalgeber seien die angesprochenen Strukturregeln generell ohne Bedeutung. Denn indem namentlich Kreditinstitute ihre Kreditvergabeentscheidung (auch) von der Einhaltung dieser Regeln abhängig machen, entfalten diese eine normative Wirkung. D.h., um als kreditwürdig zu gelten, sind die Kreditsuchenden faktisch gezwungen, in ihrer Bilanz auf die Einhaltung der entsprechenden Relationen zu achten (vgl. BIEG, H. 1983, S. 496). Unternehmen, denen dies nicht gelingt, sind demgemäß (auch) aus Sicht eines potentiellen Investors kritisch zu betrachten. Denn sie unterliegen der akuten, die Existenz des Unternehmens bedrohenden Gefahr eines Verlusts ihrer Kreditwürdigkeit. Insofern kann festgestellt werden, daß die klassischen Kapital-Vermögensstrukturregeln eine gewisse Eigendynamik entwickelt haben.

1.2.4.2.2 Kennzahlen zur kurzfristigen Liquidität

1.2.4.2.2.1 Darstellung

Zur Charakterisierung der kurzfristigen Liquiditätssituation im Unternehmen werden Verhältniszahlen aus Posten des Umlaufvermögens und dem Posten der kurzfristigen Verbindlichkeiten gebildet, die sich in der Einbeziehung von Vermögensposten unterschiedlicher Geldwerdungsdauer unterscheiden (vgl. STEINER, M. 1982, S. 472). Bei diesen Liquiditätskennzahlen handelt es sich um kurzfristige Deckungsstrukturregeln, die ebenso wie die langfristigen Deckungsgrade als bilanzorientierte Konkretisierung des Grundsatzes der Fristenkongruenz zu verstehen sind.

Mit Hilfe der Liquiditätsgrade soll Auskunft darüber gegeben werden, ob und inwieweit die kurzfristigen Verbindlichkeiten in ihrer Höhe und Fälligkeit mit den Zahlungsmittelbeständen und anderen kurzfristigen Deckungsmitteln übereinstimmen. Hohe Bestände an Zahlungsmitteln bzw. monetisierbaren Vermögensposten können zwar dem Rentabilitätsstreben entgegenstehen, verleihen dem Unternehmen unter Liquiditätsgesichtspunkten aber Sicherheit und vermindern die Gefahr der Illiquidität.

Liquiditätsgrade

Auch bei den Liquiditätskennzahlen gelten gewisse Ober- und Untergrenzen nach wie vor als Normen, die bei Kreditvergabeentscheidungen zugrunde gelegt werden. Insofern haben sie sich ebenso wie die langfristigen Finanzierungsregeln längst zu Spielregeln zwischen Kreditsuchenden und Kreditgebenden entwickelt. Werden sie eingehalten, fließen Kredite und das Unternehmen bleibt zahlungsfähig; werden sie nicht eingehalten, leidet die Bonität und Kredite werden möglicherweise nicht prolongiert, substituiert bzw. aufgestockt, wodurch dann häufig Illiquidität eintritt (vgl. MÖSER, H.D. 1982, S. 187). Dabei ist nicht auszuschließen, daß die Unternehmung bei Würdigung aller Umstände unbeschadet der Nichteinhaltung einzelner Liquiditätskennzahlen insgesamt gleichwohl als kreditwürdig anzusehen ist und im Falle einer Prolongation der gewährten Kredite durchaus ihren fälligen Verpflichtungen nachkommen könnte. Diese Tatsache verleiht den Liquiditätsgraden eine zweifellos fragwürdige Bedeutung.

Normative Wirkung der Deckungsstrukturregeln

Üblicherweise werden drei verschiedene kurzfristige Liquiditätskennzahlen berechnet:

(F. 1.25)

$$\text{Liquidität 1. Grades} \quad = \quad \frac{\text{Zahlungsmittel}}{\text{kurzfristiges Fremdkapital}} \times 100$$

(F. 1.26)

$$\text{Liquidität 2. Grades} \quad = \quad \frac{\text{Zahlungsmittel + kurzfristige Forderungen}}{\text{kurzfristiges Fremdkapital}} \times 100$$

(F. 1.27)

$$\text{Liquidität 3. Grades} \quad = \quad \frac{\text{Umlaufvermögen}}{\text{kurzfristiges Fremdkapital}} \times 100$$

1.2.4.2.2.2 Kritik

Die Interpretation der Liquiditätskennziffern fällt schwer, da ein bestimmtes, im konkreten Fall festgestelltes Deckungsverhältnis nicht an optimalen Werten gemessen werden kann. Zeitpunktbezogene Schlußfolgerungen von der Höhe der Liquiditätsgrade auf die tatsächliche Liquiditätssituation sind nicht möglich. Dies hat insbesondere folgende Gründe:

Veraltetes Daten-
material

(1) Die zum Jahresabschluß als Grundlage der externen Liquiditätsanalyse im Schrifttum vorgetragene Kritik gilt auch bezüglich der Liquiditätskennziffern uneingeschränkt. Gerade Analysen, die sich auf schnell verändernde Posten richten, leiden unter dem völlig veralteten Zahlenmaterial. Dies gilt nicht nur für die sich täglich verändernden Zahlungsmittelbestände, sondern auch für die kurzfristigen Forderungen und Verbindlichkeiten. Zwar können die Forderungen und Verbindlichkeiten mit einer Restlaufzeit von bis zu einem Jahr problemlos ausgesondert werden, doch besteht die Gefahr, daß sie zum Zeitpunkt der Kennzahlenbildung längst nicht mehr liquiditätswirksam sind. Zumindest aber sollte der externe Analytiker nie vergessen, »auf den Kalender zu schauen und sich dann klarzumachen, wieviel von dieser Restlaufzeit bis zu einem Jahr schon vergangen ist« (HAUSCHILDT, J. 1996, S. 45). Die dargestellten Liquiditätsgrade lassen Aussagen über die zukünftige Liquidität nur insofern zu, als unterstellt wird, daß das liquiditätsmäßige Verhalten in der Vergangenheit wie in der Zukunft gleich ist. Das vergangene Verhalten als für die Zukunft repräsen-

tativ zu erachten, ist aber angesichts des nicht zu erkennenden kausalen Zusammenhangs zwischen Stichtagsliquidität und zukünftiger Liquidität überaus fraglich.

(2) Anhand von Stichtagszahlen gebildete Liquiditätskennziffern sind Momentaufnahmen, die in naher Zukunft auftretende Auszahlungen zur Aufrechterhaltung des Betriebsprozesses (sogenannte Baraufwendungen) unberücksichtigt lassen. Dies ist speziell bei kurzfristigen Liquiditätsbetrachtungen problematisch, weil ein wesentlicher Liquiditätsfaktor unberücksichtigt bleibt. STROBEL will diesem Gesichtspunkt dadurch Rechnung tragen, daß er die kurzfristigen Verbindlichkeiten um die Größe ›kurzfristiger Baraufwand‹, die er aus der Gewinn- und Verlustrechnung abzuleiten versucht, erhöht (vgl. STROBEL, A. 1953, S. 101). So schlägt er beispielsweise vor, aus den ›Personalaufwendungen‹ die durchschnittlichen monatlichen Auszahlungen für Löhne zu errechnen.

Kurzfristige Zahlungsmittelbewegungen

(3) Auch für die Liquiditätskennzahlen gilt, daß die Prolongations-, Substitutions- bzw. anderweitigen Kapitalaufstockungsmöglichkeiten unberücksichtigt bleiben.

Kapitalbeschaffungsmöglichkeiten

(4) Selbst wenn es ›optimale‹ Liquiditätsgrade gäbe und diese bei dem zu analysierenden Unternehmen vorlägen, dürften sie nicht überbewertet werden, weil den Verbindlichkeiten im Vergleich zu den Rückstellungen häufig nur noch eine untergeordnete Bedeutung zukommt. Für hinter den Rückstellungen stehende ungewisse Schulden erhält man in der Regel als Außenstehender keinerlei Informationen über Fälligkeit und Höhe. Zwar sind Rückstellungen mit erheblichem Umfang grundsätzlich erläuterungspflichtig (vgl. § 285 Nr. 12 HGB). Eine Angabe von Beträgen und Fristen sieht das Gesetz jedoch im einzelnen nicht vor.

Fälligkeit und Höhe von Rückstellungen

Der eigentliche Zweck der Liquiditätskennziffern kann somit allenfalls im Sichtbarmachen von Entwicklungstendenzen der Liquidität durch den Zeitvergleich (Ist-Ist-Zeitvergleich) liegen sowie darin, mit Hilfe des Betriebsvergleichs die relative Liquiditätslage im Vergleich zu Konkurrenzbetrieben bzw. zu einem Branchendurchschnittswert deutlich zu machen (Ist-Ist-Betriebsvergleich). Abweichungen von diesen Durchschnittswerten nach unten deuten auf eine betriebsindividuelle tatsächliche Anspannung in der Zahlungsfähigkeit hin.

Ergebnis

Merksätze:

1. Im Rahmen der Horizontalanalyse orientiert sich die Praxis an über-kommenen Strukturregeln, die in typisierender Betrachtung bestimmte Relationen zwischen Aktiv- und Passivposten postulieren.

2. Diese Praktikerregeln dürfen wegen der Mangelhaftigkeit des in sie ein-fließenden Datenmaterials einerseits sowie wegen der gegen ihre theo-retische Konzeption zu erhebenden Einwände andererseits nicht als Fi-nanzierungshypothesen zur optimalen Abstimmung von Aktiv- und Pas-sivseite angesehen werden.

3. Ihre Bedeutung in der Kreditvergabepraxis wird allenfalls verständlich, wenn man sie als Sicherheitsstandards versteht, deren Einhaltung dazu beitragen soll, daß die Kreditgeber auch für den Fall (unvorhergesehe-ner) wirtschaftlicher Schwierigkeiten des Kreditnehmers vor Vermö-gensverlusten weitestgehend geschützt sind.

1.3 Cash-flow-Analyse

1.3.1 Grundlagen

Finanz- und Ertragsindikator　Die Kennzahl Cash-flow wird insbesondere für zwei unterschiedliche Verwen-dungsrichtungen herangezogen: Zum einen zur Analyse der Finanzkraft, zum anderen zur Analyse der Ertragskraft eines Unternehmens (zur Frage des Cash-flow als Ertragsindikator vgl. 2. Abschn., 3. Kap. 2.2.4).

Praxiswert　Der Cash-flow stellt nicht nur durch seine weite Praxisverbreitung eines der bedeutendsten Instrumente der (externen) Bilanzanalyse dar; denn er wird nicht nur auf Hauptversammlungen im Rahmen der Bilanzbesprechung heran-gezogen, da er regelmäßig von solchen Unternehmen, die Kennzahlen berech-nen, ermittelt wird (vgl. ULRICH, W. 1989, S. 49), sondern er dient unter ande-rem auch – insbesondere im Bankgewerbe – als Maßstab bei der Kreditwürdig-keitsprüfung (vgl. SIENER, F. 1991, S. 1). Dennoch dürfte der Cash-flow in bezug auf Zielsetzung, Aussagefähigkeit und Ermittlung derzeit mit zu den umstrittensten Instrumenten der Bilanzanalyse zählen.

1.3.1.1 Begriff

Kurzformeln　Der Begriff Cash-flow, der in Kurzformeln (vgl. SIENER, F. 1991, S. 35) auch als

- liquiditätswirksamer Jahresüberschuß,

- Zahlungsüberschuß aus dem laufenden Betriebsprozeß,

- Teil des Umsatzüberschusses, der nicht in der gleichen Periode zu Ausgaben oder Einnahmen geführt hat,

– Kapitalrückfluß aus dem Unternehmensprozeß oder

– Finanzmittelzufluß

bezeichnet wird, stammt aus den Vereinigten Staaten. Hier wurde er zu Beginn der 50er Jahre für die Finanz- und Wertpapieranalyse abgeleitet.

In Deutschland wurde der Begriff zwar bereits 1959 registriert; die rasche Verbreitung dieser Kennzahl führte jedoch dazu, daß sich weder eine einheitliche Terminologie noch eine einheitliche Definition des Cash-flow-Berechnungsschemas herausbilden konnte. Die divergierenden Definitionen des Cash-flow resultieren zudem daraus, daß der Cash-flow nicht hinsichtlich bestimmter, im voraus festgelegter Zielsetzungen systematisch und in sich geschlossen konzipiert wurde, sondern als ein pragmatisches Analyseinstrument entstand (vgl. WAGNER, J. 1985, S. 1601).

Uneinheitliche Definitionen

Infolgedessen können und werden im Wege einer Cash-flow-Rechnung sehr unterschiedliche Ermittlungsziele verfolgt. Trotz terminologischer Bedenken hat sich inzwischen die Bezeichnung Cash-flow sowohl national als auch international – allerdings für eine völlig uneinheitlich definierte Größe – durchgesetzt.

Divergierende Ermittlungsziele

1.3.1.2 Zielsetzungen

Beim Cash-flow handelt es sich zwar in erster Linie um eine Kennzahl für den externen Bilanzanalytiker (vgl. KUSSMAUL, H. 1984, S. 147), jedoch ist er auch für den internen Adressatenkreis durchaus von Bedeutung. Da er die Einstellung und damit das Verhalten der externen Bilanzadressaten gegenüber dem zu analysierenden Unternehmen beeinflußt, ergeben sich hieraus mittelbar Rückwirkungen auf die Entscheidungen der Unternehmensleitung. Darüber hinaus hat der Cash-flow aber auch für die interne Analyse einen eigenständigen Aussagewert.

Interner und externer Adressatenkreis

Zielsetzung der Ermittlung des Cash-flow ist es, die Aussagekraft des Jahresabschlusses in zwei Punkten zu verbessern. So soll einerseits dem Wunsch nach verstärkter Betrachtung des Unternehmens unter finanziellen Gesichtspunkten, andererseits dem Bestreben nach einer Ausschaltung bilanzpolitischer Gestaltungen aus dem Jahresabschluß Rechnung getragen werden. Dies geschieht, indem die Gewinn- und Verlustrechnung um alle zahlungsunwirksamen Aufwendungen und Erträge korrigiert wird. Da zum einen diese zahlungsunwirksamen Aufwendungen und Erträge meist einen sehr großen Spielraum für die Bilanzpolitik der Unternehmen beinhalten, zum anderen das Ergebnis des zahlungswirksamen Betriebsgeschehens dem Grunde nach als objektiv eindeutig vorgegebene Größe nicht mehr bilanzpolitisch gestaltet werden kann und somit als Datum für die Bilanzpolitik übernommen werden muß, lag es nahe, eine Kennzahl zu entwickeln, die diese Fehlerquelle verringert bzw. sogar vermeidet.

Zielsetzung

Eliminierung Oder anders formuliert: Mit Einführung des Cash-flow soll durch die alleinige
der Bilanzpolitik Berücksichtigung zahlungswirksamer Vorgänge der Forderung nach Beseitigung der rein bilanzpolitischen Eingriffe aus dem Jahresabschluß nachgekom-
men werden. Der Cash-flow soll somit eine objektivere Größe als der Jahresüberschuß oder der Bilanzgewinn sein, da eine bewußte Beeinflussung durch
bilanzpolitische Maßnahmen in wesentlich geringerem Ausmaß möglich ist.
Infolgedessen wird die Ansicht vertreten, daß die größere Objektivität des
Cash-flow indirekt zu einem Meßwert führe, »der frei sei von den Schwächen
menschlicher Bewertungsabsichten und -irrtümer« (HAUSCHILDT, J./RÖSLER,
J./GEMÜNDEN, H.-G. 1984, S. 354).

Uneinheitliche Bei der unkoordinierten Entwicklung der Definition des Cash-flow wurde ge-
Zielsetzungen und gen einen elementaren Grundsatz der Kennzahlenbildung verstoßen. Denn
Berechnungs- Kennzahlen können nur im Hinblick auf ein einziges, klar definiertes Ermitt-
methoden lungsziel aussagekräftig sein. Da den Cash-flow-Berechnungen jedoch in Literatur und Praxis sehr unterschiedliche Fragestellungen zugrunde liegen, hat
sich auch bis heute noch keine einheitliche Zielsetzung für die Ermittlung des
Cash-flow herausgebildet. So verwundert es nicht, wenn die Berechnungsmethoden und damit die Meinungen über die Aussagekraft dieser Kennzahl stark
voneinander abweichen.

Kontextbezogene Zur Überwindung dieser auf unterschiedlichen Ermittlungszielen beruhenden
Begriffsbestimmung Streitigkeiten wird in der Literatur vorgeschlagen, das Ermittlungsziel der Formulierung des Cash-flow-Inhalts voranzustellen (vgl. WAGNER, J. 1985,
S. 1602). Diese kontextbezogene Begriffsbestimmung trägt zwar nicht zur Bildung einer einheitlichen Terminologie bei, gleichwohl wird hiermit ein Beitrag
zur Klärung des Begriffsumfangs geleistet.

1.3.1.3 Interpretationen des Cash-flow-Begriffs

Anwendergruppen Die Benutzer des Cash-flow lassen sich in bezug auf dessen Anwendung
grundsätzlich in drei Gruppen aufteilen:

Der Cash-flow wird von verschiedenen Anwendern

(1) nur bzw. hauptsächlich als Indikator der Finanzkraft,

(2) nur bzw. hauptsächlich als Indikator der Ertragskraft,

(3) sowohl als Indikator der Ertrags- als auch der Finanzkraft

angesehen.

Hauptfunktionen Während die erste Gruppe mit Hilfe des Cash-flow das Finanzierungspotential
ermitteln will, das aus dem Leistungsprozeß im Unternehmen resultiert (vgl.
LACHNIT, L. 1973, S. 72), indem sie nach dem Betrag fragt, der für Investitionen, Schuldentilgung und Gewinnausschüttung zur Verfügung steht bzw. gestanden hat, besteht das Ermittlungsziel der zweiten Gruppe darin, eine Größe
zu erhalten, die nicht nur als Ergänzung zum Jahreserfolg gesehen, sondern

unter Umständen sogar anstelle dieses herkömmlichen Rechnungsergebnisses herangezogen werden kann (vgl. KÖHLER, R. 1970, S. 386). Die Befürworter des dritten Ermittlungsziels glauben, mit dem Cash-flow eine Kennzahl zu besitzen, die sowohl einen Rückschluß auf die Finanz- als auch auf die Ertragskraft zuläßt, ohne daß ein Schwerpunkt bezüglich einer Zielsetzung auszumachen ist (vgl. GUHR, H.-M. 1972, S. 26).

Neben den Hauptfunktionen zur Darstellung der Finanz- und Ertragslage wird der Cash-flow auch zur Beurteilung der Vorteilhaftigkeit von geplanten Investitionen herangezogen. Zu diesem Zweck werden die künftig erwarteten Cash-flow-Größen auf den Beurteilungszeitpunkt hin abgezinst und somit der Barwert der in der Zukunft anfallenden Cash-flow-Werte ermittelt. Auf diese Methode der Investitionsrechnung, die auch als Discounted Cash-flow-Method (DCF-Methode) bezeichnet wird, soll hier nicht näher eingegangen werden.

Discounted Cash-flow-Method

1.3.1.4 Grundsätzliche Berechnungsmöglichkeiten des Cash-flow

Schwerpunktmäßig wird die Cash-flow-Kennzahl dem Finanzbereich eines Unternehmens zugeordnet. Dies erklärt auch, warum diese Kennzahl überwiegend und im Zweifel im Rahmen der Finanzwirtschaft eines Unternehmens diskutiert und als finanzwirtschaftliche Kennzahl betrachtet wird.

Finanzwirtschaftliche Kennzahl

Trotzdem wird der Cash-flow regelmäßig nicht aus den Daten der Finanzplanung, sondern aus der Gewinn- und Verlustrechnung abgeleitet. Die Berechnung des Cash-flow kann – ausgehend von den Zahlen der Gewinn- und Verlustrechnung – durch zwei unterschiedliche Methoden erfolgen, nämlich nach der direkten (progressiven) oder nach der indirekten (retrograden) Methode (vgl. HENI, B. 1992, Rn. 14ff.).

Ausgangspunkt: GuV

Bei der indirekten Methode wird der Cash-flow durch Addition bzw. Subtraktion der »rechnungstechnischen Posten« (SIENER, F. 1991, S. 60) zum bzw. vom Jahresüberschuß errechnet. Unter den rechnungstechnischen Posten sind solche Größen des Jahresabschlusses zu verstehen, die nur der Ergebnisabgrenzung dienen, d.h. keine unmittelbaren finanziellen Veränderungen zur Folge haben. Dabei werden alle in der Betrachtungsperiode nicht zu Auszahlungen führenden Aufwendungen als Summanden dem Jahresüberschuß, der der Ausgangspunkt dieser Berechnungsmethode ist, hinzugefügt. Alle in der Betrachtungsperiode nicht zu Einzahlungen führenden Erträge werden dagegen als Subtrahenden vom Jahresüberschuß abgezogen. Es gilt somit:

Indirekte Methode

(F. 2.1)

Cash-flow	=	Jahreserfolg
	+	auszahlungslose Aufwendungen
	./.	einzahlungslose Erträge

Direkte Methode   Der Cash-flow ergibt sich bei der direkten Berechnungsmethode als Differenz der einzahlungswirksamen Erträge und der auszahlungswirksamen Aufwendungen. Ausgangspunkt dieser Berechnungsmethode sind die Umsatzerlöse, deren zahlungswirksamer Bestandteil um die in den anderen Posten der Erfolgsrechnung enthaltenen zahlungswirksamen Bestandteile zu korrigieren ist. Es gilt somit:

(F. 2.2)

Cash-flow	=	Ertragseinzahlungen
		./. Aufwandsauszahlungen

Identische   Beide Vorgehensweisen müssen zwangsläufig zum gleichen Ergebnis führen,
Ergebnisse   wenn einheitliche Ermittlungs- und Abgrenzungskriterien angewendet werden. Dies läßt sich leicht mit Hilfe der folgenden drei Definitionsgleichungen veranschaulichen (vgl. BUSSE VON COLBE, W. 1976, Sp. 242):

Definitions-   Ertrag   =   Ertragseinnzahlungen
gleichungen   z.B. Barverkäufe, Zinsertragszahlungen)

                      +   einzahlungslose Erträge
                           (z.B. Zuschreibungen, Erträge aus der Auflösung des Sonderpostens mit Rücklageanteil)

        Aufwand   =   Aufwandsauszahlungen
                           (z.B. Lohnzahlungen, Gewerbesteuerzahlung)

                      +   auszahlungslose Aufwendungen
                           (z.B. Abschreibungen, Bestandsminderungen)

        Jahreserfolg =   Ertrag
                         ./. Aufwand

Aus der Formel für die indirekte Ermittlung des Cash-flow (vgl. F. 2.1):

Cash-flow	=	Jahreserfolg
	+	auszahlungslose Aufwendungen
	./.	einzahlungslose Erträge

ergibt sich nach Einsetzen der Definitionsgleichungen die Bestimmungsgleichung gemäß der direkten Berechnungsmethode (vgl. F. 2.2):

Cash-flow	=	Ertragseinzahlungen
		./. Aufwandsauszahlungen

Daß die direkte und indirekte Methode zwangsläufig zum gleichen Ergebnis führen müssen, verdeutlicht auch die nachfolgende Übersicht (WÖHE, G. 1997, S. 837):

Übersicht 20: Ermittlungsmethoden des Cash-flow			
Gewinn- und Verlustrechnung			
Aufwand			Ertrag
auszahlungswirksamer Aufwand	180 000	einzahlungswirksamer Ertrag	240 000
auszahlungsloser Aufwand	90 000	Cash-flow	
Jahresüberschuß	30 000	einzahlungsloser Ertrag	60 000

Berechnung

Indirekte Ermittlung:

	Jahresüberschuß	30 000 DM
+	auszahlungsloser Aufwand	90 000 DM
./.	einzahlungsloser Ertrag	60 000 DM
=	Cash-flow	60 000 DM

Direkte Ermittlung:

	einzahlungswirksamer Ertrag	240 000 DM
./.	auszahlungswirksamer Aufwand	180 000 DM
=	Cash-flow	60 000 DM

Präferierung der indirekten Methode in der Praxis

In der Praxis wird die indirekte Methode der direkten eindeutig mit der Begründung vorgezogen, daß die benötigten Daten im Rahmen der externen Analyse lediglich für die indirekte Methode vorliegen und/oder die indirekte Methode einfacher ist (vgl. SIENER, F. 1991, S. 62f.). Beide Argumente sind jedoch bei näherer Untersuchung unzutreffend. Der eigentliche Grund für die Präferierung der indirekten Methode dürfte in der Entwicklungsgeschichte liegen, denn der externe Bilanzanalytiker wird die Wahl der Berechnungsmethode regelmäßig von der ihn interessierenden Fragestellung abhängig machen. So besteht der Hauptvorteil des durch die direkte Berechnungsmethode ermittelten Cash-flow darin, eine höhere Aussagekraft über die Liquiditätsentwicklung zu besitzen, da eine Analyse bezüglich der Finanzmittelquellen ohne zusätzliche Aufbereitungsmaßnahmen möglich ist. Für die Anwendung der indirekten Berechnungsmethode spricht hingegen, daß bei dieser Methode zu ersehen ist, wie es durch die Bildung rechentechnischer Posten gelang, die erwirtschafteten Mittel im Unternehmen zu binden (vgl. SIENER, F. 1991, S. 64ff.).

1.3.2 Cash-flow als Finanzindikator

1.3.2.1 Ermittlungsziel des Cash-flow als Finanzindikator

Zahlungswirk-
samkeit
entscheidend

Wenn die Zielsetzung bei der Ermittlung des Cash-flow darin besteht, eine zutreffende Aussage über die im Vorjahr aus der Innenfinanzierung neu verfügbaren Zahlungsmittel zu ermöglichen (= Finanzindikator), sind sämtliche Posten der Gewinn- und Verlustrechnung auf ihre Zahlungswirksamkeit (= Erhöhung oder Verminderung des Zahlungsmittelbestands) zu untersuchen (zum Cash-flow als Erfolgsindikator vgl. 2. Abschn., 3. Kap. 2.2.4).

Abweichende Vorge-
hensweisen

Zahlreiche Autoren (vgl. SCHULT, E. 1991, S. 60ff.; HARRMANN, A. 1988, S. 14; HARTMANN-WENDELS, T. 1986, S. 472; GÖLLERT, K./RINGLING, W. 1986, S. 132) weichen hiervon jedoch in zwei Punkten ab, indem sie

(1) auf die Einnahmen-/Ausgaben-Ebene (= Wert der von außen bezogenen Güter bzw. Wert der nach außen abgegebenen Güter) abstellen und/oder

(2) sonstige Kriterien zur Differenzierung der Erträge/Aufwendungen wie

– Fristigkeit (nur mittel-/langfristige Erfolgskomponenten),

– problemlose Ermittlung und

– Wesentlichkeit

zugrunde legen.

Kritik

Diese Verfahrensweisen sind jedoch abzulehnen, da sonst z.B. Zahlungsziele oder Fristigkeiten zu einer Aussage führen, die nicht auf die Beantwortung der Frage abstellt, welche Zahlungsmittel im Vorjahr aus der Innenfinanzierung zur Verfügung gestanden haben.

1.3.2.2 Berechnungsschemata und ergänzende Kennzahlen

Finanzwirtschaft-
liches Ermitt-
lungsziel

Hält sich der externe Analyst strikt an das finanzwirtschaftliche Ermittlungsziel, ergeben sich für ihn die in den Übersichten 21 und 22 wiedergegebenen ausführlichen Berechnungsschemata, wie sie von SIENER entwickelt wurden (vgl. SIENER, F. 1991, S. 128ff.). Sie beruhen auf einer Klassifikation der Posten der Gewinn- und Verlustrechnung gemäß ihrer Zahlungswirksamkeit.

Die Ermittlung des
Cash-flow
vor Steuern
vom Einkommen
und Ertrag

Cash-flow sollte dabei vor den Steuern vom Einkommen und Ertrag erfolgen, obwohl dieser Posten neben den auszahlungsunwirksamen Bestandteilen in Form von latenten Steuern auch auszahlungswirksame Bestandteile enthält. Der Grund liegt in der der Kennzahl Cash-flow zugrundeliegenden Fragestellung, den Betrag zu ermitteln, der für Investitionen, Schuldentilgung und Gewinnausschüttung zur Verfügung steht. Dieser zur Disposition stehende Betrag hängt aufgrund des gespaltenen Körperschaftsteuersatzes aber gerade davon ab, ob geplant ist, ihn für Investitionen, Schuldentilgung oder Gewinnausschüttung zu verwenden. Weiterhin wird für die Nichtberücksichtigung der ertragsabhängigen Steuern die Vergleichbarkeit mit Personengesellschaften auf-geführt. Eine Vergleichbarkeit ist aber in den meisten Fällen ohnehin nicht ge-geben, da unterschiedliche Informationspflichten zu einer anderen Berechnung der Kennzahl führen können. Der externe Bilanzanalytiker muß sich bei dem folgenden Berechnungsschema stets vor Augen halten, daß der als Cash-flow ausgewiesene Betrag je nach Gewinnverwendung noch um die anfallenden Steuern vom Einkommen und Ertrag zu kürzen ist (vgl. SIENER, F. 1991, S. 111ff.).

Übersicht 21: Vorschlag einer <u>direkten</u> Methode zur Ermittlung
der Cash-flow-Kennzahl

(1)   Umsatzeinzahlungen
        (+ Umsatzerlöse)
        (+ Erhöhung der erhaltenen Anzahlungen auf Bestellungen)
        (./. Erhöhung der Forderungen aus Lieferungen und Leistungen)

(2) ./. Materialauszahlungen
        (+ Materialaufwand)
        (./. Erhöhung der Verbindlichkeiten aus Lieferungen und Leistungen)
        (+ Erhöhung der geleisteten Anzahlungen)

(3) ./. Personalauszahlungen
        (+ Personalaufwand)
        (./. Erhöhung der Rückstellungen für Pensionen und ähnliche Verpflichtungen)

(4) +   Finanzeinzahlungen
        (+ sonstige Zinsen und ähnliche Erträge)
        (./. Zinsen und ähnliche Aufwendungen)
        (./. Erhöhung des Disagios)
        (+ Erträge aus anderenWertpapieren und aus Ausleihungen des Finanzanlage-
            vermögens)
        (+ Erträge aus Beteiligungen)
        (+ Ergebnis aus Unternehmensverträgen)

(5) +   sonstige betriebliche Einzahlungen
        (+ sonstige betriebliche Erträge)
        (./. Zuschreibungen)
        (./. Erträge aus der Auflösung des Sonderpostens mit Rücklageanteil)
        (+ Erhöhung der passivischen Rechnungsabgrenzung)

(6) ./. sonstige betriebliche Auszahlungen
        (+ sonstige betriebliche Aufwendungen)
        (./. Einstellungen in den Sonderposten mit Rücklageanteil)
        (./. freiwillige Zusatzposten der sonstigen betrieblichen Aufwendungen:
            Verluste aus dem Abgang von Gegenständen des Anlagevermögens,
            Verluste aus dem Abgang von Gegenständen des Umlaufvermögens außer
            Vorräten,
            Abschreibungen auf Umlaufvermögen außer Vorräte und Wertpapiere)
        (./. Erhöhung der sonstigen Rückstellungen)
        (+ Erhöhung der aktivischen Rechnungsabgrenzung; ohne Disagio und aktivi-
            sche latente Steuern)

(7) ./. einkommens- und ertragsunabhängige Steuerauszahlungen
        (+ sonstige Steuern)
        (./. Erhöhung der Steuerrückstellungen mit Ausnahme der Rückstellungen für
            passivische latente Steuern)

    =   **Cash-flow**

---

*Übersicht 22: Vorschlag einer <u>indirekten</u> Methode zur Ermittlung
der Cash-flow-Kennzahl*

(1)   Jahresüberschuß (vor EE-Steuern)

(2) + Wertminderungen
(+ Abschreibungen)
(+ Abschreibungen auf Finanzanlagen und auf Wertpapiere des Umlaufver-
mögens)
(+ Einstellungen in den Sonderposten mit Rücklageanteil)
(+ freiwillige Zusatzposten der sonstigen betrieblichen Aufwendungen:
Verluste aus dem Abgang von Gegenständen des Anlagevermögens,
Verluste aus dem Abgang von Gegenständen des Umlaufvermögens außer
Vorräten,
Abschreibungen auf Umlaufvermögen außer Vorräte und Wertpapiere)

(3) ./. Werterhöhungen
(+ Zuschreibungen)
(+ Erträge aus der Auflösung des Sonderpostens mit Rücklageanteil)

(4) + Erhöhung der Rückstellungen (mit Ausnahme der Rückstellungen für passivische latente Steuern)

(5) ./. verfahrensbedingte Korrekturposten
(+ Bestandserhöhung an fertigen und unfertigen Erzeugnissen)
(+ andere aktivierte Eigenleistungen)

(6) + weitere Posten der Gewinn- und Verlustrechnung
(+ außerordentliche Aufwendungen)
(./. außerordentliche Erträge)

(7) + erfolgsneutrale, zahlungsmittelerhöhende Vorgänge
(+ Erhöhung der Verbindlichkeiten aus Lieferungen und Leistungen)
(+ Erhöhung der erhaltenen Anzahlungen auf Bestellungen)
(+ Erhöhung der passivischen Rechnungsabgrenzung)

(8) ./. erfolgsneutrale, zahlungsmittelverringernde Vorgänge
(+ Erhöhung der Forderungen aus Lieferungen und Leistungen)
(+ Erhöhung der geleisteten Anzahlungen)
(+ Erhöhung der aktivischen Rechnungsabgrenzung; ohne aktivische latente
Steuern)

= **Cash-flow**

Konzern-Cash-flow

Wird der Konzern-Cash-flow ermittelt, müssen die Berechnungsschema für die
einzelgesellschaftliche Cash-flow-Analyse geringfügig ergänzt werden: Bei
der direkten Ermittlung werden die sonstigen betrieblichen Erträge zusätzlich
um die Verminderung des Unterschiedsbetrags aus der Kapitalkonsolidierung
korrigiert und bei der indirekten Ermittlung werden analog die Verminderung
des Unterschiedsbetrags aus der Kapitalkonsolidierung sowie das Ergebnis aus
assoziierten Unternehmen vom Konzern-Jahresüberschuß subtrahiert.

Das Ergebnis aus assoziierten Unternehmen nimmt alle regelmäßigen und un-regelmäßigen Fortschreibungen der Equity-Werte auf und stellt damit ein Kon-glomerat aus zahlungsunwirksamen (z.B. Abschreibungen eines Geschäfts- oder Firmenwertes; anteilige Jahreserfolge) und zahlungswirksamen (vereinnahmte Gewinnausschüttungen, Kapitalrück- und -einzahlungen) Faktoren dar. Da eine Isolierung des zahlungsunwirksamen Ertrags bzw. Aufwands in Höhe der Differenz zwischen ausgewiesenem Ergebnis aus assoziierten Unternehmen und vereinnahmten Gewinnausschüttungen (unter Vernachlässigung von Kapitalein- und -rückzahlungen) extern in aller Regel nicht möglich ist, sollte u.E. der Posten insgesamt als zahlungsunwirksam angesehen und entsprechend bei der Ermittlung des Konzern-Cash-flow berücksichtigt werden (a.A. SIE-NER, F. 1991, S. 247 f.).

Vereinfachtes Berechnungsschema

Im Gegensatz zu dieser ausführlichen Ableitung schlägt der VERBAND DER CHEMISCHEN INDUSTRIE folgendes vereinfachendes Berechnungsschema für den Cash-flow als Finanzindikator vor (vgl. VERBAND DER CHEMISCHEN INDU-STRIE e.V. 1991, S. 10):

Übersicht 23: *Vereinfachte Berechnungsschemata des Cash-flow*

	Jahresüberschuß/-fehlbetrag	
+	Abschreibungen auf Gegenstände des Anlagevermögens	
./.	Zuschreibungen zu Gegenständen des Anlagevermögnes	
+	Buchwerte der Abgänge von Gegenständen des Anlagevermögens	
±	Veränderung der Rückstellungen für Pensionen und ähnliche Verpflichtungen	
±	Veränderung anderer langfristiger Rückstellungen	
±	Veränderung der Sonderposten mit Rücklageanteil	
±	andere nicht zahlungswirksame Aufwendungen/Erträge von wesentlicher Bedeutung	
=	**Cash-flow**	

Praktikerformel

Um noch weitere Posten gekürzt, wird der Cash-flow – insbesondere in der täglichen Analysepraxis – häufig in folgender, nochmals vereinfachender Kurzformel angewandt:

	~~Jahresüberschuß/-fehlbetrag~~	
+	Abschreibungen auf Gegenstände des Anlagevermögens	
±	Veränderung der Rückstellungen für Pensionen und ähnliche Verpflichtungen	
=	**Cash-flow**	

Grundsätzliche Komponenten

Sowohl in der Literatur als auch in der Analysepraxis zählen diese Komponenten der Kurzformel bei der Ermittlung des Cash-flow auf jeden Fall zu den Bestandteilen dieser Größe. Wenn überhaupt ein Grundkonsens hinsichtlich der Definition dieser strittigen Kennzahl erzielt werden soll, sind hierunter diese wenigen Teilkomponenten zu subsumieren.

Eine weitere Empfehlung für eine vereinfachte Berechnung der Kennzahl Cash-flow hat die Kommission für Methodik der Finanzanalyse der DEUTSCHEN VEREINIGUNG FÜR FINANZANALYSE UND ANLAGEBERATUNG (DVFA) gemeinsam mit dem Arbeitskreis ›EXTERNE UNTERNEHMENSRECHNUNG‹ der Schmalenbach-Gesellschaft (SG) herausgegeben (vgl. BUSSE VON COLBE u.a. 1996, S. 89–105). Bei der folgenden Cash-flow-Ermittlung werden Korrekturen des Jahresüberschusses oder -fehlbetrags nur insoweit berücksichtigt, wie sie von wesentlicher Bedeutung sind und zeitliche Verschiebungen zwischen Erfolgs- und Zahlungswirksamkeit repräsentieren.

Cash-flow nach DVFA/SG

Übersicht 24: Arbeitsschema zur Ermittlung des Cash-flow nach DVFA/SG

(1)		Jahresüberschuß/-fehlbetrag
(2)	+	Abschreibungen auf Gegenstände des Anlagevermögens
(3)	./.	Zuschreibungen zu Gegenständen des Anlagevermögens
(4)	±	Veränderung der Rückstellungen für Pensionen bzw. anderer langfristiger Rückstellungen
(5)	±	Veränderung der Sonderposten mit Rücklageanteil
(6)	±	andere nicht zahlungswirksame Aufwendungen/Erträge von wesentlicher Bedeutung
(7)		**Jahres-Cash-flow**
(8)	±	Bereinigung ungewöhnlicher zahlungswirksamer Aufwendungen und Erträge von wesentlicher Bedeutung
(9)		**Cash-flow nach DVFA/SG**

Andere nicht zahlungswirksame Aufwendungen und Erträge (Zeile 6), die den in den Zeilen 2–5 des Arbeitsschemas genannten Korrekturpositionen nicht eindeutig zurechenbar sind, sind nur zu eliminieren, wenn sie wesentlich sind, d.h. wenn sie im Saldo 5% des durchschnittlichen Jahres-Cash-flow der vorangegangenen drei Geschäftsjahre überschreiten. Zu diesen zu korrigierenden Erträgen und Aufwendungen gehört auch das in der Konzern-Gewinn- und Verlustrechnung gesondert ausgewiesene ›Ergebnis aus assoziierten Unternehmen‹, das auf ›at equity‹ bewertete Beteiligungen entfällt. In Höhe der Differenz zu den vereinnahmten Gewinnausschüttungen stellt es einen nicht zahlungswirksamen Ertrag bzw. Aufwand dar.

Behandlung der anderen nicht zahlungswirksamen Aufwendungen und Erträge

Nicht neutralisiert wird die im Gesamtkostenverfahren ausgewiesene Position ›andere aktivierte Eigenleistungen‹, obwohl sie einen nicht zahlungswirksamen Ertrag darstellt. Eine Korrektur würde zu einem Cash-flow führen, der nur den Einnahmeüberschuß darstellt, der nach Abzug der Eigeninvestitionen verfügbar wäre. Eine Ausnahme sind die Aufwendungen für die Ingangsetzung und Erweiterung des Geschäftsbetriebs, die zu eliminieren sind, wenn die Bilanzierungshilfe keine (nicht bilanzierungsfähigen) Vermögensgegenstände repräsentiert (vgl. DVFA/SG 1993, S. 601).

Behandlung der anderen aktivierten Eigenleistungen

Jahres-Cash-flow
nach DVFA/SG und
›cash flow from
operating activities‹

Der Saldo der Korrekturen des Jahresergebnisses nach den Zeilen 2–6 des Arbeitsschemas wird als ›Jahres-Cash-flow‹ bezeichnet. Er ist von dem ›cash flow from operating activities‹ nach HFA 1/1995 zu unterscheiden, der noch um die zahlungsunwirksamen Vorgänge aus der Veränderung bestimmter Aktiva und Passiva, die Veränderung der kurzfristigen Rückstellungen und den Gewinn/Verlust aus dem Abgang von Gegenständen des Anlagevermögens korrigiert wird. Der Jahres-Cash-flow kann daher die Ausgangsgröße für eine nach internationalen Standards aufzustellende Kapitalflußrechnung sein.

Cash-flow nach
DVFA/SG

Wird der Cash-flow um die ungewöhnlichen zahlungswirksamen Aufwendungen und Erträge korrigiert, kann er als Indikator für die nachhaltige Innenfinanzierungskraft des Unternehmens herangezogen werden. Für die Abgrenzung der ungewöhnlichen zahlungswirksamen Vorgänge gelten die gleichen Kriterien, die auch bei der Bereinigung des Ergebnisses nach DVFA/SG Anwendung finden. Eine Bereinigung muß dabei nur vorgenommen werden, wenn die zu bereinigenden Vorgänge die Wesentlichkeitsgrenze von 5 % des durchschnittlichen Jahres-Cash-flow der vorangegangen drei Geschäftsjahre überschreiten. Als Ergebnis ergibt sich der normalisierte ›Cash-flow nach DVFA/SG‹. Die Eliminierung der ungewöhnlichen zahlungswirksamen Aufwendungen und Erträge wird mit dem Betrag nach Steuern vorgenommen.

Weitere Einsatzbereiche des Cashflow

Die nach den alternativen Berechnungsschemata ermittelte Kennzahl Cashflow wird auf der einen Seite unmittelbar zur Beurteilung der Finanzkraft eines zu analysierenden Unternehmens verwendet. Auf der anderen Seite geht sie aber auch zur Hervorhebung spezifischer finanzwirtschaftlicher Fragestellungen als eine Komponente in die Berechnung anderer am finanzwirtschaftlichen Ermittlungsziel orientierter Kennzahlen ein. Dabei ist es gegebenenfalls erforderlich, die Kennzahl Cash-flow zu modifizieren. Im wesentlichen wird der Cash-flow zur Ermittlung der folgenden vier Kennzahlen herangezogen:

(F. 2.3)

$$\text{Nettoinvestitionsdeckung} = \frac{\text{Cash-flow}}{\text{Netto-Anlageinvestitionen}}$$

Investitionskraft

Die Kennzahl dient als Maßstab für die Investitionskraft des Unternehmens. Dabei wird als Investitionskraft das Ausmaß verstanden, in dem ein Unternehmen Investitionen durchführen kann, ohne den Geld- und/oder Kapitalmarkt in Anspruch nehmen zu müssen.

(F. 2.4)

$$\text{Entschuldungsgrad} = \frac{\text{Cash-flow}}{\text{Effektivverschuldung}} \times 100$$

Die Beurteilung der Schuldentilgungskraft, unter der die Fähigkeit eines Unternehmens verstanden wird, seine Verbindlichkeiten mit selbst erwirtschafteten Mitteln erfüllen zu können, erfolgt häufig aufgrund des Verhältnisses zwischen Cash-flow und Verschuldung. Dieses Verhältnis bringt zum Ausdruck, welcher Prozentsatz der Nettoverschuldung ceteris paribus zurückgezahlt werden könnte.

Schuldentilgungskraft

Der Entschuldungsgrad erfreut sich bei der Frage nach Insolvenzprognosen in der Praxis großer Beliebtheit. Die sehr guten Testergebnisse zur Insolvenzprognose beruhen darauf, daß in Krisensituationen die Effektivverschuldung aufgrund der schlechten Absatzlage steigt und gleichzeitig der Cash-flow aufgrund der geringeren Umsatzerlöse (direkte Methode) bzw. des geringeren Jahresüberschusses (indirekte Methode) sinkt (vgl. z.B. HAUSCHILDT, J./RÖSLER, J./GEMÜNDEN, H.G. 1984, S. 358f. m.w.N.). Häufig wird jedoch auch der Kehrwert des Entschuldungsgrades, der

(F. 2.5)

$$(\text{dynamischer})\,\text{Verschuldungsgrad} \;=\; \frac{\text{Effektivverschuldung}}{\text{Cash-flow}}$$

berechnet.

Der Kennzahl dynamischer Verschuldungsgrad ist jedoch aus mehreren Gründen (z.B. Konsistenz zwischen Berechnungsmethode und Ermittlungsziel) ihr Kehrwert, die Kennzahl Entschuldungsgrad, vorzuziehen (vgl. z.B. RIEBELL, C./GRÜN, D.J. 1982, S. 26ff.).

Die Kennzahl, die sich ergibt als

    Cash-flow

./. Steuern vom Einkommen und Ertrag

./. Ersatzinvestitionen

./. Gewinnausschüttungen,

wird als sogenannter freier (verfügbarer) Cash-flow bezeichnet. Denn diese Mittel stehen der Unternehmensleitung – mit Ausnahme der für fällige Tilgungsverpflichtungen erforderlichen Mittel – im Rahmen der zu treffenden Entscheidungen zur freien Disposition.

Verfügbarer Cash-flow

1.3.2.3 Cash-flow als Bestandteil anderer Analyseinstrumente

Stand bislang überwiegend die Berechnung und Aussagefähigkeit des Cash-flow als absolute Größe oder als Bestandteil einer Kennzahl im Mittelpunkt der Betrachtung, soll abschließend der Cash-flow als Komponente anderer Analyseinstrumente beurteilt werden.

Durch den Einbau in eine Finanzbewegungsrechnung (zum Teil auch als Kapitalflußrechnung bezeichnet) erlangt der Cash-flow (vgl. Übersicht 25 nach SIENER, F. 1991, S. 273) eine weitere Verstärkung seiner finanzwirtschaftlichen Aussagekraft.

Bestandteil der Finanzbewegungsrechnung

Übersicht 25: Grundstruktur der Finanzbewegungsrechnung

Mittelverwendung	Mittelherkunft

I.   Investitionsvermögen
    1. Anlagevermögen
    2. Umlaufvermögen
II. Fremdkapitalverminderung
III. Eigenkapitalverminderung
IV. Erhöhung der liquiden Mittel
	I. Innenfinanzierung
	    1. Cash-flow
	    2. Vermögensabbau
	II. Außenfinanzierung
	    1. Eigenfinanzierung
	    2. Fremdfinanzierung
	III. Verminderung der liquiden Mittel

Aussagefähigkeit   Interpretiert man in diesem Zusammenhang Vermögens- und Kapitalumschichtungen als Ergebnis von Zahlungsvorgängen, die getrennt nach Mittelverwendung und Mittelherkunft ausgewiesen werden, kann das Finanzgebaren des Unternehmens innerhalb des betrachteten Zeitraums relativ gut beurteilt werden. Obwohl die Publikation von Finanzbewegungsrechnungen vom deutschen Gesetzgeber nicht vorgeschrieben wird, gehört die Veröffentlichung solcher Rechnungen mittlerweile zum Standard großer Publikumsgesellschaften. Der Vorteil einer solchen Finanzbewegungsrechnung besteht insbesondere darin, daß nur Periodendaten in sie eingehen und damit keine Beeinflussung durch die aus früheren Abschlüssen stammenden Daten, die DÜRRHAMMER als »historischen Ballast« (DÜRRHAMMER, W.W. 1980, S. 973) bezeichnet, stattfindet.

Bilanzumformungs-   Die klassische Stichtagsbilanz wird um finanzwirtschaftliche Sachverhalte er-
analyse   gänzt und damit in einer finanzwirtschaftlich ausgerichteten und übersichtlichen Form präsentiert. Allerdings gilt es auch bei der Beurteilung der Finanzbewegungsrechnung zu beachten, daß sie auf den Zahlen des primär realwirtschaftlichen und vergangenheitsorientierten Jahresabschlusses basiert, es sich also nur um eine Bilanzumformungsanalyse handelt.

1.3.2.4 Kritische Würdigung des Cash-flow als Finanzindikator

Geeigneter Finanz-   Die finanzwirtschaftliche Aussagefähigkeit (vgl. hierzu LACHNIT, L. 1973,
indikator   S. 72ff.) wird von vielen Seiten anerkannt. Versteht man unter Selbstfinanzierung die Finanzierung aus dem Umsatzprozeß, so ist der Cash-flow ein geeigneter Indikator, um das aus dem Leistungsprozeß erwachsene Finanzierungspotential und damit die finanzwirtschaftliche Unabhängigkeit eines Unternehmens widerzuspiegeln. Im einzelnen kann der Cash-flow insbesondere unter nachfolgenden Aspekten betrachtet werden:

Schuldentilgung   (1) Der finanzwirtschaftliche Überschuß einer Periode ist ein Maßstab für die Schuldentilgungskraft. Er gibt an, »wieviel als finanzwirtschaftlicher Überschuß aus der Betriebstätigkeit anfällt und wieviel davon – bei normalem Fortgang des Unternehmens – unter Berücksichtigung der Investitions- und Gewinnausschüttungserfordernisse sowie weiterer Finanzierungsmöglichkeiten – zur Schuldentilgung außerhalb des laufenden Umschlagsprozesses verwendet werden kann« (LACHNIT, L. 1973, S. 74).

(2) Der Cash-flow ist weiterhin ein Indikator der Investitionskraft. Auf seiner Grundlage kann beurteilt werden, ob das Unternehmen die Ersatzinvestitionen aus eigener Kraft bestreiten kann. Darüber hinaus ist der Cash-flow ganz allgemein ein Ausdruck der Wachstumskraft eines Unternehmens.

Investition

(3) Schließlich dient der Cash-flow zur Beurteilung der Gewinnausschüttungskraft, indem die betrieblichen Nettoeinnahmen anzeigen, ob »trotz Tilgungs- und Investitionserfordernissen Gewinnausschüttungen möglich sind« (LACHNIT, L. 1973, S. 74).

*Gewinnaus-
schüttung*

So sehr einerseits die finanzwirtschaftliche Aussagefähigkeit des Cash-flow eine positive Wertung erfährt, so sehr ist andererseits der Cash-flow auch heftiger Kritik ausgesetzt. Insbesondere werden nachfolgende Argumente angeführt (vgl. BALLWIESER, W. 1989, S. 22; PERRIDON, L./STEINER, M. 1997, S. 554f.; PILTZ, K. 1986, S. 11; SIENER, F. 1991, S. 133ff.):

Kritik

(1) Im Rahmen der externen Bilanzanalyse wird der Cash-flow aus der Erfolgsrechnung abgeleitet. Diese Rechnung erlaubt aber kaum einen Einblick in die Finanzströme; vielmehr ist sie primär auf die Gewinnermittlung und damit auf die Aufwands- und Ertragsgrößen ausgerichtet.

*Ableitung aus der
Erfolgsrechnung*

(2) Eine vollständige und betragsmäßig (annähernd) richtige Ermittlung des Cash-flow erweist sich in der Praxis als unmöglich, da einzelne Abschlußposten einen Mischpostencharakter haben und sowohl zahlungswirksame als auch zahlungsunwirksame Teilkomponenten beinhalten. Hier ist insbesondere der externe Analyst gezwungen, pragmatisch und auf der Basis plausibler Fiktionen vorzugehen. Zu diesen kritischen Posten zählen insbesondere die sonstigen betrieblichen sowie die außerordentlichen Aufwendungen und Erträge. Beispielsweise erfassen die sonstigen betrieblichen Erträge die zahlungsunwirksamen Auflösungsbeträge von zu hoch dotierten Rückstellungen. Werden keine zusätzlichen Angaben von seiten des Unternehmens gemacht, können diese Beträge nicht eliminiert werden. Des weiteren erfassen die sonstigen betrieblichen Aufwendungen und Erträge auch die zahlungsunwirksamen Differenzen aus der Währungsumrechnung.

*Problematik
der Mischposten*

(3) In bezug auf die Umsatzerlöse beispielsweise wird in den vereinfachten Berechnungsschemata unterstellt, daß diese auch zu Einzahlungen führen. Bei den Materialaufwendungen z.B. wird üblicherweise davon ausgegangen, daß mit den Aufwendungen gleichzeitig Auszahlungen einhergehen. Jedoch sind auch Kreditverkäufe und -käufe möglich. Daher werden hier in den ausführlichen Berechnungsschemata bestimmte aus der Veränderung von Bilanzpositionen resultierende, zahlungsmittelerhöhende und

*Problematik der
zahlungsunwirk-
samen Erfolgsvor-
gänge*

zahlungsmittelverringernde Vorgänge in die Cash-flow-Analyse einbezogen, um diese zahlungsunwirksamen Erfolgsvorgänge zu neutralisieren. Ebenso kann die Verringerung der Rückstellungen sowohl zahlungswirksame Bestandteile – bei bestimmungsgemäßen Verbrauch – als auch zahlungsunwirksame Bestandteile – bei Überdotierung der Rückstellung – erfassen.

Stille Reserven   (4) Im Umlaufvermögen können stille Reserven gebildet werden, ohne daß dies in der Cash-flow-Rechnung erfaßt wird. Hinzuweisen ist auf die Legung stiller Reserven durch eine Unterbewertung der Roh-, Hilfs- und Betriebsstoffe oder durch eine Aufwandsverrechnung der Gemeinkosten bei der Herstellung der unfertigen und fertigen Erzeugnisse. Der externe Bilanzanalyst hat in aller Regel keine Möglichkeiten, diese Auswirkungen bilanzpolitischer Gestaltungen auch nur annähernd richtig zu quantifizieren.

Keine Liquiditäts-   (5) Des weiteren muß bedacht werden, daß für den Fall von Dividendenzah-
reserve   lungen, Ersatzinvestitionen und Pensionszahlungen in Höhe dieser Zahlungen über den Cash-flow bereits disponiert wurde und somit diese Beträge dem Unternehmen nicht mehr für Neuinvestitionen und Schuldentilgungen zur Verfügung stehen. Es ist daher zu berücksichtigen, daß der Cash-flow »keine Liquiditätsreserve für die Zukunft, sondern einen erwirtschafteten finanziellen Betrag darstellt, der in der Regel zum größten Teil entsprechend dem Investitions- und Finanzplan bereits wieder verwendet ist« (SIENER, F. 1991, S. 133). Diesem Einwand kann weitgehend dadurch Rechnung getragen werden, daß ein sogenannter freier (verfügbarer) Cash-flow entwickelt wird.

Eingeschränkter   (6) Im zwischenbetrieblichen Vergleich ist der Cash-flow nur mit Einschrän-
zwischenbetrieb-   kungen einsetzbar:
licher Vergleich

– Bei einem Vergleich von zwei Unternehmen, von denen das eine die Strategie des externen Wachstums auf der Grundlage von Konzernbeteiligungen verfolgt, während das andere intern durch den Ausbau der eigenen Kapazitäten wächst, hat das letztere Unternehmen einen höheren Cash-flow (vgl. BÖNING, D.J. 1973, S. 439).

– Auch bei einem Vergleich von Unternehmen, die das Leasing präferieren, mit Unternehmen, die den Kauf von Kapazitäten vorziehen, ergeben sich unterschiedliche Cash-flow-Größen, da die Abschreibungen auf gemietete Anlagen entfallen (vgl. JUESTEN, W./VILLIEZ, C. Frhr. v. 1992, S. 89).

Vergangenheits-   (7) Im Rahmen der finanzwirtschaftlichen Analyse ist insbesondere die zu-
orientierung   künftige Finanzsituation von Interesse. Der Cash-flow auf der Grundlage des publizierten Jahresabschlusses ist wie alle darauf aufbauenden, bilanzanalytisch ermittelbaren Kennzahlen primär vergangenheitsorientiert. Er

kann folglich lediglich unter einer Ceteris-Paribus-Prämisse in der Weise zukunftsorientiert interpretiert werden, daß die festgestellten Ergebnisse auch zukünftig zu erwarten seien.

(8) Erhebliche Verfälschungen ergeben sich grundsätzlich bei der Ermittlung des Konzern-Cash-flow bei Veränderungen des Konsolidierungskreises. Sowohl bei der direkten als auch bei der indirekten Berechnung des Cash-flow wird nicht nur auf Stromgrößen der Gewinn- und Verlustrechnung sondern auch auf Veränderungen von Bilanzposten gegenüber dem Vorjahr wie z.B. Veränderungen der Forderungen zurückgegriffen. Da die Bilanzposten im Gegensatz zu den Erfolgsgrößen durch die erstmalige Einbeziehung des Tochterunternehmens beeinflußt werden, erfolgt bei der Ermittlung des Konzern-Cash-flow aufgrund der Veränderung des Mengengerüsts eine Vermischung nicht miteinander korrespondierender Werte.

Veränderungen des Konsolidierungskreises

Gegen die Cash-flow-Kennzahl lassen sich somit gewichtige Argumente vortragen. Diese Einwände beziehen sich einerseits auf die Kennzahl selbst; andererseits aber auch auf die Ausgangsbasis der Cash-flow-Rechnung, den handelsrechtlichen Jahresabschluß, der primär realwirtschaftlich geprägt ist und nur sekundär die Finanzwirtschaft eines Unternehmens erfaßt und abbildet. Die Cash-flow-Analyse aber hat konzeptionell ihre Wurzeln im Zahlungsdenken und bezieht sich dem Grunde nach auf Geldbewegungen. Insofern wird die Aussagefähigkeit der Cash-flow-Kennzahl nicht selten überbewertet und nicht zu Unrecht vor einer euphorischen Überschätzung dieser Größe gewarnt.

Gefahr der Überbewertung

Gleichwohl ist zu bedenken, daß den vorzubringenden Kritikpunkten durch eine sachgerechte Modifikation der Berechnungsschemata (zumindest partiell) begegnet werden kann. Darüber hinaus muß auch ganz generell der Kritik entgegengetreten werden, daß der Cash-flow als Finanzindikator überhaupt nicht oder nur mit erheblichen Einschränkungen geeignet sei. Denn: Sicherlich ist bei einer internen Analyse eine Finanzrechnung auf der Basis von Ein- und Auszahlungen wesentlich besser dazu geeignet, einen Einblick in die Innenfinanzierung zu ermöglichen. Für eine externe Analyse kann diese jedoch nicht aufgestellt werden, da die entsprechenden Daten fehlen. Der Cash-flow ist dann immer noch von höherem Informationswert bezüglich des möglichen finanzwirtschaftlichen Überschusses, soweit er entsprechend kritisch beurteilt wird, »als ein völliger Verzicht auf seine Ermittlung und Interpretation« (PERRIDON, L./STEINER, M. 1997, S. 554).

Sachgerechte Modifikation der Berechnungsschemata

Deshalb wird hier zusammenfassend die Ansicht vertreten, daß der Cash-flow

Resümee

(1) zu Recht zu den wichtigsten Kennzahlen zählt und

(2) zumindest tendenziell als ein Indikator für die finanzielle Unabhängigkeit und Stabilität (vgl. SCHULT, E. 1991, S. 64) eines Unternehmens zu werten ist.

Merksätze:

1. Obwohl der Cash-flow zu den bedeutendsten Instrumenten der externen Bilanzanalyse zählt, ist er in bezug auf Zielsetzung, Aussagefähigkeit und Ermittlung derzeit umstritten.

2. Ziel der Ermittlung des Cash-flow ist zum einen ein verbesserter Einblick in die Finanzlage der Unternehmen, zum anderen wird eine Eliminierung der Bilanzpolitik angestrebt. Dabei wird der Cash-flow sowohl von internen als auch von externen Bilanzadressaten genutzt.

3. Der Cash-flow wird nicht nur als Finanzindikator, sondern auch als Ertragsindikator sowie zur Beurteilung der Vorteilhaftigkeit von Investitionen herangezogen.

4. Die Berechnung des finanzwirtschaftlichen Cash-flow erfolgt – ausgehend von den Zahlen der Gewinn- und Verlustrechnung – entweder nach der direkten (progressiven) oder nach der indirekten (retrograden) Methode; beide Methoden führen zwangsläufig zum gleichen Ergebnis. Bei der Ermittlung des Cash-flow sind die Posten der Gewinn- und Verlustrechnung auf ihre Zahlungswirksamkeit zu untersuchen.

5. Der Cash-flow wird zudem auch bei der Berechnung von finanzwirtschaftlich orientierten Kennzahlen eingesetzt. Daneben erfährt er als Bestandteil der Finanzbewegungsrechnung eine weitere Verstärkung seiner finanzwirtschaftlichen Aussagekraft.

6. Obwohl der Cash-flow als geeigneter Finanzindikator angesehen wird, ist er vielfältiger Kritik ausgesetzt, die sich vor allem auf die Ableitung des Cash-flow aus der Erfolgsrechnung, seine Vergangenheitsorientierung sowie die Problematik der Mischposten und die Existenz stiller Reserven stützt.

1.4 Kapitalflußrechnung

1.4.1 Grundlagen

Dynamische Finanzanalyse

Die Kapitalflußrechnung stellt ein Instrument zur Beurteilung der finanziellen Lage eines Unternehmens dar. Gegenstand der Analyse sind dabei der Bestand sowie die Veränderung der liquiden Mittel im Zeitablauf. Im Gegensatz zu den oben dargestellten Instrumenten, die die Finanzlage einer eher statischen Betrachtung unterziehen, berücksichtigt die Kapitalflußrechnung somit insbesondere die dynamischen Aspekte der finanziellen Situation eines Unternehmens.

Darstellung der Finanzlage im Jahresabschluß

Allgemein gesehen wurde die Kapitalflußrechnung als ein Instrument entwikkelt, das zusätzliche Informationen über die Finanzlage eines Unternehmens vermitteln soll, weil die Angaben des Jahresabschlusses zur Finanzlage als nicht ausreichend erachtet wurden. Obwohl die Aufgabe des handelsrechtlichen Jahresabschlusses gem. § 264 Abs. 2 HGB darin besteht, neben der Vermögens- und Ertragslage ebenfalls ein »den tatsächlichen Verhältnissen entsprechendes Bild« der Finanzlage zu vermitteln, beschränken sich die Informationen des Jahresabschlusses regelmäßig auf die gesetzlich vorgeschriebenen Mindestangaben. Zusätzliche Informationen über die Finanzlage sind darüber hinaus erst neuerdings und auch nur sehr eingeschränkt (vgl. § 297 Abs. 1 HGB) erforderlich.

Der Ausweis der drei verschiedenen Unternehmenslagen durch den Jahresabschluß unterliegt somit regelmäßig einem Zielkonflikt, denn die Daten der Bilanz und Gewinn- und Verlustrechnung dienen vor allem der Ermittlung eines periodengerechten Ergebnisses und entstehen aus der Periodisierung der zugrundeliegenden Geschäftsvorfälle (vgl. HOLZER, H.P./JUNG, U. 1990, S. 281f.). Informationen über die Finanzlage würden hingegen die Angabe unperiodisierter Daten, d.h. der Zahlungsströme, erfordern. Eine Ermittlung der Zahlungsströme aus den periodisierten Jahresabschlußdaten ist allerdings nicht ohne weiteres möglich.

Zielkonflikt der Informationspflicht

Aufgabe der Kapitalflußrechnung ist es folglich, eine Rückgängigmachung der Periodisierung der Bilanzdaten zu ermöglichen und somit einen besseren Einblick in die Finanzlage eines Unternehmens zu gewähren. Dabei können Kapitalflußrechnungen sowohl aus externer Sicht zu Analysezwecken als auch von Unternehmensinternen zur Offenlegung oder zur Bilanzplanung erstellt werden. Darüber hinaus erlauben moderne Formen der Kapitalflußrechnung außerdem einen Einsatz als Steuerungs- und Kontrollinstrument im Bereich der Finanzwirtschaft (vgl. FRANKE, G./HAX, H. 1994, S. 128f.). Diese Rechnungen werden im kurzfristigen Bereich innerhalb des Cash-Management, d.h. zur Liquiditätssteuerung, eingesetzt und im mittel- bis langfristigen Bereich zur Ermittlung des Kapitalbedarfs sowie dessen Deckung herangezogen (vgl. ARBEITSKREIS FINANZIERUNGSRECHNUNG 1990, S. 33ff.).

Aufgabe der Kapitalfluß- rechnung

Die Offenlegung von Kapitalflußrechnungen erfolgte in der Bundesrepublik Deutschland bis zum Inkrafttreten des KonTraG am 1. 5. 1998 ausschließlich auf freiwilliger Basis. Bis zu diesem Zeitpunkt existierten keine gesetzlichen Regelungen hierzu, woraus sich die Vielfalt der veröffentlichten Kapitalflußrechnungen erklärt, die unter zahlreichen verschiedenen Begriffen im Anhang, als Teil des Lageberichts oder im Erläuterungsteil des Geschäftsberichts ausgewiesen werden. Lediglich das IDW hat mit einer Stellungnahme des HFA einen Beitrag zur angestrebten Vereinheitlichung von Kapitalflußrechnungen geleistet (vgl. HFA 1/1995).

Veröffentlichung

Mit der Erweiterung des § 297 Abs. 1 HGB durch das KonTraG besteht nunmehr für börsennotierte Mutterunternehmen die Pflicht, ihren Konzernanhang um eine Kapitalflußrechnung zu erweitern. Auf eine nähere Konkretisierung, wie diese im einzelnen zu erstellen und abzubilden ist, wurde im Gesetz jedoch verzichtet. Dies bleibt der Unternehmenspraxis bzw. dem künftigen Rechnungslegungsgremium überlassen.

»Alibi-Publizitäts-übung«
Nicht selten finden sich derzeit noch Kapitalflußrechnungen, die nicht mehr als eine Umformulierung der ohnehin veröffentlichten Jahresabschlußdaten in der Form einfacher Bewegungsbilanzen oder, drastischer formuliert, eine »Alibi-Publizitätsübung« (BOEMLE, M. 1981, S. 38) darstellen. Der externe Analyst ist in diesen Fällen auf die eigene Erstellung einer Kapitalflußrechnung angewiesen, wenn er zusätzliche Angaben über die Finanzlage des Unternehmens erhalten will.

Internationale Vereinheitlichung
Im internationalen Bereich sind Kapitalflußrechnungen bereits seit drei Jahrzehnten Gegenstand offizieller Stellungnahmen. Vor allem aus den USA kamen immer wieder Anstöße für die Weiterentwicklung der Kapitalflußrechnung. In den letzten Jahren bestand die wichtigste Zielsetzung in einer Vereinheitlichung der veröffentlichten Kapitalflußrechnungen, um eine bessere Vergleichbarkeit und Verständlichkeit dieser Rechnungen zu erreichen.

Internationale Verbreitung
Dieses Ziel wurde in den USA mit der Verabschiedung von SFAS No. 95 zumindest teilweise erreicht. Darüber hinaus wurde die Kapitalflußrechnung auf eine neue Grundlage gestellt, indem nun zahlungsstromorientierte Daten veröffentlicht werden müssen (vgl. DELLMANN, K. 1988, S. 1630ff.; SERFLING, K./MARX, M. 1991, S. 345ff.). Diese Entwicklung in Richtung einer zahlungsstromorientierten Berichterstattung ist sehr zu begrüßen, weil sie dem externen Analysten zusätzliche Informationen über die finanzielle Lage und Entwicklung eines Unternehmens liefert, die er ansonsten dem Jahresabschluß nicht entnehmen kann. Eine externe Erstellung der Kapitalflußrechnung ist dann nicht mehr notwendig.

Ebenso ist nach IASC-Verlautbarungen auf internationaler Ebene die Offenlegung einer Kapitalflußrechnung erforderlich. IAS 7 entspricht dabei in weiten Teilen den U.S.-GAAP.

In zahlreichen EU-Staaten ist ebenfalls über die Anforderungen der 4. und 7. EG-Richtlinie hinaus nach den nationalen Grundsätzen ordnungmäßiger Bilanzierung und Berichterstattung die Offenlegung von Kapitalflußrechnungen vorgesehen (so z.B. in Großbritannien, Frankreich, Spanien und Portugal).

Praktisches Beispiel
Im Anschluß an die nachfolgenden Ausführungen soll – zur Veranschaulichung der theoretischen Zusammenhänge – die externe Erstellung einer Kapitalflußrechnung anhand eines praktischen Beispiels durchgeführt werden, um Möglichkeiten und Anwendungsgrenzen dieses Instruments der externen Bilanzanalyse zu verdeutlichen.

1.4.2 Begriff und Formen der Kapitalflußrechnung

1.4.2.1 Begriff

Der Begriff der Kapitalflußrechnung wird sowohl in der betriebswirtschaftlichen Literatur als auch in der Praxis sehr unterschiedlich definiert. Er wird einerseits als Oberbegriff für unterschiedliche Formen von Finanzierungsrechnungen gebraucht, andererseits aber auch beschränkt auf spezielle Arten von Fondsrechnungen; zwischen diesen beiden Extremen liegen zahlreiche Ausgestaltungsnuancen.

Uneinheitlicher Sprachgebrauch

Darüber hinaus ist in den letzten Jahren eine Vielzahl neuer Begriffe geprägt worden, um die verschiedenen Formen von Kapitalflußrechnungen voneinander zu differenzieren. Bislang hat sich allerdings keine dieser Begriffsneubildungen in der Literatur oder in der Rechnungslegungspraxis durchsetzen können (vgl. GEBHARDT, G. 1984, S. 481). Trotz aller Kritik am Begriff der Kapitalflußrechnung sollte daher an ihm festgehalten werden, weil er als Bezeichnung für Finanzierungsrechnungen die weitaus größte Verbreitung gefunden hat.

Den verschiedenen Formen von Kapitalflußrechnungen bzw. ähnlichen Rechnungen zur Finanzlage ist gemeinsam, daß es sich um Zeitraumrechnungen handelt, die aufgrund der Bestandsveränderungen der Bilanz oder mit Hilfe der einzelnen Kontenumsätze bestimmte Mittelbewegungen während einer Periode darstellen und erklären. Das Aussageziel der Kapitalflußrechnung ist in starkem Maße von der Definition der untersuchten Mittelbewegungen abhängig – es kann von einer Analyse der Liquiditätsentwicklung bis zu einer vollständigen Kapitalbeschaffungs- und -verwendungsbilanz (vgl. dazu KÄFER, K. 1984, S. 284ff.) reichen.

Zeitraumrechnung

Des weiteren hängt die Gestaltung der Kapitalflußrechnung entscheidend davon ab, ob sie extern oder intern erstellt wird. Im Falle der internen Erstellung kann auf eine wesentlich breitere Informationsgrundlage zurückgegriffen werden, wohingegen die externe Bilanzanalyse auf die Angaben des Jahresabschlusses angewiesen ist.

Externe und interne Erstellung

1.4.2.2 Formen der Kapitalflußrechnung

Es existieren zahlreiche unterschiedliche Formen von Kapitalflußrechnungen. Die Unterschiede beruhen dabei nicht lediglich auf voneinander abweichenden Begriffsabgrenzungen, sondern der Aufbau einer Kapitalflußrechnung ist abhängig vom jeweiligen Aufstellungszweck sowie von den Informationsbedürfnissen der Adressaten und der Verfügbarkeit der notwendigen Daten. Der Inhalt der Kapitalflußrechnung wird dabei in entscheidendem Maße bestimmt von der Ermittlungsmethode der Daten. Die verschiedenen Vorgehensweisen werden in Übersicht 26 dargestellt.

Aufstellungszweck-abhängiger Aufbau

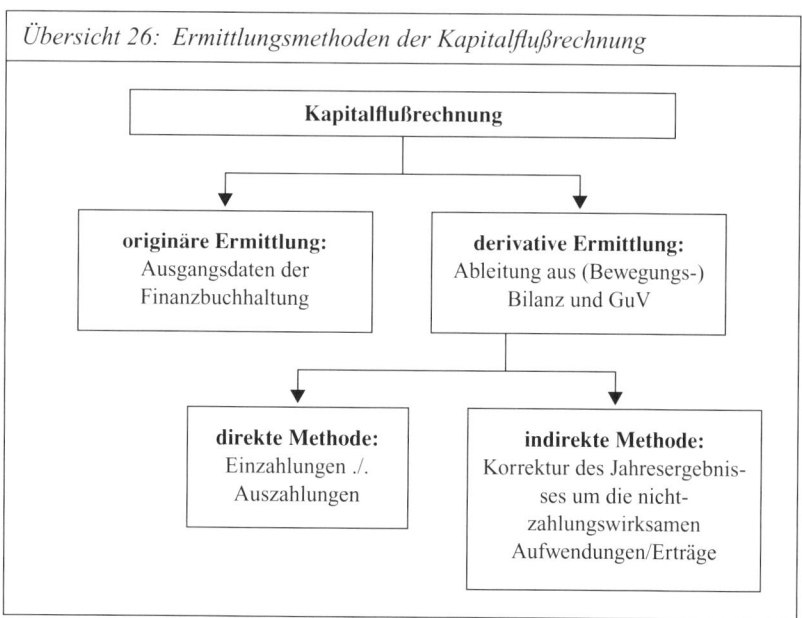

Übersicht 26: Ermittlungsmethoden der Kapitalflußrechnung

Derivative Erstellung für die externe Analyse

Die von Unternehmensexternen für Zwecke der Bilanzanalyse erstellten Kapitalflußrechnungen basieren auf den im Jahresabschluß veröffentlichten Angaben, so daß für externe Analysten grundsätzlich nur die derivative Vorgehensweise in Frage kommt. Unternehmensinterne Ersteller können hingegen zwischen den beiden Methoden wählen.

Übersicht 27 gibt einen Überblick über die verschiedenen Kriterien, die die Gestaltung der Kapitalflußrechnung beeinflussen. Die Beschränkung des externen Analysten auf die derivative Vorgehensweise bei der Erstellung der Kapitalflußrechnung hat mehrere wichtige Konsequenzen für die Aussagekraft der externen Kapitalflußrechnung:

Detaillierungsgrad

(1) Der Detaillierungsgrad der extern erstellten Kapitalflußrechnung hängt vom Umfang der zugrundeliegenden Daten und somit von der Informationsbereitschaft des zu analysierenden Unternehmens ab. Zusätzliche Informationen, wie etwa die einzelnen Kontenumsätze, sind nur Unternehmensinternen zugänglich.

Aufstellungszeitpunkt

(2) Der Aufstellungszeitpunkt ist abhängig von der Offenlegung des Jahresabschlusses. Das bedeutet zum einen, daß die Kapitalflußrechnung erst weit nach Ende des Geschäftsjahrs für die abgelaufene Periode erstellt werden kann, zum anderen kann sie nur jährlich erstellt werden, es sei denn, es liegen ähnlich detaillierte Zwischenabschlüsse in regelmäßigen, kürzeren Abständen vor. Hierbei handelt es sich jedoch um ein typisches Problem der externen Bilanzanalyse im allgemeinen.

(3) Bei der externen Erstellung der Kapitalflußrechnung lassen sich Vollstän-
digkeits- und Abgrenzungsprobleme in der Regel nicht vermeiden, da
keine ergänzenden Informationen vorliegen. Die externe Erstellung der
Kapitalflußrechnung unterliegt somit wegen der beschränkten Informationsgrundlage verfahrenstechnisch bedingten Ungenauigkeiten.

*Vollständigkeit
und Abgrenzung*

(4) Extern erstellte Kapitalflußrechnungen sind ebenso wie die übrigen Analyseinstrumente zwangsläufig vergangenheitsbezogen, da sie auf den Jahresabschlüssen vergangener Geschäftsjahre aufbauen. Prospektive Kapitalflußrechnungen können von Unternehmensexternen in der Regel nicht
aufgestellt werden, weil die notwendigen Planzahlen nicht in hinreichender Genauigkeit vorliegen. Aussagen über die zukünftige Entwicklung der
Finanzlage können daher nur aufgrund von retrospektiven Informationen
gemacht werden.

*Vergangenheits-
bezogenheit*

(5) Das Untersuchungsobjekt muß nicht notwendigerweise ein Einzelunter-
nehmen sein. Kapitalflußrechnungen können immer dann erstellt werden,
wenn ein vollständiger Jahresabschluß vorliegt, also auch für Konzerne
oder Teilkonzerne. Intern erstellte Kapitalflußrechnungen können darüber
hinaus aber auch auf weiteren Aggregationsebenen, wie z.B. für einzelne
Währungsgebiete, Sparten (vgl. VERBAND DER CHEMISCHEN INDUSTRIE
e.V. 1981, S. 51ff.) oder Produktbereiche, erstellt werden.

*Untersuchungs-
objekt: Einzel- und
Konzernabschluß*

Übersicht 27: Aufstellungsformen von Kapitalflußrechnungen			
Adressat:	intern	extern	
Aufstellungszweck:	Steuerung + Kontrolle	Analyse	Publikation
Aufstellungstechnik:	originär	derivativ	
Zeitbezug:	prospektiv	retrospektiv	
Objekt:	Einzelunter-nehmen	Sparte	Konzern
Fondsabgrenzung:	Zahlungsmittel	…	Kapital
Cash-flow-Ermittlung:	direkt	indirekt	
Gliederung:	Mittelherkunft/-verwendung	Aktivitätsformat	
Darstellung:	Kontoform	Staffelform	

1.4.2.3 Verwandte Rechnungen

Finanzplan Der historische Ausgangspunkt für die Kapitalflußrechnung war der auf Aus- und Einzahlungen basierende Finanzplan (vgl. WEILENMANN, P. 1985, S. 12). Nachdem die Kapitalflußrechnung jahrzehntelang vor allem zur Darstellung der Veränderung der Bilanzbestände verwendet worden war, wird dieser Zusammenhang nun im Zuge der Entwicklung einer zahlungsstromorientierten Kapitalflußrechnung wieder verstärkt sichtbar.

Im Finanzplan werden die Ein- und Auszahlungen einander gegenübergestellt, um den Kapitalbedarf bzw. einen Kapitalüberschuß zu ermitteln. Eine solche Rechnung unterscheidet sich inhaltlich nicht von einer zahlungsstromorientierten Kapitalflußrechnung. Nur die Vorgehensweise bei der Ermittlung der Daten ist eine andere, da Finanzrechnungen, die zur Kontrolle der Liquiditätsentwicklung erstellt werden, in der Regel auf einer Auswertung der Zahlungskonten basieren und somit originär ermittelt werden (vgl. ARBEITSKREIS FINANZIERUNGSRECHNUNG 1990, S. 18f.).

Analyseziel Allerdings beschränkt sich das Aussageziel der zahlungsstromorientierten Kapitalflußrechnung nicht auf die Ermittlung bzw. Darstellung der absoluten Liquiditätsüber- oder -unterdeckung, sondern soll vor allem einen besseren Einblick in die Struktur der Zahlungsströme des Unternehmens geben. Dies ist mit Hilfe einer geeigneten Gliederung der Zahlungsströme möglich, so daß von einer reinen Gegenüberstellung der Ein- und Auszahlungen, wie dies normalerweise in einem Finanzplan geschieht (vgl. BARTRAM, W. 1989, S. 2391; KUHN, K.D./STEIN, H.G. 1984, S. 117ff.), abgegangen wird.

Cash-flow Eine zweite Rechnung, die häufig im Zusammenhang mit der Kapitalflußrechnung genannt wird, ist die Cash-flow-Rechnung (vgl. oben 2. Abschn., 3. Kap. 1.3). Der Cash-flow wird vielfach allerdings nur als absolute Zahl angegeben und insbesondere in der Wirtschaftspresse als eine der wichtigsten Kennzahlen zur Beschreibung der wirtschaftlichen Lage eines Unternehmens angesehen. Er beschränkt sich jedoch auf die Darstellung der Innenfinanzierung und wird daher auch als »rudimentäre Kapitalflußrechnung« (DELLMANN, K./KALINSKI, R. 1986, S. 177) bzw. als »partielle Kapitalflußrechnung« (COENENBERG, A.G. 1997, S. 623) bezeichnet.

Verhältnis Cash-flow/Kapitalfluß-rechnung Häufig wird der Cash-flow als Bestandteil der Kapitalflußrechnung ausgewiesen und um die Mittelbewegungen der Außenfinanzierung ergänzt; nur wenige Unternehmen stellen die Ermittlung des Cash-flow und die Kapitalflußrechnung getrennt voneinander dar. Da sehr viele unterschiedliche Definitionen des Cash-flow existieren, hängen sein Aufbau und seine Aussagefähigkeit – ebenso wie bei der zugrundeliegenden Kapitalflußrechnung – von der Gestaltung der Rechnung im einzelnen ab. Eine vollständige Ermittlung des Cash-flow erfordert jedoch grundsätzlich die Einbeziehung der Gewinn- und Verlustrechnung, um somit die zahlungsunwirksamen Bestandteile der Veränderungen der Bilanzbestände eliminieren zu können.

1.4.2.4 Grundsätze für die Erstellung von Kapitalflußrechnungen

In der betriebswirtschaftlichen Literatur sind vielfach Grundsätze ordnungs- *Allgemeine Bilan-*
mäßiger Kapitalflußrechnungen entwickelt worden (vgl. COENENBERG, A.G./ *zierungsgrundsätze*
SCHMIDT, F. 1978, S. 509ff.). Der überwiegende Teil dieser Prinzipien entspricht den für die Bilanz und die Gewinn- und Verlustrechnung geltenden allgemeinen Grundsätzen Klarheit, Vollständigkeit, Regelmäßigkeit bzw. Peri-
odenbezug, materielle und formelle Kontinuität, Angabe von Vorjahreszahlen,
Prinzip der Wesentlichkeit und der Wirtschaftlichkeit, Erläuterung unklarer
Sachverhalte, Bruttoprinzip; hingegen haben nur wenige Grundsätze ausschließlich Gültigkeit für die Kapitalflußrechnung.

Diese besonderen Grundsätze stehen in einer engen Wechselbeziehung mit *Besondere*
dem Inhalt der Kapitalflußrechnung und sind somit ebenfalls dem Wandel un- *Grundsätze*
terworfen, der das Instrument der Kapitalflußrechnung in den letzten Jahren
erfaßt hat. Die folgenden Prinzipien sind von grundlegender Bedeutung für die
Gestaltung und damit die Zielsetzung der zahlungsstromorientierten Kapitalflußrechnung:

(1) Grundsatz der Zielorientierung: *Zielorientierung*

Hauptaufgabe der Kapitalflußrechnung ist es, den traditionellen Jahresabschluß um Informationen zur Finanzlage zu ergänzen. Eine Rechnung, die
eine bloße Umgliederung der Daten des Jahresabschlusses vornimmt, ist
nicht ausreichend und stellt somit keine Kapitalflußrechnung dar.

(2) Grundsatz der Wesentlichkeit: *Wesentlichkeit*

Im Interesse der Klarheit und Wirtschaftlichkeit der Rechnungslegung
kann auf den Ausweis von Zahlungsvorgängen, die für die Darstellung der
Finanzlage nur von untergeordneter Bedeutung sind verzichtet werden.

(3) Grundsatz der Stetigkeit: *Stetigkeit*

Um den zeitlichen Vergleich von Kapitalflußrechnungen und der durch sie
abgebildeten Zahlungsströme zu ermöglichen, soll der Stetigkeitsgrundsatz bei der Abgrenzung des Finanzmittelfonds und bei der Abgrenzung
zwischen den zum Investitionsbereich und zum Finanzierungsbereich gehörenden Zahlungen einerseits und den zur laufenden Geschäftstätigkeit
gehörenden Zahlungen andererseits beachtet werden.

(4) Grundsatz der Bewertungsunabhängigkeit: *Bewertungs-*
unabhängigkeit
Die Kapitalflußrechnung soll frei von bewertungsabhängigen Sachverhalten sein. Dies ist nur dann der Fall, wenn sie auf der Grundlage von Ein-
und Auszahlungen erstellt wird, denn Zahlungsmittelströme sind grundsätzlich objektiv nachprüfbar, weil sie weder Periodisierungsüberlegungen
noch Bewertungseinflüssen unterliegen.

Periodisierungs-
verzicht

(5) Verzicht auf Periodisierung:

Dieser Grundsatz stellt zusammen mit dem Grundsatz der Bewertungsunabhängigkeit sicher, daß in der Kapitalflußrechnung nur die tatsächlichen Zahlungsströme der Periode ausgewiesen werden, denn jede Form der Periodisierung führt zu einer Verfälschung dieser Zahlungsgrößen.

Kongruenz

(6) Grundsatz der Kongruenz:

Um die Übereinstimmung zwischen den unperiodisierten Daten der Kapitalflußrechnung und den periodisierten Zahlen der Gewinn- und Verlustrechnung zu gewährleisten, müssen die aufsummierten Zahlungsströme der Einzelperioden den Zahlungen der Totalperiode entsprechen. Dieser Grundsatz hat zum Ziel, Doppelerfassungen ebenso wie eine Nichterfassung von Zahlungen zu vermeiden.

Interne Analyse

Die drei letztgenannten Grundsätze können nur bei einer unternehmensinternen Erstellung der Kapitalflußrechnung konsequent befolgt werden. Bei externer Erstellung fehlen häufig die notwendigen Informationen, um die Rückgängigmachung der Periodisierung der Angaben aus Bilanz und Gewinn- und Verlustrechnung vollständig durchführen zu können und somit sämtliche Bewertungsfolgen auszuschließen.

Externe Analyse

Für die externe Bilanzanalyse kann die Forderung daher nur lauten, den genannten Grundsätzen weitestgehend zu entsprechen. Der Grundsatz der Zielorientierung sollte hingegen grundsätzlich beachtet werden, denn eine bloße Umformulierung des Jahresabschlusses kann den Ansprüchen an eine aussagefähige Kapitalflußrechnung keinesfalls genügen.

Merksätze:

1. Aufgabe der Kapitalflußrechnung ist es, durch eine Rückgängigmachung der Periodisierung der Jahresabschlußdaten einen verbesserten Einblick in die Finanzlage des Unternehmens zu ermöglichen.

2. Es handelt sich um eine Zeitraumrechnung, die bestimmte Finanzmittelbewegungen erklärt. Für den externen Analysten bleibt allein die derivative Ermittlung aus dem veröffentlichten Jahresabschluß.

3. Bei der Erstellung der Kapitalflußrechnung sind insbesondere die Grundsätze der Bewertungsunabhängigkeit, des Verzichts auf Periodisierung und der Datenkongruenz zu beachten.

1.4.3 Ermittlung der Kapitalflußrechnung

1.4.3.1 Anwendung des bilanzanalytischen Instrumentariums

Die Kapitalflußrechnung kann nicht losgelöst vom übrigen Instrumentarium der Bilanzanalyse betrachtet werden. Sie ist Bestandteil der Liquiditätsanalyse und ergänzt die statische Liquiditätskontrolle um eine dynamische Betrachtungsweise. Während bei der statischen Analyse lediglich die Bilanzbestände in unterschiedlicher Weise zusammengefaßt und ins Verhältnis zueinander gesetzt werden, soll die Kapitalflußrechnung eine Beurteilung der Bewegungen dieser Bilanzbestände während der Periode ermöglichen.

Bestandteil und Erweiterung der Liquiditätsanalyse

Der Zusammenhang zwischen statischer und dynamischer Liquiditätsanalyse wird besonders deutlich, wenn unterschiedliche Fonds aus der Kapitalflußrechnung ausgegliedert werden, denn es besteht eine enge Verbindung zwischen den verschiedenen Fondsvarianten und den (statischen) Liquiditätsgraden: Während man die Fonds als Differenzen definieren kann, werden die jeweiligen Liquiditätsgrade als Quotienten gebildet, die Deckungsrelationen zwischen Aktiva des Umlaufvermögens und den kurzfristigen Verbindlichkeiten zu einem bestimmten Zeitpunkt ausdrücken (vgl. SERFLING, K. 1984, S. 69).

Des weiteren wird bei einer externen Erstellung der Kapitalflußrechnung auf das typische Instrumentarium der Bilanzanalyse zurückgegriffen. Ausgehend von den Daten des Jahresabschlusses müssen die folgenden Aufbereitungsmaßnahmen durchgeführt werden:

Aufbereitungsmaßnahmen

(1) Saldierung:

Saldierung

Der erste Schritt bei der Ermittlung der Kapitalflußrechnung besteht in der Saldierung von zwei aufeinanderfolgenden Bilanzen – als Ergebnis entsteht die Beständedifferenzenbilanz, die die Veränderung der Bilanzposten zeigt. Die letzte Aufbereitungsmaßnahme bei der Erstellung einer zahlungsstromorientierten Kapitalflußrechnung ist ebenfalls mit einer Saldierung verbunden. Nach der Einbeziehung der Daten der Gewinn- und Verlustrechnung kompensieren sich die zahlungsunwirksamen Posten gegenseitig zu Null.

(2) Umgliederung:

Umgliederung

Die Umgliederung der Beständedifferenzenbilanz führt zur Veränderungsbilanz; außerdem entsteht durch die Ausgliederung eines Fonds – es handelt sich auch hierbei lediglich um eine Umgliederung – aus der Bewegungsbilanz oder der Kapitalflußrechnung eine zweiteilige Fondsrechnung.

(3) Erweiterung:

Erweiterung

Die Bewegungsbilanz wird durch die Einbeziehung der Kontenumsätze sowie durch die Daten der Gewinn- und Verlustrechnung zur vollständigen

Kapitalflußrechnung erweitert. Hierbei werden keine grundlegend neuen Daten eingeführt, sondern bereits enthaltene Nettoangaben werden durch unsaldierte Informationen ersetzt. Insofern handelt es sich um die Rückgängigmachung von im Zuge der Erstellung des Jahresabschlusses vorgenommenen Saldierungsmaßnahmen:

– die Bestandsdifferenzen der Bewegungsbilanz werden durch die Summen der jeweiligen Soll- und Habenbuchungen ersetzt,

– das Jahresergebnis wird in die verursachenden Aufwendungen und Erträge aufgespalten.

Arbeitsschritte   Die einzelnen Arbeitsschritte sind in Übersicht 28 im Zusammenhang dargestellt und werden im folgenden einzeln erläutert.

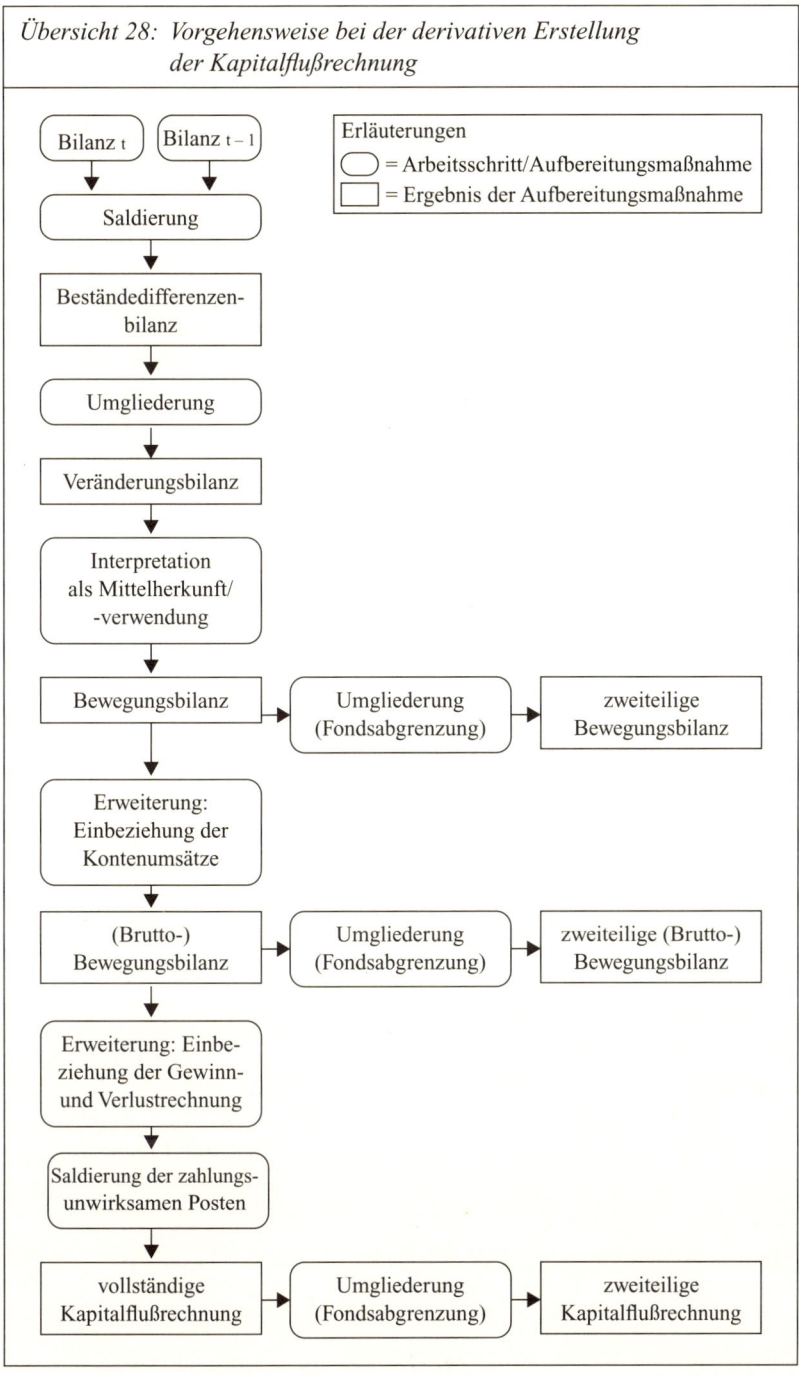

Übersicht 28: Vorgehensweise bei der derivativen Erstellung
der Kapitalflußrechnung

1.4.3.2 Beständedifferenzenbilanz

Beständedifferen-
zenbilanz

Der erste Schritt bei der externen Erstellung einer Kapitalflußrechnung besteht in der Bildung einer Beständedifferenzenbilanz, die sich aus der Saldierung von zwei aufeinanderfolgenden Stichtagsbilanzen ergibt (vgl. KUSSMAUL, H. 1985, S. 439). Eine vereinfachte Beständedifferenzenbilanz erhält man auf der Grundlage einer für die Bilanzanalyse erstellten Strukturbilanz (vgl. dazu 2. Abschn., 2. Kap. 3.), die somit nur die Veränderung der für die Bilanzanalyse relevanten Bilanzbestände zeigt.

Die Beständedifferenzenbilanz hat das gleiche Gliederungsschema wie die zugrundeliegenden Stichtagsbilanzen, wobei die Veränderung der Bilanzposten jeweils durch das entsprechende Vorzeichen kenntlich gemacht wird. Aufgrund der Systematik der doppelten Buchhaltung muß folgende Gleichung gelten:

(F. 3.1)

$$A^+ \quad ./. \quad A^- \quad = \quad P^+ \quad ./. \quad P^-$$

(Erläuterung: A^+ = Aktivzunahme, A^- = Aktivabnahme,
$\qquad\qquad$ P^+ = Passivzunahme, P^- = Passivabnahme)

Zwischenschritt
ohne wesentliche
Aussagekraft

Die Beständedifferenzenbilanz hat für sich genommen keine wesentliche Aussagekraft, da sie nur die Veränderung der Bilanzbestände widerspiegelt, ohne diese in einen systematischen Zusammenhang zu bringen. Die Addition der Größen der Beständedifferenzenbilanz gibt zwar die Veränderung der Bilanzsumme und damit die Veränderung des gesamten Vermögens und Kapitals des Unternehmens an (vgl. KÄFER, K. 1984, S. 37) – diese könnte allerdings einfacher, ohne die Erstellung einer Beständedifferenzenbilanz, ermittelt werden. Die Beständedifferenzenbilanz ist somit lediglich ein Zwischenschritt zur Erstellung der Kapitalflußrechnung.

1.4.3.3 Veränderungsbilanz

Umgliederung der
Beständedifferen-
zenbilanz

Die Veränderungsbilanz entsteht aus der Umgliederung der Posten der Beständedifferenzenbilanz: Posten mit negativem Vorzeichen werden auf die jeweils andere Bilanzseite gebracht, so daß ausschließlich positive Beträge ausgewiesen werden. Die Gleichung der Veränderungsbilanz hat somit folgendes Aussehen:

(F. 3.2)

$$A^+ \quad + \quad P^- \quad = \quad P^+ \quad + \quad A^-$$

Summe der absolu-
ten Veränderungen

Die Veränderungsbilanz führt ebenfalls zu keinen grundlegend neuen Erkenntnissen, denn sie ist lediglich das Resultat der Saldierung und anschließenden

Umgliederung von Posten aus zwei aufeinanderfolgenden Bilanzen; das bloße Umgruppieren zur Vermeidung negativer Vorzeichen liefert jedoch keine zusätzlichen Informationen (vgl. DELLMANN, K./KALINSKI, R. 1986, S. 176). Der Saldo der Veränderungsbilanz hat keine Aussagekraft, er gibt lediglich die Summe der absoluten Veränderungen der Bilanzposten wieder.

1.4.3.4 Bewegungsbilanz

Mit der Bewegungsbilanz werden die Zahlen der Veränderungsbilanz in einen finanzwirtschaftlichen Zusammenhang gestellt: Erst die Interpretation der Aktivmehrungen und der Passivminderungen (der linken Seite der Veränderungsbilanz) als Mittelverwendung und der Passivmehrungen und der Aktivminderungen (der rechten Seite der Veränderungsbilanz) als Mittelherkunft führt zu einer dynamischen Betrachtungsweise der Veränderung der Bilanzposten. Diese finanzwirtschaftliche Interpretation der Bestandsveränderungen wird daher zutreffend als »der entscheidende Schritt zur Kapitalflußrechnung« (KÄFER, K. 1976, Sp. 1042) bezeichnet.

Interpretation als Mittelverwendung und -herkunft

Die Veränderungs- und die Bewegungsbilanz sind somit materiell identisch, so daß die beiden Begriffe häufig auch synonym verwendet werden (vgl. COENENBERG, A.G. 1997, S. 627). Sie unterscheiden sich allein bezüglich der Interpretation des Rechnungsinhalts – dies wird durch die Verwendung der Begriffe Mittelherkunft und Mittelverwendung über den beiden Bilanzseiten deutlich gemacht.

Bewegungsbilanzen stellen den häufigsten Typ der in Geschäftsberichten deutscher Unternehmen veröffentlichten Finanzierungsrechnungen dar. Aus gutem Grund: Die Daten der Bilanz werden lediglich im Wege der Saldierung und Umgliederung in einem anderen Zusammenhang dargestellt, materielle Ergänzungen finden hingegen nicht statt. Somit kann eine zusätzliche finanzbezogene Rechnung präsentiert werden, ohne daß weitere Informationen preisgegeben werden müssen. Es ist daher verständlich, warum sich die Bewegungsbilanz – die unter Verwendung der unterschiedlichsten Begriffe offengelegt wird – in deutschen Geschäftsberichten so großer Beliebtheit erfreut.

Veröffentlichung von Bewegungsbilanzen

Zwar erspart die freiwillige Veröffentlichung dem externen Bilanzleser Aufbereitungsarbeit, sie vermittelt jedoch keine objektiv neuen Erkenntnisse (vgl. CHMIELEWICZ, K./CASPARI, B. 1985, S. 163). Daher ist der externe Analyst in den meisten Fällen gezwungen, eine Kapitalflußrechnung zu erstellen – selbst wenn eine Finanzierungsrechnung im Geschäftsbericht veröffentlicht wird –, um zusätzliche Informationen über die Finanzlage zu erhalten.

Die Bewegungsbilanz kann neben den beiden Hauptmerkmalen Mittelherkunft und -verwendung nach verschiedenen Kriterien untergliedert werden. In der Praxis sind vor allem die Gliederung nach der Finanzierungsart (Innen- und Außenfinanzierung oder Eigen- und Fremdfinanzierung) sowie nach den Verwendungsarten Investitionen, Schuldentilgung und Dividendenzahlungen an-

Gliederungskriterien für Bewegungsbilanzen

zutreffen. Außerdem werden die Bestandsveränderungen aber auch nach der zugrundeliegenden Fristigkeit, z.B. in Veränderungen des Anlage- und des Umlaufvermögens, gegliedert.

Beschränkte
Aussagekraft
Der wesentliche Nachteil der Bewegungsbilanzen besteht darin, daß wegen der buchhaltungstechnisch bedingten Informationsmängel (vgl. COENENBERG, A.G. 1997, S. 634) keine Trennung der liquiditätswirksamen und der liquiditätsunwirksamen Bewegungen vorgenommen wird. Es handelt sich lediglich um eine aus zwei Stichtagsbilanzen abgeleitete Rechnung, die keine zusätzlichen Informationen über die Finanzlage enthält. Bewegungsbilanzen sind deshalb als Finanzierungsrechnungen nicht geeignet; ihr Aussageziel beschränkt sich auf die Darstellung der Veränderung der Bilanzbestände. Veränderungsbilanzen und Bewegungsbilanzen sind daher nur als Vorstufen zu interessanteren und aufschlußreicheren Kapitalflußrechnungen (vgl. KÄFER, K. 1984, S. 83) anzusehen.

Nichtsdestotrotz werden sie weiterhin sowohl in der Literatur als auch in der Praxis als Kapitalflußrechnungen bezeichnet und prägen daher das Bild von Rechnungen zur Finanzlage. Sie bauen auf der Gedankenwelt der Stichtagsbilanz auf; Bewegungsbilanzen können allerdings ebenso wie andere derivative Rechnungen keine grundsätzlich verschiedenen Aussageziele haben als die Rechenwerke, aus denen sie abgeleitet werden.

Erweiterungen der
Bewegungsbilanz
Eine inhaltliche Veränderung tritt erst mit der Erweiterung der Bewegungsbilanz durch die Einbeziehung zusätzlicher Daten des Rechnungswesens ein – der Kontenumsätze und der Daten der Gewinn- und Verlustrechnung. Dabei ist zu beachten, daß mit der Einbeziehung dieser ergänzenden Informationen versucht werden soll, der originären Kapitalflußrechnung möglichst nahe zu kommen. Bei Vorliegen vollständiger Informationen aus dem Rechnungswesen sind beide Rechnungen materiell identisch (vgl. KALINSKI, R. 1986, S. 173). Für Unternehmensexterne, die regelmäßig auf die Angaben des Jahresabschlusses angewiesen sind, kann das Ziel allerdings nur in einer möglichst weitgehenden Annäherung an die originäre Finanzierungsrechnung liegen.

1.4.3.5 Erweiterung der Bewegungsbilanz zur Kapitalflußrechnung

1.4.3.5.1 Einbeziehung der Kontenumsätze

Umwandlung in
echte Stromgrößen-
rechnung
Durch die Einbeziehung der Kontenumsätze erfährt die Bewegungsbilanz, die entsprechend der hier vertretenen Definition lediglich eine Nettorechnung ist, eine entscheidende Erweiterung. Die absoluten Bestandsveränderungen, die durch die Saldierung der aufeinanderfolgenden Stichtagsbilanzen ermittelt wurden, werden nun durch die Summe der zugrundeliegenden Soll- und Habenbuchungen ersetzt. Auf diese Art und Weise wird die gesamte Höhe der Kontenbewegungen, d.h. die Zu- und Abnahmen der Bestandskonten, und nicht nur die reine Differenz der Bewegungen dargestellt. Somit wird die statisch

orientierte Kapitalflußrechnung in eine echte Stromgrößenrechnung umgewandelt (vgl. COENENBERG, A.G. 1997, S. 635). Diese Bruttobetrachtung liefert mehr und für die Analysezwecke brauchbarere Informationen als eine Darstellung der bloßen Veränderungen der Bestandsgrößen und ist Voraussetzung dafür, daß die Kapitalflußrechnung dem oben dargestellten Bruttoprinzip entspricht.

Im Rahmen der externen Erstellung ist eine Aufspaltung allerdings nur für den Bereich des Anlagevermögens möglich, da die notwendigen Informationen über die Kontenumsätze lediglich in der Form des Anlagespiegels vorliegen. Es handelt sich somit bei extern erstellten Kapitalflußrechnungen immer nur um sogenannte »Teilbruttorechnungen« (PERRIDON, L./STEINER, M. 1997, S. 581 und 588ff.), deren Aussagekraft aber über die saldierten Bestandsveränderungen der Bewegungsbilanz hinausgeht.

Kontenumsätze im Anlagevermögen

Die Brutto-Bewegungsbilanz, die durch die Erweiterung der Bewegungsbilanz entsteht, unterliegt weiterhin dem Mangel, daß sie keine Trennung der liquiditätswirksamen und der liquiditätsunwirksamen Geschäftsvorfälle vornimmt. Obwohl bei einer vollständigen Einbeziehung der Kontenumsätze zusätzliche Informationen gegenüber dem Jahresabschluß zu erwarten sind, erlaubt die Brutto-Bewegungsbilanz bei einer Beschränkung auf die Einbeziehung der Bilanzkontenumsätze keinen zusätzlichen Einblick in die Zahlungsströme eines Unternehmens und damit in seine Finanzlage.

Brutto-Bewegungs-bilanz

Daten der Gewinn- und Verlustrechnung sind zwar ebenfalls in der Brutto-Bewegungsbilanz enthalten, jedoch nur insoweit, als sie aus der Bilanz abgeleitet werden können: Der Gewinn stellt eine Veränderung des Eigenkapitals dar, seine Veränderung wird als Mittelherkunft bzw. -verwendung interpretiert; die Abschreibungen entsprechen bei einer Bruttodarstellung der Veränderungen des Anlagevermögens einer Aktivabnahme. Eine grundlegend veränderte Ausrichtung der Kapitalflußrechnung resultiert aber erst aus der vollständigen Einbeziehung der Gewinn- und Verlustrechnung.

1.4.3.5.2 Einbeziehung der Gewinn- und Verlustrechnung

Die Kapitalflußrechnung erfährt neben der Brutto- bzw. Teilbruttobetrachtung eine zusätzliche Erweiterung durch die Einbeziehung der Daten der Gewinn- und Verlustrechnung (vgl. CHMIELEWICZ, K./CASPARI, B. 1985, S. 159), indem die Veränderung des Jahresüberschusses bzw. Jahresfehlbetrags durch die ihn verursachenden Aufwendungen und Erträge ersetzt wird. Wurden die zugrundeliegenden Bilanzen nach teilweiser oder vollständiger Gewinnverwendung aufgestellt, so müssen zunächst sämtliche Gewinnverwendungsbuchungen rückgängig gemacht werden, um ein für die Bewegungsbilanz und die Gewinn- und Verlustrechnung identisches Ergebnis zu erhalten (vgl. DELLMANN, K. 1990, Rn. 113ff.).

Ersetzen der Veränderungen des Jahreserfolgs

Eliminierung der zahlungsunwirksamen Bestandsver- änderungen

Der entscheidende Schritt zur zahlungsstromorientierten Kapitalflußrechnung besteht allerdings nicht bereits in der Einbeziehung der Daten der Gewinn- und Verlustrechnung, sondern in der anschließenden Eliminierung der zahlungsunwirksamen Bestandsveränderungen. Die derivative Erstellung der Kapitalfluß- rechnung – durch die Zusammenführung von Bewegungsbilanz und Gewinn- und Verlustrechnung (vgl. CHMIELEWICZ, K./CASPARI, B. 1985, S. 161) – hat dann zur Folge, daß keine Bilanzdifferenzen ausgewiesen werden, sondern echte Stromgrößen in Form unsaldierter Einzahlungs- und Auszahlungssum- men. Es liegt hier also ein weitgehend anderer Rechnungsinhalt vor. Die Stromgrößen werden dabei in indirekter Form auf dem Umweg über den Jah- resabschluß (Jahresbilanz, Bewegungsbilanz, Gewinn- und Verlustrechnung) ermittelt. Dieser Kompensationseffekt der zahlungsunwirksamen Posten wird verständlich, wenn man sich den Inhalt der Bewegungsbilanz und der Gewinn- und Verlustrechnung vor Augen hält:

– In der Gewinn- und Verlustrechnung werden erfolgswirksame Geschäfts- vorfälle ausgewiesen, die sowohl zahlungswirksam als auch zahlungsun- wirksam sind.

– Die Bewegungsbilanz erfaßt diejenigen Geschäftsvorfälle, bei denen Zah- lungs- und Erfolgswirksamkeit zeitlich auseinanderfallen. Sie erfüllt somit, ebenso wie die zugrundeliegende Stichtagsbilanz, eine Speicherfunktion (vgl. KALINSKI, R. 1986, S. 177).

Doppelerfassungen vermieden

Die zahlungsunwirksamen Posten werden somit sowohl in der Bewegungsbi- lanz als auch in der Gewinn- und Verlustrechnung ausgewiesen. Durch die Zu- sammenfassung der beiden Rechnungen kommt es zu einer Doppelerfassung dieser Posten: Abschreibungen, als typisch zahlungsunwirksame Posten, wer- den beispielsweise sowohl als Mittelherkunft (Aktivabnahme) als auch unter der Mittelverwendung (Aufwand) aufgeführt. Wenn es gelingt, diese doppelten Posten einander zuzuordnen und zu saldieren, enthält man eine Rechnung, in der ausschließlich zahlungswirksame Posten ausgewiesen werden.

Zuordnungs- problematik

Die Schwierigkeit bei der externen Ermittlung der Kapitalflußrechnung besteht darin, sämtliche zahlungsunwirksamen Posten einander zuzuordnen. Weil keine ergänzenden Informationen vorliegen, sind die zusammengehörigen Po- sten von Bewegungsbilanz und Gewinn- und Verlustrechnung nicht immer ein- deutig zu ermitteln. Zuordnungsprobleme ergeben sich vor allem aus den fol- genden Gründen:

Unterschiedliche Gliederungs- und Ausweiskriterien

(1) Der Bewegungsbilanz und der Gewinn- und Verlustrechnung liegen unter- schiedliche Gliederungs- und Ausweiskriterien zugrunde, so daß die Zuordnung von Beständedifferenzen zu den Posten der Gewinn- und Ver- lustrechnung zu Schwierigkeiten führen kann. Die Veränderung der Rück- stellungen kann z.B. sowohl auf zahlungswirksamen als auch auf zah- lungsunwirksamen Transaktionen beruhen. Da ein korrespondierender

Posten in der Gewinn- und Verlustrechnung nicht existiert, sind zusätzliche Informationen notwendig, um eine Rückstellungsveränderung entsprechend zuordnen zu können. Weitere Abgrenzungsprobleme resultieren aus den verschiedenen Schemata der Gewinn- und Verlustrechnung, die gem. § 275 HGB angewendet werden dürfen (vgl. WEBER, H.K. 1993, S. 346ff.).

(2) Die Behandlung weder zahlungs- noch erfolgswirksamer Sachverhalte, die lediglich in der Bewegungsbilanz ausgewiesen werden, führt zu Zuordnungsschwierigkeiten, denn aus externer Sicht ist nicht feststellbar, ob die Veränderung eines Bilanzpostens zahlungswirksam oder zahlungsunwirksam ist. Wenn keine weiteren Informationen vorliegen – und dies ist bei der externen Analyse der Regelfall – muß deswegen davon ausgegangen werden, daß sowohl ein Mittelzufluß als auch ein Mittelabfluß erfolgte.

Zahlungs- und erfolgsunwirksame Sachverhalte

Beim Erwerb eines Vermögensgegenstands auf Ziel ist beispielsweise davon auszugehen, daß sowohl ein Mittelzufluß durch die Zunahme der Verbindlichkeiten als auch ein Mittelabfluß durch den Erwerbsvorgang eingetreten ist. Dies führt zu einer verfälschenden Aufblähung der Kapitalflußrechnung, da die Salden der Mittelherkunft und -verwendung zu hoch ausgewiesen werden. Durch den buchungsmäßigen Zusammenhang ist jedoch gewährleistet, daß der Saldo sämtlicher Abweichungen zwischen den effektiven und den unterstellten Finanzmittelbewegungen Null beträgt und somit die Rechnung zwar eine verzerrte, aber dennoch vollständige Erklärung der Fondsbestände liefert (vgl. GEBHARDT, G. 1984, S. 485). Der Saldo der Liquiditätsveränderung wird insgesamt zwar nicht berührt, die Aussagefähigkeit der Kapitalflußrechnung wird aber durch den unrichtigen Ausweis der Zahlungsströme eingeschränkt.

(3) Dem Bruttoprinzip kann nur insoweit entsprochen werden, als Informationen über Zu- und Abgänge der Bestandskonten vorliegen. Aus externer Sicht gilt dies nur für das Anlagevermögen.

Informations-problematik

(4) Ein weiteres Problem ergibt sich aus der Währungsumrechnung, denn die Währungsumrechnungseffekte sind – unabhängig von der angewandten Umrechnungsmethode – in den Bilanzansätzen enthalten. Diese Währungseffekte stellen jedoch keine tatsächlichen Zahlungsströme dar und müssen daher aus der Kapitalflußrechnung eliminiert werden (vgl. HOLZER, H.P./HÄUSLER, H. 1989, S. 222ff.). Aus externer Sicht ist eine Neutralisierung der Währungsumrechnung in der Regel überhaupt nicht möglich, da die dazu notwendigen Informationen fehlen.

Währungsumrechnungsproblematik

Die genannten Schwierigkeiten machen die derivative Erstellung einer Kapitalflußrechnung zwar nicht unmöglich, aber man muß sich der durch die beschränkte Informationsgrundlage bedingten Einschränkungen bewußt sein. Einige Zuordnungsprobleme lassen sich nur anhand von Ermessensentscheidungen lösen, die zwangsläufig mit einem Fehlerrisiko verbunden sind. Die

Ungenauigkeiten der derivativen Ermittlung

derivative Kapitalflußrechnung unterliegt somit grundsätzlich gewissen Ungenauigkeiten. Auf ihre Erstellung sollte dennoch nicht verzichtet werden, weil sie trotz der genannten Mängel wertvolle Informationen über die Finanzlage liefern kann.

1.4.3.6 Ermittlung des Cash-flow aus gewöhnlicher Geschäftstätigkeit

Zwei Ermittlungs-methoden

In engem Zusammenhang mit der Einbeziehung der Daten der Gewinn- und Verlustrechnung steht die Frage nach der Ermittlung des Cash-flow aus der gewöhnlichen Geschäftstätigkeit. Zwei unterschiedliche Vorgehensweisen, die aber bei korrekter Durchführung zum gleichen Ergebnis führen, sind möglich (vgl. dazu oben 2. Abschn., 3. Kap. 1.3.1.4 und Übersicht 21 und 22):

Die direkte Methode geht von den Aufwendungen und Erträgen aus und zeigt lediglich deren zahlungswirksame Bestandteile. Voraussetzung für die Anwendung der direkten Methode ist somit die Einbeziehung der Daten der Gewinn- und Verlustrechnung.

Die indirekte Methode geht den umgekehrten Weg, indem der Cash-flow aus dem um sämtliche zahlungsunwirksamen Aufwendungen und Erträge korrigierten Jahresergebnis ermittelt wird. Dies ist die in der Praxis üblicherweise angewandte Ermittlungstechnik, obwohl sie nicht so aussagefähig ist wie die direkte Vorgehensweise.

Schwachstellen der indirekten Methode

Einerseits werden die wichtigste Quelle der Mittelzuflüsse, die Umsatzeinzahlungen, sowie die bedeutendste Ursache des Abflusses, die laufenden Betriebsauszahlungen, nicht sichtbar (vgl. Busse Von Colbe, W. 1993, Sp. 1081). Zum anderen werden durch die Anwendung der indirekten Methode zahlungswirksame und zahlungsunwirksame Posten in der Kapitalflußrechnung vermengt, da die Zahlungsströme der anderen Bereiche weiterhin auf direkte Weise, d.h. durch Gegenüberstellung der Ein- und Auszahlungen, ermittelt werden. Die Kapitalflußrechnung wird dadurch schwerer verständlich und ist gerade für Nicht-Spezialisten nur schwer nachvollziehbar.

Der große Vorteil der Kapitalflußrechnung, ein leicht verständliches Instrument zur Darstellung der Finanzlage zu bieten, wird damit in Frage gestellt. Kloock lehnt die indirekte Methode darüber hinaus ab, weil sie keine Ergänzung des Jahresabschlusses darstellt und somit gegen den Grundsatz der Zielorientierung verstößt (vgl. Kloock, J. 1979, S. 484).

Unvollständige Durchführung der Korrektur-buchungen

Ein weiteres Problem, das sich häufig in der Praxis zeigt, liegt darüber hinaus in einer unvollständigen Durchführung der Korrekturbuchungen, die mit der Anwendung der indirekten Methode verbunden sind (vgl. dazu Siener, F. 1991, S. 33ff.). Insbesondere die vereinfachende Regel, nach der der Cash-flow aus der Summe von Jahresüberschuß, Abschreibungen und der Veränderung der langfristigen Rückstellungen ermittelt wird, führt zu falschen Ergebnissen, weil zahlreiche zahlungsunwirksame Posten nicht berücksichtigt werden.

1.4.3.7 Ausgliederung eines Fonds

Unabhängig von der Frage der Einbeziehung der Kontenumsätze und/oder der Daten der Gewinn- und Verlustrechnung ist die Ausgliederung eines Fonds zu sehen (vgl. Übersicht 27). Dabei versteht man unter einem Fonds die Zusammenfassung bestimmter Bilanzposten zu einer buchhalterischen Einheit (vgl. KÄFER, K. 1984, S. 41). Durch die Ausgliederung eines solchen Fonds, die auch als ein entscheidender Schritt zur Aufstellung einer aussagefähigen Kapitalflußrechnung bezeichnet werden kann, soll die Veränderung der ausgegliederten Bilanzposten erklärt werden.

Buchhalterische Einheiten

Die jeweiligen Fonds umfassen einen bestimmten Bestand an Finanzmitteln, deren Veränderungen in fondswirksamen Investitions- oder Desinvestitionsentscheidungen begründet liegen. Die Abgrenzung bzw. die Definition eines Fonds kann dabei nach dem Kriterium der Liquidierbarkeit in unterschiedlicher Weise von der Einbeziehung allein der (Bar-)Geldmittel bis hin zur Berücksichtigung des gesamten Umlaufvermögens stattfinden. Zusätzliche Analyseerkenntnisse sind durch eine Nettobetrachtung eines bestimmten Finanzmittelbestands möglich. Zu diesem Zweck werden die Aktiva mit fristenkongruenten Passiva – kurzfristige Verbindlichkeiten oder transitorische Passivposten – saldiert (vgl. COENENBERG, A.G. 1997, S. 628f.).

Abgrenzung nach dem Kriterium der Liquidierbarkeit

Die Basisrechnung (Bewegungsbilanz oder Kapitalflußrechnung) wird somit in zwei Teile aufgespalten. Während im Fondsänderungsnachweis die Veränderung des Fonds aufgezeigt wird, sollen mit Hilfe der Gegenbestände- bzw. Ursachenrechnung, die das eigentliche Kernstück solcher zweiteiligen Rechnungen darstellt (vgl. HFA 1/1995, S. 210f.), die Fondsveränderungen erklärt werden: Zugänge zu den Gegenbestandskonten stellen eine Fondsmittelverwendung dar, Abgänge werden hingegen als Fondszuflüsse interpretiert.

Fondsänderungsnachweis und Ursachenrechnung

Die bereits angesprochene Definition des Fonds ist maßgeblich für das Aussageziel und die Aussagefähigkeit der Kapitalflußrechnung. Für die Wahl des Fonds sind dabei zwei Kriterien ausschlaggebend:

Kriterien zur Definition eines Fonds

(1) Die Größe des Fonds, d.h. die Anzahl der einbezogenen Bilanzposten:

Größe des Fonds

Je mehr Bilanzposten in den Fonds einbezogen werden, desto umfangreicher wird der Fondsnachweis und desto weniger Bewegungen werden in der Ursachenrechnung dargestellt. Die Einbeziehung einer Vielzahl von Bilanzposten hat außerdem den Nachteil, daß bewertungsabhängige Bestandteile im Fonds enthalten sind; lediglich ein aus Zahlungsmitteln bestehender Fonds ist (weitgehend) frei von Bewertungseinflüssen. Die Gestaltung des Fonds hängt im einzelnen von der jeweiligen Zielsetzung der Kapitalflußrechnung ab (vgl. WEILENMANN, P. 1985, S. 13f.). Letztendlich ist die Anzahl der möglichen Fondstypen nahezu unbegrenzt, da sämtliche Bilanzposten in beliebiger Zusammenstellung zusammengefaßt werden können.

Netto- oder Brutto-
betrachtung

(2) Netto- oder Bruttobetrachtung:

Fonds werden zum Teil nur aus aktiven Bilanzposten, zum Teil aber auch unter Einbeziehung von passiven Bestandskonten gebildet. Die Berücksichtigung passiver Fondsbestandteile geschieht in Analogie zur Berechnung der statischen Liquiditätsgrade (vgl. COENENBERG, A.G./SCHMIDT, F. 1978, S. 508f.), hat aber den Nachteil, daß sich fondsinterne Bewegungen saldieren und somit in der Ursachenrechnung nicht dargestellt werden. Dieser Nachteil ist um so gravierender, je größer der gewählte Fonds ist.

Fondsauswahl als
reine Umgliede-
rungsmaßnahme

Es wird häufig übersehen, daß es sich bei der Frage der Fondsauswahl lediglich um eine Umgliederungsmaßnahme handelt – die Grunddaten der jeweiligen Rechnung werden nicht beeinflußt. Deswegen kann die Ausgliederung eines Fonds nicht das entscheidende Merkmal einer Kapitalflußrechnung sein (a.A. COENENBERG, A.G./SCHMIDT, F. 1978, S. 510) – die Fondsabgrenzung ist also »nicht begriffskonstituierend« (CHMIELEWICZ, K./CASPARI, B. 1985, S. 160). Dies zeigt sich nicht zuletzt darin, daß eine Fondsabgrenzung auch innerhalb einer Bewegungsbilanz durchgeführt werden kann, ohne daß sich dadurch der Rechnungsinhalt ändert. Eine materielle Änderung des Rechnungsinhalts tritt erst mit der oben dargestellten Berücksichtigung von Kontenumsätzen oder der Einbeziehung der Gewinn- und Verlustrechnung ein. Die heftige Diskussion über die richtige Fondswahl sowie die Frage, ob überhaupt ein Fonds ausgegliedert werden sollte, ist somit nicht ganz verständlich, da es sich um ein reines Ausweisproblem handelt.

Von wesentlich größerer Bedeutung ist der Inhalt der Kapitalflußrechnung – dieser ist im Falle der zahlungsstromorientierten Kapitalflußrechnung zwangsläufig mit einer Darstellung der Veränderung der Zahlungsmittel verbunden. Ob die Veränderung der Zahlungsmittel innerhalb einer Rechnung, die mit einem ausgeglichenen Saldo endet, ausgewiesen wird oder als Ergebnis dieser Rechnung (also als Fonds) ermittelt wird, ist dabei sekundär.

1.4.3.8 Gliederung der Kapitalflußrechnung

Ausweisfrage

Es gibt eine Vielzahl verschiedener Gliederungsvorschläge für Kapitalflußrechnungen, die sich sowohl nach der Gliederungssystematik als auch nach der Anzahl der ausgewiesenen Posten unterscheiden. Die Gliederung der Kapitalflußrechnung ist ebenso wie die Ausgliederung eines Fonds eine Ausweisfrage, die den materiellen Inhalt der Rechnung nicht verändert, aber dennoch für deren Aussagefähigkeit von nicht unwesentlicher Bedeutung ist.

Konto- oder
Staffelform

Sämtliche Gliederungsmodelle gehen auf zwei Grundformen zurück, die auch für Bilanz und Gewinn- und Verlustrechnung eine Rolle spielen – die Konto- und die Staffelform. Die Staffelform hat den Vorzug, daß die Posten zu mehr als zwei Gruppen zusammengefaßt werden können und daß darüber hinaus aussagefähige Zwischensummen gebildet werden können. Ihr wird daher inzwischen sowohl in der Literatur als auch in der Praxis der Vorzug gegeben.

Neben diesem formalen Aspekt ist die inhaltliche Gestaltung der Kapitalfluß- *Inhaltliche*
rechnung festzulegen. Mit der Kontoform sowie dem Konzept der Bewegungs- *Gestaltung*
bilanz eng verbunden ist die traditionelle Gliederung nach Mittelherkunft und
-verwendung, die sich am Aufbau der Bewegungsbilanz orientiert (Aktivmehrungen und Passivminderungen werden als Mittelverwendung, Passivmehrungen und Aktivminderungen als Mittelherkunft ausgewiesen). Dieses von rein
buchhalterischen Überlegungen geprägte Gliederungsschema nimmt keinerlei
Rücksicht auf den finanzwirtschaftlichen Charakter der zugrundeliegenden
Mittelbewegungen (vgl. auch JONAS, H.H. 1984, S. 22). Abgesehen davon führt
es zu teilweise unsinnigen bzw. unverständlichen Ergebnissen. So wird ein
Rückgang des Bilanzgewinns als Mittelverwendung dargestellt, Abschreibungen hingegen werden als eigener Posten unter der Mittelherkunft ausgewiesen.

Aufgrund dieser Mängel der bloßen Gegenüberstellung von Mittelherkunft *Zwei Gliederungs-*
und -verwendung sind zwei unterschiedliche Gliederungsmodelle entwickelt *modelle*
worden, die dem finanzwirtschaftlichen Charakter der Kapitalflußrechnung
besser Rechnung tragen:

(1) Die Gliederung nach den Finanzierungsarten zeigt die Herkunft der Zah- *Finanzierungsarten*
lungsmittel des Unternehmens getrennt nach Innen- und Außenfinanzie-
rung und führt somit zu einem wertvollen Einblick in die Finanzlage und
deren Entwicklung im Zeitvergleich. Das wichtigste Merkmal dieses Glie-
derungsmodells ist somit der Charakter der Zahlungsströme aus der Sicht
der Finanzwirtschaft des Unternehmens (vgl. JONAS, H.H. 1984, S. 28ff.).
Dabei können aus der Zusammensetzung der Innenfinanzierung Rückschlüsse auf das Innenfinanzierungspotential und damit auf die wirtschaftliche Stabilität gezogen werden, während eine Analyse der Außenfinanzierung die Zuführung bzw. Entnahme von Eigenkapital und die Entwicklung
des Fremdkapitals zeigt.

(2) Die Gliederung nach dem Aktivitätsformat sieht entsprechend der Vorge- *Aktivitätsformat*
hensweise bei der Erfolgsspaltung (vgl. dazu 2. Abschn., 3. Kap. 2.3.1)
den getrennten Ausweis der Zahlungssalden der drei betrieblichen Bereiche gewöhnliche Geschäftätigkeit, Investition und Finanzierung vor.
Diese Gliederungsform ist für die amerikanischen Kapitalflußrechnungen
vorgeschrieben (vgl. §§ 14ff. SFAS No. 95) und erlaubt eine Beurteilung
der Struktur der betrieblichen Zahlungsströme.

Diese Gliederungsschemata stellen Grundmodelle dar, die wiederum in vielen *Abweichungen*
Abweichungen angewendet werden, zumal zahlreiche Abgrenzungskriterien
strittig sind und nicht allgemeingültig geregelt werden können. Bei Vorliegen
der notwendigen Informationen (dies ist nur für interne Kapitalflußrechnungen
der Fall) können die verschiedenen Gliederungsmodelle ineinander übergeleitet werden. Zwischen den Modellen bestehen logische Verknüpfungen, da sie
sich lediglich in bezug auf die Hauptgliederungsmerkmale unterscheiden (vgl.
BUSSE VON COLBE, W. 1993, Sp. 1080).

Fondsunwirksame finanzwirtschaftliche Vorgänge

Offen bleibt bei beiden Modellen, wie fondsunwirksame finanzwirtschaftliche Vorgänge zu behandeln sind (z.B. der Erwerb eines Vermögensgegenstands auf Ziel oder im Zuge einer Sacheinlage). Nach der HFA-Stellungnahme sollten diese in der Kapitalflußrechnung ausgewiesen werden, wenn sie von Bedeutung für die Beurteilung der Finanzlage wären (vgl. HFA 1/1995, S. 213). Der FASB sieht eine andere Vorgehensweise vor: Da in der Kapitalflußrechnung ausschließlich zahlungswirksame Geschäftsvorfälle ausgewiesen werden dürfen und eine Vermengung mit zahlungsunwirksamen Bewegungen zu vermeiden ist, müssen zahlungsunwirksame Bewegungen von wesentlicher finanzieller Bedeutung in einer Anlage zur Kapitalflußrechnung dargestellt werden.

1.4.4 Würdigung der derivativen Kapitalflußrechnung als Instrument der finanzwirtschaftlichen Bilanzanalyse

Verbesserung der statischen Liquiditätsanalyse

Die Kapitalflußrechnung stellt ein Instrument zur Beurteilung der finanziellen Lage eines Unternehmens oder eines Konzerns dar, das zusätzliche Informationen gegenüber der statischen Liquiditätsanalyse liefert. Die Finanzlage ist gekennzeichnet durch die Sicherung der Zahlungsbereitschaft, die strenge Nebenbedingung und Voraussetzung für das Weiterbestehen eines Unternehmens ist. Obwohl die Zahlungsbereitschaft ex post immer gewährleistet gewesen sein muß – sonst würde das untersuchte Unternehmen nicht mehr bestehen – können aus einer Analyse der vergangenheitsbezogenen Zahlungsströme wertvolle Aussagen über die gegenwärtige und zukünftige finanzielle Stabilität des Unternehmens gewonnen werden. Untersuchungsgegenstand ist somit der Bestand sowie die Veränderung der liquiden Mittel im Zeitablauf, also jene Bestände, die die Gläubiger zur Erfüllung fälliger Verbindlichkeiten akzeptieren (vgl. GEBHARDT, G. 1984, S. 484).

Veränderungs- und Bewegungsbilanzen ungeeignet

Veränderungs- sowie Bewegungsbilanzen sind als Rechnungen über die Finanzlage ungeeignet, da sie lediglich die Bestandsdifferenzen aufeinanderfolgender Bilanzen ausweisen. Sie geben keine Auskunft über die Liquiditätsentwicklung, denn zahlungswirksame Bewegungen können aus ihnen nicht ermittelt werden.

Partielle Betrachtung durch Cash-flow-Analyse

Cash-flow-Rechnungen zeigen nur einen Ausschnitt des finanziellen Geschehens des Unternehmens. Darüber hinaus leiden sie häufig unter einer fehlerhaften, zu stark vereinfachten Berechnungsweise. Bei Anwendung der direkten Methode vermittelt die Cash-flow-Rechnung allerdings einen guten Einblick in die Innenfinanzierung und damit in die finanzwirtschaftliche Anpassungsfähigkeit und Handlungsfreiheit eines Unternehmens (vgl. HOLZER, H.P./JUNG, U. 1990, S. 286). Ohne eine Darstellung der Außenfinanzierung sowie der Mittelverwendung bleibt es allerdings bei einer partiellen Betrachtung, so daß eine solche Cash-flow-Rechnung grundsätzlich in eine Kapitalflußrechnung integriert werden sollte.

Das Idealbild einer Finanzierungsrechnung besteht in einem Finanzplan bzw. einer ähnlich aufgebauten retrospektiven Finanzrechnung, in der Ein- und Auszahlungen einander gegenübergestellt werden. Innerhalb des internen Rechnungswesens können solche Rechnungen aus den Kontenumsätzen der Zahlungskonten erstellt werden. Im Rahmen der externen Bilanzanalyse stehen diese Daten allerdings nicht zur Verfügung. Daher kann nur versucht werden, durch die Verwendung der Daten des Jahresabschlusses dem Inhalt einer originären Kapitalflußrechnung so nahe wie möglich zu kommen.

Idealbild einer Finanzierungs- rechnung

Gegenüber der Bewegungsbilanz, in der lediglich die umgegliederten Bilanzdifferenzen ausgewiesen werden, stellt die derivative Kapitalflußrechnung Zahlungsströme dar. Voraussetzung für diese liquiditätsorientierte Betrachtung ist die Einbeziehung der Gewinn- und Verlustrechnung, denn erst mit der Erweiterung durch das Einbeziehen der Daten der Gewinn- und Verlustrechnung wird ein Rechenwerk konstruiert, das mit einer auf Ein- und Auszahlungen basierenden Finanzierungsrechnung vergleichbar ist (vgl. DELLMANN, K./KALINSKI, R. 1986, S. 179). Damit erhält die Kapitalflußrechnung eine völlig neue Zielsetzung: Es ist nicht mehr die Erläuterung der Veränderung von Abschlußposten Gegenstand der Rechnung, sondern vielmehr die Darstellung der tatsächlichen Zahlungsmittelströme (vgl. HOLZER, H.P./HÄUSLER, H. 1989, S. 230).

Einbeziehung der GuV

Merksätze:

1. Aus der Saldierung von zwei aufeinanderfolgenden Stichtagsbilanzen ergibt sich die Beständedifferenzenbilanz.

2. Durch die Umgliederung der Posten der Beständedifferenzenbilanz mit negativem Vorzeichen auf die jeweils andere Bilanzseite entsteht die Veränderungsbilanz.

3. Die umgegliederten Bilanzseiten der Veränderungsbilanz werden in der Bewegungsbilanz als Mittelherkunft bzw. Mittelverwendung interpretiert.

4. Die zahlungsstromorientierte Kapitalflußrechnung entsteht letztlich erst durch die Erweiterung der Bewegungsbilanz. Die absoluten Bestandsveränderungen werden durch die ihnen zugrundeliegenden Soll- und Habenbuchungen und die Veränderung des Jahreserfolgs durch die entsprechenden Aufwendungen und Erträge ersetzt.

5. Zur Darstellung der Mittelbewegungen hinsichtlich der Innenfinanzierung findet innerhalb der Kapitalflußrechnung die Ermittlung des Cashflow aus der gewöhnlichen Geschäftstätigkeit statt.

6. Durch die Zusammenfassung bestimmter Bilanzposten zu einem Fonds teilt sich die Kapitalflußrechnung in einen Fondsänderungsnachweis und eine Ursachenrechnung.

1.4.5 Beispiel zur externen Erstellung einer Kapitalflußrechnung

Datenbasis Das folgende Beispiel demonstriert die Vorgehensweise bei der externen Erstellung einer Kapitalflußrechnung. Als Grundlage der Berechnung wurde der Geschäftsbericht Thyssen-Welt für das Geschäftsjahr 1989/90 gewählt, um somit ein realistisches Bild der Möglichkeiten und Grenzen des Einsatzes der Kapitalflußrechnung als Instrument der Bilanzanalyse zu zeichnen.

Vorgehensweise Die Vorgehensweise bei der Ableitung der Kapitalflußrechnung entspricht den oben diskutierten Arbeitsschritten. Die theoretischen Erläuterungen haben somit auch für das angeführte Beispiel Gültigkeit, so daß an dieser Stelle lediglich auf die Besonderheiten der einzelnen Ermittlungsstufen eingegangen wird.

1.4.5.1 Ermittlung der Beständedifferenzenbilanz

Ausgangsbasis der derivativen Ermittlung Die Beständedifferenzenbilanz stellt die Ausgangsbasis bei der derivativen Ermittlung der Kapitalflußrechnung dar; sie zeigt die Bruttoveränderungen der Bilanzposten.

Übersicht 29: Beständedifferenzenbilanz – Aktiva			
(in Mio. DM)	30.9.1989	30.9.1990	Veränderung
immaterielles Anlagevermögen	361,3	792,9	431,6
Sachanlagen	6918,3	7472,6	554,3
Finanzanlagen	849,0	1083,9	234,9
Summe Anlagevermögen	8128,6	9349,9	1220,8
geleistete Anzahlungen	408,9	461,5	52,6
Vorräte	7139,1	7476,5	337,4
Forderungen aus Lieferungen und Leistungen	5009,8	5739,5	729,7
sonstige Forderungen	1186,5	1087,5	./. 99,0
Wertpapiere	237,5	119,5	./. 118,0
Zahlungsmittel	858,8	921,2	62,4
sonstige Rechnungsabgrenzungsposten	49,5	64,2	14,7
Disagio	8,9	8,4	./. 0,5
aktivische latente Steuern	34,6	0,0	./. 34,6
Summe Umlaufvermögen	14933,6	15878,3	944,7
Bilanzsumme	23062,2	25227,7	2165,5

Übersicht 30: Beständedifferenzenbilanz – Passiva			
(in Mio. DM)	30.9.1989	30.9.1990	Veränderung
gezeichnetes Kapital	1565,0	1565,0	0,0
Kapitalrücklage	1138,1	1138,1	0,0
Gewinnrücklagen	1535,1	1723,2	188,1
Bilanzgewinn	313,0	344,3	31,3
Anteile anderer Gesellschafter	292,0	360,0	68,0
Summe Eigenkapital	4843,2	5130,6	287,4
Sonderposten mit Rücklageanteil	214,8	166,9	./. 47,9
Pensionsrückstellungen	4259,3	4648,2	388,9
sonstige Rückstellungen	3809,1	4359,7	550,6
Anleihen	575,8	503,0	./. 72,8
Verbindlichkeiten gegenüber Kreditinstituten	1187,7	1350,6	162,9
Verbindlichkeiten aus Lieferungen und Leistungen	1983,6	2248,5	264,9
erhaltene Anzahlungen	2175,7	2350,6	174,9
sonstige Verbindlichkeiten	4007,3	4462,6	455,3
Rechnungsabgrenzungsposten	5,7	7,0	1,3
Summe Fremdkapital	18219,0	20097,1	1878,1
Bilanzsumme	23062,2	25227,7	2165,5

1.4.5.2 Ermittlung der Bewegungsbilanz

Die Ableitung der Veränderungs- und der Bewegungsbilanz aus der Beständedifferenzenbilanz wird hier in einem Schritt zusammengefaßt, weil in ihnen die gleichen Daten ausgewiesen werden (zu den Unterschieden vgl. Erläuterung im Text). Die Bewegungsbilanz entsteht aus der Umgliederung der Bewegungsgrößen der Beständedifferenzenbilanz, indem Aktivzunahmen und Passivabnahmen als Mittelverwendung sowie Passivzunahmen und Aktivabnahmen als Mittelherkunft ausgewiesen werden.

Umgliederung der Bewegungsgrößen

Übersicht 31: Bewegungsbilanz ohne Erweiterungen

MITTELVERWENDUNG		MITTELHERKUNFT	
* AKTIVZUNAHMEN:		* PASSIVZUNAHMEN:	
immaterielles Anlagevermögen	431,6	Gewinnrücklagen	188,1
Sachanlagen	554,3	Bilanzgewinn	31,3
Finanzanlagen	234,9	Anteile anderer Gesellschafter	68,0
geleistete Anzahlungen	52,6		
Vorräte	337,4	Pensionsrückstellungen	388,9
Forderungen aus Lieferungen und Leistungen	729,7	sonstige Rückstellungen	665,2
		Verbindlichkeiten gegenüber Kreditinstituten	162,9
Zahlungsmittel	62,4		
sonstige Rechnungsabgrenzungsposten	14,7	Verbindlichkeiten aus Lieferungen und Leistungen	264,9
		erhaltene Anzahlungen	174,9
		sonstige Verbindlichkeiten	455,3
		Rechnungsabgrenzungsposten	1,3
* PASSIVABNAHMEN:		* AKTIVABNAHMEN:	
Sonderposten mit Rücklageanteil	47,9	sonstige Forderungen	99,0
Steuerrückstellungen	114,6	Wertpapiere	118,0
Anleihen	72,8	Disagio	0,5
		aktivische latente Steuern	34,6
Summe Bestandsveränderungen	2652,9	Summe Bestandsveränderungen	2652,9

1.4.5.3 Erweiterung der Bewegungsbilanz um die Kontenbewegungen des Anlagevermögens

Aufspaltung der Nettoveränderungen in Kontenumsätze

Der für eine Bruttobetrachtung erforderliche Ausweis von Stromgrößen setzt die Aufspaltung der in der Bewegungsbilanz ausgewiesenen Nettoveränderungen in die zugrundeliegenden Kontenumsätze voraus. Bei einer externen Aufstellung der Kapitalflußrechnung ist diese Erweiterung der Bewegungsbilanz jedoch auf das Anlagevermögen beschränkt, weil eine Angabe von Nettoveränderungen der Bilanzposten nur im Anlagespiegel erfolgt. Dabei gilt folgender Zusammenhang: Die Aktivzunahmen (= Mittelverwendung) werden durch Zugänge und Zuschreibungen ersetzt, die Aktivabnahmen (= Mittelherkunft) hingegen durch Abgänge und Abschreibungen. Da im Anlagespiegel die Abgänge zu historischen Anschaffungskosten ausgewiesen werden, müssen allerdings zunächst die Abgänge zu Restbuchwerten ermittelt werden.

Die Abgänge zu Restbuchwerten können durch die Umgliederung der im Anlagespiegel ausgewiesenen Daten berechnet werden:

Übersicht 32: Abgänge zum Restbuchwert

	Buchwert zu Beginn des Geschäftsjahrs
+	Zugänge des Geschäftsjahrs
./.	Abschreibungen des Geschäftsjahrs
+	Zuschreibungen des Geschäftsjahrs
./.	Buchwert am Ende des Geschäftsjahrs
=	Abgänge zum Restbuchwert

Übersicht 33: Berechnung der Abgänge zu Restbuchwerten

(Mio. DM)	Abgänge (Restbuchwert)	Buchwert 30.9.1989	Zugänge 1990	Abschreibungen 1990	Zuschreibungen 1990	Buchwert 30.9.1990
immaterielles Anlagevermögen	**8,7**	361,3	**518,5**	**78,2**	**0,0**	792,9
Sachanlagen	**324,3**	6918,3	**2268,3**	**1389,7**	**0,0**	7472,6
Finanzanlagen	**125,3**	849	**397,3**	**48,3**	**11,2**	1083,9
Summe Anlagevermögen	458,3	8128,6	3184,1	1516,2	11,2	9349,4

Die in Übersicht 33 fett hervorgehobenen Zahlen – die Abgänge zu Restbuchwerten sowie die Zugänge, Abschreibungen und Zuschreibungen des Geschäftsjahrs – werden nun in die Bewegungsbilanz eingesetzt; sie ersetzen die Nettoveränderung der betreffenden Bilanzposten (die Erweiterungen der Bewegungsbilanz werden in der folgenden Übersicht fett dargestellt).

Übersicht 34: Brutto-Bewegungsbilanz

MITTELVERWENDUNG		MITTELHERKUNFT	
* AKTIVZUNAHMEN:		*** PASSIVZUNAHMEN:**	
immaterielles Anlagevermögen:		Gewinnrücklagen	188,1
Zugänge	**518,5**	Bilanzgewinn	31,3
Zuschreibungen	**0,0**	Anteile anderer	
Sachanlagen:		Gesellschafter	68,0
Zugänge	**2268,3**	Pensionsrückstellungen	388,9
Zuschreibungen	**0,0**	sonstige Rückstellungen	665,2
Finanzanlagen:		Verbindlichkeiten gegenüber	
Zugänge	**397,3**	Kreditinstituten	162,9
Zuschreibungen	**11,2**	Verbindlichkeiten aus Lieferungen und Leistungen	264,9
geleistete Anzahlungen	52,6	erhaltene Anzahlungen	174,9
Vorräte	337,4	sonstige Verbindlichkeiten	455,3
Forderungen aus Lieferungen und Leistungen	729,7	Rechnungsabgrenzungsposten	1,3
Zahlungsmittel	62,4	*** AKTIVABNAHMEN:**	
sonstige Rechnungsabgrenzungsposten	14,7	sonstige Forderungen	99,0
* PASSIVABNAHMEN:		Wertpapiere	118,0
		Disagio	0,5
Sonderposten mit Rücklageanteil	47,9	aktivische latente Steuern	34,6
Steuerrückstellungen	114,6	**immaterielles Anlagevermögen:**	
Anleihen	72,8	**Abgänge**	**8,7**
		Abschreibungen	**78,2**
		Sachanlagen:	
		Abgänge	**324,3**
		Abschreibungen	**1389,7**
		Finanzanlagen:	
		Abgänge	**125,3**
		Abschreibungen	**48,3**
Summe Nettoveränderungen	4627,4	Summe Nettoveränderungen	4627,4

Kontrollgröße Die Summe der Nettoveränderungen hat keine Aussagekraft, sondern dient allein als Kontrollgröße – beide Seiten der Bewegungsbilanz müssen auch nach der Erweiterung um die Kontenumsätze übereinstimmen. Diese Überlegung gilt ebenso für die folgenden Arbeitsschritte, denn auch diese sind lediglich Vorstufen zur Ermittlung der Kapitalflußrechnung.

1.4.5.4 Erweiterung der Bewegungsbilanz um die Veränderungen des Eigenkapitals

Als nächster Schritt wird die in der Bewegungsbilanz ausgewiesene Veränderung des Bilanzgewinns aufgespalten in den Jahresüberschuß des Geschäftsjahrs, die Veränderung der Rücklagen und die im Geschäftsjahr ausgeschüttete Dividende. Auf eine Kurzformel gebracht lautet dieser Zusammenhang (mit ΔBG_t = Veränderung des Bilanzgewinns gegenüber dem Vorjahr, $JÜ_t$ = Jahresergebnis des Geschäftsjahrs, ΔRL_t = Rücklagenveränderung gegenüber dem Vorjahr, Div_{t-1} = Ausschüttung des Bilanzgewinns des Vorjahrs):

Aufspaltung der Veränderung des Bilanzgewinns

(F. 3.3)

$$\Delta BG_t \;=\; JÜ_t \,./.\, \Delta RL_t \,./.\, Div_{t-1}$$

Diese Größen werden der Gewinn- und Verlustrechnung entnommen. Die Bedeutung dieser Aufbereitungsmaßnahme liegt vor allem in der Einbeziehung des Jahresüberschusses in die Bewegungsbilanz, denn sie ist Voraussetzung für die anschließende Erweiterung der Bewegungsbilanz um die Gewinn- und Verlustrechnung.

Da im vorliegenden Beispiel die Kapitalflußrechnung auf der Grundlage des Konzernabschlusses erstellt wird, ist bei der Erweiterung der Veränderung des Bilanzgewinns außerdem der Anteil der anderen Gesellschafter am Konzernergebnis zu berücksichtigen. Die obige Formel ist daher um die Veränderung der Anteile anderer Gesellschafter zu ergänzen, so daß folgende Aufspaltung vorzunehmen ist (mit $\Delta MindA_t$ = Veränderung des Anteils der anderen Gesellschafter am Konzernergebnis):

Berücksichtigung anderer Gesellschafter

(F. 3.4)

$$\Delta BG_t \;=\; JÜ_t \,./.\, \Delta RL_t \,./.\, Div_{t-1} \,./.\, \Delta MindA_t$$

Die Veränderungen gegenüber der Brutto-Bewegungsbilanz werden in der folgenden Übersicht wiederum fett dargestellt.

Übersicht 35: Erweiterung der Bewegungsbilanz um die Veränderungen des Eigenkapitals

MITTELVERWENDUNG		MITTELHERKUNFT	
* AKTIVZUNAHMEN:		*** PASSIVZUNAHMEN:**	
immaterielles Anlagevermögen:		Gewinnrücklagen	188,1
Zugänge	518,5	**Jahresüberschuß**	**690,0**
Zuschreibungen	0,0	Anteile anderer	
Sachanlagen:		Gesellschafter	68,0
Zugänge	2268,3	Pensionsrückstellungen	388,9
Zuschreibungen	0,0	sonstige Rückstellungen	665,2
Finanzanlagen:		Verbindlichkeiten gegenüber	
Zugänge	397,3	Kreditinstituten	162,9
Zuschreibungen	11,2	Verbindlichkeiten aus Liefe-	
geleistete Anzahlungen	52,6	rungen und Leistungen	264,9
Vorräte	337,4	erhaltene Anzahlungen	174,9
Forderungen aus Lieferungen		sonstige Verbindlichkeiten	455,3
und Leistungen	729,7	Rechnungsabgrenzungsposten	1,3
Zahlungsmittel	62,4		
sonstige Rechnungsabgren-		*** AKTIVABNAHMEN:**	
zungsposten	14,7	sonstige Forderungen	99,0
		Wertpapiere	118,0
* PASSIVABNAHMEN:		Disagio	0,5
Sonderposten mit Rücklage-		aktivische latente Steuern	34,6
anteil	47,9	immaterielles Anlagevermögen:	
Steuerrückstellungen	114,6	Abgänge	8,7
Anleihen	72,8	Abschreibungen	78,2
Dividenden 1989	**313,0**	Sachanlagen:	
Veränderung Gewinnrück-		Abgänge	324,3
lagen (GuV)	**291,4**	Abschreibungen	1389,7
Veränderung Anteile anderer		Finanzanlagen:	
Gesellschafter (GuV)	**54,3**	Abgänge	125,3
		Abschreibungen	48,3
Summe	5286,1	Summe	5286,1

1.4.5.5 Erweiterung der Bewegungsbilanz um die Gewinn- und Verlustrechnung

Als entscheidender Schritt bei der Erstellung einer zahlungsstromorientierten Kapitalflußrechnung werden nun die Daten der Gewinn- und Verlustrechnung in die Bewegungsbilanz einbezogen, indem der im vorigen Schritt isolierte Jahresüberschuß durch die Aufwendungen und Erträge der Gewinn- und Verlustrechnung ersetzt wird. Um dies zu erreichen, werden die Aufwendungen als Mittelverwendung und die Erträge als Mittelherkunft interpretiert.

Ersetzen des Jahreserfolgs durch Aufwendungen und Erträge

Übersicht 36: Erweiterung der Bewegungsbilanz um die Gewinn- und Verlustrechnung			
MITTELVERWENDUNG		**MITTELHERKUNFT**	
* AKTIVZUNAHMEN:		* PASSIVZUNAHMEN:	
Zugänge immaterielles Anlagevermögen	518,5	Gewinnrücklagen	188,1
Zugänge Sachanlagen	2268,3	Anteile anderer Gesellschafter	68,0
Zugänge Finanzanlagen	397,3	Pensionsrückstellungen	388,9
Zuschreibungen Finanzanlagen	11,2	sonstige Rückstellungen	665,2
geleistete Anzahlungen	52,6	Verbindlichkeiten gegenüber Kreditinstituten	162,9
Vorräte	337,4	Verbindlichkeiten aus Lieferungen und Leistungen	264,9
Forderungen aus Lieferungen und Leistungen	729,7	erhaltene Anzahlungen	174,9
Zahlungsmittel	62,4	sonstige Verbindlichkeiten	455,3
sonstige Rechnungsabgrenzungsposten	14,7	Rechnungsabgrenzungsposten	1,3

Übersicht 36: (Fortsetzung)			
* PASSIVABNAHMEN:		*** AKTIVABNAHMEN:**	
Sonderposten mit Rücklageanteil	47,9	sonstige Forderungen	99,0
Steuerrückstellungen	114,6	Wertpapiere	118,0
Anleihen	72,8	Disagio	0,5
Dividende 1989	313,0	aktivische latente Steuern	34,6
Veränderung Gewinnrücklagen	291,4	Abgänge immaterielles Anlagevermögen	8,7
Veränderung Anteile anderer Gesellschafter	54,3	Abschreibungen immaterielles Anlagevermögen	78,2
* AUFWENDUNGEN:		Abgänge Sachanlagen	324,3
Bestandsveränderung fertige und unfertige Erzeugnisse	**16,8**	Abschreibungen Sachanlagen	1389,7
Materialaufwand	**21484,0**	Abgänge Finanzanlagen	125,3
Personalaufwand	**9832,4**	Abschreibungen Finanzanlagen	48,3
Abschreibungen auf das immaterielle Anlagevermögen und Sachanlagen	**1467,9**	*** ERTRÄGE:**	
		Umsatzerlöse	**36185,5**
sonstige betriebliche Aufwendungen	**3447,0**	**aktivierte Eigenleistungen**	**135,3**
Abschreibungen auf Finanzanlagen	**48,3**	**sonstige betriebliche Erträge**	**1272,3**
Abschreibungen auf Wertpapiere des Umfaufvermögens	**5,0**	**Beteiligungsergebnis**	**73,9**
Zinsergebnis	**102,5**		
Steueraufwand	**573,1**		
Summe	42263,1	Summe	42263,1

1.4.5.6 Saldierung der erweiterten Bewegungsbilanz

Isolierung zahlungsunwirksamer Posten Die Einbeziehung der Gewinn- und Verlustrechnung ist Voraussetzung für die Erstellung einer zahlungsstromorientierten Kapitalflußrechnung, denn erst jetzt können zahlungsunwirksame Posten isoliert und anschließend saldiert werden:

(1) Die bereits durchgeführte Erweiterung der Bewegungsbilanz um die Kontenbewegungen des Anlagevermögens führt dazu, daß die zahlungsunwirksamen Vorgänge im Anlagevermögen doppelt erfaßt werden: Die Abschreibungen werden sowohl als Aufwand (= Mittelverwendung) als auch als Aktivabnahme (= Mittelherkunft) ausgewiesen und können unmittel-

bar miteinander verrechnet werden; ebenso wird bei den Zuschreibungen im Anlagevermögen verfahren, die in der erweiterten Bewegungsbilanz sowohl als Aktivzunahme als auch als Ertrag erfaßt werden.

(2) Neben der Saldierung der doppelt ausgewiesenen Posten werden sich entsprechende Posten aus Bilanz und Gewinn- und Verlustrechnung einander zugeordnet und miteinander verrechnet. Rechentechnisch werden dabei Posten der gleichen Bewegungsbilanzseite addiert, während Posten der anderen Seite subtrahiert werden.

Die Überlegung, die hinter der Zuordnung und Verrechnung der Posten aus Bilanz und Gewinn- und Verlustrechnung steht, soll exemplarisch anhand der Ermittlung der Umsatzeinzahlungen und der Materialauszahlungen erläutert werden (vgl. hierzu ausführlich SIENER, F. 1991, S. 129f.):

Exemplarische Erläuterung

(1) Die Umsatzerlöse werden in der erweiterten Bewegungsbilanz als Mittelherkunft ausgewiesen, obwohl sie nicht in voller Höhe zahlungswirksam waren. Um nun die zahlungswirksamen Umsatzeinzahlungen zu ermitteln, werden die Umsatzerlöse um die Zunahme der Forderungen aus Lieferungen und Leistungen gekürzt (= Ertrag, aber noch keine Einzahlung) und um die Zunahme der erhaltenen Anzahlungen erhöht (= Einzahlung, aber noch kein Ertrag).

Umsatz-einzahlungen

(2) Bei der Ermittlung der Materialauszahlungen wird entsprechend vorgegangen, indem der Materialaufwand um die zahlungsunwirksamen Vorgänge korrigiert wird. Im vorliegenden Beispiel ist der Materialaufwand um die gestiegenen Verbindlichkeiten aus Lieferungen und Leistungen zu kürzen (= Aufwand, aber noch keine Auszahlung), hingegen sind der Anstieg der geleisteten Anzahlungen und der Vorräte (= Auszahlung, aber noch kein Aufwand) sowie der Bestandsabbau an fertigen und unfertigen Erzeugnissen (= Aufwand jetzt, Auszahlung früher) zu addieren. Die Addition des Bestandsabbaus hat deshalb zu erfolgen, weil durch den zusammengefaßten Ausweis der Vorräte in der Bilanz die (auszahlungswirksame) Zunahme der Vorräte genau um diesen Betrag zu niedrig ausgewiesen wird.

Material-auszahlungen

Von dem Umfang der vorgenommenen Verrechnungen hängt die Genauigkeit und die Richtigkeit der zahlungsstromorientierten Kapitalflußrechnung ab, wobei im Idealfall bei dieser Saldierung alle zahlungsunwirksamen Vorgänge miteinander verrechnet werden sollten. Bei einer externen Erstellung der Kapitalflußrechnung ist eine vollständige Verrechnung allerdings unmöglich, so daß die Kapitalflußrechnung immer gewisse Verzerrungen und Ungenauigkeiten beinhaltet:

Bestimmungs-faktoren der Richtigkeit und Genauigkeit

– Unbare Geschäftsvorfälle sind aus dem Bilanzvergleich nicht ersichtlich und können folglich nicht eliminiert werden. Ein durch Krediteinräumung finanzierter Anlagenzugang erscheint deshalb sowohl als Investitionsaus-

Unbare Geschäfts-vorfälle

zahlung als auch als Finanzierungseinzahlung, obwohl tatsächlich kein Zahlungsstrom mit der Transaktion verbunden war. Ein weiterer Problembereich sind die sonstigen betrieblichen Erträge und Aufwendungen, deren zahlungsunwirksame Bestandteile nur unvollständig aus den Angaben des Anhangs ermittelt werden können.

Zuordnungs-
probleme

– Des weiteren treten Probleme bei der Zuordnung der Posten der erweiterten Bewegungsbilanz zu den Bereichen der Kapitalflußrechnung auf. So wären Erträge aus Abgängen des Anlagevermögens dem Investitionsbereich, nicht aber dem Bereich der gewöhnlichen Geschäftstätigkeit zuzuordnen. Gleiches gilt für die Zuordnung der Forderungen und Verbindlichkeiten aus Lieferungen und Leistungen, die in voller Höhe dem Bereich der gewöhnlichen Geschäftstätigkeit zugeordnet werden, auch wenn sie Investitions- oder Desinvestitionsmaßnahmen betreffen.

Grundsätzliches
Problem der Bilanz-
analyse

Diese Mängel der externen Kapitalflußrechnung sollten nicht von ihrer Erstellung abhalten, denn für die Zwecke der Bilanzanalyse liegen keine besseren Informationen zur Finanzlage eines Unternehmens vor. Es handelt sich bei diesen Einschränkungen um ein grundsätzliches Problem der Bilanzanalyse; der Analyst einer extern erstellten Kapitalflußrechnung sollte sich dieser Beschränkungen allerdings bewußt sein, um keinen Fehlurteilen hinsichtlich des Inhalts der Kapitalflußrechnung zu erliegen.

Übersicht 37: Saldierung und Umgliederung der erweiterten Bewegungsbilanz

MITTELVERWENDUNG		MITTELHERKUNFT	
* AKTIVZUNAHMEN:		* PASSIVZUNAHMEN:	
Zugänge immaterielles Anlagevermögen	518,5	Anteile anderer Gesellschafter (Bilanz)	68,0
Zugänge Sachanlagen	2268,3	./. Veränderung Anteile anderer Gesellschafter	
./. aktivierte Eigenleistungen	./. 135,3	(GuV)	./. 54,3
Zugänge Finanzanlagen	397,3	Verbindlichkeiten gegenüber Kreditinstituten	162,9
./. anteilige Jahresergebnisse assoziierter Unternehmen	./. 15,7	sonstige Verbindlichkeiten	455,3
Zahlungsmittel	62,4		

Übersicht 37: (Fortsetzung)

* PASSIVABNAHMEN:		* AKTIVABNAHMEN:	
Anleihen	72,8	sonstige Forderungen	99,0
Dividende 1989	313,0	Wertpapiere	118,0
Veränderung Gewinnrück-lagen (GuV)	291,4	./. Abschreibungen auf Wertpapiere	5,0
./. Zunahme Gewinnrück-lagen (Bilanz)	./. 188,1	Abgänge immaterielles Anlagevermögen	8,7
		Abgänge Sachanlagen	324,3
* AUFWENDUNGEN:		Abgänge Finanzanlagen	125,3
Materialaufwand	21484,0		
+ Zunahme geleisteter Anzahlungen	+ 52,6	* ERTRÄGE:	
./. Zunahme Verbindlich-keiten aus Lieferungen und Leistungen	./. 264,9	Umsatzerlöse	36185,5
+ Zunahme Vorräte	+ 337,4	+ Zunahme erhaltener Anzahlungen	+ 174,9
+ Bestandsabbau fertige und unfertige Erzeug-nisse	+ 16,8	./. Zunahme Forderungen aus Lieferungen und Leistungen	./. 729,7
Personalaufwand	9832,4	sonstige betriebliche Erträge	1272,3
./. Zunahme Pensionsrück-stellungen	./. 388,9	./. Zuschreibungen	./. 11,2
sonstige betriebliche Auf-wendungen	3447,0	./. Veränderung Sonder-posten mit Rücklagean-teil	./. 47,9
+ Zunahme aktivischer Rechnungsabgrenzungs-posten	+ 14,7	+ Zunahme passivischer Rechnungsabgrenzungs-posten	+ 1,3
./. Zunahme sonstiger Rückstellungen	./. 665,2	Beteiligungsergebnis	73,9
Zinsergebnis	102,5	./. anteilige Jahresergeb-nisse der assoziierten Unternehmen	./. 15,7
./. Abnahme Disagio	./. 0,5		
Steueraufwand	573,1		
+ Abnahme Steuerrück-stellungen	+ 114,6		
./. Abnahme aktivischer latenter Steuern	./. 34,6		
Summe	38205,6	Summe	38205,6

1.4.5.7 Umgliederung der Posten zur Kapitalflußrechnung

Gliederung nach dem Aktivitätsformat

Als letzter Schritt bei der Ermittlung der Kapitalflußrechnung sind die Posten der Bewegungsbilanz nach Saldierung und Zuordnung entsprechend dem Gliederungsschema der Kapitalflußrechnung umzugliedern. Die Kapitalflußrechnung wird hier nach dem Aktivitätsformat erstellt, untergliedert in die Bereiche Geschäftstätigkeit, Investitionen und Finanzierung (dieses Format entspricht dem Gliederungsschema angloamerikanischer Kapitalflußrechnungen; auf Detailprobleme bei der Zuordnung wird hier nicht eingegangen, vgl. hierzu z.B. DELLMANN, K. 1990). Als Fonds werden in dieser zahlungsstromorientierten Kapitalflußrechnung die Zahlungsmittel ausgewiesen; die Fondsveränderung muß mit der Veränderung des entsprechenden Bilanzpostens übereinstimmen.

Übersicht 38: Kapitalflußrechnung Thyssen-Welt

(1) BEREICH DER GEWÖHNLICHEN GESCHÄFTSTÄTIGKEIT:

Umsatzeinzahlungen			35630,7
+	sonstige betriebliche Einzahlungen		1214,5
+	Beteiligungseinzahlungen		58,2
./.	Materialauszahlungen		./. 21625,9
./.	Personalauszahlungen		./. 9443,5
./.	sonstige betriebliche Auszahlungen		./. 2796,5
./.	Finanzauszahlungen		./. 102,0
./.	Steuerauszahlungen		./. 653,1

=	ZAHLUNGSMITTELÜBERSCHUSS AUS DER GEWÖHNLICHEN GESCHÄFTSTÄTIGKEIT (CASH-FLOW)	2282,4

(2) INVESTITIONSBEREICH:

Auszahlungen für den Erwerb von Gegenständen des Anlagevermögens		./. 2651,5
davon immaterielle Vermögensgegenstände	518,5	
davon Sachanlagen	2133,0	
Auszahlungen für die Gewährung von Ausleihungen oder den Erwerb von Beteiligungen oder Wertpapieren		./. 381,6
Einzahlungen aus dem Verkauf von Gegenständen des Anlagevermögens		333,0
davon immaterielle Vermögensgegenstände	8,7	
davon Sachanlagen	324,3	
Einzahlungen aus der Tilgung von Ausleihungen oder der Veräußerung von Beteiligungen oder Wertpapieren		337,3

=	ZAHLUNGSMITTELFEHLBETRAG AUS DEM INVESTITIONSBEREICH	./. 2362,8

Übersicht 38: (Fortsetzung)		
(3) FINANZIERUNGSBEREICH:		
Auszahlungen an die Gesellschafter (Dividende 1989)	./.	313,0
+ Einzahlungen aus der Aufnahme von Fremdkapital		618,2
./. Auszahlungen für die Tilgung von Fremdkapital	./.	72,8
= ZAHLUNGSMITTELÜBERSCHUSS AUS DEM FINANZIERUNGSBEREICH		232,4
(4) KONSOLIDIERUNGSTECHNISCHER VERRECHNUNGSBEREICH:	./.	89,6
= VERÄNDERUNG DES ZAHLUNGSMITTELBESTANDS = (1) + (2) + (3) + (4)		62,4

Der ›konsolidierungstechnische Verrechnungsbereich‹ resultiert aus der Differenz zwischen der Veränderung des Konzerneigenkapitals in der Konzernbilanz und in der Konzern-Gewinn- und Verlustrechnung, die eine vollständige Aufrechnung dieser (zahlungsunwirksamen) Bewegungen verhindert. Dieser Unterschiedsbetrag ist dadurch bedingt, daß die Veränderung der Rücklagen und der Anteile anderer Gesellschafter in der Konzernbilanz nicht nur durch die Gewinnverwendung, sondern auch durch andere Faktoren, wie z.B. die Veränderungen des Konsolidierungskreises, verursacht wird. Da die Veränderung des Eigenkapitals nicht separat auszuweisen ist, können diese zahlungsunwirksamen Vorgänge bei einer externen Erstellung der Kapitalflußrechnung nicht isoliert werden.

Konsolidierungs-technischer Verrechnungsbereich

Die Ermittlung des ausgewiesenen Unterschiedsbetrags wird in der folgenden Übersicht dargestellt.

Übersicht 39: Ermittlung des konsolidierungstechnischen Verrechnungsbereichs			
MITTELVERWENDUNG		**MITTELHERKUNFT**	
Veränderung Gewinnrücklagen (GuV)	291,4	Veränderung Gewinnrücklagen (Bilanz)	188,1
Veränderung Anteile anderer Gesellschafter (GuV)	54,3	Veränderung Anteile anderer Gesellschafter (Bilanz)	68,0
SALDO:	./. 89,6		

1.4.5.8 Ermittlung des Cash-flow nach der indirekten Methode

Geringere Aussagekraft

Der Cash-flow wurde in der obigen Kapitalflußrechnung nach der direkten Methode ermittelt. Alternativ kann er auch nach der indirekten Methode ausgewiesen werden, indem der Jahresüberschuß um die zahlungsunwirksamen Bestandteile korrigiert wird. Diese Ausweistechnik ist insbesondere bei einer Integration in die zahlungsstromorientierte Kapitalflußrechnung weniger aussagekräftig als die direkte Methode, weil die zahlungswirksamen Vorgänge der Geschäftätigkeit gerade nicht ausgewiesen werden. Die Vorgehensweise bei der Berechnung des Cash-flow nach der indirekten Methode wird hier dennoch der Vollständigkeit halber demonstriert. Das Ergebnis muß mit dem oben ermittelten Cash-flow übereinstimmen, da es sich bei der indirekten Methode lediglich um eine andere Ermittlungstechnik handelt.

Übersicht 40: Ermittlung des Cash-flow nach der indirekten Methode

(1)	BEREICH DER GEWÖHNLICHEN GESCHÄFTSTÄTIGKEIT:	
	Jahresüberschuß	690,0
+	Wertminderungen:	
	+ Abschreibungen immaterielles Anlagevermögen und Sachanlagen	1467,9
	+ Abschreibungen Finanzanlagen und Wertpapiere des Umlaufvermögens	53,3
	+ Abnahme aktivischer latenter Steuern	34,6
	+ Abnahme Disagio	0,5
./.	Werterhöhungen:	
	./. Zuschreibungen	./. 11,2
	./. Abnahme Sonderposten mit Rücklageanteil	./. 47,9
	./. nicht ausgeschüttete Gewinne von assoziierten Unternehmen	./. 15,7
	./. aktivierte Eigenleistungen	./. 135,3
+	Zunahme Rückstellungen	939,5
+	Ertragslose Einzahlungen:	
	+ Zunahme Verbindlichkeiten aus Lieferungen und Leistungen	264,9
	+ Zunahme erhaltene Anzahlungen	174,9
	+ Zunahme passivischer Rechnungsabgrenzungsposten	1,3
./.	aufwandslose Auszahlungen:	
	./. Zunahme Forderungen aus Lieferungen und Leistungen	729,7
	./. Zunahme geleistete Anzahlungen	./. 52,6
	./. Zunahme aktivischer Rechnungsabgrenzungsposten	./. 14,7
	./. Zunahme Vorräte	./. 337,4
=	ZAHLUNGSMITTELÜBERSCHUSS AUS DER GEWÖHNLICHEN GESCHÄFTSTÄTIGKEIT (CASH-FLOW)	2282,4

1.4.5.9 Beurteilung der Ergebnisse

Im Anschluß an die Ermittlung der Kapitalflußrechnung sind die Ergebnisse dieser Berechnung zu analysieren und zu beurteilen, denn die Zielsetzung der Kapitalflußrechnung besteht darin, weitergehende Aussagen über die Finanzlage eines Unternehmens bzw. Konzerns machen zu können. Dabei dient die Erstellung einer retrospektiven Kapitalflußrechnung vor allem dem Ziel, einen Einblick in die zukünftige Entwicklung der Finanzlage zu ermöglichen. Fundierte Vorhersagen über die finanzielle Entwicklung sind jedoch auf der Grundlage der Zahlungsströme eines einzelnen Geschäftsjahrs nicht möglich, so daß grundsätzlich mehrere Geschäftsjahre im Zeitablauf zu untersuchen sind (auf diese Berechnung wurde im vorliegenden Beispiel aus Platzgründen verzichtet).

Einblick in die zukünftige Finanzlage

Die Aufstellung der Kapitalflußrechnung nach dem Aktivitätsformat erlaubt einen Einblick in die Zahlungsströme der verschiedenen betrieblichen Bereiche. Neben der Höhe der einzelnen Ein- und Auszahlungen ist insbesondere die Entwicklung der Zahlungsmittelsalden von Interesse:

(1) Der Cash-flow aus der gewöhnlichen Geschäftätigkeit ist ein Maßstab der selbst erwirtschafteten Zahlungsmittel und kann zur Berechnung weiterer Kennzahlen, wie z.B. der Investitionsdeckung oder des dynamischen Verschuldungsgrades, herangezogen werden.

Cash-flow

(2) Der Zahlungsmittelsaldo des Investitionsbereichs ist in der Regel negativ, da die Investitionsauszahlungen bei normalem Geschäftsverlauf die Desinvestitionseinzahlungen übersteigen. Im vorliegenden Beispiel ist der Zahlungsmittelfehlbetrag aus dem Investitionsbereich höher als der Zahlungsmittelüberschuß der gewöhnlichen Geschäftätigkeit, d.h., es wurde mehr investiert als verdient. Dieser Zusammenhang wäre bei einer umfassenden Analyse des Jahresabschlusses genauer zu untersuchen (dieser Fehlbetrag resultiert hier aus einer wesentlichen Veränderung des Konsolidierungskreises und den damit angefallenen Auszahlungen).

Zahlungsmittelsaldo des Investitionsbereichs

(3) Das erhebliche Wachstum, das sich in dem hohen Zahlungsmittelfehlbetrag aus dem Investitionsbereich niederschlägt, wurde durch einen starken Anstieg der Fremdfinanzierung ausgeglichen, so daß sogar noch eine Zunahme der Zahlungsmittel in Höhe von 62,4 Mio. DM verzeichnet werden konnte. Dies zeigt deutlich, daß es unmöglich ist, allein von der Veränderung des Zahlungsmittelsaldos (oder einer anderen Bestandsgröße) auf die finanzielle Entwicklung zu schließen, denn die Zu- oder Abnahme der liquiden Mittel an sich ist weder positiv noch negativ zu beurteilen. Erst die Untersuchung der Veränderung dieser Größe im Zeitablauf, ihrer absoluten Höhe sowie vor allem die Analyse der Ursachen der Veränderung ermöglichen ein Urteil über die finanzielle Entwicklung.

Zahlungsmittelfehlbetrag

Ergebnis (4) Als Ergebnis der Analyse der hier ermittelten Kapitalflußrechnung kann festgehalten werden, daß das Wachstum des Konzerns im untersuchten Geschäftsjahr finanziell gut verkraftet wurde; weitergehende Aussagen, insbesondere zu der Höhe der verschiedenen Zahlungsmittelsalden, erfordern eine Betrachtung der Zahlungsströme im Zeitablauf.

Einschränkungen Bei allen Aussagen zu den Ergebnissen der Kapitalflußrechnung muß man sich der systembedingten Fehler bei ihrer Erstellung bewußt sein. Hierzu zählen einerseits die Strukturverzerrungen, die sich aus der beschränkten Verrechnungsmöglichkeit der zahlungsunwirksamen Vorgänge im Rahmen der externen Bilanzanalyse ergeben. Andererseits resultieren weitere Fehler aus der Ableitung der Kapitalflußrechnung aus dem Konzernabschluß. Dabei ist insbesondere an die Auswirkungen der Veränderungen des Konsolidierungskreises zu denken, die sämtliche Bereiche der Konzernbilanz und damit auch der Konzernkapitalflußrechnung berühren, obwohl ihnen Investitionsauszahlungen zugrunde liegen. Im vorliegenden Beispiel wird der Zahlungsmittelfehlbetrag aus dem Investitionsbereich nicht in voller Höhe ausgewiesen, weil sich die Veränderung des Konsolidierungskreises ebenfalls im Bereich der gewöhnlichen Geschäftstätigkeit und im Finanzierungsbereich auswirkt. Ferner lassen sich die Auswirkungen der Umrechnung ausländischer Abschlüsse nicht in der Kapitalflußrechnung isolieren, so daß alle Zahlungsvorgänge durch die zahlungsunwirksamen Umrechnungseffekte beeinflußt werden.

Sinnvolle Trotz dieser Einschränkungen bei der externen Erstellung der Kapitalflußrech-
Ergänzung nung wird die zahlungsstromorientierte Kapitalflußrechnung als eine sinnvolle
der Bilanzanalyse Ergänzung der Bilanzanalyse angesehen. Sie erlaubt einen zusätzlichen Einblick in die finanzielle Entwicklung, der allein aufgrund von Bilanz und Gewinn- und Verlustrechnung nicht möglich wäre. Die Zusammenfassung wichtiger finanzieller Vorgänge – die Mittelbeschaffung im Rahmen der Geschäftstätigkeit, die Verwendung der Mittel für Investitionen und die Bedeutung der Außenfinanzierung – in einer Rechnung gibt einen Überblick über die Finanzlage und ermöglicht die Berechnung weiterer Kennzahlen. Die Mängel der extern erstellten Kapitalflußrechnung lassen sich jedoch erst bei einer internen Erstellung vermeiden.

1.5 Internationale Bedeutung des Cash-flow und von Kapitalfluß-
   rechnungen

1.5.1 Cash-flow

Internationale International wird ähnlich wie in Deutschland der Cash-flow als Indikator
Bedeutung sowohl der kurz- und mittel- bis langfristigen Zahlungsbereitschaft als auch
und Definition der Ertragskraft betrachtet (vgl. BERSTEIN, A.L. 1989, S. 404). Dabei wird zur Bedeutung des Cash-flow auf die wegen der zunehmenden Komplexität der Regeln der kaufmännischen Buchführung immer größer werdende Differenz

zwischen dem nach diesen Regeln berichteten Jahresergebnis und den operativen Zahlungsströmen sowie auf die Bedeutung der Liquidität des Unternehmens auch für seine strategische Zielverfolgungsmöglichkeit verwiesen. Allerdings ist auch international der Begriff des Cash-flow nicht zweifelsfrei und einheitlich definiert. Es ist daher nicht verwunderlich, daß sich international die Meinung zur Definition der verschiedenen Cash-flow und ihrer Darstellung zunehmend an dem von dem amerikanischen FASB herausgegebenen Statement of Cash-flows orientiert (SFAS No. 95 von 1988).

1.5.2 Kapitalflußrechnungen

International ist die Ergänzung des Jahresabschlusses durch eine Kapitalflußrechnung weit verbreitet. Daß weder die 4. EG-Richtlinie noch die 7. EG-Richtlinie die Aufstellung einer solchen Rechnung als vierten Bestandteil des Jahresabschlusses neben der Bilanz, der Gewinn- und Verlustrechnung und dem Anhang verlangen, muß deshalb überraschen; derzeit ist in einigen EU-Ländern eine solche Kapitalflußrechnung pflichtmäßig oder üblicherweise schon Bestandteil des Jahresabschlusses (in Frankreich üblich als Bestandteil des Konzernabschlusses; in den Niederlanden üblich; in Irland und Großbritannien ist sie Pflichtbestandteil aufgrund von Verlautbarungen des Berufsstandes der Wirtschaftsprüfer). Auch IAS No. 7 sieht die Kapitalflußrechnung als Pflichtbestandteil des Jahresabschlusses vor.

Pflicht- versus Wahlbestandteil des Jahresabschlusses

International wird meist noch die Kapitalflußrechnung auf der Grundlage einer Fondsabgrenzung alternativ als Working Capital oder liquide Mittel zugelassen, obwohl die Entwicklung in Folge des SFAS No. 95 in den USA dahingeht, die Kapitalflußrechnung nur noch als Zahlungsstromrechnung (Statement of Cash-flows) zuzulassen (so z.B. in Großbritannien und Irland nach FRS 1 von 1991 und FRED 10 von 1995).

1.5.3 SFAS No. 95

SFAS No. 95 vom November 1987 ersetzt die bis dahin geltende APB-Opinion No. 19 »Reporting Changes in Financial Position«.

Nach SFAS No. 95 ist das Statement of Cash-flows Pflichtbestandteil des Jahresabschlusses nach U.S. Generally Accepted Accounting Principles (neben der Bilanz, der Gewinn- und Verlustrechnung und den Notes) und daher sowohl zum Einzelabschluß (wenn er überhaupt offengelegt wird) als auch zum Konzernabschluß aufzustellen.

Statement of Cash-flows Pflichtbestandteil des Jahresabschlusses

Zu zeigen ist in der Rechnung die Entwicklung der liquiden Mittel (bestehend aus Cash und Cash Equivalent) zwischen den Bilanzstichtagen nach Zahlungseingängen (Cash Receipt) und Zahlungsausgängen (Cash Disbursement) in den Bereichen investive Tätigkeiten, Finanzaktivitäten und operative Tätigkeiten, die jeweils im einzelnen in dem Statement beschrieben werden. Im Bereich des operativen Cash-flow wird die direkte oder Bruttomethode empfohlen, aber

Inhalt der Rechnung

auch die indirekte oder Nettomethode zugelassen. Wird nach der direkten Methode vorgegangen, ist der operative Cash-flow zusätzlich mit dem Jahresüberschuß/-fehlbetrag abzustimmen.

Zusätzliche Erläuterungen   Zusätzlich zu dem Statement of Cash-flows wird die Erläuterung von wesentlichen anderen Geschäftsvorfällen im Investitions- und im Finanzbereich, die sich nicht im Cash-flow-Statement niederschlagen, verlangt.

Übersicht 41: Beispiel eines Statement of Cash-flows nach der indirekten Methode		
Cash-flows from operating activities:		
Net income		$ 760
Adjustments to reconcile net income to net cash provided by operating activities:		
Depreciation and amortization	$ 445	
Provision for losses on accounts receivable	200	
Gain on sale of facility	(80)	
Undistributed earnings of affiliate	(25)	
Payment received on installment note receivable for sale of inventory	100	
Change in assets and liabilities net of effects from purchase of Company S:		
Increase in accounts receivable	(215)	
Decrease in inventory	205	
Increase in prepaid expenses	(25)	
Decrease in accounts payable and accrued expenses	(250)	
Increase in interest and income taxes payable	50	
Increase in deferred taxes	150	
Inerease in other liabilities	50	
Total adjustments		605
Net cash provided by operating activities		1,365
Cash-flows from investing activities:		
Proceeds from sale of facility	600	
Payment received on note for sale of plant	150	
Capital expenditures	(1,000)	
Payment for purchase of Company S, net of cash acquired	(925)	
Net cash used in investing activities		(1,175)
Cash-flows from financing activities:		
Net borrowings under line-of-credit agreement	300	
Principal payments under capital lease obligation	(125)	
Proceeds from issuance of long-term debt	400	
Proceeds from issuance of common stock	500	
Dividends paid	(200)	
Net cash provided by financing activities		875
Net increase in cash and cash equivalents		1,065
Cash and cash equivalents at beginning of year		600
Cash and cash equivalents at end of year		$ 1,665

Übersicht 42: Beispiel eines Statement of Cash-flows nach der direkten Methode

Cash-flows from operating activities:		
Cash received from customers	$ 13,850	
Cash paid to suppliers and employees	(12,000)	
Dividend received from affiliate	20	
Interest received	55	
Interest paid (net of amount capitalized)	(220)	
Income taxes paid	(325)	
Insurance proceeds received	15	
Cash paid to settle lawsuit for patent infringement	(30)	
Net cash provided by operating activities		$ 1,365
Cash-flows from investing activities:		
Proceeds from sale of facility	600	
Payment received on note for sale of plant	150	
Capital expenditures	(1,000)	
Payment for purchase of Company S, net of cash acquired	(925)	
Net cash used in investing activities		(1,175)
Cash-flows from financing activities:		
Net borrowings under line-of-credit agreement	300	
Principal payments under capital lease obligation	(125)	
Proceeds from issuance of long-term debt	400	
Proceeds from issuance of common stock	500	
Dividends paid	(200)	
Net cash provided by financing activities		875
Net increase in cash and cash equivalents		1,065
Cash and cash equivalents at beginning of year		600
Cash and cash equivalents at end of year		$ 1,665

---

*Übersicht 43: Abstimmung des operativen Cash-flow mit dem Jahres-
ergebnis*

Reconciliction of net income to net cash provided by
operating activities:

Net income		$ 760
Adjustments to reconcile net income to net cash provided by operating activities:		
Depreciation and amortization	$ 445	
Provision for losses on accounts receivable	200	
Gain on sale of facility	(80)	
Undistributed earnings of affiliate	(25)	
Payment received on installment note receivable for sale of inventory	100	
Change in assets and liabilities net of effects from purchase of Company S:		
Increase in accounts receivable	(215)	
Decrease in inventory	205	
Increase in prepaid expenses	(25)	
Decrease in accounts payable and accrued expenses	(250)	
Increase in interest and income taxes payable	50	
Increase in deferred taxes	150	
Increase in other liabilities	50	
Total adjustments		605
Net cash provided by operating activities		1,365

Die zugrundeliegenden Regelungen sind von allen Unternehmen, die einen Jahresabschluß nach U.S. GAAP aufstellen, zu beachten. Abgesehen von dem Wahlrecht, die Rechnung nach der direkten oder der indirekten Methode aufzustellen (von in 1991 untersuchten 600 Unternehmen haben allerdings nur 15 die Kapitalflußrechnung nach der direkten Methode aufgestellt, während 585 die indirekte Methode wählten; vgl. AMERICAN INSTITUTE OF CERTIFIED PUBLIC ACCOUNTANTS 1992, S. 393), ist – im Vergleich zur derzeitigen Situation in Deutschland – so in erheblichem Ausmaß die Gleichförmigkeit des Inhalts und damit die Vergleichbarkeit zwischen verschiedenen Unternehmen gesichert.

*Vorteile des SFAS
No. 95*

1.5.4 Kapitalflußrechnung nach HFA 1/1995

Ziele der Stellung-
nahme HFA 1/1995
Der Hauptfachausschuß des Instituts der Wirtschaftsprüfer hat 1995 gemeinsam mit dem Arbeitskreis ›Finanzierungsrechnung‹ der Schmalenbach-Gesell-
schaft/Deutsche Gesellschaft für Betriebswirtschaft e.V. eine neue Stellungnahme zur Kapitalflußrechnung veröffentlicht, die die Stellungnahme HFA 1/
1978 ersetzt (vgl. HFA 1/1995, S. 210-213). Ziel dieser Stellungnahme ist es
zu einer einheitlicheren Ausgestaltung erstellter Kapitalflußrechnungen beizu-
tragen. Darüber hinaus zeigt sie die Bedingungen und Voraussetzungen auf,
unter denen eine Kapitalflußrechnung vergleichbar (gleichwertig) mit einer
nach internationalen Rechnungslegungsgrundsätzen aufgestellten Kapitalflußrechnung ist. Die Stellungnahme soll zusätzlich auch dem Abschlußprüfer bei
der Beurteilung veröffentlichter Kapitalflußrechnungen behilflich sein, und
ihm die Möglichkeit geben, die Stellungnahme als Grundlage für die Darstellung der Finanzlage eines Unternehmens mit Hilfe der Kapitalflußrechnung im
Prüfungsbericht heranzuziehen.

Entsprechend der Einheitstheorie ist im Konzernabschluß die Vermögens-, Fi-
nanz- und Ertragslage der einbezogenen Unternehmen so darzustellen, als ob
diese Unternehmen insgesamt ein einziges Unternehmen wären (§ 297 Abs. 3
Satz 1 HGB). Für die Konzern-Kapitalflußrechnung gelten somit die gleichen
Aufstellungsgrundsätze wie für die Einzel-Kapitalflußrechnung.

IAS No. 7
Die von der Stellungnahme vorgeschlagene Kapitalflußrechnung entspricht
den Anforderungen dem als Empfehlung von dem International Accounting
Standards Committee (IASC) herausgegebenem International Accounting
Standard (IAS) No. 7 ›Cash Flow Statements‹. Um eine vollständige Überein-
stimmung mit IAS No. 7 herzustellen, ist die Kapitalflußrechnung um die als
Anlage zur Stellungnahme aufgeführten ›zusätzlichen Angaben nach IAS
No. 7‹ zu ergänzen. IAS No. 7 hat insbesondere dadurch Bedeutung erlangt,
daß seit 1994 zur Zulassung an US-amerikanischen Aktienbörsen neben dem
›Statement of Cash Flows‹ nach SFAS No. 95 auch eine nach IAS No. 7 er-
stellte Kapitalflußrechnung von der Securities and Exchange Commission
(SEC) akzeptiert wird.

Abgrenzung des
Finanzmittelfonds
Die Stellungnahme HFA 1/1995 schränkt die bisher vorgesehenen Wahlmög-
lichkeiten bei der Abgrenzung des Finanzmittelfonds ein, wie dies auch in der
internationalen Praxis inzwischen üblich geworden ist. Außer Zahlungsmitteln
sollen nur solche Posten enthalten sein, die als Zahlungsmitteläquivalente betrachtet werden können. Diese enge Abgrenzung hat den Vorzug, daß die
Fondsbestände in ihrer jeweiligen Währung keinen wesentlichen Wertände-
rungsrisiken ausgesetzt sind (vgl. MANSCH, H. u.a. 1995, S. 188). Nach der
Stellungnahme gehören zu dem Finanzmittelfonds die liquiden Mittel gemäß
§ 266 Abs. 2 B.IV. HGB (Schecks, Kassenbestand, Bundesbank- und Postbank-
guthaben, Guthaben bei Kreditinstituten). Voraussetzung für die Einbeziehung
dieser Posten in den Finanzmittelfonds ist, daß diese Posten nicht als Finanz-
investitionen gehalten werden, sondern dazu dienen, kurzfristigen Zahlungs-

verpflichtungen nachzukommen. Bei Beachtung des Stetigkeitsgrundsatzes können auch weitere Posten aufgenommen werden (z.B. Wertpapiere), wenn diese kurzfristig veräußerbar sind und als Liquiditätsreserve gehalten werden. Ferner können in Abweichung von dem Bruttoprinzip die jederzeit fälligen Bankverbindlichkeiten, die in die Disposition der liquiden Mittel einbezogen sind, mit negativem Vorzeichen als Bestandteil des Finanzmittelfonds berücksichtigt werden. In beiden Fällen sind Angaben über die Zusammensetzung des Fonds erforderlich.

Die Stellungnahme folgt der international üblichen Gliederung der zu zeigenden Mittelzuflüsse/-abflüsse. Die Zahlungsströme werden getrennt nach den Teilbereichen ›Laufende Geschäftstätigkeit‹, ›Investitionstätigkeit‹ und ›Finanzierungstätigkeit‹ ausgewiesen. Die Mittelzuflüsse und Mittelabflüsse sollen dabei in der in Staffelform aufgebauten Kapitalflußrechnung als Zwischensummen ausgewiesen werden. Im Teilbereich der laufenden Geschäftstätigkeit können zwei verschiedene Darstellungsverfahren für den Zahlungssaldo gewählt werden: Bei der direkten Darstellung werden die Ein- und Auszahlungen unmittelbar als solche ausgewiesen. Die indirekte Ermittlung des Mittelzuflusses/-abflusses erfolgt in Form einer Rückrechnung: Der Jahresüberschuß/-fehlbetrag wird um die zahlungsunwirksamen Aufwendungen erhöht, um die zahlungsunwirksamen Erträge vermindert und um andere, nicht in der Gewinn- und Verlustrechnung und nicht im Investitions- und Finanzierungsbereich erfaßte fondswirksame Vorgänge ergänzt.

Gliederung der Kapitalfluß-rechnung

Übersicht 44: Kapitalflußrechnung nach HFA 1/1995 mit direkter Darstellung der Zuflüsse/Abflüsse aus laufender Geschäftstätigkeit

(1)		Einzahlungen von Kunden für den Verkauf von Erzeugnissen, Waren und Dienstleistungen
(2)	./.	Auszahlungen an Lieferanten und Beschäftigte
(3)	+	Sonstige Einzahlungen, die nicht der Investitions- und Finanzierungstätigkeit zuzuordnen sind
(4)	./.	Sonstige Auszahlungen, die nicht der Investitions- und Finanzierungstätigkeit zuzuordnen sind
(5)	**=**	**Mittelzufluß/-abfluß aus laufender Geschäftstätigkeit**
(6)		Einzahlungen aus Abgängen (z.B. Verkaufserlöse, Tilgungsbeträge) von Gegenständen des Anlagevermögens (Restbuchwerte der Abgänge erhöht um Gewinne und vermindert um Verluste aus dem Anlagenabgang)
(7)	./.	Auszahlungen für Investitionen in das Anlagevermögen
(8)		**Mittelzufluß/-abfluß aus der Investitionstätigkeit**
(9)		Einzahlungen aus Kapitalerhöhungen und Zuschüssen der Gesellschafter
(10)	./.	Auszahlungen an Gesellschafter (Dividenden, Kapitalrückzahlungen, andere Ausschüttungen)
(11)	+	Einzahlungen aus der Begebung von Anleihen und aus der Aufnahme von (Finanz-)Krediten
(12)	./.	Auszahlungen für die Tilgung von Anleihen und (Finanz-)Krediten
(13)	**=**	**Mittelzufluß/-abfluß aus der Finanzierungstätigkeit**
(14)		Zahlungswirksame Veränderung des Finanzmittelbestands (Summe der Zeilen 5, 8 und 13)
(15)	±	Wechselkursbedingte und sonstige Wertänderungen des Finanzmittelbestands
(16)	+	Finanzmittelbestand am Anfang der Periode
(17)	**=**	**Finanzmittelbestand am Ende der Periode**

Übersicht 45:		*Kapitalflußrechnung nach HFA 1/1995 mit indirekter Darstellung der Zuflüsse/Abflüsse aus laufender Geschäftstätigkeit*
(1)		Jahresüberschuß/Jahresfehlbetrag
(2)	±	Abschreibungen/Zuschreibungen auf Gegenstände des Anlagevermögens
(3)	±	Zunahme/Abnahme der Rückstellungen
(4)	±	Sonstige zahlungsunwirksame Aufwendungen und Erträge
(5)	∓	Gewinn/Verlust aus dem Abgang von Gegenständen des Anlagevermögens
(6)	∓	Zunahme/Abnahme der Vorräte, der Forderungen aus Lieferungen und Leistungen sowie anderer Aktiva
(7)	±	Zunahme/Abnahme der Verbindlichkeiten aus Lieferungen und Leistungen sowie anderer Passiva
(8)		**Mittelzufluß/-abfluß aus laufender Geschäftstätigkeit**
(9)		Einzahlungen aus Abgängen (z.B. Verkaufserlöse, Tilgungsbeträge) von Gegenständen des Anlagevermögens (Restbuchwerte der Abgänge erhöht um Gewinne und vermindert um Verluste aus dem Anlagenabgang)
(10)	./.	Auszahlungen für Investitionen in das Anlagevermögen
(11)	=	**Mittelzufluß/-abfluß aus der Investitionstätigkeit**
(12)		Einzahlungen aus Kapitalerhöhungen und Zuschüssen der Gesellschafter
(13)	./.	Auszahlungen an Gesellschafter (Dividenden, Kapitalrückzahlungen, andere Ausschüttungen)
(14)	+	Einzahlungen aus der Begebung von Anleihen und aus der Aufnahme von (Finanz-)Krediten
(15)	./.	Auszahlungen für die Tilgung von Anleihen und (Finanz-)Krediten
(16)	=	**Mittelzufluß/-abfluß aus der Finanzierungstätigkeit**
(17)		Zahlungswirksame Veränderung des Finanzmittelbestands (Summe der Zeilen 8, 11 und 16)
(18)	±	Wechselkursbedingte und sonstige Wertänderungen des Finanzmittelbestands
(19)	+	Finanzmittelbestand am Anfang der Periode
(17)	=	Finanzmittelbestand am Ende der Periode

Der Mittelzufluß/-abfluß aus laufender Geschäftstätigkeit ist von dem ›Jahres-Cash-flow‹ nach der gemeinsamen Empfehlung ›Cash Flow nach DVFA/SG‹, der Kommission für Methodik der Finanzanalyse DER DEUTSCHEN VEREINIGUNG FÜR FINANZANALYSE (DVFA) und des Arbeitskreises ›EXTERNE UNTERNEHMENSRECHNUNG‹ der Schmalenbach Gesellschaft – Deutsche Gesellschaft für Betriebswirtschaft (SG), zu unterscheiden. In den Jahres-Cash-flow nach DVFA/SG fließen weder die Veränderungen der kurzfristigen Rückstellungen noch die Veränderungen der nicht in der Gewinn- und Verlustrechnung enthaltenen Vorgänge aus laufender Geschäftstätigkeit ein. Bei einer entsprechenden

Anpassung der Gliederung kann der Jahres-Cash-flow nach DVFA/SG gesondert ausgewiesen werden.

Übersicht 46: Sonderausweis des »Jahres-Cash-flow« nach DVFA/SG

(1)		Jahresüberschuß/Jahresfehlbetrag
(2)	±	Abschreibungen/Zuschreibungen auf Gegenstände des Anlagevermögens
(3)	±	Zunahme/Abnahme der langfristigen Rückstellungen
(4)	±	sonstige zahlungsunwirksame Aufwendungen/Erträge
(4a.)	=	Zwischensumme: Jahres-Cash-flow nach DVFA/SG
(4b.)	±	Zunahme/Abnahme der kurzfristigen Rückstellungen
(5)	∓	Gewinn/Verlust aus dem Abgang von Gegenständen des Anlagevermögens
(6)	∓	Zunahme/Abnahme der Vorräte, der Forderungen aus Lieferungen und Leistungen sowie anderer Aktiva
(7)	±	Zunahme/Abnahme der Verbindlichkeiten aus Lieferungen und Leistungen sowie anderer Passiva
(8)	**=**	**Mittelzufluß/-abfluß aus laufender Geschäftstätigkeit**

Wechselkursbe-
dingte und sonstige
Wertänderungen
des Finanzmittel-
bestands

Die Kapitalflußrechnung wird abgeschlossen durch den Finanzmittelnachweis.
Änderungen des Finanzmittelbestands zwischen dem Anfang und dem Ende
der Berichtsperiode können, wenn im Finanzmittelfonds Fremdwährungspo-
sten enthalten sind, auch durch Änderungen der Umrechnungskurse entstehen.
Dies gilt ebenfalls, wenn bei den im Finanzmittelfonds enthaltenen Posten, wie
z.B. Wertpapiere, Wertänderungen stattgefunden haben. Da diese Bestandsän-
derungen zahlungsunwirksame Vorgänge sind, müssen sie im Finanzmittelnachweis korrigiert werden (vgl. MANSCH, H. u.a. 1995, S. 195).

Möglichkeiten der
Herleitung der
Konzern-Kapital-
flußrechnung

Die Stellungnahme führt drei Formen der Herleitung der Konzern-Kapitalflußrechnung aus dem Rechnungswesens des Konzerns auf. Die Konzern-Kapitalflußrechnung kann direkt aus einer Konzernbuchführung abgeleitet werden,
durch Konsolidierung der Einzel-Kapitalflußrechnungen der einbezogenen
Unternehmen ermittelt oder aus dem Konzernabschluß unter Verwendung zusätzlicher Informationen abgeleitet werden. Die letztgenannte derivative Ermittlung ist das in der Praxis am häufigsten angewandte Verfahren.

Währungsum-
rechnung
im Konzern

Zahlungsmittelzuflüsse und -abflüsse von einbezogenen ausländischen Unternehmen, die auf fremde Währung lauten, sind mit dem Wechselkurs des jeweiligen Zahlungszeitpunktes oder aus Vereinfachungsgründen mit Periodendurchschnittskursen in die Währung des Mutterunternehmens umzurechnen.
Zahlungsunwirksame Wertänderungen können bei der Erstellung der Konzern-
Kapitalflußrechnung zum einen daraus resultieren, daß Fremdwährungstransaktionen zu unterschiedlichen Kursen durchgeführt wurden und zum anderen
daraus, daß Fremdwährungstransaktionen von ausländischen Tochterunternehmen nochmals in die Konzernberichtswährung umgerechnet werden.

Wird die Konzern-Kapitalflußrechnung aus den Einzel-Kapitalflußrechnungen der einbezogenen Konzernunternehmen abgeleitet, werden die Zuflüsse/Abflüsse ebenfalls aus den Einzel-Kapitalflußrechnung mit den Kursen des jeweiligen Zahlungszeitpunktes oder mit Periodendurchschnittskursen umgerechnet. In den umgerechneten Einzel-Kapitalflußrechnungen sind dann die wechselkursbedingten Wertänderungen in der Veränderung des Finanzmittelfonds auszuweisen und bei der Zusammenfassung zur Konzern-Kapitalflußrechnung zu übernehmen.

Bei der Herleitung der Konzern-Kapitalflußrechnung aus dem Konzernabschluß entstehen zusätzlich zu den wechselkursbedingten Wertänderungen des Finanzmittelfonds nicht zahlungswirksame Differenzen durch die wechselkursbedingten Änderungen von Bilanzposten, die auch zu eliminieren sind (z.B. Veränderung des Vorratsbestands aufgrund einer Umrechnung mit dem gesunkenen Stichtagskurs).

Die Stellungnahme sieht vor, daß bei der erstmaligen Einbeziehung bzw. bei der Entkonsolidierung von Tochterunternehmen nur die tatsächlichen Zahlungsströme in der Konzern-Kapitalflußrechnung gezeigt werden. Der liquiditätswirksame Betrag bei einem Unternehmenskauf bzw. -verkauf ergibt sich aus der Kaufpreiszahlung abzüglich der mit dem Unternehmen bzw. Unternehmensanteil erworbenen oder verkauften Finanzmittel. Eine Einbeziehung der sonstigen erworbenen oder verkauften Vermögensgegenstände und der Schulden in die Konzern-Kapitalflußrechnung entspricht nicht den tatsächlichen Zahlungsvorgängen. Der liquiditätswirksame Betrag ist als Mittelzufluß/-abfluß aus der Investitionstätigkeit zu erfassen, soweit diese Finanzmittel nicht gesondert ausgewiesen werden.

Änderungen des Konsolidierungskreises

Soweit die Anteile an Gemeinschaftsunternehmen quotal nach § 310 HGB konsolidiert werden, sind auch die Zahlungen des Gemeinschaftsunternehmens anteilig in die Konzern-Kapitalflußrechnung zu übernehmen. Werden Beteiligungen an assoziierten Unternehmen oder Gemeinschaftsunternehmen nach der Equity-Methode bewertet, so werden nur die Zahlungen zwischen dem Konzern und diesen Unternehmen (z.B. Dividenden, Kapitalrückzahlungen, jedoch nicht der im Rahmen der Equity-Methode erfolgswirksam berücksichtigte anteilige Jahreserfolg) und Zahlungen, die im Zusammenhang mit dem Erwerb oder Verkauf solcher Beteiligungen angefallen sind, erfaßt.

Gemeinschaftsunternehmen und assoziierte Unternehmen

Die Kapitalflußrechnung, die nach den vorstehenden Grundsätzen aufgestellt worden ist, entspricht dem internationalen Rechnungslegungsgrundsatz IAS No. 7 ›Cash Flow Statements‹ des IASC. Sie bedarf aber noch einiger Ergänzungen, um eine vollständige Übereinstimmung mit dem internationalen Rechnungslegungsgrundsatz herzustellen. Beabsichtigt ein Unternehmen die völlige Übereinstimmung der Kapitalflußrechnung mit IAS No. 7, so ist die Kapitalflußrechnung um folgende Angaben zu ergänzen:

Zusätzliche Angaben nach IAS No. 7

(1) Angaben zum Finanzmittelfonds

– Zusammensetzung des Finanzmittelfonds

– Überleitungsrechnung von den Bestandteilen des Fonds zu den entsprechenden Bilanzposten

– Finanzmittelbestände, die Verfügungsbeschränkungen unterliegen

(2) Gesonderter Ausweis bestimmter Zahlungen innerhalb des relevanten Teilbereichs der Kapitalflußrechnung

– Zahlungen im Zusammenhang mit außerordentlichen Vorgängen

– Zinsen, Dividenden und Ertragsteuern

(3) Bedeutende nicht zahlungswirksame Investitions- und Finanzierungsvorgänge

– Umwandlung von Fremdkapital in Eigenkapital

– Erwerb von Vermögensgegenständen mit unmittelbarer Kreditaufnahme beim Lieferanten

– Erwerb eines Unternehmens durch Anteilstausch

(4) Informationen über den Erwerb und Verkauf von Unternehmen und sonstigen Geschäftseinheiten

Als Gesamtbeträge sind offen zu legen

– Kauf- bzw. Verkaufspreise

– Anteil der Zahlungsmittel und Zahlungsmitteläquivalente am vereinbarten Kauf- bzw. Verkaufspreis

– der mit dem Unternehmen oder der sonstigen Geschäftseinheit erworbene bzw. verkaufte Bestand an Zahlungsmitteln und Zahlungsmitteläquivalenten

– der mit dem Unternehmen oder der sonstigen Geschäftseinheit erworbene bzw. verkaufte Bestand an sonstigen Vermögensgegenständen und Schulden, gegliedert nach Hauptposten.

2. Analyse des Erfolgs

2.1 Teilgebiete der Erfolgsanalyse

Das erste Ziel eines unter marktwirtschaftlichen Bedingungen geführten Unternehmens ist es, gegenwärtig und in Zukunft Gewinne zu erzielen. Nur so können die Leistungsfähigkeit und ein ausreichendes Unternehmenswachstum ermöglicht sowie Entnahmen bzw. Gewinnausschüttungen gewährleistet werden. Die Beurteilung dieser zukünftigen nachhaltigen Gewinnerzielungsfähigkeit – allgemein auch als Ertragskraft bezeichnet – ist das Ziel der erfolgswirtschaftlichen Bilanzanalyse (vgl. GRÄFER, H. 1997, S. 100f.).

Ziel der Erfolgs-analyse

Zwar ist die Grundlage der Analyse des Erfolgs eines Unternehmens wiederum der veröffentlichte handelsrechtliche Jahresabschluß, von dem die Generalklausel in § 264 Abs. 2 HGB auch die Vermittlung eines den tatsächlichen Verhältnissen entsprechenden Bildes der Ertragslage fordert, dennoch muß das Beurteilungskriterium der erfolgswirtschaftlichen Bilanzanalyse eine unter ökonomischen Gesichtspunkten definierte Erfolgsgröße sein. Rein handels- oder steuerrechtliche Einflüsse der Bilanzerstellung müssen möglichst vermieden werden.

Der Gewinnbegriff im betriebswirtschaftlichen Sinn wird bestimmt durch den Geldbetrag, der einem Unternehmen in einem Geschäftsjahr bei Erhaltung der Leistungsfähigkeit und Sicherung des künftigen (gleichbleibenden) Einkommens maximal entzogen werden kann. Er ist somit abhängig von der Konzeption der Unternehmenserhaltung bzw. von der Definition des Ertragswerts (vgl. WÖHE, G. 1996, S. 1230ff.; WÖHE, G. 1997, S. 350ff.). Bei der Analyse erweist sich damit insbesondere das der handelsrechtlichen Gewinnermittlung zugrundeliegende Nominalwertprinzip (Mark = Mark) als problematisch, aber auch das Prinzip der Anschaffungs- und Herstellungskosten kann zum Ausweis erheblicher Scheingewinne führen. Die Analyse wird neben diesen durch die grundsätzliche Diskrepanz zwischen der handelsrechtlichen und betriebswirtschaftlichen Bilanzauffassung verursachten Problemen gerade durch die Existenz umfangreicher Bilanzierungs- und Bewertungswahlrechte und Ermessensspielräume zusätzlich erschwert (vgl. SCHULT, E. 1991, S. 87f.).

Gewinndefinition und -ermittlung

Neben der Ermittlung des tatsächlichen Unternehmenserfolgs steht insbesondere die Analyse der Erfolgsstruktur im Mittelpunkt des Interesses. Dabei geht es zum einen um die Betrachtung der verschiedenen Erfolgsquellen und -ursachen, zum anderen um die Untersuchung der Aufwands- und Ertragsstruktur. Die Betrachtung weiterer Kennzahlen in ihrer Bedeutung als Erfolgsindikatoren und die Durchführung verschiedener Rentabilitäts-, Wertschöpfungs- und Gewinnschwellenanalysen sollen schließlich versuchen, zu einer möglichst umfassenden Erfolgsanalyse und zu einer fundierten Abschätzung der künftigen Ertragskraft zu gelangen (vgl. dazu Übersicht 47).

Sonstige Teilgebiete der Erfolgsanalyse

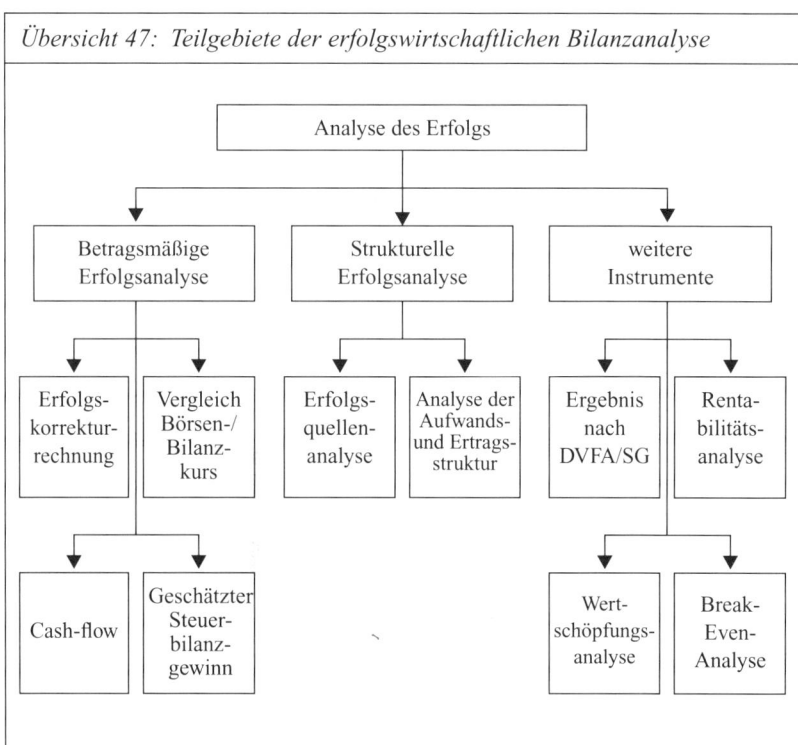

Übersicht 47: Teilgebiete der erfolgswirtschaftlichen Bilanzanalyse

2.2 Betragsmäßige Erfolgsanalyse

Begründung Der im handelsrechtlichen Jahresabschluß eines Unternehmens ausgewiesene und veröffentlichte Erfolg kann unter Umständen erheblich von der tatsächlich erzielten Ergebnisgröße abweichen und ermöglicht somit keinen hinreichend genauen Einblick in die tatsächliche Erfolgslage eines Unternehmens. Der Grund dafür ist in erster Linie in der Legung und Auflösung stiller Reserven zu sehen, die durch zielgerichtete Ausnutzung des bilanzpolitischen Instrumentariums erreicht werden können.

Vorgehensweise Die betragsmäßige Erfolgsanalyse versucht nun, diese Differenz zwischen ausgewiesenem und tatsächlichem Jahreserfolg darzustellen und darauf aufbauend mit Hilfe der gesetzlich geforderten Anhanginformationen einen bereinigten Jahreserfolg abzuleiten, der dem tatsächlich erwirtschafteten, also dem betriebswirtschaftlich ›richtigen‹ Unternehmenserfolg näher kommen soll. Dieser ›richtige‹ Jahreserfolg ist hier dadurch charakterisiert, daß die bilanzmäßig verrechneten Aufwendungen auch dem tatsächlich eingetretenen Werteverzehr entsprechen und die bilanziell gebuchten Erträge die zutreffend periodisierten Einnahmen widerspiegeln.

Obwohl ein Vorschlag zur Berechnung eines bereinigten Jahreserfolgs erarbeitet wird, zeigen die Ausführungen dennoch die engen Grenzen auf, die einer betragsmäßigen Erfolgsanalyse gesetzt sind.

2.2.1 Grundsatzfragen der betragsmäßigen Erfolgsanalyse

2.2.1.1 Zum Verhältnis von ausgewiesenem und tatsächlichem Erfolg

Das wesentliche Ziel der Erfolgsanalyse besteht in der Beurteilung der Ertragskraft des zu analysierenden Unternehmens, wobei die Ertragskraft die Fähigkeit widerspiegelt, gegenwärtig und in der Zukunft nachhaltig Gewinne zu erzielen (vgl. COENENBERG, A.G. 1997, S. 665f.; LACHNIT, L. 1987, S. 33). In der handelsbilanziellen Rechnungslegung findet der Gewinn – oder der Verlust – als Ausdruck des Erfolgs des betreffenden Geschäftsjahrs seinen Niederschlag im Jahresabschluß allein im Posten »Jahresüberschuß« – oder »Jahresfehlbetrag« – in der Gewinn- und Verlustrechnung. Wird der Abschluß nach der teilweisen Verwendung des Jahresergebnisses aufgestellt, so tritt in der Bilanz an die Stelle der Posten »Jahresüberschuß/-fehlbetrag« und »Gewinnvortrag/Verlustvortrag« der Posten »Bilanzgewinn/-verlust«.

Handelsbilanzielle Erfolgsgrößen

Aber weder der handelsbilanziell ausgewiesene Jahresüberschuß noch der Bilanzgewinn ermöglichen einen zutreffenden Einblick in die Ertragslage des Unternehmens, welcher unter betriebswirtschaftlichen Gesichtspunkten überzeugen könnte. Keine dieser beiden Größen ist identisch oder auch nur vergleichbar mit dem Gewinn, den die Gesellschaft in einer Periode tatsächlich erzielt hat (vgl. WÖHE, G. 1997, S. 328).

Der ausgewiesene Bilanzgewinn einerseits steht zur Disposition der Anteilseigner und ist lediglich die Teilgröße des Erfolgs, die zur Ausschüttung vorgesehen ist. Der Jahresüberschuß als Saldogröße der Gewinn- und Verlustteile andererseits kann bereits um Ertragsteile der laufenden Periode gekürzt worden sein (z.B. Steuerzahlungen, Aufwendungen aus Verlustübernahme- oder Gewinnabführungsverträgen) oder Ertragsteile enthalten, die früheren Perioden (Steuererstattungen) oder anderen Unternehmen (Erträge aus Gewinnabführungen) zuzurechnen sind. Hinzu kommt, daß der Jahresüberschuß durch bilanzpolitische Gestaltungen in einer Weise beeinflußt werden kann, daß der Jahresabschluß keinen ausreichenden Einblick in die Ertragslage mehr zuläßt (vgl. WÖHE, G. 1997, S. 328; LEFFSON, U. 1984, S. 11). Im Gegenteil: Der Jahresabschluß kann durch eine gezielte Anwendung bilanzpolitischer Maßnahmen unter Umständen sogar zu Fehlschlüssen verleiten, da durch die Bildung und Auflösung stiller Reserven nahezu alle vertikalen und horizontalen Bilanzkennzahlen in jeweils unterschiedlichem Ausmaß beeinflußt und damit verfälscht werden können.

Aussagefähigkeit

Die entscheidende Ursache, warum sich eine Kluft zwischen dem ausgewiesenen und tatsächlichen betriebswirtschaftlichen Erfolg eines Unternehmens er-

Problematik der stillen Reserven

geben kann, liegt in der Legung und Auflösung stiller Reserven. Diese stillen Reserven wiederum sind – wie zu zeigen sein wird – untrennbar mit grundlegenden Fragen der Bilanzpolitik verbunden; denn letztlich sind sie größtenteils das Ergebnis des Einsatzes des bilanzpolitischen Instrumentariums (vgl. auch DRUKARCZYK, J. 1981, Sp. 1465).

Definition der stillen Reserven

Stille Reserven werden definiert als Differenz zwischen dem Buchwert und einem höheren Vergleichswert (z.B. dem Zeit- oder Wiederbeschaffungswert) von Vermögenswerten bzw. den Buchwerten und den niedrigeren tatsächlichen Werten von Schulden; sie sind – wie bereits aus der Bezeichnung hervorgeht – aus der Bilanz nicht ersichtlich. Sind die Vermögensgegenstände hingegen überbewertet – die Buchwerte überschreiten die Vergleichswerte – bzw. die Schulden sind mit einem Wert angesetzt, der unter dem tatsächlichen Wert liegt – die Buchwerte unterschreiten also die Vergleichswerte -, spricht man von der Existenz stiller Lasten. Dieser letztgenannte Fall dürfte jedoch regelmäßig nicht auftreten, da das Niederstwertprinzip nach § 253 Abs. 2 und 3 HGB eine Überbewertung der Aktivseite grundsätzlich nicht zuläßt. Wenn fortan nur noch von stillen Reserven die Rede ist, gelten die Ausführungen auch für stille Lasten; allerdings mit umgekehrten Vorzeichen.

Auswirkungen

Werden stille Reserven gelegt, so wird der ausgewiesene Jahreserfolg – mit Ausnahme der sogenannten Zwangsreserven – rein buchungstechnisch gekürzt. Bei alleiniger Betrachtung des veröffentlichten Jahresergebnisses führt dies zu einer Unterschätzung der Ertragskraft. Eine Auflösung stiller Reserven spiegelt hingegen eine zu günstige Erfolgssituation wider; die Ertragskraft des Unternehmens würde in diesem Fall also überschätzt (vgl. dazu COENENBERG, A.G. 1990a, S. 27).

Erfolgsglättung

Es kann so ein stiller Erfolgsausgleich – eine stille Erfolgsglättung – vorgenommen werden, ohne daß dies aus dem Abschluß ersichtlich ist. HEINEN spricht in diesem Zusammenhang zutreffend von einer »Manövriermasse der Gewinnpolitik« (HEINEN, E. 1986, S. 311), und LEFFSON weist auf die Möglichkeit hin, mit stillen Reserven »das Jahresergebnis nach Bedarf zu schönern oder zu verschlechtern« (LEFFSON, U. 1984, S. 11).

Periodisierungs-problem

Hier wird deutlich, daß stille Reserven ein Periodisierungsproblem darstellen. Es werden grundsätzlich die Erfolgsausweise von mindestens zwei Perioden beeinflußt, weil die Bildung stiller Reserven regelmäßig auch eine Auflösung nach sich zieht. Charakteristisch für den Einsatz von Bilanzierungs- und Bewertungswahlrechten sowie von Ermessensspielräumen ist nämlich, daß der Totalgewinn eines Unternehmens nicht gesteuert werden kann. Eine bilanzpolitisch bedingte Erfolgskürzung führt also irgendwann zu einer bilanzpolitisch bedingten Erfolgserhöhung.

Zwangsreserven

Stille Reserven können in Zwangs-, Dispositions-, Ermessens- und Willkürreserven unterteilt werden (vgl. dazu SEICHT, G. 1986, 283f.; SCHEDLBAUER, H. 1990, S. 137f.). »Zwangsreserven entstehen als Folge gesetzlicher Objektivierungen« (BAETGE, J. 1994, S. 271), indem der Gesetzgeber den Ansatz über einen bestimmten Wert hinaus untersagt. So verbietet der deutsche Gesetzgeber eine Überschreitung der Anschaffungs- und Herstellungskosten und erzwingt damit die Legung stiller Reserven, wenn ein Vergleichswert – beispielsweise der Börsen- oder Marktwert oder der beizulegende Wert – diese gesetzlich festgeschriebene absolute Wertobergrenze überschreitet. Es wird also deutlich, daß die Bildung dieser Art stiller Reserven außerhalb der Beeinflußbarkeit durch den Bilanzierenden steht.

Dispositionsreserven entstehen durch die Anwendung legaler Bilanzpolitik, indem sich der Bilanzierende bei der Ausübung von Ansatz- und Bewertungswahlrechten für jene bilanzpolitischen Maßnahmen entscheidet, die zu niedrigeren Ansätzen des Vermögens oder zu höheren Ansätzen der Schulden führen. Dispositionsreserven werden dann gebildet, »wenn dem Bilanzierenden durch gesetzliche Ansatz- und Bewertungswahlrechte ein genau definierter Bilanzierungsfreiraum offensteht« (HEINHOLD, M. 1994, S. 592).

Dispositions-reserven

Ermessensreserven, die in der Praxis die wohl wichtigste Rolle spielen, ergeben sich nicht unmittelbar aus dem Gesetz. Sie resultieren vielmehr aus der Tatsache, daß eine vollständige Normung sämtlicher ökonomischer Vorgänge praktisch nicht durchführbar ist. Darüber hinaus sind sie eine Konsequenz kaufmännischer Vorsicht als einer wesentlichen Grundnorm deutscher Bilanzierung sowie mangelnder Informationen und der allgemeinen Ungewißheit über den Eintritt zukünftiger Ereignisse (vgl. SCHEDLBAUER, H. 1990, S. 137; PFLEGER, G. 1991, S. 35). In diesen Fällen bietet sich dem Bilanzierenden eine Bandbreite akzeptabler Wertansätze. Gerade im Bereich der Rückstellungsbemessung, der Festlegung von Nutzungsdauern von Anlagegütern oder der Bestimmung des Umfangs außerplanmäßiger Abschreibungen steht ein umfangreiches Potential zur Bildung von Ermessensreserven zur Verfügung. Das Ausmaß der im konkreten Fall gebildeten Ermessensreserven resultiert dabei aus einer vorsichtigen, aber immer individuellen Abschätzung des jeweiligen zukünftigen oder aber bereits eingetretenen Ereignisses.

Ermessensreserven

Willkürreserven schließlich verfälschen eindeutig die Unternehmenslage, da sie unabhängig vom tatsächlichen Wert des Vermögensgegenstands gebildet werden; sie führen zu einer »vorsätzlich unrichtigen Wiedergabe der Vermögens- und Ertragslage« (SCHEDLBAUER, H. 1990, S. 137) und sind allein »vom persönlichen Willen des Bilanzierenden ... getragen« (SEICHT, G. 1986, S. 284).

Willkürreserven

Gemeinsames Kennzeichen der drei zuletzt genannten Arten von stillen Reserven ist die Beeinflußbarkeit durch den Bilanzierenden. In ihrer Höhe – durch den Analytiker erkennbar oder nicht – kann eine bewußte, zweckorientierte Steuerung des ausgewiesenen Jahresergebnisses vorliegen.

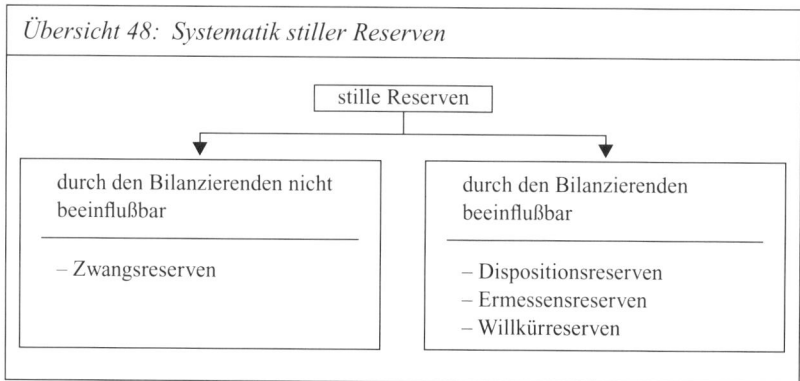

Übersicht 48: Systematik stiller Reserven

stille Reserven

durch den Bilanzierenden nicht beeinflußbar

– Zwangsreserven

durch den Bilanzierenden beeinflußbar

– Dispositionsreserven
– Ermessensreserven
– Willkürreserven

Konsequenzen für die Erfolgsanalyse

Die Bildung stiller Reserven führt – wie gezeigt – grundsätzlich zu einem niedrigeren Erfolgsausweis, während die Auflösung eine überhöhte Erfolgskraft widerspiegelt. Beide Vorgänge verfälschen die Darstellung der Ertragslage und erschweren somit auch die Aufgaben einer zweckentsprechenden Bilanzanalyse. Eine wesentliche oder gar zentrale Aufgabe der erfolgswirtschaftlichen Bilanzanalyse muß es deshalb sein, den Umfang der gebildeten und aufgelösten stillen Reserven so weit wie möglich zu erkennen, abzuschätzen und, soweit sie quantifizierbar sind, aus dem ausgewiesenen Jahresergebnis zu eliminieren.

Nur wenn dies gelingt, hat der Bilanzanalytiker die Chance, den tatsächlichen und wahren Erfolg eines Unternehmens zu ermitteln. Dabei wird davon ausgegangen, daß der tatsächliche Erfolg allein auf der Grundlage der Geltung des Anschaffungswertprinzips ermittelt wird. Mit diesen Fragenkreisen steht und fällt eine aussagefähige Erfolgsanalyse, so daß letztlich die Ermittlungsprobleme stiller Reserven die zentrale Frage der Erfolgsanalyse schlechthin darstellen.

Bilanzpolitik und stille Reserven

Zwischen dem Ausmaß stiller Reserven und der Bilanzpolitik als einem Instrument zur bewußten, insbesondere im Hinblick auf die Unternehmensziele zweckorientierten Gestaltung des Vermögens-, Schulden- und Erfolgsausweises im handelsrechtlichen Jahresabschluß bestehen enge Verbindungen. Denn je mehr Gestaltungsmöglichkeiten dem Bilanzierenden eingeräumt werden, um so umfangreicher können auch stille Reserven gelegt und damit der Erfolgsausweis entsprechend beeinträchtigt werden. Konkret heißt dies: Je weniger Gestaltungsmöglichkeiten bestehen, um so geringer wäre die Kluft zwischen dem ausgewiesenen und dem tatsächlichen Erfolg.

2.2.1.2 Ausschluß stiller Reserven durch gesetzliche Vorschriften?

Die Möglichkeiten zur Bildung und Auflösung stiller Reserven sind unmittelbar abhängig von den gesetzlichen Vorschriften zur Rechnungslegung. Denn das Ausmaß stiller Reserven wird ganz wesentlich dadurch bestimmt, inwieweit die gesetzlichen Vorschriften den Einsatz des bilanzpolitischen Instrumentariums ermöglichen (vgl. auch 3. Abschn. 4.4.1.1).

Bei den Instrumenten zur Beeinflussung der Erfolgshöhe kann zwischen Ermessensspielräumen und Wahlrechten unterschieden werden (vgl. dazu auch WEBER, C.-P., in: KÜTING/WEBER 1990, I. Kap., Rn. 176ff.). Ermessensspielräume entstehen bei der Bilanzierung dadurch, daß vom Gesetzgeber zwar ein bestimmter Ansatz bzw. Wert oder eine bestimmte Wertart vorgeschrieben ist, jedoch nicht die jeweilige Methode und die jeweiligen Komponenten zur Bestimmung dieses Ansatzes oder Werts. Die Folge ist, daß eine Bandbreite akzeptabler Größen zur Festlegung bestimmter Aktionsparameter besteht (Bestimmung von Nutzungsdauern oder Bewertung von Rückstellungen). Ermessensspielräume ergeben sich also zwangsläufig aus der praktischen Unmöglichkeit einer vollständigen Normierung der ökonomischen Wirklichkeit. Die Existenz von Spielräumen hat letztlich ihren Grund in der nur sehr unvollkommenen Information über gegebene Tatbestände und in der Ungewißheit zukünftiger Entwicklungen (vgl. PFLEGER, G. 1991, S. 35).

Ermessens-spielräume

Von einem Wahlrecht wird dann gesprochen, »wenn an einen gegebenen Tatbestand mindestens zwei eindeutig bestimmte Rechtsfolgen anknüpfen, die sich gegenseitig ausschließen und wenn der zur Rechnungslegung Verpflichtete entscheidet, welche von ihnen eintritt« (BAUER, J. 1981, S. 767). Es handelt sich hierbei um eindeutig erkennbare sowie genau bezeichnete und begrenzte Handlungsalternativen, die durch das Gesetz ausdrücklich eröffnet werden. Der externe Bilanzanalytiker kann vielfach – nicht zuletzt auf der Grundlage von Pflichtangaben im Anhang – erkennen, wie von diesen Bilanzierungs- und Bewertungswahlrechten Gebrauch gemacht wurde, und er hat dadurch die Möglichkeit, die Ergebnisse der Bilanzanalyse entsprechend zu werten.

Gesetzliche Wahlrechte

Von diesen eben beschriebenen gesetzlichen Wahlrechten sind die sogenannten faktischen Wahlrechte (vgl. dazu SELCHERT, F.W./KARSTEN, J. 1989, S. 838f.) zu unterscheiden. Es handelt sich hierbei um durch die Bilanzierungspraxis bzw. Rechtsprechung entwickelte und standardisierte Auslegungsalternativen, die sich ursprünglich aus Spielräumen aufgrund einzelner unbestimmter Rechtsbegriffe ableiten. Als Beispiele können die Ermittlung von Herstellungskosten bei Kuppelprodukten, die Erfassung von Beschäftigungsschwankungen ebenfalls im Rahmen der Herstellungskostenermittlung oder die Festlegung des Diskontierungsfaktors bei der Bemessung von Pensionsrückstellungen angeführt werden.

Faktische Wahlrechte

Insbesondere aufgrund der Tatsache, daß die Entscheidung für eine der möglichen Alternativen im Gegensatz zur Nutzung von Ermessensspielräumen losgelöst vom zugrundeliegenden Sachverhalt getroffen wird und somit rein dispositiver Natur ist, kommt allein eine Klassifizierung als Wahlrecht in Frage.

Gesetzliche Vorschriften können den bilanzpolitischen Spielraum eines Unternehmens einengen oder auch erweitern, indem sie die Anzahl der Wahlrechte

Einfluß gesetzlicher Vorschriften

verändern. Ausschließen können sie den bilanzpolitischen Handlungsspielraum jedoch nicht; denn es liegt gerade im Wesen der Ermessensspielräume
begründet, die nur begrenzt regelbare ökonomische Tatbestände betreffen, daß
sich überwiegend subjektive Momente insbesondere im Rahmen der handelsrechtlichen Bewertung gesetzlich nicht eindeutig fixieren lassen.

Wie der nachfolgenden Übersicht 49 zu entnehmen ist, bestehen zwischen den
einzelnen Teilkomponenten stiller Reserven einerseits und den Ermessensspielräumen und Wahlrechten, die das deutsche Bilanzrecht konkret bietet, andererseits enge Querverbindungen.

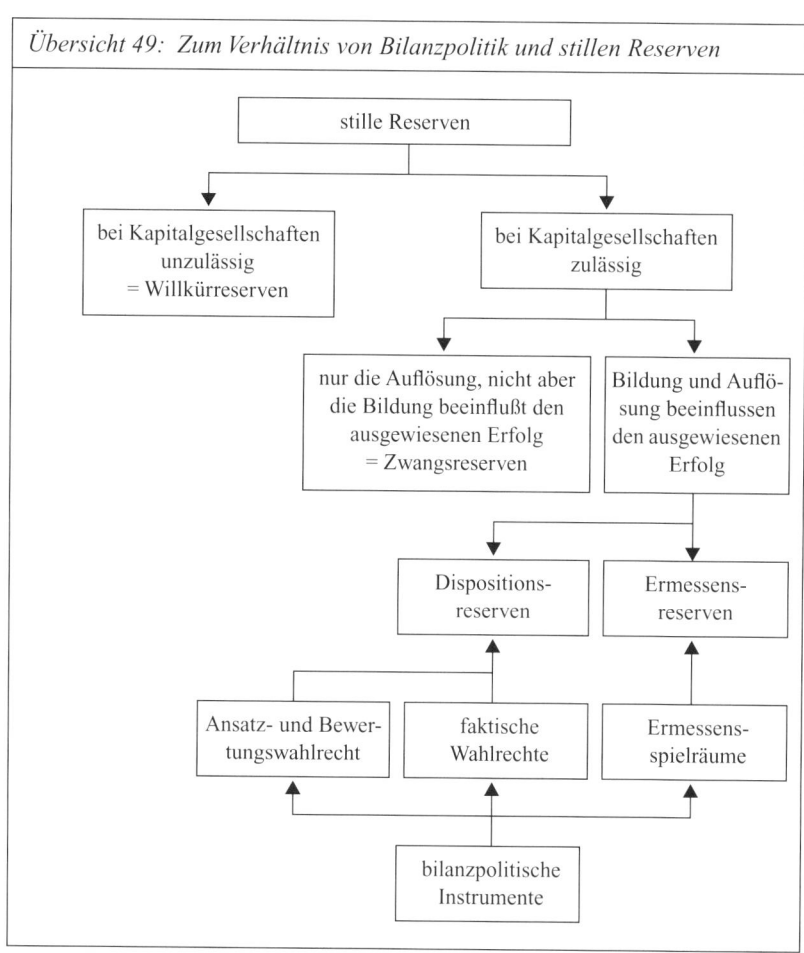

Übersicht 49: Zum Verhältnis von Bilanzpolitik und stillen Reserven

Anmerkung: Unter Bilanzpolitik wird in diesem Zusammenhang lediglich die materielle Bilanzpolitik im engeren Sinne verstanden, d.h., Sachverhaltsgestaltung und formelle Bilanzpolitik finden keine Berücksichtigung.

Aus den bisherigen Überlegungen lassen sich nun folgende Ergebnisse ableiten:

(1) In der Rechnungslegung von Kapitalgesellschaften können grundsätzlich keine Willkürreserven auftreten, da Abwertungen »im Rahmen vernünftiger kaufmännischer Beurteilung« nach den § 253 Abs. 4 i.V.m. § 279 Abs. 1 HGB, die im Zweifel als Willkürreserven bezeichnet werden könnten, nur für Nicht-Kapitalgesellschaften zulässig sind (vgl. dazu BAETGE, J./FEY, D./FEY, G., in: KÜTING/WEBER 1995, § 243 HGB, Rn. 34ff.). Zudem wird dabei unterstellt, daß sogenannte steuerrechtliche Abschreibungen i.S.d. § 254 HGB, die der Gesetzgeber ausdrücklich in Form eines Wahlrechts ermöglicht, nicht als Willkürreserven, sondern als Dispositionsreserven eingestuft werden. Diese Systematisierung wird hier vorgenommen, obwohl steuerrechtliche Abschreibungen gerade dadurch charakterisiert sind, daß sie den echten ökonomischen Werteverzehr übersteigen.

Keine Willkürreserven bei Kapitalgesellschaften

(2) Da das deutsche Bilanzrecht unter anderem auf dem Anschaffungskostenprinzip beruht, treten Zwangsreserven in der deutschen Rechnungslegung unvermeidlich auf. Diese stillen Zwangsreserven – beispielsweise durch nicht unerhebliche Wertsteigerungen im Bereich langfristig gehaltener Immobilien – entstehen, ohne daß hierdurch eine zu hohe Aufwandsverrechnung erfolgt und damit die Ertragsfähigkeit unterschätzt würde. Über die Bildung stiller Zwangsreserven muß weder in der Bilanz noch im Anhang berichtet werden. Damit erübrigt sich auch die Frage, wie die Bildung dieser vom Gesetzgeber erzwungenen stillen Zwangsreserven im Rahmen der Erfolgsanalyse zu berücksichtigen ist.

Korrektur der Zwangsreserven

Die Auflösung stiller Zwangsreserven hingegen tangiert die Erfolgsrechnung, indem – durch die Realisierung sogenannter Buchgewinne – die Erfolgslage nunmehr verbessert wird. Über solche Vorgänge kann unter Umständen berichtet werden, wenn z.B. bei einem Verkauf von Vermögensgegenständen Preise erzielt werden, die die ursprünglichen bzw. fortgeführten Anschaffungs- oder Herstellungskosten übersteigen.

(3) Ermessensspielräume führen zu Ermessensreserven. Im Falle der Ermessensspielräume haben die subjektiven Momente stets von neuem eine entscheidende Bedeutung, denn es ist jeweils eine neue und individuelle Einschätzung von Sachverhalten vorzunehmen. Diese Subjektivität der entsprechenden Bilanzierungs- oder Bewertungsentscheidungen ist unaufhebbar (vgl. PFLEGER, G. 1991, S. 35).

Korrektur der Ermessensreserven

Da sich Ermessensspielräume allein aufgrund der Subjektivität bestimmter Entscheidungen niemals gänzlich ausschließen lassen und über diese Tatbestände in der handelsrechtlichen Rechnungslegung grundsätzlich betragsmäßig nicht berichtet wird, entzieht sich dieser Bereich einer quantitativen bzw. betragsmäßigen Erfolgsanalyse. Davon unberührt bleibt natürlich eine möglichst weitgehende Einbeziehung solcher Tatbestände in eine qualitative Tendenzanalyse (vgl. in Ansätzen auch MAYER, A. 1989, S. 187f.; GRÄFER, H. 1997, S. 57ff. sowie 3. Abschn. 4.4).

Korrektur der Dispositions- reserven

(4) Damit verbleiben – von der Auflösung der Zwangsreserven abgesehen – für die Zwecke einer externen betragsmäßigen erfolgswirtschaftlichen Bilanzanalyse von den Teilkomponenten stiller Reserven allein die Dispositionsreserven. Ob es gelingt, die Höhe dieser stillen Reserven zu erfassen, ist zunächst davon abhängig, ob im Anhang über die Ausnutzung bilanzpolitischer – gesetzlicher oder faktischer – Wahlrechte überhaupt berichtet wird (vgl. dazu den umfangreichen Überblick bei SCHULTE, K.-W. 1986, S. 1468ff.; COENENBERG, A.G. 1997, S. 669ff.).

Wenn eine Berichterstattung erfolgt, ist weiterhin vorauszusetzen, daß aufgrund entsprechender Angaben die Höhe der gebildeten oder aufgelösten stillen Reserven bekannt wird. Auf diese Fragestellungen gehen die nachfolgenden Untersuchungen ein.

Die bisherigen Ausführungen haben gezeigt, daß sich wichtige Teilkomponenten der stillen Reserven bereits vom Grundsatz her einer bilanzanalytischen Rechnung verschließen. Wenn die Bildung und Auflösung stiller Reserven als eine Ursache der Differenz zwischen ausgewiesenem und tatsächlichem Erfolg betrachtet wurde, kann allein aufgrund der bislang aufgezeigten Gründe die bestehende Kluft nicht gänzlich beseitigt, sondern – und auch das wird in den folgenden Ausführungen noch zu überprüfen sein – allenfalls vermindert werden.

Zusätzliche Restriktionen

Dieses vorläufige Ergebnis muß allerdings noch einmal relativiert werden. Denn: Die bislang angestellten Überlegungen zur Bilanzpolitik bezogen sich auf ein vorgegebenes Mengengerüst der zu bilanzierenden und zu bewertenden Tatbestände. Wenn jedoch berücksichtigt wird, daß Bilanzpolitik über die Abbildungsebene hinaus auch mit Hilfe sachverhaltsgestaltender Maßnahmen (vgl. dazu PFLEGER, G. 1985, S. 2465ff.) betrieben werden kann, indem das der Bilanzierung zugrundeliegende Mengengerüst ebenfalls zielorientiert beeinflußt wird, werden weitere systembedingte Grenzen einer zweckentsprechenden Erfolgsanalyse deutlich. Dies um so mehr, als sachverhaltsgestaltende Maßnahmen einen erheblichen Einfluß auf den Erfolgsausweis nehmen können und in aller Regel – zumindest in der exakten Höhe – aus dem Jahresabschluß nicht ersichtlich sind.

Merksätze:

1. Weder der handelsbilanziell ausgewiesene Jahresüberschuß noch der Bilanzgewinn ermöglichen einen zutreffenden Einblick in die Ertragslage des Unternehmens.

2. Die Kluft zwischen ausgewiesenem und tatsächlichem betriebswirtschaftlichem Erfolg ist in erster Linie durch die Legung und Auflösung stiller Reserven bedingt. Stille Reserven sind dabei in der Regel das Ergebnis des Einsatzes des bilanzpolitischen Instrumentariums.

3. Die Legung stiller Reserven führt zu einer Unterschätzung der Ertragskraft; die Auflösung hingegen spiegelt eine zu günstige Erfolgssituation wider.

4. Stille Reserven lassen sich unterteilen in Zwangs-, Dispositions-, Ermessens- und Willkürreserven, wobei sich lediglich die drei letztgenannten Kategorien durch den Bilanzierenden beeinflussen lassen.

5. Die Möglichkeiten zur Bildung und Auflösung stiller Reserven stehen in unmittelbarem Zusammenhang mit den gesetzlichen Vorschriften zur Rechnungslegung. Aufgrund des Nominalwert- und Anschaffungskostenprinzips treten Zwangsreserven unvermeidlich auf. Ermessensreserven entstehen aus Ermessensspielräumen infolge der praktischen Unmöglichkeit einer vollständigen Normierung der ökonomischen Wirklichkeit und lassen sich daher nicht quantifizieren. Allein die Dispositionsreserven aus gesetzlichen Wahlrechten, bei denen eine Informationspflicht ausgelöst wird, können in eine betragsmäßige Analyse einbezogen werden.

2.2.2 Erfolgskorrekturrechnung

Der theoretisch dargelegte Zusammenhang zwischen Bilanzpolitik und stillen Reserven soll nunmehr in einer Bereinigungsrechnung seinen Niederschlag finden, deren Ergebnis dem tatsächlich erwirtschafteten Ergebnis näher kommen soll als der ausgewiesene Erfolg. Grundsätzlich können hier in einem ersten Schritt nur solche stillen Reserven berücksichtigt werden, deren Bildung und Auflösung betragsmäßige Angabepflichten im Anhang erfordern. Dies ist tatsächlich aber nur bei der Ausschöpfung einer sehr begrenzten Anzahl bilanzpolitischer Parameter der Fall.

Quantitative Bereinigung

Darüber hinaus muß der externe Analytiker entscheiden, ob er in einem zweiten Schritt eine weitergehende Bereinigung vornehmen will. Dabei handelt es sich um solche Sachverhalte, die zwar auf die Höhe des ausgewiesenen Ergebnisses einen unmittelbaren und betragsmäßig feststellbaren Einfluß haben, die jedoch nur einzelfallbezogen, aber keineswegs pauschal als Legung oder Auflösung von stillen Reserven interpretiert werden können.

Qualitative
Wertung

Schließlich muß insbesondere im Hinblick auf eine Validierung des solchermaßen betragsmäßig bereinigten Jahresüberschusses eine ergänzende, ausschließlich qualitative Wertung dieses Ergebnisses durchgeführt werden. Denn zahlreiche bilanzpolitische Maßnahmen können, wie bereits angeführt, zu einer
erheblichen Bildung von stillen Reserven führen, ohne daß für den Analysten
eine entsprechende Korrekturmöglichkeit besteht. In diesen Fällen kann lediglich die Existenz stiller Reserven gewürdigt werden. Hier ergibt sich dann ein
wichtiges Aufgabengebiet der qualitativen Bilanzanalyse (vgl. auch 3. Abschn.
4.4).

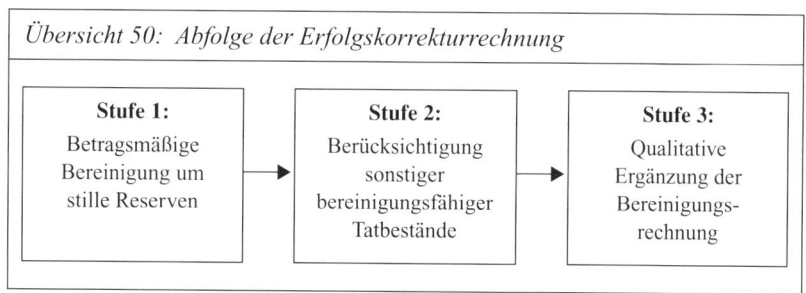

Übersicht 50: Abfolge der Erfolgskorrekturrechnung

Stufe 1:	**Stufe 2:**	**Stufe 3:**
Betragsmäßige Bereinigung um stille Reserven	Berücksichtigung sonstiger bereinigungsfähiger Tatbestände	Qualitative Ergänzung der Bereinigungsrechnung

2.2.2.1 Stufe 1: Betragsmäßige Bereinigung um stille Reserven

Ausgangspunkt

Ausgangspunkt der betragsmäßigen Erfolgsanalyse sollte ein Jahresüberschuß
vor Steuern auf das Einkommen und den Ertrag sein. Für diese Vorgehensweise
spricht zum einen die Vermeidung der Problematik des gespaltenen Körper-
schaftssteuersatzes hinsichtlich der jeweiligen Ausschüttungs- und Thesaurie-
rungspolitik, was zu einer sillvollen Abstrahierung von unternehmensindividuellen Gewinnverwendungsstrategien führt und zum anderen die anzustrebende
Vergleichbarkeit von Unternehmen unterschiedlicher Rechtsformen sowie ausländischer Unternehmen. Zum ausgewiesenen Jahresüberschuß werden daher
zuerst die ertragsabhängigen Steuern addiert.

2.2.2.1.1 Steuerliche Sonderabschreibungen

Charakterisierung

Steuerrechtliche Sonderabschreibungen nach § 254 HGB können entweder in
voller Höhe aktivisch abgesetzt oder aber in der Weise vorgenommen werden,
daß der Differenzbetrag zwischen handels- und steuerrechtlicher Abschreibung in den Sonderposten mit Rücklageanteil eingestellt wird (vgl. § 281
Abs. 1 Satz 1 HGB). Unabhängig von der Art des Ausweises führen sie durch
eine dem ökonomisch zutreffenden Werteverzehr nicht entsprechende Auf-
wands(vor)verrechnung unstrittig zur Bildung stiller Reserven und damit zu
interperiodischen Gewinnverlagerungen.

Nettomethode

Im Falle der aktivischen Absetzung kürzt die Sonderabschreibung die Anschaffungskosten (Bildung der stillen Reserve) mit der Folge einer verminderten
Abschreibungsbasis für die Folgejahre und entsprechend niedrigeren periodi-

schen Abschreibungsbeträgen (Auflösung der stillen Reserve). Nur im Geschäftsjahr der aktivischen Absetzung der Sonderabschreibung verpflichtet § 281 Abs. 2 Satz 1 HGB den Bilanzierenden zum Betragsausweis getrennt nach Anlage- und Umlaufvermögen. In diesem Fall ist also der ausgewiesene Jahreserfolg um den Gesamtbetrag dieser Abschreibungen zu erhöhen.

Eine über mehrere Rechnungsperioden hinweg korrekte Berichtigung des Jahreserfolgs wäre im Rahmen des Nettoausweises steuerrechtlicher Abschreibungen nach § 254 HGB allein auf der Grundlage der Angabepflicht gem. § 285 Nr. 5 HGB möglich. Jedoch wird für die Beschreibung des Ausmaßes, in welchem das Jahresergebnis im abgelaufenen oder in früheren Geschäftsjahren durch die Vornahme von Abschreibungen aufgrund steuerrechtlicher Vorschriften beeinflußt wurde, keine betragsmäßige oder prozentuale Angabe gefordert. Nach herrschender Literaturmeinung erfüllt eine verbale Beschreibung diese Vorschrift bereits erschöpfend (vgl. WÖHE, G. 1997, S. 639; ADLER/DÜRING/SCHMALTZ 1995, § 285 HGB, Rn. 102).

Folglich findet nur die Bildung der stillen Reserven im Bereinigungsschema Berücksichtigung; ihre Auflösung hingegen nicht. Diese Problematik der asymmetrischen Korrektur im Mehrperiodenvergleich (vgl. COENENBERG, A.G. 1997, S. 672) kann daher – zumindest für solche Abwertungen im Anlagevermögen – nur durch freiwillige Betragsangaben seitens der Unternehmen gelöst werden. Nimmt man jedoch für Vermögensgegenstände des Umlaufvermögens vereinfachend – aber durchaus realistisch – eine Umschlagsdauer von maximal einem Jahr an, so erscheint es durchaus praktikabel, den Vorjahresbetrag der gesondert auszuweisenden steuerlichen Abschreibungen auf das Umlaufvermögen im Bereinigungsschema abzuziehen (vgl. auch COENENBERG, A.G. 1997, S. 671).

Asymmetrische Korrektur

Im Falle des Sonderpostenausweises – auch Bruttomethode genannt – stellt der Bilanzierende die Differenz zwischen der handels- und der steuerrechtlichen Abschreibung in den Sonderposten mit Rücklageanteil (§§ 247 Abs. 3 und 273 HGB) ein und löst diesen gem. § 281 Abs. 1 Satz 3 HGB insoweit erfolgswirksam auf, als die entsprechenden Vermögensgegenstände das Unternehmen verlassen oder die steuerrechtlichen Abschreibungen durch handelsrechtliche ersetzt werden. § 281 Abs. 2 Satz 2 HGB verpflichtet dabei den Bilanzierenden zur Betragsangabe von Einstellungen in den Sonderposten mit Rücklageanteil und dessen Auflösung über die Posten der Gewinn- und Verlustrechnung »sonstige betriebliche Aufwendungen« und »sonstige betriebliche Erträge«. Hier erfolgt für jede Periode eine betragsmäßige Darstellung der Reservenbildung und -auflösung, die also auch vom Grundsatz her in den Folgejahren in die Bereinigungsrechnung einfließen kann.

Bruttomethode

Aufgrund des offenen Ausweises des Sonderpostens mit Rücklageanteil kann jedoch strenggenommen nicht von stillen Reserven gesprochen werden. Da aber der Reservenbildung und -auflösung durch den Sonderposten eine zwingende wirtschaftliche Begründung nicht innewohnt, ist eine Betrachtung dieser Vorgänge der Jahresergebnisbeeinflussung in diesem Zusammenhang angebracht (vgl. auch LEONARDI, H. 1990, S. 89).

Problem der Korrektur- ungenauigkeit

Zu einer Korrekturungenauigkeit kann es bei der pauschalen Bereinigung um die Veränderung des Sonderpostens mit Rücklageanteil allerdings dann kommen, wenn neben steuerrechtlichen Abschreibungen auch nicht versteuerte Rücklagen gebildet werden. Werden nämlich z.B. im Rahmen der möglichen steuerfreien Übertragung von Gewinnen aus der Veräußerung bestimmter Anlagegüter (vgl. § 6b EStG) die aufgelösten stillen Reserven (der Veräußerungspreis übersteigt den Buchwert des Vermögensgegenstands) in den Sonderposten mit Rücklageanteil – für eine noch zu tätigende Ersatzbeschaffung oder direkt in die sogenannte 6b-Rücklage – eingestellt, so ist dieser Vorgang als erfolgsneutral zu betrachten.

Dagegen berücksichtigt das Bereinigungsschema allein die Bildung der stillen Reserven durch die Eliminierung der Zuführung zum Sonderposten, die vorausgegangene Auflösung stiller Reserven durch die Realisierung des Veräußerungsgewinns als sonstiger betrieblicher Ertrag wird jedoch nicht korrigiert. Die exakte betragsmäßige Bereinigung um stille Reserven durch die Bildung und Auflösung des Sonderpostens mit Rücklageanteil kann also nur dann stattfinden, wenn über die geforderte Angabe der zugrundeliegenden steuerrechtlichen Vorschriften auch freiwillige zahlenmäßige Angaben zur Entwicklung der einzelnen Teilkomponenten des Sonderpostens gemacht werden.

Problem der Doppelerfassungen

Die im Zusammenhang mit steuerlichen Sonderabschreibungen vorgestellten Bereinigungen führen überdies nur dann zu korrekten Ergebnissen, wenn diese Abwertungen entweder nur aktivisch abgesetzt oder nur in den Sonderposten eingestellt werden. Da in der Anhangangabe nach § 281 Abs. 2 Satz 1 HGB Beträge für beide Alternativen kumulativ zu zeigen sind (vgl. TIETZE, H., in: KÜTING/WEBER 1995, § 281 HGB, Rn. 78), kann es daher zu Doppelerfassungen in der Bereinigungsrechnung kommen, wenn in einem Unternehmen beide Ausweismöglichkeiten gleichzeitig genutzt werden.

2.2.2.1.2 Aus steuerlichen Gründen unterlassene Zuschreibungen

Faktisches Wertauf- holungswahlrecht

Für Kapitalgesellschaften gilt zwar im Falle des Wegfalls des ursprünglichen Grundes für Abschreibungen nach § 253 Abs. 2 Satz 3 oder Abs. 3 HGB oder § 254 Satz 1 HGB grundsätzlich das sogenannte Wertaufholungsgebot (vgl. § 253 Abs. 5 HGB i.V.m. § 280 Abs. 1 HGB). Jedoch führt faktisch nur noch der Ausnahmefall des Wegfalls des Grundes für eine nur in der Handelsbilanz vorgenommene Abschreibung bzw. der Wegfall oder das ursprüngliche Nichtbestehen des Grundes einer steuerrechtlichen Abschreibung gem. § 254 HGB zwingend zur Wertaufholung gem. § 280 Abs. 1 HGB. Die zur steuerneutralen Umsetzung der 4. EG-Richtlinie kodifizierte Relativierung in § 280 Abs. 2 HGB schafft vielmehr in aller Regel ein faktisches Wertaufholungswahlrecht.

Die Unterlassung der Zuschreibung erzeugt einen zu niedrigen Bilanzansatz, d.h., es werden stille Reserven gelegt. Die Ausnutzung dieses faktischen Zuschreibungswahlrechts – also der Verzicht auf die an sich gebotene Aufwertung – verursacht im jeweiligen Geschäftsjahr eine quantitative Anhangangabe gem. § 280 Abs. 3 HGB. Der Jahresüberschuß/-fehlbetrag ist dann im Rahmen der Bereinigungsrechnung um diese unterlassenen Zuschreibungen entsprechend zu erhöhen.

Asymmetrische
Korrektur

Auch hier kann wiederum – in Analogie zu den aktivisch abgesetzten steuerrechtlichen Abschreibungen – nur die Bildung der stillen Reserve korrigiert werden. Die Auflösung in Folgeperioden aufgrund einer zu niedrigen Abschreibungsbasis bzw. der damit einhergehenden geringeren Aufwandsverrechnung entzieht sich wegen fehlender Angabepflichten gänzlich einer externen Nachvollziehbarkeit. Dieser Umstand führt damit weiterhin regelmäßig zu einer Überschätzung der Ertragskraft des Unternehmens.

2.2.2.1.3 Abschreibungen im Umlaufvermögen auf den niedrigeren nahen Zukunftswert

Soweit nach vernünftiger kaufmännischer Beurteilung in nächster Zukunft der Wertansatz eines Vermögensgegenstands des Umlaufvermögens geändert werden muß, kann gem. § 253 Abs. 3 Satz 3 HGB eine außerplanmäßige Abschreibung auf diesen sogenannten nahen Zukunftswert vorgenommen werden. Damit können also auch jene Werte unterschritten werden, die nach dem strengen Niederstwertprinzip gem. § 253 Abs. 3 Satz 1 und 2 HGB zum Stichtag anzusetzen wären.

Charakterisierung

Da ein etwaiger Abschreibungsgrund noch nicht eingetreten, also einer späteren Periode zuzuordnen ist, kann somit im Geschäftsjahr der Abschreibung grundsätzlich von einer Legung stiller Reserven ausgegangen werden (vgl. LEONARDI, H. 1990, S. 97). Für diese Feststellung spricht ebenfalls die Tatsache, daß die prinzipiell strengeren Vorschriften des Steuerrechts eine solchermaßen zu begründende Abwertung keinesfalls zulassen. Eine Korrekturmöglichkeit ergibt sich aufgrund der Angabepflicht des § 277 Abs. 3 Satz 1 HGB, der eine gesonderte betragsmäßige Information in Gewinn- und Verlustrechnung oder Anhang für diese Abschreibung fordert. Der Jahreserfolg vor ertragsabhängigen Steuern wäre somit in der Bereinigungsrechnung um den Betrag der Zukunftswertabschreibungen zu erhöhen.

Korrektur im Entstehungszeitpunkt

Über den Zeitpunkt des tatsächlichen Eintritts des vorweggenommenen Abschreibungsgrundes und damit die Auflösung der stillen Reserven ist im Jahresabschluß nicht zu berichten. Da jedoch heute als allgemein anerkannt gilt, daß mit der ›nächsten Zukunft‹ ein Zeitraum von etwa zwei Jahren gemeint ist (vgl. ADLER/DÜRING/SCHMALTZ 1995, § 253 HGB, Rn. 558; DÖRING, U., in: KÜTING/WEBER 1995, § 253 HGB, Rn. 183), könnte man durchaus daran denken, spätestens nach dieser Zeit den ausgewiesenen Jahreserfolg um den ent-

Korrektur in Folgejahren

sprechenden Betrag wieder zu erniedrigen. Geht man aber wiederum von der vereinfachenden Annahme aus, daß die Vermögensgegenstände des Umlaufvermögens bereits nach einem Jahr das Unternehmen verlassen haben, so empfiehlt es sich, im Bereinigungsschema die im Vorjahr vorgenommenen Abschreibungen auf den niedrigeren Zukunftswert als Abzugsposten in Ansatz zu bringen.

Keine Korrektur-ungenauigkeit

Diese Vorgehensweise führt auch dann nicht zu einer Korrekturungenauigkeit, wenn der Grund für die außerplanmäßige Abschreibung auf den nahen Zukunftswert – also die antizipierte Wertschwankung – im folgenden Geschäftsjahr nicht eintritt oder nachträglich entfällt und damit für die Kapitalgesellschaft zwingend eine Zuschreibung nach § 280 Abs. 1 HGB notwendig wird. Der korrigierte Jahreserfolg zeigt für beide Rechnungsperioden das zutreffende Ergebnis.

2.2.2.1.4 Änderung von Bewertungsmethoden

Legung stiller Reserven

Obwohl die auf den vorangegangenen Jahresabschluß angewendeten Bewertungsmethoden grundsätzlich beizubehalten sind, kann in begründeten Ausnahmefällen dennoch von der Vorgehensweise in Vorperioden abgewichen werden (vgl. § 252 Abs. 1 Nr. 6 und Abs. 2 HGB). In bestimmten Fällen liegt die Vermutung nahe, daß damit die Legung stiller Reserven verbunden ist. Dabei ist insbesondere an den Übergang von der Einzelbewertung zur Anwendung der Lifo-Methode oder von der Vollkosten- zur Teilkostenbewertung zu denken.

Grundsätzliche Informationspflicht

Eine Änderung von Bilanzierungs- und Bewertungsmethoden führt gem. § 284 Abs. 2 Nr. 3 HGB zu einer Informationspflicht über den entsprechenden Einfluß auf die Vermögens-, Finanz- und Ertragslage, die sowohl qualitativ als auch quantitativ ausgestaltet werden kann. Ob nun verbale Angaben ausreichen oder ob direkt oder indirekt Beträge bzw. prozentuale Angaben zu nennen sind, hängt letztlich von der Auswirkung der entsprechenden Methodenabweichung ab (vgl. WP-Handbuch 1996, Bd. I, Buchst. F, Rn. 483).

Umgehungs-möglichkeit

Darüber hinaus kann es im Zweifel durchaus im Ermessen des Bilanzierenden liegen zu beurteilen, ob nun tatsächlich eine berichtspflichtige Methodenänderung bei der Bewertung gleicher oder ähnlicher Sachverhalte bzw. art- und funktionsgleicher Vermögensgegenstände und Schulden vorliegt oder ob allein der Einzelbewertungsgrundsatz zur Anwendung gelangt. Die Auslegung dieses oftmals vorhandenen Ermessensspielraums determiniert in diesen Fällen also die grundsätzliche Anwendbarkeit bzw. die Umgehungsmöglichkeit der Informationsvorschrift des § 284 Abs. 2 Nr. 3 HGB.

Korrektur

Konkret können selbstverständlich nur diejenigen Methodenänderungen in die Bereinigungsrechnung einfließen, zu denen betragsmäßige Angaben seitens der Unternehmen erfolgen.

Inwieweit einzelne Methodenänderungen aber tatsächlich zur Bildung bzw. Auflösung stiller Reserven führen können, ist nur im Einzelfall zu entscheiden. So kann beispielsweise der Wechsel von der degressiven zur linearen Abschreibung gerade der Angleichung an den tatsächlichen Wertminderungsverlauf gerecht werden.

2.2.2.1.5 Anwendung von Bewertungsvereinfachungsverfahren im Vorrats-vermögen

Als Vereinfachungsregelung zum allgemein vorherrschenden Grundsatz der Einzelbewertung gestattet der Gesetzgeber in den §§ 256 und 240 Abs. 4 HGB die Anwendung sogenannter Bewertungsvereinfachungsverfahren für gleichartige Vermögensgegenstände des Vorratsvermögens. Es handelt sich dabei um Verbrauchsfolgeverfahren sowie um die Gruppenbewertung. Diese Verfahren können zu Wertansätzen führen, die vom Stichtagswert einzeln bewerteter Vermögensgegenstände abweichen. Insbesondere bei starken Preisschwankungen sind diese Verfahren geeignet, durch gezielten bilanzpolitischen Einsatz den Erfolgsausweis zu beeinflussen und damit stille Reserven zu legen (vgl. LEONARDI, H. 1990, S. 94).

Vereinfachungs-regelung

§ 284 Abs. 2 Nr. 4 HGB verlangt für den Fall einer erheblichen Abweichung, die Angabe eben dieser Beträge, bei denen es sich allein um stille Reserven handeln kann, denn das strenge Niederstwertprinzip im Umlaufvermögen verhindert eine zu stillen Lasten führende Überbewertung auf der Aktivseite. Die Erläuterungsvorschrift dient somit zur Aufdeckung von gelegten Bewertungsreserven (vgl. WP-HANDBUCH 1996, Bd. I, Buchst. F, Rn. 493), die mit Hilfe einer Vergleichsrechnung zu ermitteln sind. Zweck dieser Vorschrift kann es dagegen nicht sein, eventuell vorhandene Zwangsreserven offenzulegen, selbst wenn der Vergleichswert über den Anschaffungskosten liegt. Denn betrachtet werden soll lediglich die Bewertungssituation bei Nichtanwendung der Vereinfachungsverfahren, d.h. unter Geltung der allgemeinen Grundsätze ordnungsmäßiger handelsrechtlicher Bilanzierung und Bewertung.

Informations-vorschrift

Schwierigkeiten bei der Feststellung, ob eine Betragsangabe zu erfolgen hat, bereitet der unbestimmte Rechtsbegriff ›des erheblichen Unterschieds‹, da es der Gesetzgeber versäumt, diesen näher zu definieren. Überdies muß nach herrschender Auffassung für die Auslösung der Berichtpflicht die Wesentlichkeit für die jeweilige zu bewertende Gruppe erfüllt sein (vgl. ADLER/DÜRING/ SCHMALTZ 1995, § 284 HGB, Rn. 155). Es müssen somit nicht alle stillen Reserven angegeben werden, sondern nur diejenigen, deren Bildung bzw. Auflösung zu einem erheblichen Unterschied führen und damit eine Betragsangabe auslösen. Zudem liegt keine Angabepflicht vor, wenn ein Börsen- oder Marktpreis nicht feststellbar ist.

Auslegungs-spielraum

Das Bereinigungsschema berücksichtigt die jeweiligen Veränderungen des angegebenen Unterschiedsbetrags zum Vorjahresausweis. Eine Erhöhung bedeutet die Legung stiller Reserven, eine Verminderung dagegen deren Auflösung.

Korrektur

Trotz des großen Potentials zur Bildung stiller Reserven bei der Vorratsbewertung kann eine Bereinigung des Jahreserfolgs vor ertragsabhängigen Steuern tatsächlich nur in wenigen Einzelfällen erfolgen (vgl. TREUARBEIT 1990, Rn. 133ff.).

2.2.2.1.6 Verzicht auf die Passivierung von Rückstellungen für Pensionen und ähnliche Verpflichtungen

Unterdeckung Art. 28 Abs. 1 EGHGB gewährt in Fortführung der analogen Vorschrift des AktG 1965 für sogenannte Altzusagen auf Pensionen und Anwartschaften auf Pensionen ein Passivierungswahlrecht. Ein ebensolches Wahlrecht besteht danach generell für mittelbare Pensionsverpflichtungen und Anwartschaften sowie für ähnliche unmittelbare oder mittelbare Verpflichtungen. Zur Vermeidung eines verfälschten Vermögensausweises verpflichtet Art. 28 Abs. 2 EGHGB die Kapitalgesellschaft zur Angabe des Fehlbetrags, der sich aus der Differenz zwischen einer fiktiven Passivierung und dem ausgeübten Wahlrecht ergibt.

Korrektur In Höhe dieser Unterdeckung werden die Pensionsrückstellungen in der Bilanz zu niedrig ausgewiesen, folglich werden stille Lasten gelegt. Dieser Aspekt kann im Zuge der Bereinigung des Jahreserfolgs ohne weiteres mit berücksichtigt werden, da es sich bei diesen stillen Lasten streng genommen um ›Dispositionsreserven mit negativem Vorzeichen‹ handelt.

Der Fehlbetrag oder die Unterdeckung ist im Anhang betragsmäßig auszuweisen, wobei zur Bestimmung dieser Größe dieselben Bewertungskriterien zugrunde zu legen sind wie bei der Passivierung der unmittelbaren Pensionsrückstellungen (vgl. HÖFER, R., in: KÜTING/WEBER 1995, § 249 HGB, Rn. 379; HFA 2/1988, S. 405). Der Vergleich mit dem Vorjahreswert ermöglicht die Berechnung eindeutiger Jahresbeträge, die dann in die Bereinigungsrechnung Eingang finden können.

2.2.2.1.7 Zwischenergebnis: Die Bereinigungsrechnung

Begrenzte Korrekturmöglichkeiten Die Analyse der gesetzlichen Anhanginformationen, die betragsmäßige Angaben erforderlich machen können, hat gezeigt, daß auch in diesem Zusammenhang dem Bilanzierenden unterschiedliche Möglichkeiten zur Verfügung stehen, die Jahreserfolgsbeeinflussung durch die Existenz stiller Reserven darzustellen. Oftmals verlangt das Gesetz lediglich verbale Beschreibungen, die für eine brauchbare Analyse nur begrenzt geeignet sind. Daneben eröffnet die Auslegung unbestimmter Rechtsbegriffe dem Bilanzersteller vielerorts weitere Ermessensspielräume.

Vorschlag für eine Bereinigungsrechnung Vor diesem Hintergrund muß der Vorschlag der nachfolgenden Bereinigungsrechnung gesehen werden. Sie führt nicht zum tatsächlichen Jahreserfolg, sondern kann allenfalls tendenzielle Aussagen hinsichtlich der tatsächlichen Erfolgslage ermöglichen.

Übersicht 51: Berechnung des bereinigten Jahresüberschusses

	Jahresüberschuß/Jahresfehlbetrag gem. § 275 Abs. 2 Nr. 20 HGB; § 275 Abs. 3 Nr. 19 HGB
+	Steuern auf Einkommen und Ertrag
+	aus steuerlichen Gründen unterlassene Zuschreibungen (§ 280 Abs. 3 HGB)
+	Erhöhung des Sonderpostens mit Rücklageanteil
./.	Verminderung des Sonderpostens mit Rücklageanteil
+	aktivisch verrechnete steuerliche Sonderabschreibungen in AV und UV (§ 281 Abs. 2 Satz 1 HGB)*
./.	Vorjahresbetrag aktivisch verrechneter steuerlicher Sonderabschreibungen im UV (§ 281 Abs. 2 Satz 1 HGB)**
+	Abschreibungen im UV auf den niedrigeren Zukunftswert (§ 277 Abs. 3 HGB)
./.	Vorjahresbetrag der Abschreibungen im UV auf den niedrigeren Zukunftswert (§ 277 Abs. 3 HGB)**
+	Erhöhung der stillen Reserven aus der Änderung von Bilanzierungs- und Bewertungsmethoden (§ 284 Abs. 2 Nr. 3 HGB)***
./.	Verminderung der stillen Reserven aus der Änderung von Bilanzierungs- und Bewertungsmethoden (§ 284 Abs. 2 Nr. 3 HGB)***
+	Erhöhung der stillen Reserven aus Bewertungsvereinfachungsverfahren bei Vorräten (§ 284 Abs. 2 Nr. 4 HGB)***
./.	Verminderung der stillen Reserven aus Bewertungsvereinfachungsverfahren bei Vorräten (§ 284 Abs. 2 Nr. 4 HGB)***
+	Verminderung der Unterdeckung bei den Pensionsrückstellungen gem. Art. 28 Abs. 1 EGHGB
./.	Erhöhung der Unterdeckung bei den Pensionsrückstellungen gem. Art. 28 Abs. 1 EGHGB
=	**bereinigter Jahresüberschuß/-fehlbetrag I** (vor Steuern auf Einkommen und Ertrag)

*) mit Berücksichtigung der passivischen Wertberichtigungen
**) Annahme: Umschlagsdauer im UV beträgt maximal ein Jahr
***) soweit betragsmäßig angegeben

2.2.2.2 Stufe 2: Berücksichtigung sonstiger bereinigungsfähiger Tatbestände

Auf dem Wege zur Ermittlung eines »bereinigten Jahresüberschuß/-fehlbetrag II« sollen nun weitere bereinigungsfähige Tatbestände bzw. Veränderungen bestimmter Abschlußposten analytisch erfaßt werden, denen man nicht unmittelbar und ohne weiteres den Charakter der Legung oder Auflösung stiller Reserven zuordnen kann. Sinnvoll erscheint eine Berücksichtigung derartiger Tatbestände, die im nur selten überprüfbaren Einzelfall stille Reserven beinhalten

Vergleichbarkeit von Jahresabschlüssen

können, aber auch gerade im Hinblick auf eine anzustrebende Herstellung einer zwischenbetrieblichen Vergleichbarkeit von Jahresabschlüssen.

Die Vergleichbarmachung veröffentlichter Jahresabschlüsse durch die Eliminierung ergebniswirksamer Tatbestände soll dann sozusagen als Sekundärziel dienen, wenn aufgrund unzureichender Anhanginformationen eventuell vorhandene stille Reserven nur in einer groben Tendenz abgeschätzt werden können.

2.2.2.2.1 Geschäfts- oder Firmenwert

Bilanzieller
Charakter

Nach § 255 Abs. 4 HGB besteht im Einzelabschluß ein Aktivierungswahlrecht für einen von außen erworbenen (derivativen) Geschäfts- oder Firmenwert. Der Gesetzgeber läßt jedoch letztendlich offen, ob der Geschäfts- oder Firmenwert als Vermögensgegenstand oder eher als Bilanzierungshilfe angesehen werden sollte, und auch in der Literatur sowie in der Bilanzierungspraxis ist dies strittig.

Vermögens-
gegenstand

Verzichtet der Bilanzierende auf die Aktivierung, führt dies (unmittelbar) zu einem niedrigeren Ergebnis. Unter der Prämisse, daß der Geschäftswert tatsächlich als werthaltig in der Form zukünftiger Erträge bzw. als Vermögensgegenstand zu betrachten ist, können erhebliche stille Reserven gelegt werden. Falls die getätigte Ausgabe dann »künftige Umsätze alimentiert, lösen sich die gebildeten stillen Reserven im Zeitablauf sukzessive auf« (MÜLLER-WIEGAND, M. 1988, S. 1923). Aufgrund fehlender, für die Analyse verwertbarer Anhanginformationen werden diese Vorgänge nach außen hin regelmäßig verborgen bleiben.

Bilanzierungshilfe

Bei einer Interpretation als Bilanzierungshilfe wäre in erster Linie aufgrund der fehlenden Einzelverkehrsfähigkeit gerade die Aufwandsverrechnung, d.h. die Nichtaktivierung, die richtige Vorgehensweise. Im Falle der Aktivierung eines Geschäfts- oder Firmenwerts wäre also nunmehr – analog zur Vorgehensweise im Rahmen der Erstellung der Strukturbilanz – eine Bereinigung geboten. Zu berücksichtigen wären dann im erweiterten Berechnungsschema die durch einen Vorjahresvergleich ermittelbaren Veränderungen des Abschlußpostens »Geschäfts- oder Firmenwert«. Das Jahresergebnis wird damit sowohl um den Aktivierungsbetrag als auch um die Abschreibungen der Folgeperioden neutralisiert.

2.2.2.2.2 Disagio

Wahlrecht

Übersteigen die von einem Darlehensnehmer zur Erfüllung einer eingegangenen Verbindlichkeit zu leistenden Rückzahlungen die ihm zufließenden Beträge, so darf der sich ergebende Differenzbetrag als Disagio gem. § 250 Abs. 3 Satz 1 HGB aktiviert werden.

Der Verzicht auf die Aktivierung dieses Rechnungsabgrenzungspostens, also die Verbuchung des Differenzbetrags als Aufwand in der laufenden Periode, führt eindeutig zur Bildung stiller Reserven, wenn man für die Beurteilung dieses Sachverhalts zugrunde legt, daß dieser Unterschiedsbetrag betriebswirtschaftlich als im voraus gezahlter Zins zu betrachten ist (vgl. KROPFF, B. 1965, S. 248). Daher wäre dieser Aufwand korrekterweise über die Laufzeit der Verbindlichkeit zu verteilen. Ebenso wie bei der Nichtaktivierung des Geschäftswerts sind auch hier keine Anhangangaben erforderlich; es verbleibt allein eine qualitative Auswertungsmöglichkeit dieses Sachverhalts.

Nichtaktivierung

Berücksichtigt man jedoch, daß in Höhe des Disagios eine Verpflichtung auf das Unternehmen zukommt, der kein konkreter Gegenwert gegenübersteht, und es sich somit nicht um einen echten Vermögensgegenstand handelt, muß wiederum die Bereinigung des ausgewiesenen Jahreserfolgs für den Fall der Aktivierung des Disagios analog zur Vorgehensweise beim aktivierten Geschäfts- oder Firmenwert zulässig sein. Es bleibt also dem Analytiker überlassen, welche Auswertung er bei Aktivierung bzw. Nichtaktivierung eines Disagios vornehmen möchte.

Aktivierung

2.2.2.2.3 Ingangsetzungs- und Erweiterungsaufwendungen

Gem. § 269 HGB dürfen Aufwendungen für die Ingangsetzung und Erweiterung des Geschäftsbetriebs aktiviert werden. Der Gesetzgeber stellt dabei ausdrücklich fest, daß es sich hierbei um eine Bilanzierungshilfe handelt. Bei ausschließlich gesetzesteleologischer Wertung dieses Abschlußpostens steht also allein der eindeutige Charakter einer bilanziellen Hilfsgröße im Vordergrund. Mit dem Aktivierungsverzicht könnte somit keinesfalls die Legung stiller Reserven verbunden sein. Legt man jedoch als Bezugsmaßstab eine periodengerechte Erfolgsermittlung zugrunde und sieht in den Ingangsetzungs- und Erweiterungsaufwendungen z.B. Investitionen in die Zukunft, so kann es durch den Nichtansatz von Ingangsetzungsaufwendungen durchaus zur Legung stiller Reserven kommen (vgl. MÜLLER-WIEGAND, M. 1988, S. 1922). Allerdings zerstören hier wiederum fehlende Anhangangaben jeden Analyseansatz.

Bilanzierungshilfe

Jedoch kann die Aktivierung solcher Ingangsetzungsaufwendungen ebenfalls Eingang in die erweiterte Ergebnisbereinigungsrechnung finden. Das oben zur Eliminierung des Ansatzes eines Geschäfts- oder Firmenwerts sowie eines Disagios Gesagte findet dann auch hier entsprechende Anwendung; der ausgewiesene Jahreserfolg sollte also ebenfalls um den ergebnisverbessernden Einfluß der Aktivierung von Ingangsetzungsaufwendungen (vgl. GRÄFER, H. 1997, S. 57) bereinigt werden. Entsprechend ist bei einer Abschreibung dieser Bilanzierungshilfe in den Folgejahren der Erfolg zu erhöhen.

Korrektur

2.2.2.2.4 Aktivische latente Steuern

Bilanzierungshilfe

Bei zeitlicher Vorverlagerung des Steuerbilanzgewinns vor den ausgewiesenen Gewinn der Handelsbilanz stellen aktivische latente Steuern eine Kongruenz zwischen dem handelsbilanziellen Ergebnis und den dort gezeigten ertragsabhängigen Steuern her. Für die Aktivierung des Abgrenzungspostens als Bilanzierungshilfe gewährt § 274 Abs. 2 Satz 1 HGB ein Wahlrecht.

Korrektur

Mit der Aktivierungsentscheidung bzw. dem -verzicht für aktivische latente Steuern an sich wird die Frage nach der Bildung oder Auflösung stiller Reserven noch nicht berührt. Durch den Ansatz aktivischer latenter Steuern wird vielmehr zunächst allein eine Erhöhung des Jahresüberschusses erreicht. Die konkrete Berücksichtigung seitens des Analytikers, d.h. die Bereinigung des Erfolgs um die jährlichen Erhöhungs- und Verminderungsbeträge, kann analog zur Vorgehensweise bei den obigen Bilanzierungshilfen erfolgen.

2.2.2.2.5 Erweitertes Bereinigungsschema – individuelle Anpassungsmöglichkeiten

Interpretation als Bilanzierungshilfe

Entschließt sich der externe Bilanzleser für eine Beurteilung der dargestellten Sachverhalte, die eine weitergehende betragsmäßige Bereinigung des Jahreserfolgs notwendig macht, spricht er also den angesprochenen Posten eindeutig den bilanziellen Charakter einer Bilanzierungshilfe zu, kann das bereits erarbeitete Berechnungsschema folgendermaßen ergänzt werden:

Übersicht 52: Erweiterung des Bereinigungsschemas
bereinigter Jahresüberschuß/-fehlbetrag I
± Verminderung/Erhöhung eines aktivierten Geschäfts- oder Firmenwerts
± Verminderung/Erhöhung eines aktivierten Disagios
± Verminderung/Erhöhung aktivierter Ingangsetzungs- und Erweiterungsaufwendungen
± Verminderung/Erhöhung aktivierter latenter Steuern
= **bereinigter Jahresüberschuß/-fehlbetrag II**

Pragmatische Vorgehensweise

Für diese Erweiterung der Bereinigungsrechnung sollte sich ein externer Bilanzleser insbesondere dann entscheiden, wenn man eine Eliminierung des Einflusses von Bilanzierungshilfen auf den ausgewiesenen Erfolg zum Zwecke der Vergleichbarmachung veröffentlichter Jahresabschlüsse höher gewichtet als eine ungefähre Abschätzung eventuell vorhandener stiller Reserven. Diese pragmatische Vorgehensweise bietet sich selbst auf die Gefahr hin an, im Einzelfall tatsächlich vorhandene stille Reserven in der Analyse unberücksichtigt zu lassen.

Merksätze:

1. Die betragsmäßigen Auswirkungen der Bilanzpolitik, d.h. die Bildung und Auflösung stiller Reserven, werden – soweit diese aus Bilanz- und Anhanginformationen erkennbar sind – in einer Bereinigungsrechnung eliminiert.

2. Dieses bereinigte Ergebnis kommt dem tatsächlich erwirtschafteten Unternehmensergebnis näher als der ausgewiesene Erfolg. Die Bereinigungsrechnung geht in zwei Schritten vor.

3. Im ersten Schritt werden nur solche stillen Reserven berücksichtigt, deren Bildung und Auflösung betragsmäßige Anhangangaben auslösen. Dies ist allerdings nur bei einer sehr begrenzten Anzahl bilanzpolitischer Parameter der Fall.

4. Im Hinblick auf eine anzustrebende Vergleichbarkeit von Jahresabschlüssen werden in einem zweiten Analyseschritt weitere ergebniswirksame Sachverhalte eliminiert.

2.2.2.3 Stufe 3: Qualitative Ergänzung der Bereinigungsrechnung

Die bisherigen Ausführungen zeigten, daß nur wenige Ansatzpunkte zur exakten Korrektur des ausgewiesenen Erfolgs gegeben sind. Es sollen nun einige Sachverhalte skizziert werden, die unter Umständen zu einer Bildung hoher stiller Reserven führen können, ohne daß hierüber überhaupt quantitative Angaben gemacht werden müssen. Diese Sachverhalte entziehen sich gänzlich einer betragsmäßigen Ergebniskorrektur und können allein im Rahmen eines qualitativen Ansatzes der Bilanzanalyse gewürdigt werden (auf die entsprechende weitergehende Analyse im 3. Abschn. 4.4 wird hier verwiesen). *Ausgangspunkt*

2.2.2.3.1 Bewertung der Vorräte zu Einzelkosten

Durch die in § 255 Abs. 2 Satz 2 HGB zulässige Bewertung von selbsterstellten Vermögensgegenständen des Anlage- sowie des Umlaufvermögens zu Einzelkosten hat der Gesetzgeber einen bedeutsamen bilanzpolitischen Spielraum geschaffen (vgl. dazu WÖHE, G. 1988, S. 56; PFLEGER, G. 1991, S. 270ff.). In der Kostenrechnungspraxis anzutreffende Gemeinkostenzuschlagssätze von teilweise über 400 % belegen eindrucksvoll das hier vorhandene Beeinflussungspotential. Über die Zweckmäßigkeit dieser Regelung in § 255 Abs. 2 HGB läßt sich zwar durchaus streiten; jedoch ist unstrittig davon auszugehen, daß durch den Ansatz der Herstellungskostenuntergrenze erhebliche Unterbewertungen und damit die Legung stiller Reserven möglich ist. Durch die planmäßige Abschreibung bzw. Veräußerung der Gegenstände wird sich in Folgeperioden eine umgekehrte Wirkungstendenz einstellen. *Bedeutsamer bilanzpolitischer Spielraum*

Berücksichtigung der Bestandsverän- derungen	Abgesehen von der Tatsache, daß durch einen Teilkostenansatz stille Reserven gelegt werden können und damit eine gezielte Steuerung der Darstellung der Vermögenslage beabsichtigt sein kann, ist die jeweilige Jahresergebnisbeeinflussung freilich von den mengenmäßigen Bestandsveränderungen der Vorräte abhängig.
Keine quantitativen Informations- pflichten	Der Gesetzgeber fordert keine quantitativen Angaben über die nicht einbezogenen Gemeinkosten; vielmehr ist es nach § 284 Abs. 2 Nr. 1 HGB ausreichend und in der Praxis auch üblich, daß die Unternehmen lediglich über die aktivierten Kostenarten berichten. Wird berücksichtigt, daß bereits zahlreiche deutsche Unternehmen zu Einzelkosten bewerten (vgl. KÜTING, K. 1989, S. 587), entzieht sich auch hier wiederum ein großer Bereich stiller Reserven einer betragsmäßigen Erfolgskorrektur.
	Dem Analytiker ist also lediglich eine qualitative Bewertung der entsprechenden Anhanginformationen möglich, dergestalt, daß eine Bewertung zu Einzelkosten grundsätzlich zu einem tendenziell zu niedrigen Erfolgsausweis und damit zur Bildung stiller Reserven führt.

2.2.2.3.2 Überwiegende Anwendung degressiver Abschreibung

Strategie	Beabsichtigt der Bilanzierende eine Aufwandsvorverlagerung, d.h. eine stärkere Belastung der ersten Nutzungsjahre eines Vermögensgegenstands mit Abschreibungsaufwand, so empfiehlt sich in diesem Fall die Anwendung der degressiven Abschreibung (vgl. PFLEGER, G. 1991, S. 112). Die anfänglich gebildeten stillen Reserven lösen sich zwangsläufig in Folgeperioden wieder auf.
Keine quantitativen Informations- pflichten	Ob die gewählte Abschreibungsmethode angemessen ist, d.h. wie die Auswertung dieser Tatsache zu erfolgen hat, läßt sich nur für jeden einzelnen Vermögensgegenstand beurteilen. Über angewandte Abschreibungsmethoden ist im Anhang gem. § 284 Abs. 2 Nr. 1 HGB lediglich verbal zu berichten; quantifizierbare Angaben sind hier nicht erforderlich. Auch dieser Tatbestand entzieht sich also einer betragsmäßigen Erfolgskorrektur, obwohl im Einzelfall auch in diesem Zusammenhang beträchtliche stille Reserven gelegt werden können, falls diese Methode nicht die tatsächliche Abnutzung des Vermögensgegenstands wiedergibt (vgl. SCHMITZ, T. 1981, S. 212).

2.2.2.3.3 Wahlrecht zur Passivierung von Rückstellungen sowie Rückstellungsbewertung

Passivierungs- pflicht und - wahlrecht	§ 249 HGB unterscheidet zwei Arten von Rückstellungskategorien: Rückstellungen, für die eine Passivierungspflicht besteht, und Rückstellungen, über deren Passivierung der Bilanzierende entscheidet. Unter dieses Passivierungswahlrecht fallen zum einen die Instandhaltungsrückstellungen gem. § 249 Abs. 1 Satz 2 HGB, wenn die Aufwendungen nach dem 3. Monat des folgenden

Geschäftsjahrs erfolgen, und zum anderen die Aufwandsrückstellungen nach § 249 Abs. 2 HGB.

Rückstellungen, die nach § 266 Abs. 3 HGB in Posten B. 3. nicht gesondert aufgeführt sind, müssen gem. § 285 Nr. 12 HGB erläutert werden, sofern ihr Umfang nicht unerheblich ist. Auch an dieser Stelle kann von einer betragsmäßigen Angabe der Einzelposten abgesehen werden (vgl. WP-HANDBUCH 1996, Bd. I, Buchst. F, Rn. 507), so daß ein etwaiger Rückschluß auf Zuführungsbeträge in aller Regel nicht möglich sein wird. Aber gerade die Wahlrechte zur Passivierung von Rückstellungen, insbesondere die Aufwandsrückstellungen nach § 249 Abs. 2 HGB, bieten dem Bilanzierenden die Möglichkeit, in erheblichem Umfang stille Reserven zu bilden.

Keine betragsmäßige Aufgliederung

Die Bewertung von Rückstellungen erfolgt gem. § 253 Abs. 1 Satz 2 HGB. Danach sind »Rückstellungen nur in Höhe des Betrags anzusetzen, der nach vernünftiger kaufmännischer Beurteilung notwendig ist«. Die Zuführungsbeträge gehen in die jeweiligen Einzelaufwendungen ein, während die Auflösungsbeträge regelmäßig unter dem Sammelposten »sonstige betriebliche Erträge« zu zeigen sind. Weder die Einzelaufwendungen noch die »sonstigen betrieblichen Erträge« sind aber gesondert aufzugliedern. Quantitative Aussagen über eventuell aufgelöste stille Reserven aus früher zu hoch dotierten Rückstellungen wegen eines ursprünglich falsch eingeschätzten unsicheren Ereignisses oder Risikos sind demzufolge nicht möglich. Hierin liegt eine weitere grundlegende Grenze einer aussagefähigen Erfolgsanalyse.

Keine Angabe der Zuführungsbeträge

2.2.2.3.4 Zinssatz für Pensionsrückstellungen

Die jährlichen Zuführungen zu den Pensionsrückstellungen sind voll aufwandswirksam. Da dieser Passivposten im Verhältnis zur Bilanzsumme einen erheblichen Umfang annehmen kann, hängt die Höhe des Jahreserfolgs nicht unwesentlich von dem der Dotierungsrechnung zugrunde gelegten Kalkulationszinssatz ab. Um Willkürfreiheit zu garantieren, schreibt das Steuergesetz einen Zinssatz von 6 % vor (vgl. § 6a Abs. 3 Satz 3 EStG sowie WÖHE, G. 1997, S. 545). Das Handelsrecht hält demgegenüber keine ausdrückliche Regelung bereit; allgemein wird allerdings eine Untergrenze von 3 % angenommen und auch praktiziert.

Wirkungsweise

Es bleibt nun grundsätzlich dem pflichtgemäßen – mehr oder weniger vorsichtigen – Ermessen des bilanzierenden Kaufmanns überlassen, welchen Zinssatz er auswählt. Während ein zu niedriger Zinsfuß zur Bildung stiller Reserven und damit zu einem entsprechend niedrigeren Erfolg führt, hat ein zu hoher Zinssatz die umgekehrte tendenzielle Wirkung zur Folge. In Ermangelung eines objektiven Maßstabs sowie aufgrund fehlender quantitativer Angaben kann eine Wertung des gewählten Zinssatzes nur schwierig und eine Bereinigung des bilanziell ausgewiesenen Jahreserfolgs überhaupt nicht vorgenommen werden.

Keine quantitativen Informationspflichten

2.2.2.3.5 Aktivische latente Steuern – ein Indikator für die Bildung stiller Reserven

Indikatorfunktion Das Aktivierungswahlrecht ist, wie bereits erwähnt, nicht unmittelbar mit der Problematik stiller Reserven verbunden. Aktivischen latenten Steuern kann jedoch eine Indikatorfunktion für die Legung stiller Reserven zuerkannt werden. Wenn nämlich die handelsrechtlichen Möglichkeiten zur Bildung stiller Reserven großzügig ausgenutzt werden, wird in der Regel ein niedrigeres Ergebnis in der Handelsbilanz als in der Steuerbilanz zu erwarten sein, und für diesen Fall korrigiert diese aktivische Abgrenzung den im handelsrechtlichen Abschluß ausgewiesenen Steueraufwand.

Verzicht auf Aktivische latente Steuern wären somit als ein Indikator für ein ›konservativ‹
Aktivierung bilanzierendes Unternehmen zu werten; sie lassen auf die Existenz stiller Reserven schließen. Da aber im Einzelabschluß aktivische latente Steuern nicht erfaßt werden müssen, werden deutsche Unternehmen wohl auf den Ausweis aktivischer latenter Steuern verzichten. Erkenntnisse aus der Bilanzierungspraxis bestätigen die Vermutung, daß nicht zuletzt wegen dieser Signalwirkung vom Wahlrecht zum Ausweis aktivischer latenter Steuern tatsächlich regelmäßig kein Gebrauch gemacht wird (vgl. SCHEDLBAUER, H. 1990, S. 147; TREUARBEIT 1990, Rn. 78).

2.2.3 Vergleich von Börsen- und Bilanzwert

Die bisherige Vorgehensweise zur Ermittlung des tatsächlichen Erfolgs scheiterte überwiegend am Erfassungsproblem der stillen Reserven, so daß keine fundierten Aussagen über die tatsächliche Ertragskraft eines Unternehmens getroffen werden konnten.

Berücksichtigung Fast täglich erfolgt aber eine relativ objektivierte Einschätzung und Bewertung
des Börsenkurses von börsennotierten Unternehmen, so daß sich die Frage unmittelbar stellt, inwieweit die Börsenwerte in die externe Bilanzanalyse einfließen können (vgl. GRÄFER, H. 1997, S. 157f.). Die betragsmäßige Erfolgsanalyse nutzt die Kennzahl Börsenkurs zum einen als Indikator für die Ertragskraft, insbesondere auch für das Vorhandensein etwaiger stiller Reserven, zum anderen ist sie selbst Bestandteil mehrerer anderer Kennzahlen.

Kritik Folgende kritischen Bemerkungen sind bei der Anwendung des Börsenkurses für Zwecke der Bilanzanalyse vorwegzuschicken:

(1) Zunächst sind an der Börse ausschließlich Aktiengesellschaften und Kommanditgesellschaften auf Aktien notiert. Diese Rechtsform macht quantitativ nur einen Bruchteil aller Unternehmen aus, und außerdem listen nicht alle Aktiengesellschaften und Kommanditgesellschaften auf Aktien an der Börse.

(2) Daneben beeinflussen politische, steuerliche und Geldmarktfaktoren, einzelwirtschaftliche Vorgänge, wie Kapitalerhöhungen, Dividendenzahlun-

gen und Optionsemissionen, das Kursniveau ebenso wie Spekulationen. Diese Einflüsse verhindern eine Kursbildung im Sinne einer tatsächlichen, ausschließlich ertragsabhängigen Bewertung.

Daher kann der Börsenkurs nur sehr eingeschränkt als Indikator der Ertrags-   *Analyseverfahren* kraft dienen. Dennoch sollen an dieser Stelle kurz die allgemein gebräuchlichen Analyseverfahren dargestellt werden.

Durch den Vergleich von Börsen- und Bilanzkurs können allenfalls vage Anhaltspunkte über den Umfang stiller Reserven gewonnen werden (vgl. COENENBERG, A.G. 1997, S. 674f.):

(F. 4.1)

$$\text{stille Reserven} = \frac{\text{gezeichnetes Kapital} \times (\text{Börsenkurs ./. Bilanzkurs})}{100}$$

(F. 4.2)

$$\text{Börsenkurs} = \frac{\text{Aktienpreis} \times 100}{\text{Nominalwert einer Aktie}}$$

Der Börsenkurs wird auf einen Nennwert von 100 DM umgerechnet, um bei der Bildung der Differenz zwischen Börsen- und Bilanzkurs von einer einheitlichen Basis auszugehen.

(F. 4.3)

$$\text{Bilanzkurs} = \frac{\text{bilanziertes Eigenkapital} \times 100}{\text{Nominalwert einer Aktie}}$$

Nach COENENBERG spiegelt der mit der ersten Formel errechnete Betrag einen   *Aussagekraft* originären Geschäfts- oder Firmenwert wider, der den Betrag vorhandener stiller Reserven in einem weiten Sinne repräsentiert (vgl. COENENBERG, A.G. 1997, S. 674). Er umfaßt neben den durch die Ausschöpfung bilanzpolitischer Möglichkeiten gebildeten Dispositions- und Ermessensreserven auch die für Externe üblicherweise nicht erkennbaren sogenannten Zwangsreserven, die sich der Beeinflussung durch den Bilanzierenden entziehen und allein auf der Konzeption des deutschen Bilanzrechts beruhen.

2.2.4 Cash-flow als Erfolgsindikator

Finanz- und
Erfolgsindikator

Grundsätzlich ist der Cash-flow eine finanzwirtschaftliche Kennzahl (vgl. 2. Abschn., 3. Kap. 1.3), die eine Größe darzustellen versucht, die möglichst weitgehend von zahlungsunwirksamen Komponenten befreit ist. Es werden gleichzeitig aber auch Anstrengungen unternommen, den Cash-flow zur Beurteilung der gegenwärtigen und zukünftigen tatsächlichen Ertragskraft heranzuziehen. In der Einschätzung des Cash-flow als Ertrags- und Erfolgsindikator sind die Meinungen in Theorie und Praxis jedoch wesentlich konträrer als bei seiner Beurteilung als Finanzindikator. Der theoretisch richtige Ansatzpunkt bei der Ermittlung des Cash-flow als Erfolgsindikator ist dabei, daß – im Gegensatz zum ausgewiesenen Jahresüberschuß – der Cash-flow bewußte bilanzpolitische Steuerungen wenigstens teilweise ausschaltet (vgl. JUESTEN, W./ VILLIEZ, C. Frhr. v. 1992, S. 112 und 123; PERRIDON, L./STEINER, M. 1997, S. 552).

Vorgehensweise

Es liegt also nahe, aus der dokumentierten Entwicklung des Cash-flow im zeitlichen Ablauf auf die Veränderungen des in abgelaufenen Rechnungsperioden tatsächlich erwirtschafteten Erfolgs zu schließen, da insbesondere auch jene Ergebnisbestandteile gezeigt werden, die als Legung stiller Reserven bzw. deren Auflösung in zu hohen Abschreibungen, Zuschreibungen oder auch Rückstellungen verborgen sind (vgl. COENENBERG, A.G. 1997, S. 679f.).

Bei der Beurteilung des Cash-flow als Erfolgsindikator ist aber danach zu differenzieren, ob er als unmittelbarer oder als mittelbarer Erfolgsindikator eingesetzt werden soll, sowie nach welchem Berechnungsschema er ermittelt wurde.

Unmittelbarer
Erfolgsindikator:
Restriktionen

So sollte der Cash-flow als unmittelbarer Erfolgsindikator nur mit erheblichen Einschränkungen eingesetzt werden:

Negierung echter
Aufwands- und
Ertragskompo-
nenten

(1) Erfolg wird definiert als Differenz zwischen Ertrag und Aufwand. Der Cash-flow aber negiert echte Ertrags- und Aufwandskomponenten und führt daher zu einer zu optimistischen Einschätzung des Jahresergebnisses. So sind Abschreibungen und Rückstellungen als echte Aufwandskomponenten bei der Erfolgsermittlung grundsätzlich von den Erträgen zu subtrahieren und nur der über den nach kaufmännischer Vorsicht erforderlichen Wertansatz hinausgehende Betrag ist als zusätzlicher Gewinn anzusetzen (vgl. PERRIDON, L./STEINER, M. 1997, S. 553). Der Cash-flow erleichtert zwar aufgrund der Eliminierung bilanzpolitischer Einflüsse die Vergleichbarkeit, aber er stellt dennoch keinen zutreffenden Erfolgsindikator dar (vgl. LACHNIT, L. 1973, S. 59).

Finanzanalyse

(2) Mit der Berücksichtigung erfolgsneutraler, zahlungsmittelerhöhender sowie zahlungsmittelverringernder Vorgänge gehen solche Größen in den Cash-flow ein, die lediglich finanzanalytisch von Bedeutung sind.

(3) Probleme bereitet des weiteren die Behandlung verschiedener Erfolgspo-   *Mischposten*
sten, die als bilanzielle Mischposten sowohl zahlungswirksame als auch
zahlungsunwirksame Komponenten in sich vereinigen.

(4) Zudem treten im zwischenbetrieblichen Vergleich weitere Probleme beim   *Zwischenbetrieb-*
unmittelbaren Vergleich unterschiedlich kapitalintensiver Unternehmen   *licher Vergleich*
auf, wenn beispielsweise bei gleich hohem Cash-flow für die Anlageaus-
gaben unterschiedliche Deckungsanforderungen existieren (vgl. BUSSE
VON COLBE, W. 1976, Sp. 250) und die Cash-flow-Kennzahl durch unterschiedliche Abschreibungsintensitäten beeinflußt wird.

(5) Auch Versuche, den (retrospektiv konzipierten) Cash-flow für die Ab-   *Vergangenheits-*
schätzung zukünftiger Erfolgschancen heranziehen zu wollen, sind mit   *bezug*
Vorsicht zu bewerten. Obwohl der Cash-flow als ein aus eigener Kraft er-
wirtschafteter finanzwirtschaftlicher Überschuß interpretiert werden
kann, der daher gewisse Anhaltspunkte über die zukünftige Ertragskraft
eines Unternehmens liefern könnte (vgl. COENENBERG, A.G. 1997,
S. 679), sind doch die Schwächen einer Trendaussage durch reine Extra-
polation hinreichend bekannt. Insbesondere wichtige, die Ertragslage eines Unternehmens bestimmende Einflußgrößen, wie die Qualität des Managements, die Auftragslage oder allgemeine Konjunktur- und branchenspezifische Wachstumserwartungen lassen sich naturgemäß nur
unzulänglich in die Betrachtung mit einschließen (vgl. PERRIDON, L./STEI-
NER, M. 1997, S. 553).

Der Cash-flow kann nach einer teilweise in der Literatur vertretenen Auffas-   *Mittelbarer Erfolgs-*
sung als mittelbarer (zusätzlicher) Erfolgsindikator, d.h. unter der Vorausset- *indikator*
zung einer weitgehenden Komplementarität zwischen Finanz- und Ertragskraft, auch Aussagekraft als Erfolgsindikator erlangen. Der externe Bilanzanalytiker sollte sich aber hierbei der besonderen Problematik der unterstellten
Prämissen bewußt sein und daher die Kennzahl Cash-flow lediglich ergänzend
und mit besonderer Sorgfalt zusammen mit unmittelbaren Erfolgsindikatoren
verwenden.

Der als mittelbarer Erfolgsindikator verwendbare Cash-flow kann durch be-   *Modifikationen*
stimmte Modifikationen des finanzwirtschaftlichen Cash-flow bestimmt wer-
den (vgl. PERRIDON, L./STEINER, M. 1997, S. 553):

(1)   Cash-flow
    +   Steuern vom Einkommen und vom Ertrag
    _____
    =   Brutto-Cash-flow (Cash-flow vor Steuern)

(2)   Cash-flow
    +   betriebsfremde Aufwendungen
    ./. betriebsfremde Erträge
    _____
    =   betriebsbedingter Cash-flow

(3)   Cash-flow

+   außerordentliche Aufwendungen

./.   außerordentliche Erträge

=   ordentlicher bzw. nachhaltiger Cash-flow

Trotz dieser Modifikationen sollte der Cash-flow jedoch nur komplementär zu anderen Erfolgsindikatoren genutzt und nicht isoliert als einziger Erfolgsmaßstab verwendet werden.

2.2.5 Geschätztes Steuerbilanzergebnis als Erfolgsindikator

Zielsetzung   Im Gegensatz zur Handelsbilanz verfolgt die Steuerbilanz die Zielsetzung der periodenrichtigen Gewinnermittlung, die verhindern soll, daß es durch dispositionsbedingte Ergebniskorrekturen zu Steuerverschiebungen kommt. Die engeren Spielräume und Wahlrechte der Steuerbilanz führen damit zu einer Erfolgsgröße, die nicht so stark wie der handelsbilanzielle Erfolg durch bilanzpolitische Maßnahmen verzerrt ist. So liegt der Schluß von einem - im Vergleich zum ausgewiesenen Jahreserfolg – hohen Steueraufwand auf die Legung stiller Reserven durchaus nahe; die umgekehrte Konstellation deutet hingegen auf die Auflösung derselben hin (vgl. SCHEDLBAUER, H. 1990, S. 147). Ziel der Schätzung des Steuerbilanzergebnisses ist es nun, diese stillen Reservenbewegungen zu quantifizieren und schließlich aus dem handelsrechtlichen Erfolg zu eliminieren.

Restriktionen   Der Steuerbilanzgewinn ist eine Größe, die dem externen Analytiker regelmäßig nicht zugänglich ist. Daher muß er aus der Handelsbilanz abgeleitet werden. Dennoch sollte die Aussage, daß dem Steuerbilanzergebnis eine größere analytische Relevanz beizumessen ist, insbesondere durch die Existenz einer Fülle von außerfiskalischen – wirtschaftspolitisch motivierten – Maßnahmen nicht unwesentlich relativiert bewertet werden. Darüber hinaus ist die Körperschaftsteuerbelastung von der Art des für die Ausschüttung verwandten Eigenkapitals abhängig, was ebenfalls zu erheblichen Schätzungsfehlern führen kann.

Die Anwendbarkeit wäre beispielsweise auch dann in Zweifel zu ziehen, wenn latenter Steueraufwand und/oder -ertrag nach § 274 HGB mit dem effektiven Steueraufwand verrechnet und in einem Saldoposten in der Gewinn- und Verlustrechnung ausgewiesen wird. Da allerdings sowohl passivische als auch aktivische latente Steuern in Bilanz oder Anhang anzugeben sind, kann also auch im Verrechnungsfall über einen Vorjahresvergleich auf den effektiven Ertragsteueraufwand geschlossen werden.

Voraussetzungen   Die Ermittlung des Steuerbilanzgewinns durch den externen Analytiker ist an zwei Voraussetzungen geknüpft (vgl. COENENBERG, A.G. 1997, S. 677):

(1) der Ableitung muß ein proportionaler Steuertarif zugrunde liegen und

(2) die Höhe der gewinnabhängigen Steuern muß bekannt sein.

Aufgrund des progressiv gestalteten Einkommensteuertarifs können Einzel-
kaufleute und Personenhandelsgesellschaften die erste Ableitungsvorausset-
zung nicht erfüllen, so daß diese Unternehmen in eine Analyse auf der Grundlage des Steuerbilanzgewinns nicht einbezogen werden können. Anwendbar ist
diese Methode allerdings für Kapitalgesellschaften, da bei der Körperschaftsteuer infolge des proportionalen Tarifs – 45 % des zu versteuernden Einkommens (vgl. § 23 Abs. 1 KStG) – grundsätzlich von der Höhe der ertragsabhängigen Steuern auf die Höhe des steuerpflichtigen Gewinns geschlossen werden
kann. Praktische Probleme treten hierbei allerdings auf, wenn eine unbe-
schränkt steuerpflichtige Kapitalgesellschaft Gewinn ausschüttet und die Aus-
schüttungsbelastung von 30 % (vgl. § 27 Abs. 1 KStG) über die Feststellung
des zur Ausschüttung verwendbaren Eigenkapitals (vgl. § 28 KStG) hergestellt
werden soll. Erhöhungen oder Verminderungen der zu leistenden Körperschaftsteuer sind hier die Folge, die in einer Steuerbilanzergebnisschätzung nur
unzureichend berücksichtigt werden können.

Proportionaler
Steuertarif

Im Gegensatz zum AktG 1965 ist die ertragsabhängige Steuerschuld nach
HGB in der Gewinn- und Verlustrechnung in einem gesonderten Posten auszuweisen. Die zweite Voraussetzung ist somit erfüllt. Im Rahmen der Ableitung
des steuerpflichtigen Gewinns kann also direkt – unter alleiniger Korrektur um
den etwaigen Einfluß latenter Steuern – von dem Posten »Steuern vom Einkommen und vom Ertrag« ausgegangen werden.

Bilanzausweis

An dieser Stelle soll nun ein vereinfachtes Modell zur Schätzung des Steuerbilanzergebnisses vorgestellt werden, das auf den folgenden Annahmen basiert
(vgl. COENENBERG, A.G. 1997, S. 678; LEONARDI, H. 1990, S. 103f.):

Annahmen

– Ausschüttungen werden nur aus Gewinnen des abgelaufenen Geschäftsjahrs, also mit 45 % belastetem Eigenkapital vorgenommen;

– Verlustvor- bzw. -rückträge liegen nicht vor;

– verdeckte Gewinnausschüttungen wurden nicht vorgenommen;

– steuerfreie oder steuerbegünstigte Gewinne liegen nicht vor;

– gewerbeertragsteuerliche Hinzurechnungen oder Kürzungen existieren
   ebenfalls nicht und

– die Effektivbelastung durch Gewerbeertragsteuer beträgt bei einem Steuer-
   meßbetrag von 5 % und einem angenommenen Hebesatz von 400 % aufgrund der Abzugsfähigkeit der Gewerbeertragsteuer 16,67 % des Steuerbilanzgewinns.

Da im vorzustellenden Modell sowohl eine Voll- als auch eine Teilausschüttung
– bei gleichzeitiger Thesaurierung des Differenzbetrags – angenommen werden kann, ist bei grundsätzlicher Anwendung der Tarifbelastung von 45 % eine

Körperschaftsteuer-Minderung in Höhe von 15/70 – dies entspricht 21,429 % –
auf die Bardividende vorzunehmen. Damit ergibt sich die gesamte Körperschaftsteuerbelastung aus der Körperschaftsteuer-Tarifbelastung abzüglich der
auf die Bardividende entfallenden Körperschaftsteuer-Minderung.

Die verwendeten Symbole werden folgendermaßen definiert:

KSt   = Körperschaftsteuer
GewESt   = Gewerbeertragsteuer
G   = Steuerbilanzgewinn (Bemessungsgrundlage)
D   = Bardividende (nach Abzug von KSt)
St   = Steuern vom Einkommen und vom Ertrag

Rechengang   Für die Schätzung des Steuerbilanzgewinns ergeben sich demnach die folgenden Gleichungen:

$$St = KSt + GewESt$$
$$GewESt = 0,1667\ G$$
$$KSt = 0,45\ (G - 0,1667\ G) - 0,21429\ D$$
$$= 0,37499\ G - 0,21429\ D$$
$$St = 0,37499\ G + 0,1667\ G - 0,21429\ D$$
$$= 0,54169\ G - 0,21429\ D$$
$$G = 1,84607\ St + 0,3956\ D$$

Die stillen Reserven ergeben sich bei diesem Schätzverfahren nun aus der Subtraktion des handelsrechtlichen Jahresüberschusses nach ertragsabhängigen
Steuern – ohne Steuerabgrenzung gem. § 274 HGB – vom geschätzten Steuerbilanzgewinn.

Kritische   Da diese Methode nur unter Berücksichtigung der getroffenen – im Zweifel
Beurteilung   eher als unrealistisch zu bezeichnenden – Prämissen zu brauchbaren Erkenntnissen führt, ist die Bedeutung dieses Verfahrens hinsichtlich der Beurteilung
der Ertragskraft eines Unternehmens äußerst kritisch zu betrachten. Denn regelmäßig führen im Zuge der Ableitung der Bemessungsgrundlage zahlreiche
Hinzurechnungen und Kürzungen zu einer Veränderung der Steuerschuld, die
für den externen Analytiker nicht erkennbar ist. So können beispielsweise Ver-
lustvorträge bzw. -rückträge den Steueraufwand beeinflussen, ohne aber in di-
rektem Zusammenhang mit der tatsächlichen Ertragskraft zu stehen. Eine in
diesem Sinne geminderte Steuerschuld führt zu einer Unterschätzung der Ertragskraft des Unternehmens. Entsprechendes gilt bei Vorliegen steuerfreier
Einkünfte.

Daneben wird die Aussagekraft der Steuerbilanzergebnisschätzung insbesondere dadurch eingeschränkt, daß die Feststellung der Höhe des endgültigen
Steueraufwands mitunter erst nach Betriebsprüfungen, die im Abstand von
mehreren Jahren durchgeführt werden, möglich ist (vgl. COENENBERG, A.G.
1997, S. 679). Steuervoraus- und -nachzahlungen behindern hier stets die ge-
naue und periodengerechte Ermittlung des zutreffenden Steueraufwands.

Diese Einflüsse lösen sich im Zeitablauf zwar regelmäßig auf, führen aber jeweils zu Unter- bzw. Überschätzungen der Ertragskraft des Unternehmens im betreffenden Geschäftsjahr.

Aus den dargelegten Gründen kann die Ableitung des Steuerbilanzgewinns zu Fehlschlüssen verleiten und ist folglich – wenn überhaupt – nur in sehr eingeschränktem Maße und dann allenfalls als ein Indikator für die Ertragskraft, die sich durchschnittlich während der Betrachtung eines längeren Zeitraums ergibt, einzusetzen.

Eingeschränkte Verwendung

2.2.6 Beurteilung der Möglichkeiten zur betragsmäßigen Erfolgsanalyse

Die vorstehenden Ausführungen haben gezeigt, daß dem externen Analytiker relevante Informationen vielfach überhaupt nicht zur Verfügung stehen. In vielen Punkten ist er aufgrund nicht hinreichender und vager Angaben auf Näherungsverfahren zur Ableitung der tatsächlichen Ertragslage aus dem veröffentlichten Jahresabschluß angewiesen. Eine wichtige Rolle fällt im Rahmen der betragsmäßigen Erfolgsanalyse dem Anhang zu; denn – wenn überhaupt – können hier wichtige Rückschlüsse auf die individuelle Anwendung des bilanzpolitischen Instrumentariums – und damit auf die Bildung und Auflösung stiller Reserven – gezogen werden.

Bedeutung der Anhangangaben

Bei der Analyse dieser Anhangangaben dürfen keine allzu großen Erwartungen geweckt werden. Einerseits gewährt der Gesetzgeber zahlreiche Gestaltungsfreiräume. Andererseits sind die Anhangangaben zur Ausnutzung dieser Freiräume nicht hinreichend geeignet, exakte Auswirkungen der daraus resultierenden Gestaltungsmaßnahmen erkennen zu können. Ganz abgesehen davon, daß viele Unternehmen eine im Zweifel restriktive Informationspolitik betreiben, schreibt der Gesetzgeber in vielen Fällen keine quantitativen Angaben vor, sondern läßt bloße verbale Umschreibungen von Tatbeständen genügen, die lediglich in eine Tendenzanalyse einbeziehbar sind.

Tendenzanalyse

Merksätze:

1. Neben der Entwicklung einer betragsmäßigen Ergebniskorrekturrechnung aus Bilanz- und Anhanginformationen bestehen Möglichkeiten, die Bildung und Auflösung stiller Reserven anhand verschiedener Bilanzierungs- und Bewertungsmaßnahmen tendenziell abzuschätzen.

2. Ein zusätzlicher Anhaltspunkt über den Umfang gebildeter stiller Reserven kann über einen Vergleich von Börsen- und Bilanzkurs des gezeichneten Kapitals gewonnen werden.

3. Der Cash-flow als Erfolgsindikator führt bei isolierter Betrachtung zu unzulänglichen Ergebnissen, er sollte jedoch supplementär zu anderen Instrumenten der Erfolgsanalyse genutzt werden.

4. Der Steuerbilanzgewinn ist grundsätzlich weniger stark durch Bilanzpolitik beeinflußt als der handelsbilanziell ausgewiesene Jahreserfolg.
Die Schätzung eines Steuerbilanzergebnisses mit einer aussagekräftigen Indikatorwirkung scheitert jedoch an den erheblichen Ermittlungs-
schwierigkeiten.

2.3   Strukturelle Erfolgsanalyse

2.3.1   Erfolgsspaltung als Erfolgsquellenanalyse

2.3.1.1   Problemstellung

Bedeutung   Im Rahmen der erfolgswirtschaftlichen Bilanzanalyse kommt der Erfolgsspaltung, auch Ergebnis- oder Erfolgsquellenanalyse genannt, sowohl in der Theorie als auch in der Praxis eine besondere Bedeutung zu. Sie gilt neben der betragsmäßigen Erfolgsanalyse als das Kernstück der erfolgswirtschaftlichen Bilanzanalyse (vgl. LACHNIT, L. 1991, S. 773). Während die betragsmäßige
Erfolgsanalyse die Ermittlung des ›tatsächlichen‹, i.S.e. um die Bildung und
Auflösung von stillen Reserven bereinigten, Jahresergebnisses anstrebt, besteht das Primärziel der Erfolgsspaltung in der Gewinnung einer nachhaltigen,
d.h. auf Dauer erzielbaren Erfolgsgröße. Seine Berechtigung erfährt das Instrument ›Erfolgsspaltung‹ nicht zuletzt in dem Umstand, daß sich der ausgewiesene Jahreserfolg als Saldo sämtlicher Aufwendungen und Erträge des Ge-
schäftsjahres ergibt (vgl. § 246 Abs. 1 Satz 1 HGB), unabhängig davon, ob
diese regel- oder unregelmäßiger Natur sind. A priori ist somit in Zweifel zu
ziehen, daß der Jahreserfolg konzeptionell in der ausgewiesenen Höhe nachhaltig sein kann.

Über das – in die Zukunft gerichtete – Primärziel der Ermittlung einer nachhaltigen Erfolgsgröße hinaus, kommt der Erfolgsspaltung die – eher retrospektive – Aufgabe zu, das Zustandekommen des in der Gewinn- und Verlustrechnung ausgewiesenen Jahreserfolges unter verschiedenen Gesichtspunkten zu
erklären. Hierzu erfolgt eine Disaggregation der hoch komplexen Größe Jahreserfolg anhand verschiedener Kriterien.

Im Rahmen der weiteren Ausführungen werden die Möglichkeiten und Grenzen der bilanziellen Erfolgsspaltung dargestellt, wie sie nach theoretischen Erkenntnissen und praktischen Möglichkeiten von einem externen Analytiker
durchgeführt werden kann, dem lediglich das öffentlich zugängliche Zahlenmaterial eines Unternehmens zur Verfügung steht.

2.3.1.2 Grundsätzliches zur Erfolgsspaltung

2.3.1.2.1 Möglichkeiten der Erfolgsspaltung

Das Wesen der Erfolgsspaltung liegt in der Aufgliederung des Gesamterfolgs insbes. nach Erfolgsquellen und Leistungsbereichen, um auf der Grundlage dieser Analyse einen möglichst weitgehenden Einblick in die Komponenten des Erfolgs zu ermöglichen. Darüber hinaus bildet die festgestellte Erfolgssituation – also die Ursachen und die Zusammensetzung des Unternehmenserfolgs – die Basis für die zukünftige Erfolgsentwicklung. *Aufgliederung des Gesamterfolgs*

Im einzelnen ist eine Aufspaltung vom Grundsatz her nach folgenden Kriterien möglich (vgl. dazu KÜTING, K. 1981, S. 529; HAUSCHILDT, J. 1990, S. 190): *Ordnungskriterien*

(1) Regelmäßigkeit:

Die Aufspaltung erfolgt in den ordentlichen (regelmäßigen, nachhaltigen) und den außerordentlichen (unregelmäßigen) Erfolg.

(2) Betriebsbezogenheit:

Es erfolgt eine Unterteilung des Erfolgs in betriebsbedingte (betriebliche) und betriebsfremde (außerbetriebliche) Erfolgskomponenten.

(3) Periodenbezogenheit:

Nach diesem Kriterium wird eine Unterteilung in periodenzugehörige (periodische) und periodenfremde (aperiodische) Erfolgsbestandteile vorgenommen.

(4) Tätigkeitsbereiche:

Die Erfolgsspaltung kann sich weiterhin an Tätigkeitsbereichen orientieren, d.h. an sich deutlich abhebenden betrieblichen Organisationseinheiten (vgl. NIEHUS, R.J. 1982, S. 541). Die Tätigkeitsbereiche sind stark unternehmensindividuell geprägt und lassen sich beispielsweise organisatorisch, funktional, sachlich oder räumlich voneinander abgrenzen. Nach dem Bereichs- oder Objektprinzip können folgende Tätigkeitsbereiche gebildet werden:

(a) Unternehmensfunktionen:

Nach dem sogenannten Bereichsprinzip erfolgt die Erfolgsspaltung, indem die Erfolgsbeiträge einzelner Unternehmenssektoren (z.B. Beschaffung, Produktion, Verwaltung und Vertrieb) sichtbar gemacht werden.

(b) Leistungsbereiche:

Nach dem Objektprinzip erfolgt die Aufteilung bezogen auf nach Objekten ausgerichtete Entscheidungs- und Verantwortungsbereiche, wie

Geschäftsbereiche, Sparten, Divisions, Profit-Center, Produktgruppen oder Produkte.

(5) Regionen:

Weiterhin kann eine Aufspaltung nach örtlichen bzw. geographischen Merkmalen erfolgen, z.B. nach Erfolgsbeiträgen im In- und Ausland oder in bestimmten Regionen.

(6) Kundengruppen:

Diese Aufteilung der Erfolge richtet sich z.B. nach Groß- und Kleinabnehmern oder Groß- und Einzelhändlern.

(7) Ertragsarten:

Der Erfolg kann schließlich auch in den Umsatzerfolg, den Bestandserfolg und den Erfolg bei innerbetrieblichen Leistungen aufgespalten werden (vgl. SCHNETTLER, A. 1961, S. 210).

(8) Kalkulationsgrößen:

Auch kann eine Aufspaltung des Erfolgs nach Kalkulationsgrößen, wie z.B. Deckungsbeiträgen, Fixkosten, Normal/Standardergebnis, Abweichungen etc., erfolgen (vgl. ZIOLKOWSKI, U. 1990, S. 161).

(9) Zahlungswirksamkeit:

Der Erfolg kann zudem auch aufgespalten werden in zahlungswirksamen und zahlungsunwirksamen Erfolg (vgl. HAUSCHILDT, J. 1990, S. 190).

(10) Inflationsbedingtheit:

Bei Vorliegen inflationärer Tendenzen beinhaltet der unter Beachtung des Prinzips der nominellen Kapitalerhaltung ermittelte handelsrechtliche Jahreserfolg sogenannte Scheingewinnbestandteile, die unter dem Gesichtspunkt der Substanzerhaltung grundsätzlich nicht zur Ausschüttung gelangen dürfen. Insofern könnte in Erwägung gezogen werden, den Jahreserfolg nach dem Kriterium der Inflationsbedingtheit aufzuspalten – und zwar in den ›echten‹ Umsatz- sowie den Preissteigerungsgewinn.

(11) Steuerwirksamkeit:

Letztendlich kann der Erfolg auch in steuerwirksame und steuerunwirksame Bestandteile zerlegt werden.

Auch wenn außer Frage steht, daß für die Beurteilung der Erfolgssituation sämtliche der vorgestellten Ordnungskriterien interessante Erkenntnisse liefern könnten, so ist dennoch auch ohne weitere Erläuterungen unmittelbar einsichtig, daß für Zwecke der externen Analyse im wesentlichen die ersten drei Strukturierungsvarianten von Bedeutung sind.

2.3.1.2.2 Ziele der Erfolgsspaltung

Allgemein formuliert, sind die wesentlichen Ziele einer bilanziellen Erfolgsspaltung die Feststellung des erwirtschafteten Periodenergebnisses, die Beurteilung der gegenwärtigen und künftigen Ertragskraft sowie das Aufzeigen der
einzelnen Erfolgsquellen des Unternehmens.

Grundsatz

Primäres Ziel einer Erfolgsspaltung ist die Ermittlung eines Ergebnisses, das
bei konstanten Bedingungen der Umwelt auch künftig erzielbar ist. Es umfaßt
diejenigen Umsatz- und Finanzgeschäfte, die typischerweise regelmäßig anfallen und dessen zu erwartende Nachhaltigkeit durchaus Prognosen für die Zukunft zulassen (vgl. PERRIDON, L./STEINER, M. 1997, S. 546). Dies ist zum
einen das ordentliche Betriebsergebnis und zum anderen das ordentliche Finanzergebnis, die beide im Hinblick auf die Zielsetzung um bestimmte, später
noch eingehend zu erläuternde Komponenten bereinigt werden sollen.

Nachhaltig erziel-
bares Periodener-
gebnis

Besonders hervorzuheben ist dabei die Ermittlung des Ergebnisses, das aus
dem eigentlichen Unternehmenszweck resultiert, demnach also leistungsbe-
dingt und typisch für den Jahreserfolg ist. Es soll den nachhaltig erzielbaren
Erfolg des Unternehmens aus seiner eigentlichen Tätigkeit widerspiegeln und
damit einen Anhaltspunkt bezüglich des Erfolgspotentials der Unternehmung
liefern. Dieses Ergebnis wird als (ordentliches) Betriebsergebnis bezeichnet
und von Analystenseite besonders hoch eingestuft. Es unterscheidet sich vom
Finanzergebnis dadurch, daß es sich aus betriebstypischen Erfolgskomponenten zusammensetzt.

Ordentliches
Betriebsergebnis

Das Finanzergebnis, vielfach auch als ordentliches betriebsfremdes Ergebnis
oder Finanz- und Verbundergebnis bezeichnet, wird zwar ebenfalls im Rahmen
der Unternehmenstätigkeit erzielt, steht jedoch mit dem eigentlichen Unternehmenszweck nicht im Zusammenhang. Es handelt sich überwiegend um
Aufwendungen und Erträge aus Finanzanlagen bzw. -investitionen, die zwar
regelmäßig anfallen (können), aber nicht betriebstypisch sind. Da sie nicht aus
der eigentlichen Domäne des Unternehmens stammen und teilweise nicht oder
nur bedingt beeinflußbar sind, werden Finanzerfolge von Bilanzanalysten nicht
so hoch eingeschätzt wie Betriebserfolge (vgl. HAUSCHILDT, J. 1990, S. 193).
Inwieweit diese Einschätzung aber sachgerecht ist, wird noch zu hinterfragen
sein.

Finanzergebnis

Von diesen beiden ordentlichen Ergebnisbestandteilen zu unterscheiden ist die
außerordentliche Ergebniskomponente, zu der beispielsweise außerplanmäßige Abschreibungen wegen Betriebsstillegungen, Katastrophenschäden oder
einmalige Zuschüsse, aber auch grundsätzlich Liquidations- und Bewertungserfolge zählen. Es handelt sich hierbei insbesondere um Aufwendungen oder
Erträge, die nach ihrer Art und Höhe ungewöhnlich und/oder selten anfallen,
also eher zufällig und keinesfalls regelmäßig zu erwarten sind (vgl. GRÄFER,
H. 1997, S. 106). Unabhängig aber von der Schwierigkeit, unter betriebswirtschaftlichen Kriterien eine eindeutige handelsrechtliche oder betriebswirt-

Außerordentliches
Ergebnis

schaftliche Definition der außerordentlichen Ergebnisbestandteile zu finden – die weiteren Ausführungen werden dies zeigen -, soll mit dieser Aufspaltung die Ermittlung extrapolationsfähiger Komponenten des Vergangenheitserfolgs (ordentliches Betriebs- und ordentliches betriebsfremdes Ergebnis) gewährleistet werden (vgl. BALLWIESER, W. 1987, S. 60f.). Bei dieser Methode der prospektiven Erfolgsbeurteilung müssen allerdings gleichbleibende Umweltbedingungen vorausgesetzt werden.

2.3.1.2.3 Ausgangspunkt der Erfolgsspaltung

GuV nach § 275 HGB
Ausgangspunkt einer bilanziellen Erfolgsspaltung ist die Gewinn- und Verlustrechnung gem. § 275 HGB, die für Kapitalgesellschaften verbindlich vorgeschrieben ist. Sie dokumentiert die an handelsrechtlichen Bilanzierungs- und Bewertungsgrundsätzen orientierte Gewinnentstehung. Der Jahresüberschuß (Jahresfehlbetrag) ist die in Übereinstimmung mit den gesetzlichen Vorschriften ermittelte und rechtsverbindlich festgestellte Erfolgsgröße eines Geschäftsjahrs und kann an die Anteilseigner ausgeschüttet und/oder den Rücklagen zugeführt werden.

Problemgröße: veröffentlichter Jahreserfolg
Der Jahreserfolg in der ausgewiesenen Höhe erweist sich jedoch insofern als ein untauglicher Maßstab für die externe Beurteilung der Ertragskraft eines Unternehmens, als dieser

– in aller Regel ein Konglomerat aus regelmäßig und unregelmäßig anfallenden Aufwendungen und Erträge darstellt;

– durch rein steuerrechtliche Wertansätze (z.B. Sonderabschreibungen) verzerrt sein kann;

– in erheblichen Umfange durch bilanzpolitische Maßnahmen beeinflußt werden kann.

Grenzen der Erfolgsspaltung
Vor diesem Hintergrund wird deutlich, daß mittels der Erfolgsspaltung nur Teilaussagen über die Erfolgssituation bzw. die Ertragskraft des Unternehmens getroffen werden können. Indem die hier zur Diskussion stehende ›traditionelle‹ Erfolgsspaltung die Einflüsse der Bilanzpolitik grundsätzlich unberücksichtigt läßt, sind die jeweils abgeleiteten Teilgrößen mit der gebotenen Vorsicht zu beurteilen. Insbesondere ist auf deren mangelnde zeitliche und zwischenbetriebliche Vergleichbarkeit hinzuweisen. Tatsächlich kann die Erfolgsspaltung – konzeptionsbedingt – auch nicht für sich in Anspruch nehmen, das ›tatsächliche‹ (d.h. um die Bildung und Auflösung stiller Reserven bereinigte) ordentliche Ergebnis zu ermitteln.

An anderer Stelle (vgl. 2. Abschn., 3. Kap. 2.4.1.3) wird ein Analyseinstrument zu diskutieren sein, das diese ›Mängel‹ behebt und in gewissem Sinne eine Synthese von Erfolgsspaltung und betragsmäßiger Erfolgsanalyse (als Erfolgskorrekturrechnung) darstellt: das Ergebnisbereinigungskonzept von DVFA/SG. Dessen Ziel ist es, eine gleichermaßen nachhaltige wie um die Einflüsse angewandter Bilanzpolitik bereinigte und somit vergleichbare Erfolgsgröße (bezogen auf einen einzelne Aktie) zu ermitteln.

Die hier nachfolgend zu erläuternden Erfolgsspaltungskonzepte sind hingegen dadurch charakterisiert, daß die Ausgangsgröße ›Jahreserfolg laut Gewinn- und Verlustrechnung‹ lediglich in verschiedene Komponenten aufgespalten wird, wobei die Summe der Teilergebnisse (Betriebs-, Finanz- und außerordentlichen Ergebnis zzgl. Steuern) wiederum der Ausgangsgröße entspricht. Mit anderen Worten werden nur Umgliederungen, jedoch keinerlei Ergebnisveränderungen vorgenommen.

Zerlegung
in Teilgrößen

Merksätze:

1. Primärziel der bilanziellen Erfolgsspaltung ist die Ermittlung einer nachhaltig erzielbaren (ordentlichen, regelmäßigen) Ergebnisgröße. Üblicherweise wird hierzu der ausgewiesene Jahreserfolg in ein ordentliches Betriebsergebnis, ein ordentliches Finanzergebnis und ein außerordentliches Ergebnis aufgespalten.

2. Von Analystenseite wird gemeinhin dem ordentlichen Betriebsergebnis besondere Aufmerksamkeit geschenkt, als dieses den Erfolg aus der eigentlichen Tätigkeit des Unternehmens widerspiegelt.

3. Im Gegensatz zur betragsmäßigen Erfolgsanalyse werden im Rahmen der ‚traditionellen‹ Erfolgsspaltung keine Ergebniskorrekturen bzw. –veränderung vorgenommen. Es erfolgt lediglich eine Aufspaltung der konkret zugrunde gelegten Ausgangsgröße (handelsrechtlicher Jahreserfolg).

2.3.1.3 Erfolgsspaltung im Rahmen des HGB

2.3.1.3.1 Darstellung des Erfolgsspaltungsverfahrens

Die Gliederung der Gewinn- und Verlustrechnung gem. § 275 HGB ist sowohl für das Gesamtkostenverfahren (GKV, Abs. 2) als auch für das Umsatzkostenverfahren (UKV, Abs. 3) erfolgsspaltungsorientiert aufgebaut (vgl. Übersicht 53).

GuV erfolgsspaltungsorientiert

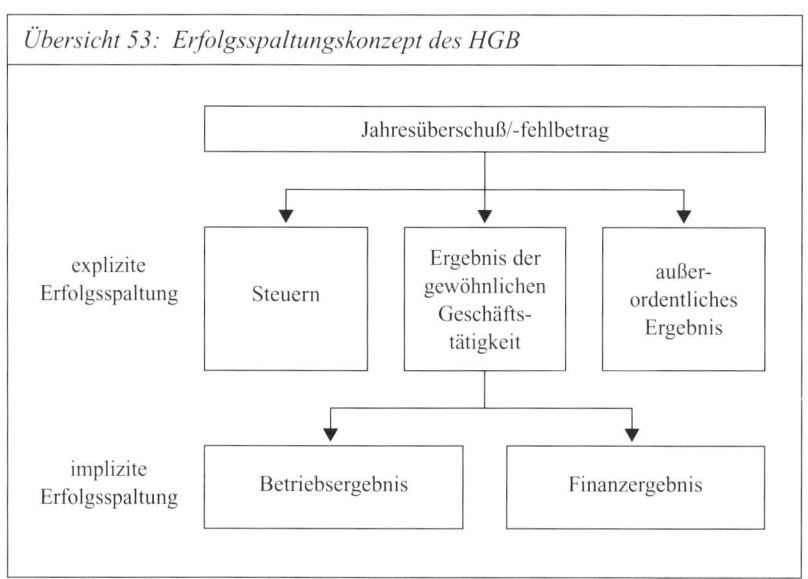

Übersicht 53: Erfolgsspaltungskonzept des HGB

Jahresüberschuß/-fehlbetrag	

explizite
Erfolgsspaltung — Steuern — Ergebnis der gewöhnlichen Geschäftstätigkeit — außerordentliches Ergebnis

implizite
Erfolgsspaltung — Betriebsergebnis — Finanzergebnis

Kriterium der Regelmäßigkeit   Der Jahresüberschuß wird explizit in das »Ergebnis der gewöhnlichen Geschäftstätigkeit« (Posten 14 GKV, 13 UKV), das außerordentliche Ergebnis (vgl. Posten 17 GKV, 16 UKV) und in die Steuern (vgl. Posten 18 und 19 GKV, 17 und 18 UKV) aufgespalten. Die Zerlegung richtet sich an dem Kriterium der Regelmäßigkeit aus, indem der Erfolg in ordentliche (Ergebnis der gewöhnlichen Geschäftstätigkeit) und außerordentliche Erfolgskomponenten aufgespalten wird.

Geschäftstypische Erfolge   Das Ergebnis der gewöhnlichen Geschäftstätigkeit enthält alle Aufwendungen und Erträge, die im weiteren Sinne als geschäftstypisch anzusehen sind. Dies sind sämtliche Aufwendungen und Erträge aus der Leistungs- und der Finanzsphäre des Unternehmens (vgl. LACHNIT, L. 1987, S. 51f.).

Unternehmensfremde Erfolge   Das außerordentliche Ergebnis enthält alle unternehmensfremden Aufwendungen und Erträge, die nach den Kriterien der Ungewöhnlichkeit und der Seltenheit von ordentlichen Ergebnisbestandteilen abzugrenzen sind. Das Kriterium der Wesentlichkeit entscheidet dabei nach überwiegender Literaturmeinung nicht über eine Zuordnung zum außerordentlichen Ergebnis (vgl. FÖRSCHLE, G., in: BECK BIL-KOMM. 1995, § 275 HGB, Rn. 220 m.w.N.). Damit ist sichergestellt, daß sämtliche und nicht nur die wesentlichen Posten – wie die letztgenannten auch immer zu definieren wären – als außerordentliche Erfolgsbestandteile ausgewiesen werden.

Steuern   In den Steuerposten werden sämtliche Steueraufwendungen, getrennt nach »Steuern vom Einkommen und vom Ertrag« und »sonstige Steuern« erfaßt.

Das Ergebnis der gewöhnlichen Geschäftstätigkeit kann nun durch Einhaltung der entsprechenden Gliederungsreihenfolge implizit in das (ordentliche) Betriebsergebnis und das Finanzergebnis aufgegliedert werden. Diese implizite Erfolgsspaltung richtet sich nach dem Kriterium der Betriebszugehörigkeit, da der regelmäßig anfallende Erfolg in einen ordentlichen betrieblichen Erfolg (Betriebserfolg) und einen ordentlichen betriebsfremden Erfolg (Finanzerfolg) aufgespalten wird.

Kriterium der Betriebszugehörigkeit

Im einzelnen sieht das Erfolgsspaltungskonzept des HGB folgendermaßen aus:

Konzept nach HGB

Übersicht 54: Erfolgsspaltung der Gewinn- und Verlustrechnung nach § 275 HGB

Gesamtkostenverfahren § 275 Abs. 2 HGB	**Umsatzkostenverfahren § 275 Abs. 3 HGB**
1. Umsatzerlöse	1. Umsatzerlöse
2. Erhöhung oder Verminderung des Bestands an fertigen und unfertigen Erzeugnissen	2. Herstellungskosten der zur Erzielung der Umsatzerlöse erbrachten Leistungen
3. andere aktivierte Eigenleistungen	3. Bruttoergebnis vom Umsatz
4. sonstige betriebliche Erträge	4. Vertriebskosten
5. Materialaufwand:	5. allgemeine Verwaltungskosten
a) Aufwendungen für Roh-, Hilfs- und Betriebsstoffe und für bezogene Waren	6. sonstige betriebliche Erträge
b) Aufwendungen für bezogene Leistungen	
6. Personalaufwand:	
a) Löhne und Gehälter	
b) soziale Abgaben und Aufwendungen für Altersversorgung und für Unterstützung, davon für Altersversorgung	
7. Abschreibungen:	
a) auf immaterielle Vermögensgegenstände des Anlagevermögens und Sachanlagen sowie auf aktivierte Aufwendungen für die Ingangsetzung und Erweiterung des Geschäftsbetriebs	
b) auf Vermögensgegenstände des Umlaufvermögens, soweit diese die in der Kapitalgesellschaft üblichen Abschreibungen überschreiten	
8. sonstige betr. Aufwendungen	7. sonstige betr. Aufwendungen
= Betriebsergebnis	**= Betriebsergebnis**

Übersicht 54: (Fortsetzung)

9./8.	Erträge aus Beteiligungen, davon aus verbundenen Unternehmen
10./9.	Erträge aus anderenWertpapieren und Ausleihungen des Finanzanlagevermögens, davon aus verbundenen Unternehmen
11./10.	sonstige Zinsen und ähnliche Erträge, davon aus verbundenen Unternehmen
12./11.	Abschreibungen auf Finanzanlagen und auf Wertpapiere des Umlaufvermögens
13./12.	Zinsen und ähnliche Aufwendungen, davon an verbundene Unternehmen
	= Finanzergebnis
14./13.	**Ergebnis der gewöhnlichen Geschäftstätigkeit**
15./14.	außerordentliche Erträge
16/.15.	außerordentliche Aufwendungen
	außerordentliches Ergebnis
18./17.	Steuern vom Einkommen und vom Ertrag
19./18.	sonstige Steuern
	= Steuern
20./19.	**Jahresüberschuß/-fehlbetrag**

Betriebs- und Finanzergebnis

Das Betriebsergebnis (vgl. Posten 1 bis 8 GKV, 1 bis 7 UKV) beinhaltet alle Aufwendungen und Erträge, die die eigentliche Leistungserstellung betreffen und regelmäßig anfallen. Das Finanzergebnis (vgl. Posten 9 bis 13 GKV, 8 bis 12 UKV) hingegen nimmt alle Aufwendungen und Erträge auf, die zwar zur regelmäßigen und gewöhnlichen Geschäftstätigkeit gehören, aber bestimmte Nebengeschäfte, wie beispielsweise Kapitalanlagen oder Finanzierungen betreffen.

Das Betriebs- und das Finanzergebnis ergeben das im Posten 14 GKV bzw. 13 UKV ausgewiesene »Ergebnis der gewöhnlichen Geschäftstätigkeit«.

Identische Ergebnisse bei GKV und UKV

Unterschiede in der Höhe der aufgeführten Ergebnisse zwischen GKV und UKV ergeben sich im Regelfall nicht, da die Posten 9 bis 20 GKV bzw. 8 bis 19 UKV sprachlich und betragsmäßig identisch sind. Daher sind Betriebsergebnis, Finanzergebnis und außerordentliches Ergebnis nach GKV und UKV in ihrer absoluten Höhe identisch und damit im allgemeinen vergleichbar (vgl. BAETGE, J./FISCHER, T. 1988, S. 21).

Ausnahmen: Aktivierung von Zinsen oder Betriebssteuern

Im Einzelfall kann sich bei Einbeziehung von Zinsen oder Betriebssteuern in die Herstellungskosten von aktivierten fertigen und unfertigen Erzeugnissen oder anderen aktivierten Eigenleistungen ein Unterschied ergeben: Unter der Voraussetzung, daß sämtliche Aufwandsarten im UKV umsatzbezogen ausgewiesen werden, stellt sich bei einer Bestandserhöhung im Jahr der Aktivierung das Betriebsergebnis im GKV um den Betrag der aktivierten Zinsen bzw. Betriebssteuern höher, das Finanzergebnis aber um die Zinsen und die sonstigen Steuern um die aktivierten Betriebssteuern niedriger dar als im UKV. Bei buchhalterisch korrekter Vorgehensweise wird jedoch im Jahr des Verkaufs der bisher im Bestand befindlichen Erzeugnisse im GKV das Betriebsergebnis um den aktivierten Zins- bzw. Betriebssteueranteil niedriger und das Finanzergebnis bzw. der Posten »sonstige Steuern« höher ausgewiesen. Dies gilt freilich nicht für den Fall, daß aus Vereinfachungsgründen die aktivierten Beträge an Zinsen oder Betriebssteuern mit dem Umsatzaufwand (vgl. Posten 2 UKV) verrechnet werden. Sonstige Steuern und Zinsen wären so – dem GKV vergleichbar – wiederum periodenbezogen ausgewiesen.

Eine weitere Abweichung kann sich – wie noch zu erläutern sein wird – auch beim Ausweis von unüblichen Abschreibungen auf Vermögensgegenstände des Umlaufvermögens (vgl. Posten 7b GKV) ergeben. Und schließlich sind Unterschiede im Posten »sonstige betriebliche Aufwendungen« und im Posten »sonstige Steuern« möglich.

Weitere Ausnahme

Eine Erfolgsspaltung nach den weiteren Kriterien – neben denen der Regelmäßigkeit und der Betriebszugehörigkeit – ist im Rahmen des HGB nicht ohne weiteres möglich.

Besonders hinzuweisen ist darauf, daß das Kriterium der Periodenbezogenheit im Gegensatz zum AktG 1965 keine durchgängige Berücksichtigung erfährt. Während nach altem Recht wesentliche aperiodische und gleichzeitig als außerordentlich qualifizierte Aufwendungen und Erträge teilweise als eigene Posten oder als Vorspaltenvermerke anzugeben waren, so ist die Einordnung sämtlicher Erfolgsbestandteile in das ordentliche Betriebs- oder das außerordentliche Ergebnis heute unabhängig davon vorzunehmen, ob sie sachlich der abgelaufenen oder einer früheren Periode zuzurechnen sind (vgl. COENENBERG, A.G. 1997, S. 313). Dennoch ist bei Hinzuziehung der Anhangangaben auch nach geltendem Bilanzrecht eine wenigstens ansatzweise Strukturierung der Erfolgsgrößen nach dem Kriterium der Periodenbezogenheit möglich. Diesbezügliche Informationen ergeben sich aus der Angabepflicht für alle wesentlichen periodenfremden Aufwendungen und Erträge gem. § 277 Abs. 4 Satz 3 HGB.

*Periodenbezogen-
heit im HGB nicht
durchgängig
berücksichtigt*

Die Abgrenzung des Begriffs ›außerordentlich‹ erfährt nach herrschender Meinung eine enge Abgrenzung, wenn auch eine Präzisierung durch den Gesetzgeber unterblieb. Die Regierungsbegründung stellt lediglich klar, daß aperiodische Erfolgsbestandteile nicht (notwendigerweise) zu den außerordentlichen Aufwendungen und Erträgen zählen (vgl. BT-Drucksache 10/317, S. 86), so daß diese im Ergebnis der gewöhnlichen Geschäftstätigkeit enthalten sind. Die wenigen nach neuem Bilanzrecht noch als außerordentlich zu bezeichnenden Sachverhalte müssen nach allgemeiner – aber wenig konkretisierbarer – Auf-

*›Außerordentlich‹
ist eng abzugrenzen*

fassung ihrem Charakter nach in hohem Maße ungewöhnlich sein und dürfen darüber hinaus nur selten anfallen.

Tätigkeitsbereiche oder geographische Aspekte

Eine weitergehende Erfolgsspaltung nach Tätigkeitsbereichen oder geographischen Gesichtspunkten ist nicht möglich, da gem. § 285 Nr. 4 HGB i.V.m. § 288 HGB (bei großen Kapitalgesellschaften) lediglich eine Aufgliederung der Umsatzerlöse, nicht aber der übrigen Erträge und Aufwendungen nach diesen Merkmalen erfolgen muß.

2.3.1.3.2 Kritik an der Erfolgsspaltung nach HGB

Die Problematik dieser am Gliederungsschema der Gewinn- und Verlustrechnung nach § 275 HGB orientierten Erfolgsspaltung liegt in folgenden Punkten begründet:

Außerordentliches Ergebnis eng abgegrenzt

(1) Indem das außerordentliche Ergebnis nach HGB überaus eng abgegrenzt ist und lediglich solche Erfolgskomponenten umfaßt, die in hohem Maße ungewöhnlich für die geschäftlichen Aktivitäten des Unternehmens sind und darüber hinaus selten anfallen, verbleiben im Ergebnis der gewöhnlichen Geschäftätigkeit zwangsläufig solche Aufwendungen und Erträge, die nur eines der beiden vorstehend genannten (restriktiven) Kriterien erfüllen. Zu denken ist in diesem Zusammenhang an bestimmte Liquidations- oder bilanzpolitische motivierte Bewertungserfolge, aber auch an rein steuerrechtlich motivierte (Sonder-)Abschreibungen.

(2) Daß der von LACHNIT (L, 1991, S. 775) erhobene Vorwurf, der Gesetzgeber habe die angestrebte Erfolgsspaltung nach der Regelmäßigkeit nur unzureichend umgesetzt, durchaus berechtigt ist, läßt sich nicht zuletzt an dem Posten Nr. 7b gem. § 275 Abs. 2 HGB (Abschreibungen auf Vermögensgegenstände des Umlaufvermögens, soweit diese die in der Kapitalgesellschaft üblichen Abschreibungen überschreiten) nachweisen. Die Plazierung dieses Postens innerhalb des Ergebnisses der gewöhnlichen Geschäftätigkeit erscheint fragwürdig, als es sich bei den betreffenden Abschreibungen letztlich nur um solche handeln kann, »die dem Grunde nach oder in ihrer Höhe in der betreffenden Kapitalgesellschaft nicht regelmäßig anfallen, aber nicht außerordentlich sind« (BORCHERT, D., in: KÜTING/WEBER 1995, § 275 HGB, Rn. 68).

Problematik der Sammelposten

(3) Aufgrund der engen Abgrenzung des außerordentlichen Ergebnisses ist eine eindeutige Beurteilung der (Sammel-)Posten ›sonstige betriebliche Aufwendungen‹ und ›sonstige betriebliche Erträge‹ nach dem Kriterium der Regelmäßigkeit für Externe nicht möglich, da dort sowohl regelmäßige als auch unregelmäßige Erfolgsbestandteile ausgewiesen sein können. Auch vor diesem Hintergrund ist in Zweifel zu ziehen, daß das Ergebnis der gewöhnlichen Geschäftätigkeit als nachhaltige Erfolgsgröße qualifiziert werden kann.

Soweit im Schrifttum die Vermischung von ordentlichen betrieblichen und betriebsfremden Erfolgskomponenten unter den in Rede stehenden Posten kritisiert wird, so ist dieser Kritik zunächst entgegenzuhalten, daß vom Gesetzgeber mit den handelsrechtlichen Gewinn- und Verlustrechnung-Schemata keineswegs eine explizite Erfolgsspaltung nach dem Merkmal der Betriebsbezogenheit beabsichtigt wird. Allerdings muß es angesichts der Bedeutung, die allgemein dem Betriebsergebnis beigemessen wird, als Versäumnis des Gesetzgebers betrachtet werden, keine detaillierte betragsmäßige Aufgliederung der sonstigen betrieblichen Aufwendungen und Erträge verpflichtend vorgeschrieben zu haben.

(4) Als verunglückt zu beurteilen ist der Ausweis der ›sonstigen Steuern‹ an der in § 275 Abs. 2 und 3 HGB vorgeschriebenen Stelle. Unter materiell-inhaltlichen Gesichtspunkten sind die unter diesen Posten auszuweisenden gewinnunabhängigen Steuern (z.B. die Gewerbekapitalsteuer, Vermögensteuer, Verbrauchsteuern) dem Ergebnis der gewöhnlichen Geschäftstätigkeit bzw. dem Betriebsergebnis zuzuordnen (vgl. BORCHERT, D., in: KÜTING/WEBER 1995, § 275 HGB, Rn. 99) und sollten daher auch an entsprechender Stelle ausgewiesen werden.

Ausweis der sonstigen Steuern

Das im folgenden darzustellende betriebswirtschaftliche Erfolgsspaltungskonzept versucht, diese Mängel soweit wie möglich auszuräumen.

Merksätze:

1. Beide Varianten der Gewinn- und Verlustrechnung nach § 275 HGB sind erfolgsspaltungsorientiert aufgebaut.

2. Der Gliederung des Gesamt- und des Umsatzkostenverfahrens liegen explizit bzw. implizit die Kriterien der Regelmäßigkeit und der Betriebszugehörigkeit zugrunde. Das Kriterium der Periodenbezogenheit findet nach geltendem Recht keine Berücksichtigung mehr.

3. Die Abgrenzung des außerordentlichen Ergebnisses nach ungewöhnlichen und seltenen Vorgängen erscheint zu eng, da im Ergebnis der gewöhnlichen Geschäftstätigkeit weiterhin Komponenten enthalten sind, die den nachhaltig erzielbaren Erfolg verzerren.

2.3.1.4 Betriebswirtschaftliches Erfolgsspaltungskonzept

2.3.1.4.1 Darstellung des Konzepts

Kriterien: Regel-
mäßigkeit, Betriebs-
zugehörigkeit

Das betriebswirtschaftliche Erfolgsspaltungskonzept richtet sich (primär) an den Kriterien der Regelmäßigkeit und der Betriebszugehörigkeit aus. Es erhebt zunächst den Anspruch, besser als das ausgewiesene, eher heterogene Jahresergebnis ein nachhaltig erzielbares, regelmäßig anfallendes und aus der eigentlichen Betriebstätigkeit ableitbares Ergebnis zu ermitteln, das Rückschlüsse auf das Erfolgspotential des untersuchten Unternehmens zuläßt. Jedoch ist darauf hinzuweisen, daß eine absolute Erfolgsgröße wenig aussagefähig ist. Vielmehr müssen relative Kennzahlen mit anderen Unternehmensgrößen, wie z.B. Umsatz oder Eigenkapital gebildet werden, deren Erörterung in diesem Rahmen jedoch nicht erfolgen kann. Doch auch relative Kennzahlen sind nur aussagefähig, wenn die einzelnen Komponenten, wie eine Erfolgsgröße, vergleichbar sind.

In Übersicht 55 ist das betriebswirtschaftliche Erfolgsspaltungskonzept, das im folgenden genauer erläutert wird, schematisch dargestellt:

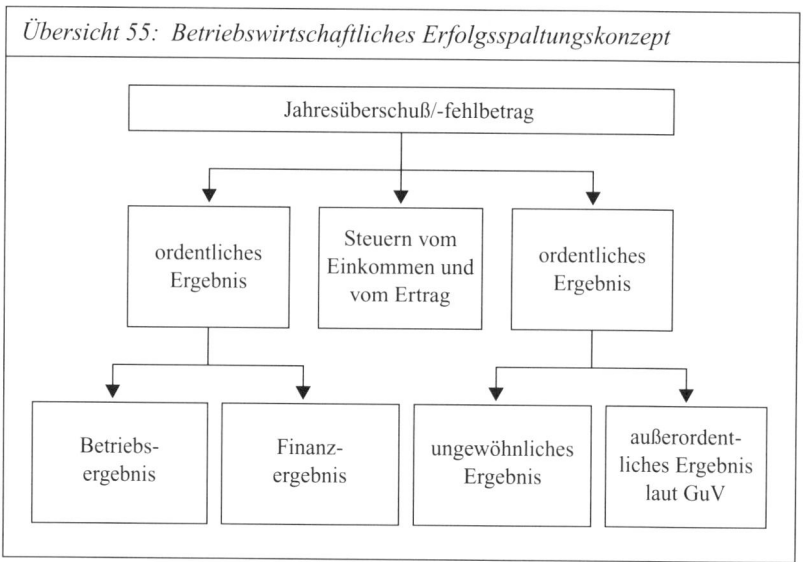

Übersicht 55: Betriebswirtschaftliches Erfolgsspaltungskonzept

Nachhaltig erziel-
barer Erfolg

Auch die Erfolgsspaltung nach betriebswirtschaftlichen Gesichtspunkten unterteilt den nachhaltig erzielbaren, ordentlichen Erfolg in ein Betriebs- und ein Finanzergebnis.

Die betriebswirtschaftliche Erfolgsspaltung weist im Grunde lediglich einen einzigen konzeptionellen Unterschied zum Erfolgsspaltungskonzept des HGB auf: die Abgrenzung außerordentlicher Vorgänge. Da jedoch der bei beiden Verfahren aufzuspaltende Erfolg identisch ist, führt dies natürlich zu strukturellen Verschiebungen und damit indirekt auch zu einer veränderten Definition des ordentlichen Ergebnisses.

Unterschied zum HGB-Konzept

Während im HGB die Abgrenzung außerordentlicher Ergebnisteile eng auszulegen ist und nur seltene und hinsichtlich ihrer Natur nach ungewöhnliche Vorfälle zum außerordentlichen Ergebnis zu zählen sind, muß die betriebswirtschaftliche Abgrenzung auch andere, nicht im gesetzlichen Sinne außerordentliche Komponenten erfassen. Die zu eliminierenden Tatbestände müssen sich aus den Zielen der Erfolgsspaltung deduzieren lassen. Aufwendungen und Erträge sind daher daraufhin zu untersuchen, ob sie nachhaltig erzielbar (Zurechnung zum ordentlichen Ergebnis) und ob sie als betrieblich (Betriebsergebnis) oder als betriebsfremd (Finanzergebnis) zu charakterisieren sind. Wie die weiteren Ausführungen zeigen werden, sind diese Ziele nicht widerspruchsfrei zu erreichen, unterschiedliche Zuordnungen daher auch – je nach Standpunkt – vertretbar.

Abgrenzung außerordentlicher Ergebnisteile

Zu den außerordentlichen Komponenten innerhalb eines betriebswirtschaftlichen Erfolgsspaltungskonzepts zählen nach der hier vertretenen Auffassung drei verschiedene Arten von Sachverhalten:

Außerordentliche Komponenten

(1) Die im Gesetzessinne gem. § 275 Abs. 2 Nr. 15 und 16 und Abs. 3 Nr. 14 und 15 HGB i.V.m. § 277 Abs. 4 Satz 1 HGB ausgewiesenen außerordentlichen Aufwendungen und Erträge. Dieser Zuordnung liegt die Akzeptanz des außerordentlichen Ergebnisses gemäß der Gewinn- und Verlustrechnung durch den Analysten zugrunde, obwohl sich in Theorie und Praxis keine einheitliche Abgrenzung durchgesetzt hat und sich somit unterschiedliche Zuordnungen ergeben können, die die Vergleichbarkeit der Ergebnisse beeinträchtigen. Da jedoch der Charakter des ›Außerordentlichen‹ allein aufgrund der spezifischen Situation des jeweiligen Unternehmens beurteilt werden kann, sollte der externe Analyst die vom Unternehmen gewählte Zuordnung anerkennen (vgl. ZIOLKOWSKI, U. 1990, S. 168f.).

›Außerordentlich‹ nach HGB

(2) Periodenfremde Aufwendungen und Erträge, sofern sie nicht regelmäßig anfallen. Zu diesen zählen neben Liquidations- und Bewertungserfolgen auch sonstige aperiodische Komponenten. Wesentliches Abgrenzungskriterium dabei ist allerdings die Unregelmäßigkeit im Sinne von nicht jährlich wiederkehrend, da nicht sämtliche periodenfremde Ergebniskomponenten als – im betriebswirtschaftlichen Sinne – außerordentlich zu klassifizieren sind.

Periodenfremde Erfolge

(3) Weitere den regelmäßig erzielbaren Erfolg verzerrende Vorgänge, die entweder nicht als betriebstypisch anzusehen sind oder nicht regelmäßig auftreten, wie z.B. außerordentliche Abschreibungen im Anlagevermögen,

Betriebsuntypische oder unregelmäßige Ereignisse

Abschreibungen im Umlaufvermögen zur Vorwegnahme zukünftiger Wertschwankungen, rein steuerrechtliche Abschreibungen in Form aktivischer Absetzungen oder als Zuführungen zu bzw. Auflösung von Sonderposten mit Rücklageanteil sowie Zuschüsse und Zulagen (vgl. auch LACHNIT, L. 1991, S. 776). Die Realisierung solcher unregelmäßigen oder betriebsuntypischen Sachverhalte kann also insbesondere auch von den Intentionen zielorientierter Bilanzpolitik getragen sein.

Regelmäßige, betriebsuntypische Vorgänge

Anzumerken ist an dieser Stelle, daß man unter Umständen auch diejenigen betriebsuntypischen Vorgänge (z.B. Erfolge aus Anlageabgängen oder auch steuerrechtliche Sonderabschreibungen), welche – in Ausnahmefällen – jährlich wiederkehren, im ordentlichen Betriebsergebnis belassen könnte, da sie den extrapolationsfähigen Vergangenheitserfolg nicht verfälschen. Somit käme es für die Klassifizierung eines betrieblichen Tatbestands als einen außerordentlichen Vorgang wiederum – wie bei den aperiodischen Ergebnisbeiträgen – letztlich auf das Kriterium der Regelmäßigkeit an. Freilich werden in der Praxis die Kriterien der Betriebsgewöhnlichkeit und der Regelmäßigkeit eines Sachverhalts gleichzeitig erfüllt sein.

Abgrenzungs- schwierigkeiten

Aufgrund fließender Grenzen ist eine eindeutige und sachgerechte Klassifizierung einzelner Vorgänge als ›außerordentlich‹, ›aperiodisch‹ oder ›verzerrend‹ in der Regel nicht möglich. Dies ist aber auch nicht notwendig, da es letztendlich nur Ziel ist, diese Sondereinflüsse in der Summe zu bereinigen, gleichgültig wie sie bezeichnet werden. Daher erscheint es müßig, darüber zu diskutieren, welcher Kategorie einzelne Aufwendungen oder Erträge ihrem Charakter nach überwiegend zuzuordnen sind. Vielmehr geht es stets darum, die wirtschaftlichen Hintergründe zu verstehen und unter (erfolgs-)analytischen Gesichtspunkten zu beurteilen.

Begriff

Da der Begriff ›außerordentlich‹ in Anbetracht der obigen Ausführungen durch die Erfolgsrechnungsposten 15 bis 17 GKV/14 bis 16 UKV belegt ist, sollen unregelmäßige periodenfremde und sonstige verzerrende Vorgänge (Nr. (2) und (3)) als ›ungewöhnlich‹ oder ›unregelmäßig‹ bezeichnet werden (vgl. Übersicht 55).

2.3.1.4.2 Ermittlung des Betriebsergebnisses

Zunächst ist das ordentliche Betriebsergebnis zu ermitteln, das sich – an der gesetzlichen Gliederung der Gewinn- und Verlustrechnung orientiert – im einzelnen folgendermaßen zusammensetzt:

Übersicht 56: Ermittlung des Betriebsergebnisses

Gesamtkostenverfahren	**Umsatzkostenverfahren**
Umsatzerlöse	Umsatzerlöse
± Erhöhung oder Verminderung des Bestands an fertigen und unfertigen Erzeugnissen	./. Herstellungskosten der zur Erzielung der Umsatzerlöse erbrachten Leistungen
+ andere aktivierte Eigenleistungen	./. Vertriebskosten
+ sonstige betriebliche Erträge	./. allgemeine Verwaltungskosten
(./. Auflösung aus dem Sonderposten mit Rücklageanteil)	+ außerplanmäßige Abschreibungen
(./. betriebsfremde Erträge (z.B. Kursgewinne))	+ rein steuerrechtliche Abschreibungen, sofern aktivisch vorgenommen
(./. ungewöhnliche Erträge (z.B. Erträge aus Anlageabgängen))	+ Abschreibungen im Umlaufvermögen zur Vorwegnahme zukünftiger Wertschwankungen
(./. Zuschreibungen)	+ betriebsfremde Aufwendungen (z.B. Kursverluste)
(./. Zulagen, Zuschüsse)	+ ungewöhnliche Aufwendungen (z.B. Aufwendungen aus Anlageabgängen), soweit den Funktionsbereichen zugeordnet
./. Materialaufwand	+ Zinsanteil des Zuführungsbetrags zu den Pensionsrückstellungen
./. Personalaufwand	+ sonstige betriebliche Erträge
(./. Zinsanteil des Zuführungsbetrags zu den Pensionsrückstellungen)	(./. Auflösung aus dem Sonderposten mit Rücklageanteil)
./. Abschreibungen auf immaterielle Vermögensgegenstände des Anlagevermögens und Sachanlagen sowie auf aktivierte Aufwendungen für die Ingangsetzung und Erweiterung des Geschäftsbetriebs	(./. betriebsfremde Erträge (z.B. Kursgewinne))
(./. außerplanmäßige Abschreibungen)	(./. ungewöhnliche Erträge (z.B. Erträge aus Anlageabgängen))
(./. rein steuerrechtliche Abschreibungen, sofern aktivisch vorgenommen)	(./. Zuschreibungen)
	(./. Zulagen, Zuschüsse)
+ Abschreibungen im Umlaufvermögen zur Vorwegnahme zukünftiger Wertschwankungen	./. sonstige betriebliche Aufwendungen
./. sonstige betriebliche Aufwendungen	(./. Einstellungen in den Sonderposten mit Rücklageanteil)
(./. Einstellungen in den Sonderposten mit Rücklageanteil)	(./. ungewöhnliche Aufwendungen (z.B. Aufwendungen aus Anlageabgängen), soweit den Funktionsbereichen nicht zugeordnet
(./. betriebsfremde Aufwendungen (z.B. Kursverluste))	./. sonstige Steuern
(./. ungewöhnliche Aufwendungen (z.B. Aufwendungen aus Anlageabgängen))	(./. Steuernachzahlungen)
./. sonstige Steuern	(+ Steuererstattungen)
(./. Steuernachzahlungen)	
(+ Steuererstattungen)	
= **Betriebsergebnis**	= **Betriebsergebnis**

Jahresüberschuß vor Steuern als Ausgangspunkt

In der betriebswirtschaftlichen Betrachtung ist zunächst einmal strittig, ob ein Ergebnis vor oder nach gewinnabhängigen Steuern ermittelt werden soll. Hier wird der Meinung gefolgt, daß nur ein Jahresüberschuß vor Steuern ein vergleichbares Ergebnis – über Rechtsformen- und Ländergrenzen hinweg – und den nachhaltig erzielbaren Erfolg eines Unternehmens vermittelt (vgl. HAUSCHILDT, J. 1990, S. 196f.).

Wollte man die gewinnabhängigen Steuern berücksichtigen, so müßte man zunächst die einzelnen Teilergebnisse vor Steuern ermitteln und dann die Steuern entsprechend ihres Anfalls, hilfsweise proportional, auf das Betriebs-, Finanz- und außerordentliche Ergebnis verteilen. Jedoch ergeben sich nicht nur Probleme bei der Zurechnung der Steuern auf die einzelnen Ergebnisse, sondern auch bei der periodengerechten Ermittlung des Steueraufwands (vgl. GRÄFER, H. 1997, S. 112f.).

Wirkungen

Durch die Ausgliederung der gewinnabhängigen Steuern wird zum einen das Erfolgspotential einer Unternehmung gezeigt, ohne daß es durch gewinnabhängige Steuerwirkungen beeinflußt wird. Zum anderen wird eine Vergleichbarkeit von Unternehmen mit unterschiedlichen Rechtsformen – und damit unterschiedlichen Steuerbelastungen –, mit unterschiedlicher Gewinnverwendungspolitik und mit ausländischen Unternehmen möglich, deren Besteuerungsgrundlagen sich von den inländischen unterscheiden.

Sonstige Steuern im Betriebsergebnis

Als sonstige Steuern sind nach herrschender Meinung sämtliche Steuern auszuweisen, die nicht ertragsabhängige Steuern sind. Als zulässig zu erachten ist wohl aber auch der Ausweis der sogenannten Kostensteuern unter den sonstigen betrieblichen Aufwendungen (vgl. Posten 8 GKV). Im UKV hingegen ist eine Zuordnung der sonstigen Steuern zu den Funktionsbereichen grundsätzlich zulässig (vgl. ADLER/DÜRING/SCHMALTZ 1997, § 275 HGB, Rn. 202 und 232f.). Da der Posten »sonstige Steuern« (Posten 19 GKV, 18 UKV) – falls ausgewiesen – jedoch überwiegend oder sogar ausschließlich die sogenannten Kostensteuern enthält, die den Charakter von betrieblichem Aufwand haben und im innerbetrieblichen Rechnungswesen als Aufwand erfaßt und verrechnet werden (vgl. OEBEL, C. 1988, S. 126), sollten sie konsequenterweise auch dem Betriebsergebnis zugeordnet werden.

Aufgrund des separaten Ausweises der sonstigen Steuern in der Gewinn- und Verlustrechnung kann jedoch die hier präferierte Umgliederung für Zwecke der Erfolgsspaltung problemlos durchgeführt werden.

Periodenfremde Steuern

Sofern in den sonstigen Steuern Steuererstattungen oder Steuernachzahlungen enthalten sind, sollten diese dann dem außerordentlichen Ergebnis zugerechnet werden, wenn ihnen ein ungewöhnlicher Charakter beizumessen ist.

Problematik der Mischposten

Die in der Literatur aufgrund ihres Mischcharakters besonders kontrovers diskutierten Posten »sonstige betriebliche Aufwendungen« und »sonstige betriebliche Erträge« sind in zweifacher Hinsicht problematisch. Es stellt sich als erstes die Frage, in welchem Maße betriebsfremde bzw. unregelmäßige und ungewöhnliche Aufwendungen und Erträge aus dem Betriebsergebnis herausgerechnet werden müssen und inwieweit sie überhaupt erkennbar und quantifizierbar sind. Falls sie nicht hinreichend bestimmbar sind, ergibt sich ein anderes Problem, nämlich das der Zuordnung dieser Sammelposten zu den verschiedenen Ergebnissen.

Zunächst fordert § 277 Abs. 4 Satz 3 HGB für solche periodenfremden Aufwendungen und Erträge, die nicht zugleich außerordentlich sind, eine Erläuterung hinsichtlich ihres Betrags und ihrer Art. Diese Erläuterungspflicht beschränkt sich auf solche Beträge, die für die Beurteilung der Ertragslage nicht von untergeordneter Bedeutung sind, wobei eine Angabe der Größenordnung ausreichend ist. Solchermaßen erläuterungspflichtige periodenfremde Erfolgsbestandteile können in verschiedenen Posten enthalten sein, in erster Linie jedoch unter den sonstigen betrieblichen Aufwendungen und Erträgen.

Erläuterungspflicht für periodenfremde Erfolge

Unter solche periodenfremde Ergebnisbestandteile fallen der Liquidationserfolg (Buchgewinne und -verluste aus der Veräußerung von Gegenständen des Anlagevermögens), Bewertungserfolge (z.B. Erträge aus der Auflösung von Rückstellungen, Erträge aus der Herabsetzung der Pauschalwertberichtigung auf Forderungen) und sonstige aperiodische Komponenten (z.B. Steuernachzahlungen bzw. -erstattungen) (vgl. ADLER/DÜRING/SCHMALTZ 1997, § 277 HGB, Rn. 87).

Beispiele

Jedoch sind im betriebswirtschaftlichen Sinne – in Übereinstimmung mit der Praxis – nicht alle Liquidations- und Bewertungserfolge auch aus dem Betriebsergebnis zu eliminieren. Solche Bestandteile, die regelmäßig anfallen, z.B. Aufwendungen oder Erträge aus Anlagenverkäufen im Rahmen periodisch wiederkehrender Ersatzbeschaffungs- oder Erweiterungsinvestitionen oder regelmäßig anfallender Rückstellungsauflösung, gehören zum ordentlichen Ergebnis, da sie zwar zeitverschoben, aber regelmäßig anfallen (vgl. dazu COENENBERG, A.G. 1997, S. 692f.).

Liquidations- und Bewertungserfolge

Wenn trotzdem eine pauschale Zuordnung der erläuterten periodenfremden Ergebnisbestandteile zum außerordentlichen Ergebnis vorgenommen wird, statt einer eigentlich gebotenen unternehmens- und sachverhaltsspezifischen Behandlung, so ist dies nur durch die Tatsache zu rechtfertigen, daß dem externen Analysten lediglich die Angaben aus dem Geschäftsbericht zu periodenfremden Bestandteilen zur Verfügung stehen, die eine zutreffende Beurteilung hinsichtlich der Regelmäßigkeit dieser Vorgänge keinesfalls erlauben.

Pauschale Zuordnung zum außerordentlichen Ergebnis

Damit stellt sich die oben bereits erwähnte zweite Frage, wie die sonstigen betrieblichen Aufwendungen und Erträge zuzuordnen sind, falls betragsmäßige Angaben zu den (regelmäßigen) periodenfremden Bestandteilen nicht verfügbar sind.

Imparitätische Behandlung

Vornehmliches Augenmerk ist hierbei auf die Abgrenzung des Betriebsergebnisses zu legen, da dieses den nachhaltigen Betriebserfolg angibt. In Übereinstimmung mit der Literatur wird diesbezüglich vorgeschlagen, eine imparitätische Behandlung vorzunehmen, nämlich die sonstigen betrieblichen Aufwendungen zum Betriebsergebnis und die sonstigen betrieblichen Erträge zum außerordentlichen Ergebnis zu rechnen (vgl. dazu Baetge, J./Fischer, T. 1988, S. 6). Von dieser Behandlung jedenfalls auszunehmen sind – wie unten noch weiter auszuführen sein wird – die Zuführungsbeträge zum Sonderposten mit Rücklageanteil.

Pauschale Zuordnung

Eine solche pauschale Zuordnung dieser sogenannten Sammelposten der Erfolgsrechnung verhindert jedoch lediglich die Ermittlung eines zu hohen ordentlichen Betriebsergebnisses. Ein regelmäßiges periodengerechtes und damit aussagekräftiges Betriebsergebnis erhält man dagegen auf diese Weise nicht. Vertretbar ist diese Vorgehensweise allein aus Vorsichtsgründen; in aller Regel führt die pauschale imparitätische Spaltung der sonstigen betrieblichen Aufwendungen und Erträge zu einem ›nach unten verzerrten‹ Betriebserfolg (vgl. Lachnit, L. 1991, S. 777f.).

Betriebsfremde Ergebnisbestandteile

Neben den (unregelmäßigen) periodenfremden Aufwendungen und Erträgen sind jedoch auch noch sonstige ungewöhnliche und betriebsfremde (dem Finanzergebnis zuzuordnende) Vorgänge aus den sonstigen betrieblichen Aufwendungen und Erträgen zu eliminieren. Betriebsfremde Ergebnisbestandteile, wie z.B. Kursgewinne, sind allerdings nur bei freiwilligen Angaben seitens der Unternehmen eliminierungsfähig. Zu bemerken ist in diesem Zusammenhang aber auch, daß Kursgewinne oder ähnliches dem außerordentlichen Ergebnis zuzuordnen wären, sofern sie unregelmäßig anfallen. Auch hier ist eine Korrektur grundsätzlich nicht möglich.

Zuschreibungen

Zuschreibungen zu Vermögensgegenständen des Anlagevermögens, die unter den sonstigen betrieblichen Erträgen auszuweisen sind, sollten ebenfalls eliminiert werden, da es sich um (grundsätzlich unregelmäßige) Bewertungserfolge handelt. Die entsprechenden Beträge können entweder dem Anhang oder dem Anlagespiegel entnommen werden. Jedoch stellt sich hier das Problem einer möglichen Doppeleliminierung: Sofern ein Unternehmen seine aperiodischen Erträge in einem Betrag angibt und dazu auch die Zuschreibungen zählt, können einmal die periodenfremden Erträge und weiterhin die Zuschreibungen laut Anlagespiegel aus dem Betriebsergebnis herausgerechnet werden.

Veränderungen des Sonderpostens mit Rücklageanteil

Erträge aus der Auflösung des Sonderpostens mit Rücklageanteil und Einstellungen in den Sonderposten mit Rücklageanteil, die innerhalb der sonstigen betrieblichen Aufwendungen und Erträge gesondert anzugeben sind, müssen ebenfalls dem außerordentlichen Ergebnis zugerechnet werden, da sie auf rein steuerrechtlichen Sondervorschriften beruhen und in hohem Maße verzerrend wirken. Sie sind als ungewöhnlich zu klassifizieren. Gleiches gilt für Zuschüsse und Zulagen, sofern sie nicht regelmäßig und damit planbar anfallen (vgl. ZIOLKOWSKI, U. 1990, S. 178). Im Zweifelsfall sind sie zu eliminieren.

Ein besonderes Problem im Rahmen der Erfolgsspaltung stellt die differenzierte Bilanzierungsmöglichkeit von rein steuerrechtlichen Sonderabschreibungen (vgl. § 254 HGB) dar, die entweder aktivisch abgesetzt werden oder in Höhe der positiven Differenz zwischen der steuerrechtlich zulässigen Bewertung und der handelsrechtlichen Normalabschreibung in den Sonderposten mit Rücklageanteil eingestellt werden können (vgl. § 281 Abs. 1 Satz 1 HGB). Dieser ist unbeschadet der steuerrechtlichen Vorschriften insoweit aufzulösen, als die Vermögensgegenstände aus dem Vermögen ausscheiden oder die steuerliche Wertberichtigung durch handelsrechtliche Abschreibungen ersetzt wird (vgl. § 281 Abs. 1 Satz 3 HGB). Weiterhin besteht eine Angabepflicht des Abschreibungsbetrags (auch des passivischen Wertberichtigungsbetrags), der im Geschäftsjahr allein auf steuerrechtlichen Vorschriften beruht (vgl. § 281 Abs. 2 Satz 1 HGB). *Rein steuerrechtliche Sonderabschreibungen*

Dies bedeutet zunächst, daß aufgrund dieser Angabepflicht die rein steuerrechtlichen Abschreibungen im Jahr der Entstehung unabhängig vom aktivischen oder passivischen Ausweis eliminiert werden können. In den Folgejahren jedoch unterscheiden sich beide Alternativen. *Eliminierung im Entstehungsjahr*

Bei der aktivischen Absetzung müßte für die Ermittlung eines unverzerrten Betriebsergebnisses der Abschreibungsaufwand der Folgejahre um die steuerrechtlichen ›Minderabschreibungen‹ – als Folge steuerrechtlicher Mehrabschreibungen der Vorjahre – entsprechend erhöht werden, da sonst die dem tatsächlichen (besser: handelsrechtlichen) Werteverzehr entsprechende Ertragslage verfälscht wird (vgl. TIETZE, H., in: KÜTING/WEBER 1995, § 281 HGB, Rn. 24). Für diese Minderabschreibungen jedoch besteht keine Angabepflicht, da nur rein steuerrechtliche Mehrabschreibungen betragsmäßig angegeben werden müssen. Daher kann eine Erfolgsbereinigung um diese Bestandteile nicht vorgenommen werden. Das Betriebsergebnis eines Unternehmens, das steuerrechtliche Sonderabschreibungen in Anspruch nimmt und aktivisch ausweist, ist somit in den Folgejahren ceteris paribus zu hoch. *Eliminierung in Folgejahren: Aktivische Absetzung*

Bei der passivischen Wertberichtigung wird die für die Erfolgsspaltung vorzunehmende Korrektur um die steuerrechtlichen Minderabschreibungen gleichsam automatisch durchgeführt. Der Abschreibungsausweis erfolgt in Höhe der handelsrechtlich zulässigen Abschreibung. Die Aufwandskorrektur auf den höheren steuerrechtlich zulässigen Wert erfolgt im Jahr der Inanspruchnahme als sonstiger betrieblicher Aufwand durch die Einstellung in den Sonderposten mit Rücklageanteil. In den Folgejahren werden die durch handelsrechtliche Abschreibungen ersetzten rein steuerrechtlichen Wertberichtigungen erfolgserhöhend als Auflösung des Sonderpostens mit Rücklageanteil in der Gewinn- und Verlustrechnung im Posten »sonstige betriebliche Erträge« gebucht. Der Saldo aus handelsrechtlichen Abschreibungen und Erträgen aus der Auflösung des *Passivische Wertberichtigung*

Sonderpostens entspricht genau dem steuerrechtlich berücksichtigungsfähigen Abschreibungsaufwand.

Umgliederung der Auflösungsbeträge

Rechnet man nun die Erträge aus der Auflösung des Sonderpostens zum außerordentlichen Ergebnis, so wird das Betriebsergebnis allein durch die handelsrechtlich gebotenen Abschreibungen belastet und das außerordentliche Ergebnis um die Differenz zu den rein steuerrechtlichen Wertberichtigungen erhöht (vgl. TIETZE, H., in: KÜTING/WEBER 1995, § 281 HGB, Rn. 25f.).

Behandlungs-unterschiede

Somit unterscheidet sich im Rahmen der Erfolgsspaltung die Behandlung der rein steuerrechtlichen Abschreibungen bei aktivischer Absetzung gegenüber der bei passivischer Wertberichtigung im Sonderposten mit Rücklageanteil, denn bei aktivischem Ausweis können die steuerrechtlichen Minderabschreibungen der Folgejahre – im Gegensatz zum passivischen Ausweis – nicht korrigiert werden.

Lösung

Will man diesen vergleichsbeeinträchtigenden Unterschied vermeiden, so verbleibt letztlich nur die Möglichkeit die Auflösungsbeträge des Sonderpostens mit Rücklageanteil im Betriebsergebnis zu belassen, wodurch jedoch das Kriterium der betrieblichen Verursachung verletzt wird. Der Bilanzanalytiker kann sich nun entscheiden, ob er die Betriebszugehörigkeit der zu beurteilenden Sachverhalte oder die Vergleichbarkeit der Ergebnisse höher einschätzt. Hier wird die betriebswirtschaftlich richtige Behandlung des Sonderpostens im Rahmen der Erfolgsspaltung und damit die Zurechnung zum außerordentlichen Ergebnis präferiert, da materiell kein Werteverzehr vorliegt.

Außerplanmäßige Abschreibungen auf das Anlagever-mögen

Einen weiteren Problemfall stellen die außerplanmäßigen Abschreibungen auf das Anlagevermögen dar, für die eine gesonderte Angabepflicht besteht (vgl. § 277 Abs. 3 Satz 1 HGB). Hinsichtlich des Kriteriums der Betriebsbezogenheit kann gesagt werden, daß sie dem tatsächlichen Werteverzehr entsprechen, nicht grundsätzlich dispositionsbedingt sind und daher dem Betriebsergebnis zugerechnet werden sollten. Bezüglich ihres regelmäßigen Anfalls jedoch kann mit diesem (negativen) Erfolgsbeitrag nicht nachhaltig gerechnet werden. Er ist kein Bestandteil eines nachhaltig erzielbaren Ergebnisses und sollte daher nicht zum Betriebsergebnis gerechnet werden. Hier wird dem Kriterium der nachhaltigen Erzielbarkeit der Vorzug gegeben, da primäres Ziel der Erfolgsspaltung die Ermittlung eines nachhaltig erzielbaren – also regelmäßig zu erwartenden – Ergebnisses ist.

Unübliche Abschreibungen auf das Umlaufver-mögen

Weiterhin ist noch auf den Posten »Abschreibungen auf Vermögensgegenstände des Umlaufvermögens, soweit diese die in der Kapitalgesellschaft üblichen Abschreibungen überschreiten« (Posten 7b GKV) hinzuweisen, der im UKV nicht enthalten ist.

Umgliederung

Die Aufnahme dieses Postens in die Gewinn- und Verlustrechnung erscheint unter konzeptionellen Überlegungen durchaus mißglückt, denn der Ausweis nicht außerordentlicher, aber tatsächlich unüblicher Abschreibungen als ein Teil des Ergebnisses der gewöhnlichen Geschäftstätigkeit ist inkonsequent und muß jedenfalls als Widerspruch betrachtet werden (vgl. BORCHERT, D., in: KÜTING/WEBER 1995, § 275 HGB, Rn. 67). Eine Zuordnung zum außerordentlichen Ergebnis wäre geeigneter gewesen.

Eine solche Umgliederung ist jedoch nicht ganz unproblematisch, da bei einer Umgliederung die Vergleichbarkeit zwischen Gewinn- und Verlustrechnungen nach dem GKV und UKV gestört wird. Schließlich existiert dieser Posten nur beim GKV, nicht jedoch beim UKV. Dort können unübliche Abschreibungen funktionsorientiert in allen Aufwandsposten enthalten sein. Auch ein gesonderter Ausweis unter den sonstigen betrieblichen Aufwendungen ist möglich. Falls nun die unüblichen Abschreibungen im UKV nicht dem außerordentlichen Ergebnis zugeordnet wurden, wird durch eine Umgliederung der unüblichen Abschreibungen in das außerordentliche Ergebnis das Ergebnis der gewöhnlichen Geschäftätigkeit im GKV zu gut bzw. im UKV, in dem eine Umgliederung in der Regel nicht möglich ist, zu schlecht ausgewiesen. Daher müßte aus Vergleichbarkeitsgründen hinsichtlich der Ergebnisse auf eine Umgliederung verzichtet werden. *Unterschiede UKV/GKV*

Jedoch sind solche unüblichen Abschreibungen nach den Kriterien der Betriebsbezogenheit und der Regelmäßigkeit eindeutig dem außerordentlichen Ergebnis zuzuordnen und somit dem außerordentlichen Erfolg zuzurechnen. Wie eine Zuordnung erfolgt, ist jedoch in der Praxis als unwesentlich einzustufen, da solche unüblichen Abschreibungen sehr selten ausgewiesen werden und daher im Rahmen einer praktischen Erfolgsspaltung selten anfallen (vgl. TREUARBEIT 1990a, Rn. 404). Hier soll der Aufwand als außerordentlich eingestuft werden. *Geringe praktische Bedeutung*

Auch sollten Abschreibungen im Umlaufvermögen zur Vorwegnahme zukünftiger Wertschwankungen (vgl. § 253 Abs. 3 Satz 3 HGB), für die eine Angabepflicht besteht (vgl. § 277 Abs. 3 Satz 1 HGB), aufgrund ihres ungewöhnlichen Charakters (unregelmäßig und aperiodisch) zum außerordentlichen Ergebnis gezählt werden. *Zukunftswertabschreibungen*

Neben den sonstigen betrieblichen Erträgen und Aufwendungen kann auch der im GKV ausgewiesene Posten Personalaufwand betriebsfremde Komponenten enthalten. In Deutschland wird bei der Ermittlung der Rückstellungen von Pensionen auch in der Handelsbilanz nahezu einhellig das vom Steuergesetzgeber verbindlich vorgeschriebene Teilwertverfahren angewendet. Die jährlichen Zuführungsbeträge zu den Pensionsrückstellungen setzen sich aus der sogenannten Nettoprämie und dem Zinsanteil zusammen. Die Nettoprämie ist dem Grunde nach mit jener Prämie vergleichbar, die im Rahmen einer Fremdversicherung an den Versicherungsträger zu zahlen gewesen wäre. Der Zinsanteil stellt die Verzinsung der am Beginn des Geschäftsjahrs vorhandenen Pensionsrückstellungen und damit eine Vergütung für die Kreditierung bis zur Fälligkeit der Versorgungszahlung dar. Dieser Zinsanteil kann bei Anwendung des GKV entweder gemeinsam mit der Nettoprämie unter den sozialen Abgaben und Aufwendungen für Altersversorgung und für die Unterstützung im Personal- *Zinsanteil der Pensionsrückstellungen* aufwand bzw. bei Anwendung des UKV in den Funktionsbereichen oder aber unter den Zinsen und ähnlichen Aufwendungen ausgewiesen werden.

Betriebswirtschaftlich stellt die Zinskomponente keinen Personalaufwand, sondern eindeutig Zinsaufwand dar: Der Zinsanteil des Zuführungsbetrags ist der Preis dafür, daß sich das Unternehmen des Finanzierungsinstruments ›Pensionsrückstellungen‹ bedient. So gleichen die Rückstellungen für Pensionsverpflichtungen einem langfristig gewährten Darlehen, das die Belegschaftsangehörigen ihrem Unternehmen zeitlich begrenzt zur Verfügung stellen und das aus erwirtschafteten Betriebsmitteln gebildet worden ist. Der Unterschied eines solchen Darlehens zu sonstigen verzinslich gewährten Darlehen liegt allein darin, daß die Zinszahlungen nicht unmittelbar nach außen zu entrichten sind, sondern ratierlich dem Fremdkapital hinzuaddiert werden und damit Bestandteil des später zu leistenden Rückzahlungsbetrags werden. Unter betriebswirtschaftlichen Aspekten ist daher der Zinsanteil des Zuführungsbetrags zu den Pensionsrückstellungen in das Finanzergebnis umzugliedern. Jedoch wird diese Umgliederung nur in Ausnahmefällen möglich sein, da sich der deutsche Gesetzgeber bisher für keinen getrennten Ausweis der Komponenten des Zuführungsbetrags zu den Pensionsrückstellungen ausspricht und auch keine entsprechenden betragsmäßigen Anhangangaben fordert.

2.3.1.4.3 Ermittlung des Finanzergebnisses

Das Finanzergebnis läßt sich folgendermaßen – unabhängig vom verwendeten Verfahren zur Aufstellung der Gewinn- und Verlustrechnung – ermitteln:

	Übersicht 57: Ermittlung des Finanzergebnisses
	Erträge aus Beteiligungen, davon aus verbundenen Unternehmen
+	Erträge aus anderen Wertpapieren und Ausleihungen des Finanzanlagevermögens, davon aus verbundenen Unternehmen
+	Erträge aus Gewinngemeinschaften, Gewinnabführungsverträgen und Teilgewinnabführungsverträgen
+	sonstige Zinsen und ähnliche Erträge, davon aus verbundenen Unternehmen
+	betriebsfremde Erträge (z.B. Kursgewinne)
./.	Aufwendungen aus Verlustübernahme
./.	Zinsen und ähnliche Aufwendungen, davon an verbundene Unternehmen (+ Zinsanteil des Zuführungsbetrags zu den Pensionsrückstellungen)
./.	betriebsfremde Aufwendungen (z.B. Kursverluste)
=	**Finanzergebnis**

Auch das Finanzergebnis nach HGB enthält Bestandteile bzw. Posten, die bei wirtschaftlicher Betrachtungsweise nicht zu diesem gezählt werden dürfen und daher im Rahmen eines betriebswirtschaftlichen Erfolgsspaltungskonzepts auszusondern sind. Hierbei handelt es sich einerseits um die aufgrund einer Gewinngemeinschaft oder eines (Teil-)Gewinnabführungsvertrages abgeführten Gewinne, die keineswegs – wie ihre Behandlung in der GuV impliziert – Aufwendungen, sondern vielmehr Gewinnverwendung darstellen. Andererseits sind Erträge aus Verlustübernahmen nicht als »selbst erwirtschaftete Erträge des Unternehmens, sondern (als) Verlustdeckungen durch ein anderes Unternehmen« (LACHNIT, L. 1991, S. 780) zu charakterisieren. Faktisch führen sie zu einer Verzerrung der Erfolgssituation des (die betreffenden ›Erträge‹ vereinnahmenden) Unternehmens.

Abgeführte Gewinne und Erträge aus Verlustübernahme

Die in Rede stehenden Erfolgsbestandteile werden nun allerdings auch nicht dem außerordentlichen Ergebnis zugeordnet: Ist beispielsweise ein Unternehmen zur Abführung seines gesamten Gewinns verpflichtet, dann ist Ausgangspunkt der Erfolgsspaltung grundsätzlich jener Betrag, der unter dem Posten ›abgeführter Gewinn‹ ausgewiesen wird und letztlich als Substitut für den ansonsten, ohne Vorliegen eines Gewinnabführungsvertrags, ausgewiesenen Jahresüberschuß betrachtet werden kann. Gleiches gilt – mit anderem Vorzeichen – für den unter dem Posten ›Erträge aus Verlustübernahme‹ erfaßten Betrag.

Die (zu den vorstehend diskutierten) korrespondierenden Posten ›Erträge aus Gewinngemeinschaften oder (Teil-)Gewinnabführungsverträgen‹ bzw. ›Aufwendungen aus Verlustübernahme‹ verbleiben hingegen – wie die Übersicht 57 zeigt – innerhalb des Finanzergebnisses (vgl. auch COENENBERG, A.G. 1997, S. 690f.), da diese bei wirtschaftlicher Betrachtungsweise den Erfolg bzw. Mißerfolg des eingesetzten Kapitals repräsentieren.

Erträge aus Gewinnabführung und Aufwendungen aus Verlustübernahme

Allerdings kann sich eine Zuordnung dieser Posten wie auch der ›Erträge aus Beteiligungen‹ (Posten 9 GKV, 8 UKV) zum Finanzergebnis aus einem anderen Blickwinkel heraus als problematisch erweisen: Nämlich dann, wenn ein Unternehmen einzelne Funktionen rechtlich ausgliedert oder auf Tochterunternehmen überträgt, z.B. durch Gründung von rechtlich selbständigen Vertriebs- oder Forschungs- und Entwicklungsgesellschaften. Eine Zurechnung dieser Erträge aus eigentlich betrieblichen Funktionsbereichen zum Finanzergebnis beeinträchtigt die Vergleichbarkeit mit Unternehmen, die diese betrieblichen Funktionen nicht ausgegliedert bzw. übertragen haben. Die eigentlich gebotene Zurechnung zum Betriebsergebnis ist jedoch aufgrund des Sammelausweises der Erträge sämtlicher Beteiligungen in der Praxis nicht durchführbar. Auch in diesem Bereich zeigt sich die Notwendigkeit einer Analyse des Konzernabschlusses.

Erträge aus Beteiligungen

In konsequenter Anwendung des Kriteriums des regelmäßigen Auftretens sollte eine pauschale Zuordnung des Postens ›Abschreibungen auf Finanzanlagen und auf Wertpapiere des Umlaufvermögens‹ zum außerordentlichen Ergebnis erfolgen. Eine differenzierte Behandlung in Abhängigkeit der jeweiligen Abschreibungsursachen, wie sie etwa LACHNIT (L. 1991, S. 780) offenkun-

Abschreibungen auf Finanzanlagen und Wertpapiere des Umlaufvermögens: Grundsatz

dig präferiert, dürfte bei einer externen Analyse aufgrund unzureichender Informationen regelmäßig scheitern. Für die hier vorgeschlagene Behandlungsweise läßt sich im übrigen das Argument anführen, daß die unterschiedliche Inanspruchnahme des Abschreibungswahlrechts nach § 253 Abs. 3 Satz 3 HGB i.V.m. § 279 Abs. 1 Satz 2 HGB ohne Einfluß auf das Finanzergebnis bzw. das ordentliche Ergebnis ist.

Zinsen und ähnliche Aufwendungen

Nicht unproblematisch erweist sich auch die Behandlung des Postens ›Zinsen und ähnliche Aufwendungen‹ (Posten 13 GKV, 12 UKV) im Rahmen der Erfolgsspaltung, da es betriebswirtschaftlich unstritig ist, daß zur Erzielung des Betriebserfolgs auch Fremdkapital notwendig ist und damit auch die darauf entfallenden Zinsen dem Betriebsergebnis zugeordnet werden müßten. Doch diese Vorgehensweise muß aus zwei Gründen abgelehnt werden:

(1) Der Zinsaufwand der Gewinn- und Verlustrechnung enthält lediglich die Fremdkapitalzinsen. Für eine zutreffende Abgrenzung des Betriebsergebnisses müßte jedoch das gesamte betriebsnotwendige Kapital, unabhängig davon, ob es sich um Eigen- oder Fremdkapital handelt, verzinst werden. Die Problematik einer entsprechenden Berechnung der kalkulatorischen Eigenkapitalzinsen im Rahmen einer externen Analyse liegt jedoch auf der Hand.

(2) Würde man sich dennoch entschließen, das Betriebsergebnis mit Fremdkapitalzinsen zu belasten, so ergäben sich Unterschiede zwischen Unternehmen, die überwiegend eigen- oder fremdfinanziert sind. Um diesen Unterschied zumindest im Betriebsergebnis zu vermeiden, bleibt lediglich eine Umgliederung zu einem anderen Ergebnis oder eine Ausgliederung aus dem Jahresüberschuß.

»Gewinn vor Steuern und Zinsen«

Einer derartigen Ausgliederung, wie sie von HAUSCHILDT (J. 1990, S. 196) vorgenommen wird, der einen »Gewinn vor Steuern und Zinsen« ermittelt und die Zinsaufwendungen in voller Höhe zum Jahresüberschuß hinzuaddiert, liegt somit die Intention zugrunde, bei Betriebsvergleichen den Einfluß unterschiedlicher Finanzierung auf die (operative) Leistungsfähigkeit des Betriebes zu eliminieren. Im Rahmen der hier angestrebten Erfolgsspaltung, die dem Postulat der Unveränderbarkeit des Jahresüberschusses weitestgehend entsprechen soll, werden die Fremdkapitalzinsen jedoch ihrem (pagatorischen) Charakter entsprechend als typischer betrieblicher Aufwand bei der Ermittlung des Finanzergebnisses berücksichtigt, wohingegen Eigenkapitalzinsen als kalkulatorische Erfolgsgröße nicht berücksichtigt werden, da sie niemals zu Auszahlungen führen.

2.3.1.4.4 Ermittlung des außerordentlichen Ergebnisses

Das außerordentliche Ergebnis beinhaltet schließlich, neben dem nach HGB ausgewiesenen Posten »außerordentliches Ergebnis« sämtliche aus dem Betriebs- oder Finanzergebnis herausgerechneten Bestandteile. Im einzelnen sieht das außerordentliche Ergebnis im betriebswirtschaftlichen Sinne folgendermaßen aus:

Übersicht 58: Ermittlung des außerordentlichen Ergebnisses	
	außerordentliche Erträge gem. § 275 Abs. 2 oder 3 HGB
+	Auflösung des Sonderpostens mit Rücklageanteil
+	Zuschreibungen
+	Zulagen, Zuschüsse
+	ungewöhnliche Erträge (z.B. Erträge aus Anlageabgängen)
+	Steuererstattungen
=	**außerordentliche Erträge**
./.	außerordentliche Aufwendungen gem. § 275 Abs. 2 oder 3 HGB
./.	Einstellung in den Sonderposten mit Rücklageanteil
./.	Abschreibungen auf Vermögensgegenstände des Umlaufvermögens, soweit diese die in der Kapitalgesellschaft üblichen Abschreibungen überschreiten (nur beim GKV)
./.	außerplanmäßige Abschreibungen
./.	Abschreibungen auf Finanzanlagen und auf Wertpapiere des Umlaufvermögens
./.	rein steuerrechtliche Abschreibungen, sofern aktivisch vorgenommen
./.	Abschreibungen im Umlaufvermögen zur Vorwegnahme zukünftiger Wertschwankungen
./.	ungewöhnliche Aufwendungen (z.B. Aufwendungen aus Anlageabgängen)
./.	Steuernachzahlungen
=	**außerordentliche Aufwendungen**
=	**außerordentliches Ergebnis**

Das außerordentliche Ergebnis wird nach Aufwendungen und Erträgen geordnet. Auch werden getrennte Zwischensummen für die Aufwendungen und Erträge gebildet.   *Getrennter Ausweis*

Der Verzicht auf eine Saldierung von außerordentlichen Aufwendungen und außerordentlichen Erträgen erscheint überaus sinnvoll. Dieser Vorgehensweise liegt der Gedanke zugrunde, daß gerade krisengefährdete Unternehmen zum einen besonders hohe außerordentliche Aufwendungen haben und zum anderen versuchen werden, ihren Mißerfolg durch Mobilisierung außerordentlicher Erträge zu kompensieren (vgl. HAUSCHILDT, J./GENZ, T./GEMÜNDEN, H.G. 1985, S. 885). Durch diese Vorgehensweise können unter Umständen diese Bestrebungen offenkundig werden.   *Saldierungsverzicht*

2.3.1.4.5 Kritische Würdigung der betriebswirtschaftlichen Konzeption der bilanziellen Erfolgsspaltung

›Außerordentlich‹
erweitert

Das betriebswirtschaftliche Erfolgsspaltungskonzept legt besonderen Wert auf die Ermittlung eines Ergebnisses, das einerseits betrieblich und andererseits regelmäßig anfällt. Es erweitert den Begriff des ›Außerordentlichen‹ im Sinne des Gesetzes um unregelmäßige und sonstige verzerrende Komponenten – hier insgesamt als ungewöhnliche oder unregelmäßige Bestandteile des bilanziellen Jahresüberschusses bezeichnet.

Anwendungs-
schwierigkeiten

Die Ausführungen haben gezeigt, daß eine solche Erfolgsspaltung, so überzeugend sie auch in der Theorie ist, auf erhebliche Anwendungsschwierigkeiten bei der praktischen Durchführung stößt. Diese Schwierigkeiten sind im wesentlichen auf zwei Gründe zurückzuführen:

(1) zum einen auf – nicht nur praktische – Abgrenzungsprobleme zwischen ordentlichem betrieblichen Erfolg (Betriebsergebnis) und ordentlichem betriebsfremden Erfolg (Finanzergebnis) und

(2) zum anderen auf – überwiegend praktische – Abgrenzungsprobleme bei der Charakterisierung einzelner Aufwands- und Ertragskomponenten als ›außerordentlich‹.

Abgrenzung
Betriebs- und
Finanzergebnis

Eine Unterteilung in Betriebs- und Finanzerfolg im Lichte der in der Praxis zu beobachtenden Unternehmensentwicklung vom Einproduktunternehmen hin zum heterogenen Mehrproduktunternehmen (-konzern) erscheint auch in der theoretischen Abgrenzung zweifelhaft (vgl. auch Lachnit, L./Ammann, H. 1995, S. 1281ff.). Hier hat die Praxis die Theorie bereits überholt, indem sie Finanzgeschäften die gleiche Aufmerksamkeit zuteil werden läßt wie ihren anderen Geschäften. Längst wird der Finanzierungsvorgang als integrierter Bestandteil der betrieblichen Unternehmenstätigkeit gesehen.

Management-
Holding

Völlig ad absurdum geführt wird die Einteilung in Betriebs- und Finanzergebnis – zumindest auf Einzelabschlußebene – bei sogenannten Management-Holdinggesellschaften, da bei diesen (im Normalfall) keine operative Geschäftstätigkeit im eigentlichen Sinne vorliegt. Tatsächlich muß bei diesen Unternehmen das Finanzergebnis der Gewinn- und Verlustrechnung als Betriebsergebnis gedeutet werden.

Erweiterung der
Unternehmens-
tätigkeit

Weiterhin gilt es zu beachten, daß Beteiligungen an verbundenen Unternehmen nur noch in Ausnahmefällen als reine Finanzinvestition betrachtet werden. Vielmehr steht damit die gezielte horizontale oder vertikale Erweiterung der Unternehmenstätigkeit im Vordergrund. Besonders unter diesem Aspekt erscheint die Aufteilung in ein Betriebs- und Finanzergebnis – zumindest für den Einzelabschluß – fraglich. Daher sollte dem Aspekt der Regelmäßigkeit des erzielten Ergebnisses mehr Aufmerksamkeit geschenkt werden (vgl. dazu Lachnit, L. 1991, S. 776), indem die Ermittlung eines ordentlichen Ergebnis-

ses, bestehend aus Betriebs- und Finanzergebnis, primäres Ziel der Erfolgsspaltung wird.

Gerade vor diesem Hintergrund sollte allerdings die mehr oder minder pauschale Qualifizierung von Finanzerträgen (im weitesten Sinne) als ordentliche
Erfolgsbestandteile kritisch beurteilt werden. Gelangt beispielsweise ein in hohem Maße durch unregelmäßige bzw. außerordentliche Sachverhalte beein-
flußter Jahreserfolg zur Ausschüttung und wird dieser bei dem zu analysierenden Unternehmen entsprechend seiner Beteiligungsquote vereinnahmt, dann
ist auch dieser Erfolgsbestandteil zwangsläufig in entsprechender Höhe verzerrt. Insbesondere wenn der Erfolgsspaltung der Einzelabschluß zugrunde
liegt, besteht für den Analysten die Notwendigkeit, auch die von den 'Beteili-
gungsgesellschaften‹ erwirtschafteten Jahreserfolge in entsprechender Weise
zu untersuchen.

Finanzerträge als ordentliche Erfolgs- bestandteile?

Die zweite Problematik, die Charakterisierung von außerordentlichen Auf-
wands- und Ertragskomponenten, kann ebenfalls als noch nicht gelöst betrachtet werden. Durch zahlreiche fehlende Angabepflichten seitens des Gesetzgebers oder aufgrund eines oft mangelnden Ausweises seitens des bilanzierenden
Unternehmens erscheint es fraglich, ob die außerordentlichen Erfolgskomponenten zutreffend und in ausreichendem Maße bereinigt werden können.

Fehlende Angabe- pflichten

Hinzu kommt noch das – bereits eingangs angesprochene – Problem, daß die
Einflüsse angewandter Bilanzpolitik im Rahmen der hier diskutierten ›traditionellen‹ Erfolgsspaltung grundsätzlich nicht berücksichtigt werden. Es liegt auf
der Hand, daß das Betriebsergebnis bspw. in Abhängigkeit der Bewertung der
unmittelbaren Pensionsverpflichtungen, der unfertigen und fertigen Erzeugnisse oder der Inanspruchnahme der gesetzlich kodifizierten Ansatzwahlrechte
z.T. erheblich variieren kann. Insofern ist insbes. die zwischenbetriebliche Vergleichbarkeit der im Zuge der Erfolgsspaltung abgeleiteten Teilergebnisse kritisch zu beurteilen.

Beeinträchtigung durch Bilanzpolitik

Abschließend gilt es noch einmal in Erinnerung zu rufen, daß das ordentliche
(Betriebs- und Finanz-)Ergebnis lediglich unter der restriktiven Prämisse kon-
stanter Umweltbedingungen als nachhaltig beurteilt werden kann. Angesichts
eines dynamischen Wirtschaftsgeschehens muß aber die Realitätsnähe dieser
Prämisse in Zweifel gezogen werden. In jedem Fall besteht für den Analyst die
Notwendigkeit, zu überprüfen, ob und inwieweit von einer Fortgeltung der den
Erfolgsentstehungsprozeß determinierenden unternehmensinternen und -ex-
ternen Rahmenbedingungen ausgegangen werden kann.

Restriktive Prämisse

Insgesamt bleibt festzuhalten, daß die Erfolgsanalyse mittels der Erfolgsspaltung nicht unerhebliche Probleme aufwirft, die bislang – zumindest im Rahmen der externen Analyse – weder in Theorie noch in der Praxis zufriedenstellend gelöst werden konnten. Die mittels der Erfolgsspaltung gewonnenen Erkenntnisse sind – wie die vorstehenden Ausführungen zeigen – mit der
gebotenen Vorsicht zu interpretieren. Ihre Bedeutung erhalten sie letztlich nur

Beurteilung

im Gesamtzusammenhang mit den durch die Anwendung der sonstigen Instrumente der Erfolgsanalyse gewonnenen Erkenntnissen über die Ertragslage bzw. Ertragskraft des Unternehmens.

Merksätze:

1. Auch die Erfolgsspaltung nach betriebswirtschaftlichen Gesichtspunkten unterteilt den nachhaltig erzielbaren ordentlichen Erfolg in ein Betriebs- und ein Finanzergebnis. Der konzeptionelle Unterschied besteht in der Abgrenzung der außerordentlichen Vorgänge.

2. Als außerordentliche Erfolgskomponenten werden nach dem betriebswirtschaftlichen Konzept folgende Vorgänge bezeichnet:

   - außerordentliche Aufwendungen und Erträge nach § 275 HGB;

   - periodenfremde Erfolgsbestandteile, sofern sie nicht regelmäßig anfallen;

   - weitere den regelmäßig erzielbaren Erfolg verzerrende Vorgänge, die entweder nicht als betriebstypisch anzusehen sind oder nicht regelmäßig auftreten.

3. Zuordnungsprobleme ergeben sich insbesondere aus dem Mischcharakter der Posten »sonstige betriebliche Erträge« und »sonstige betriebliche Aufwendungen«, da sie auch betriebsfremde sowie unregelmäßige und ungewöhnliche Vorgänge erfassen können.

4. Die Trennung des Ergebnisses der gewöhnlichen Geschäftstätigkeit in Betriebs- und Finanzergebnis ist in der Praxis vielfach nicht möglich und erscheint aufgrund des heutigen Stands der Unternehmensentwicklung auch konzeptionell überholt.

5. Fehlende gesetzliche Angabepflichten verhindern darüber hinaus eine sachgerechte Aufspaltung der Erfolgskomponenten. Auch die pauschale Zuordnung bestimmter Größen – wie z.B. der sonstigen betrieblichen Aufwendungen und Erträge, Abschreibungen auf Finanzanlagen oder Zinsaufwendungen und -erträge – zu den einzelnen Ergebnisteilen, kann nicht zu befriedigenden Lösungen führen.

6. Die bilanzielle Erfolgsspaltung erlangt eine Aussagekraft für die Unternehmensbeurteilung nur in einer zusammenhängenden Betrachtung mit anderen Instrumenten der Erfolgsanalyse.

2.3.1.5 Erfolgsspaltung nach internationalen Bilanzierungs- und Berichtsgrundsätzen

Nach internationalen Rechnungslegungsgrundsätzen wird üblicherweise unterschieden zwischen

Einteilung der Erfolgsposten

(1) außerordentlichen und ordentlichen Posten,

(2) aperiodischen und anderen ungewöhnlichen Posten und ordentlichen Posten und

(3) Auswirkungen von Stetigkeitsdurchbrechungen auf das Jahresergebnis.

Daneben gibt es häufig besondere Ausweisanforderungen (und/oder Bilanzierungsgrundsätze) zu ausgewählten Posten, wie z.B. Zuschüssen und Zulagen der Öffentlichen Hand, Auswirkungen aus Fremdwährungsgeschäften oder der Umrechnung von Fremdwährungsabschlüssen für Zwecke des Konzernabschlusses sowie Forschungs- und Entwicklungsaufwendungen.

Besondere Ausweis- und Erläuterungspflichten

Bemerkenswert ist im internationalen Bereich auch die Bedeutung der Regelungen zu den besonderen Ausweis- und Erläuterungspflichten zu Geschäftsvorfällen mit verbundenen Unternehmen und Personen (»Related Party Disclosures« gem. IAS No. 24 oder auch SFAS No. 57) .

2.3.1.5.1 Erfolgsspaltung nach dem Gesichtspunkt der Regelmäßigkeit

Nach dem Mindestgliederungsschema für die Gewinn- und Verlustrechnung gem. IAS No. 1 (rev.) sind insbesondere folgende Positionen gesondert auszuweisen:

Ausweis gem. IAS No. 1

(1) Ergebnis der laufenden Geschäftstätigkeit: Hierunter ist das Ergebnis zu verstehen, welches dem eigentlichen Betriebszweck des Unternehmens zuzuordnen ist. Aufwendungen und Erträge, die aus Finanzierungs- und Investitionstätigkeiten resultieren, sind nicht hierunter zu subsumieren.

(2) Ergebnis der gewöhnlichen Geschäftstätigkeit: Diese Position umfaßt auch Aufwendungen und Erträge aus Nebenaktivitäten, sofern sie nicht außerordentlich sind. Gesondert auszuweisen sind Fremdkapitalkosten und Beteiligungsergebnisse aus ›at equity‹ bewerteten Unternehmen sowie Steuern vom Einkommen und Ertrag.

(3) Außerordentliche Posten: Aufwendungen und Erträge sind als außerordentlich einzustufen, wenn sie aus Ereignissen und Geschäftsvorfällen resultieren, die sich klar von der gewöhnlichen Geschäftstätigkeit unterscheiden und zudem annahmegemäß nicht häufig oder regelmäßig wiederkehren.

IAS No. 8 und 35 ergänzen IAS No. 1 um Ausführungen zur Definition der außerordentlichen Posten und zum Ausweis der Ergebniswirkungen von Stetigkeitsdurchbrechungen sowie aus der Aufgabe von Geschäftsbereichen.

Ergänzungen durch IAS No. 8 und 35

Sowohl IAS No. 1 als auch No. 8 und 35 sind angelsächsisch geprägt, so daß insoweit weitgehend auf die Darstellung zu APB No. 20 und APB No. 30 verwiesen werden kann.

Regelungen in den
U.S. GAAP

In den USA sehen die Generally Accepted Accounting Principles kein besonderes Gliederungsschema und damit – von Ausnahmen abgesehen – auch nicht den besonderen Ausweis einzelner Posten vor; dies hat sich nur in der Praxis ergeben. Vorschriften zum Mindestausweis in der Gewinn- und Verlustrechnung finden sich dagegen in der Regulation S-X der SEC. Besondere Regelungen finden sich in den U.S. GAAP aber in:

– APB No. 20 »Accounting Changes« von 1971, also zum Ausweis von Stetigkeitsdurchbrechungen und

– APB No. 30 »Reporting the Results of Operations – Reporting the Effects of Disposal of a Segment of a Business, and Extraordinary, Unusual and Infrequently Occurring Events and Transactions« von 1973, also zu den außerordentlichen Posten.

APB No. 20

Hinsichtlich der Stetigkeit unterscheidet APB No. 20 zwischen einer Durchbrechung

– durch Wechsel der Bilanzierungsmethode (»Change in Accounting Principle«),

– durch Änderung eines Schätzvorgangs im Zusammenhang mit der Bilanzierung (z.B. der Nutzungsdauer eines Sachanlagegegenstands; »Change in Accounting Estimate«) und

– durch Änderung der Definition der berichtenden Unternehmenseinheit (z.B. durch Änderung des Konsolidierungskreises; »Change in the Reporting Entity«).

Besondere Pflichten
infolge des Wechsels
der Bilanzierungs-
methode

Ein Wechsel der Bilanzierungsmethode ist danach grundsätzlich mit Wirkung zu Beginn eines Geschäftsjahrs durchzuführen und die Auswirkungen des Wechsels auf diesen Zeitpunkt sind gesondert in der Gewinn- und Verlustrechnung als »Cumulative Effect of Changing to a New Accounting Principle« darzustellen. Zusätzlich sind die Auswirkungen auf das Jahresergebnis zu vermerken und auch die Vorjahresergebnisse pro forma zusätzlich unter Anwendung der neuen Methode darzustellen. Nur bei einem Wechsel von der Lifo-Bewertung der Vorräte zu einer anderen Methode und dem Wechsel der Bilanzierung für langfristige Fertigungsaufträge (von/zu der Completed-Contract- zu/von der Percentage-of-Completion-Methode) sind die Vorjahresabschlüsse zu korrigieren, so daß der Ausweis eines »Cumulative Change« im Ergebnis des laufenden Jahres entfällt. IAS No. 8 sieht abweichend von APB No. 20 im Regelfall die entsprechende Änderung der Vorjahresabschlüsse vor.

Neuschätzungen

Auswirkungen von Neuschätzungen sind dann zu erläutern, wenn sie das Ergebnis des Geschäftsjahrs besonders beeinflussen. Regelmäßig sind solche

Neuschätzungen nur prospektiv für das laufende und das zukünftige Geschäftsjahr zulässig.

Bei einem Wechsel der berichtenden Unternehmenseinheit sind grundsätzlich die Vorjahresabschlüsse entsprechend anzupassen und die Auswirkung auf das Ergebnis des laufenden Jahres besonders zu vermerken.

Wechsel der berichtenden Unternehmenseinheit

Von diesen Durchbrechungen der Stetigkeit wird die Bilanzberichtigung unterschieden, die auch nach U.S. GAAP nur noch in Ausnahmefällen, in der Regel zur Korrektur von wesentlichen Fehlern in Vorjahresabschlüssen, für zurückliegende Geschäftsjahre zulässig ist (vgl. SFAS No. 16, so auch IAS No. 8).

Bilanzberichtigung

APB No. 30 betrifft die eigentliche Erfolgsspaltung. Danach (ähnlich jetzt IAS No. 8) ist zu unterscheiden zwischen:

APB No. 30

(1) den Ergebnisauswirkungen aus der Aufgabe eines Geschäftszweigs oder Betriebs oder Teilbetriebs (»Discontinued Operations of a Segment of a Business«),

(2) den außerordentlichen Aufwendungen und Erträgen und

(3) anderen ungewöhnlichen Posten der Gewinn- und Verlustrechnung.

Hinsichtlich den Discontinued Operations wird der getrennte Ausweis in der Gewinn- und Verlustrechnung des operativen Ergebnisses des aufzugebenden Unternehmensteils und des eigentlichen Aufgabegewinns oder -verlusts einschließlich der Rückstellungen für schwebende Verbindlichkeiten aus der Aufgabe und außerplanmäßigen Abschreibungen auf den Zerschlagungswert verlangt; darauf entfallende Steuern von Einkommen und Ertrag bzw. Kürzungen dieser Steuern sind dagegen zu saldieren und besonders zu vermerken.

Vermerks- und Ausweispflichten bei Discontinued Operations

Die außerordentlichen Posten sind ebenfalls in der Gewinn- und Verlustrechnung besonders auszuweisen; darauf entfallende Steuern vom Einkommen und Ertrag sind dagegen zu saldieren und zu vermerken. Die außergewöhnlichen Posten werden wie folgt definiert:

Definition und Darstellung außergewöhnlicher Posten

– es handelt sich nicht um die Auswirkungen einer Durchbrechung der Stetigkeit oder der Aufgabe eines Geschäftsbereichs;

– es handelt sich um ungewöhnliche (unusual) und selten (infrequent) auftretende Ereignisse.

Einige Ereignisse werden besonders als nicht außergewöhnlich im Sinne dieser Definition erwähnt, z.B. Wertberichtigungen auf Forderungen oder Vorräte, Effekte aus Fremdwährungsumrechnung, Erträge oder Verluste aus dem Abgang von Sachanlagen und Finanzanlagen (IAS No. 8 ergänzt dazu ausdrücklich, daß sich die außerordentlichen Posten auf seltene Ereignisse beschränken).

Die ungewöhnlichen (betriebsfremden) Posten oder seltenen Posten, die nicht als außerordentlich zu klassifizieren sind, aber das Ergebnis des Geschäftsjahrs wesentlich beeinflußt haben, werden im Ergebnis aus gewöhnlicher Geschäftstätigkeit besonders ausgewiesen oder vermerkt. Dies gilt auch für wesentliche periodenfremde Posten.

Insgesamt ergibt sich danach gegebenenfalls das folgende Bild einer U.S.-Gewinn- und Verlustrechnung:

Übersicht 59: U.S.-Gewinn- und Verlustrechnung

Income from continuing operations before income taxes	$ XXXX	
Provision for income taxes	XXX	
Income from continuing operations		$ XXXX
Discontinued operations (Note _____ : Income (loss) from operations of discontinued division X (less applicable income taxes of $ _____)	$ XXXX	
Loss on disposal of division X, including provision of $ – for operating losses during phase-out period (less applicable income taxes of $ _____)	XXXX	XXXX
Income before extraordinary item and cumulative effect of a change in accounting principle		XXX
Extraordinary item (less applicable income taxes of $ _____) (Note _____)		XXX
Cumulative effect on prior years of changing to (Note _____)		XXX
Net income		XXX

Hinzuweisen ist auch auf SFAS No. 109, wonach der Steueraufwand in der Gewinn- und Verlustrechnung in erheblichem Umfang aufzugliedern und zu erläutern ist und insbesondere der der Steuerzahllast entsprechende Aufwand und der Aufwand/Ertrag aus der Steuerabgrenzung gesondert auszuweisen sind.

Insbesondere zusammen mit den weiteren Erläuterungen in den Notes und der von der SEC geforderten »Management‹s Discussion and Analysis of Financial Condition and Results of Operations« (gem. Regulation S-K, Item 303) wird so dem externen Bilanzanalysten eine erhebliche Grundlage für die Analyse der Gewinn- und Verlustrechnung eines U.S.-Unternehmens gegeben.

2.3.1.5.2 Berichterstattung über Verbundbeziehungen

Bemerkenswert ist international auch die stärkere Betonung des Ausweises der Auswirkungen von Verbundbeziehungen (»Related Party Disclosures«), die den Analysten eine fundierte Berücksichtigung dieser Beziehungen bei der Beurteilung der Ertragskraft erlauben.

So verlangt IAS No. 24 in den »Notes« den besonderen Ausweis der Art der Verbundbeziehungen, die in ihrer Definition als »Related Party« wesentlich über die deutsche Definition des verbundenen Unternehmens hinausgehen, und der Art der Geschäftsvorfälle einschließlich des Umfangs der sich zum Stichtag ergebenden Forderungen oder Verbindlichkeiten und wesentlichen Preisvereinbarungen mit verbundenen Parteien. Ähnlich sind auch die Bestimmungen in SFAS No. 57 zu »Related Party Disclosures« von 1982 gefaßt.

Ausweispflichten gem. IAS No. 24 und SFAS No. 57

2.3.1.6 Segment-Berichterstattung

Mit der aus dem KonTraG entstehenden Verpflichtung börsennotierter Mutterunternehmen zur Erweiterung des Konzernanhangs durch eine Segment-Berichterstattung (vgl. § 297 Abs. 1 HGB) eröffnet sich dem Bilanzleser nunmehr noch ein weiteres Feld der Erfolgsquellenanalyse. Aufgabe der Segment-Berichterstattung ist es, Informationen über Vermögen und Ergebnis einzelner Teilbereiche (Segmente) des Konzerns bereitzustellen. Sie soll Informationsdefiziten in Jahresabschlüssen – insbesondere in denen stark diversifizierter Konzerne – durch Disaggregation von Daten entgegenwirken.

Weitergehende und aussagefähige Berichterstattung

Die inhaltliche Ausgestaltung der Segment-Berichterstattung wurde vom Gesetzgeber nicht näher konkretisiert. Im Gegensatz zu den eingeschränkten Erläuterungen zu den Erfolgsquellen nach Tätigkeitsbereichen und geographisch bestimmten Märkten gem. den §§ 285 Nr. 4 und 314 Abs. 1 Nr. 3 HGB sind aber die Anforderungen an eine Segment-Berichterstattung, zumindest wenn sie internationalen Gepflogenheiten entsprechen soll, sehr viel weitergehender.

Nach IAS No. 14 (rev.) und dem in einigen Punkten abweichenden SFAS No. 131 sind zu den auszuweisenden Segmenten unter anderem Angaben zum Ergebnis und Vermögen sowie zu Umsätzen, Abschreibungen und Investitionen zu machen. Die Abgrenzung der Segmente und die Ermittlung der Daten hat dabei auf der Grundlage der internen Berichterstattung zu erfolgen (»Management Approach«).

Bestimmungen des SFAS No. 131 und IAS No. 14

Übersicht 60: Beispiel einer Segmentberichterstattung nach IAS 14 (rev.)

	Paper Products 20×2	Paper Products 20×1	Office products 20×2	Office products 20×1	Publishing 20×2	Publishing 20×1	Other Operations 20×2	Other Operations 20×1	Eliminations 20×2	Eliminations 20×1	Consolidated 20×2	Consolidated 20×1
REVENUE												
External sales	55	50	20	17	19	16	7	7				
Inter-segment sales	15	10	10	14	2	4	2	2	(29)	(30)		
Total revenue	70	60	30	31	21	20	9	9	(29)	(30)	101	90
RESULT												
Segment result	20	17	9	7	2	1	0	0	(1)	(1)	30	24
Unallocated corporate expenses											(7)	(9)
Operating profit											23	15
Interest expense											(4)	(4)
Interest income											2	3
Share of net profits of associates	6	5					2	2			8	7
Income taxes											(7)	(4)
Profit from ordinary activities											22	17
Extraordinary loss: uninsured earthquake damage to factory		(3)										(3)
Net profit											22	14
OTHER INFORMATION												
Segment assets	54	50	34	30	10	10	10	9			108	99
Investment in equity method associates	20	16					12	10			32	26
Unallocated corporate assets											35	30
Consolidated total assets											175	155
Segment liabilities	25	15	8	11	8	8	1	1			42	35
Unallocated corporate liabilities											40	55
Consolidated total liabilities											82	90
Capital expenditure	12	10	3	5	5	3	4	3				
Depreciation	9	7	9	7	5	3	3	4				
Non-cash expenses other than depreciation	8	2	7	3	2	2	2	1				

entnommen aus IASC 1998, S. 770

2.3.2 Analyse der Aufwands- und Ertragsstruktur

2.3.2.1 Vorbemerkungen

Während im Rahmen der Ergebnisquellenanalyse eine Erfolgsspaltung nach *Analyseziel*
Teilergebnissen vorgenommen wird, geht es bei der Analyse der Aufwands-
und Ertragsstruktur darum, den anteiligen Beitrag der Ergebnisquellen am Gesamtergebnis (Analyse der Struktur des Gesamtergebnisses) sowie einzelne Erfolgsquellen – und hier insbesondere das ordentliche betriebliche Ergebnis
(Analyse der Struktur des ordentlichen betrieblichen Ergebnisses) – mit Hilfe
von Strukturkennzahlen zu untersuchen (vgl. Übersicht 61). Insgesamt soll
durch die Ergebnisquellenanalyse und die Analyse der Aufwands- und Ertragsstruktur das Zustandekommen des Gesamtergebnisses mit dem Ziel erklärt
werden, durch eine Identifizierung der Erfolgs- und Risikofaktoren die Ertragskraft eines Unternehmens zu prognostizieren.

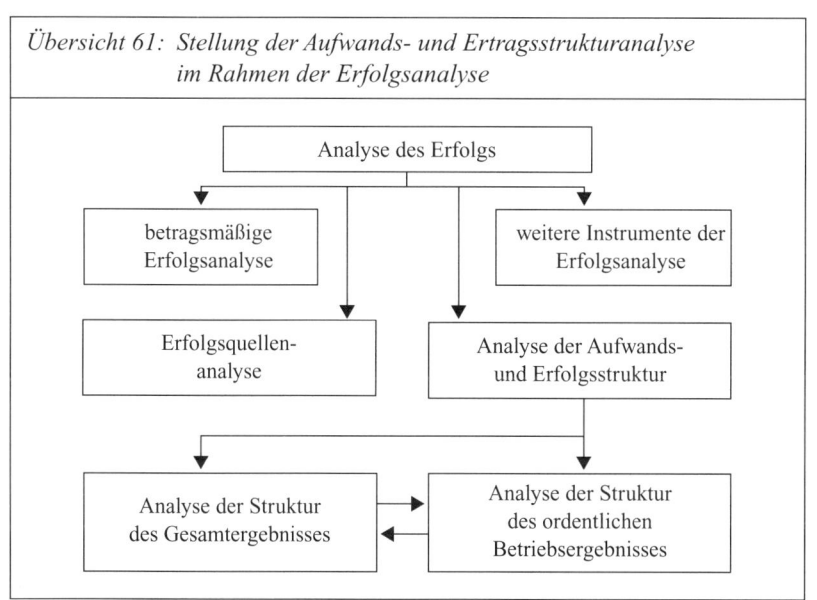

Übersicht 61: Stellung der Aufwands- und Ertragsstrukturanalyse
im Rahmen der Erfolgsanalyse

Die bedeutsamsten Kennzahlen, die z.B. bei Soll-Ist- oder Betriebsvergleichen
zur Anwendung gelangen, werden im folgenden bezogen auf eine Gewinn- und
Verlustrechnung nach dem Gesamtkostenverfahren erörtert, bevor exemplarisch auf Besonderheiten des Umsatzkostenverfahrens einzugehen ist. Bei der
Interpretation der jeweiligen Kennzahlen wird grundsätzlich unterstellt, daß
diese nicht nur für eine Periode ermittelt werden, sondern daß deren Aussagefähigkeit durch einen Zeitvergleich fundiert wird.

2.3.2.2 Analyse der Aufwands- und Ertragsstruktur beim Gesamtkostenverfahren

Drei Erfolgsarten

Im Rahmen der Erfolgsspaltung wird ein bilanzanalytisches Gesamtergebnis vor Steuern vom Einkommen und Ertrag (EE-Steuern) ermittelt, das sich additiv aus ordentlichem Betriebsergebnis (auch: ordentliches betriebliches Ergebnis), Finanzergebnis (auch: ordentliches betriebsfremdes Ergebnis) und außerordentlichem Ergebnis zusammensetzt. Hieran anknüpfend ist zum Zwecke der Analyse der Struktur des Gesamtergebnisses zunächst der Anteil dieser drei Erfolgsarten am Gesamtergebnis vor EE-Steuern zu bestimmen:

(F. 5.1)

$$\frac{\text{ordentliches Betriebsergebnis}}{\text{Gesamtergebnis vor EE-Steuern}} \times 100$$

(F. 5.2)

$$\frac{\text{Finanzergebnis}}{\text{Gesamtergebnis vor EE-Steuern}} \times 100$$

(F. 5.3)

$$\frac{\text{außerordentliches Ergebnis}}{\text{Gesamtergebnis vor EE-Steuern}} \times 100$$

Interpretation der Kennzahlen

Geht man davon aus, daß insbesondere ein hoher prozentualer Anteil des Erfolgs aus dem eigentlichen Betriebszweck die Voraussetzung für eine günstige Prognose der Ertragskraft ist (vgl. COENENBERG, A.G. 1997, S. 694), so wird der Strukturkonstanz des Verhältnisses von F. 5.1 und der Summe aus F. 5.2 und F. 5.3 eine besondere Bedeutung beizumessen sein. Demnach ist normativ grundsätzlich ein konstanter bzw. ein steigender hoher Wert der Kennzahl F. 5.1 zu fordern. Denn je größer der während eines Analysezeitraums von mehreren Perioden ermittelte Anteil des ordentlichen Betriebsergebnisses ist, um so höher ist die Wahrscheinlichkeit, daß der eigentliche Betriebszweck auch zukünftig die Basis des Unternehmenserfolgs bildet.

Ein Vergleich der Anteile des ordentlichen Betriebsergebnisses mit den aufsummierten Kennzahlen F. 5.2 und F. 5.3 zeigt zugleich, inwieweit das Gesamtergebnis durch (partielle) Kompensationen von Veränderungen des ordentlichen Betriebsergebnisses aus dem finanziellen und außerordentlichen Bereich zustandegekommen ist. Wird z.B. im Rahmen der Erfolgsspaltung festgestellt, daß das Betriebsergebnis im Zeitablauf gestiegen ist, dann wird diese Aussage durch eine derartige strukturelle Ertragsanalyse ergänzt. Hier wird nämlich ersichtlich, ob dieser Anstieg über- oder unterproportional gemessen am Gesamtergebnis ist.

Nach der hier vertretenen Ansicht ist es allerdings sinnvoller, einen konstant hohen bzw. steigenden Anteil des gesamten bilanzanalytisch als ›ordentlich‹ klassifizierten Ergebnisses zu fordern und auf aggregiertem Niveau die Kennzahl F. 5.4n zur Grundlage einer Prognose der Ertragskraft zu machen. Denn in bezug auf die Prognose der Ertragskraft eines Unternehmens muß grundsätzlich auf die Ordentlichkeit bzw. die Regelmäßigkeit abgestellt werden. Und im Hinblick auf die Nachhaltigkeit ist das Finanzergebnis dem ordentlichen Betriebsergebnis gleichzustellen. Auf die entsprechenden Ausführungen zur Erfolgsspaltung wird verwiesen (vgl. 2. Abschn., 3. Kap. 2.3.1).

Ordentliches Ergebnis als Grundlage der Ertragskraftprognose

(F. 5.4)

$$\frac{\text{ordentliches Betriebsergebnis} + \text{Finanzergebnis}}{\text{Gesamtergebnis vor EE-Steuern}} \times 100$$

Im folgenden werden die zentralen Kennzahlen erörtert, die zum Zwecke einer detaillierten Analyse gebildet werden, um das Zustandekommen des ordentlichen betrieblichen Ergebnisses im Hinblick auf dessen Ertrags- und Aufwandskomponenten zu untersuchen. In Abhängigkeit vom unternehmensindividuellen Produktions- und Absatzprogramm muß zunächst die ertragsseitige Struktur des ordentlichen Betriebsergebnisses erforscht werden. Der realisierbare Detailliertheitsgrad der externen Jahresabschlußanalyse wird allerdings in der Regel durch die Art der Berichterstattung begrenzt. So können aufgrund von (freiwilligen) Anhangangaben die Erfolgsträger (Produktarten bzw. Sparten) wie folgt ermittelt werden:

Ertragsstrukturanalyse

(F. 5.5)

$$\frac{\text{Umsatz je Produktgruppe bzw. Sparte}}{\text{Gesamtumsatz}} \times 100$$

Im Hinblick auf die bedeutsamsten Sparten sind sodann spezifische Erfolgs- bzw. Risikofaktoren zu eruieren. Hierzu kann z.B. auf Informationen über branchenspezifische Entwicklungstendenzen auf den Absatz- und Beschaffungsmärkten, über vermutete Veränderungen der gesetzlichen Rahmenbedingungen sowie über gesamtwirtschaftliche Tendenzen zurückgegriffen werden.

Erfolgschancen und -risiken, die aus den geographischen oder nationalen Besonderheiten der bearbeiteten Absatzmärkte resultieren, können aufbauend auf Kennziffern, wie:

Kennzahlen zur Untersuchung der Absatzmärkte

(F. 5.6)

$$\text{Auslandsabhängigkeit} \quad = \quad \frac{\text{Auslandsumsatz}}{\text{Gesamtumsatz}} \times 100$$

bzw.

(F. 5.7)

$$\begin{array}{l}\text{Auslandsabhängigkeit} \\ \text{einer Sparte}\end{array} \quad = \quad \frac{\text{Auslandsumsatz einer Sparte}}{\text{Spartenumsatz insgesamt}} \times 100$$

einer Analyse zugänglich gemacht werden. So ist die Prognose der Erfolgskraft eines Unternehmens, das in starkem Maße exportabhängig ist, gegebenenfalls allgemein unter Berücksichtigung politischer und wirtschaftlicher Unsicherheiten sowie speziell der Wechselkursschwankungen bzw. der zu erwartenden Veränderungen der Währungsparitäten zu relativieren.

Gesamtleistungs- Einen Einblick anderer Art in die Erfolgsstruktur bietet die Kennzahl F. 5.8. *größe* Deren Nennergröße Gesamtleistung setzt sich additiv aus den Posten Nr. 1: Umsatzerlöse, Nr. 2: Bestandsveränderungen und Nr. 3: andere aktivierte Eigenleistungen gem. § 275 Abs. 2 HGB zusammen. Diese klassische Gesamtleistungsgröße kann unter Umständen auch um solche Bestandteile der sonstigen betrieblichen Erträge erweitert werden, die im Rahmen der Erfolgsspaltung als ordentliche betriebliche Erfolgskomponenten klassifiziert würden.

(F. 5.8)

$$\frac{\text{Umsatz}}{\text{Gesamtleistung}} \times 100$$

Interpretation Der Quotient F. 5.8 bringt grundsätzlich zum Ausdruck, welcher Teil der er-*der Kennzahl* stellten marktbestimmten und internen Leistungen im Untersuchungszeitraum über den Markt vergütet wurde. Die Verfolgung dieser Kennzahl im Zeitablauf ist insbesondere insofern relevant, als die betrieblichen Aufwendungen (Personalkosten, Materialkosten, Abschreibungen, Zinsen usw.), die zur Erstellung der Gesamtleistung in Kauf genommen wurden, letztlich aus dem Umsatz (und den sonstigen ordentlichen betrieblichen Erfolgskomponenten) zu bestreiten sind. In der Regel läßt sich die Kennzahl F. 5.8 lediglich im Zeit- oder aber auch im Betriebsvergleich sinnvoll interpretieren.

Variation Häufig wird der Kennzahl F. 5.8 jedoch die Bedeutung beigemessen, Absatz-*der Bezugsgröße* probleme oder Lagerverkäufe bzw. auf- oder abgebaute Erlöspotentiale transparent werden zu lassen. Hierzu ist es jedoch sachgerechter, den Umfang des Nenners auch auf die marktbestimmten Leistungen zu beschränken:

(F. 5.9)

$$\frac{\text{Umsatz}}{\text{Umsatz} + \text{Bestandsveränderungen}} \times 100$$

Allerdings werden derartige Interpretationsmöglichkeiten dieser Kennziffer nicht zuletzt dadurch begrenzt, daß abgesetzte Leistungen mit Absatzpreisen und Bestandsveränderungen mit bilanzpolitisch gestaltbaren Herstellungskosten angesetzt werden.

Eine modifizierte Berechnungsmöglichkeit der Kennzahl F. 5.8 besteht darin, daß statt des Umsatzes eine um den Materialaufwand gekürzte Gesamtleistungsgröße (= Rohertrag) im Zähler eingesetzt wird: *Variation der Zählergröße*

(F. 5.10)

$$\frac{\text{Roherträge}}{\text{Gesamtleistung}} \times 100$$

Setzt man vom Rohertrag weitergehend den Abschreibungsaufwand ab, so erhält man die Kennzahl:

(F. 5.11)

$$\frac{\text{Rohertrag ./. Abschreibungen}}{\text{Gesamtleistung}} \times 100$$

die grundsätzlich als:

(F. 5.11a)

$$\frac{\text{Nettowertschöpfung}}{\text{Produktionswert}} \times 100$$

interpretiert werden kann. Demnach wird durch die Bildung der Kennzahlen F. 5.10 und F. 5.11 sukzessive der Anteil der Nettowertschöpfung an der Bruttowertschöpfung des zu analysierenden Unternehmens entwickelt. Hierdurch wird bereits der Übergang zur Aufwandsstrukturanalyse vollzogen, da aus dem Quotienten F. 5.11a eine Aussage über die Produktionsverhältnisse des analysierten Unternehmens abgeleitet werden kann.

Aufwandsstruktur-
analyse

Zentrale Kennzahlen der Aufwandsstrukturanalyse sind die Material-, die Personal- und die Kapitalintensität. Mit deren Bildung wird das Ziel verfolgt, auf einer hohen Aggregationsstufe eine Aussage über die Produktionsverhältnisse zu treffen, die Bedeutung der Produktionsfaktoren Arbeit, Werkstoffe und Betriebsmittel herauszuarbeiten und im Rahmen einer Prognose der Ertragskraft des zu analysierenden Unternehmens Erwartungen über zukünftige Faktorpreisverhältnisse berücksichtigen zu können.

Zur Analyse der Produktionsverhältnisse und deren Veränderungen sind die Verschiebungen zwischen folgenden Kennzahlen zu betrachten, bei denen die jeweiligen Aufwandskategorien ins Verhältnis zur klassischen Gesamtleistungsgröße zu setzen sind:

(F. 5.12)

$$\text{Materialintensität} \quad = \quad \frac{\text{Materialaufwand}}{\text{Gesamtleistung}} \times 100$$

(F. 5.13)

$$\text{Personalintensität} \quad = \quad \frac{\text{Personalaufwand}}{\text{Gesamtleistung}} \times 100$$

(F. 5.14)

$$\text{Kapitalintensität} \quad = \quad \frac{\text{Abschreibungen des Geschäftsjahrs auf Sachanlagen}}{\text{Gesamtleistung}} \times 100$$

Interpretation der
Kennzahl Material-
intensität

Hohe Werte der Kennzahl Materialintensität (auch: Materialaufwandsquote) charakterisieren aufgrund des damit verbundenen hohen Anteils an fremdbezogenen Materialien die Produktionsverhältnisse im Hinblick auf eine geringe Fertigungstiefe. Sie lassen zugleich auf eine tendenziell höhere produktionswirtschaftliche sowie absatzpolitische Flexibilität schließen, da das Risiko von Beschäftigungsschwankungen teilweise auf die Zulieferer verlagert wird. Eine niedrige Materialintensität bedeutet demnach im Grunde eine hohe Fertigungstiefe. Der daraus resultierende Vorteil eines hohen Grades an Liefersicherheit wird in der Regel mit einer höheren Inflexibilität erkauft.

Unter Wirtschaftlichkeitsaspekten ist die Kennzahl F. 5.12 wie folgt zu interpretieren: Steigt (sinkt) die Materialintensität im Zeitablauf, so müssen die Einstandspreise stärker gestiegen (gesunken) sein als die Verkaufspreise, wenn man von einer gleichgebliebenen Wirtschaftlichkeit ausgeht und von der Bildung (Auflösung) von stillen Reserven im Vorratsvermögen absieht.

Ist allerdings erkennbar, daß Schwankungen der Beschaffungspreise unmittelbar an die Kunden weitergegeben werden, dann könnte gefolgert werden, daß die Veränderungen der Kennzahl F. 5.12 aus einem veränderten, d.h. wirtschaftlicheren oder unwirtschaftlicheren, Betriebsgebaren resultieren.

Zusammenfassend ist somit festzuhalten, daß auf den Zähler der Materialintensität vier Einflußfaktoren einwirken: der Umfang der Vorfertigung (Vorleistungen), die Produktionstiefe, das Preisniveau der bezogenen Materialien und die Wirtschaftlichkeit des Betriebsablaufs.

Die Kennzahl Personalintensität (auch: Personalaufwandsquote) stellt ein grobes Maß der Erfolgsabhängigkeit von der Entwicklung der Personalkosten dar. Um diese insbesondere bei personalintensiven Unternehmen weitergehend zur Prognose der Ertragskraft zu analysieren, bietet es sich an, die Kennziffer F. 5.13 mit der Anzahl der im Analysezeitraum durchschnittlich beschäftigten Personen zu erweitern: *Interpretation der Kennzahl Personalintensität*

(F. 5.15)

$$\frac{\text{Personalaufwand/durchschnittlich Beschäftigte}}{\text{Gesamtleistung/durchschnittlich Beschäftigte}} \times 100$$

wodurch man zu folgender Form gelangt:

(F. 5.16)

$$\text{Personalintensität} \quad = \quad \frac{\text{Lohnniveau}}{\text{Arbeitsproduktivität}} \times 100$$

Demnach können festgestellte Veränderungen der Personalintensität einerseits durch das Verhältnis von durchschnittlichem Lohnniveau und Arbeitsproduktivität erklärt werden. Andererseits kann unter Rückgriff auf durchschnittlich zu erwartende Lohn-, Gehalts- oder Sozialaufwandserhöhungen in Verbindung mit branchenüblich geschätzten Produktivitätssteigerungen eine Prognose der zukünftigen Personalintensität vorgenommen werden. Allerdings ist – abgesehen von den für die Materialintensität angedeuteten Aussagegrenzen – die Aussagefähigkeit dieser Kennzahl insbesondere dann fragwürdig, wenn verstärkt auf das Instrument des Personalleasing zurückgegriffen wird

Kann hingegen z.B. bei einem konstatierten sprunghaften Anstieg der Kennzahl F. 5.13 ausgeschlossen werden, daß dieser durch nachgeholte Pensionsrückstellungen begründet ist, so ist diese Veränderung als eine Verschlechterung der Wirtschaftlichkeit der Betriebsgebarung zu interpretieren (vgl. GRÄFER, H. 1997, S. 132).

Ergänzende   Ergänzend zur Kennzahl Personalintensität können auch folgende Kennzahlen
Kennzahlen   herangezogen werden:

(F. 5.17)

$$\frac{Lohnniveau}{Pro\text{-}Kopf\text{-}Umsatz} \times 100$$

(F. 5.18)

$$\frac{Lohnniveau}{Rohertrag\ pro\ Kopf} \times 100$$

Diese Kennzahlen erhält man ausgehend von der Kennziffer F. 5.13 durch Erweiterung mit der Anzahl der durchschnittlich beschäftigten Personen, wenn man statt der Gesamtleistung alternativ den Umsatz oder den Rohertrag als Nennergröße verwendet, wobei der Rohertrag die um den Materialaufwand korrigierte Gesamtleistungsgröße repräsentiert. Die aus diesen Kennzahlen zu ziehende Schlußfolgerung lautet: Je höher die sich ergebenden Werte im Zeitablauf sind, um so schwächer ist tendenziell die Ertragskraft des Unternehmens.

Für die Gegenüberstellung der Kennzahlen F. 5.17 und F. 5.18 im Rahmen des Betriebsvergleichs kann eine derartige Schlußfolgerung allerdings nur dann gezogen werden, wenn vergleichbare Produktionsbedingungen vorliegen. Somit ist diesbezüglich zu fordern, daß es sich zumindest um Unternehmen der gleichen Branchen handeln sollte. Denn bei relativ personalintensiven Produktionsverfahren sind die erörterten Kennzahlen zwangsläufig höher als bei relativ kapitalintensiven, ohne daß eine unterschiedliche Ertragskraft gegeben sein muß.

Interpretation der   Insbesondere vor dem Hintergrund der derzeitigen Wettbewerbssituation wer-
Kennzahl Kapital-   den in nahezu allen Branchen verstärkte Anstrengungen unternommen, um Ra-
intensität   tionalisierungspotentiale auszuschöpfen. Während die Entwicklung der Personalintensität einen indirekten Einblick in den Fortschritt derartiger Bemühungen bzw. in die Investitionstätigkeit liefert, schlagen sich diese in der Kennzahl F. 5.14, d.h. in der Kapitalintensität (auch: Abschreibungsaufwandsquote), unmittelbar nieder. Allerdings werden die Interpretationsmöglichkeiten der Kennziffer F. 5.14 dadurch weitgehend eingeschränkt, daß der Abschreibungsaufwand durch bilanzpolitische Maßnahmen in starkem Maße beeinflußbar ist. Um diesen Einfluß zumindest in Ansätzen zu begrenzen, muß die Zählergröße um steuerrechtlich motivierte Beträge bereinigt werden.

Eine längerfristige Beurteilung der Ertragskraft kann auch durch einen Zeitvergleich der Entwicklung der Kennzahl

(F. 5.19)

$$\frac{\text{EE-Steuern}}{\text{Umsatz}} \times 100$$

vorgenommen werden, wobei im Zähler lediglich die angabepflichtigen Ge-
winnsteuern Berücksichtigung finden sollten, die auf das Ergebnis der gewöhnlichen Geschäftstätigkeit entfallen. Gelingt dies, dann signalisieren im
Zeitablauf steigende Werte dieser Kennzahl ceteris paritus eine Wirtschaftlich-
keitssteigerung.

2.3.2.3 Besonderheiten der Analyse der Aufwands- und Ertragsstruktur beim Umsatzkostenverfahren

Erstellt das zu analysierende Unternehmen eine Gewinn- und Verlustrechnung
nach dem Umsatzkostenverfahren, so sind die Möglichkeiten der Strukturanalyse des ordentlichen Betriebsergebnisses grundsätzlich beschränkt.

So kann die Gesamtleistung, die gemäß dem Entsprechungsprinzip z.B. als
Nenner der Personal-, Material- oder Kapitalintensität (Kennzahlen F. 5.12 bis
F. 5.14) gegenüber dem Umsatz grundsätzlich vorzuziehen ist, nur approximativ bestimmt werden. Denn die anderen aktivierten Eigenleistungen sowie die
Bestandsveränderungen an fertigen und unfertigen Erzeugnissen werden bei
dieser Form der Gewinn- und Verlustrechnung nicht mehr explizit ausgewiesen. Da sie vielmehr unter Zuhilfenahme der Bilanzen aufeinanderfolgender
Geschäftsjahre geschätzt werden müssen, ist die Nennergröße der Intensitätskennzahlen mit zum Teil erheblichen Verzerrungen behaftet, so daß ihr Maß-
größencharakter grundsätzlich in Frage zu stellen ist. Folglich ist bei Vorliegen
einer Gewinn- und Verlustrechnung nach dem Umsatzkostenverfahren der Be-
rechnungsform der Kennzahlen F. 5.12 bis F. 5.14 auf der Basis der Umsatzerlöse der Vorzug zu geben.

*Gesamtleistung
nur approximativ
ermittelbar*

Bei der Erörterung der bilanzanalytischen Möglichkeiten auf der Grundlage
des Gesamtkostenverfahrens wurde aber auch dargelegt, daß mit der Berechnung der Material-, Personal- und Kapitalintensität das Ziel verfolgt wird, die
Strukturkonstanz bzw. -veränderungen dieser Kennzahlen herauszuarbeiten.
Dieses kann beim Umsatzkostenverfahren – trotz zum Teil abweichender Ausweisform – auch erreicht werden: Die Zählergrößen sind entweder in der Abgrenzung des Gesamtkostenverfahrens grundsätzlich angabepflichtig (Perso-
nal- und Materialaufwand) oder im Anlagespiegel direkt ausgewiesen. Entsprechend lassen sich Kennzahlen, wie:

*Variation der
Kennzahlen zur
Analyse der Produk-
tionsverhältnisse*

(F. 5.20)

$$\frac{\text{Materialaufwand}}{\text{Personalaufwand}} \times 100$$

(F. 5.21)

$$\frac{\text{Personalaufwand}}{\text{Abschreibungsaufwand}} \times 100$$

direkt bilden und im Zeitablauf verfolgen. Auf diese Weise lassen sich auch vergleichbare Aussagen wie bei der Analyse einer Gewinn- und Verlustrechnung nach dem Gesamtkostenverfahren über die Produktionsverhältnisse ableiten. So kann aus den Kennzahlen F. 5.20 und F. 5.21 geschlossen werden, ob ein material-, fertigungs- oder kapitalintensiver Herstellungsprozeß gegeben ist. Die zeitreihenanalytische Verfolgung der Kennzahl F. 5.21 kann Aufschluß darüber geben, inwieweit Automatisierungs- bzw. Rationalisierungsbemühungen fortgeschritten sind.

Voraussetzungen für eine sachgerechte Interpretation

Damit die Kennzahlen F. 5.20 und F. 5.21 sachgerecht im Hinblick auf die Struktur des ordentlichen betrieblichen Ergebnisses bzw. im Hinblick auf die Ertragskraft interpretiert werden können, müssen folgende Voraussetzungen gegeben sein: Es dürfen in den Zeitvergleich nur solche Perioden Eingang finden, für die eine in etwa gleich hohe Gesamtleistung bzw. ein annähernd gleich hoher Umsatz gegeben ist, wobei sicherzustellen ist, daß zwischenzeitlich keine Verlagerungen des betrieblichen Tätigkeitsbereichs eingetreten sind. Weiterhin ist empfehlenswert, die jeweils abgeleiteten Interpretationen im Rahmen eines Betriebsvergleichs zu untermauern, in den insbesondere solche Vergleichsunternehmen einzubeziehen sind, deren Produktionsverhältnisse dem externen Analytiker hinreichend sicher bekannt sind.

Weitere Kennzahlen zur Aufwands- strukturanalyse

Um bei Vorliegen einer Gewinn- und Verlustrechnung nach dem Umsatzkostenverfahren einen weitergehenden Einblick in die Aufwandsstruktur zu erhalten, sind folgende Intensitätskennzahlen zu bilden, die periodenbezogen die Bedeutung der jeweiligen Funktionsbereiche illustrieren, um im Zeitablauf eingetretene Veränderungen der betrieblichen Schwerpunkte zu erkennen:

(F. 5.22)

$$\text{Herstellungsintensität} = \frac{\text{Herstellungskosten}}{\text{Umsatz}} \times 100$$

(F. 5.23)

$$\text{Vertriebsintensität} \quad = \quad \frac{\text{Vertriebskosten}}{\text{Umsatz}} \times 100$$

(F. 5.24)

$$\text{Verwaltungsintensität} \quad = \quad \frac{\text{Verwaltungskosten}}{\text{Umsatz}} \times 100$$

Unterstellt man, daß der Begriffsinhalt bzw. die Berechnungsmethoden der Herstellungskosten sowie die unternehmensindividuellen Schlüssel, mit deren Hilfe die Kostenarten auf die Herstellungskosten und die verbleibenden Funktionsbereiche aufgeteilt werden, periodenübergreifend beibehalten werden, liefern die aufgezeigten Kennzahlen folgende Informationen:

Die Herstellungsintensität zeigt, welchen prozentualen Anteil die Herstellungskosten je eine DM Umsatz haben. Steigt (sinkt) dieser Prozentsatz, so resultieren hieraus Verschlechterungen (Verbesserungen) der Ergebnissituation. Die Brauchbarkeit dieser Kennzahl ist im Rahmen des Betriebsvergleichs hingegen jedoch weitgehend beschränkt. Denn erstens ist der Umfang des Postens »Herstellungskosten der zur Erzielung der Umsatzerlöse erbrachten Leistungen« grundsätzlich nicht fest umrissen: Er kann alle den Kostenstellenbereichen zuordenbare Aufwandsarten enthalten und somit vom Herstellungskostenbegriff des § 255 Abs. 2 HGB abweichen. Zweitens kann durch das bestehende Wahlrecht der Voll- oder Teilkostenaktivierung insbesondere eine Verlagerung der bei einem Vollkostenansatz in den Posten Nr. 2 des Umsatzkostenverfahrens einbeziehbaren Kostenarten in den Posten Nr. 7, also in die sonstigen betrieblichen Aufwendungen, erfolgen. Dabei ist es dem externen Analytiker in der Regel verwehrt nachzuvollziehen, inwieweit dem Sekundärkostenprinzip der Vorrang vor dem Primärkostenausweis gegeben wird bzw. welchen Umfang die Herstellungskosten im Umsatzkostenverfahren haben.

Interpretation der Kennzahl Herstellungsintensität

Ein Anstieg der Vertriebsintensität läßt auf überproportionale Marketing- und Vertriebsanstrengungen schließen. Deren Ursachen können Absatzprobleme oder erhebliche Neuprodukteinführungen sein. Eine Verminderung der Verwaltungsintensität läßt vermuten, daß erfolgreiche Rationalisierungsanstrengungen in diesem Bereich unternommen wurden.

Interpretation der Kennzahlen Vertriebs- bzw. Verwaltungsintensität

Die Berechnung der Forschungs- und Entwicklungsintensität (FuE-Intensität):

(F. 5.25)

$$\text{FuE-Intensität} \quad = \quad \frac{\text{FuE-Kosten}}{\text{Umsatz}} \times 100$$

setzt voraus, daß das zu analysierende Unternehmen von der nach § 265 Abs. 5 HGB bestehenden Möglichkeit der Erweiterung des vorgeschriebenen Mindestgliederungsschemas Gebrauch macht. Der Ausweis dieses freiwilligen Zusatzpostens oder entsprechende Angaben im Anhang sind um so wahrscheinlicher, je höher die unternehmensindividuelle Bedeutung der Forschungs- und Entwicklungskosten ist. Bezogen auf die Bilanzierungspraxis deutscher Unternehmen ist zu beobachten, daß die hierunter fallenden Aufwendungen für Grundlagenforschung, angewandte Forschung und experimentelle Entwicklung (vgl. LÜCK, W., in: KÜTING/WEBER 1995, § 289 HGB, Rn. 64ff.) insbesondere von Unternehmen der Chemiebranche getrennt ausgewiesen werden.

2.3.2.4 Zusammenfassung der Ergebnisse

Keine eindeutige
Interpretation der
Kennzahlen möglich

Resümierend ist festzuhalten, daß im Rahmen der Analyse der Aufwands- und Ertragsstruktur in Anknüpfung an die Ergebnisse der Erfolgsquellenanalyse eine Vielzahl von Kennzahlen errechnet werden kann (vgl. Übersicht 62). Diese sind in der Regel nicht eindeutig interpretierbar, da Verzerrungen durch bilanzpolitische Maßnahmen nicht ausgeschlossen werden können und das dem externen Analytiker zugängliche Analysematerial den Detailliertheitsgrad der realisierbaren Untersuchungen zum Teil erheblich begrenzt (vgl. 2. Abschn., 1. Kap. 4.). Gleichwohl können sowohl auf der Grundlage des Gesamtkostenverfahrens als auch des Umsatzkostenverfahrens zahlreiche Facetten der betrieblichen Tätigkeit beleuchtet und Entwicklungstendenzen aufgezeigt werden, die für die Prognose der Ertragskraft eines Unternehmens von zentraler Bedeutung sind.

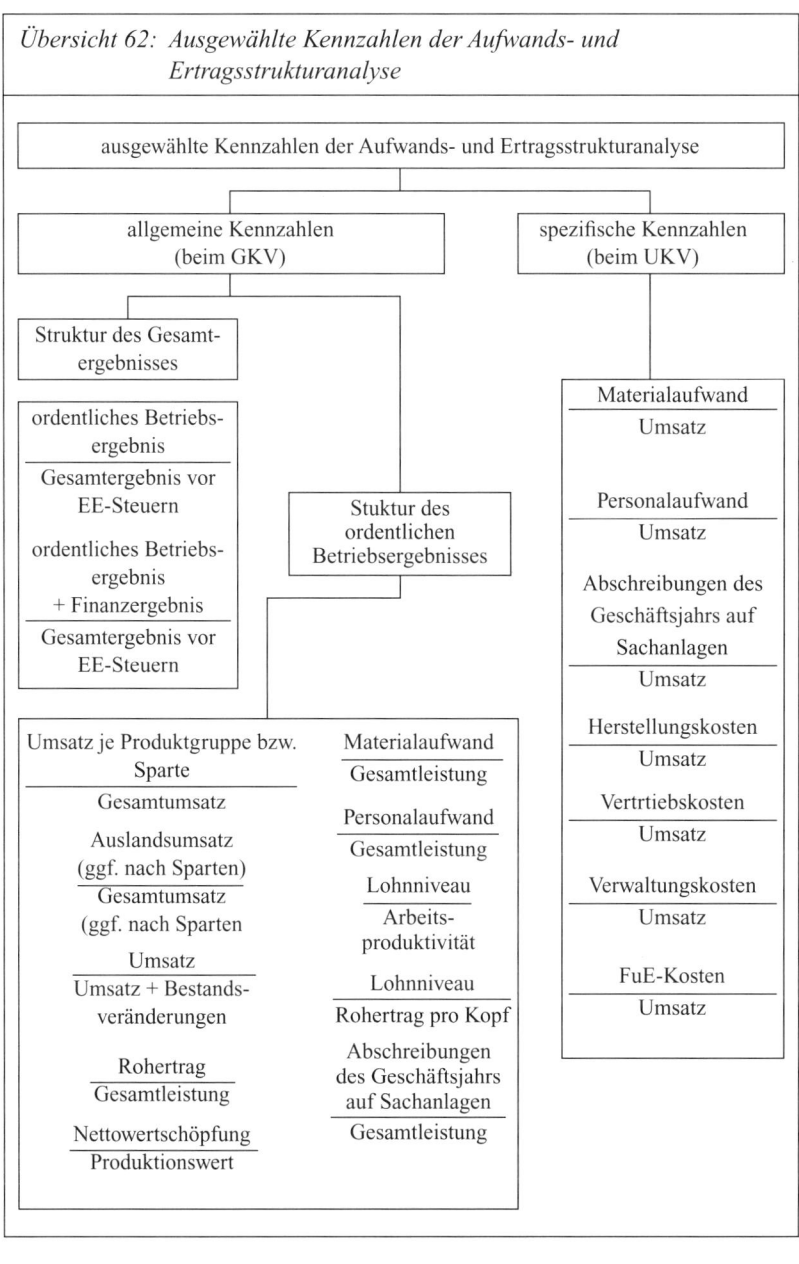

Übersicht 62: Ausgewählte Kennzahlen der Aufwands- und Ertragsstrukturanalyse

Merksätze:

1. Mit Hilfe der Analyse der Aufwands- und Ertragsstruktur werden der anteilige Beitrag der Ergebnisquellen zum Gesamtergebnis sowie einzelne Erfolgsquellen anhand von Strukturkennzahlen untersucht.

2. Neben der Bestimmung des Anteils des ordentlichen betrieblichen, des ordentlichen betriebsfremden und des außerordentlichen Ergebnisses am Gesamtergebnis vor Steuern vom Einkommen und Ertrag erfolgt auch eine Erörterung zentraler Kennzahlen, mit deren Hilfe die Aufwands- und Ertragskomponenten des ordentlichen betrieblichen Ergebnisses untersucht werden.

3. Erstellt das zu analysierende Unternehmen die Gewinn- und Verlustrechnung auf der Grundlage des Umsatzkostenverfahrens, so sind die Möglichkeiten der Strukturanalyse des ordentlichen Betriebsergebnisses grundsätzlich beschränkt.

4. Obwohl die errechneten Kennzahlen im Regelfall nicht eindeutig interpretierbar sind, können dennoch Entwicklungstrends aufgezeigt werden, die für die Prognose der Ertragskraft eines Unternehmens von großer Wichtigkeit sind.

2.4 Weitere ausgewählte Instrumente der Erfolgsanalyse

2.4.1 Ergebnis je Aktie nach DVFA/SG

2.4.1.1 Einführung

Bedeutung des Ergebnis je Aktie

Die Kennzahl Gewinn je Aktie ist ohne Zweifel als eine der wichtigsten Größen für aktuelle und potentielle Anleger zu beurteilen, da sie – in Beziehung zum Börsenkurs gesetzt – eine einfache und schnelle Überprüfung der Preiswürdigkeit von Aktien erlaubt. In den USA gehören die Earnings per Share (EPS) sogar zu den am häufigsten veröffentlichten und erwähnten Kennzahlen zur Erfolgsbewertung von Unternehmen überhaupt (vgl. CHASTEEN, L.G./FLAHERTY, R.E./ O'CONNOR, M.C. 1992, S. 1071; RAPPAPORT, A. 1995, S. 19). Dies muß vor dem Hintergrund gesehen werden, daß grundsätzlich alle US-amerikanischen Unternehmen, die ihren Jahresabschluß der Securities and Exchange Commission (SEC) vorlegen müssen, auch zur Offenlegung von EPS-Kennzahlen verpflichtet sind. Abweichend hiervon ist in Deutschland z.Z. weder die Art und Weise der Ermittlung noch die Veröffentlichung von Gewinn-je-Aktie-Kennzahlen im Rahmen des Jahresabschlusses gesetzlich vorgeschrieben. Allerdings existiert mit dem sogenannten Ergebnis je Aktie nach DVFA/SG ein allgemein akzeptierter Standard zur Ermittlung des Gewinns je Aktie. Daß deutsche (Industrie- und Handels-) Unternehmen dieser Kennzahl einiges Gewicht beimessen, zeigt eine am Institut für Wirtschaftsprüfung an der Universität des Saarlandes durchgeführte Auswertung von 200 Konzernabschlüssen der Geschäftsjahre 1993/94 bzw. 1994: Danach publizierten immerhin 44% der untersuchten Konzerne das Ergebnis je Aktie nach DVFA/SG in ihren Geschäftsberichten (vgl. dazu auch KÜTING, K./HÜTTEN, C./LORSON, P. 1995, S. 1850).

2.4.1.2 Grundlegende Bemerkungen zur Kennzahl Gewinn je Aktie

2.4.1.2.1 Begriffsinhalt der Kennzahl Gewinn je Aktie

Die Kennzahl Gewinn je Aktie ist wesentlich komplexer als deren Bezeichnung und Bildungsgesetz dies zunächst vermuten lassen. Tatsächlich kann auch nicht von ›der‹ Kennzahl Gewinn je Aktie gesprochen werden. Allein in der US-amerikanischen Rechnungslegung werden sechs Zähler- und drei Nennervarianten der EPS unterschieden. Über diese für die externe Rechnungslegung relevanten Varianten hinaus, finden insbesondere in der Aktienanalyse – als Hauptanwendungsgebiet dieser Kennzahl – weitere spezifische Ausgestaltungsformen Anwendung. Zur Verdeutlichung des mehrdeutigen Begriffsinhaltes wird daher auch im anglo-amerikanischen Schrifttum von ›EPS-figures‹ (vgl. JONES, C.P. 1991, S. 396), mithin von Gewinn-je-Aktie-Kennzahlen, gesprochen.

Verschiedene Ausgestaltungsformen

Gewissermaßen als Grundausprägung der Kennzahl Gewinn je Aktie werden in Deutschland die folgenden – an die Daten des Jahresabschlusses – anknüpfenden Basisdefinitionen verwendet:

(F. 6.1)

$$\text{Gewinn je Aktie} \; = \; \frac{\text{Jahresüberschuß/-fehlbetrag} \times \text{Aktiennennbetrag}}{\text{Grundkapital}}$$

oder

(F 6.2)

$$\text{Gewinn je Aktie} \; = \; \frac{\text{Jahresüberschuß/-fehlbetrag}}{\text{gewichteter Jahresdurchschnitt von im Publikumsbesitz befindlichen (außenstehenden) Aktien}}$$

Indem in Deutschland einerseits nennwertlose Aktien verboten (vgl. § 6 AktG) sind, andererseits aber Aktien auf unterschiedliche Nennbeträge lauten können (vgl. § 8 Abs. 1 u. 2 AktG), ist die Höhe des Gewinns je Aktie – bei gegebenem Grundkapital – ceteris paribus von dem jeweiligen Nennbetrag der ausgegebenen Aktien abhängig. Folglich muß bei einem Vergleich von Gewinn-je-Aktie-Kennzahlen überprüft werden, auf welchen Nennbetrag die Aktien lauten. Sind

Berechnung bei unterschiedlichen Nennbeträgen

von einem Unternehmen Aktien mit unterschiedlichen Nennbeträgen ausgegeben worden, besteht die Möglichkeit, den Gewinn je Aktie differenziert nach den unterschiedlichen Nennbeträgen zu ermitteln. Alternativ – und diese Vorgehensweise wird in der Berichterstattung deutscher Unternehmen offenkundig präferiert (vgl. z.B. VEBA-Geschäftsbericht 1994, S. 22) – kann auch eine ›Umrechnung‹ auf einen bestimmten Basis-Nennbetrag (z.B. 50 DM) erfolgen. Insofern wird unterstellt, daß sich das Grundkapital lediglich aus Aktien mit einem Nennwert von 50 DM (pro Aktie) zusammensetzt.

2.4.1.2.2 Anwendungsbereiche der Kennzahl Gewinn je Aktie

Anwendungs-bereiche

Üblicherweise werden zwei Bereiche unterschieden, in denen der Gewinn je Aktie zur Anwendung gelangt: Einerseits in der externen Bilanzanalyse zur Beurteilung der (Eigenkapital-)Rentabilität eines Unternehmens (vgl. statt vieler COENENBERG, A.G. 1997, S. 702) und andererseits in der fundamentalen Aktienanalyse zur Beurteilung der Anlagewürdigkeit einzelner Aktien (vgl. statt vieler SHARPE, W.F./ALEXANDER, G.J. 1990, S. 474).

Beurteilung der Ertragskraft im Rahmen der externen Bilanz-analyse

Hinsichtlich der Verwendung des Gewinns je Aktie als eine spezifische Kennzahl zur Beurteilung der Eigenkapitalrentabilität bzw. der Ertragskraft bestehen allerdings im Schrifttum erhebliche Bedenken, die sich vordergründig auf die mangelnde zeitliche und zwischenbetriebliche Vergleichbarkeit dieser Kennzahl beziehen. Tatsächlich ist aber der Gewinn je Aktie aufgrund seiner Konzeption für die in Rede stehende Aufgabe ungeeignet. Vergleicht man die oben dargestellte Basisdefinition des Gewinns je Aktie mit der üblicherweise verwendeten Definition der

(F 6.3)

$$\text{EK-Rentabilität} = \frac{\text{(korrigierter) Jahresüberschuß}}{\substack{\text{(bilanzielles bzw. bilanzanalytisches)} \\ \text{Eigenkapital}}}$$

Aussagegrenzen

wird unmittelbar deutlich, daß der Gewinn je Aktie nicht dem sogenannten Entsprechungsprinzip der Kennzahlenbildung (vgl. SCHNETTLER, A. 1960, S. 421ff.) genügt. Bezogen auf Rentabilitätskennzahlen muß danach die im Zähler berücksichtigte Erfolgsgröße »mit Hilfe der im Nenner aufgeführten Kapitalteile entstanden sein« (DZIEMBOWSKI, H.v./MERTENS, P. 1962, S. 194). Erwirtschaftet wird aber der Jahreserfolg unter Einsatz des gesamten Eigenkapitals und nicht nur des Grundkapitals. Als (eine) Konsequenz spiegelt ein in zeitlicher bzw. zwischenbetrieblicher Hinsicht höherer/niedrigerer Gewinn je Aktie nicht notwendigerweise eine höhere/niedrigere Eigenkapitalrentabilität wider, sondern ist u.U. allein das Ergebnis einer unterschiedlichen Eigenkapitalstruktur – bei identischer Höhe von Jahreserfolg und Eigenkapital. Dies verdeutlicht das nachfolgende Beispiel:

Übersicht 63: Gewinn je Aktie in verschiedenen Situationen			
	Situation 1	Situation 2	Situation 3
Grundkapital	25 Mio. DM	50 Mio. DM	75 Mio. DM
Rücklagen	75 Mio. DM	50 Mio. DM	25 Mio. DM
Eigenkapital	100 Mio. DM	100 Mio. DM	100 Mio. DM
Jahresüberschuß	15 Mio. DM	15 Mio. DM	15 Mio. DM
EK-Rentabilität	15%	15%	15%
Gewinn je Aktie (Nominalwert 50,– DM)	30,– DM	15,– DM	10,– DM

Angesichts dieser und weiterer Aussagegrenzen gilt der Gewinn je Aktie als ein »ambiguous measure of performance« (LEV, B. 1974, S. 18). Das eigentliche Anwendungsgebiet dieser Kennzahl wird denn auch nicht in der Rentabilitäts-, sondern vielmehr in der fundamentalen Aktienanalyse – als Bestandteil der dort verwendeten Ansätze zur vergleichenden Aktienbeurteilung, insbesondere mittels der Price-Earnings-Ratio (Kurs-Gewinn-Verhältnis) – gesehen. Die Price-Earnings-Ratio setzt den Börsenkurs in Beziehung zum Gewinn je Aktie und gibt an, mit welchem Vielfachen der zugrunde gelegten Erfolgsgröße eine Aktie an der Börse bewertet wird. Dabei deutet eine niedrige Price-Earnings-Ratio – vereinfacht formuliert – auf eine vergleichsweise preiswerte, eine hohe Price-Earnings-Ratio auf eine vergleichsweise teure Kapitalanlage hin.

Beurteilung der Anlagewürdigkeit im Rahmen der Aktienanalyse

(F. 6.4)

$$\text{Price-Earnings-Ratio} = \frac{\text{Börsenkurs}}{\text{Gewinn je Aktie}}$$

Überwiegend wird die Price-Earnings-Ratio für Anlageentscheidungen dergestalt genutzt, daß die zu einem bestimmten Zeitpunkt und für eine bestimmte Aktie ermittelte Price-Earnings-Ratio mit der früherer und/oder mit der anderer Aktien von Unternehmen der gleichen oder einer ähnlichen Branche verglichen wird (vgl. PERRIDON, L./STEINER, M. 1997, S. 219). Weiterhin kann sie der branchendurchschnittlichen Price-Earnings-Ratio oder der Price-Earnings-Ratio eines bestimmten Aktienmarktes bzw. eines (mehr oder minder) repräsentativen Marktquerschnitts gegenübergestellt werden.

2.4.1.3 Grundlagen und Rahmenbedingungen der Ergebnisbereinigung nach dem DVFA/SG-Konzept

2.4.1.3.1 Historischer Abriß über die Entwicklung bis zur 2. Fassung des Ergebnisses nach DVFA/SG

Verwendbarkeit des Jahreserfolgs für Anlageentscheidungen

Obgleich die EPS in der US-amerikanischen Finanz- bzw. Aktienanalyse auf eine lange Tradition zurückblicken können, begann in Deutschland erst Anfang/Mitte der sechziger Jahre eine intensivere Auseinandersetzung mit der Kennzahl Gewinn je Aktie. In deren Mittelpunkt stand insbesondere der Aussagewert des Jahreserfolges für Fragen der Aktienanalyse. An Aktualität gewann diese Diskussion angesichts des (bevorstehenden) Inkrafttretens des AktG 1965, dessen Vorschriften im Vergleich zur bisherigen Rechtslage zu wesentlichen Verbesserungen im Bereich der externen Rechnungslegung führten. Auch wenn von Analystenseite nicht bestritten wurde, daß der Jahreserfolg unter Geltung der neuen aktienrechtlichen Vorschriften an Aussagekraft gewonnen hatte, wurde gleichwohl seine unmittelbare Verwendbarkeit für Anlageentscheidungen in Abrede gestellt: Weder sei der ausgewiesene Jahreserfolg hinreichend vergleichbar noch als Ausgangspunkt zur Abschätzung der zukünftigen Erfolgsentwicklung geeignet (vgl. SCHLEMBACH, H. 1967, S. 11). Indes war man der Überzeugung, die Kluft zwischen dem Jahreserfolg und einer aktienanalytischen Anforderungen genügenden Erfolgsgröße im Wege einer Bereinigungsrechnung überbrücken zu können, sofern die Unternehmen entsprechende, über den gesetzlichen Pflichtumfang hinausgehende Angaben in ihren Geschäftsberichten zur Verfügung stellten.

Historische Entwicklung des Ergebnisses je Aktie nach DVFA

Aufgrund der anfangs uneinheitlichen Vorgehensweise in der Aktienanalyse und Unternehmensberichterstattung wurde von der Deutschen Vereinigung für Finanzanalyse und Anlageberatung e.V. (DVFA) eine Kommission gebildet, die 1968 eine ›Empfehlung zur Bildung eines einheitlichen Gewinnbegriffes zur Erleichterung der vergleichenden Aktienbeurteilung‹ vorlegte. Ziel dieser Empfehlung – die zugleich die 1. Fassung des später so bezeichneten Ergebnisses nach DVFA bildete – war es, Unternehmen und Analysten ein Schema vorzugeben, welches eine einheitliche Ergebnisbereinigung erleichtern und (natürlich auch) sicherstellen soll. Bis zum Jahr 1988 legte die DVFA dann vier weitere Fassungen ihres Bereinigungskonzeptes vor, wobei die 3. und 4. Fassung aufgrund des KStG 1977 bzw. des BiRiLiG notwendig wurden. Trotz sporadisch wiederkehrender Kritik blieben die von der DVFA erarbeiteten Empfehlungen zur Bereinigung des Jahreserfolges für nahezu 20 Jahre ohne Konkurrenz. Beendet wurde dieser Zustand erst 1988, als der Arbeitskreis ›Externe Unternehmensrechnung‹ der Schmalenbach-Gesellschaft – Deutsche Gesellschaft für Betriebswirtschaft e.V. eine eigene Empfehlung ›Ergebnis je Aktie‹ veröffentlichte. Mit ihrer Empfehlung wollte sich die SG nach eigener Aussage lediglich »an der Diskussion um die Entwicklung eines aussagefähigen Ergebnisses je Aktie nach neuem Bilanzrecht beteiligen, sich aber nicht in einen Gegensatz zur DVFA bringen« (BUSSE VON COLBE, W. 1990, S. 210). Eine Kollision war jedoch unausweichlich, da die DVFA-Empfehlungen traditionell den Aspekt der zwischenbetrieblichen Vergleichbarkeit hervorhoben, während der Arbeitskreis ›Externe Unternehmensrechnung‹ der Schmalenbach-Gesellschaft »die Unternehmensindividualität bei der Ermittlung des Ergebnisses je Aktie berücksichtigt wissen wollte« (ORDELHEIDE, D. 1991, S. 79). Verständlich werden diese Auffassungsunterschiede vor dem Hintergrund der personellen Besetzung der jeweils verantwortlichen Gremien: Während sich die seit der 4. Fassung verantwortliche DVFA-›Kommission für Methodik der Finanzanalyse‹ überwiegend aus Finanzanalysten zusammensetzt, wird die Mehrzahl der Mitglieder des Arbeitskreises ›Externe Unternehmensrechnung‹ von Unternehmensvertretern gestellt.

Naturgemäß konnte das Nebeneinander zweier abweichend konzipierter Ergebnis-je-Aktie-Empfehlungen auf nationaler Ebene keine Dauerlösung sein, weshalb sich DVFA und Arbeitskreis ›Externe Unternehmensrechnung‹ der Schmalenbach-Gesellschaft zur Entwicklung einer gemeinsamen Empfehlung entschlossen; diese wurde im Jahr 1990 als ›Ergebnis nach DVFA/SG‹ auf dem Deutschen Betriebswirtschaftertag der Fachöffentlichkeit vorgestellt. Angesichts spezifischer Defizite der DVFA/SG-Empfehlung (vgl. hierzu BENDER, J. 1996; KÜTING, K./BENDER, J. 1992, S. 1 ff.; BORN, K. 1994, S. 440 f.) war allerdings abzusehen, daß eine revidierte Fassung nachfolgen würde. Mitte 1994 wurden denn zwei bereits überarbeitete Kapitel (›Zu bereinigende Sondereinflüsse‹ und ›Berücksichtigung steuerlicher Auswirkungen‹) der 2. Fassung vorab veröffentlicht. Die vollständige 2. Fassung erschien schließlich Anfang 1996.

Entwicklung einer gemeinsamen Empfehlung »Ergebnis nach DVFA/SG«

Abschließend sei darauf hingewiesen, daß neben dem hier interessierenden Ergebnis je Aktie nach DVFA/SG für Industrie- und Handelsunternehmen noch andere branchenspezifische Bereinigungs- bzw. Ergebnis-je-Aktie-Konzepte – und zwar für Banken, Versicherungen und Unternehmensbeteiligungsgesellschaften – existieren.

Weitere Ergebnis-je-Aktie-Konzepte

2.4.1.3.2 Zielsetzung und Notwendigkeit der Ergebnisbereinigung

Indem die Ermittlung des Ergebnisses je Aktie nach DVFA/SG erklärtermaßen primär dem Ziel einer vergleichenden Aktienkursbeurteilung mittels der Price-Earnings-Ratio dient, wird hiermit zugleich die ›übergeordnete‹ Zielsetzung bzw. das Hauptziel der Ergebnisbereinigung vorgegeben: Die Ermittlung einer Erfolgsgröße (bezogen auf eine einzelne Aktie), die materiell für eine vergleichende Aktienbeurteilung geeignet ist. Naturgemäß muß eine solche übergeordnete Zielsetzung durch die Vorgabe von Unter- bzw. Subzielen operationalisiert werden. Konkret streben DVFA/SG an, »ein von Sondereinflüssen bereinigtes Jahresergebnis darzustellen, das besser als der ausgewiesene geeignet ist, auf möglichst vergleichbarer Basis

Ziele der Ermittlung des Ergebnisses je Aktie nach DVFA/SG

- den Ergebnistrend eines Unternehmens im Zeitablauf aufzuzeigen,

- als Ausgangsposition für die Abschätzung der zukünftigen Ergebnisentwicklung zu dienen,

- Vergleiche des wirtschaftlichen Erfolges zwischen verschiedenen Unternehmen zu ermöglichen« (BUSSE VON COLBE, W. u.a. 1996, S. 3).

Hieraus läßt sich unmittelbar ableiten, daß DVFA/SG mit ihrem Bereinigungskonzept die Ermittlung einer zeitlich und zwischenbetrieblich vergleichbaren Erfolgsgröße verfolgen. Unklar bleibt allerdings die (dritte) Zielsetzung ›Gewinnung einer Ausgangsposition für die Abschätzung der zukünftigen Ergebnisentwicklung‹. Sinnvoll kann diese Zielsetzung jedoch nur so interpretiert werden, daß eine unter Ceteris-Paribus-Bedingungen nachhaltig zu erwartende Erfolgsgröße zu ermitteln ist.

Notwendigkeit der Bereinigung des Jahreserfolgs

Daß der ausgewiesene Jahreserfolg den aktienanalytischen Anforderungen hinsichtlich Vergleichbarkeit und Nachhaltigkeit nicht genügt und daher unter diesen Gesichtspunkten aufbereitet werden muß, liegt auf der Hand. Letztlich sind es drei Faktoren, die nach Ansicht von DVFA/SG eine Bereinigung erforderlich machen und zwar

- die Vermischung regelmäßig und unregelmäßig anfallender Aufwendungen und Erträge im Jahreserfolg,

- die bilanzpolitische Beeinflußbarkeit des Jahreserfolges und

- die Verzerrungen des Jahreserfolges infolge der Übernahme bzw. Beibehaltung rein steuerrechtlicher Wertansätze.

Während die Notwendigkeit einer Ausschaltung (Eliminierung) der Erfolgseinflüsse im Zusammenhang mit der Übernahme/Beibehaltung rein steuerrechtlicher Wertansätze gänzlich unstreitig ist und auch konzeptionell keinerlei Probleme aufwirft, stellt sich die Situation bei den übrigen Faktoren anders dar. Insbesondere stellen sich zwei grundlegende Fragen: Welches Maß an Vergleichbarmachung – im Wege einer unterstellten einheitlichen Ausübung von Wahlrechten und Ermessensspielräumen – ist für aktienanalytische Zwecke unabdingbar erforderlich? Und: In welchem Umfang sollten/müssen nicht nachhaltige, unregelmäßige Erfolgsbestandteile aus dem handelsrechtlichen Jahreserfolg eliminiert werden? Eindeutige Antworten hierauf sind naturgemäß kaum möglich. Dies gilt um so mehr, als seitens DVFA/SG spezifische Restriktionen zu beachten sind, worauf noch im 2. Abschn., 3. Kap. 2.4.1.4 einzugehen ist.

2.4.1.3.3 Kategorien bereinigungswürdiger Sachverhalte

DVFA/SG unterscheiden in ihrer Empfehlung zwei Kategorien von Sondereinflüssen (i.S.v. Erfolgskomponenten), deren Bereinigung notwendig ist, um den handelsrechtlichen Jahreserfolg in eine »für den Zeit- und Unternehmensvergleich geeignete Ergebnisgröße« (BUSSE VON COLBE, W. u.a. 1996, S. 17) überzuleiten. Es handelt sich hierbei um die ›ungewöhnlichen‹ und ›dispositionsbedingten‹ Aufwendungen und Erträge.

2.4.1.3.3.1 Ungewöhnliche Aufwendungen und Erträge

Als ›ungewöhnlich‹ werden von DVFA/SG solche Erfolgsbestandteile qualifiziert, die auf Konzernebene die folgenden drei Kriterien gleichzeitig erfüllen:

Kriterium der ›Ungewöhnlichkeit‹

- »Es muß sich um einen großen Betrag im Verhältnis zu den gewöhnlichen Aufwendungen bzw. Erträgen handeln.

- Für den Betrag muß eine vorhersehbare Seltenheit bestehen. Das heißt, es darf sich nicht um kurzfristig wiederholbare Tatbestände handeln.

- Bei dem Betrag darf es sich nicht um Verluste oder Gewinne aus kontinuierlichen Aktivitäten (continuing operations) handeln« (BUSSE VON COLBE, W. u.a. 1996, S. 17).

Abweichend von der 1. Fassung des Ergebnisses nach DVFA/SG werden die außerordentlichen Aufwendungen und Erträge nach HGB nicht mehr als eigenständige Bereinigungskategorie betrachtet, sondern unter die ungewöhnlichen Aufwendungen und Erträge subsumiert. Entsprechend setzt eine Bereinigung der außerordentlichen Aufwendungen und Erträge voraus, daß die vorstehenden Kriterien erfüllt sind. Gleiches gilt für die periodenfremden Erfolgsbestandteile.

Außerordentliche und periodenfremde Erfolgsbestandteile

Wenn DVFA/SG in ihrer aktuellen Empfehlung einen ganzen Katalog von Beispielen für (nicht-)bereinigungsfähige ungewöhnliche Erfolgskomponenten aufführen, erscheint dies gleichermaßen sinnvoll wie notwendig. Denn die vorstehenden Kriterien führen keineswegs zu einer zweifelsfreien Charakterisierung der in Rede stehenden Aufwendungen und Erträge. Unklar erscheint insbesondere die Bezugnahme auf Gewinne und Verluste aus ›kontinuierlichen Aktivitäten‹. Schließlich können Erfolgskomponenten, die aus kontinuierlichen Aktivitäten resultieren, sowohl gewöhnlicher als auch außerordentlicher Natur sein. Offenkundig wird hierbei übersehen, daß das Kriterium ›kontinuierliche Aktivitäten‹ im Grunde nur der Abgrenzung gegenüber Aufwendungen und Erträgen aus nicht fortgeführten Aktivitäten – i.S.v. aufgegebenen oder veräußerten Geschäftsbereichen, Sparten etc. – dienlich ist.

Interpretation des Kriteriums ›kontinuierliche Aktivitäten‹

2.4.1.3.3.2 Dispositionsbedingte Aufwendungen und Erträge

Unter die dispositionsbedingten Aufwendungen und Erträge subsumieren DVFA/SG solche Erfolgswirkungen, die aus der Anwendung bilanzpolitischer Gestaltungsmöglichkeiten und dabei insbesondere aus der Ausübung von gesetzlichen oder faktischen Bilanzierungs- und Bewertungswahlrechten sowie Ermessensspielräumen resultieren. Hierzu werden auch die Einflüsse aus der Übernahme bzw. Beibehaltung rein steuerrechtlicher Wertansätze gerechnet.

Wahlrechte und Ermessensspielräume

Vergleichbar-
machung

Indem DVFA/SG die Ermittlung einer zeitlich und zwischenbetrieblich vergleichbaren Erfolgsgröße anstreben, muß im Rahmen der Ergebnisbereinigung
eine Vergleichbarmachung im Wege einer fiktiven einheitlichen Ausübung von
Wahlrechten und Ermessensspielräumen erfolgen. Dabei »wird aus Gründen
der Praktikabilität die als vorherrschend angesehene Bilanzierungsmethode als
›Normalfall‹ unterstellt« (BUSSE VON COLBE, W. u.a. 1996, S. 19). Generell zu
bereinigen sind die Erfolgsverzerrungen im Zusammenhang mit subventionel-
len Steuervergünstigungen, wie Sonderabschreibungen, erhöhte Absetzungen
und Bewertungsabschläge.

Kritik an der
›aktienanalytischen
Normbilanzierung‹

Daß die von DVFA/SG praktizierte Ausrichtung der ›aktienanalytischen Normbilanzierung‹ am typischen Bilanzierungsverhalten der deutschen Unternehmen nicht unproblematisch ist, liegt auf der Hand. Einerseits entspricht die
›handelsrechtliche Normbilanzierung‹ nicht notwendigerweise einer den Zielen der Ergebnisbereinigung entsprechenden Bilanzierung und Bewertung, wobei hier lediglich auf die erfolgsneutrale Goodwill-Behandlung hingewiesen
sei. Andererseits erwächst aus dieser Vorgehensweise zumindest latent die Gefahr von laufenden Anpassungen (Änderungen) der Bereinigungskonzeption.
Diese Problematik wiegt deshalb schwer, weil sich bereits Strukturbrüche aufgrund von Gesetzesänderungen im Bereich der handelsrechtlichen Rechnungslegung ergeben können. Darüber hinaus sind Anpassungen der Ergebnisbereinigung infolge von Steuergesetzänderungen nicht auszuschließen, da das typische Bilanzierungsverhalten insbesondere im Einzelabschluß, durchaus aber
auch im Konzernabschluß, von den steuerlichen Gewinnermittlungsvorschrif-
ten beeinflußt wird.

2.4.1.3.4 Ausgangspunkt der Ergebnisbereinigung

Konzernabschluß
als Ausgangspunkt
der Ergebnis-
bereinigung

Ausgangspunkt der Ergebnisbereinigung ist im Normalfall der Konzernabschluß bzw. der dort ausgewiesene Konzernjahreserfolg. Dies setzt naturgemäß
voraus, daß das betreffende Unternehmen gem. § 290 HGB überhaupt zur Erstellung eines Konzernabschlusses verpflichtet ist oder – falls die Befreiungs-
tatbestände der §§ 291–293 HGB erfüllt sind bzw. nach § 296 HGB für kein
Tochterunternehmen eine Einbeziehungspflicht besteht – diesen auf freiwilliger Basis erstellt und veröffentlicht. Für den Fall, daß ein Mutterunternehmen
eines Teilkonzerns die Befreiungsmöglichkeiten nach §§ 291, 292 HGB in Anspruch nimmt, fordern DVFA/SG gleichwohl, daß »das Ergebnis nach DVFA/
SG für den Teilkonzern zu ermitteln« (BUSSE VON COLBE, W. u.a. 1996, S. 9)
ist.

Besonderheiten bei
bestimmten Unter-
nehmensverträgen

Besonderheiten ergeben sich bei Vorliegen bestimmter aktienrechtlicher Un-
ternehmensverträge, namentlich bei (Teil-)Gewinnabführungs- und Gewinn-
gemeinschaftsverträgen. Verpflichtet sich z.B. eine Aktiengesellschaft vertrag-
lich zur Abführung ihres ganzen Gewinns nach § 291 Abs. 1 Satz 1 AktG, führt
dies im Regelfall dazu, daß die Gewinn- und Verlustrechnung ein Jahreserfolg
in Höhe von Null ausweist (vgl. FÖRSCHLE, G., in: BECK BIL-KOMM. 1995,

§ 277 HGB, Rn. 23), obschon ein beträchtlicher Gewinn oder Verlust erwirtschaftet worden sein kann. Da der ausgewiesene Jahreserfolg hier nicht die tatsächliche Ertragslage des abführenden Unternehmens widerspiegelt, kann er auch nicht Ausgangspunkt der Ergebnisbereinigung sein. Statt dessen ist (grundsätzlich) auf jene Beträge zurückzugreifen, die in den nach § 277 Abs. 3 Satz 2 HGB gesondert auszuweisenden Posten ›aufgrund eines Gewinnabführungsvertrags abgeführte Gewinne‹ bzw. ›Erträge aus Verlustübernahme‹ enthalten sind. Allerdings können hier spezifische Korrekturen notwendig werden, wenn das abführende Unternehmen zugleich eine Organgesellschaft ist und – entgegen der vorherrschenden Praxis – eine Weiterbelastung der vom Organträger übernommenen Steuern unterbleibt. Da das Ergebnis nach DVFA/SG als eine Größe nach ertragsabhängigen Steuern ermittelt wird, muß bei dieser Konstellation ein Ansatz fiktiver Ertragsteuern erfolgen.

2.4.1.3.5 Ergebnis nach DVFA/SG als ›Netto-Erfolgsgröße‹

Vorstehend wurde erwähnt, daß das Ergebnis (je Aktie) nach DVFA/SG als eine Erfolgsgröße nach ertragsabhängigen Steuern ermittelt wird, was insbesondere anglo-amerikanischen Standards entspricht. Es ist aber zu betonen, daß im Schrifttum (zu Recht) Bedenken gegenüber einer derartigen Gewinn-je-Aktie-Konzeption bestehen (vgl. die Nachweise bei BENDER J. 1996, S. 128ff.).

Ergebnis je Aktie nach Steuern

Aufgrund der Ausgestaltung als ›Nach-Steuer-Größe‹ ergibt sich die Notwendigkeit, zu überprüfen, in welcher Höhe die nach DVFA/SG zu korrigierenden Aufwendungen und Erträge den Konzernjahreserfolg bzw. die jeweils zugrunde gelegte Ausgangsgröße beeinflußt haben. Mit anderen Worten: Es muß die ›ertragsteuerliche Wirksamkeit‹ der Erfolgskomponenten festgestellt werden, wobei sowohl die ›effektiven‹ ertragsabhängigen Steuern als auch die latenten Steuern nach §§ 274, 306 HGB zu berücksichtigen sind. In Abhängigkeit dieser Überprüfung und unter Beachtung der steuerlichen Situation des Unternehmens sind die Bereinigungspositionen entweder ›brutto‹ oder ›netto‹ (nach Abzug fiktiver Ertragsteuern) in Ansatz zu bringen. Die nachfolgende Übersicht 64 zeigt, wie DVFA/SG steuerwirksame Aufwendungen und Erträge konkret behandelt wissen wollen (vgl. BUSSE VON COLBE, W. u.a. 1996, S. 13):

Überprüfung der ›ertragsteuerlichen Wirksamkeit‹ der Erfolgskomponenten

Übersicht 64: Behandlung steuerwirksamer Aufwendungen und Erträge im Ergebnis nach DVFA/SG		
Erfolgssituation vor Bereinigung	**Bereinigungssaldo vor Steuern**	**Behandlung des Bereinigungssaldos**
Jahresfehlbetrag	Ertragssaldo	brutto = netto unbegrenzt
	Aufwandssaldo	brutto = netto bis zur Null-Linie; darüber hinaus fiktiv versteuern
Jahresüberschuß	Ertragssaldo	fiktiv versteuern bis zur Null-Linie; darunter brutto = netto
	Aufwandssaldo	fiktiv versteuern
Jahresfehlbetrag und Verlustvortrag	Ertragssaldo	brutto = netto unbegrenzt
	Aufwandssaldo	brutto = netto bis zur Null-Linie; darüber hinaus fiktiv versteuern unabhängig von einem noch bestehenden Verlustvortrag
Jahresüberschuß, voll steuerfrei durch Verlustvortrag	Ertragssaldo	brutto = netto unbegrenzt
	Aufwandssaldo	fiktiv versteuern ohne Berücksichtigung des Verlustvortrags

Steuersatz   Bereinigungen, die inländische (deutsche) Abschlüsse betreffen, sind grundsätzlich auf Basis des aktuellen Grenzsteuersatzes für thesaurierte Gewinne vorzunehmen. »Bei ausländischen Abschlüssen sind auf die Bereinigungspositionen die jeweils geltenden landesspezifischen Ertragsteuersätze anzuwenden. Aus Praktikabilitätsgründen kann aber auch ein konzerndurchschnittlicher Satz verwendet werden« (BUSSE VON COLBE, W. u.a. 1996, S. 15).

2.4.1.3.6 Grundsatz der Wesentlichkeit

Bestimmung der Wesentlichkeit   Prinzipiell setzt die Bereinigung des Jahreserfolges um ungewöhnliche und dispositive Aufwendungen und Erträge voraus, daß diese den Jahreserfolg wesentlich beeinflussen. Im Interesse einer einheitlichen Handhabung wird von DVFA/SG folgende (zweistufige) Vorgehensweise empfohlen:

– Bezugsgröße zur Bestimmung der Wesentlichkeit ist das durchschnittliche bereinigte Ergebnis nach DVFA/SG oder hilfsweise der durchschnittliche ausgewiesene Jahreserfolg der vorangegangenen drei Geschäftsjahre.

– In Beziehung hierzu werden nicht einzelne zu bereinigende Erfolgskomponenten (Bereinigungspositionen) gesetzt, sondern ganze Gruppen von einzelnen Bereinigungspositionen; entsprechend dem Bereinigungsschema von DVFA/SG lassen sich fünf solcher Gruppen unterscheiden. Als wesentlich und damit bereinigungswürdig gilt eine Gruppe von Bereinigungspositionen, wenn ihre Summe mehr als 5 % der Bezugsgröße beträgt.

– Die Erfassung der einzelnen bereinigungswürdigen Erfolgskomponenten (Bereinigungspositionen) erfolgt unabhängig von der 5 %-Wertgrenze.

Wahlrecht

Da diese Vorgehensweise explizit nur Empfehlungscharakter hat, sehen es DVFA/SG z.B. auch für zulässig an, wenn von den Unternehmen »eine detaillierte Ergebnisbereinigung ohne Beachtung des Wesentlichkeitskriteriums« (BUSSE VON COLBE, W. u.a. 1996, S. 7) durchgeführt wird.

Kritik

Obschon die Einführung von Materiality-Kriterien im Rahmen der Ergebnisbereinigung sinnvoll und notwendig ist, erscheint aber das in der DVFA/SG-Empfehlung gewählte Procedere nicht unbedenklich. So stellt sich z.B. die Frage, warum bei der Feststellung der Wesentlichkeit einzelner Sondereinflüsse auf die Vorgabe von Schwellenwerten vollkommen verzichtet wird. Mag auf dieser Ebene auch ein gewisses Maß an Flexibilität erforderlich sein, so steht dem allerdings nicht entgegen, innerhalb einer durch eine Unter- und Obergrenze definierten Bandbreite über die Wesentlichkeit eines Sachverhalts zu entscheiden. Weiterhin ist die Frage aufzuwerfen, inwieweit die Notwendigkeit besteht, den Unternehmen ein ›Wahlrecht‹ bezüglich der Anwendung des Wesentlichkeitskriteriums einzuräumen. Daß dabei DVFA/SG von den Unternehmen eine stetige Handhabung fordern, erscheint unter dem Aspekt der zwischenbetrieblichen Vergleichbarkeit wenig nützlich. Die in Rede stehende Problematik ist auch deshalb akut, weil – wie unmittelbar einsichtig – das von DVFA/SG vorgesehene Procedere nicht notwendigerweise sicherstellt, daß in ihrer Gesamtheit wesentliche Sondereinflüsse auch tatsächlich bereinigt werden.

2.4.1.4 Ermittlung des Ergebnisses je Aktie nach DVFA/SG

2.4.1.4.1 Überblick

Die einzelnen Schritte zur Ermittlung des Ergebnisses je Aktie nach DVFA/SG lassen sich vereinfacht als Checkliste wie folgt darstellen (vgl. BUSSE VON COLBE, W. u.a. 1996, S. 37):

Bereinigungsschritte

(1) Jahresüberschuß/-fehlbetrag (ggf. abgeführter Gewinn/übernommener Verlust abzgl. darauf entfallender Steuern)

(2) Ingangsetzungs- und Erweiterungsaufwendungen

(3) Bereinigungspositionen im Anlagevermögen

(4) Bereinigungspositionen im Umlaufvermögen

(5)   Bereinigungsposten in den Passiva

(6)   Den Positionen 2. bis 5. nicht eindeutig zuordenbare Sondereinflüsse und Fremdwährungseinflüsse

(7)   Zusammenfassung der zu berücksichtigenden Bereinigungen und (fakultative) Anwendung des Wesentlichkeitskriteriums je Bereinigungsgruppe

(8)   Ermittlung des Ergebnisses nach DVFA/SG für das Gesamtunternehmen

(9)   Ermittlung des Ergebnisses nach DVFA/SG ohne Anteile Dritter

(10)   Ermittlung des Ergebnisses nach DVFA/SG je Aktie durch Umrechnung des Ergebnisses nach DVFA/SG ohne Anteile Dritter auf die Anzahl der durchschnittlich dividendenberechtigten Aktien

(11)   Ergebnis nach DVFA/SG je Aktie ›voll verwässert‹

Nachfolgend werden die wesentlichsten Bereinigungsmaßnahmen skizziert, wobei die Reihenfolge von der in der DVFA/SG-Empfehlung partiell abweicht. Auf eine Thematisierung steuerlicher Effekte wird hierbei verzichtet.

2.4.1.4.2 Ausgewählte Bereinigungsmaßnahmen

2.4.1.4.2.1 Ingangsetzungs- und Erweiterungsaufwendungen

Erfolgswirksame Verrechnung Als nicht zu bereinigenden Normalfall sehen DVFA/SG eine unmittelbare erfolgswirksame Verrechnung von Ingangsetzungs- und Erweiterungsaufwendungen gem. § 269 HGB an. Wird die Bilanzierungshilfe im handelsrechtlichen Jahresabschluß (ganz oder teilweise) in Anspruch genommen, so sind im Jahr der Aktivierung die entsprechenden Beträge vom Jahreserfolg in Abzug zu bringen, während in den Folgeperioden die Abschreibungen zu stornieren, d.h. erfolgserhöhend zu berücksichtigen sind. Obschon sich für diese Vorgehensweise Praktikabilitätsgründe anführen lassen, gilt es aber zu bedenken, daß die insofern präferierte unmittelbare (sofortige) Aufwandsverrechnung bei wesentlichen Beträgen zu einer unter prognostischen Gesichtspunkten störenden Einmalbelastung der betreffenden Erfolgsgröße führt.

2.4.1.4.2.2 Geschäfts- oder Firmenwert

Erfolgsneutrale Verrechnung Sowohl für Geschäfts- oder Firmenwerte nach § 255 Abs. 4 HGB als auch für Geschäfts- oder Firmenwerte aus der Kapitalkonsolidierung (einschließlich aus der Anwendung der Equity-Methode) fordern DVFA/SG in jedem Fall eine erfolgsneutrale Behandlung. Bei einer abweichenden Vorgehensweise in der handelsrechtlichen Rechnungslegung (Aktivierung und erfolgswirksame Abschreibung) müssen folglich die entsprechenden Abschreibungsbeträge korrigiert werden, wobei zu berücksichtigen ist, daß die Abschreibung des Goodwill aus der Kapitalkonsolidierung in aller Regel keine steuerlichen Wirkungen entfaltet. Bedauerlicherweise wählen DVFA/SG hier aus Vereinfachungs- und Akzeptanzüberlegungen eine Goodwill-Behandlung, die betriebswirtschaftlich höchst fragwürdig und in der internationalen Rechnungslegung allseits auf dem ›Rückzug‹ befindlich ist.

2.4.1.4.2.3 Immaterielles Anlagevermögen (ohne Goodwill) und Sachanlagevermögen

Nach DVFA/SG sind planmäßige Abschreibungen – auch solche, die nach degressiven Methoden vorgenommen werden – als ordentlicher Aufwand anzusehen. Eine Bereinigung – zwecks Ausschaltung bilanzpolitischer Spielräume – ist lediglich vorzunehmen, wenn die Abschreibungen »über das steuerrechtlich anerkannte Maß wesentlich hinausgehen« (BUSSE VON COLBE, W. u.a. 1996, S. 23). Außerplanmäßige Abschreibungen sind zu eliminieren, wenn sie als ungewöhnlich i.S.d. DVFA/SG-Empfehlung zu beurteilen sind. Demgegenüber müssen die Erfolgsverzerrungen aufgrund steuerrechtlicher Sonderabschreibungen nach § 254 HGB oder analoger Vorschriften im Ausland stets bereinigt werden; dies gilt unabhängig davon, ob die steuerrechtlichen Sonderabschreibungen aktivisch abgesetzt oder passivisch im Sonderposten mit Rücklageanteil erfaßt werden. Betragsmäßig wesentliche Zuschreibungen zum immateriellen Anlagevermögen und zum Sachanlagevermögen sind vom Jahreserfolg in Abzug zu bringen.

Behandlung der Abschreibungen

Nach DVFA/SG kommt eine Bereinigung von Abgangserfolgen dann in Betracht, wenn es sich um ungewöhnliche oder dispositive Vorgänge handelt. Als Beispiele werden u.a. Gewinne (Verluste) aus Sale-and-Lease-back-Geschäften sowie aus der Aufgabe/Veräußerung von Geschäftsbereichen, größeren Werken oder Teilbetrieben genannt. In Ergänzung zu den bereits erwähnten Kriterien betreffend die Ungewöhnlichkeit von Erfolgskomponenten gelten Abgangsgewinne dann als ungewöhnlich, »wenn sich die realisierten stillen Reserven über einen längeren Zeitraum aufgebaut haben und es sich um große Einzelsachverhalte handelt« (BUSSE VON COLBE, W. u.a. 1996, S. 25).

Bereinigung von ungewöhnlichen oder dispositiven Abgangserfolgen

Finanzielle Zuwendungen, die mit Sachanlageinvestitionen im Zusammenhang stehen (Investitionszuschüsse und -zulagen), werden in der DVFA/SG-Empfehlung als ordentliche Erfolgsbestandteile betrachtet. Dabei wird als Normbilanzierung eine »Periodisierung entsprechend der Nutzungsdauer der Investitionen« (BUSSE VON COLBE, W. u.a. 1996, S. 27) unterstellt. Aus Vereinfachungsgründen kann allerdings auch eine Verteilung über fünf Jahre erfolgen. Eine Bereinigung ist demnach prinzipiell entbehrlich, wenn die Investitionszuwendungen in der handelsrechtlichen Rechnungslegung entweder erfolgsneutral von den Anschaffungs- oder Herstellungskosten abgesetzt oder aber passiviert und über die Nutzungsdauer des betreffenden Vermögensgegenstandes erfolgswirksam aufgelöst werden.

Investitionszulagen und -zuschüsse

2.4.1.4.2.4 Finanzanlagevermögen

Analogie zum Sachanlage-vermögen

Fakultative Abschreibungen auf das Finanzanlagevermögen gem. § 253 Abs. 2 Satz 3 HGB i.V.m. § 279 Abs. 1 HGB (vorübergehende Wertminderung) sind aufgrund ihres dispositiven Charakters stets zu bereinigen. Für Abschreibungen aufgrund des strengen Niederstwertprinzips sowie für Abgangsgewinne und -verluste gelten die Ausführungen zum Sachanlagevermögen analog.

Für den Fall, daß »von Beteiligungen erhaltene Ausschüttungen, übernommene Ergebnisse oder at equity bilanzierte Jahresergebnisse wesentliche ungewöhnliche oder dispositionsbedingte Sondereinflüsse enthalten« (BUSSE VON COLBE, W. u.a. 1996, S. 27), ist eine entsprechende Korrektur dieser ›Finanzerfolge‹ vorzunehmen.

2.4.1.4.2.5 Vorräte und noch nicht abgerechnete Leistungen

Normbilanzierung

Als Normbilanzierung für die Herstellungskostenbewertung von selbsterstellten Vermögensgegenständen des Vorratsvermögens sehen DVFA/SG eine Bewertung zu Einzelkosten zzgl. angemessener Teile der Material- und Fertigungsgemeinkosten einschl. Abschreibungen vor. Abweichungen hiervon sind zu korrigieren, wenn es sich um wesentliche Beträge handelt. Die gleiche Vorgehensweise gilt für selbsterstellte Vermögensgegenstände des Anlagevermögens. Im Falle von auftragsbezogener Langfristfertigung »kommen als Normalfall die aktivierungsfähigen Herstellungskosten bzw. bei abrechenbaren Teilleistungen die vollen Selbstkosten in Betracht« (BUSSE VON COLBE, W. u.a. 1996, S. 27).

Bewertungs-vereinfachungen

Bei der Bewertung des Vorratsvermögens können nach DVFA/SG grundsätzlich alle handelsrechtlich zulässigen Verbrauchsfolgeverfahren zur Anwendung gelangen. Lediglich die Erfolgseinflüsse aufgrund des Übergangs von der Einzel- bzw. Durchschnittsbewertung zu einem Verbrauchsfolgeverfahren (et vice versa) oder aufgrund eines Wechsels des angewandten Verbrauchsfolgeverfahrens sind nach DVFA/SG zu bereinigen.

Abschreibungen

Fakultative Abschreibungen nach § 253 Abs. 3 Satz 3 HGB sind ebenso zu korrigieren wie rein steuerrechtliche Abschreibungen nach § 254 HGB. Werden Vorräte, bei denen Abschreibungen aufgrund ihres dispositiven Charakters eliminiert wurden, »in den Folgejahren verbraucht, so sind entsprechende Ergebnisminderungen anzusetzen« (BUSSE VON COLBE, W. u.a. 1996, S. 29).

2.4.1.4.2.6 Forderungen und sonstige Vermögensgegenstände des Umlaufvermögens sowie Disagio

Abschreibungen

Eine Korrektur von Abschreibungen (Einzelwertberichtigungen) auf Forderungen und sonstige Vermögensgegenstände des Umlaufvermögens kommt nach DVFA/SG dann und nur dann in Betracht, wenn diese erheblich über die an sich notwendige Berücksichtigung aktueller Verluste oder Wertminderungsrisiken hinausgehen. Führen Einmaleffekte zu einer (wesentlichen) Netto-Veränderung der Pauschalwertberichtigung zu Forderungen, wie z.B. aufgrund einer Änderung des Vomhundertsatzes der Pauschalwertberichtigung, hat ebenfalls eine Bereinigung zu erfolgen.

Bezüglich des nach § 250 Abs. 3 HGB bestehenden Aktivierungswahlrechts für ein Disagio ist nach DVFA/SG »die Abschreibung über die Laufzeit des Darlehens als nicht zu bereinigender Normalfall anzusehen« (BUSSE VON COLBE, W. u.a. 1996, S. 29).

Disagio

2.4.1.4.2.7 Passivischer Unterschiedsbetrag aus der Kapitalkonsolidierung

Erträge aus der Auflösung eines passivischen Unterschiedsbetrages sind dann aus dem Konzernjahreserfolg herauszurechnen, wenn am Abschlußstichtag feststeht, daß es sich um einen realisierten Gewinn handelt (Lucky Buy). Resultiert ein passivischer Unterschiedsbetrag aus erwarteten künftigen Verlusten oder geplanten zukünftigen Aufwendungen, sind die Erträge aus seiner Auflösung als ordentlich einzustufen, wenn die Auflösung in zeitlichem Zusammenhang mit dem Erwerb des betreffenden Unternehmens bzw. der Anteile steht und zum Ausgleich der eingetretenen Verluste bzw. Aufwendungen erfolgt. Für den Fall, daß der Auflösungsertrag die eingetretenen Verluste bzw. Aufwendungen übersteigt, ist der Differenzbetrag zu bereinigen.

Auflösungserträge

2.4.1.4.2.8 Rückstellungen

Zuführungen zu Rückstellungen für Pensionen und ähnliche Verpflichtungen stellen nach Ansicht von DVFA/SG grundsätzlich ordentlichen Aufwand dar. Hinsichtlich der Rückstellungsbewertung können sowohl das steuerliche Teilwertverfahren nach § 6a EStG als auch andere – international übliche – Verfahren, wie z.B. die sogenannte ›projected-unit-credit-method‹, zur Anwendung gelangen. Eine Korrektur (der Zuführungsbeträge) hat dann zu erfolgen, wenn ungewöhnliche oder dispositionsbedingte Sachverhalte vorliegen; u.a. werden genannt:

Rückstellungen für Pensionen und ähnliche Verpflichtungen

— »Einmaleffekte, die sich aus einem Methodenwechsel oder wesentlichen Änderungen von Parametern (z.B. Rechnungszinsfuß, Sterbewahrscheinlichkeiten) ergeben«.

— »Dispositive oder ungewöhnlich hohe Nachholungen bisher nicht bzw. nicht ausreichend passivierter Pensionsrückstellungen oder pensionsähnlicher Verpflichtungen«.

— »Dispositive Unterlassungen der Bildung von Rückstellungen für Pensionen und ähnliche Verpflichtungen im Berichtsjahr (z.B. bei Zusagen vor dem 31.12.1986 gemäß handelsrechtlichem Wahlrecht)« (BUSSE VON COLBE, W. u.a. 1996, S. 31 u. 33, alle Zitate).

Im übrigen stellen DVFA/SG klar, daß Zuführungen zu Pensions- und Unterstützungskassen sowie Prämien für Direktversicherungen in gleicher Weise als ordentlicher Periodenaufwand zu behandeln sind, sofern sie nicht durch ungewöhnliche oder dispositionsbedingte Sachverhalte beeinflußt sind.

Sonstige
Rückstellungen

Für Instandhaltungsrückstellungen nach § 249 Abs. 1 Satz 3 HGB und Aufwandsrückstellungen nach § 249 Abs. 2 HGB sehen DVFA/SG als aktienanalytische Normbilanzierung die Nicht-Inanspruchnahme der betreffenden Passivierungswahlrechte an. Im übrigen hat eine Korrektur der Zuführungsbeträge zu Rückstellungen zu erfolgen, wenn ersichtlich ist, daß die hierbei bestehenden Ermessensspielräume dispositiv ausgeübt wurden. Für eine dahingehende Beurteilung können »die Kriterien für die steuerliche Anerkennung von Rückstellungen ... mit herangezogen werden« (BUSSE VON COLBE, W. u.a. 1996, S. 33). Erträge aus der Auflösung von Rückstellungen sind insbesondere dann zu eliminieren, wenn die seinerzeitige Rückstellungsbildung aufgrund ihrer Ungewöhnlichkeit oder Dispositionsbedingtheit bereinigt wurde. In jedem Fall muß es sich aber um einen großen Einzelsachverhalt handeln.

2.4.1.4.2.9 Fremdwährungseinflüsse

Erfolgseinflüsse im Zusammenhang mit der Währungsumrechnung können sich gleichermaßen aus geschäftlichen Transaktionen über Landes- bzw. Währungsgrenzen hinweg wie auch aus der Einbeziehung ausländischer Abschlüsse in den Konzernabschluß ergeben.

Währungserfolge
als ordentliches
Ergebnis

Nach DVFA/SG sind Währungskursgewinne bzw. -verluste aus geschäftlichen Transaktionen Bestandteil des ordentlichen Ergebnisses und werden daher, wie auch Erträge und Aufwendungen aus Kurssicherungsmaßnahmen, grundsätzlich nicht bereinigt. Hinsichtlich der Umrechnung von Fremdwährungsabschlüssen geben DVFA/SG zwar keiner bestimmten Umrechnungsmethode den Vorzug. Allerdings wird für sogenannte bilanzielle Umrechnungsdifferenzen (grundsätzlich) eine erfolgsneutrale Behandlung als Normbilanzierung vorgeschrieben. Darüber hinaus sehen DVFA/SG eine Ermittlung des Jahreserfolges »des Konzerns als Saldo der mit durchschnittlichen oder unterschiedlichen Kursen umgerechneten Ertrags- und Aufwandspositionen ausländischer Tochterunternehmen« (BUSSE VON COLBE, W. u.a. 1996, S. 35) als nicht zu bereinigenden Normalfall an. Wird der Jahreserfolg ausländischer (Tochter- und Gemeinschafts-)Unternehmen mit dem Stichtagskurs umgerechnet, ist mit den Unternehmen über eine entsprechende Bereinigung zu entscheiden.

2.4.1.4.3 Überleitung vom Ergebnis nach DVFA/SG zum Ergebnis je Aktie

Ergebnis je Aktie
bei Existenz anderer
Gesellschafter

Wie die unter Gliederungspunkt 2.4.1.4.1 aufgeführte Checkliste verdeutlicht, führen die einzelnen Bereinigungen zunächst zum Ergebnis nach DVFA/SG für das Gesamtunternehmen. Obschon diese (absolute) Größe für sich genommen im Rahmen einer Erfolgsanalyse verwendet werden könnte, zielen DVFA/SG primär auf die Ermittlung eines Gewinns je Aktie zum Zwecke einer vergleichenden Aktienkursbeurteilung mittels der Price-Earnings-Ratio ab. Folglich muß das Ergebnis nach DVFA/SG in einem zweiten Schritt in ein Ergebnis je Aktie übergeleitet werden. Im Konzernabschluß und bei Existenz anderer Gesellschafter kann diese Überleitung jedoch nicht einfach im Wege einer Division des Ergebnisses nach DVFA/SG durch die Anzahl der durchschnittlich dividendenberechtigten Aktien des Mutterunternehmens erfolgen. Dies ergibt sich bereits aus der Tatsache, daß der ausgewiesene Konzernjahreserfolg auch den den anderen Gesellschaftern zustehenden Gewinn bzw. den auf sie entfallenden Verlust beinhaltet. Folglich muß für die Ermittlung des Ergebnisses je Aktie

– der den anderen Gesellschaftern zustehende (bereinigte) Gewinn vom Ergebnis nach DVFA/SG in Abzug gebracht bzw.

– der auf die anderen Gesellschafter entfallende (bereinigte) Verlust dem Ergebnis nach DVFA/SG hinzugerechnet werden,

um damit »eine gemeinsame Wertbasis zu erhalten« (BUSSE VON COLBE, W./ ORDELHEIDE, D. 1993, S. 572).

Wenn vorstehend der Begriff ›bereinigt‹ in Klammern hinzugefügt wurde, steht dahinter die Überlegung, daß eine einfache Korrektur des Ergebnisses nach DVFA/SG um die nach § 307 Abs. 2 HGB gesondert auszuweisenden Erfolgsanteile Dritter dann nicht sachgerecht ist, wenn diese (ebenfalls) durch bereinigungswürdige Sachverhalte beeinflußt wurden. Angesichts dessen fordern DVFA/SG zutreffend, daß »auf Dritte entfallende Anteile an Bereinigungspositionen (...) entweder bei den Bereinigungspositionen selbst oder bei den in der Gewinn- und Verlustrechnung ausgewiesenen Gewinn-/Verlustanteilen Dritter zu korrigieren« (BUSSE VON COLBE, W. u.a. 1996, S. 9) sind.

Berücksichtigung bereinigungswürdiger Sachverhalte

2.4.1.4.4 Ergebnis nach DVFA/SG je Aktie ›voll verwässert‹

Im Fall bedingt ausstehender Aktien, beispielsweise aufgrund von Wandelanleihen oder Optionsrechten, sehen DVFA/SG die Ermittlung eines ›voll verwässerten‹ Ergebnisses je Aktie vor, »wenn die Ausübung von Wandel- oder Optionsrechten angesichts der jeweiligen Marktbedingungen realistisch erscheint« (BUSSE VON COLBE, W. u.a. 1996, S. 123). Als Ermittlungsmethoden werden dabei die ›if-converted-method‹ und die ›treasury-stock-method‹ genannt.

Berücksichtigung bedingt ausstehender Aktien

2.4.1.5 Beurteilung

Eine eindeutige Beurteilung des von DVFA/SG entwickelten Bereinigungskonzepts erweist sich insofern schwierig, als hierbei – wie bereits angedeutet wurde – die spezifischen Rahmenbedingungen der Gewinn-je-Aktie-Ermittlung in Deutschland nicht außer acht gelassen werden dürfen.

Aussagegrenzen   Daß es auf der Grundlage des geltenden Bilanzrechts notwendig ist, den ausgewiesenen (Konzern-)Jahreserfolg für aktienanalytische Zwecke aufzuberei-
ten, dürfte völlig unstreitig sein. Ebenso dürfte nicht ernsthaft bestritten werden, daß eine Ergebnisbereinigung, die sich bei ihren Maßnahmen konsequent
an den gesetzlich geforderten Abschlußinformationen orientiert, zu keiner hinreichend vergleichbaren und nachhaltigen Erfolgsgröße (je Aktie) gelangen
kann. Insbesondere gilt dies für den Konzernabschluß. REUTER bemerkt denn
auch zutreffend, daß de lege lata eine aussagefähige Konzernabschlußanalyse
»ohne die Anreicherung mit internen Daten« (REUTER, E. 1988, S. 300) nicht
zu erwarten ist.

Verwendung unter-   Nach hier vertretener Auffassung ist es folgerichtig, daß die Ergebnisbereini-
nehmensinterner   gung nach DVFA/SG konzeptionell auf die Verwendung unternehmensinterner
Daten   Daten ausgerichtet ist. Damit steht es allerdings auch im freien Ermessen der
Unternehmen, das Ergebnis nach DVFA/SG offenzulegen bzw. eine Ermittlung
durch Dritte zu ermöglichen. Eine weitere unerwünschte Konsequenz ist darin
zu sehen, daß unternehmensseitig veröffentlichte Ergebnisse je Aktie bezüglich ihrer ›methodischen Richtigkeit‹ nur ansatzweise überprüft werden können. Die im Zweifel zu konstatierende ›stärkere Position‹ der Unternehmen
wirkt sich indes bereits bei der Konzeption von Bereinigungsmaßnahmen aus.
Augenscheinlich wird dies, wenn sich DVFA/SG bei ihrer Normbilanzierung an
dem in der Praxis dominierenden Bilanzierungsverhalten orientieren. Unstreitig müssen DVFA/SG einen Balanceakt zwischen dem ›theoretisch richtigen‹
und dem ›praktisch durchsetzbaren‹ bewältigen. Indes stellt sich die Frage, ob
zu einzelnen – als suboptimal zu qualifizierenden – Bereinigungsmaßnahmen
tatsächlich keine Alternative besteht. Exemplarisch sei auf die von DVFA/SG
präferierte erfolgsneutrale Goodwill-Behandlung hingewiesen. Selbst nam-
hafte Vertreter des Arbeitskreises ›Externe Unternehmensrechnung‹ wie BUSSE
VON COLBE und ORDELHEIDE befürworten (völlig zu Recht) eine erfolgswirksame Abschreibung des Goodwill über eine hinreichend lange, normierte Laufzeit (vgl. BUSSE VON COLBE, W./ORDELHEIDE, D. 1993, S. 571).

Kritische   Anlaß zur Kritik geben allerdings nicht nur einzelne Bereinigungsmaßnahmen,
Würdigung   wie z.B. die Nicht-Eliminierung der von steuerlichen Verlustvorträgen ausgehenden Erfolgseinflüsse (kritisch auch WEBER, C.-P. 1993, S. 119) oder die sofortige Verrechnung von Ingangsetzung- und Erweiterungsaufwendungen, die
den von DVFA/SG verfolgten Ermittlungszielen nicht oder nicht hinreichend
Rechnung tragen. Bedenken bestehen auch gegen die DVFA/SG-Empfehlung
›als solche‹. Obgleich die hier zur Diskussion stehende 2. Fassung im Vergleich
zur ihrer Vorläuferversion teilweise präzisiert wurde, besteht nach wie vor »ein
erheblicher subjektiver Bereich« (WEBER, C.-P. 1993, S. 119) bei der Ergebnisbereinigung. Primär gilt dies für die Abgrenzung ›ungewöhnlicher‹ Aufwendungen und Erträge aber auch z.B. für die Ausschaltung von Ermessensspielräumen bei der Dotierung von bestimmten Rückstellungen.

Unbeschadet dieser und weiterer Einwendungen sollte dennoch dem Ergebnis nach DVFA/SG für aktienanalytische Zwecke der Vorzug vor dem ausgewiesenen Jahreserfolg gegeben werden. Insbesondere erweist sich das Ergebnis nach DVFA/SG gegenüber dem Jahreserfolg unter Vergleichbarkeitsgesichtspunkten überlegen, da bei der Ergebnisbereinigung überaus zentrale bilanzpolitische Aktionsparameter ausgeschaltet werden. Exemplarisch sind hier zu nennen: Goodwill aus der Kapitalkonsolidierung, Aufwandsrückstellungen nach § 249 Abs. 2 HGB, Herstellungskostenbewertung gem. § 255 Abs. 2 und 3 HGB sowie Pensionsrückstellungen. Weiterhin werden die von Abschreibungen nach § 254 HGB sowie die von unversteuerten Rücklagen ausgehenden Verzerrungen des handelsrechtlichen Jahreserfolges beseitigt. Indem das DVFA/SG-Ergebnis in begrenztem Umfang von nicht nachhaltigen, unregelmäßigen Erfolgskomponenten ›befreit‹ ist, kann ihm – wenn auch auf einem niedrigen Niveau – eine relativ höhere prognostische Aussagekraft (Nachhaltigkeit) attestiert werden.

Gleichwohl ist vor einer unreflektierten Anwendung dieser Kennzahl zu warnen. Insbesondere ist auf zwei Aspekte hinzuweisen. Grundsätzlich gilt, daß in einem dynamischen Wirtschaftsgeschehen die prognostische Aussagekraft einer vergangenheitsbezogen ermittelten Erfolgsgröße begrenzt ist. Zu einer mehr oder minder differenzierten Erfolgsprognose besteht daher letztlich keine Alternative. Es ist aber zu bedenken, daß noch zahlreiche bilanzpolitische Gestaltungsmöglichkeiten – vor allem auf Konzernabschlußebene – existieren, die im DVFA/SG-Konzept nicht erfaßt sind und – mit einem vertretbaren Arbeitsaufwand – auch gar nicht erfaßt werden können. Wenn EHRT betont, daß die Unternehmen in ihrem bilanzpolitischem Kalkül berücksichtigen, ob »eine Maßnahme bei der Bereinigung gemäß DVFA/SG-Schema wieder zurückzunehmen« (EHRT, R. 1995, S. 161) ist, dann tritt die in Rede stehende Problematik offen zu tage.

Prognostische Aussagekraft

> **Merksätze**
>
> 1. Die Kennzahl Gewinn je Aktie gilt als eine der wichtigsten Größen für aktuelle und potentielle Anleger sowie Analysten, da sie – in Beziehung zum Börsenkurs gesetzt – eine einfache und schnelle Überprüfung der Preiswürdigkeit von Aktien erlaubt.
>
> 2. Da der ausgewiesene (Konzern-)Jahreserfolg nicht den Anforderungen der Aktienanalyse hinsichtlich Vergleichbarkeit und Nachhaltigkeit entspricht, haben DVFA/SG ein Konzept zu seiner Aufbereitung entwickkelt.

3. Nach der DVFA/SG-Empfehlung wird der ausgewiesene (Konzern-) Jahreserfolg um ungewöhnliche und dispositionsbedingte (bilanzpolitische) Sondereinflüsse bereinigt.

4. Faktisch stellt das Ergebnis nach DVFA/SG eine nur unternehmensintern zu ermittelnde Erfolgsgröße dar.

2.4.1.6 Ergebnis je Aktie im internationalen Bereich

Pflichtbestandteil der Gewinn- und Verlustrechnung

Welcher Stellenwert der Kennzahl Ergebnis je Aktie für aktuelle und potentielle Anleger beizumessen ist, kommt mittelbar auch darin zum Ausdruck, daß insbesondere in jenen Ländern, in denen eine investororientierte Rechnungslegung anglo-amerikanischer Prägung anzutreffen ist, zumeist eine Verpflichtung zur Offenlegung dieser Kennzahl als Bestandteil des Jahresabschlusses besteht. Entsprechend ist auch die (durch entsprechende Standards reglementierte) Ermittlung des Ergebnisses je Aktie (Earnings per Share, EPS) der Prüfung und Feststellung der Ordnungsmäßigkeit durch den Abschlußprüfer unterworfen. Über die Offenlegung im Jahresabschluß hinaus besteht vielfach auch eine Verpflichtung zur Angabe von EPS-Daten im Rahmen der Zwischenberichterstattung, so z.B. in den USA und Großbritannien.

Earnings per Share in den USA

In den USA werden die Grundsätze der Ermittlung von EPS in erster Linie durch SFAS No. 128 bestimmt. SFAS No. 128 richtet sich dabei an Unternehmen, deren Eigenkapitalstruktur lediglich Stammaktien und/oder solche Wertpapiere beinhaltet, die zu einem Bezug von Stammaktien berechtigen. Des weiteren müssen die Wertpapiere an einer in- oder ausländischen Börse oder am OTC-Markt gehandelt werden. Demnach müssen folglich nur sog. ›public enterprises‹ in der Gewinn- und Verlustrechnung detaillierte Angaben zu den EPS machen. Durch die Integration in die Grundsätze ordnungsmäßiger Bilanzierung und in die Jahresabschlußerstellung kann in SFAS 128 – hinsichtlich der den EPS zugrunde zu legenden Zählergrößen – unmittelbar auf die besonderen Posten der Gewinn- und Verlustrechnung Bezug genommen werden, deren Ausweis nach US-GAAP zwingend vorgesehen ist. Im Extremfall können daher sechs Erfolgsgrößen pro Aktie dargestellt werden.

Wurden von einem Unternehmen lediglich Stammaktien ausgegeben und liegt somit eine einfache Kapitalstruktur vor, muß das Unternehmen nur die sog. basic EPS offenlegen. Die Berechnung erfolgt hierbei auf der Grundlage des gewichteten Jahresdurchschnitts im Umlauf befindlicher Stammaktien. Unternehmen, deren Kapitalstruktur als komplex zu qualifizieren ist, müssen i.S.e. zweistufigen Ausweises zwei gleichrangige Nennerkategorien von EPS-Daten ausweisen: die basic EPS und die diluted EPS. Während die basic EPS lediglich den gewichteten Jahresdurchschnitt im Umlauf befindlicher Stammaktien berücksichtigen, müssen die diluted EPS sog. potentielle Aktien, von denen ein Verwässerungseffekt ausgeht, mit einbeziehen. Als Verwässerung wird dabei die Reduzierung des ursprünglichen EPS-Betrags bezeichnet, die sich aus dem fiktiven Zuwachs an Stammaktien ergibt. Potentielle Aktien sind beispielsweise Wandelschuldverschreibungen oder Aktienoptionen. Die diluted EPS stellen somit neben den basic EPS die zweite Nennerkategorie von EPS-Daten dar und spiegeln die maximal mögliche Verwässerung der basic EPS wider, die sich ergäbe, wenn sämtliche wandelbaren Wertpapiere und Bezugsrechte umgewandelt bzw. ausgeübt und durch Stammaktien ersetzt würden, soweit sie die basic EPS verringern.

IAS 33 schreibt erstmals eine Offenlegung der EPS für Geschäftsjahre, die nach dem 31.12.1997 enden, vor. Da das FASB und das IASC zur gleichen Zeit an dem EPS-Projekt arbeiteten, weichen SFAS No. 128 und IAS No. 33 im wesentlichen nur in einem – aber entscheidenden Punkt – voneinander ab: IAS 33 verpflichtet börsennotierte Unternehmen, nur EPS-Daten bezogen auf das net income (Jahreserfolg), das im Gegensatz zum Ergebnis nach DVFA/SG noch sämtliche ungewöhnliche Erfolgsbestandteile umfaßt, offenzulegen.

Earnings per Share nach IAS

2.4.2 Analyse der Rentabilität

2.4.2.1 Einleitung

Die Rentabilitätskennzahl (Profitability) in ihren verschiedenen Varianten besitzt einerseits eine zentrale Bedeutung in der Bilanzanalyse und bildet in der Wirtschaftspraxis für verschiedene Fragestellungen ein entscheidendes Beurteilungskriterium. Andererseits wird sie von der Fachwissenschaft zum Teil sehr kritisch beurteilt oder gar ignoriert.

Bedeutung

Von den in der Literatur vorgeschlagenen und in der Praxis präferierten Kennzahlen stellt die Rentabilität als relative Größe wohl den interessantesten Ansatzpunkt zur Kennzeichnung der Fähigkeit eines Unternehmens dar, Gewinne zu erwirtschaften (vgl. GRÄFER, H. 1997, S. 146). Da die Rentabilität insofern als erstrangiger Indikator für die Ertragskraft einer Unternehmung bzw. als entscheidende wirtschaftliche Kennzahl (vgl. SCHULZ-MERIN, O. 1956, S. 97) bewertet wird, lassen sich dadurch bereits erste Rückschlüsse auf die große praktische Bedeutung der Rentabilitätsanalyse ziehen.

Bedeutung hat die Rentabilitätskennzahl nicht nur im Rahmen der Bilanz- und Finanzanalyse. Vielmehr wird sie – nach wie vor trotz vieler theoretischer Einwände – auch im Rahmen der Investitionsrechnung sowie in einem bislang offensichtlich unterschätzten Umfang als Planungs- und Steuerungsinstrument eingesetzt.

2.4.2.2 Begriff der Rentabilität

Die Rentabilität definiert COENENBERG – ganz allgemein – als »Beziehungszahl, bei der eine Ergebnisgröße zu einer dieses Ergebnis maßgebend bestimmenden Einflußgröße in Relation gesetzt wird« (COENENBERG, A.G. 1994,

Definitionen

S. 610). Oder – wie GRÄFER formuliert –: »Die Rentabilität wird durch eine Beziehungszahl gemessen, die eine den Erfolg darstellende Größe zu einer anderen Größe in Relation setzt, von der vermutet wird, daß sie wesentlich zur Erzielung des Erfolges beigetragen hat« (GRÄFER, H. 1997, S. 146). Damit drückt die so ermittelte Relation »eine (wertmäßige) Ergiebigkeit (Effizienz) der Bezugsgröße aus« (BEA, F.X. 1993, Sp. 1717).

Als Bezugsgrößen zum Ergebnis bzw. Erfolg kommen dabei insbesondere in Betracht

– das Kapital in den verschiedensten Dimensionen und

– die Umsatzerlöse, so daß dann – je nach Wahl der Bezugsgröße – einerseits von Kapitalrentabilität, z.B. Gewinn/Kapital, bzw. andererseits von Umsatzrentabilität, z.B. Gewinn/Umsatz, oder Gewinnspanne die Rede ist.

Vorteile der relativierten Analyse

Die relativierte Analyse des Erfolgs, die anhand der Rentabilitätskennzahl durchgeführt wird, hat gegenüber der Beurteilung absoluter Erfolgsgrößen folgende Vorteile:

(1) Auch das Anspruchsniveau – als das Kriterium für die Interpretation errechneter Analysewerte – wird besonders bei der Erfolgsanalyse zumeist prozentual ausgedrückt (vgl. SCHULT, E. 1991, S. 101). Typisch hierfür ist z.B. die Ausdrucksweise, daß das Kapital oder die Investition eine Rendite von mindestens X % erbringen muß.

(2) Nicht so sehr die absolute Erfolgsgröße, sondern vielmehr erst der Bezug zu einer hiermit in Verbindung stehenden Einflußgröße besitzt eine befriedigende Aussagefähigkeit. Denn: Der Erfolg oder Mißerfolg unternehmerischer Betätigung läßt sich nicht durch den Vergleich der absoluten Gewinn- und Verlustgrößen beurteilen, sondern die Praktikabilität der Rentabilitätsanalyse besteht gerade in der Relativierung dieser Größen, die aus den Rentabilitätsausdrücken resultiert (vgl. HENSELER, E. 1979, S. 181).

(3) Ein weiterer Vorteil ergibt sich daraus, daß für die Beurteilung der Ertragslage eines Unternehmens prinzipiell ein Vergleich der Ergebnisse des zu analysierenden Unternehmens mit branchendurchschnittlichen Ergebnissen oder den Ergebnissen einzelner Vergleichsunternehmen erforderlich ist. Besitzen Untersuchungsobjekt und Vergleichsobjekt aber unterschiedliche Betriebsgrößen, müssen zur Gewährleistung der Vergleichbarkeit die zu vergleichenden Ergebnisziffern mit Hilfe von Rentabilitätskennzahlen relativiert werden (vgl. COENENBERG, A.G. 1997, S. 701).

Verhältnis von Produktivität, Wirtschaftlichkeit und Rentabilität

Gemeinsam mit den Kennzahlen der Produktivität und der Wirtschaftlichkeit wird die Rentabilität auch als Kennzahl der Zielerreichung oder des Zielerreichungsgrades verstanden (vgl. LÖFFELHOLZ, J. 1976, Sp. 4461ff.); alle drei Kennzahlen werden auch als Erscheinungsformen des Rationalprinzips charakterisiert (vgl. HAHN, O. 1990, S. 50ff.).

(1) Produktivität – als eine Erscheinungsform der technischen Rationalität – wird ganz allgemein als das Verhältnis der Ausbringungsmenge zu den Einsatzmengen der Produktionsfaktoren definiert. Von der Produktivitätskennzahl unterscheidet sich die Rentabilität dadurch, daß in die erste Rechnung nur Mengengrößen eingehen, während bei der Rentabilität nur Wertgrößen Berücksichtigung finden.

(2) Die Wirtschaftlichkeit oder Ökonomität – auch als leistungswirtschaftliche Rationalität bezeichnet – ist das Verhältnis von Ertrag und Aufwand oder von Leistung und Kosten. Aber auch die beiden nachfolgenden Definitionen sind in der Literatur zu finden.

(F. 7.1)

$$\text{kostenorientierte Wirtschaftlichkeit} = \frac{\text{Gesamtkosten}}{\text{Produktionsmenge}}$$

(F. 7.2)

$$\text{erlösorientierte Wirtschaftlichkeit} = \frac{\text{Gesamterlöse}}{\text{abgesetzte Menge}}$$

(3) Die Rentabilität wird auch als finanzwirtschaftliche Rationalität charakterisiert. Sie setzt eine Erfolgsgröße in Relation zu einer Kapitalgröße oder zu den Umsatzerlösen.

Es ist in diesem Zusammenhang darauf hinzuweisen, daß sich nach langen Diskussionen zwischenzeitlich die genannten Definitionen der Begriffe Produktivität, Wirtschaftlichkeit und Rentabilität allgemein durchgesetzt haben.

2.4.2.3 Gestaltungsmöglichkeiten der Rentabilitätsanalyse

Die Gestaltungsmöglichkeiten der Rentabilitätsanalyse sind vielfältig.

Varianten der Rentabilitätsanalyse

(1) Vom Grundsatz her kann sie sowohl auf der Basis einer absoluten als auch einer relativierten Ergebnisgröße durchgeführt werden. Als absolute Größe gibt die Rentabilität an, welcher Überschuß des Ergebnisses über den Einsatz von einer Unternehmung in einer Abrechnungsperiode erwirtschaftet wurde. Ist diese Differenz positiv, d.h., weist das Unternehmen einen Gewinn aus, so ist es (im positiven Sinne) rentabel (vgl. KOSIOL, E. 1960, Sp. 4644). Da absolute Ergebnisgrößen regelmäßig eine geringere Aussagefähigkeit besitzen, wird hier bei der Rentabilitätsanalyse – wie allgemein üblich – allein auf relativierte Ergebnisgrößen abgestellt.

(2) Die Rentabilitätsanalyse kann entweder die ganze Unternehmung berücksichtigen oder aber sich nur auf Teilbetriebe, Abteilungen, Produktionsbereiche, Produkte oder wie bei der Investitionsrechnung auf die Vorteilhaf-

tigkeit von Projekten beziehen. In der Praxis hat die spartenorientierte Rentabilitäts-(Kapitalergebnis-)Rechnung als Instrument der Unternehmensführung – insbesondere in den Großunternehmen eine große Bedeutung erlangt (vgl. KÜTING, K. 1985).

(3) Weiterhin kann im Rahmen der Investitionsrechnung mit Hilfe der statischen und dynamischen Rentabilitätsrechnung die Vorteilhaftigkeit einzelner Investitionsobjekte beurteilt werden (= objektbezogene Rentabilitätsrechnung).

(4) Die Rechnungen können sich auf monatliche, jährliche oder noch längerfristige Zeiträume beziehen. In der Regel stellt die Rentabilitätsrechnung – auch in der Praxis – auf jährliche Messungen ab.

(5) Die Rentabilitätsanalyse kann sich sowohl mit Plan- als auch mit Istgrößen beschäftigen und damit sowohl zukunfts- als auch vergangenheitsbezogen sein. LEFFSON spricht in diesem Zusammenhang von »Vergangenheitsrentabilität oder erwarteter Rentabilität« (LEFFSON, U. 1984, S. 33).

(6) Die Rentabilitätsanalyse kann als interne oder externe Kennzahlenrechnung gestaltet werden. Während die interne Analyse, die auf wesentlich umfangreichere und detailliertere Informationen zurückgreifen kann, die Rentabilitätskennzahl im Rahmen einer Kapitalergebnisrechnung vorwiegend als innerbetriebliches Steuerungs- oder Kontrollinstrument betrachtet, haben Rentabilitätskennziffern im Rahmen der externen Analyse, die in der Regel nur auf veröffentlichtem Zahlenmaterial basiert, insbesondere Bedeutung für den aktuellen oder potentiellen Kapitalanleger.

(7) Die Kennzahlenrechnung kann ferner als innerbetriebliche oder als zwischenbetriebliche Vergleichsrechnung (= Unternehmens- oder Betriebsvergleich) aufgemacht und als Zeit- oder Soll-Ist-Vergleich (= Normenvergleich) gestaltet werden.

(8) Die Rentabilitätsanalyse kann auf der Basis einer einzelnen Rentabilitätskennzahl oder aber eines gesamten Kennzahlensystems aufgebaut werden. Da in der überwiegenden Anzahl der in der Literatur und in der Wirtschaftspraxis anzutreffenden Kennzahlensysteme an der Spitze der Kennzahlenpyramide eine Rentabilitätskennzahl – und hier in aller Regel die Gesamt- oder Eigenkapitalrentabilität – steht, ist die oberste Ebene der Kennzahlensysteme fast uneingeschränkt nach den Unternehmenszielen der Gewinn- und Rentabilitätsmaximierung ausgerichtet (vgl. HENSELER, E. 1979, S. 33). Das Rentabilitätskennzahlensystem stellt damit den Inbegriff eines Kennzahlensystems dar (vgl. hierzu 2. Abschn., 1. Kap. 2.).

2.4.2.4 Grundsatzfragen der Rentabilitätsanalyse

Pagatorische versus kalkulatorische Erfolgsgrößen

(1) Bei der Ermittlung der in die Rentabilitätskennzahl eingehenden Erfolgsgröße können dem Grunde nach pagatorische (handels- und steuerrechtliche) oder kalkulatorische Erfolgsgrößen aus der Kosten- und Leistungs-

rechnung verwendet werden. Beim kalkulatorischen Erfolg als Differenz von Leistungen und Kosten gehen – im Gegensatz zur pagatorischen Rechnung – in die Kosten kalkulatorische Zinsen, Unternehmerlohn und Mieten in vollem Umfang ein. Kalkulatorische Rentabilitäten können sich an der realen Kapitalerhaltung orientieren und haben daher nach Kosiol »meist den höheren Aussagewert« (Kosiol, E. 1960, Sp. 4645).

Üblicherweise wird in der Rentabilitätsanalyse jedoch von pagatorischen Größen ausgegangen, während kalkulatorische Werte insbesondere der spartenorientierten Rentabilitätsanalyse (Kapitalergebnisrechnung) zugrunde gelegt werden.

(2) Wenn in der Literatur üblicherweise als Zählergröße der Rentabilitätskennzahl die Größen Ergebnis oder Gewinn angeführt werden, können diese unterschiedlich definiert sein:

Bilanzgewinn versus Jahresüberschuß

– Zunächst kann auf den Posten »Bilanzgewinn« (§ 268 Abs. 1 HGB) abgestellt werden, der im Regelfall – und von rechentechnischen Spitzenbeträgen abgesehen – den auszuschüttenden Betrag darstellt. Wird dieser Ausschüttungsbetrag als Erfolgsgröße gewählt, so geben die hierbei ermittelten Rentabilitätsgrößen Auskunft über erzielte Renditen. Sie geben dem Teilhaber eine Information über die tatsächliche Verzinsung des Eigenkapitals (vgl. Bea, F.X. 1993, Sp. 1720).

– Üblicherweise wird jedoch als Zählergröße der sogenannte pagatorische Gewinn herangezogen. Hierunter ist der Jahresüberschuß zu verstehen, wie er in der handelsrechtlichen Gewinn- und Verlustrechnung (beim Gesamtkostenverfahren: vgl. § 275 Abs. 2 Nr. 20 HGB; beim Umsatzkostenverfahren: vgl. § 275 Abs. 3 Nr. 19 HGB) ausgewiesen wird. Unabhängig von der jeweiligen Gewinnverwendungspolitik wird die Rentabilitätskennzahl hier als Ertrags- bzw. Erfolgsindikator betrachtet. Auch hier wird die Ansicht vertreten, daß auf den Jahresüberschuß abgestellt werden sollte; denn diese Größe spiegelt, wenn auch teilweise mit erheblichen Einschränkungen, noch am ehesten den Periodenerfolg wider. Die Zählergröße der Rentabilität enthält als Stromgröße somit alle Aufwands- und Ertragskomponenten, wie sie im Rahmen der sogenannten Gewinnentstehungsrechnung aufgeführt werden.

(3) Bei der Bestimmung der Ergebnisgröße ist weiterhin die Frage zu beantworten, ob diese Größe vor oder nach gewinnabhängigen Steuern (= Ertragsteuern) herangezogen werden sollte. Sollen körperschaftsteuerpflichtige Gesellschaften mit Personenhandelsgesellschaften verglichen werden, ist, um vergleichbare Rentabilitätsaussagen zu erhalten, von unversteuerten Ergebnisgrößen auszugehen. Für eine Verwendung der Ergebnisgröße vor Steuerabzug spricht weiterhin, daß unterschiedliche Größenrelationen von Gewinneinbehaltung, Gewinnausschüttung und Fremdkapitalzinsen auch zu unterschiedlichen Körperschaftsteuerbelastungen führen. Gene-

Einbeziehung von Steuern

rell gilt in diesem Zusammenhang, daß die Einbeziehung von Steuern, aufgrund von Steuernachzahlungen, Steuerrückerstattungen und unterschiedlichen Steuersätzen, die Aussagefähigkeit erheblich beeinträchtigen und zu Interpretationsfehlern führen kann.

Jahresüberschuß als Nennerkomponente

(4) Die Rentabilitätsrechnung soll die Verzinsung des eingesetzten Kapitals ermitteln. Da der Jahresüberschuß nicht während des gesamten Jahrs an der Gewinnerzielung beteiligt war, ist es strittig, ob und in welcher Höhe der Jahresüberschuß als Nennerkomponente in die Rentabilitätsrechnung einzubeziehen ist. Vereinfachungslösungen bestehen darin, den Jahresüberschuß in voller Höhe zu berücksichtigen oder ihn lediglich hälftig einzubeziehen, ausgehend von der vereinfachenden Prämisse, daß im Laufe des Berichtsjahrs eine stetige Gewinnakkumulation stattgefunden hat (vgl. LEFFSON, U. 1984, S. 68).

Behandlung des nicht eingezahlten gezeichneten Kapitals

(5) Ist das gezeichnete Kapital nicht in voller Höhe eingezahlt, ist es unstrittig, die nicht eingeforderten Beträge nicht in die Rentabilitätsanalyse einzubeziehen. Strittig ist, wie die eingeforderten, aber noch nicht eingezahlten Beträge zu berücksichtigen sind. Vereinfachend kann hier auf das eingeforderte Kapital abgestellt werden.

2.4.2.5 Ausgewählte Kennzahlen der Rentabilitätsanalyse

Ein Blick in die einschlägige Literatur zeigt, daß eine Vielzahl unterschiedlichster Rentabilitätskennzahlen zur Diskussion gestellt wird. Nachfolgend werden die wichtigsten Kennzahlen vorgestellt.

2.4.2.5.1 Kapitalrentabilität

Bedeutung

Der gebräuchlichste Maßstab für die Rentabilitätsbeurteilung als eine zentrale Frage in der Bilanzanalyse ist die Kapitalgröße. Dies erklärt auch, daß regelmäßig die Kapitalrentabilität gemeint ist, wenn der Begriff Rentabilität ohne Angabe der Beziehungszahl verwendet wird. Die Kapitalrentabilität stellt die Beziehung zwischen dem erzielten Erfolg und dem eingesetzten Kapital her und spiegelt somit die Verzinsung des investierten Kapitals oder die erwirtschaftete Kapitalverzinsung wider. In der amerikanischen Literatur wird der entsprechende Quotient Income/Capital als Capital Yield, Rate of Return oder als Return on Capital bezeichnet.

Der Begriff Return on Investment (ROI) wird unterschiedlich verwendet. Einerseits wird dieser Begriff mit der Kapitalrentabilität gleichgesetzt. Andererseits wird mit dem ROI eine Erweiterung der Rentabilitätskennzahl zu einem Kennzahlensystem bzw. einer Kennzahlenhierarchie verbunden (vgl. HAHN, D. 1976, Sp. 3421) sowie auf eine unternehmensinterne und häufig spartenbezogene Unternehmensanalyse abgestellt.

2.4.2.5.1.1 Gesamtkapitalrentabilität

Die Gesamtkapitalrentabilität bringt die Fähigkeit eines Unternehmens, Gewinne zu erzielen, zum Ausdruck, ohne eine Verteilung des eingesetzten Kapitals auf Eigen- und Fremdkapital vorzunehmen; sie gibt an, wieviel Pfennig Kapitalentgelt jede investierte DM Bilanzsumme erwirtschaftet (vgl. CHMIE-LEWICZ, K. 1982, S. 274). Die in die Gesamtkapitalrentabilität eingehende Kapitalgröße wird somit nicht nach ihrer Herkunft aufgespalten, sondern die Bezugsgröße der Kennzahl bildet das Kapital in seiner Gesamtheit (vgl. SCHULT, E. 1991, S. 103). Die Finanzierungsstruktur (= Relation Eigen-/Fremdkapital) einer Unternehmung hat daher keinen Einfluß auf diese Rentabilitätsgröße.

Definition

Als Gesamtkapitalgröße wird die Bilanzsumme aus der Strukturbilanz im Nenner der Rentabilitätskennzahl verwendet. Ändert sich die Kapitalgröße im Untersuchungszeitraum, kann den Berechnungen vereinfachend das arithmetische Mittel aus Periodenanfangs- und -endbestand des Kapitaleinsatzes als Nennergröße zugrunde gelegt werden. Es gilt dann:

Berechnung der Nennergröße

(F. 7.3)

$$\text{Kapitaleinsatz} = \frac{\text{Kapitalanfangs- + Kapitalendbestand}}{2}$$

In der Analysepraxis wird regelmäßig – ebenfalls vereinfachend – der Kapitalendbestand herangezogen.

Eine Eliminierung des Einflusses der Finanzstruktur erfolgt zudem dadurch, daß im Zähler neben dem Jahresüberschuß auch die Fremdkapitalzinsen berücksichtigt werden. Beide Größen unterscheiden sich grundlegend: Während der Jahresüberschuß für die Gewinnverwendung zur Verfügung steht, haben Fremdkapitalzinsen, die als pagatorische Kosten auch steuerrechtlich abzugsfähig sind, zuvor den Jahresüberschuß gekürzt.

Berechnung der Zählergröße

Da die Fremdkapitalzinsen, die mithin das Äquivalent zum in der Unternehmung arbeitenden Fremdkapital darstellen (vgl. HOFMANN, R. 1977, S. 81), ebenfalls durch das investierte Kapital erwirtschaftet worden sind, müssen sie konsequenterweise zum Jahresüberschuß hinzuaddiert werden, denn ansonsten wäre ein Vergleich zwischen Unternehmen mit unterschiedlichen Relationen von Eigen- und Fremdkapital nicht sinnvoll (vgl. PERRIDON, L./STEINER, M. 1997, S. 558).

KERN begründet die Notwendigkeit der Addition von Fremdkapitalzinsen zum Jahreserfolg mit dem Hinweis, daß »die Rentabilität des Gesamtkapitals zum Ausdruck bringen soll, welche Rendite ein Unternehmen erwirtschaftet hätte, wenn sämtliche Kapitalteile Eigenkapital gewesen wären« (KERN, W. 1960, S. 19). Darüber hinaus trägt die Berücksichtigung der Fremdkapitalzinsen im sogenannten Kapitalgewinn der Forderung Rechnung, daß nur sich entsprechende Größen zueinander in Beziehung gesetzt werden dürfen.

Formel   Die Formel für die Gesamtkapitalrentabilität lautet somit wie folgt:

(F. 7.4)

$$\text{Gesamtkapitalrentabilität (GKR)} = \frac{\text{Jahresüberschuß/-fehlbetrag + Fremdkapitalzinsen}}{\text{Gesamtkapital}}$$

Die Summe aus Jahresüberschuß/-fehlbetrag und Fremdkapitalzinsen wird auch als Kapitalgewinn bezeichnet.

Indem die Fremdkapitalzinsen einerseits als eigenständige Teilkomponente die Zählergröße der Rentabilitätskennzahl erhöhen, aber andererseits zuvor die andere Teilkomponente der Zählergröße vermindern, wirken sie sich letztlich insgesamt nicht auf den Dividenden der Rentabilitätsgröße aus. Infolgedessen wird bei einer Maximierung der Gesamtkapitalrentabilität keine Rücksicht auf die Finanzierungsstruktur genommen, d.h., die Höhe der Fremdkapitalzinsen spielt keine Rolle. Hierdurch kann die Situation eintreten, daß trotz einer gestiegenen Gesamtkapitalrentabilität die Gesamterfolgssituation negativ beeinflußt wird.

Erweiterung   Wird die Gesamtkapitalrentabilität im Zähler und im Nenner um die Umsatzerlöse erweitert, kann diese Kennzahl in zwei Teilkomponenten zerlegt werden.

(F. 7.5)

$$\text{GKR} = \frac{\text{Kapitalgewinn}}{\text{Gesamtkapital}} = \frac{\text{Kapitalgewinn}}{\text{Umsatz}} \times \frac{\text{Umsatz}}{\text{Gesamtkapital}}$$

Die Teilkomponente Kapitalgewinn/Umsatz wird dabei als Umsatzgewinnrate (Umsatzrentabilität) und die Teilkomponente Umsatz/Gesamtkapital als Kapitalumschlag bezeichnet. Das Produkt aus Umsatzrentabilität und Kapitalumschlag stellt damit eine Beziehung zwischen den ›magischen‹ Bezugsgrößen des unternehmerischen Erfolgs, nämlich dem Gewinn, dem Umsatz und dem Kapitaleinsatz her (vgl. KLINGER, K. 1966, S. 234).

Rentabilitäts-   Die Übersicht 65 enthält ein sogenanntes Rentabilitätskurven-Diagramm. Die
kurven-Diagramm vier Iso-Rentabilitätskurven zeigen den geometrischen Ort aller Kombinationen von Umsatzgewinnrate und Kapitalumschlag, die zu einer gleich hohen Rentabilität führen. Infolgedessen kann sich die Rentabilität trotz abnehmenden Kapitalumschlags erhöhen, sofern der negative Einfluß des sinkenden Kapitalumschlags durch eine gesteigerte Umsatzgewinnrate überkompensiert wird (und umgekehrt) (vgl. HAHN, D. 1976, Sp. 3421).

Während auf einer einzigen Iso-Rentabilitätskurve die Rentabilität gleich hoch ist, nehmen die Rentabilitäten zu, je weiter die jeweilige Kurve vom Koordinatenursprung entfernt ist.

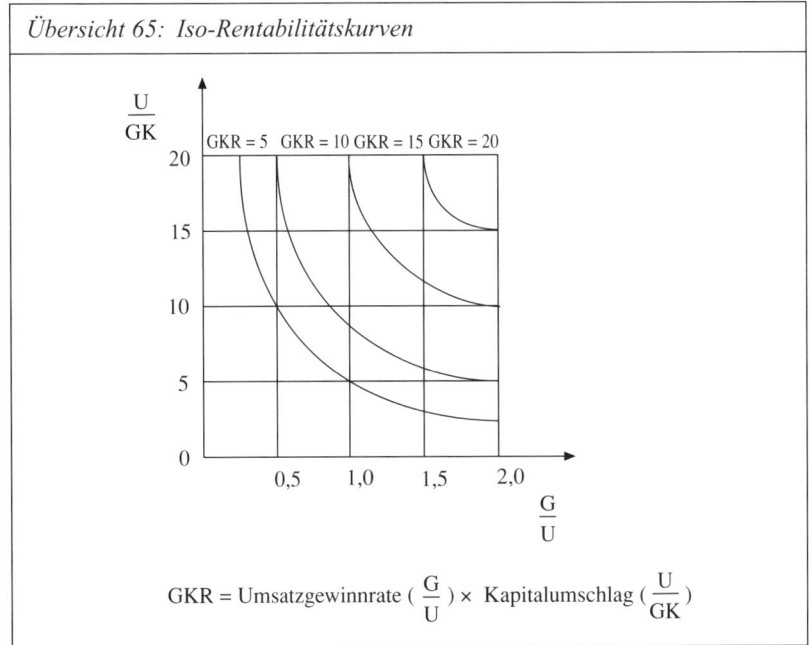

Übersicht 65: Iso-Rentabilitätskurven

$$GKR = \text{Umsatzgewinnrate} \left(\frac{G}{U}\right) \times \text{Kapitalumschlag} \left(\frac{U}{GK}\right)$$

Das Instrument des Rentabilitätskurven-Diagramms kann für die verschiedensten Zwecke eingesetzt werden. So zeigt die Isoquante in der Übersicht 66 einen ROI von 20 %. Die dunkle Fläche verdeutlicht, daß die dort aufgeführten Punkte S_1 bis S_3 ein angestrebtes Ziel – ROI von 20 % – nicht erreicht haben, während die Punkte S_4 bis S_{10} einen höheren ROI als 20 % repräsentieren. Diese Punkte S_1 bis S_{10} können den Zielerreichungsgrad einzelner Sparten, Artikel oder Konzernunternehmen darstellen, so daß sich der Analyst schnell und einfach einen Überblick über die Beurteilungsobjekte verschaffen kann.

Einsatzmöglichkeiten

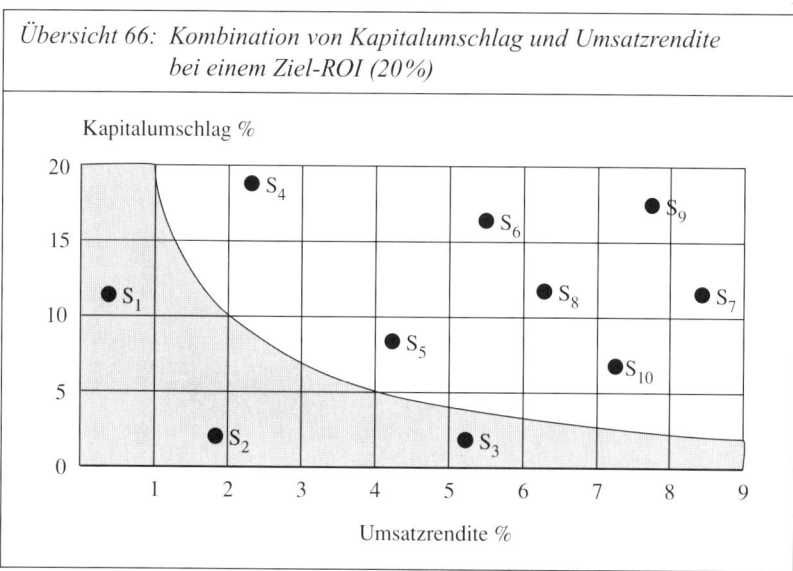

Übersicht 66: Kombination von Kapitalumschlag und Umsatzrendite bei einem Ziel-ROI (20%)

2.4.2.5.1.2 Eigenkapitalrentabilität

Begriff   Die Maximierung der Eigenkapitalrentabilität stellt die eigentliche Zielgröße der erwerbswirtschaftlich orientierten Unternehmung dar. Diese Kennzahl setzt den Jahresüberschuß/-fehlbetrag in Beziehung zum Eigenkapital und bringt somit die Verzinsung des von den Anteilseignern investierten Kapitals zum Ausdruck (vgl. HAHN, D. 1969, S. 178).

Bedeutung   Die Eigenkapitalrentabilität stellt insbesondere für (potentielle) Anleger von Risikokapital die entscheidende Kennzahl dar und beeinflußt dementsprechend stark die (Eigen-)Kapitalbeschaffung der Unternehmung. Ganz allgemein gilt, daß die Entwicklung der Eigenkapitalrentabilität für die Beurteilung der Unternehmen bezüglich ihrer Fähigkeit, Gewinne zu erzielen, zu investieren und Risiken zu tragen, von beträchtlicher Bedeutung ist (vgl. BAATZ, E. 1983, S. 780).

Des weiteren zeigt ein Vergleich der (Eigen-)Kapitalverzinsung in einem bestimmten Unternehmen mit der Rendite alternativer Anlageformen (Opportunitätskosten) dem investitionswilligen Anleger, welche Investition für ihn die günstigste ist.

Es gilt die Grundgleichung:

(F. 7.6)

$$\text{Eigenkapitalrentabilität (EKR)} = \frac{\text{Jahresüberschuß/-fehlbetrag}}{\text{Eigenkapital}}$$

Diese Formel kann wie folgt erweitert werden (vgl. CHMIELEWICZ, K. 1982, S. 323f.):

(F. 7.7)

$$\text{EKR} = \frac{G}{EK} = \frac{G}{U} \times \frac{U}{GK} \times \frac{GK}{EK}$$

Durch eine einfache Umformung kann auch geschrieben werden:

(F. 7.8)

$$\text{EKR} = \frac{\underset{(G/U)}{\text{Umsatzrentabilität}} \times \underset{(U/GK)}{\text{Gesamtkapitalumschlag}}}{\text{Eigenkapitalquote (EK/GK)}}$$

Daraus folgt: Eine Erhöhung der Eigenkapitalrentabilität kann erreicht werden durch:

(1) eine höhere Umsatzrentabilität,

(2) einen höheren Gesamtkapitalumschlag,

(3) eine niedrigere Eigenkapitalquote.

Während die Finanzierungsstruktur auf die Höhe der Gesamtkapitalrentabilität keinen Einfluß hat, wird die Eigenkapitalrentabilität durch das Verhältnis von Eigen- und Fremdkapital mitbestimmt. Es gilt hier (vgl. HECKER, R. 1975, S. 180f.): Liegt die Rentabilität des Gesamtkapitals über dem Zinssatz für Fremdkapital, ist die Eigenkapitalrentabilität um so höher, je höher der Anteil des Fremdkapitals am Gesamtkapital ist. Wird jedoch die Differenz zwischen der Gesamtkapitalrentabilität und dem Fremdkapitalzins durch einen steigenden Fremdkapitalzins und/oder durch einen Rückgang der Rentabilität aufgezehrt, tritt die umgekehrte Situation ein.

Es sollen nunmehr die beiden bislang erörterten Rentabilitätskennzahlen an einem konkreten Beispiel dargestellt und die Beziehungen zwischen beiden Größen aufgezeigt werden.

Ausgegangen wird von den nachfolgenden Zahlenangaben:

Jahresüberschuß vor Fremdkapitalzinsen	DM 1 200 000
./. Fremdkapitalzinsen	DM 200 000
= Jahresüberschuß	DM 1 000 000

Das Gesamtkapital (GK) beträgt 12 000 000; es unterteilt sich in Eigenkapital (EK) in Höhe von 8 000 000 und Fremdkapital (FK) in Höhe von 4 000 000. Der Verschuldungsgrad als Quotient von Fremd- und Eigenkapital beläuft sich somit auf 0,5.

Auf dieser Grundlage errechnen sich die Gesamt- und die Eigenkapitalrentabilität wie folgt:

$$\text{Gesamtkapitalrentabilität (GKR)} = \frac{1\,000\,000 + 200\,000}{8\,000\,000 + 4\,000\,000} \times 100$$
$$10\%$$

$$\text{Eigenkapitalrentabilität (EKR)} = \frac{1\,000\,000}{8\,000\,000} \times 100 = 12,5\%$$

Wird der Zinssatz für das Fremdkapital mit i (= 5 %) bezeichnet, kann der Zusammenhang zwischen beiden Rentabilitätsgrößen wie folgt demonstriert werden (vgl. PERRIDON, L./STEINER, M. 1995, S. 446).

$$GKR = \frac{GK \times GKR \ ./. \ i \times FK}{EK} \times 100$$

$$= \frac{12\,000\,000 \times 0,1 \ ./. \ 0,05 \times 4\,000\,000}{8\,000\,000} \times 100$$

$$= 12,5\,\%$$

oder

$$EKR = (GKR + \frac{FK}{EK} \ (GKR \ ./. \ i)) \times 100$$
$$= (0,1 + 0,5 \ (0,1 \ ./. \ 0,05)) \times 100 = 12,5\,\%$$

Schlußfolgerungen   Daraus folgt:

(1) Die Eigenkapitalrentabilität kann solange gesteigert werden, wie der Zinssatz für Fremdkapital unter der Rentabilität des Gesamtkapitals liegt (Leverage-Effekt).

(2) Wird ein vom Verschuldungsgrad unabhängiger Zinssatz für Fremdkapital unterstellt, ergibt sich eine lineare Abhängigkeit zwischen Eigenkapitalrentabilität und dem Verschuldungsgrad.

Graphisch kann der Leverage-Effekt wie folgt dargestellt werden. Dabei wird von der Prämisse ausgegangen, daß der Zinssatz für Fremdkapital unter der Gesamtkapitalrentabilität liegt.

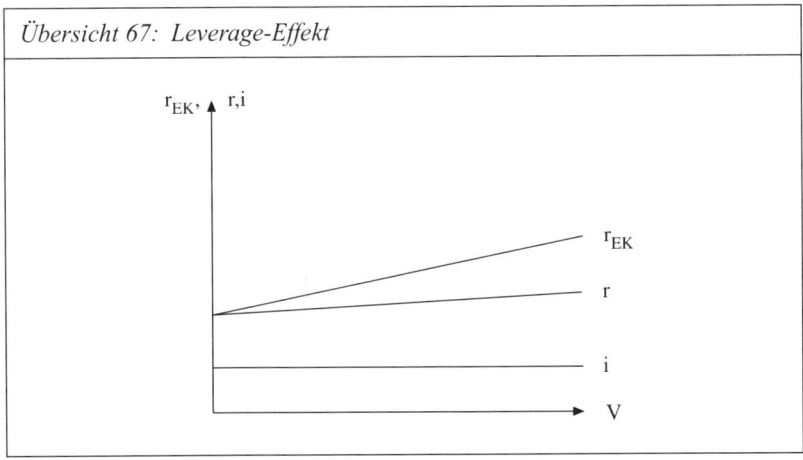

Übersicht 67: Leverage-Effekt

Verschuldungsgrad (V) $= \dfrac{FK}{EK}$; r_{EK} = Eigenkapitalrentabilität

2.4.2.5.2 Umsatzrentabilität

Der Begriff Umsatzrentabilität wird in der Literatur in zweifacher Weise gedeutet: *Formeln*

(F. 7.9)

$$\text{Umsatzrentabilität 1} = \frac{\text{Betriebserfolg (ordentliches Betriebsergebnis)}}{\text{Umsatzerlöse (Gesamtleistung)}}$$

(F. 7.10)

$$\text{Umsatzrentabilität 2} = \frac{\text{Jahresüberschuß/-fehlbetrag}}{\text{Umsatzerlöse (Gesamtleistung)}}$$

Die Kennzahl 1 ist zu wählen, wenn der Forderung Rechnung getragen werden soll, nur korrespondierende Größen zueinander in Beziehung zu setzen, weil – wie GRÄFER formuliert – »die Umsatzerlöse (Gesamtleistung, d. Verf.) aus der

Leistung der Unternehmung in ihrem eigentlichen Geschäftszweig resultieren und nicht durch betriebsfremde und außerordentliche Aktivitäten beeinflußt sind« (GRÄFER, H. 1997, S. 150).

Im einzelnen wird der Betriebserfolg wie folgt ermittelt:

GuV-Posten gem. § 275 Abs. 2 HGB		Bezeichnung der Posten
1.		Umsatzerlöse
2.	±	Bestandsveränderungen
3.	+	andere aktivierte Eigenleistungen
5.	./.	Materialaufwand
6.	./.	Personalaufwand
7.a)	./.	Abschreibungen auf Sachanlagen und immaterielle Anlagewerte
8.	./.	sonstige betriebliche Aufwendungen
19.	./.	sonstige Steuern
	=	Betriebserfolg

2.4.2.5.3 Betriebsrentabilität

Begriff   Die Betriebsrentabilität – auch Betriebskapitalrentabilität genannt – ist ein Maß für die nachhaltige, relative Ertragskraft eines Unternehmens, die bei der Verfolgung des Betriebszwecks erzielt werden kann (vgl. SCHULT, E. 1991, S. 104). Während im Zähler das im Zusammenhang mit der Umsatzrentabilität definierte ordentliche Betriebsergebnis erscheint, um zufällige Schwankungen der Erfolgsgröße, die ihren Niederschlag in der Regel im neutralen Ergebnis finden, auszuschließen, wird im Nenner das betriebsnotwendige Vermögen aufgeführt. Es gilt somit:

(F. 7.11)

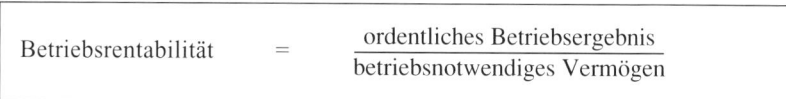

$$\text{Betriebsrentabilität} \quad = \quad \frac{\text{ordentliches Betriebsergebnis}}{\text{betriebsnotwendiges Vermögen}}$$

Da das betriebsnotwendige Vermögen für den externen Analytiker nicht ohne weiteres aus der Bilanz ersichtlich ist, wird nach dem Kriterium der überwiegenden Zugehörigkeit mit COENENBERG das nachfolgende vereinfachte Ermittlungsschema vorgeschlagen (vgl. COENENBERG, A.G. 1997, S. 705):

Bilanzposten gem. § 266 Abs. 2 HGB		Bezeichnung der Posten
		Gesamtvermögen
A.III.	./.	Finanzanlagen
B.II.4.	./.	sonstige Vermögensgegenstände
B.III.	./.	Wertpapiere
	=	betriebsnotwendiges Vermögen

2.4.2.5.4 Gewinn je Aktie

Die Kennzahl Gewinn je Aktie ist wie folgt definiert:

(F. 7.12)

$$\text{Gewinn je Aktie} = \frac{\text{Gewinn} \times \text{Nennbetrag einer Aktie}}{\text{gezeichnetes Kapital}}$$

Die Kennzahl Gewinn je Aktie stellt eine besondere Ausprägung der Eigenkapitalrentabilität dar. Zu ihrer konkreten Ermittlung und Interpretation kann auf die Ausführungen im 2. Abschn., 3. Kap. 2.4.1 verwiesen werden.

Bedeutung

2.4.2.5.5 Price-Earnings-Ratio

Die Price-Earnings-Ratio, auch Kurs-Gewinn-Verhältnis genannt, ist eine reziproke Rentabilitätskennzahl. Sie gibt an, zum Wievielfachen des Periodenerfolgs pro Aktie dieses Papier gehandelt bzw. bewertet wird, und ist wie folgt definiert:

Begriff

(F. 7.13)

$$\text{Price-Earnings-Ratio} = \frac{\text{Preis je Aktie}}{\text{Gewinn je Aktie}}$$

Daraus folgert GRÄFER zutreffend: »Je höher die Price-Earnings-Ratio ist, desto ›teurer‹ ist das jeweilige Papier, desto kleiner ist die kurzfristig realisierte Rendite, bzw. um so länger dauert es, bis der Kaufpreis durch Gewinn amortisiert wird« (GRÄFER, H. 1997, S. 161).

Bedeutung

Die Kennzahl Price-Earnings-Ratio hat zudem besondere Bedeutung im Rahmen von Preiswürdigkeitsprüfungen. Mit Hilfe von branchendurchschnittlichen Price-Earnings-Ratios können Aussagen über eine angemessene Price-Earnings-Ratio des zu analysierenden Unternehmens gemacht werden. Wird diese Norm-Price-Earnings-Ratio mit dem Gewinn je Aktie multipliziert, so stellt das Produkt eine näherungsweise Schätzung des angemessenen Preises je Aktie des Unternehmens dar (vgl. COENENBERG, A.G. 1997, S. 703).

2.4.2.5.6 Dividendenrendite

Begriff Diese Kennzahl gibt Auskunft über die effektive Verzinsung des in Wertpapieren angelegten Kapitals und ist speziell für den Kapitalanleger insbesondere zum Vergleich mit alternativen Anlagemöglichkeiten von Bedeutung. Bei der Berechnung der Dividendenrendite von inländischen Aktien ist aber zu beachten, daß für inländische Anleger grundsätzlich das Körperschaftsteueranrechnungsverfahren gilt. Danach ist in der folgenden Grundgleichung im Zähler neben der Dividende je Aktie auch die Körperschaftsteuergutschrift zu berücksichtigen.

(F. 7.14)

$$\text{Dividendenrendite} = \frac{\text{Dividende je Aktie} \times (\text{Körperschaftsteuergutschrift})}{\text{Börsenkurs}}$$

Für denjenigen, der bereits Anteile besitzt, ist der Kaufkurs maßgebend, zu dem der Anteilseigner das Papier tatsächlich erworben hat, während der potentielle Kapitalanleger auf die jeweils aktuellen Börsenkurse zurückgreift.

2.4.2.5.7 Aktienrendite

Begriff Die Aktienrendite setzt den Jahreserfolg in Beziehung zu dem in Aktien investierten Kapital, so daß die Aktienrendite angibt, wie hoch das in Aktien der zu analysierenden Unternehmung angelegte Kapital auf der Basis des Periodenerfolgs verzinst wurde (vgl. BUCHNER, R. 1981a, S. 95).

Obwohl zum gleichen Ergebnis führend, wird die Aktienrendite in der Literatur unterschiedlich definiert. Nach einer ersten Definition lautet der Quotient (vgl. BUSSE VON COLBE, W. 1976a, Sp. 396):

(F. 7.15)

$$\text{Aktienrendite} = \frac{\text{Jahresüberschuß/-fehlbetrag}}{\text{Börsenkurs} \times \text{Aktienzahl}}$$

Eine weitere Definition ist die folgende (vgl. BUCHNER, R. 1981a, S. 95):

(F. 7.16)

$$\text{Aktienrendite} = \frac{(\text{Jahresüberschuß/-fehlbetrag}) \times \text{Nennwert}}{\text{Grundkapital} \times \text{Aktienpreis}}$$

2.4.2.5.8 Einbeziehung der Cash-flow-Größe

Anstelle des Jahresüberschusses kann auch der Cash-flow in die Zählergröße der Rentabilität einbezogen werden. Demnach ergeben sich dann folgende modifizierte Rentabilitätskennzahlen (vgl. PERRIDON, L./STEINER, M. 1997, S. 557; HARRMANN, A. 1986, S. 2616):

(F. 7.17)   *Formeln*

$$\text{Eigenkapitalrentabilität}_{mod} = \frac{\text{Cash-flow}}{\text{Eigenkapital}}$$

(F. 7.18)

$$\text{Eigenkapitalrentabilität}_{mod} = \frac{\text{Cash-flow} \times \text{Fremdkapitalzinsen}}{\text{Gesamtkapital}}$$

(F. 7.19)

$$\text{Cash-flow-Rendite} = \frac{\text{Cash-flow}}{\text{Gesamtkapital}}$$

Im Zuge der Cash-flow-Rechnung ist der Jahresüberschuß um die zahlungsunwirksamen Aufwendungen und Erträge zu bereinigen. Daraus resultiert ein Cash-flow, der in der Regel höher ist als der Periodenerfolg, weil zwar die auszahlungsunwirksamen Abschreibungen zum Cash-flow hinzuaddiert werden, die mit ihnen korrespondierenden Investitionen jedoch keine Berücksichtigung finden. Infolgedessen ist auch die aus dem Cash-flow abgeleitete Rentabilität in der Regel höher als eine aus dem Ansatz des Periodenerfolgs resultierende (vgl. EGGER, A. 1994, S. 528).

Merksätze:

1. Die Rentabilität erfährt als Indikator für die Ertragskraft einer Unternehmung entscheidende praktische Bedeutung im Rahmen der Bilanz- und Erfolgsanalyse; daneben werden Rentabilitätskennzahlen aber auch als Instrument der Investitionsrechnung sowie als Planungs- und Steuerungsinstrument eingesetzt.

2. Die Rentabilität stellt eine Beziehungszahl dar, bei der eine Ergebnisgröße zu einer dieses Ergebnis maßgebend beeinflussenden Größe in Relation gesetzt wird. Je nach Wahl der Bezugsgröße ergibt sich die Kapital- bzw. die Umsatzrentabilität.

3. Die mit Hilfe der Rentabilitätskennzahl durchgeführte relativierte Analyse des Erfolgs hat gegenüber der Beurteilung absoluter Erfolgsgrößen verschiedene Vorteile.

4. Die Rentabilitätsanalyse kann in vielfältiger Weise gestaltet werden, insbesondere als spartenorientierte Rentabilitäts-(Kapitalergebnis-) rechnung, als innerbetriebliche bzw. zwischenbetriebliche Vergleichsrechnung oder als Kennzahlensystem.

5. Im Vorfeld der Rentabilitätsanalyse sind einige Grundsatzfragen zu klären hinsichtlich der Bestimmung der Zählergröße (pagatorische oder kalkulatorische Größe, Definition des Gewinns etc.) und der Nennergröße (Behandlung des nicht eingeforderten Kapitals).

6. Die bedeutensten Kennzahlen der Rentabilitätsanalyse sind die Kapitalrentabilität als Maßstab für die Verzinsung des investierten Kapitals in ihren Ausprägungsformen der Gesamt- und Eigenkapitalrentabilität sowie die Umsatzrentabilität. Daneben lassen sich noch zahlreiche weitere Rentabilitätskennzahlen berechnen.

2.4.3 Wertschöpfungsanalyse

2.4.3.1 Vorbemerkungen

Bedeutung Wertschöpfungsrechnungen werden in der betriebswirtschaftlichen Literatur sowie in der Unternehmenspraxis überwiegend als Instrument der externen Unternehmensberichterstattung angesehen und dürften in diesem Zusammenhang auch ihre größte Verbreitung erlangt haben. In dieser Funktion werden unternehmensseitig erstellte Wertschöpfungsrechnungen üblicherweise im allgemeinen Teil des Geschäftsberichts veröffentlicht oder erscheinen im Rahmen einer in den Geschäftsbericht integrierten oder unabhängig davon publizierten Sozialbilanz.

Weiterhin werden Wertschöpfungsrechnungen im Rahmen der internen Unternehmensanalyse verwendet. So berücksichtigt beispielsweise das in Deutschland verbreitete ZVEI-Kennzahlensystem die Wertschöpfungsgröße im Rahmen der Wachstums- sowie Produktivitätsanalyse (vgl. BETRIEBSWIRTSCHAFTLICHER AUSSCHUSS DES ZENTRALVERBANDES DER ELEKTROTECHNISCHEN INDUSTRIE 1989, S. 43f. und S. 80ff.).

Schließlich stellen Wertschöpfungsrechnungen bzw. die auf der Grundlage dieser Rechnungen ermittelten Kennzahlen ein beachtliches Instrument der externen Bilanzanalyse dar. Überwiegend werden dabei Wertschöpfungsrechnungen der erfolgswirtschaftlichen Bilanzanalyse zugerechnet. Demgegenüber wurde bislang nur vereinzelt diskutiert, Wertschöpfungsrechnungen auch im Rahmen

der finanzwirtschaftlichen Bilanzanalyse zu nutzen (vgl. Beier, J./Schlossa-
rek, G. 1980, S. 1129ff. und S. 1177ff.).

2.4.3.2 Grundlagen der Wertschöpfungsrechnung

Im Rahmen der Volkswirtschaftlichen Gesamtrechnungen ist die Nettowert-
schöpfung eines Produktionsunternehmens definiert als dessen Beitrag zum
Nettoinlandsprodukt zu Faktorkosten (vgl. Statistisches Bundesamt 1995,
S. 60).

Ausgangsgröße für die Ermittlung der Nettowertschöpfung ist der Produktionswert, der sich aus dem Wert der Verkäufe von (Handels-)Waren und
Dienstleistungen, dem Wert der Bestandsveränderungen an halbfertigen und
fertigen Erzeugnissen und dem Wert der selbsterstellten Anlagen ergibt. Vom
Produktionswert sind die Vorleistungen (= Wert der Waren und Dienstleistungen, die von anderen in- und ausländischen Wirtschaftseinheiten bezogen und
in der Betrachtungsperiode im Zuge der Produktion verbraucht wurden) und
die Abschreibungen auf das reproduzierbare Anlagevermögen in Abzug zu
bringen.

Berechnung der
Nettowertschöpfung

Subtrahiert man weitergehend die indirekten Steuern (= alle bei der steuerlichen Gewinnermittlung abzugsfähigen Steuern und ähnliche Abgaben) und addiert die von staatlicher Seite erhaltenen Subventionen hinzu, erhält man als
Ergebnis den Beitrag eines Unternehmens zum Nettoinlandsprodukt zu Faktorkosten. Die Nettowertschöpfung ist daher – vereinfacht formuliert – als »der-
jenige reale Güterzuwachs zu verstehen, den der volkswirtschaftliche Güter-
vorrat durch den Unternehmungsprozeß erfahren hat« (Kosiol, E. 1976,
S. 1012).

Das Nettoinlandsprodukt zu Faktorkosten läßt sich aber auch interpretieren als
die Summe der in einem Unternehmen entstandenen Erwerbs- und Vermögenseinkommen (= Einkommen aus unselbständiger Arbeit sowie Einkommen aus
Unternehmertätigkeit und Vermögen).

Wie die Definition der Wertschöpfung im Rahmen der Volkswirtschaftlichen
Gesamtrechnungen verdeutlicht, hat die Wertschöpfungsgröße eine realgüter-
wirtschaftliche und eine nominalgüterwirtschaftliche Seite; denn die Wertschöpfung repräsentiert für ein Unternehmen sowohl das dort erzeugte Güter-
einkommen als auch das dort entstandene Geldeinkommen. Die Wertschöpfung ist somit »ein zweiseitiger Begriff« (Lehmann, M.R. 1954, S. 11).

Real- und nominal-
güterwirtschaft-
liche Seite

Die Ermittlung der einzelwirtschaftlichen Wertschöpfung anhand des erzeug-
ten Gütereinkommens wird im Schrifttum als subtraktive oder reale Methode
bzw. als Entstehungsrechnung bezeichnet, die Ermittlung anhand des erzielten
Geldeinkommens als additive oder personale Methode bzw. als Verteilungsrechnung, wobei letzterer Begriff jedoch mißverständlich ist. Denn die nominalgüterwirtschaftliche Seite der Nettowertschöpfungsgröße ist definiert als

Summe der in einem Unternehmen entstandenen Erwerbs- und Vermögenseinkommen. Diese Größe ist allerdings zu unterscheiden von der Summe der von einem Unternehmen verteilten Erwerbs- und Vermögenseinkommen einschließlich der Saldogröße ›unverteilter Gewinn‹ vor direkten Steuern, die sich bei Unternehmen mit eigener Rechtspersönlichkeit als Saldo aus dem Beitrag zum Nettoinlandsprodukt zu Faktorkosten und den empfangenen und verteilten Erwerbs- und Vermögenseinkommen ergibt (vgl. BARTELS, H. 1960, S. 334f.).

Uneinheitliche
Terminologie

Abschließend sei noch darauf hingewiesen, daß in der Betriebswirtschaftslehre zahlreiche terminologisch sowie inhaltlich abweichende Definitionen der einzelwirtschaftlichen Wertschöpfung existieren; diese Tatsache erklärt sich aus der Vielzahl von unterschiedlichen Aussagezielen, die mit einzelwirtschaftlichen Wertschöpfungsrechnungen verfolgt werden. Zu Recht weist WYSOCKI darauf hin, daß es ›die‹ betriebswirtschaftliche Wertschöpfungsrechnung nicht gibt (vgl. WYSOCKI, K.v. 1981, S. 106), da unterschiedliche Aussageziele grundsätzlich auch unterschiedlich abgegrenzte Ermittlungsbereiche, Ausgangsrechnungen und Rechengrößen verlangen (vgl. WEBER, H.K. 1980a, S. 21ff.).

Dennoch läßt sich in allgemeinster Form die einzelwirtschaftliche Wertschöpfungsgröße anhand der Entstehungs- und Verteilungsrechnung unter expliziter Berücksichtigung des Faktors Staat wie folgt ermitteln:

Übersicht 68: Einzelwirtschaftliche Wertschöpfungsgröße	
Entstehungsrechnung	Verteilungsrechnung
Gesamtleistung ./. Vorleistungen = Wertschöpfung	Arbeitseinkommen + Kapitaleinkommen + Gemeineinkommen (Steuern) = Wertschöpfung

2.4.3.3 Wertschöpfungsrechnungen als Instrument der erfolgswirtschaftlichen Bilanzanalyse

Umfassende
Erfolgsgröße

Die aus der Wertschöpfungsrechnung abgeleitete Größe stellt eine gegenüber den traditionell (eigen-)kapitalorientierten Erfolgsgrößen erweiterte, umfassende Erfolgsgröße dar. Denn das »Charakteristikum der Wertschöpfungsrechnung liegt in einer Ausdehnung des Erfolgsbegriffs; neben den Eigenkapitalerträgen gehören auch Fremdkapitalerträge, Gemeinerträge (Steuern) und Arbeitserträge zum Erfolg ...« (COENENBERG, A.G. 1997, S. 710).

Insofern wird auch die besondere Stellung der Wertschöpfungsrechnung im Rahmen der erfolgswirtschaftlichen Bilanzanalyse deutlich, als deren klassische Instrumente, wie z.B. die betragsmäßige Erfolgsanalyse, die Erfolgsquellenanalyse sowie die Rentabilitätsanalyse, ganz überwiegend einen eigenkapitalorientierten Erfolgsbegriff in den Mittelpunkt der Betrachtung stellen.

Als Vorteil von Wertschöpfungsrechnungen für erfolgswirtschaftliche Zeit- und Unternehmensvergleiche wird einerseits genannt, daß die Entscheidung über das Verhältnis von Eigen- und Fremdfinanzierung für die Wertschöpfung – im Gegensatz zum ausgewiesenen Jahreserfolg – unerheblich ist (vgl. POH-MER, D./KROENLEIN, G. 1970, Sp. 1919). Andererseits werde durch die Berücksichtigung der Steuern in der Wertschöpfungsgröße gewährleistet, daß sich diese neutral hinsichtlich einer unterschiedlichen Steuer- und Dividendenpolitik verhält (vgl. BEIER, J./SCHLOSSAREK, G. 1980, S. 1134).

Vorteile

In Gesamtdarstellungen zur externen Bilanzanalyse hat sich weitgehend ein Ansatz zur Konzeption einer Wertschöpfungsrechnung als Instrument der erfolgswirtschaftlichen Bilanzanalyse durchgesetzt. Dieser Ansatz ist dadurch gekennzeichnet, daß in der Wertschöpfungsgröße nur die aus betrieblich-produktionswirtschaftlichen Aktivitäten stammenden Erfolgskomponenten berücksichtigt werden (vgl. z.B. SCHULT, E. 1991, S. 98ff.). Die so ermittelte Wertschöpfungsgröße läßt sich auch als (ordentliche) betriebliche Wertschöpfung charakterisieren und stellt als Endgröße der Wertschöpfungsrechnung eine mehr oder weniger gute Approximation zur volkswirtschaftlichen Nettowertschöpfungsgröße dar. Soweit die Ermittlung der ordentlichen betrieblichen Wertschöpfung keine systembedingten Abweichungen erfordert, greift dieser Ansatz auf die Erkenntnisse der traditionellen Ergebnisquellenanalyse zur Abgrenzung und Ermittlung eines ordentlichen betrieblichen Ergebnisses zurück. Gleichwohl lassen spezifische Fragen der Ausgestaltung und deren Begründung deutlich volkswirtschaftliche Bezüge erkennen.

Ordentliche betriebliche Wertschöpfung

Im weiteren wird jedoch einem abweichenden Ansatz gefolgt, der dadurch charakterisiert ist, daß die ordentliche betriebliche Wertschöpfungsgröße im Rahmen der Entstehungsrechnung lediglich eine, wenn auch explizit vorgehobene Zwischengröße darstellt (vgl. REICHMANN, T./LANGE, C. 1980, S. 518ff.). Endgröße ist vielmehr die sogenannte Unternehmenswertschöpfung, die sich im Rahmen der hier präferierten Konzeption aus der Summe von ordentlicher betrieblicher, ordentlicher betriebsfremder und außerordentlicher Wertschöpfung ergibt. Kennzeichen dieser Konzeption ist daher eine Entstehungsrechnung, die die Entstehungsquellen der Unternehmenswertschöpfung zu erkennen gibt und Aussagen über die Nachhaltigkeit der Wertschöpfungsbestandteile zuläßt.

Unternehmenswertschöpfung

2.4.3.3.1 Konzeption einer erfolgsspaltungsorientierten Wertschöpfungsrechnung

Ausgangspunkt: GuV

Grundlage jeder Wertschöpfungsrechnung im Rahmen der externen Bilanzanalyse ist grundsätzlich die veröffentlichte Gewinn- und Verlustrechnung. Allerdings impliziert deren Verwendung nicht notwendigerweise die Durchführung einer Wertschöpfungsrechnung auf der Grundlage von Aufwendungen und Erträgen. Ebenso könnte versucht werden, auf der Grundlage der Gewinn- und Verlustrechnung sowie unter Auswertung von Bilanz und Anhang zumindest näherungsweise eine Wertschöpfungsrechnung auf der Grundlage von Einnahmen und Ausgaben bzw. Einzahlungen und Auszahlungen durchzuführen. In diesem Fall wäre aber die Wertschöpfungsrechnung als Instrument der finanzwirtschaftlichen Bilanzanalyse einzuordnen.

Einschränkungen

Wertschöpfungsrechnungen lassen sich jedoch aus der handelsrechtlichen Gewinn- und Verlustrechnung nur näherungsweise ableiten, da Form und Aufbau der offenlegungspflichtigen Ergebnisrechnung aus anderen Zielsetzungen abgeleitet sind und einige Posten sowohl wertschöpfungsrelevante als auch wertschöpfungsirrelevante Komponenten beinhalten (vgl. COENENBERG, A.G. 1997, S. 711).

Zusätzliche Probleme ergeben sich im Rahmen der externen erfolgswirtschaftlichen Bilanzanalyse, wenn die veröffentlichte Gewinn- und Verlustrechnung auf der Grundlage des Umsatzkostenverfahrens gem. § 275 Abs. 3 HGB erstellt wird.

Die weiteren Ausführungen stellen eine Gewinn- und Verlustrechnung auf der Grundlage des Gesamtkostenverfahrens für große Kapitalgesellschaften in den Mittelpunkt der Betrachtung. Dabei steht insbesondere die Entstehungsrechnung und hier konkret die Ermittlung der ordentlichen betrieblichen Wertschöpfung im Vordergrund. Im Anschluß daran wird auf einige zentrale Probleme bei Verwendung einer Gewinn- und Verlustrechnung auf der Grundlage des Umsatzkostenverfahrens eingegangen, wobei auf eine gesonderte Betrachtung der Entstehungs- und Verteilungsrechnung verzichtet wird.

2.4.3.3.1.1 Gesamtkostenverfahren

2.4.3.3.1.1.1 Entstehungsrechnung

Berechnung des Produktionswerts

Auf der Grundlage des Gesamtkostenverfahrens ergibt sich der Produktionswert aus der Summe der Posten »Umsatzerlöse«, »Erhöhung oder Verminderung des Bestands an fertigen und unfertigen Erzeugnissen«, »andere aktivierte Eigenleistungen« und den für die Entstehungsrechnung relevanten Komponenten des Postens »sonstige betriebliche Erträge«. Schwierigkeiten ergeben sich im Rahmen der externen Analyse bei der Ermittlung der wertschöpfungsrelevanten Bestandteile innerhalb der sonstigen betrieblichen Erträge, da es sich bei diesem Posten »um einen ›Auffangposten‹ ... für alle Erträge (handelt, d. Verf.), die nicht entsprechend § 275 Abs. 2 oder sonstigen Vorschriften (z.B. § 277 Abs. 3 Satz 2) in anderen Posten oder an anderer Stelle gesondert auszuweisen sind« (BORCHERT, D., in: KÜTING/WEBER 1995, § 275 HGB, Rn. 38).

Dem Produktionswert zugerechnet werden die unter den sonstigen betrieblichen Erträgen auszuweisenden, regelmäßig anfallenden Erlöse aus betriebsleistungsfremden Umsätzen, wie z.B. Miet- und Pachteinnahmen, Patent- und Lizenzgebühren und ähnliches.

Probleme des Auffangpostens »sonstige betriebliche Erträge«

Demgegenüber sind die gleichfalls unter dem Posten »sonstige betriebliche Erträge« auszuweisenden sogenannten Liquidations- und Bewertungserfolge (z.B. Erträge aus dem Abgang von und Zuschreibungen zu Gegenständen des Anlagevermögens, Erträge aus der Herabsetzung der Pauschalwertberichtigungen zu Forderungen, Erträge aus der Auflösung von Rückstellungen) sowie die Erträge aus der Auflösung des Sonderpostens mit Rücklageanteil bei der Ermittlung einer ordentlichen betrieblichen Wertschöpfungsgröße nicht zu berücksichtigen.

Relativ einfach können die Erträge aus der Auflösung des Sonderpostens mit Rücklageanteil, die gesondert anzugeben sind (vgl. § 281 Abs. 2 Satz 2 HGB), sowie die Zuschreibungen des Geschäftsjahrs zu Gegenständen des Anlagevermögens, die dem Anlagespiegel zu entnehmen sind (vgl. § 268 Abs. 2 HGB), aus den sonstigen betrieblichen Erträgen eliminiert werden.

Sonderposten mit Rücklageanteil und Zuschreibungen

Übersicht 69: Entstehungsrechnung	
Entstehungsrechnung	Posten des GKV oder sonstige Quelle
Umsatzerlöse	Nr. 1
± Erhöhung/Verminderung des Bestands an fertigen und unfertigen Erzeugnissen	Nr. 2
+ andere aktivierte Eigenleistungen	Nr. 3
+ sonstige betriebliche Erträge ohne:	Nr. 4
* Erträge aus der Auflösung des Sonderpostens mit Rücklageanteil	§ 281 Abs. 2 Satz 2 HGB
* Liquidations- und Bewertungserträge	§ 277 Abs. 4 Satz 3 HGB/ Anlagespiegel
= Produktionswert (brutto)	
./. Materialaufwand	Nr. 5
./. Abschreibungen auf immaterielle Vermögens-gegenstände des Anlagevermögens und Sachanlagen sowie auf aktivierte Ingangset-zungs- und Erweiterungsaufwendungen	Nr. 7a
+ allein auf steuerrechtlichen Vorschriften beruhende Abschreibungen auf das Anlage- und Umlaufvermögen	§ 281 Abs. 2 Satz 1 HGB
+ außerplanmäßige Abschreibungen auf imma-terielle Vermögensgegenstände und das Sachanlagevermögen gem. § 253 Abs. 2 Satz 3 HGB	§ 277 Abs. 3 Satz 1 HGB
+ Abschreibungen auf Vermögensgegenstände des Umlaufvermögens gem. § 253 Abs. 3 Satz 3 HGB	§ 277 Abs. 3 Satz 1 HGB
./. sonstige betriebliche Aufwendungen ohne:	Nr. 8
* Einstellungen in den Sonderposten mit Rücklageanteil	§ 281 Abs. 2 Satz 2 HGB
* Liquidations- und Bewertungsverluste	
* Vergütungen an die Mitglieder des Auf-sichtsrats, eines Beirats …	§ 285 Nr. 9a und b HGB
* hier ausgewiesene Betriebssteuern	(Anhang)
= (I) ordentliche betriebliche Wertschöpfung	

Übersicht 69: (Fortsetzung)		
Entstehungsrechnung		Posten des GKV oder sonstige Quelle
(I)	ordentliche betriebliche Wertschöpfung	
	Erträge aus Beteiligungen,	
	davon aus verbundenen Unternehmen	Nr. 9
+	Erträge aus anderen Wertpapieren und Aus- leihungen des Finanzanlagevermögens,	
	davon aus verbundenen Unternehmen	Nr. 10
+	sonstige Zinsen und ähnliche Erträge,	
	davon aus verbundenen Unternehmen	Nr. 11
= (II)	ordentliche betriebsfremde Wertschöpfung	
	außerordentliche Erträge	Nr. 15
+	Erträge aus der Auflösung des Sonderpostens mit Rücklageanteil	§ 281 Abs. 2 Satz 2 HGB
+	Liquidations- und Bewertungserträge	§ 277 Abs. 4 Satz 3 HGB
./.	außerordentliche Aufwendungen	Nr. 16
./.	Einstellungen in den Sonderposten mit Rück- lageanteil	§ 281 Abs. 2 Satz 2 HGB
./.	Liquidations- und Bewertungsverluste	§ 277 Abs. 4 Satz 3 HGB
./.	alle bisher nicht berücksichtigten Abschrei- bungen:	
	* Abschreibungen auf Finanzanlagen und auf Wertpapiere des Umlaufvermögens	Nr. 12
	* allein auf steuerrechtlichen Vorschriften beruhend	§ 281 Abs. 2 Satz 1 HGB
	* gem. § 253 Abs. 2 Satz 3 und Abs. 3 Satz 3 HGB	§ 277 Abs. 3 Satz 1 HGB
	* ›unübliche‹ auf Vermögensgegenstände des Umlaufvermögens	Nr. 7b
= (III)	außerordentliche Wertschöpfung	
(I) + (II) + (III) = Unternehmenswertschöpfung		

Demgegenüber erweist sich eine Eliminierung der übrigen Bewertungs- sowie der Liquidationserfolge als problematisch.

Übrige Bewer- tungs- und Liquida- tionserfolge

Wenn üblicherweise im Zusammenhang mit der Eliminierung von Liquidati- ons- und Bewertungserfolgen auf die Anhangangabe gem. § 277 Abs. 4 Satz 3 HGB verwiesen wird, bedarf dies insofern einer Präzisierung, als hier eine Angabepflicht nicht aus der unmittelbaren Eigenschaft dieser Erträge (bzw. Aufwendungen) als Liquidations- und Bewertungserfolge resultiert, sondern aus ihrer Eigenschaft als überwiegend periodenfremde Erträge (bzw. Aufwen- dungen).

Eine Angabepflicht nach § 277 Abs. 4 Satz 3 HGB besteht allerdings nur dann, wenn die aperiodischen Aufwendungen und Erträge »für die Beurteilung der Ertragslage nicht von untergeordneter Bedeutung sind«. In diesem Fall sind die aperiodischen Aufwendungen und Erträge hinsichtlich ihres Betrags und ihrer Art zu erläutern. Nach überwiegender Meinung besteht jedoch keine Verpflichtung zur Angabe von Beträgen, vielmehr genügt eine verbale Beschreibung des Verhältnisses des Teilpostens zum Gesamtposten (vgl. FÖRSCHLE, G., in: BECK BIL-KOMM. 1995, § 275 HGB, Rn. 226).

Zuschüsse und Zulagen

Weiterhin können in den sonstigen betrieblichen Erträgen auch (sofort) erfolgswirksam vereinnahmte Zuschüsse und Zulagen der Öffentlichen Hand enthalten sein. Sofern auf freiwilliger Basis der Betrag der erfolgswirksam vereinnahmten Zuschüsse und Zulagen angegeben wird, sollte deren Behandlung in Abhängigkeit der Einordnung der sonstigen Steuern, als Näherungsgröße zu den indirekten Steuern im Sinne der Volkswirtschaftlichen Gesamtrechnungen, erfolgen.

Soweit die verfügbaren Informationen bezüglich der übrigen Bewertungs- und der Liquidationserfolge sowie der Zuschüsse und Zulagen der Öffentlichen Hand für eine exakte Quantifizierung nicht ausreichend sind, sollte von einer Hinzurechnung der sonstigen betrieblichen Erträge zum Produktionswert abgesehen werden. Durch diese Vorgehensweise wird gewährleistet, daß der Produktionswert nicht zu hoch ausgewiesen wird.

Subtraktion der Vorleistungen

Ausgehend vom Produktionswert sind die Vorleistungen zu subtrahieren. Zu den Vorleistungen gehören grundsätzlich der Posten Nr. 5 gem. § 275 Abs. 2 HGB, die planmäßigen Abschreibungen auf die immateriellen Vermögensgegenstände des Anlagevermögens und Sachanlagen sowie die Abschreibungen auf aktivierte Ingangsetzungs- und Erweiterungsaufwendungen.

Problem der steuerrechtlichen Abschreibungen bei aktivischer Absetzung

Übereinstimmend wird im Schrifttum ausgeführt, daß die allein nach steuerrechtlichen Vorschriften vorgenommenen Abschreibungen gem. § 254 HGB i.V.m. § 279 Abs. 2 HGB bei der Ermittlung einer ordentlichen betrieblichen Wertschöpfungsgröße nicht zu berücksichtigen sind. Soweit die steuerrechtlichen Abschreibungen auf die immateriellen Vermögensgegenstände und das Sachanlagevermögen aktivisch abgesetzt wurden, sind die dem Anlagespiegel zu entnehmenden Abschreibungen auf das immaterielle und das Sachanlagevermögen um die entsprechenden steuerrechtlichen Mehrabschreibungen zu kürzen. Analog sind auch die Materialaufwendungen sowie die Bestandsveränderungen um die aktivisch abgesetzten steuerrechtlichen Sonderabschreibungen auf das Umlaufvermögen zu eliminieren. Diese Korrekturen sind durchführbar, da § 281 Abs. 2 Satz 1 HGB bestimmt, daß im »Anhang ... der Betrag der im Geschäftsjahr allein nach steuerrechtlichen Vorschriften vorgenommenen Abschreibungen, getrennt nach Anlage- und Umlaufvermögen, anzugeben (ist; d. Verf.), soweit er sich nicht aus der Bilanz oder der Gewinn- und Verlustrechnung ergibt ...«.

Probleme ergeben sich im Falle der aktivischen Absetzung jedoch in den Folgeperioden da hier mangels Informationen keine Möglichkeit besteht, die aufgrund der steuerrechtlichen Mehrabschreibungen niedrigeren Abschreibungen so zu korrigieren, als wäre die steuerrechtliche Sonderabschreibung nicht in Anspruch genommen worden. Werden jedoch lediglich diese niedrigeren Abschreibungen bei der Ermittlung der ordentlichen betrieblichen Wertschöpfungsgröße in den Folgeperioden berücksichtigt, führt dies dazu, daß nur der Differenzbetrag zwischen historischen Anschaffungs- oder Herstellungskosten und steuerrechtlichen Mehrabschreibungen tatsächlich als Abschreibungsaufwand berücksichtigt wird. Folglich wird auch die ordentliche betriebliche Wertschöpfung in den Folgejahren zu hoch ausgewiesen.

Demgegenüber ist im Falle einer passivischen Berücksichtigung der steuerrechtlichen Mehrabschreibungen im Sonderposten mit Rücklageanteil (vgl. § 281 Abs. 1 Satz 1 HGB) gewährleistet, daß durch die Eliminierung der Einstellungen in den Sonderposten mit Rücklageanteil bzw. der Erträge aus der Auflösung des Sonderpostens mit Rücklageanteil aus den sonstigen betrieblichen Aufwendungen bzw. Erträgen sowohl im Jahr der Inanspruchnahme der steuerrechtlichen Sonderabschreibungen als auch in den Folgejahren nur der Betrag der normalen handelsrechtlichen Abschreibungen aufwandswirksam wird.

Passivische Berücksichtigung der steuerrechtlichen Abschreibungen

Je nach Behandlung der steuerrechtlichen Mehrabschreibungen kann daher insbesondere der zwischenbetriebliche Vergleich anhand der ordentlichen betrieblichen Wertschöpfungsgröße nicht unerheblich beeinträchtigt sein.

Auch der in der Übersicht 69 unterbreitete Vorschlag des Ausweises der aktivisch und passivisch berücksichtigten steuerrechtlichen Mehrabschreibungen als Bestandteil der außerordentlichen Wertschöpfung stellt nur eine Teillösung dar. Zumindest wird durch diese Vorgehensweise gewährleistet, daß auf der Ebene der Unternehmenswertschöpfung der Betrag der aktivisch berücksichtigten steuerrechtlichen Mehrabschreibungen aufwandswirksam wird und zumindest dort eine Gleichbehandlung von aktivisch und passivisch berücksichtigten steuerrechtlichen Mehrabschreibungen erfolgt.

Uneinheitlich wird die Behandlung der außerplanmäßigen Abschreibungen auf die immateriellen Vermögensgegenstände und das Sachanlagevermögen gem. § 253 Abs. 2 Satz 3 HGB sowie der Abschreibungen auf das Umlaufvermögen gem. § 253 Abs. 3 Satz 3 HGB diskutiert, für die gem. § 277 Abs. 3 Satz 1 HGB eine Angabepflicht besteht. Während beispielsweise COENENBERG eine Eliminierung als nicht sinnvoll erachtet, »da die entsprechenden Wertminderungen überwiegend rein betrieblich und nicht bilanzpolitisch bedingt sind« (COENENBERG, A.G. 1997, S. 712), wird hier eine Eliminierung dieser Abschreibungen insbesondere unter dem Gesichtspunkt der Regelmäßigkeit bzw. Nachhaltigkeit präferiert. Entsprechend werden daher auch jene Abschreibungen auf das Umlaufvermögen, welche die in der Kapitalgesellschaft üblichen

Außerplanmäßige Abschreibungen

Abschreibungen überschreiten (vgl. § 275 Abs. 2 Nr. 7 b HGB), bei der Ermittlung einer ordentlichen betrieblichen Wertschöpfungsgröße nicht berücksichtigt.

Behandlung der sonstigen betrieblichen Aufwendungen

Weiterhin ist der Produktionswert um die sonstigen betrieblichen Aufwendungen zu kürzen, soweit die hierunter ausgewiesenen, regelmäßig anfallenden Aufwendungen Vorleistungscharakter haben, so z.B. Gebühren jeglicher Art, Mieten und Pachten, Beratungs- und Prüfungskosten. Ein Abzug vom Produktionswert sollte daher grundsätzlich unter vorheriger Eliminierung der Bewertungs- und Liquidationsverluste sowie der Einstellungen in den Sonderposten mit Rücklageanteil in Betracht kommen. Auf die entsprechenden Ausführungen zu den sonstigen betrieblichen Erträgen wird verwiesen. Gleichwohl erscheint auch ein pauschaler Abzug vom Produktionswert dann gerechtfertigt, wenn die verfügbaren Informationen für eine Eliminierung der Bewertungs- und Liquidationsverluste nicht ausreichend sein sollten. Dadurch wird sichergestellt, daß die ordentliche betriebliche Wertschöpfung nicht zu hoch ausgewiesen wird.

Aufsichtsratsvergütungen und Aufwendungen für Fremdpersonal

Nach herrschender Meinung sind die in den sonstigen betrieblichen Aufwendungen enthaltenen und gesondert im Anhang angabepflichtigen Vergütungen für Mitglieder des Aufsichtsrats, eines Beirats oder einer ähnlichen Einrichtung (vgl. § 285 Nr. 9 HGB) herauszurechnen und der Verteilungsseite als Arbeitserträge zuzuordnen (vgl. z.B. COENENBERG, A.G. 1997, S. 712). Demgegenüber sind die in den sonstigen betrieblichen Aufwendungen enthaltenen Aufwendungen für im Unternehmen eingesetztes Fremdpersonal als Vorleistungen anzusehen (vgl. NEUBAUER, W. 1968, S. 27), auch wenn es in Einzelfällen für zwischenbetriebliche Vergleiche sinnvoll wäre, diese Aufwendungen nicht als Vorleistungen zu behandeln.

Betriebssteuern

Eine weitere Korrektur im Zusammenhang mit den sonstigen betrieblichen Aufwendungen kann sich ergeben, wenn die Betriebssteuern nicht unter dem Posten »sonstige Steuern«, sondern unter dem Posten »sonstige betriebliche Aufwendungen« ausgewiesen werden. Für die Bilanzanalyse sind in diesem Fall unter Rückgriff auf betragsmäßige Angaben die Betriebssteuern aus den sonstigen betrieblichen Aufwendungen herauszurechnen und bei den sonstigen Steuern zu berücksichtigen.

Sonstige Steuern

Umstritten ist die Berücksichtigung der unter dem Posten Nr. 19 auszuweisenden sonstigen Steuern als Abzugsposten im Rahmen der Entstehungsrechnung. Die unter diesem Bilanzposten ausgewiesenen Steuerarten sind weitgehend identisch mit jenen Steuerarten, die den indirekten Steuern im Sinne der Volkswirtschaftlichen Gesamtrechnungen zuzuordnen sind (z.B. Gewerbekapitalsteuer, Grundsteuer, Kfz-Steuer, Verbrauchsteuern). Auch wenn die steuerlich nicht abzugsfähige Vermögensteuer unter den sonstigen Steuern ausgewiesen wird, die steuerlich abzugsfähige Gewerbeertragsteuer jedoch unter den Steuern vom Einkommen und vom Ertrag, erscheint eine Gleichsetzung der sonstigen Steuern mit den indirekten Steuern im Sinne der Volkswirtschaftlichen Gesamtrechnungen zulässig.

Grundsätzlich sind die sonstigen Steuern nicht als Vorleistungen zu betrachten, da Steuern Geldleistungen sind, die nicht eine Gegenleistung für besondere Leistungen darstellen (vgl. § 3 AO). Daher werden hier die sonstigen Steuern nicht als Abzugsposten behandelt, sondern im Rahmen der Verteilungsrechnung den Gemeinerträgen zugerechnet. Dies geschieht nicht zuletzt, um eine möglichst vollständige Erfassung der Gemeinerträge im Rahmen der Verteilungsrechnung zu gewährleisten. Jedoch wird auch eine Behandlung der sonstigen Steuern als Abzugsposten in der Entstehungsrechnung immer damit zu begründen sein, daß eine Erstellung der Wertschöpfungsrechnung in größtmöglicher Anlehnung an die Vorgehensweise der amtlichen Statistik angestrebt wird.

Als Endgröße der bis zu dieser Stelle durchgeführten Wertschöpfungsrechnung ergibt sich die ordentliche betriebliche Wertschöpfungsgröße.   *Endgröße*

Abweichend von dem üblicherweise im Rahmen der externen Bilanzanalyse vorgeschlagenen Ansatz wird hier jedoch   *Behandlung des sogenannten Restbetrags*

(1) im Rahmen der Entstehungsrechnung der sogenannte Restbetrag – als Saldogröße der weder für die Ermittlung der ordentlichen betrieblichen Wertschöpfungsgröße noch für die Verteilungsrechnung relevanten Aufwendungen und Erträge – berücksichtigt, der je nach Vorzeichen der ordentlichen betrieblichen Wertschöpfungsgröße hinzuzurechnen oder von dieser zu subtrahieren ist und zur Unternehmenswertschöpfung überleitet;

(2) dieser Restbetrag in die Bestandteile ordentliche betriebsfremde und außerordentliche Wertschöpfung aufgegliedert und gemäß dem zuvor dargestellten Schema in Übersicht 69 ermittelt.

Für diese Vorgehensweise sprechen mehrere Gründe: *Begründung*

(1) Durch die hier vorgeschlagene erfolgsspaltungsorientierte Wertschöpfungsrechnung können die für die erfolgswirtschaftliche Bilanzanalyse als zentral zu erachtenden Größen der ordentlichen betrieblichen Wertschöpfung sowie die der Unternehmenswertschöpfung dem Berechnungsschema unmittelbar entnommen werden.

(2) Übereinstimmend mit der herrschenden Meinung (vgl. z.B. ALBACH, H. 1978, S. 626; KELLER, M. 1977, S. 1716) wird hier die Ansicht vertreten, daß als Grundlage und Endgröße der Verteilungsrechnung nur die Unternehmenswertschöpfung in Betracht kommen kann. Die Berücksichtigung des Restbetrags im Rahmen der Entstehungsrechnung trägt dieser Tatsache Rechnung. Denn »erst dieser ... Rechenschritt führt zu dem Betrag, der periodisch verteilbares und immer auch irgendwie verteiltes Unternehmenseinkommen darstellt« (WEDELL, H. 1976, S. 209).

(3) Weitergehend erscheint eine Aufgliederung des Restbetrags in die Bestandteile ordentliche betriebsfremde und außerordentliche Wertschöpfung auch insofern sinnvoll und zweckmäßig, um zu einer aussagefähige-
ren Analyse der Unternehmenswertschöpfung zu gelangen. Denn anhand
der erfolgsspaltungsorientiert aufgebauten Entstehungsrechnung werden,
wie LANGE zutreffend formuliert, »die Entstehungsquellen der Wertschöpfung im Sinne des Unternehmenseinkommens sowie die Nachhaltigkeit
der Wertschöpfung deutlich« (LANGE, C. 1989, S. 243).

2.4.3.3.1.1.2 Verteilungsrechnung

Im Rahmen der Verteilungsrechnung ergibt sich die Unternehmenswertschöpfung als Summe aus Arbeits-, Gemein-, Fremdkapital- und Eigenkapitalerträgen.

Arbeitserträge Die Arbeitserträge bestimmen sich als Summe aus Löhnen und Gehältern, sozialen Abgaben sowie den Aufwendungen für Altersversorgung und können
dem Posten Nr. 6 gem. § 275 Abs. 2 HGB entnommen werden. Weiterhin sind
den Arbeitserträgen die Vergütungen an die Mitglieder des Aufsichtsrats, eines
Beirats oder einer ähnlichen Einrichtung zuzuordnen.

Sofern in den Zuführungen zu Aufwandsrückstellungen gem. § 249 Abs. 2
HGB anteilige Personalaufwendungen enthalten sind, müßte eine – für den externen Analytiker ohne freiwillige Angaben allerdings nicht mögliche – Umgliederung dieser Bestandteile aus dem Posten »sonstige betriebliche Aufwendungen« zu den Arbeitserträgen vorgenommen werden.

Ein weiteres Problem kann sich aus dem Wahlrecht ergeben, den Zinsanteil in
der Zuführung zu den Pensionsrückstellungen nicht unter dem Posten Nr. 6b
»soziale Abgaben und Aufwendungen für Altersversorgung ...«, sondern unter
dem Posten Nr. 13 »Zinsen und ähnliche Aufwendungen« auszuweisen, wobei
jedoch eine entsprechende Anhangangabe zu erfolgen hat (vgl. z.B. BORCHERT,
D., in: KÜTING/WEBER 1995, § 275 HGB, Rn. 61). Folglich kann auch bei dieser Ausweisform eine entsprechende Zuordnung des Zinsanteils zu den Arbeitserträgen vorgenommen werden.

Schließlich können in Einzelfällen auch in dem Posten »außerordentliche Aufwendungen« Bestandteile enthalten sein, die sachlich den Arbeitserträgen zuzuordnen sind, so z.B. Aufwendungen aufgrund eines Sozialplans wegen einer
Betriebsschließung. Eine Korrekturmöglichkeit kann sich in solchen Fällen
unter Umständen aus der Angabepflicht gem. § 277 Abs. 4 Satz 2 HGB ergeben.

Übersicht 70: Verteilungsrechnung

Verteilungsrechnung	Posten des GKV oder sonstige Quellen
Arbeitserträge:	
Personalaufwand	Nr. 6a und b
+ Vergütungen an die Mitglieder des Aufsichtsrats, eines Beirats	§ 285 Nr. 9a und b HGB
Gemeinerträge:	
Steuern vom Einkommen und vom Ertrag	Nr. 18
+ sonstige Steuern	Nr. 19
+ eventuell offen von den Umsatzerlösen abgesetzte Verbrauchsteuern	Nr. 1
+ eventuell unter den sonstigen betrieblichen Aufwendungen ausgewiesene Betriebssteuern	(Anhang)
Fremdkapitalerträge:	
Zinsen und ähnliche Aufwendungen	Nr. 12
Eigenkapitalerträge:	
± Jahresüberschuß/-fehlbetrag	Nr. 20
= **Unternehmenswertschöpfung**	

Gemeinerträge

Die Gemeinerträge ergeben sich aus der Summe der Posten Nr. 18 »Steuern vom Einkommen und vom Ertrag« sowie Nr. 19 »sonstige Steuern«. Für die Ermittlung der sonstigen Steuern kann jedoch ein Rückgriff auf den Posten Nr. 19 des Gesamtkostenverfahrens nicht ausreichend sein. So wurde schon auf die Einbeziehung der Betriebssteuern unter den Posten »sonstige betriebliche Aufwendungen« hingewiesen. Weiterhin wird es in der Literatur für zulässig erachtet und teilweise in der Praxis auch so gehandhabt, bestimmte branchentypische Verbrauchsteuern, wie z.B. die Mineralöl-, Bier-, Tabak- und Branntweinsteuer, nicht unter dem Posten Nr. 19 auszuweisen, sondern sie offen von dem Posten »Umsatzerlöse« abzusetzen (vgl. FÖRSCHLE, G., in: BECK BIL-KOMM. 1995, § 275 HGB, Rn. 66). In diesem Fall sind die offen von den Umsatzerlösen abgesetzten Verbrauchsteuern den unter dem Posten Nr. 19 ausgewiesenen sonstigen Steuern hinzuzurechnen.

Soweit auf freiwilliger Basis der Betrag der unter dem Posten »sonstige betriebliche Erträge« erfolgswirksam vereinnahmten Zuschüsse und Zulagen der Öffentlichen Hand angegeben wird, ist dieser als Abzugsposten innerhalb der Gemeinerträge zu berücksichtigen.

Fremdkapitalerträge

Als Fremdkapitalerträge sind die unter dem Posten »Zinsen und ähnliche Aufwendungen« auszuweisenden Aufwendungen anzusehen. Auf die Problematik des hier unter Umständen berücksichtigten Zinsanteils der Zuführung zu den Pensionsrückstellungen wurde bereits hingewiesen.

Eigenkapitalerträge   Als Eigenkapitalertrag ist schließlich der Posten »Jahresüberschuß/Jahresfehl-
betrag« anzusehen, wobei jedoch alternativ auch die Möglichkeit besteht, die
Ergebnisverwendungsrechnung zu berücksichtigen.

2.4.3.3.1.2 Besonderheiten bei Verwendung des Umsatzkostenfahrens

Konzeption   Kennzeichnend für das Umsatzkostenverfahren ist, daß die Aufwendungen des
betrieblichen Bereichs nach Funktionsbereichen (Herstellung, Verwaltung,
Vertrieb) aufgespalten werden und daß eine Angleichung der ausgewiesenen
Aufwendungen an das Mengengerüst des Absatzes bzw. der Umsatzerlöse erfolgt. Da für die Ermittlung der Wertschöpfungsgröße unter anderem Informationen über die Höhe der Bestandsveränderungen an fertigen und unfertigen
Erzeugnissen, den Wert der anderen aktivierten Eigenleistungen, den Materialaufwand, die Höhe der Abschreibungen sowie den Personalaufwand benötigt
werden, ist das Umsatzkostenverfahren konzeptionell nicht als Grundlage von
Wertschöpfungsrechnungen geeignet.

Rückgriff auf   Dieser Nachteil des Umsatzkostenverfahrens wird jedoch teilweise dadurch
Bilanz- und   kompensiert, daß spezifische Angaben aus Bilanz und Anhang entnommen
Anhangangaben   werden können. So können die Abschreibungen auf die immateriellen Vermö-
gensgegenstände sowie auf das Sachanlagevermögen dem Anlagespiegel ent-
nommen werden. Weiterhin können der Material- und der Personalaufwand des
Geschäftsjahrs dem Anhang entnommen werden, wobei allerdings nur große
Kapitalgesellschaften dazu verpflichtet sind, auch beide Größen offenzulegen.

Unlösbare   Für den externen Bilanzanalytiker ohne freiwillige Angaben seitens des Unter-
Probleme   nehmens nicht zu lösende Probleme ergeben sich durch die Anwendung des
Umsatzkostenverfahrens insbesondere in nachfolgenden Bereichen:

Andere aktivierte   (1) Ermittlung der Höhe der anderen aktivierten Eigenleistungen
Eigenleistungen
Diese Größe kann ohne zusätzliche Informationen seitens des Unterneh-
mens nicht durch den externen Bilanzanalytiker ermittelt werden.

Bestandsverände-   (2) Ermittlung der Höhe der Bestandsveränderung an fertigen und unfertigen
rungen   Erzeugnissen

Zwar kann grundsätzlich die Höhe der Bestandsveränderung durch eine
Differenzenbildung der betreffenden Bilanzposten (Aktiva B. I. 2 und 3)
zu Beginn und Ende des Geschäftsjahrs ermittelt werden. Während sich
für den Bilanzposten unfertige Erzeugnisse, unfertige Leistungen keine
Schwierigkeiten ergeben, treten bei den fertigen Erzeugnissen Probleme
auf, weil diese zusammen mit den Waren ausgewiesen werden. Da Bestandsveränderungen auf Waren dem Materialaufwand zuzurechnen sind,
müßte für eine präzise Ermittlung der Bestandsveränderungen der fertigen
Erzeugnisse dieser Bilanzposten in fertige Erzeugnisse und Waren aufgespalten werden können.

(3) Ermittlung der sonstigen Steuern

Sonstige Steuern

Bei Anwendung des Umsatzkostenverfahrens besteht für die sogenannten Kosten- oder Betriebssteuern die Möglichkeit, diese entweder unter dem Posten »sonstige Steuern« gem. § 275 Abs. 3 Nr. 18 HGB auszuweisen oder aber den Funktionsbereichen Herstellung, Vertrieb und allgemeine Verwaltung zuzuordnen (vgl. WP-HANDBUCH 1996, Bd. I, Buchst. F, Rn. 405 und 417). Wird im Falle einer Zuordnung zu den Funktionsbereichen lediglich die Art des Ausweises im Anhang angegeben und erfolgt keine betragsmäßige Angabe, so kann der externe Analyst den Betrag der sonstigen Steuern nicht exakt ermitteln.

(4) Ermittlung der Zinsaufwendungen

Zinsaufwendungen

Analog zum alternativen Ausweis von Kosten- oder Betriebssteuern besteht grundsätzlich auch für die Zinsaufwendungen die Möglichkeit eines Ausweises unter dem Posten Nr. 12 gem. § 275 Abs. 3 HGB oder aber einer Zuordnung zu den Posten Nr. 2, 4 und 5 (vgl. ADLER/DÜRING/ SCHMALTZ 1997, § 275 HGB, Rn. 249). Auch hier erfordert eine Ermittlung der Zinsaufwendungen eine betragsmäßige Angabe seitens des Unternehmens.

(5) Sonstige betriebliche Aufwendungen

Sonstige betriebliche Aufwendungen

Der Posten »sonstige betriebliche Aufwendungen« im Umsatzkostenverfahren umfaßt üblicherweise jene Aufwendungen, die nicht den einzelnen Funktionsbereichen Herstellung, Verwaltung oder Vertrieb zugeordnet werden. Somit können, wie GRÄFER zutreffend ausführt, »wertschöpfungsrelevante Teile wie Gebühren, Beiträge usw. auf die einzelnen Funktionsbereiche verteilt sein, und deshalb nicht in die Vorleistungen einbezogen werden ...« (GRÄFER, H. 1994, S. 238).

(6) Unübliche Abschreibungen auf Vermögensgegenstände des Umlaufvermögens

Unübliche Abschreibungen

Im Gegensatz zum Gesamtkostenverfahren (vgl. § 275 Abs. 2 Nr. 7b HGB) sieht das Umsatzkostenverfahren keinen gesonderten Posten für diese Abschreibungen vor. Generell sind beim Umsatzkostenverfahren Abschreibungen auf Gegenstände des Umlaufvermögens (außer Wertpapieren) funktional unter den Posten Nr. 2, 4, 5 sowie 7 auszuweisen (vgl. BORCHERT, D., in: KÜTING/WEBER 1995, § 275 HGB, Rn. 143). Eine Aussonderung der unüblichen Abschreibungen bei der Ermittlung der ordentlichen betrieblichen Wertschöpfung ist somit auf der Grundlage des Umsatzkostenverfahrens nicht möglich.

Die Ausführungen zeigen, daß die Durchführung der Wertschöpfungsrechnung auf der Grundlage des Umsatzkostenverfahrens mit größeren Ungenauigkeiten behaftet ist als die Durchführung auf der Grundlage des Gesamtkostenverfah-

Fazit

rens. Inwieweit sich hieraus jedoch betragsmäßig relevante Abweichungen ergeben, kann nicht generell beantwortet werden. Ansonsten kann zur grundsätzlichen Vorgehensweise, unter Berücksichtigung der aufgeführten Besonderheiten, auf die in den Übersichten 69 und 70 dargestellten Ermittlungsschemata verwiesen werden. Die auf der Grundlage des Gesamtkostenverfahrens vorgenommenen Korrekturmaßnahmen sind gleichermaßen auf der Grundlage des Umsatzkostenverfahrens realisierbar, da die entsprechenden Angabepflichten unabhängig vom angewandten Gliederungsverfahren erfüllt werden müssen.

2.4.3.3.2 Anwendungsmöglichkeiten und Anwendungsprobleme

Analyseziele Im Rahmen der externen wie internen Bilanzanalyse werden Wertschöpfungsgrößen als (Bestandteil von) Kennzahlen im Hinblick auf die verschiedensten Analyseziele ermittelt, (vgl. hierzu auch WEBER, H.K. 1994, Rn. 97ff.) so z.B.

- für die Analyse der Einkommensverteilung,

- für die Beurteilung der Produktivität,

- als Maßgröße für die Leistungskraft eines Unternehmens,

- für den »Vergleich der betrieblichen Wertschöpfungsentwicklung mit der gesamtwirtschaftlichen Einkommensentwicklung« (GRÄFER, H. 1994, S. 230),

- für die Ermittlung der Wertschöpfungsquote »zur Analyse der Fertigungstiefe« (COENENBERG, A.G. 1997, S. 716),

- als Maß für Unternehmensgröße, -wachstum und -konzentration.

Ziel bestimmt Das zentrale Problem jeder Gesamtdarstellung zum Bereich Wertschöpfungs-
Konzept der rechnung liegt darin begründet, sich für ein bestimmtes Konzept einer Wert-
Wertschöpfung schöpfungsrechnung bzw. einer Wertschöpfungsgröße entscheiden zu müssen, obwohl »Fragen zur Umgrenzung des Ermittlungsbereichs oder zur Anwendung von Ermittlungstechniken ... in ihrer Beantwortung abhängig vom verfolgten Rechnungsziel« (WEDELL, H. 1976, S. 207) sind.

Exemplarisch sei auf die aussagezielabhängige Behandlung der Abschreibungen hingewiesen.

Bei den gemeinhin diskutierten Wertschöpfungsgrößen handelt es sich ganz überwiegend um Nettowertschöpfungsgrößen, d.h. Wertschöpfungsgrößen nach Abzug von Abschreibungen.

Betriebs- bzw. Für Zwecke der Betriebsgrößen- bzw. Unternehmensgrößenmessung sowie der
Unternehmens- Wachstumsmessung sollte jedoch auf eine Wertschöpfungsgröße vor Abzug
größenmessung der Abschreibungen abgestellt werden. Diese Vorgehensweise erscheint insbesondere im Hinblick auf zwischenbetriebliche Vergleiche sinnvoll, um auf diesem Wege die Einflüsse einer personal- oder aber kapitalintensiven Leistungserstellung zu vermeiden. Denn der Einwand, daß der Automatisierungsgrad

und die Personalintensität die Wertschöpfung des Unternehmens determinieren (vgl. WENZEL, B. 1978, S. 132), gilt in erster Linie für die Nettowertschöpfung.

Anders muß dagegen bei der Messung der Leistungskraft eines Unternehmens, verstanden als die Messung des »Wertauftriebs, der in einem Zeitraum auf der Grundlage fremdbezogener Ausgangswerte (Güter und Dienste) durch Maßnahmen und Tätigkeiten ... im Unternehmen herbeigeführt wurde« (WEDELL, H. 1976, S. 207), vorgegangen werden. Für diese Messung ist die Verwendung einer Nettowertschöpfungsgröße erforderlich, da ansonsten durch den Verzicht auf die Einbeziehung des Abschreibungsaufwands in die Wertschöpfungsgröße bestimmte Vorleistungen anderer Perioden und/oder Unternehmungen nicht eliminiert werden (vgl. POHMER, D./KROENLEIN, G. 1970, Sp. 1920).

Messung der Leistungskraft

Die Ausführungen verdeutlichen, daß sich der Analyst nicht der Aufgabe entledigen kann, die in der Literatur diskutierten Berechnungsschemata einzelfall- und aussagezielbezogen zu modifizieren, will er nicht Gefahr laufen, Wertschöpfungsgrößen zu ermitteln und zu analysieren, die für die von ihm verfolgten Ziele nicht adäquat sind. Dies bedeutet zugleich, daß er in der Regel mit einem einzigen (starren) Schema nicht auskommen wird.

Fazit

Im Vergleich zu dem klassischen Ansatz stellt die hier diskutierte erfolgsspaltungsorientierte Wertschöpfungsrechnung im Rahmen der erfolgswirtschaftlichen Bilanzanalyse ein vergleichsweise flexibles Instrument dar, dessen Flexibilität beispielsweise noch durch einen gesonderten Ausweis einer ordentlichen betrieblichen Wertschöpfungsgröße vor und nach planmäßigen handelsbilanziellen Abschreibungen erhöht werden könnte.

Merksätze:

1. Wertschöpfungsrechnungen werden als externes Informationsinstrument, daneben aber auch im Rahmen der internen und externen Bilanzanalyse genutzt.

2. In der Betriebswirtschaftslehre existieren zahlreiche terminologisch und inhaltlich abweichende Definitionen der einzelwirtschaftlichen Wertschöpfungsrechnung.

3. Die aus der Wertschöpfungsrechnung abgeleitete Größe stellt gegenüber den traditionell (eigen-)kapitalorientierten Erfolgsgrößen eine erweiterte, umfassende Erfolgsgröße dar. Zu unterscheiden ist unter anderem zwischen der ordentlichen betrieblichen Wertschöpfung und einer erweiterten Wertschöpfungsgröße, der Unternehmenswertschöpfung.

4. Ausgangspunkt einer extern erstellten Wertschöpfungsrechnung ist grundsätzlich die veröffentlichte Gewinn- und Verlustrechnung. Im Rahmen der Entstehungsrechnung wird zunächst der Produktionswert ermittelt, von dem anschließend die Vorleistungen subtrahiert werden. Dabei bereitet die Eliminierung der nicht wertschöpfungsrelevanten Komponenten zum Teil erhebliche Probleme. Der sogenannte Restbetrag wird in die ordentliche betriebsfremde und die außerordentliche Wertschöpfung aufgegliedert und leitet die ordentliche betriebliche Wertschöpfung in die Unternehmenswertschöpfung über.

5. Im Rahmen der Verteilungsrechnung ergibt sich die Unternehmenswertschöpfung als Summe aus Arbeits-, Gemein-, Fremdkapital- und Eigenkapitalerträgen.

6. Besondere Schwierigkeiten bereitet die Ermittlung der Wertschöpfungsgröße, wenn die Gewinn- und Verlustrechnung auf der Grundlage des Umsatzkostenverfahrens erstellt wird.

7. Um zu einer zieladäquaten Wertschöpfungsgröße zu gelangen, muß der Analytiker die zur Verfügung stehenden Berechnungsschemata einzelfall- und aussagezielbezogen modifizieren.

2.4.4 Break-Even-Analyse

2.4.4.1 Vorbemerkungen

Die Break-Even-Analyse repräsentiert als Kosten- und Leistungsmodell im Rahmen einer betriebsanalytischen Vorausschaurechnung aus interner Sicht ein Instrument zur Abschätzung des kostenstrukturellen Risikos im leistungswirtschaftlichen Bereich (vgl. SCHÄR, J. 1923; SCHWEITZER, M./TROSSMANN, E. 1986). In Analogie hierzu kann sie als Aufwands- und Ertragsmodell auch bei der erfolgswirtschaftlichen Bilanzanalyse zur Diagnose der Ertragskraft eines Unternehmens aus externer Sicht zum Einsatz gelangen (vgl. COENEN-BERG, A.G. 1997, S. 717ff.; LORSON, P. 1992; SCHULT, E. 1991, S. 100f. und S. 245f.).

2.4.4.2 Break-Even-Analyse als Kosten- und Leistungsmodell

2.4.4.2.1 Break-Even-Analyse im Einproduktunternehmen

Aufgabe

Die Break-Even-Analyse (= Cost-Volume-Profit-Analysis, Deckungspunkt- oder Gewinnschwellenanalyse bzw. Gewinnpunktrechnung) dient der Ermittlung desjenigen Punkts, an dem die Umsatzerlöse aller Erzeugnisse gleich den gesamten Periodenkosten sind. Dieser aus einer Kombination von Absatzmengen, Preisen und Kosten ermittelte Punkt wird als Break-Even-Point, (Vollkosten-)Deckungspunkt, Nutzschwelle, Gewinnschwelle oder als Toter Punkt bezeichnet. Er gibt die kritische Absatzmenge bzw. den kritischen Umsatz an, welche(n) ein Unternehmen mindestens erreichen muß, um bei gegebenen Marktpreisen und konstanten Grenzkosten in die Gewinnzone zu gelangen. Dabei knüpft die Break-Even-Analyse an die Grundsätze einer Deckungsbeitragsrechnung an.

Kennzahl Break-Even-Punkt

Im Einproduktunternehmen stellt sich eine Deckungspunktanalyse relativ problemlos dar, sofern die Kosten in beschäftigungsfixe und beschäftigungsabhängige Bestandteile aufgespalten worden sind. Formelmäßig errechnet sich die Kennzahl Break-Even-Punkt (x_{krit}) wie folgt (vgl. WÖHE, G. 1996, S. 1314):

(a) Gewinn $\quad = 0$

(b) Umsatz $\quad =$ Kosten

(c) Preis $\times$ Menge $\quad =$ variable Stückkosten $\times$ Menge + fixe Kosten

(d) Fixkosten $\quad = x_{krit} \times$ (Preis ./. variable Stückkosten)

(F. 8.1)

$$x_{krit} \qquad = \qquad \frac{Fixkosten}{Stückdeckungskosten}$$

Die Bestimmungsgleichung F. 8.1 bringt zum Ausdruck, daß eine Unternehmung genau dann ihre gesamten Kosten durch die Umsatzerlöse deckt, wenn die Menge abgesetzt wird, die dem Quotienten aus fixen Kosten und Deckungsbeitrag je Absatzmengeneinheit entspricht. Diese kritische Absatzmenge ist allerdings bereits in einem Einproduktunternehmen nur unter restriktiven Voraussetzungen eindeutig bestimmbar (vgl. HEIGL, A. 1989, S. 128f.; KERN, W. 1978, S. 373).

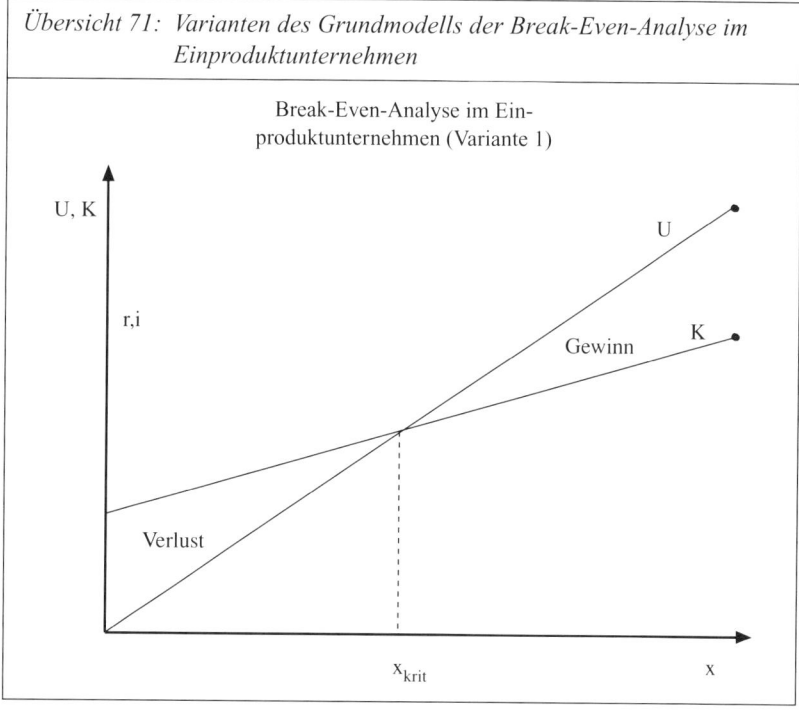

Übersicht 71: Varianten des Grundmodells der Break-Even-Analyse im Einproduktunternehmen

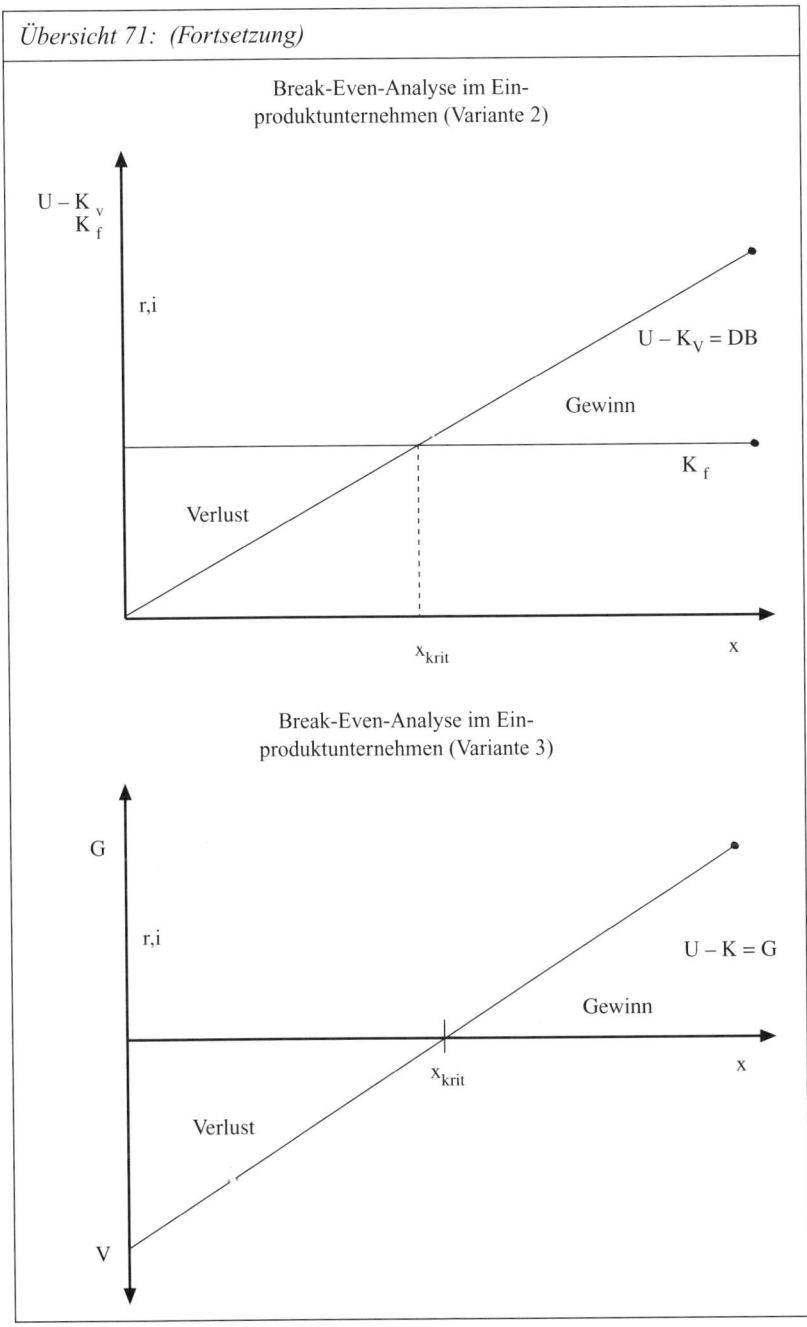

Übersicht 71: (Fortsetzung)

Break-Even-Analyse im Einproduktunternehmen (Variante 2)

$U - K_v$
K_f

r,i

$U - K_V = DB$

Gewinn

K_f

Verlust

x_{krit} x

Break-Even-Analyse im Einproduktunternehmen (Variante 3)

G

r,i

$U - K = G$

Gewinn

x_{krit} x

Verlust

V

Graphisch lassen sich Break-Even-Analysen in den drei in Übersicht 71 wiedergegebenen gleichwertigen Varianten durchführen. Dabei entsprechen Variante 1, Variante 2 und Variante 3 den Gleichungen (b), (d) und (a). Das skizzierte Grundmodell kann in andere Formen der Berechnung kritischer Werte überführt werden (vgl. HABERSTOCK, L. 1982, S. 155f.), von denen folgende hervorzuheben sind:

Sicherheits-
koeffizient

(1) Es kann eine Sicherheitsspanne (-abstand oder -koeffizient) bestimmt werden, indem die Differenz zwischen der kritischen Absatzmenge und einer gegebenen, in der Gewinnzone liegenden Absatzmenge gebildet wird. Diese bringt quasi als ›Risikomaß‹ zum Ausdruck, welche Absatzmengen- bzw. Umsatzrückgänge ein Unternehmen verkraften kann, bevor es in die Verlustzone gerät (vgl. auch F. 8.4).

Unhealthy Point

(2) Durch Vorgabe eines auszuschüttenden Gewinns, der als additive Komponente der Fixkosten zu berücksichtigen ist, läßt sich der sogenannte Unhealthy Point berechnen, welcher »den erforderlichen Mindestumsatz für jede volle Ausschüttung einer geplanten Dividende« (KERN, W. 1978, S. 374) repräsentiert.

2.4.4.2.2 Break-Even-Analyse im Mehrproduktunternehmen

In Mehrproduktunternehmen stellen sich die der rechnerischen Bestimmung des Break-Even-Punkts zugrundeliegenden Gleichungen in Analogie zu (c) bzw. (d) wie folgt dar.

(e) Summe der Umsätze nach Erzeugnisarten = Summe der nach Erzeugnissen = differenzierten variablen Kosten + Fixkosten

(f) Fixkosten = Summe der Deckungsbeiträge der jeweiligen Erzeugnisarten

Abweichende
Berechnungs-
methoden

Die Gleichung (f), nach der die Deckungsbeiträge aller Erzeugnisarten insgesamt gleich den zu deckenden fixen Kosten sein müssen, ist jedoch nicht mehr eindeutig lösbar (vgl. KILGER, W. 1962, S. 95f.). Gleichwohl kann die kritische Absatzmenge dadurch bestimmt werden, daß durch Festhalten der Mengenrelationen des geplanten Absatzmixes, über alle Erzeugnisarten hinweg ermittelte durchschnittliche Planpreise und proportionale Plankosten je Absatzmixmengeneinheit errechnet werden. Auf Basis dieser Vorgehensweise ist die kritische Absatzmenge (x_{krit}) wie folgt bestimmbar (vgl. KILGER, W. 1993, S. 802):

(F. 8.2)

$$x^*_{krit} = \frac{\text{Fixkosten}}{\text{durchschnittlicher (fiktiver) Stückdeckungsbeitrag}}$$

Das gleiche Ergebnis kann auch dadurch gewonnen werden, daß auf den Umsatz abgestellt wird. Der Quotient aus fixen Kosten und der auf die Summe der Umsätze bezogenen Deckungsbeiträge der geplanten Absatzmengen ergibt dann den kritischen Umsatz (Umsatz_{krit}) (vgl. (F. 8.3)). Bei der so ermittelten Umsatzhöhe entsprechen die Umsatzerlöse den Fixkosten. Der Break-Even-Umsatz ergibt sich als Verhältnis aus Fixkosten und durchschnittlichem Deckungsbeitrag je DM Umsatz (DBU-Faktor).

(F. 8.3)

$$\text{Umsatz}_{krit} = \cfrac{\text{Fixkosten}}{\cfrac{\text{Summe der Erzeugnisartendeckungsbeiträge}}{\text{Gesamtumsätze}}}$$

Die Break-Even-Analyse läßt sich auch im Mehrproduktunternehmen graphisch durchführen. Übersicht 72 zeigt die zu Übersicht 71 analogen graphischen Ermittlungsweisen des Kostendeckungspunkts. Dabei wurde bei den mit 1 (2) indizierten Funktionen unterstellt, daß die Erzeugnisse in der Reihenfolge abnehmender (steigender) Deckungsbeiträge abgesetzt werden können. In Abhängigkeit der Absatzstruktur erhält man je einen kritischen Wert. Die beiden über den ›Optimistic Path‹ respektive den ›Pessimistic Path‹ ermittelten Werte liegen symmetrisch um den kritischen Wert, der sich ergibt, wenn man unterstellt, daß die Mengenstruktur des Absatzprogramms, wie sie sich am Ende der (Plan-)Periode darstellt, auch die typische intraperiodische Absatzstruktur repräsentiert. Die auf dieser Prämisse beruhenden Funktionen (›Central Paths‹) sind in der Darstellung der Varianten 1b (K*, U*), 2 (DB*) und 3 (G*) in Übersicht 72 enthalten.

Graphische Darstellung

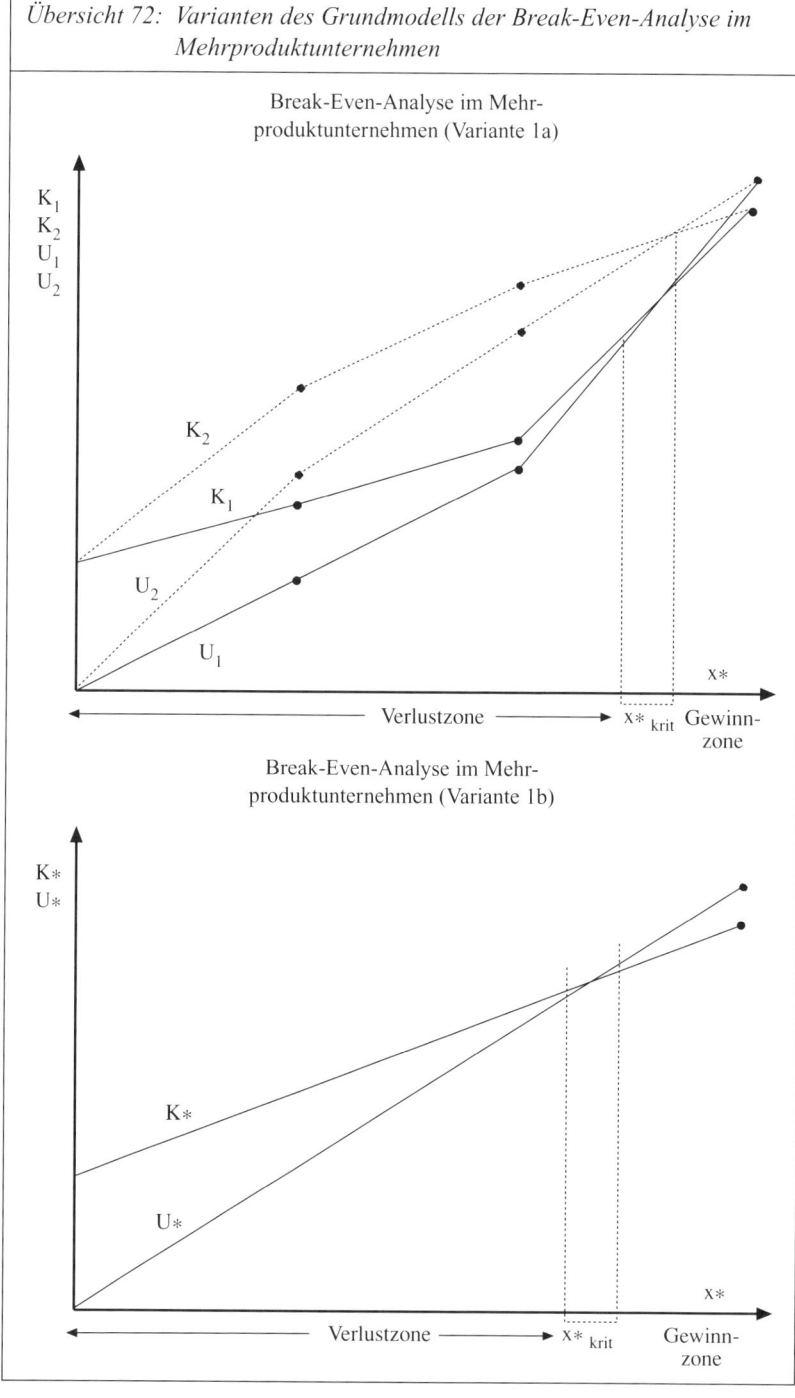

Übersicht 72: Varianten des Grundmodells der Break-Even-Analyse im Mehrproduktunternehmen

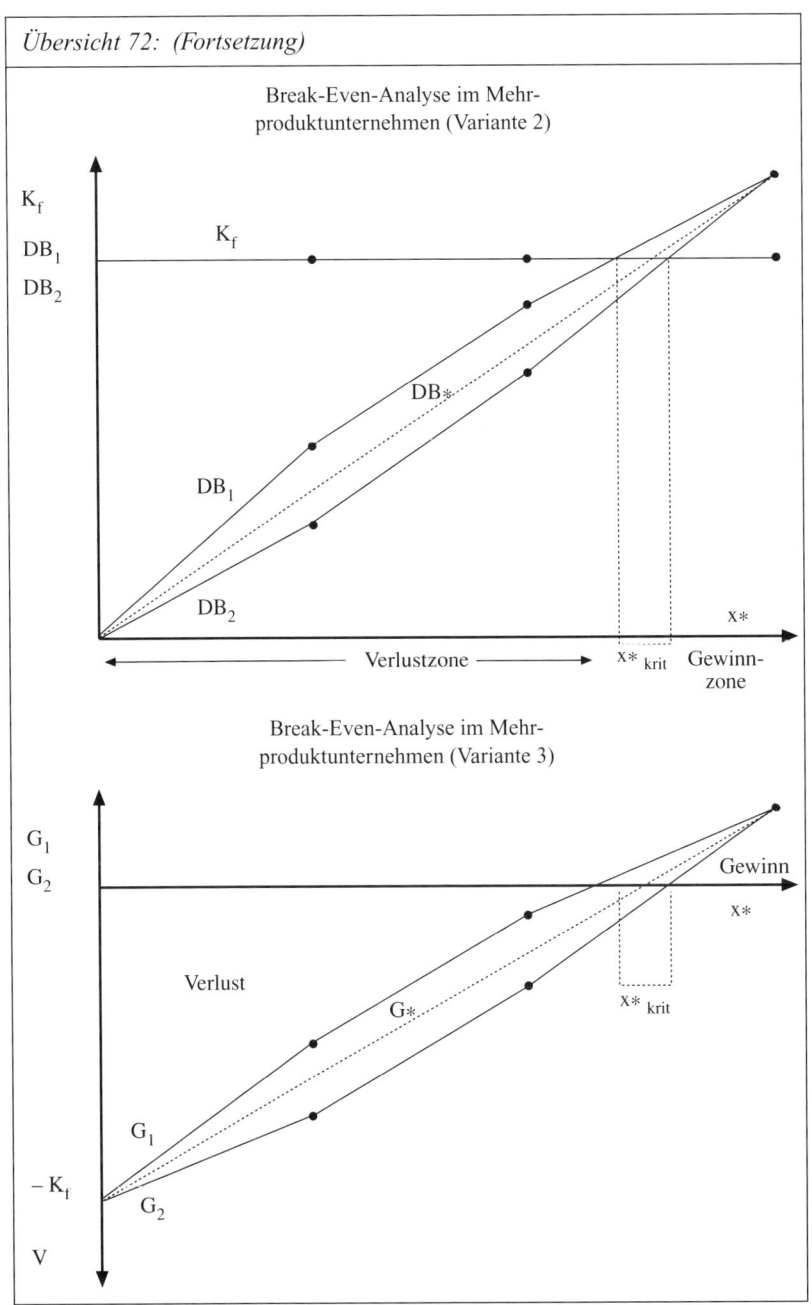

Übersicht 72: (Fortsetzung)

Break-Even-Analyse im Mehrproduktunternehmen (Variante 2)

Break-Even-Analyse im Mehrproduktunternehmen (Variante 3)

Sicherheits-
koeffizient

Wie angedeutet, kann eine Break-Even-Analyse in (Ein- und) Mehrproduktunternehmen auch – nach zuvor bestimmter kritischer Umsatzhöhe – zur Überprüfung herangezogen werden, mit welcher Sicherheit davon ausgegangen werden kann, daß in der Planperiode tatsächlich ein Gewinn entsteht. Zu diesem Zweck wird der Sicherheitskoeffizient S (vgl. F. 8.4) errechnet, der zum Ausdruck bringt, um wieviel Prozent die (in Geldeinheiten ausgedrückte) geplante Absatzmenge (Umsatz$_{plan}$) in Form des Istabsatzes der betreffenden Periode ceteris paribus sinken kann (steigen muß), damit kein Verlust entsteht, sofern sich ein positiver (negativer) Wert für S ergibt. Der Sicherheitskoeffizient kann in gleicher Form ex post bestimmt werden, indem der Planumsatz durch den Istumsatz ersetzt wird.

(F. 8.4)

$$\text{Sicherheitskoeffizient} \quad = \quad \frac{\text{Umsatz}_{plan} ./. \text{Umsatz}_{krit}}{\text{Umsatz}_{plan}} \times 100$$

Break-Even-Punkt-
Erreichung

Eine sinnvolle Ergänzung findet die Berechnung der Sicherheitsspanne durch die laufende Kontrolle des Periodenabsatzes durch die Break-Even-Punkt-Erreichung (BEV) (vgl. REICHMANN, T. 1993, S. 139), die den bislang erzielten Istabsatz in Prozent des kritischen Absatzvolumens ausdrückt. Übersicht 73 zeigt ein Beispiel eines für die laufende Erfolgskontrolle konzipierten Charts.

(F. 8.5)

$$\text{BEV} \quad = \quad \frac{\text{kumulierter Istabsatz}}{\text{kritischer Absatz}} \times 100$$

Gewinnreagibilität

Weiterhin bietet es sich zur Ergänzung der Logik der Break-Even-Analyse an, als Risikogröße zusätzlich die Gewinnreagibilität zu ermitteln.

(F. 8.6)

$$\text{Gewinnreagibilität} \quad = \quad \frac{\text{Summe Deckungsbeiträge}}{\text{Gewinn}}$$

Dieser Koeffizient bringt zum Ausdruck, um wieviel Prozent sich das Ergebnis verändert, wenn das Absatzvolumen um 1% steigt oder sinkt. Jedoch sind die so ermittelten Werte nur bei geringfügigen Absatzänderungen aussagekräftig. Verändert sich die Absatzmenge beispielsweise um 10%, dann steigen bei konstanter Absatzstruktur und konstanten Kapazitäten (= Fixkosten) Nenner und Zähler um den gleichen absoluten Betrag, während die relative Veränderung der Zählergröße hinter der der Nennergröße zurückbleibt. Denn in der Gewinnzone wächst der Gewinn relativ schneller als die kumulierten Deckungsbeiträge, was in einer niedrigeren Gewinnreagibilität zum Ausdruck kommt. Folglich bringen niedrige positive Werte dieser Kennzahl ein geringes leistungswirtschaftliches Risiko zum Ausdruck.

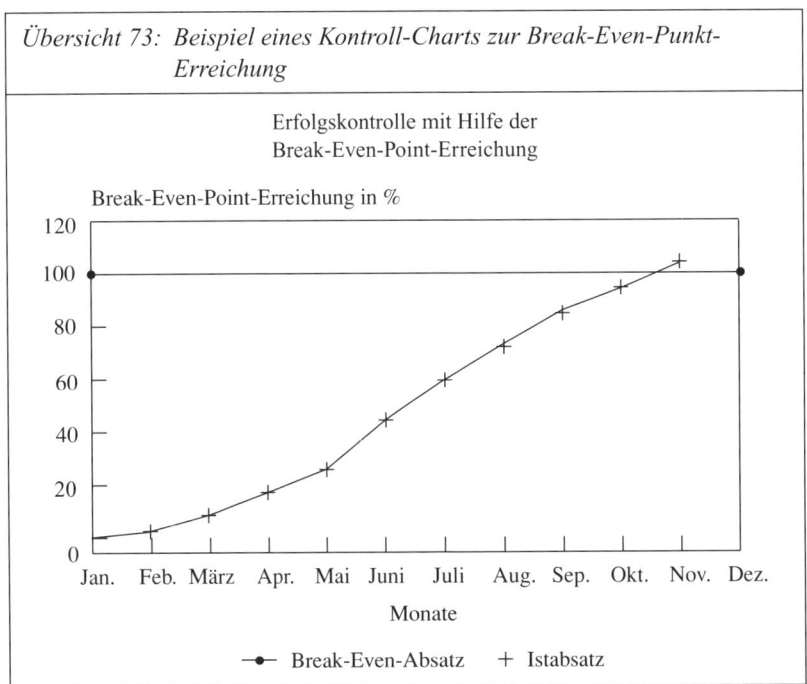

Übersicht 73: Beispiel eines Kontroll-Charts zur Break-Even-Punkt-Erreichung

Erfolgskontrolle mit Hilfe der
Break-Even-Point-Erreichung

Break-Even-Point-Erreichung in %

Monate

—•— Break-Even-Absatz   + Istabsatz

2.4.4.3 Break-Even-Analyse als Aufwands- und Ertragsmodell

2.4.4.3.1 Vorbemerkungen

Die Bilanzanalyse repräsentiert eine Methode zur Informationsverarbeitung mit dem Ziel, Jahresabschlüsse in Hinblick auf bestimmte Informationsziele eines oder mehrerer Unternehmen aufzubereiten und interpretierend zu beurteilen. Diesbezüglich kommt der Break-Even-Analyse die Aufgabe zu, einen quantitativen Einblick in die Ertragslage eines Unternehmens zu ermöglichen (quantitative, externe erfolgswirtschaftliche Jahresabschlußanalyse). Die Möglichkeiten und Grenzen dieses Instruments zur Abschätzung des leistungswirtschaftlichen Risikos in Mehrproduktunternehmen sollen am Beispiel von zwei alternativen Ermittlungsschemata erörtert werden. Ziel ist es jeweils, eine Gewinnschwelle aus den Angaben eines Geschäftsberichts zu approximieren. Dies ist im Rahmen der Bilanzanalyse insbesondere dann relevant, wenn während des laufenden Geschäftsjahrs Umsatzzahlen monatlich veröffentlicht werden. Denn dann kann der externe Analytiker unter Rückgriff auf die für das Vorjahr bestimmte Gewinnschwelle sowohl die monatsbezogenen Sicherheitskoeffizienten (durch Erweiterung mit 1/12) bestimmen als auch die Break-Even-Punkt-Erreichung verfolgen (vgl. F. 8.4 und F. 8.5).

Externe Erfolgsanalyse

Werden keine monatlichen Umsatzzahlen bekanntgegeben, so verbleibt dem Externen alternativ die Möglichkeit der Berechnung der Umsatzabweichung.

Umsatzabweichung

(F. 8.7)

$$\text{Umsatzabweichung} \quad = \quad \frac{\text{Umsatz}_{\text{Ist}} \; ./. \; \text{Umsatz}_{\text{krit}}}{\text{Umsatz}_{\text{krit}}} \; \times \; 100$$

Ist diese positiv, dann ist folgende Schlußfolgerung zu ziehen: Die zukünftige Gewinnerwirtschaftung ist um so nachhaltiger einzuschätzen, je höher der Betrag der Umsatzabweichung ist.

2.4.4.3.2 Varianten der Ermittlung des Break-Even-Punkts

Variante 1: Variable Kosten

Die folgenden Erörterungen der Alternativen zur Bestimmung des Break-Even-Punkts basieren auf einer als Gesamtkostenverfahren ausgestalteten Gewinn- und Verlustrechnung. Die Variante 1 der als externes Aufwands- und Ertragsmodell im Rahmen der erfolgswirtschaftlichen Bilanzanalyse zu realisierenden Break-Even-Analyse beruht auf dem Kerngedanken, die variablen Kosten durch den korrigierten Materialaufwand zu approximieren. Dazu ist der im Gesamtkostenverfahren ausgewiesene Materialaufwand um diejenigen angabepflichtigen Komponenten zu bereinigen, die keinesfalls den Charakter variabler Kosten aufweisen. So sind z.B. die hierin enthaltenen steuerrechtlich bedingten Abschreibungen auf das Vorratsvermögen, sofern auf deren Ausweis im Sonderposten mit Rücklageanteil verzichtet wurde, gegen den ausgewiesenen Materialaufwand aufzurechnen. Diese Korrektur erweist sich einerseits aus Gründen der somit gegenüber der Ausweistechnik invarianten Ermittlung von Gewinnschwellen grundsätzlich als sachgerecht, andererseits mißlingt der Versuch, eine Rechengröße Materialaufwand zu gewinnen, die eine echte Teilmenge der tatsächlichen variablen Kosten darstellt. Denn in der Regel enthält der so bestimmte Materialaufwand auch Aufwendungen des neutralen Bereichs.

Fixkosten

Alle verbleibenden betriebsbedingten Aufwendungen repräsentieren als Restaufwand die Fixkosten. Im einzelnen handelt es sich um folgende Posten des Gesamtkostenverfahrens: Personalaufwendungen, Abschreibungen auf die immateriellen Vermögensgegenstände und das Sachanlagevermögen (korrigiert um die steuerrechtlichen Mehrabschreibungen), sonstige betriebliche Aufwendungen ohne Liquidations- und Bewertungsverluste sowie sonstige Steuern.

Hierauf aufbauend ist der kritische Umsatz (Umsatz$_{\text{krit}}$) analog zu Formel F. 8.3 zu bestimmen:

(F. 8.8)

$$\text{Umsatz}_{\text{krit}} \quad = \quad \frac{\text{Restaufwand}}{1 \quad ./. \quad \dfrac{\text{Materialaufwand}}{\text{Umsatz}}}$$

Wesentlich einfacher gestaltet sich die Berechnung des kritischen Umsatzes nach der Variante 2, die auf eine Kostenspaltung verzichtet. Demnach sind die gesamten betriebsbedingten Aufwendungen als Summe der unkorrigierten Posten Nr. 5 bis 8 sowie Nr. 19 der Gewinn- und Verlustrechnung nach dem Gesamtkostenverfahren zu bestimmen. Diese sind – entsprechend der der Break-Even-Punkt-Berechnung zugrundezulegenden Ausgangsgleichung (b) – betragsmäßig gleich der kritischen Umsatzhöhe.

Variante 2

2.4.4.3.3 Grundsätzliche Überlegungen zur Lage der Break-Even-Punkte

Im folgenden wird untersucht, wie die geschätzte Gewinnschwelle gegenüber der ›wahren‹ des zu approximierenden Kosten- und Leistungsmodells systematisch verzerrt wird. Dabei erweist sich vom Grundsatz her die Beurteilung der Variante 2 als relativ einfach. Es ist lediglich einzelfallbezogen überschlägig zu prüfen, ob die Gesamtkosten größer oder kleiner sind als die betriebsbedingten Aufwendungen. Denn letztere enthalten keine kalkulatorischen Kosten, wohl aber den nicht als Kosten verrechneten Zweckaufwand sowie zum Teil neutrale Aufwendungen. Kommt man zu dem Ergebnis, daß vermutlich die zugrunde gelegten betriebsbedingten Aufwendungen die Gesamtkosten übersteigen, dann wird der Break-Even-Umsatz zu hoch geschätzt. In diesem Fall kann man aus positiven Werten der Umsatzabweichung auf ein geringes leistungswirtschaftliches Risiko schließen. Im umgekehrten, wahrscheinlicheren Fall (Kosten > Aufwendungen) sollte den Ergebnissen der Break-Even-Analyse mit großer Vorsicht begegnet werden, denn dann wird der durch den Umsatz zu deckende Fixkostenbetrag zu niedrig, d.h. bilanzanalytisch unvorsichtig, geschätzt.

Beurteilung der Variante 2

Die Beurteilung der Lage des Break-Even-Punkts bei Variante 1 stellt sich weitaus schwieriger dar. Dazu sollen zunächst einige Prämissen gesetzt werden:

Prämissen zur Beurteilung der Variante 1

(1) Der in der Formel F. 8.8 verwendete Umsatz (U) entspricht betragsmäßig der kostenrechnerischen Umsatzgröße (Leistungen). Diese Prämisse erscheint relativ unproblematisch. Jedoch ist zu beachten, daß auch der Inhalt des Postens Nr. 1 nach § 275 Abs. 2 HGB komplex sein kann und nicht nur die aus dem Verkauf von Fertigerzeugnissen und Handelswaren erzielten (kostenrechnerisch als Leistungen zu betrachtenden) Erlöse umfaßt (vgl. BORCHERT, D., in: KÜTING/WEBER, 1995, § 275 HGB, Rn. 32).

(2) Die Summe aus Materialaufwand (MA) und Restaufwand (RA) der Gewinn- und Verlustrechnung ist betragsmäßig gleich der Summe der in der Kostenrechnung erfaßten Gesamtkosten. Diese Prämisse wird in der Regel verletzt sein. Denn die betrieblich bedingten Aufwendungen enthalten einerseits z.B. keine kalkulatorischen Kosten, wie kalkulatorische Abschreibungen, Eigenkapitalzinsen, Wagniskosten, Mietkosten usw. Andererseits können – gegebenenfalls in beträchtlichem Umfang – in

den Material- und Restaufwendungen auch solche Aufwendungen enthalten sein, die dem neutralen Bereich zuzurechnen sind. Somit ergibt sich grundsätzlich abweichend von der gesetzten Prämisse folgende Ausgangssituation: Übersteigt die Summe der nicht zu berücksichtigenden neutralen Aufwendungen die Summe der zu berücksichtigenden kalkulatorischen Kosten, wird der Break-Even-Umsatz bilanzanalytisch zu vorsichtig bzw. zu hoch geschätzt und umgekehrt.

(3) Der korrigierte Materialaufwand als Schätzwert der variablen Kosten liegt grundsätzlich unter dem Betrag der variablen Kosten, da er die direkten Fertigungslöhne beispielsweise unbeachtet läßt. Folglich weicht er in Abhängigkeit der Fertigungstiefe und der individuellen Unternehmenssituation von der zu schätzenden Größe um einen absoluten Betrag A nach unten ab. Damit wird der Fall ausgeschlossen, daß die neutralen Komponenten des Materialaufwands die direkten Fertigungslohnkosten übersteigen.

Kombination der Prämissen Aus einer Kombination der Prämissen (2) und (3) ergibt sich aufbauend auf Formel F. 8.8 folgende Ausgangssituation der Gewinnschwellenberechnung, wobei K_v die gesamten variablen und K_f Die gesamten fixen Kosten bezeichnen und K_v ./. A bzw. K_f + A den Materialaufwand respektive den Restaufwand repräsentieren.

(F. 8.9)

$$
\text{Umsatz}_{krit} \quad = \quad \cfrac{K_f + A}{1 \quad ./. \quad \cfrac{K_v ./. A}{U}} \quad = \quad \frac{U \times (K_f + A)}{U ./. K_v + A}
$$

Eine genauere Betrachtung zeigt zunächst, daß sich für den kritischen Umsatz aufgrund der praktisch relevanten Nennerkonstellationen ($U > K_v + A$) positive Werte ergeben. Weiterhin ist zu konstatieren, daß die zu geringe Schätzung der variablen Kosten durch den Materialaufwand den Divisor und zugleich den Zähler erhöht. Das Ausmaß der Gesamtwirkung variiert jedoch mit der individuellen Kostenstruktur als dem Verhältnis von variablen zu fixen Kosten des zu analysierenden Unternehmens. Die Ausgangsdaten einer überschlägigen Abschätzung des Kostenstruktureinflusses zeigt Übersicht 74. Dabei werden die Gesamtkosten jeweils konstant mit 100 und A mit 10 (= direkter Fertigungslohnkostenanteil an den Gesamtkosten von 10 %) angenommen. Setzt man weiterhin für den Umsatz alternativ 120, 150, 200, 300 und 400 ein, so ergibt sich, daß die Schätzung des Kostendeckungspunkts von dem ›wahren‹ Break-Even-Punkt um 2,3 % bis 45,6 % abweicht.

Ergebnisse Verallgemeinernd lassen sich folgende Schlußfolgerungen ziehen:

(1) Bei betragsmäßig hohen Umsatzwerten, die die Gesamtkostensumme übersteigen, nimmt der Schätzfehler zu. Folglich wird die Güte der Schät-

zung bei Unternehmen, die hohe Jahresüberschüsse erwirtschaften, einerseits zwar betragsmäßig wesentlich schlechter, andererseits jedoch bilanzanalytisch wesentlich vorsichtiger sein als bei solchen Unternehmen, die weniger profitabel im abgelaufenen Geschäftsjahr gewirtschaftet haben. Das Urteil des die Break-Even-Analyse verwendenden Analytikers muß also auf ein geringes leistungswirtschaftliches Risiko lauten, sofern der kritische Umsatz kleiner als die ausgewiesenen Umsatzerlöse ist (Fall A). Hingegen kann er sich kein spontanes Urteil erlauben, wenn der Break-Even-Umsatz nicht erreicht wird (Fall B).

(2) Der Fehler fällt um so geringer aus, je höher der Fixkostenanteil an den Gesamtkosten ist. Daraus resultiert, daß die Schätzung des Deckungspunkts durch die in der Praxis zu verzeichnende Abnahme des Anteils variabler Kosten begünstigt wird. Für den angesprochenen Fall A (Gewinnzone erreicht) kann bei zusätzlicher Unterstellung eines geringen Fixkostenanteils die Schlußfolgerung gezogen werden, daß die Gewinnschwelle viel zu hoch geschätzt wird. Demgegenüber ist für den Fall B (Gewinnzone verfehlt) davon auszugehen, daß bei einem hohen Fixkostenanteil die geschätzte Gewinnschwelle sich in relativer Nähe der tatsächlichen befindet.

Übersicht 74: Alternativ zugrunde gelegte Kostenstrukturen							
k_f	20	30	40	50	60	70	80
K_v	80	70	60	50	40	30	20
RA	30	40	50	60	70	80	90
MA	70	60	50	40	30	20	10

Zugleich ist aus der Formel F. 8.9 ersichtlich, daß die Lage des errechneten Break-Even-Umsatzes sich mit der Höhe der (als variable Kosten zu betrachtenden, aber im Materialaufwand unberücksichtigten) direkten Fertigungslohnhöhe verändert. Je geringer ceteris paribus die Lohnquote liegt, um so geringer wird der Schätzfehler et vice versa.

Die Richtung der hier interessierenden Verzerrung kann sich dann umkehren, wenn für den Umsatz Werte eingesetzt werden, die unter den Gesamtkosten liegen. So unterschätzt man bei Unterstellung der in Übersicht 74 wiedergegebenen Kostenstrukturen und für U = 90 den ›wahren‹ Break-Even-Punkt um 1,5 % (relativ hoher Fixkostenanteil) bis 25 % (relativ geringer Fixkostenanteil).

Zusammenfassend läßt sich in bezug auf die Eignung der Variante 1 als Instrument der erfolgswirtschaftlichen Break-Even-Analyse unter den hier gesetzten Prämissen keine eindeutige, d.h. keine allgemeingültige, Aussage machen. Vielmehr sind folgende Fälle zu unterscheiden:

Beurteilung der Variante 1

(1) Übersteigen die in die Rechnung einfließenden neutralen Aufwendungen die kalkulatorischen Kosten in ihrer Summe, wird der Break-Even-Umsatz zu hoch und somit zu vorsichtig bestimmt. Diese systematische Verzerrung wird tendenziell dadurch verstärkt, wenn die variablen Kosten durch den Materialaufwand zu niedrig geschätzt werden. Folglich wird in zahlreichen Fällen die prozentuale Zunahme des Dividenden höher sein als diejenige des Divisors. Dann tritt der Fall ein, daß kein leistungswirtschaftliches Risiko bestehen muß, obwohl bilanzanalytisch der Break-Even-Punkt nicht erreicht wird.

(2) Ist hingegen die Differenz aus neutralen Aufwendungen und kalkulatorischen Kosten negativ, wird die Gewinnschwelle zu optimistisch/niedrig geschätzt, während die Unterschätzung der variablen Kosten durch den Materialaufwand diese Wirkung insbesondere bei hohen durchschnittlichen Stückdeckungsbeiträgen und direkten Fertigungslohnanteilen an den Produktkosten überkompensieren kann. Gleichwohl darf nicht stillschweigend in jedem Fall von einer (Über-)Kompensation ausgegangen werden.

Notwendige Vorinformation

Somit ist dem externen Analytiker zu empfehlen, unternehmensspezifisch folgende Fragen zu beantworten, bevor eine Schätzung der Gewinnschwelle im Rahmen einer erfolgswirtschaftlichen Bilanzanalyse nach der Variante 1 vorgenommen wird:

(1) Welche Bedeutung kommt vermutlich den neutralen Aufwendungen zu?

(2) Von welchem Fixkostenanteil ist auszugehen?

(3) Wie hoch sind die durchschnittlichen Gewinnspannen der betrachteten Branchen?

(4) Welchen durchschnittlichen Anteil haben die direkten Fertigungslöhne an den Produktkosten?

Errechenbare Gewinnschwelle: nur grober Schätzwert

In jedem Fall ist zu berücksichtigen, daß selbst für günstig vermutete Konstellationen die errechenbare Gewinnschwelle lediglich einen groben Anhaltspunkt bezüglich der Lage des ›wahren‹ Break-Even-Punkts liefern kann. Dies ergibt sich bereits aus den allgemeinen Prämissen der Break-Even-Analyse, die insbesondere bei Mehrproduktunternehmen Interpretationsschwierigkeiten mit sich bringen und die somit zugleich den Nutzen relativieren, den ein externer Analytiker aus der Ermittlung des Break-Even-Punkts und darauf aufbauender Kennzahlen ziehen kann.

2.4.4.3.4 Zahlenbeispiel

Ergebnisse

Führt man die Berechnung des Break-Even-Punkts auf der Grundlage der Varianten 1 und 2 anhand eines veröffentlichten Geschäftsberichts durch, so kann sich ein Resultat, wie das in Übersicht 75 gezeigte ergeben. Dabei führt Variante 1 jeweils zu einem höheren Kostendeckungspunkt als Variante 2. Zugleich ist es unmöglich, die Lage des ›wahren‹ Break-Even-Punkts abzuschätzen, da im gewählten Beispiel der alle Interpretationen zulassende Fall der Nichterreichung der Gewinnschwelle eingetreten ist.

Es läßt sich für Variante 1 nur ausführen, daß bei übereinstimmender Höhe der Summe aus Restaufwand und Materialaufwand sowie der Gesamtkosten aufgrund der in bezug auf die gesamten betriebsbedingten Aufwendungen (= Gesamtkosten) niedrigen Umsatzgröße der ›wahre‹ Break-Even-Punkt unterschätzt wird. Diese systematische Komponente wird dadurch verstärkt, daß der Anteil der variablen Kosten relativ hoch ist. Dem wirkt, multiplikatorisch verstärkt durch die absolute Höhe der Umsätze, entgegen, daß der Anteil der Personalaufwendungen an den Gesamtaufwendungen bei ca. 15 % liegt. Welcher Prozentsatz hiervon auf die direkten Fertigungslohnkosten, die als variable Kosten den Materialaufwand erhöhen müßten, entfällt, kann ergänzend z.B. aus dem Verhältnis von Arbeitern zu Angestellten geschätzt werden.

Variante 1

Bei der Beurteilung des Ergebnisses von Variante 2 ist zu bedenken, daß in den insgesamt berechneten betriebsbedingten Aufwendungen auch neutrale Aufwendungen enthalten sein können, die bei Variante 1 eliminiert werden. Sofern diese die nicht aufwandsgleichen Teile der Gesamtkosten übersteigen, liegt die ermittelte Gewinnschwelle über der ›wahren‹. Andernfalls wird die Gewinnschwelle zu niedrig geschätzt.

Variante 2

Übersicht 75: *Break-Even-Analyse am Beispiel eines ausgewählten Einzelabschlusses*				
Posten der GuV	Variante 1		Variante 2	
	1989/90	1988/89	1989/90	1988/89
Materialaufwand	5656,6	6059,6	5656,6	6059,6
Personalaufwand	1173,5	1133,2	1173,5	1133,4
Abschreibungen	korr. 186,4	163,7	201,2	199,6
so. betr. Aufwand	korr. 707,4	689,1	717,6	700,6
so. Steuern	15,7	15,0	15,7	15,0
Break-Even-Umsatz	7826,4	8141,3	7764,6	8108,0
Umsatzabweichung	– 5,3%	– 1,3%	– 1,8%	–0,91%

Insgesamt kann keiner der Varianten zur Bestimmung des Break-Even-Punkts der Vorzug gegeben werden. Insofern erscheint es gleichrangig, nach welcher der beiden Varianten ein externer Analytiker den Break-Even-Punkt errechnet. Gleichwohl können sich hieraus im Ergebnis zum Teil gravierende Unterschiede ergeben. Denn nach Variante 2 befindet sich das betrachtete Unternehmen in beiden betrachteten Perioden in der Nähe der Gewinnschwelle, während sich seine Situation nach Variante 1 deutlich verschlechtert hat. Aber es erscheint theoretisch weniger angreifbar, auf die vorgeschlagene Aufwands-

Keine Bevorzugung einer Variante

spaltung in fix und variabel zu verzichten und nach näherer Betrachtung relevanter Einflußfaktoren (z.B. Höhe der neutralen Aufwendungen, des Umfangs des Lageraufbaus- und -abbaus sowie der organisatorischen Veränderungen) das gefundene Ergebnis einzuordnen.

2.4.4.4 Schlußbemerkungen

Der Grundgedanke von Break-Even-Analysen, den Wert zu ermitteln, von dem an eine Unternehmung voraussichtlich einen Gewinn erzielt, ist augenscheinlich von großer Relevanz für die Praxis. So können die anschaulichen, komplexe Zusammenhänge simplifizierenden Break-Even-Analysen in der praktischen Anwendung vielfältig ausgestaltet und durch (ihrer Logik folgende) Kennzahlen ergänzt werden. Da deren Verwendung bereits in Einproduktunternehmen bei interner Ermittlung restriktiven Voraussetzungen unterliegt, sollte ihre Interpretation im Rahmen der erfolgswirtschaftlichen Bilanzanalyse mit besonderer Vorsicht erfolgen, da keine eindeutige Aussage über die Güte der vorgeschlagenen Varianten gemacht werden kann. Somit ist auch vor einer zu optimistischen Nutzung des ermittelbaren Sicherheitskoeffizienten bzw. der Umsatzabweichung zu warnen.

Merksätze:

1. Im Rahmen der Break-Even-Analyse erfolgt die Ermittlung desjenigen Punkts, an dem die Umsatzerlöse aller Erzeugnisse gleich den gesamten Periodenkosten sind. Der ermittelte Punkt wird als Break-Even-Point bezeichnet und gibt die kritische Menge bzw. den kritischen Umsatz an, welche(n) ein Unternehmen mindestens erzielen muß, damit es bei gegebenen Marktpreisen und konstanten Grenzkosten keinen Verlust erwirtschaftet.

2. Während der Break-Even-Point (x_{krit}) schon im Einproduktunternehmen nur unter restriktiven Voraussetzungen eindeutig bestimmbar ist, kann der kritische Umsatz im Mehrproduktunternehmen nur unter zusätzlichen Prämissen, die das Absatzmix betreffen, ermittelt werden.

3. Durch die Ermittlung eines Sicherheitskoeffizienten, der Break-Even-Punkt-Erreichung sowie der Gewinnreagibilität erfährt die Break-Even-Analyse eine sinnvolle Ergänzung.

4. Die Break-Even-Analyse findet als Aufwands- und Ertragsmodell auch im Rahmen der externen erfolgswirtschaftlichen Bilanzanalyse zur Beurteilung der Ertragslage anhand der Angaben des Geschäftsberichts Anwendung. Dabei wird in einer ersten Variante versucht, die zur Bestimmung des kritischen Umsatzes erforderliche Kostenspaltung in variable und fixe Kosten durch den korrigierten Materialaufwand und den

Restaufwand zu approximieren. Die zweite Variante verzichtet auf eine Kostenspaltung und geht von jener kritischen Umsatzhöhe aus, die sich als Summe der unkorrigierten betriebsbedingten Aufwendungen der Gewinn- und Verlustrechnung ergibt.

5. Die Interpretation der Break-Even-Analysen sollte im Rahmen der erfolgswirtschaftlichen Bilanzanalyse mit besonderer Vorsicht erfolgen, da keine eindeutige Aussage über die Güte der Varianten 1 und 2 gemacht werden kann.

2.5 Beurteilung der Erfolgsanalyse

Die Ausführungen dürften verdeutlicht haben, daß einer aussagefähigen Erfolgsanalyse wesentliche Hindernisse entgegenstehen. Wer glaubte, daß mit Umsetzung der 4. EG-Richtlinie in diesem Zusammenhang Verbesserungen eintreten, sieht – insgesamt betrachtet – seine Erwartungen nicht erfüllt. Im Gegenteil: Es haben sich sogar Verschlechterungen ergeben.

Grenzen der Erfolgsanalyse

Dem Bemühen des externen Analytikers, den wahren (tatsächlichen) oder den ›betriebswirtschaftlich richtigen‹ Jahreserfolg zu ermitteln, sind nach wie vor grundlegende Grenzen gesetzt. Daher ist der These von ZIOLKOWSKI zuzustimmen, »daß der absolut ›richtige‹ Erfolg, d.h. die ›blaue Blume‹ des Finanzanalysten, für aktive Unternehmen nicht gefunden werden kann« (ZIOLKOWSKI, U. 1990, S. 188), auch wenn der Analyst sich mit den ausgefeiltesten Sonderrechnungen darum bemüht. Im Gegenteil: Diese Sonderrechnungen können unter Umständen bei einem ungeschulten Adressaten den irrigen Eindruck erwecken, den richtigen Erfolg ermittelt zu haben, und können dann zu Fehlinterpretationen verleiten.

Fehlinterpretationen

3. Abschnitt
Neuere Ansätze der Bilanzanalyse

1. Bilanzanalyse mit Hilfe der statistischen Verfahren der Diskriminanzanalyse

1.1 Einführung

Obgleich die Diskriminanzanalyse üblicherweise den neueren Ansätzen der Bilanzanalyse zugerechnet wird, kann die Nutzbarmachung mathematisch-statistischer Verfahren für die Bilanzanalyse – zumindest in den USA – auf eine vergleichsweise lange Tradition zurückblicken (vgl. RÖSLER, J. 1986, S. 41ff.). So erfolgten erste einfache Untersuchungen bereits im Jahre 1930. Als maßgebend für alle späteren Untersuchungen sind jedoch insbesondere die Arbeiten von BEAVER (vgl. BEAVER, W. 1965) und ALTMAN (Vgl. ALTMANN, E. I. 1967) aus den sechziger Jahren anzusehen. In Deutschland schließlich haben mathematisch-statistisch gestützte Analyseverfahren insbesondere in den achtziger Jahren zunehmende theoretische wie praktische Bedeutung erlangt.

Historischer Abriß

1.2 Kritik an der klassischen Kennzahlenanalyse

Die Jahresabschlußanalyse mit Hilfe mathematisch-statistischer Verfahren setzt an den Kritikpunkten der traditionellen Bilanzanalyse zur Gesamtbeurteilung von Unternehmen an. Ziel der Bilanzanalyse allgemein ist es, »aussagefähigere Informationen über die ökonomische Lage und die Zukunftsaussichten eines Unternehmens (zu; d.Verf.) erhalten, als sie die ursprünglichen Zahlen der Jahresabschlußrechnung liefern« (GRÄFER, H. 1997, S. 16).

Allgemeines Ziel der Bilanzanalyse

Dies geschieht üblicherweise mit Hilfe von Kennzahlen und Kennzahlensystemen. Kennzahlen sind hochverdichtete Maßgrößen, die in einer konzentrierten Form komplizierte Strukturen und Prozesse abbilden, um einen möglichst schnellen und umfassenden Überblick über die wirtschaftliche Lage des Unternehmens zu erlauben (vgl. REICHMANN, T. 1993, S. 16). Die herkömmliche Bilanzanalyse besteht dann darin, durch Zeit-, Betriebs- und Soll-Ist-Vergleiche Informationen über die Entwicklung des Unternehmens zu erlangen.

Kennzahlen (-system)

Im Vordergrund steht die verdichtete Informationsvermittlung, um einen verbesserten Einblick in die wirtschaftliche Lage des Unternehmens zu erhalten. Dabei werden differenzierte Partialanalysen zur Beurteilung von Liquidität, Finanzierung, Erfolg, Investitionstätigkeit etc. durchgeführt. Anschließend sind die Ergebnisse der Partialanalysen durch den Analysten zu einem Gesamtbild des Unternehmens zusammenzufassen (vgl. GRÄFER, H. 1997, S. 97). Jedoch läßt die traditionelle Bilanzanalyse bei der Gesamtbeurteilung von Unternehmen, insbesondere zur Früherkennung von Unternehmenskrisen, folgende Fragen unbeantwortet (vgl. BAETGE, J./HUSS, M./NIEHAUS, H.-J. 1987, S. 64f.):

Offene Fragenkomplexe

(1) Welche der vielen denkbaren Kennzahlen zeigen zuverlässig und frühzeitig negative Unternehmensentwicklungen an?

(2) Wieviele dieser geeigneten Kennzahlen sind für eine Urteilsbildung zu berücksichtigen?

(3) Wie können diese Kennzahlen zu einem Gesamtindikator der Unternehmensentwicklung zusammengefaßt werden und ab welchem Wert eines solchen Gesamtindikators wird eine mögliche Unternehmensgefährdung angezeigt?

Ausweg:
statistische
Verfahren

Durch Anwendung moderner statistischer Verfahren und die Verarbeitungsmöglichkeit großer Datenmassen durch leistungsfähige DV-Systeme versucht man, diese Mängel der traditionellen Bilanzanalyse zu beseitigen. Als statistische Verfahren kommen dabei insbesondere verschiedene Verfahren im Rahmen einer Diskriminanzanalyse in Frage, die Kennzahlen im Hinblick auf ihre Eignung zur Insolvenzdiagnose und -prognose bzw. zur Früherkennung von Unternehmenskrisen analysieren und bei multivariaten Verfahren zu einem Gesamtbeurteilungsindikator verknüpfen.

1.3 Kurzdarstellung der Ziele und Anwender

Ziele

Obgleich die statistische Bilanzauswertung seit über sechzig Jahren existiert, haben sich deren Ziele bis heute kaum geändert und können folgendermaßen zusammengefaßt werden (vgl. RÖSLER, J. 1988, S. 103):

(1) Die Ursachen des unternehmerischen Mißerfolgs sollen identifiziert und systematisiert werden;

(2) Krisenanzeichen sollen frühzeitig erkannt werden durch Erfassung von Merkmalen ›gescheiterter‹ Unternehmen und Vergleich mit denen ›gesunder‹ Unternehmen;

(3) die Beurteilung von Unternehmen soll auf einer vergleichbaren, objektiven, systematischen, lückenlosen und überschneidungsfreien Basis erfolgen.

Anwender

In Deutschland finden statistische Jahresabschlußanalysen auf der Basis der multivariaten Diskriminanzanalyse unter anderem Verwendung bei der Deutschen Bundesbank, beim Deutschen Sparkassen- und Giroverband, bei der Bayerischen Vereinsbank AG (vgl. BAETGE, J./HUSS, M./NIEHAUS, H.-J. 1986, S. 606), der Baden-Württembergischen Bank AG (vgl. HÜLS, D. 1995) sowie bei der Allgemeinen Kreditversicherung AG (vgl. FEIDICKER, M. 1992).

Der breiten Anwendung durch Bilanzanalytiker entziehen sich die Verfahren allerdings, weil entweder die Repräsentativität des Datenmaterials nicht gegeben ist oder aber die in die Diskriminanzfunktion aufgenommenen Kennzahlen und/oder deren Gewichtungsfaktoren (Diskriminanzkoeffizienten) nicht veröffentlicht werden. Der Grund für deren Nicht-Veröffentlichung, insbesondere bei Untersuchungen von oder in Zusammenarbeit mit Unternehmen, liegt zum einen an dem erheblichen Aufwand von Untersuchungen mit repräsentativem

Datenmaterial und den damit verbundenen Kosten; zum anderen soll verhindert werden, »daß die Abschlußersteller erfahren, wie sie sich eventuell durch
Bilanzmanipulationen in die Gruppe der ›guten‹ Unternehmen hineinmanipu-
lieren können« (BAETGE, J./HUSS, M./NIEHAUS, H.-J. 1986, S. 606). Und
schließlich birgt die unreflektierte Anwendung dieser Verfahren durch Dritte
die Gefahr, Unternehmen im Sinne einer ›Self-Fulfilling-Prophecy‹ zu gefähr-
den (vgl. HAUSCHILDT, J. 1988, S. 128).

1.4 Ansatz der Diskriminanzanalyse

Die Diskriminanzanalyse ist ein mathematisch-statistischer Ansatz zur Analyse von Gruppenunterschieden, der es ermöglicht, zwei oder mehr Gruppen
hinsichtlich einer oder simultan hinsichtlich mehrerer Merkmalsvariablen zu
untersuchen (vgl. BACKHAUS, K. u.a. 1994, S. 91). Insbesondere läßt sich mit
der Diskriminanzanalyse die Frage beantworten, durch welche Merkmalsausprägungen Gruppenunterschiede erklärt werden können. Von besonderer prak-
tischer Bedeutung ist jedoch das zweite Anwendungsgebiet der Diskriminanzanalyse – die Klassifizierung –, die mit der folgenden Fragestellung verbunden
ist: In welche Gruppe ist ein Element, dessen Gruppenzugehörigkeit nicht bekannt ist, aufgrund seiner Merkmalsausprägungen einzuordnen? Deutlich
wird, daß die Beantwortung der zweiten Frage die Beantwortung der ersten
voraussetzt. Die Beantwortung der ersten Frage erfordert schließlich, daß Daten von Elementen mit bekannter Gruppenzugehörigkeit vorliegen.

Anwendungsgebiete

Ausgangspunkt der Diskriminanzanalyse im Rahmen der Jahresabschlußanalyse ist daher eine Grundgesamtheit von Unternehmen, die anhand eines vorgegebenen Kriteriums (z.B. Auftreten einer Insolvenz in einem bestimmten
Jahr oder Zeitraum) in zwei Gruppen eingeteilt wird. Aus diesen beiden Teilmengen werden zwei Stichproben gezogen: Eine Testgruppe von Unternehmen, die insolvent geworden sind, und eine (zumeist gleichgroße) Kontrollgruppe von solvent gebliebenen Unternehmen. Letztere Gruppe entspricht entweder den insolventen Unternehmen in Größe und Branchenzugehörigkeit
(Matched Sample), ohne daß auf das Kriterium der ökonomischen Gesundheit
geachtet wird (vgl. HAUSCHILDT, J. 1988, S. 118f.), oder sie wird zufällig aus
der Gruppe der ›gesunden‹ Unternehmen gezogen.

*Festlegung einer
Test- und einer
Kontrollgruppe*

Aus den Jahresabschlußdaten der Unternehmen der Test- und Kontrollgruppe
werden vorher festgelegte Kennzahlen ermittelt.

In Abhängigkeit von dem zugrunde gelegten Verfahren der Diskriminanzanalyse ergibt sich dann die weitere Vorgehensweise. Für die im weiteren betrachteten Verfahren sind folgende – sehr vereinfacht dargestellte – Schritte durchzuführen: Zunächst wird heuristisch oder analytisch überprüft, durch welche
Kennzahlen(-werte) sich die Unternehmen der Test- und Kontrollgruppe voneinander unterscheiden. Sodann wird – je nach Verfahren – die Kennzahl oder
Kennzahlenkombination ermittelt, die zu einer bestmöglichen richtigen Zuord-

*Weitere
Vorgehensweise*

nung der untersuchten Unternehmen in eine der beiden Gruppen führt. Diese Zuordnung erfolgt mit einem für die Kennzahl oder Kennzahlenkombination festzulegenden Trennwert (Cut-off-Point). Um das Verfahren praktisch einzusetzen, muß getestet werden, ob eine Anwendung des gefundenen Trennkriteriums auf bislang noch nicht einbezogene Unternehmen ex post und zukünftig ex ante erfolgreich verläuft (vgl. BAETGE, J. 1980, S. 655).

Die so beschriebene Diskriminanzanalyse kann entweder univariat, also mit einer einzigen Kennzahl, oder multivariat mit mehreren Kennzahlen erfolgen.

Merksätze:

1. Mit Hilfe der statistischen Verfahren der Diskriminanzanalyse sollen Kennzahlen auf ihre Eignung zur Früherkennung von Unternehmensrisiken analysiert und bei den multivariaten Verfahren zu einem Gesamtbeurteilungsindikator verknüpft werden.

2. Obwohl die Verfahren der Diskriminanzanalyse grundsätzlich ein Instrument der externen Bilanzanalyse darstellen, entziehen sie sich aus verschiedenen Gründen der breiten Anwendung durch externe Bilanzanalytiker.

3. Im Rahmen der Jahresabschlußanalyse wird mit Hilfe der Diskriminanzanalyse ermittelt, durch welche Merkmalsausprägungen (Kennzahlenwerte) Unterschiede (Solvenz/Insolvenz) zwischen mehreren Gruppen (Test- und Kontrollgruppe von Unternehmen) erklärt werden können. Je nach Verfahren wird die Kennzahl/Kennzahlenkombination ermittelt, die zu einer bestmöglichen zutreffenden Klassifizierung von Unternehmen zu einer der beiden Gruppen führt. Diese Zuordnung erfolgt mit einem für die Kennzahl/Kennzahlenkombination festzulegenden Trennwert (Cut-off-Point).

1.5 Univariate Diskriminanzanalyse

Im Rahmen der univariaten Diskriminanzanalyse wird jede Kennzahl einzeln auf ihre Trennfähigkeit der beiden Gruppen untersucht (vgl. HAUSCHILDT, J. 1988, S. 117). Die Klassifikation von Unternehmen erfolgt mit derjenigen Kennzahl, die zum besten Trennergebnis führt.

Cut-off-Point   Bei kardinal skalierten Klassifikationsmerkmalen – wie Bilanzkennzahlen – wird mittels heuristischer Suchverfahren ein sogenannter Cut-off-Point ermittelt, der beide Gruppen bestmöglich, d.h. mit der geringsten Zahl von Fehlklassifikationen, trennt (vgl. THOMAS, K. 1983, S. 82). Eine Fehlklassifikation liegt vor, wenn Unternehmen falsch eingeordnet, wenn also entweder tatsächlich ›schlechte‹ Unternehmen fälschlicherweise als ›gut‹ (Fehler 1. Art) oder tatsächlich ›gute‹ Unternehmen fälschlicherweise als ›schlecht‹ (Fehler 2. Art) klassifiziert werden (vgl. BAETGE, J./HUSS, M./NIEHAUS, H.-J. 1986, S. 610).

BEAVER hat erstmals eine univariate Diskriminanzanalyse im Rahmen der von ihm angestrebten Insolvenzprognose vorgenommen. Er selbst vermutete schon, daß eine Analyse auf der Grundlage von multivariaten Verfahren zu besseren Ergebnissen führe, konnte aber in eigenen Untersuchungen keine befriedigenden Ergebnisse erzielen (vgl. BEAVER, W. 1966, S. 100).

Die univariate Diskriminanzanalyse weist folgende Mängel auf:

Mängel der univariaten Diskriminanzanalyse

(1) Durch Einzelbetrachtung von Kennzahlen können nur Teilaspekte des im Jahresabschluß abgebildeten Informationspotentials dargestellt werden (vgl. GEBHARDT, G. 1980, S. 242). Völlig zu Recht betonen HAUSCHILDT/ LEKER, daß der Versuch, einzelne Kennzahlen zum Zwecke der Prognose von Unternehmenskrisen einzusetzen, zwangsläufig an der Komplexität des zu prognostizierenden Ereignisses scheitern muß: »Krisen ereignen sich nämlich aus dem Zusammenwirken mehrerer Ursachen. Und jede dieser Ursachen wird offenkundig durch eine arteigene Kennzahl signalisiert« (HAUSCHILDT, J./LEKER, J. 1995, S. 259).

(2) Die Beziehungen der Kennzahlen untereinander werden vernachlässigt. Dies bedeutet, daß mehrere Variablen, die, einzeln betrachtet, unbedeutend waren, sich gegenseitig so verstärken, daß sie im Ergebnis bedeutsamer sind als einzelne, zunächst als besonders trennfähig betrachtete Variablen. Umgekehrt können jedoch auch Variablen, die in der univariaten Betrachtung sehr bedeutsam waren, sich in ihrer gemeinsamen Wirkung gegenseitig abschwächen und so gerade keine oder nur eine geringe Insolvenzindikatorwirkung haben. Solche verstärkenden oder abschwächenden Effekte können mit univariaten Analysen nicht erfaßt werden (vgl. HAUSCHILDT, J. 1988, S. 127f.).

(3) Führen die Klassifikationsergebnisse einzelner Kennzahlen zu unterschiedlichen Ergebnissen, besteht das Dilemma, die divergierenden Teilurteile zu einem tragfähigen und empirisch verläßlichen Gesamturteil zusammenzufassen (vgl. BAETGE, J. 1989, S. 797).

Beispiel   Das folgende Beispiel zur zweimaligen univariaten Trennung, d.h. der unab-
             hängigen Klassifikation anhand von zwei Kennzahlen, soll diesen Zusammen-
             hang verdeutlichen.

             Gegeben seien die Rentabilität sowie die Fremdkapitalquote für eine aus 12
             solventen und 12 insolventen Unternehmen bestehende Stichprobe.

Übersicht 76: Stichprobe zur Diskriminanzanalyse								
Unter-nehmen	Renta-bilität (%)	FK-Quote (%)	insol-vent		Unter-nehmen	Renta-bilität (%)	FK-Quote (%)	insol-vent
1	1,2	65	ja		13	1,8	55	nein
2	1,4	44	ja		14	2,2	11	nein
3	2,2	51	ja		15	3,7	22	nein
4	2,1	90	ja		16	4,2	35	nein
5	3,1	62	ja		17	5,2	31	nein
6	3,9	75	ja		18	5,3	51	nein
7	4,3	82	ja		19	7,0	39	nein
8	4,5	67	ja		20	6,9	71	nein
9	5,7	39	ja		21	8,0	51	nein
10	6,9	81	ja		22	9,2	72	nein
11	7,5	91	ja		23	10,0	41	nein
12	8,1	62	ja		24	10,2	57	nein

Trennung mittels   Zunächst soll eine den Gesamtfehler minimierende Klassifikation der Unter-
Rentabilität   nehmen mittels der Kennzahl Rentabilität vorgenommen werden. Dabei wird
                     davon ausgegangen, daß die Rentabilität bei insolvenzgefährdeten Unterneh-
                     men im Durchschnitt geringer ist als bei solventen Unternehmen (vgl. HÜLS,
                     D. 1995, S. 25). Gesucht ist also der Rentabilitätswert x, für den die Klassifi-
                     kationsregel ›Unternehmen mit einer Rentabilität kleiner x sind als insolvenz-
                     gefährdet zu klassifizieren, Unternehmen mit einer Rentabilität größer x sind
                     als solvent zu klassifizieren‹ fehlerminimal auf die Stichprobe angewendet
                     werden kann. »Bei der univariaten Diskriminanzanalyse wird der kritische
                     Trennwert üblicherweise durch ›probieren‹ gefunden« (HÜLS, D. 1995, S. 23).

                     Übersicht 77 zeigt die Fehlerzahl für verschiedene Trennwerte auf. Sie macht
                     deutlich, daß eine Rentabilität von 5% einen optimalen Trennwert darstellt, daß
                     also bei keinem anderen Trennwert eine geringere Gesamtfehlerzahl erzielt
                     werden kann.

Übersicht 77: Univariate Trennung mittels Rentabilität			
Trennung bei einer	Falsch klassifiziert		
Rentabilität von	insolvent	solvent	gesamt
1%	12	0	12
2%	10	1	11
3%	8	2	10
4%	6	3	9
5%	4	4	8
6%	3	6	9
7%	2	7	9
8%	1	8	9
9%	0	9	9
10%	0	10	10

Für eine univariate Trennung anhand der Kennzahl Fremdkapitalquote unter Zugrundelegung der Hypothese, daß die Fremdkapitalquote bei insolvenzgefährdeten Unternehmen im Durchschnitt höher ist als bei solventen Unternehmen, zeigt Übersicht 78, daß ein optimaler Trennwert bei 60% liegt. Nach der daraus resultierenden Klassifikationsregel sind somit Unternehmen, deren Fremdkapitalquote über 60% liegt, als insolvenzgefährdet und Unternehmen mit einer Fremdkapitalquote kleiner 60% als solvent zu klassifizieren.

Trennung mittels Fremdkapitalquote

Übersicht 78: Univariate Trennung mittels Fremdkapitalquote			
Trennung bei einer	Falsch klassifiziert		
Fremdkapitalquote von	insolvent	solvent	gesamt
10%	0	12	12
20%	0	11	11
30%	0	10	10
40%	1	7	8
50%	2	6	8
60%	3	2	5
70%	7	2	9
80%	8	0	8
90%	10	0	10
100%	12	0	12

Graphische   Übersicht 79 stellt die Ergebnisse graphisch dar:
Darstellung

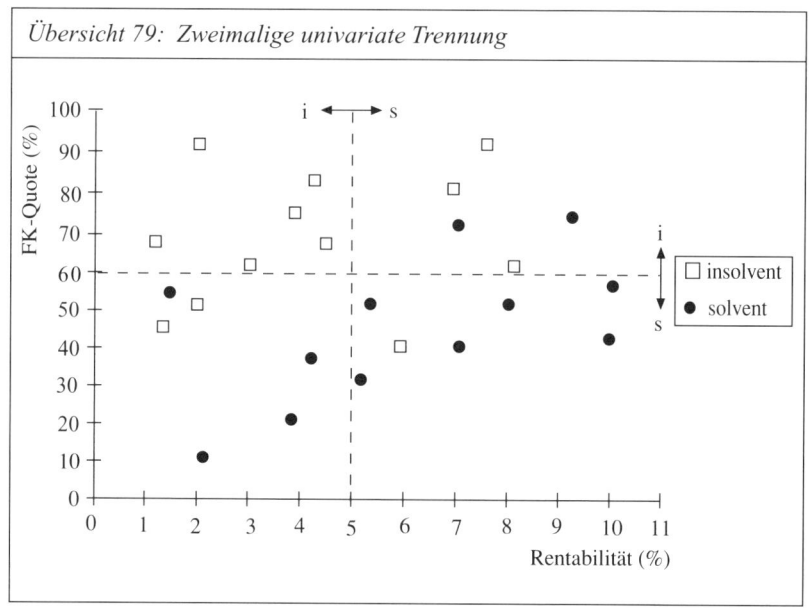

Übersicht 79: Zweimalige univariate Trennung

Ergebnis   Das Ergebnis der zweimaligen univariaten Trennung zeigt, daß die Trennfähigkeit beider Kennzahlen einzeln betrachtet keine hinreichend gute Klassifikation erlaubt.

Anhand der Kennzahl Rentabilität werden insgesamt 8 Unternehmen falsch klassifiziert. Dabei verdeutlichen die Übersichten 77 und 79, daß vier Fehler 1. Art auftreten, d.h. vier tatsächlich insolvente Unternehmen werden unzutreffend als solvent eingestuft (in Übersicht 79 □ rechts der senkrechten Trenngeraden); der Fehler 2. Art tritt ebenfalls viermal auf, d.h. vier tatsächlich solvente Unternehmen werden als insolvent eingestuft (in Übersicht 79 ● links der senkrechten Trenngeraden).

Anhand der Kennzahl Fremdkapitalquote werden insgesamt 5 Unternehmen falsch klassifiziert. Dabei tritt der Fehler 1. Art dreimal (in Übersicht 79 □ unter der waagerechten Trenngeraden) und der Fehler 2. Art zweimal (in Übersicht 79 ● über der waagerechten Trenngeraden) auf.

Damit können mittels der Kennzahl Rentabilität gerade mal ca. 67% und mittels der Kennzahl Femdkapitalquote ca. 79% der Unternehmen der Stichprobe richtig klassifiziert werden. Bei einer Anwendung dieser Klassifikationen auf anderen Unternehmen dürften diese Quoten i.d.R. noch deutlich niedriger liegen.

Problem divergie-   Betrachtet man sich die Unternehmen im unteren linken und oberen rechten
render Teilurteile   Quadranten des Koordinatensystems der Übersicht 79 wird die bereits ange-

sprochene Problematik einander widersprechender Teilurteile unmittelbar deutlich. Denn die in den beiden Quadranten befindlichen Unternehmen werden jeweils nach der einen Kennzahl als ›solvent‹, nach der anderen Kennzahl hingegen als ›insolvent‹ beurteilt. »Dieses Dilemma der Widersprüchlichkeit ergibt sich bei jedem Urteil über ein Unternehmen mit Hilfe der univariaten Klassifikation von zwei oder mehr Kennzahlen, deren Hypothesen gegenläufig sind, wenn für jede Kennzahl mit einem eigenen Trennwert gearbeitet wird« (HÜLS, D. 1995, S. 26). Diese Problematik kann nur durch eine Verknüpfung der Kennzahlen zu einem einzigen Trennwert überwunden werden. Diesen Weg beschreitet die im weiteren darzustellende multivariate Diskriminanzanalyse.

1.6 Multivariate Diskriminanzanalyse

1.6.1 Darstellung des statistischen Verfahrens

»Multivariate Diskriminanzanalysen sind Verfahren, die simultan mehrere Kennzahlenverteilungen analysieren und eine Klassifikationsregel mit mindestens zwei Kennzahlen berechnen« (NIEHAUS, H.-J. 1987, S. 86). Dabei lassen sich folgende Verfahren unterscheiden (vgl. FEIDICKER, M. 1992, S. 134):

Begriff und Verfahren

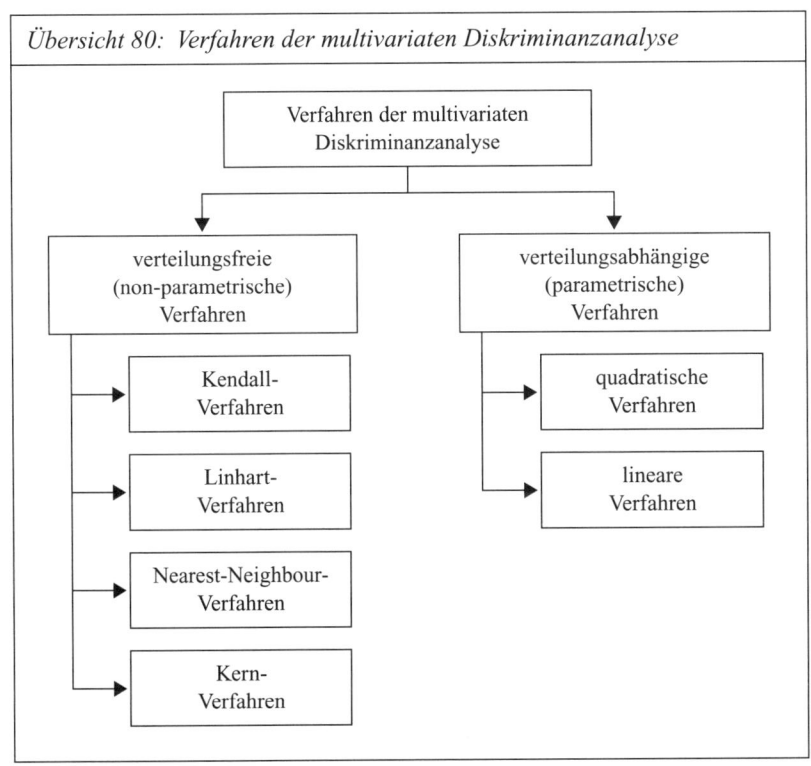

Übersicht 80: Verfahren der multivariaten Diskriminanzanalyse

Im folgenden soll lediglich die lineare multivariate Diskriminanzanalyse dargestellt werden, da verschiedene empirische Studien gezeigt haben, daß diese trotz der nicht erfüllten theoretischen Bedingungen der Normalverteilung und der Varianz-Homogenitäts-Annahme in aller Regel zu besseren Trennergebnissen führt, als verteilungsunabhängige oder quadratische Diskriminanzanalyseverfahren. Dieses Verfahren hat sich denn auch in der Praxis für Kreditwürdigkeitsprüfungen (von Firmenkunden) weitgehend durchgesetzt. Soweit ersichtlich wird lediglich vom Deutschen Sparkassen- und Giroverband ein verteilungsfreies Diskriminanzanalyseverfahren verwendet.

Lineare Diskriminanzanalyse

Lineare Diskriminanzanalyse bedeutet, daß die verwendeten – und entsprechend ihrer statistischen Bedeutung gewichteten – Kennzahlen lediglich additiv oder subtraktiv, also linear zu einer Gesamtkennzahl, dem Diskriminanzwert, verbunden werden.

Mit Hilfe eines schrittweisen Suchverfahrens läßt sich die Kombination von Kennzahlen finden, die die Klassifikation in Gruppen ›guter‹ und ›schlechter‹ Unternehmen am trennschärfsten durchführt.

Die allgemeine Formel lautet:

(F. 9.1)

$$D = -a_0 + a_1 \times x_1 + a_2 \times x_2 + \ldots + a_m \times x_m$$

Jede Einzelkennzahl (x_1 bis x_m) wird entsprechend ihrer Bedeutung für die Früherkennung von Unternehmenskrisen mit ihrem jeweiligen Gewichtungs(-Diskriminanz-)koeffizienten (a_1 bis a_m) multipliziert. Die Summe aus den gewichteten Kennzahlen ergibt zusammen mit dem absoluten Glied ($-a_0$), das den Trennwert auf den Wert 0 festlegt, den Diskriminanzwert (D).

Klassifikationsregel

Die Klassifikationsregel lautet (wenn gilt: D steigt mit abnehmender Insolvenzgefahr): Ein Unternehmen mit einem Wert unter 0 wird als ›schlechtes‹, mit einem Wert über 0 als ›gutes‹ Unternehmen klassifiziert.

Bivariate Diskriminanzanalyse

Die Ermittlung der Diskriminanzfunktion sowie die Bestimmung des Trennwerts kann für den Fall der bivariaten Diskriminanzanalyse, also der Trennung unter gleichzeitiger Berücksichtigung zweier Kennzahlen, vereinfacht in Fortführung des unter 1.5 dargestellten Beispiels verdeutlicht werden. Dabei wird zur Vereinfachung ohne weitere Prüfung davon ausgegangen, daß die unter 1.6.2.2 erläuterten Voraussetzungen zur Anwendung der multivariaten Diskriminanzanalyse erfüllt sind.

Zu ermitteln ist die Funktion

(F.9.2)

$$D = a \times x + b \times y$$

wobei x die verwendete Rentabilitätskennziffer und y die Fremdkapitalquote bezeichnet.

Die Koeffizienten a und b können dabei nach FOSTER (G. 1986, S. 518 f.) wie folgt ermittelt werden:

Übersicht 81: Ermittlung der Koeffizienten für den Fall der bivariaten Diskriminanzanalyse

$$a = \frac{\sigma_y^2 \times d_x - \sigma_{xy} \times d_y}{\sigma_x^2 \times \sigma_y^2 - \sigma_{xy} \times \sigma_{xy}} \qquad\qquad b = \frac{\sigma_x^2 \times d_y - \sigma_{xy} \times d_x}{\sigma_x^2 \times \sigma_y^2 - \sigma_{xy} \times \sigma_{xy}}$$

σ_x^2 = (Stichproben)Varianz von x = $\dfrac{1}{n-1} \times \displaystyle\sum_{j=1}^{n} (x_i - \bar{x})^2$

σ_y^2 = (Stichproben)Varianz von y = $\dfrac{1}{n-1} \times \displaystyle\sum_{j=1}^{n} (y_i - \bar{y})^2$

σ_{xy} = (Stichproben) Kovarianz von x und y = $\dfrac{1}{n-1} \times \displaystyle\sum_{j=1}^{n} (x_i - \bar{x}) \times (y_i - \bar{y})$

d_x = Differenz zwischen dem Mittelwert von x für Gruppe 1 (insolvente Unternehmen) und dem Mittelwert von x für Gruppe 2 (solvente Unternehmen)

d_y = Differenz zwischen dem Mittelwert von y für Gruppe 1 (insolvente Unternehmen) und dem Mittelwert von y für Gruppe 2 (solvente Unternehmen)

x_i = Ausprägungen der Kennzahl x

y_i = Ausprägungen der Kennzahl y

$\bar{x}$ = arithmetisches Mittel der Kennzahl x

$\bar{y}$ = arithmetisches Mittel der Kennzahl y

n = Zahl der Unternehmen in der Stichprobe

Dabei ergeben sich folgende Ergebnisse

σ_x^2 = 7,61384

σ_y^2 = 437,78080

σ_{xy} = 7,41341

d_x = 4,24167 – 6,14167 = –1,9

d_y = 67,41667 – 44,66667 = 22,75

a = –0,30518

b = 0,05713

D = –0,30518 × x + 0,05713 × y

Ermittlung der Diskriminanzfunktion

Auf Basis der unter 1.5 getroffenen Hypothesen über das Verhältnis der durchschnittlichen Rentabilität und Fremdkapitalquote zwischen insolventen und solventen Unternehmen läßt sich die Hypothese ableiten, daß die Diskriminanzfunktion im Durchschnitt bei solventen Unternehmen niedriger ist als bei insolventen Unternehmen.

Ermittlung des Trennwerts

Berechnet man diese Funktion für alle Unternehmen der Stichprobe, läßt sich anschließend – wie im Fall der univariaten Diskriminanzanalyse – durch Probieren ein optimaler Trennwert zur Minimierung des Gesamtfehlers ermitteln.

Übersicht 82: Trennwertbestimmung bei der bivariaten Trennung

Trennung bei einem Diskriminanzwert von	Falsch klassifiziert		
	insolvent	solvent	gesamt
4	11	0	11
3	8	0	8
2	2	1	3
1	1	4	5
0	0	10	10

Die Verwendung anderer Trennwerte kann dabei die Klassifikationsleistung nicht verbessern.

Klassifikations-regel

Die Klassifikationsregel für diese Diskriminanzfunktion lautet: Ein Unternehmen mit einem Wert unter 2 wird als solvent, mit einem Wert über 2 als insolvent klassifiziert (durch eine Erweiterung der Funktion um die Konstante 2 läßt sich der Trennwert auf 0 festlegen).

Graphische Darstellung

Übersicht 83 stellt die Diskriminanzfunktion graphisch dar:

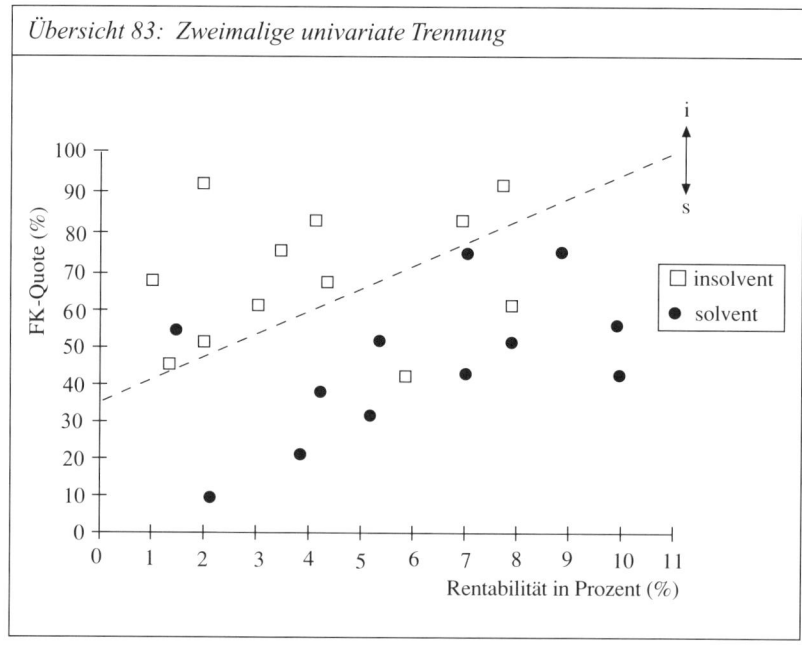

Übersicht 83: Zweimalige univariate Trennung

Im Vergleich zur zweifachen univariaten Diskriminanzanalyse nimmt die Zahl der Fehlklassifikationen deutlich ab. In dem konkreten Beispiel werden lediglich noch drei Unternehmen fehlklassifiziert. Dabei verdeutlichen die Übersichten 82 und 83, daß zwei Fehler 1. Art auftreten, d.h. zwei tatsächlich insolvente Unternehmen unzutreffend als solvent eingestuft werden (in Übersicht 83 □ unter der Trenngeraden); der Fehler 2. Art tritt einmal auf, d.h. ein tatsächlich solventes Unternehmen wird als insolvent eingestuft (in Übersicht 83 ● über der Trenngeraden).

Ergebnis

In verschiedenen großzahligen empirischen Untersuchungen im deutschsprachigen Raum hat sich gezeigt, daß eine bestmögliche Klassifikation von Unternehmen in die Kategorien ›gute‹ und ›schlechte‹ Unternehmen in einer Kombination von drei bzw. vier Kennzahlen gelingt (vgl. Baetge, J. 1989, S. 801f.; Feidicker, M. 1992, S. 158ff.).

Bestmögliche Klassifikation

Nach den in der Literatur durchgeführten Bestandsaufnahmen der empirischen Untersuchungen gehören zum Kern der immer wieder auftretenden Kennzahlen jeweils ein Renditemaß und eine Kapitalstrukturkennzahl. Die Untersuchungen bei der Deutschen Bundesbank und der Bayerischen Vereinsbank ermittelten jeweils eine Kennzahl zur Rentabilität, eine zur Kapitalstruktur und eine zum Kapitalrückfluß. In den meisten Fällen hat eine Kennzahl des Verschuldungsgrades bzw. die Eigenkapitalquote die mit Abstand größte Bedeutung (vgl. z.B. Baetge, J. 1989, S. 804). Hauschildt führt die in Übersicht 84 dargestellten Kennzahlen als in vielen Untersuchungen bedeutsam auf (vgl. Hauschildt, J. 1988, S. 117):

Übersicht 84: Charakteristische Kennzahlen der multivariaten Diskriminanzanalyse

1. Gesamtkapitalrentabilität $= \dfrac{\text{Jahresüberschuß} + \text{Steuern} + \text{Zinsen}}{\text{Gesamtkapital}} \times 100$

2. Gesamtkapitalumschlag $= \dfrac{\text{Umsatz}}{\text{Gesamtkapital}} \times 100$

3. Fremdkapitalquote $= \dfrac{\text{Fremdkapital}}{\text{Gesamtkapital}} \times 100$

4. Liquiditätskennzahl $= \dfrac{\text{Umlaufvermögen}}{\text{kurzfristiges Fremdkapital}} \times 100$

5. Entschuldungsgrad $= \dfrac{\text{Cash-flow}}{\text{Fremdkapital}} \times 100$

Der Vollständigkeit halber sei hier auf die Untersuchung von Hüls hingewiesen, die als Kooperationsprojekt zwischen dem Institut für Revisionswesen der Westfälischen Wilhelms-Universität, Münster, und der Baden-Württembergischen Bank AG entstand. Hierbei ergaben sich im Vergleich zu den bisherigen am Institut für Revisionswesen durchgeführten Untersuchungen z.T. deutlich abweichende Ergebnisse. Hervorzuheben ist zunächst, daß die von HÜLS ermittelten beiden ›besten‹ Diskriminanzfunktionen sechs bzw. sieben Kennzahlen umfassen. Bemerkenswert erscheint andererseits, daß für die betreffenden Diskriminanzfunktionen »keine Dominanz der Eigenkapitalquote« (HÜLS, D. 1995, S. 243) festgestellt werden konnte. Und schließlich muß überraschen, daß nur eine einzige (bank-)intern ermittelbare Kennzahl in eine der beiden Diskriminanzfunktionen Eingang fand, während es sich bei den übrigen Kennzahlen um solche handelte, die auch im Rahmen der externen Bilanzanalyse ermittelt werden können.

1.6.2 Vorgehensweise empirischer Untersuchungen

Die Vorgehensweise bei empirischen Untersuchungen soll nachfolgend exemplarisch anhand des gemeinsamen Projekts des Instituts für Revisionswesen und der Allgemeinen Kreditversicherung AG in groben Zügen skizziert werden (vgl. hierzu ausführlich FEIDICKER, M. 1992; BAETGE, J./BEUTER, H.B./FEIDICKER, M. 1992, S. 749ff.) Soweit nichts anderes vermerkt, beziehen sich die weiteren Ausführungen auf diese beiden Quellen.

1.6.2.1 Ziel und Aufbau der Untersuchung

Ziel   Zielsetzung des in Rede stehenden Projekts war es, durch den Einsatz der multivariaten Diskriminanzanalyse im Zuge der Jahresabschlußanalyse bessere Bonitätsurteile zu ermöglichen. Darüber hinaus sollte die Effizienz der Kreditwürdigkeitsprüfung erhöht werden. Im einzelnen wurden folgende (Unter-)-Ziele verfolgt:

- Früherkennung von krisenhaften Unternehmensentwicklungen,

- Entlastung der Kreditwürdigkeitsprüfung,

- Verbesserung der Qualität der Kreditentscheidung,

- Risikoreduktion und Risikosteuerung.

Aufbau der Untersuchung   In ihrem Grundaufbau läßt sich die Untersuchung von FEIDICKER schematisch wie folgt darstellen (vgl. BAETGE, J./HÜLS, D./UTHOFF, C. 1994, S. 323):

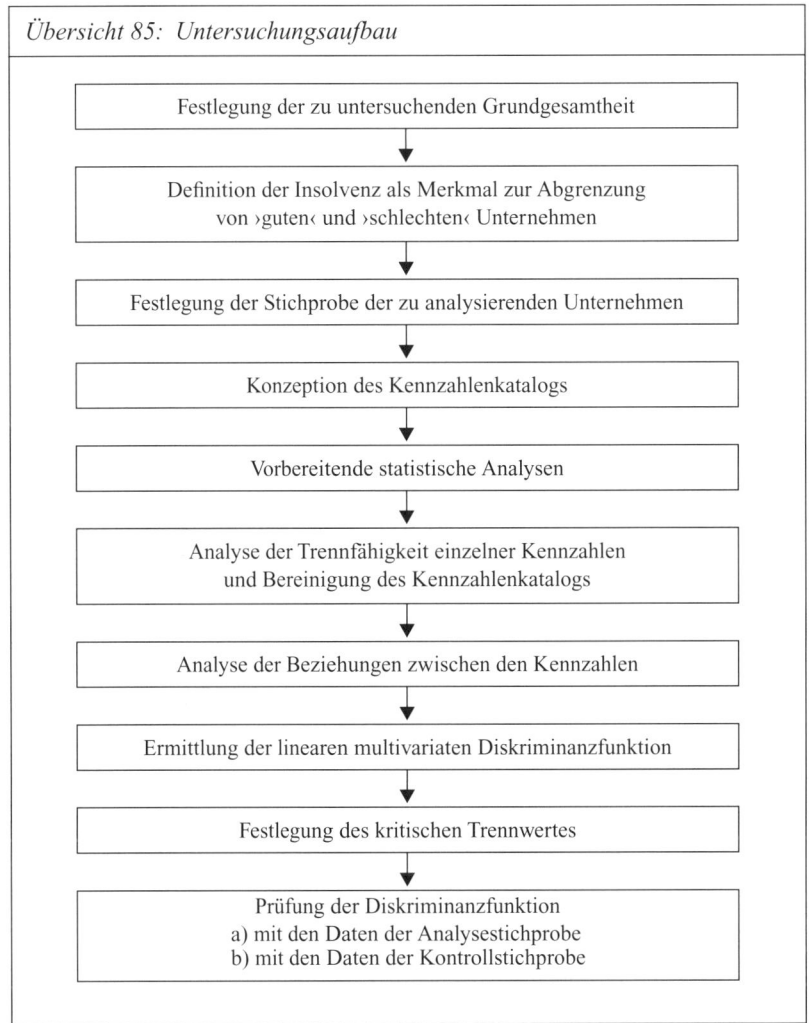

Übersicht 85: Untersuchungsaufbau

Festlegung der zu untersuchenden Grundgesamtheit

Definition der Insolvenz als Merkmal zur Abgrenzung
von ›guten‹ und ›schlechten‹ Unternehmen

Festlegung der Stichprobe der zu analysierenden Unternehmen

Konzeption des Kennzahlenkatalogs

Vorbereitende statistische Analysen

Analyse der Trennfähigkeit einzelner Kennzahlen
und Bereinigung des Kennzahlenkatalogs

Analyse der Beziehungen zwischen den Kennzahlen

Ermittlung der linearen multivariaten Diskriminanzfunktion

Festlegung des kritischen Trennwertes

Prüfung der Diskriminanzfunktion
a) mit den Daten der Analysestichprobe
b) mit den Daten der Kontrollstichprobe

Für seine Untersuchung stand FEIDICKER eine Grundgesamtheit von insgesamt *Grundgesamtheit* 8129 Unternehmen (davon 7474 solvente und 655 insolvente) zur Verfügung, wobei lediglich solche Unternehmen berücksichtigt wurden,

– für die ein endgültiger und vollständiger Jahresabschluß (Handels- oder Steuerbilanz) vorlag;

– deren Gesamtleistung in jedem Jahr mehr als 500 000 DM betrug;

– die nicht staats- oder konzernabhängig und keine Kreditinstitute oder Versicherungen waren.

Nicht einbezogen wurden des weiteren eindeutige Betrugsfälle, bei denen die Jahresabschlüsse aufgrund von Manipulationen nicht die tatsächliche wirtschaftliche Lage widerspiegelten.

Definition von ›insolvent‹

Als ›insolvent‹ (›schlecht‹) wurden Unternehmen bezeichnet, wenn ein Konkurs oder Vergleich vorlag oder wenn gegen Einzelunternehmer eine Haftanordnung zur Abgabe einer eidesstattlichen Versicherung vorlag. Ebenfalls als ›insolvent‹ wurden Unternehmen gekennzeichnet, wenn ein Scheck oder Wechselprotest bekannt wurde oder aber das Unternehmen ein außergerichtliches Moratorium (Stundungsvergleich) einberufen hat. Durch die Verwendung dieser spezifischen Merkmale sollte erreicht werden, daß die Gruppentrennung nicht von Tatbeständen abhängt, die mehr oder weniger vom subjektiven Ermessen des jeweiligen Entscheidungsträgers abhängen.

Einschränkung

Von den Unternehmen der Grundgesamtheit wurden nur solche für die weiteren statistischen Analysen ausgewählt, für die jeweils mindestens drei aufeinanderfolgende Jahresabschlüsse vorlagen. Berücksichtigung fanden hierbei lediglich Jahresabschlüsse nach AktG 1965, da zum damaligen Auswertungszeitpunkt nicht genügend Jahresabschlüsse nach HGB zur Verfügung standen (demgegenüber wurden in der Untersuchung von HÜLS ausschließlich Jahresabschlüsse nach geltendem Bilanzrecht verwendet; vgl. HÜLS, D. 1995, S. 16). Ausgesondert wurden des weiteren solche Jahresabschlüsse ›insolventer‹ Unternehmen, die nicht einen bestimmten mindestens erforderlichen bzw. höchstens zulässigen zeitlichen Abstand zum Datum der ›Insolvenz‹ hatten.

Vergleichsgruppe

Hiernach verblieben in der Untersuchung noch 112 ›insolvente‹ Unternehmen. Als Vergleichsgruppe wurde sodann aus der Grundgesamtheit der ›solventen‹ Unternehmen eine Zufallsstichprobe von gleichfalls 112 Unternehmen gezogen, für die ebenso drei aufeinanderfolgende Jahresabschlüsse vorliegen mußten. Insbesondere um zu gewährleisten, daß die mit den Daten der Stichprobe ermittelte Diskriminanzfunktion auf die Unternehmen der Grundgesamtheit übertragen werden kann, wurde sodann die Repräsentativität der Untersuchungsstichprobe bezüglich Größe, Rechtsform und Branche überprüft (vgl. zu den Ergebnissen FEIDICKER, M. 1992, S. 52 ff.).

Kennzahlenkatalog

Nach der Abgrenzung der in die Untersuchung einzubeziehenden Unternehmen mußte in einem nächsten Schritt der Kennzahlenkatalog konzipiert werden. Da es sich bei der multivariaten Diskriminanzanalyse um ein kennzahlengestütztes Analyseinstrument handelt, hängt die Qualität der Untersuchungsergebnisse naturgemäß in entscheidendem Maße davon ab, welche Kennzahlen verwendet werden. Ausgangspunkt der Untersuchung war ein Katalog von 73 Kennzahlen, wobei lediglich Verhältniszahlen berücksichtigt wurden. Für alle diese Kennzahlen mußte sich eine eindeutige Arbeitshypothese dergestalt bilden lassen, daß die Kennzahlenwerte der ›insolventen‹ Unternehmen im

Durchschnitt kleiner bzw. größer sind als die Kennzahlenwerte der solventen Unternehmen. Hierbei gilt zu beachten, daß sich in Abhängigkeit der für die jeweilige Kennzahl formulierten (und durch geeignete statistische Verfahren verifizierten) Arbeitshypothese das Vorzeichen für den zugehörigen Diskriminanzkoeffizienten bestimmt.

1.6.2.2 Statische Voranalysen

Eine erfolgreiche Anwendung der multivariaten Diskriminanzanalyse ist an verschiedene Voraussetzungen gebunden, die mit Hilfe diverser statistischer Tests und Verfahren im Zuge der Analyse überprüft werden müssen. Die Verletzung einer oder mehrerer dieser Bedingungen kann dazu führen, daß die ermittelte Diskriminanzfunktion (bereits bei der Stichprobe) zu suboptimalen Trennergebnissen führt und sich hinsichtlich ihrer Übertragbarkeit auf die Unternehmen der Kontrollgruppe als instabil erweist (vgl. z.B. KLECKA, W.R. 1990, S. 60ff.; LACHENBRUCH, P.A. 1975, S. 40). Die Ermittlung einer optimal trennenden Diskriminanzfunktion ist u.a. davon abhängig, ob es sich um normalverteilte, trennfähige und unabhängige Kennzahlen handelt.

Voraussetzungen

(1) Normalverteilte Kennzahlen

Normalverteilte Kennzahlen

Prinzipiell fordert die Ermittlung einer optimalen linearen multivariaten Diskriminanzfunktion, daß die einbezogenen Kennzahlen multivariat normalverteilt sind. Da aber zum Zeitpunkt dieser vorbereitenden statistischen Analyse noch nicht bekannt ist, welche Kennzahlen letztlich in der Diskriminanzfunktion enthalten sind und multivariat normalverteilt sein müssen, werden in aller Regel – als Näherungslösung – nur Tests zur Überprüfung der univariaten Normalverteilung durchgeführt. Diese Vorgehensweise muß vor dem (statistischen) Hintergrund gesehen werden, daß die univariate Normalverteilungsannahme eine notwendige Bedingung für die multivariate Normalverteilungsannahme ist.

Wie bei verschiedenen anderen Untersuchungen auch (vgl. hierzu die Nachweise bei HÜLS, D. 1995, S. 120), ergaben die von FEIDICKER durchgeführten Tests zur Überprüfung der (univariaten) Normalverteilung, daß die Normalverteilungsannahme bei sehr vielen Kennzahlen zurückgewiesen werden mußte – und dies obwohl bereits im Vorfeld sogenannte Ausreißer, d.h. extrem hohe oder extrem niedrige Kennzahlenwerte, eliminiert wurden. Indes gilt die lineare multivariate Diskriminanzanalyse – verschiedenen Untersuchungen zufolge – als sehr robust gegenüber der Verletzung der Normalverteilungsannahme. Ihre Anwendung führte in zahlreichen Fällen zu gleich guten oder sogar besseren Klassifikationsergebnissen »als die schwerer beschaffbaren oder umständlicher zu handhabenden nonparametrischen Verfahren oder parametrischen Alternativen« (GEMÜNDEN, H.G. 1988, S. 146; vgl. hierzu auch HÜLS, D. 1995, S. 253ff.).

(2) Trennfähige Kennzahlen

Im Rahmen der (linearen multivariaten) Diskriminanzanalyse sollten grundsätzlich nur solche Kennzahlen verwendet werden, die trennfähig sind, d.h. deren Kennzahlenwerte im Zeitablauf bei ›solventen‹ Unternehmen im Durchschnitt größer oder kleiner sind als bei ›insolventen‹ Unternehmen. Die Prüfung der univariaten Trennfähigkeit kann beispielsweise mit Hilfe graphischer oder analytischer Mittelwertvergleiche (z.B. t-Test, Median-Test) erfolgen. Hierbei werden die Mittelwerte aller Kennzahlen jeweils für mehrere einzelne Jahre vor Eintritt der ›Insolvenz‹ für beide Analysegruppen ermittelt und gegenübergestellt. Die Mittelwerte dürfen sich bei einer graphischen Analyse nicht überschneiden. Anderenfalls kann die jeweils formulierte Arbeitshypothese nicht aufrechterhalten werden. Typisch für den graphischen Mittelwertvergleich bei gut trennenden Kennzahlen sind die sogenannte Trompetenbilder, die dadurch charakterisiert sind, daß die Kennzahlenwerte für ›solvente‹ und ›insolvente‹ Unternehmen mit zunehmender zeitlicher Nähe zum Insolvenzzeitpunkt ›auseinanderlaufen‹.

Die ausschließliche Verwendung von solchen Kennzahlen, deren Mittelwerte sich in keinem der betrachteten Jahre (in der Untersuchung von Fei-dicker: drei Jahre) überschneiden, ist darin begründet, daß letztlich eine einzige Diskriminanzfunktion ermittelt werden soll, die innerhalb eines bestimmten Zeitraums vor Eintritt der ›Insolvenz‹ eine zuverlässige Klassifizierung von Unternehmen erlaubt (vgl. Burger, A. 1995, S. 290). Mit anderen Worten: Will man den Eintritt eines Negativ-Ereignisses ›prognostizieren‹, müssen während eines bestimmten Zeitraums durchgängig interpretierbare Kennzahlen verwendet werden, da a priori nicht bekannt ist, in welchem Jahr vor dem möglichen Negativ-Ereignis man sich befindet.

In der hier interessierenden Untersuchung von Feidicker wurden drei Kennzahlen aufgrund der Ergebnisse des graphischen Mittelwertvergleichs ausgeschlossen. Darüber hinaus mußten elf weitere Kennzahlen ausgeschlossen werden, deren Zähler – aufgrund der spezifischen Erfassung der Jahresabschlüsse durch die Allgemeine Kreditversicherung AG – bei über 25 % der untersuchten Unternehmen den Wert Null aufwies. Für die weiteren Analysen standen damit noch 59 (von ursprünglich 73) Kennzahlen zur Verfügung.

(3) Unabhängige Kennzahlen

Die meisten der in empirischen Untersuchungen verwendeten Kennzahlen sind mehr oder minder hoch korreliert, da sie aus gleichen oder ähnlichen Größen im Zähler und Nenner gebildet werden und darüber hinaus über Aktiva und Passiva einerseits und Aufwendungen und Erträge andererseits miteinander verbunden sind (vgl. Gebhardt, G. 1980, S. 251). Werden hoch korrelierte Kennzahlen in einer Diskriminanzfunktion verbunden,

»können sie zu ökonomisch nicht sinnvollen Diskriminanzkoeffizienten führen und dadurch einen zu starken Einfluß auf die Diskriminanzergebnisse führen sowie die Fehlerschätzung für eine ermittelte Diskriminanzfunktion verzerren« (NIEHAUS, H.-J. 1987, S. 109). Zur Vermeidung dieser nachteiligen Effekte ist es daher erforderlich, die Korrelationen der in die Diskriminanzfunktion aufzunehmenden Kennzahlen zu beschränken. Eine Auswahl weitgehend unabhängiger Kennzahlen kann beispielsweise mit Hilfe der Korrelationsanalyse, der Faktorenanalyse oder der Clusteranalyse erfolgen (vgl. HÜLS, D. 1995, S. 149).

Im Rahmen der von FEIDICKER durchgeführten Clusteranalyse konnten sieben relativ homogene Kennzahlengruppen (Cluster) – Kapitalstruktur, Liquidität, Finanzkraft, Rentabilität, Kapitalumschlag im Umlaufvermögen, kurzfristige Verschuldung und Zahlungsverhalten – ermittelt werden, denen die meisten der untersuchten Kennzahlen zugeordnet werden konnten. Diese Ergebnisse stehen im Einklang mit verschiedenen älteren (faktoranalytischen) und jüngeren Untersuchungen (vgl. die Nachweise bei FEIDICKER, M. 1992, S. 128 und HÜLS, D. 1995, S. 159). Insofern scheint sich die Vermutung zu bestätigen, daß das Informationspotential des Jahresabschlusses durch ca. 6-8 Kennzahlengruppen annähernd abgedeckt wird.

1.6.2.3 Anwendung der multivariaten Diskriminanzanalyse

Auswahl der Kennzahlen

Ausgehend von der Zielsetzung der in Rede stehenden Untersuchung, krisenhafte Unternehmensentwicklungen frühzeitig zu erkennen, wurde die multivariate Diskriminanzanalyse auf der Grundlage der Kennzahlenwerte drei Jahre vor der ›Insolvenz‹ durchgeführt. Dabei sollte die Ermittlung der Diskriminanzfunktion auf den Ergebnissen der Clusteranalyse aufbauen. Entsprechend wurden die Kennzahlen nach der sogenannten Methode der schrittweisen Vorwärtsauswahl (›stepwise forward selection‹) ausgewählt: In einem ersten Schritt wurde die univariat trennfähigste Kennzahl berücksichtigt. Anschließend wurden alle Kennzahlen des Clusters, dem die betreffende Kennzahl angehört, von der weiteren Analyse ausgeschlossen. Sodann wurde die (zweite) Kennzahl bestimmt, die gemeinsam mit der ersten die besten Trennergebnisse erzielt. Hiernach wurden ebenfalls alle anderen Kennzahlen des betreffenden Clusters ausgeschlossen. Dieses Procedere wiederholte sich solange, bis die Klassifikationsergebnisse durch die Aufnahme weiterer Kennzahlen in die Diskriminanzfunktion nicht mehr verbessert werden konnten. Die besten Klassifikationsergebnisse wurden mit vier Kennzahlen erzielt, wobei die Kennzahl zur Eigenkapitalquote mit 32,4 % den größten Trennbeitrag erbrachte. Nicht minder von Bedeutung erwies sich mit 29,5 % eine Rentabilitätskennzahl. Die beiden anderen Kennzahlen gehörten den Clustern ›Zahlungsverhalten‹ und ›kurzfristige Verschuldung‹ an.

Klassifikationsergebnisse

Anhand dieser Diskriminanzfunktion wurden zunächst die Unternehmen der Stichprobe klassifiziert (vgl. Übersicht 86):

		Klassifiziert als	
	Jahr	›solvent‹	›insolvent‹
Tatsächlich insolvente Unternehmen (112 pro Jahr)	t–3	18,8 %	81,2 %
	t–2	12,5 %	87,5 %
	t–1	3,6 %	96,4 %
Tatsächlich solvente Unternehmen (112 pro Jahr)	t–3	73,2 %	26,8 %
	t–2	72,3 %	27,7 %
	t–1	69,7 %	30,3 %

Übersicht 86: Klassifikationsergebnisse von Jahresabschlüssen der Stichprobe

Wie die Übersicht 86 zeigt, konnten bereits drei Jahre vor Eintritt der ›Insolvenz‹ über 80 % der ›insolventen‹ Unternehmen zutreffend klassifiziert werden. Mit zunehmender zeitlicher Nähe zum Insolvenzzeitpunkt stieg der Anteil der richtig klassifizierten ›insolventen‹ Unternehmen. Auffällig ist andererseits der relativ hohe Anteil der falsch klassifizierten ›solventen‹ Unternehmen. Indes haben die Erfahrungen aus der praktischen Anwendung der Diskriminanzanalyse gezeigt, daß Fehler 2. Art durch eine anschließende Detailanalyse relativ schnell entdeckt und aufgeklärt werden können (vgl. BAETGE, J./NIEHAUS, H.-J. 1989, S. 154).

Entscheidend für die Beurteilung der Trenngüte einer Diskriminanzfunktion sind nun allerdings weniger die Klassifikationsergebnisse der Stichprobe, »sondern vielmehr die Fehlerraten bei der Klassifikation bisher unbekannter Unternehmen« (BAETGE, J./BEUTER, H.B./FEIDICKER, M. 1992, S. 760). Um diese feststellen zu können, bildete FEIDICKER eine Validierungsstichprobe von in der Stichprobe nicht enthaltenen Jahresabschlüssen nach AktG 1965. Hierbei ergaben sich die in Übersicht 87 wiedergegebenen Klassifikationsergebnisse.

Übersicht 87: Klassifikationsergebnisse von Jahresabschlüssen nach AktG 1965 der Validierungsstichprobe

		Klassifiziert als	
	Jahr	›solvent‹	›insolvent‹
526 Jahresabschlüsse tatsächlich insolventer Unternehmen	t–3	14,2 %	85,5 %
	t–2	9,2 %	90,8 %
	t–1	10,6 %	89,4 %
5340 Jahresabschlüsse tatsächlich solventer Unternehmen	1983	65,6 %	34,4 %
	1984	61,8 %	38,2 %
	1985	60,0 %	40,0 %
	1986	62,6 %	37,4 %

Abschließend wurde von FEIDICKER überprüft, inwieweit die auf der Grundlage von Jahresabschlüssen nach AktG 1965 ermittelte Diskriminanzfunktion auf Jahresabschlüsse nach HGB übertragen werden kann. Hierbei zeigten sich wider Erwarten relativ gute Klassifikationsergebnisse (vgl. Übersicht 88).

Übersicht 88: Klassifikationsergebnisse von Jahresabschlüssen nach HGB 1985 der Stichprobe

		Klassifiziert als	
	Jahr	›solvent‹	›insolvent‹
214 Jahresabschlüsse tatsächlich insolventer Unternehmen	t–2	10,4 %	89,6 %
	t–1	5,8 %	94,2 %
1150 Jahresabschlüsse tatsächlich solventer Unternehmen	t–3	73,2 %	26,8 %
	t–2	72,3 %	27,7 %
	t–1	69,7 %	30,3 %

1.6.3 Kritik an der multivariaten Diskriminanzanalyse

Abschließend soll auf einige ausgewählte, in der Literatur geäußerte Kritikpunkte eingegangen werden, die noch nicht bei der Beschreibung der Verfahren und der praktischen Vorgehensweise vorgetragen wurden (vgl. z.B. GEMÜNDEN, H.G. 1988; SCHNEIDER, D. 1985; HAUSCHILDT, J./LEKER, J. 1995, S. 262f.).

Theoriedefizit   Der wohl wichtigste Kritikpunkt wird gemeinhin im Theoriedefizit zur Erklärung von Unternehmenskrisen gesehen. Konkret entzündet sich diese Kritik an dem Umstand, »daß Unternehmen einer Klassifikationsgruppe zugeordnet werden, ohne sich Gedanken über den theoretischen Zusammenhang zwischen einem Unternehmensereignis (...) einerseits und Ausprägungen von Kennzahlen aus Jahresabschlüssen andererseits zu machen« (BURGER, A. 1995, S. 334f.). Insofern sieht sich auch die Unternehmensklassifikation mittels der multivariaten Diskriminanzanalyse dem Vorwurf ausgesetzt, es handele sich hierbei um eine Black Box.

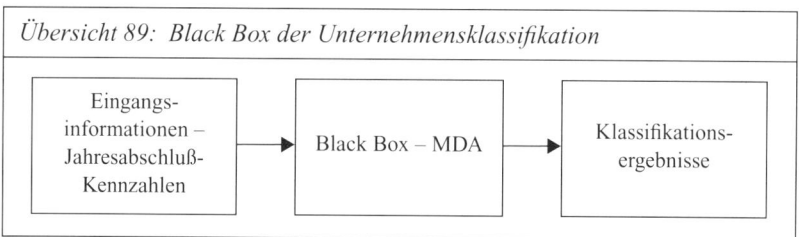

Übersicht 89: Black Box der Unternehmensklassifikation

Bislang ist eine betriebswirtschaftlich überzeugende Erklärung der mittels der Diskriminanzanalyse vorgenommenen Kennzahlenverknüpfungen ebenso wenig gelungen wie eine theoretische Fundierung der in den verschiedenen empirischen Untersuchungen gewonnenen Ergebnisse (vgl. BURGER, A. 1995, S. 335). Selbst die Promotoren der multivariaten Diskriminanzanalyse leugnen nicht, daß mittels dieses Verfahrens »die Ursachen einer Insolvenzgefährdung nicht erkannt, sondern nur Symptome gemessen werden« (BAETGE, J./BEUTER, H.B./FEIDICKER, M. 1992, S. 753). Insofern kann die multivariate Diskriminanzanalyse auch keine Entscheidungshilfe dahingehend liefern, »ob Maßnahmen des Krisenmanagements noch erfolgreich eingesetzt werden können« (HAUSCHILDT, J./LEKER, J. 1995, S. 263). Die mangelnde theoretische Fundierung ist nun aber keineswegs ein Spezifikum der multivariaten Diskriminanzanalyse. Letztlich gilt dieser Kritikpunkt für nahezu alle Verfahren der Jahresabschlußauswertung zur Krisenerkennung und weitergehend – nach Auffassung von SCHNEIDER – für die Bilanzanalyse insgesamt (vgl. SCHNEIDER, D. 1989, S. 633).

Zeitliche Instabilität von Diskriminanzfunktionen   Ein weiterer Kritikpunkt an der multivariaten Diskriminanzanalyse lautet, die im Zuge der jeweiligen Untersuchungen abgeleiteten Diskriminanzfunktionen seien aufgrund ihres Vergangenheitsbezugs lediglich eingeschränkt zur Klassifikation in der ex ante Betrachtung einsetzbar. Unstreitig ist, daß auf historischen Jahresabschlüssen beruhende Diskriminanzfunktionen nicht bedenkenlos in die Zukunft übertragen werden können (vgl. BAETGE, J./BEUTER, H.B./ FEIDICKER, M. 1992, S. 753). Denn dies würde eine Konstanz jener Einflußgrößen voraussetzen, die auf das konkret verfolgte Analyseziel, wie beispielsweise die Beurteilung der Unternehmensbonität, einwirken. Hiervon kann aber in der Realität wohl kaum ausgegangen werden. Insofern bedarf es einer fortlaufenden Überprüfung der zeitlichen Stabilität der ermittelten Diskriminanzfunktion. Zeigt sich hierbei eine signifikante Zunahme an Fehlklassifikationen, muß eine Aktualisierung (Neuberechnung) der Diskriminanzfunktion unter Einbeziehung von aktuellen Jahresabschlüssen erfolgen.

Wie für nahezu alle kennzahlengestützten Instrumente der Bilanzanalyse stellt die bilanzpolitische Einflußnahme auf den Jahresabschluß ein nicht zu unterschätzendes Problem für die multivariate Diskriminanzanalyse dar. Insbesondere wenn die Diskriminanzfunktion auf nur einigen wenigen und darüber hinaus unkorrigierten Kennzahlen beruht, kann durch gezielte bilanzpolitische Maßnahmen Einfluß auf den Diskriminanzwert und damit beispielsweise auf die Bonitätsbeurteilung genommen werden. Bemerkenswert erscheint in diesem Zusammenhang die Feststellung von HÜLS, daß die von ihr ermittelten ›besten‹ Diskriminanzfunktionen – im Vergleich zu denen von NIEHAUS und FEIDICKER – u.a. »aufgrund der gleichmäßigeren und wegen der Vielzahl der Kennzahlen ... geringeren Trennbeiträge nicht mehr so anfällig sind gegen bilanzpolitische Gestaltungsmaßnahmen« (HÜLS, D. 1995, S. 243).

Beeinträchtigung durch Bilanzpolitik

Schließlich ist noch auf folgenden Aspekt hinzuweisen. In den empirischen Untersuchungen von NIEHAUS (Bayerische Vereinsbank AG), von FEIDICKER (Allgemeine Kreditversicherung AG) und von HÜLS (Baden-Württembergische Bank AG) wurden konzernabhängige Unternehmen nicht berücksichtigt. Schätzungen gehen davon aus, daß der Konzernierungsgrad von Aktiengesellschaften gemessen am Grundkapital über 90 % beträgt und auch ein erheblicher Teil der Gesellschaften mit beschränkter Haftung konzernverbunden ist (vgl. ORDELHEIDE, D. 1987, S. 975). Ob, wie beispielsweise in der Untersuchung von NIEHAUS, generell die multivariate Diskriminanzfunktion auf Konzernunternehmen angewandt werden kann (vgl. BAETGE, J./NIEHAUS, H.-J. 1989, S. 157), ist zumindest fraglich, denn Unternehmen, die im Konzernverbund stehen, können besonders im Hinblick auf die Liquiditätslage nicht mit wirtschaftlich unabhängigen Unternehmen verglichen werden. Konzernunternehmen können ihre Liquiditätslage am Abschlußstichtag durch konzerninterne Mittelverlagerungen erheblich verbessern und damit die Ergebnisse der Diskriminanzanalyse verfälschen. Auch bedeutet ein negativer Diskriminanzwert nicht automatisch eine Leistungsstörung, da andere Konzernunternehmen – auch ohne direkte rechtliche Verpflichtung – unterstützend eingreifen können, z.B. um ihr eigenes positives Image nicht zu verlieren.

Keine Einbeziehung von Konzernunternehmen

1.7 Schlußbemerkung

Der Traum des Analytikers, »mit Hilfe einer einzigen Kennzahl – die aus mehreren Komponenten zusammengesetzt sein mag – eine Prognose der Zahlungsfähigkeit und Rentabilität der Unternehmung ... liefern zu können« (LEFFSON, U. 1984, S. 175), ist auch mit der Entwicklung der multivariaten Diskriminanzanalyse nicht erfüllt worden. Eine solche ›Wunderkennzahl‹ der Bilanzanalyse zu entwickeln, bleibt auch weiterhin der unerreichbare Wunschtraum der Analytiker. Dennoch weisen moderne Bilanzanalyseverfahren wie die Diskriminanzanalyse einen vielversprechenden Weg.

Merksätze:

1. Im Rahmen der univariaten Diskriminanzanalyse wird jede Kennzahl einzeln auf ihre Trennfähigkeit der beiden Gruppen untersucht. Eine Klassifikation von Unternehmen wird anhand der Kennzahl vorgenommen, die die wenigsten Fehlklassifikationen (Fehler 1. und/oder 2. Art) aufweist.

2. Die univariate Diskriminanzanalyse weist einige Mängel auf, von denen insbesondere das Auftreten von divergierenden Teilurteilen durch unterschiedliche Klassifikationsergebnisse einzelner Kennzahlen zu nennen ist.

3. Multivariate Diskriminanzanalysen sind Verfahren, die simultan verschiedene Kennzahlenverteilungen analysieren und eine Klassifikationsregel durch Verknüpfung von mindestens zwei Kennzahlen zu einem Gesamtbeurteilungsindikator ermitteln.

4. Zum Kern der üblicherweise in Diskriminanzfunktionen berücksichtigten Kennzahlen gehören in der Regel ein Renditemaß und eine Kapitalstrukturkennzahl.

2. Bilanzanalyse mit Hilfe Künstlicher Neuronaler Netze

2.1 Einführung

Künstliche Neuronale Netze sind Verfahren der künstlichen Intelligenz, denen insbesondere seit den achtziger Jahren verstärkte Aufmerksamkeit geschenkt wird. Auch für ökonomische Fragestellungen werden sie seit einiger Zeit zunehmend eingesetzt. Durch ihre Nutzung im Bereich der Jahresabschlußanalyse wird insbesondere versucht, die mit der Multivariaten Diskriminanzanalyse erzielten Ergebnisse zu übertreffen. Insofern stellt die Bonitätsanalyse das bisher dominierende bilanzanalytische Einsatzgebiet von Künstlichen Neuronalen Netzen dar.

Künstliche Neuronale Netze und Bilanzanalyse

2.2 Fähigkeiten und Anwendungsgebiete Künstlicher Neuronaler Netze

»Neuronale Netze sind dann einsetzbar, wenn eine unscharfe Informationsverarbeitung vorliegt, die oft als hochdimensionale nichtlineare Abbildung beschreibbar ist« (KINNEBROCK, W. 1994, S. 11). Ihre Eignung, derartige Probleme zu lösen, ergibt sich daraus, daß Künstliche Neuronale Netze drei Fähigkeiten aufweisen.

Charakteristische Fähigkeiten

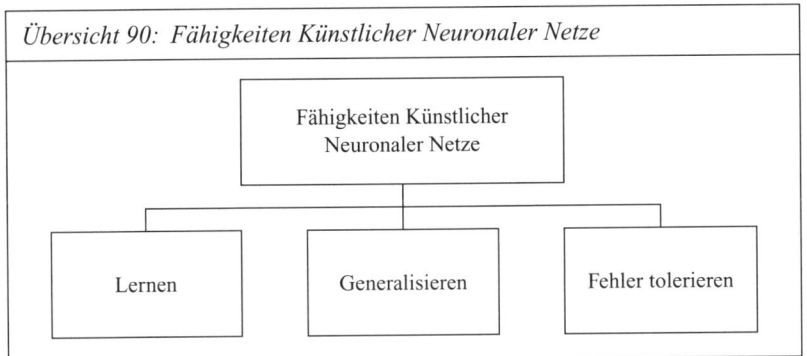

Übersicht 90: Fähigkeiten Künstlicher Neuronaler Netze

Diese Eigenschaften ermöglichen es Künstlichen Neuronalen Netzen, grundlegende Zusammenhänge (Muster) einer Grundgesamtheit auf Basis einer Stichprobe zu lernen und dieses Muster bei anderen Elementen der Grundgesamtheit wiederzuerkennen, auch wenn das Muster durch spezifische Charakteristika dieses Elements (›Rauschen‹) verdeckt wird.

Die Einsatzmöglichkeiten von Künstlichen Neuronalen Netzen sind vielfältig. Zu den Aufgaben, die mit neuronalen Ansätzen bereits gelöst wurden oder an deren Lösung gearbeitet wird, gehören unter anderem (vgl. KINNEBROCK, W. 1994, S. 103):

Einsatzgebiete

– Sprachgenerierung und -analyse,
– Erstellung von Prognosen,

- Regeln und Steuern,
- Muster- und Zeichenerkennung,
- Datenkompression und -aufbereitung,
- Unterhaltung (Spiele, Musikkomposition).

Finanzwirtschaft-
liche Einsatzgebiete
Auch zahlreiche finanzwirtschaftliche Fragestellungen sind charakterisiert durch »eine hohe Anzahl von Einflußfaktoren, die nicht-lineare Interdependenzen aufweisen und vor einem Zeithorizont instabil sind, d.h. durch zufällige Einflüsse (›Rauschen‹) überlagert werden« (BAUER, W./FÜSER, K./SCHMIDT-MEIER, S. 1997, S. 283). Sie gehören damit zu dem Problemtyp, für dessen Lösung der Einsatz von Künstlichen Neuronalen Netzen geeignet ist. Dementsprechend haben Künstliche Neuronale Netze in der jüngeren Vergangenheit bei verschiedenen derartigen Problemen Anwendung gefunden. Zu diesen Einsatzgebieten gehören unter anderem:

- Aktienkursprognose (vgl. die Übersicht bei BRAUN, S. 1994, S. 194ff.),
- Zinsprognose (vgl. z.B. PODDIG, T. 1994 m.w.N.),
- Wechselkursprognose (vgl. z.B. REHKUGLER, H./PODDIG, T. 1990),
- Beurteilung langfristiger Anleihen (vgl. PYTLIK, M. 1995, S. 211f. m.w.N.),
- Kreditwürdigkeitsprüfung im Privatkundengeschäft (vgl. z.B. REHKUGLER, H./SCHMIDT-VON RHEIN, A. 1993),
- Bestimmung der Einzelwertberichtigungen auf Forderungen (vgl. BAUER, W./FÜSER, K./SCHMIDTMEIER, S. 1997),
- Klassifizierung von Jahresabschlüssen (vgl. PYTLIK, M. 1995, S. 215ff. m.w.N.).

2.3 Grundlagen Künstlicher Neuronaler Netze

2.3.1 Biologische Grundlagen

Menschliches
Gehirn als Vorbild
Künstliche Neuronale Netze arbeiten nach dem Vorbild des menschlichen Gehirns, indem sie versuchen, dessen biologisches neuronales Netz zu simulieren. Ein Überblick über den Aufbau und die Funktionsweise des menschlichen Gehirns bildet daher eine Grundlage für das Verständnis der Arbeitsweise von Künstlichen Neuronalen Netzen (vgl. im folgenden KINNEBROCK, W. 1994, S. 11ff.; KRAUSE, C. 1993, S. 36ff.; PYTLIK, M. 1995, S. 147ff.).

Biologische
Neuronen
Die elementaren Verarbeitungseinheiten des menschlichen Gehirns sind in der Hirnrinde befindliche Nervenzellen, die als Neuronen bezeichnet werden. Jedes dieser Neuronen besteht vereinfacht aus den Elementen Zellkörper, Dendriten, Axon und Synapsen. Übersicht 91 zeigt schematisch den Aufbau eines solchen Neurons.

Übersicht 91: Aufbau eines biologischen Neurons

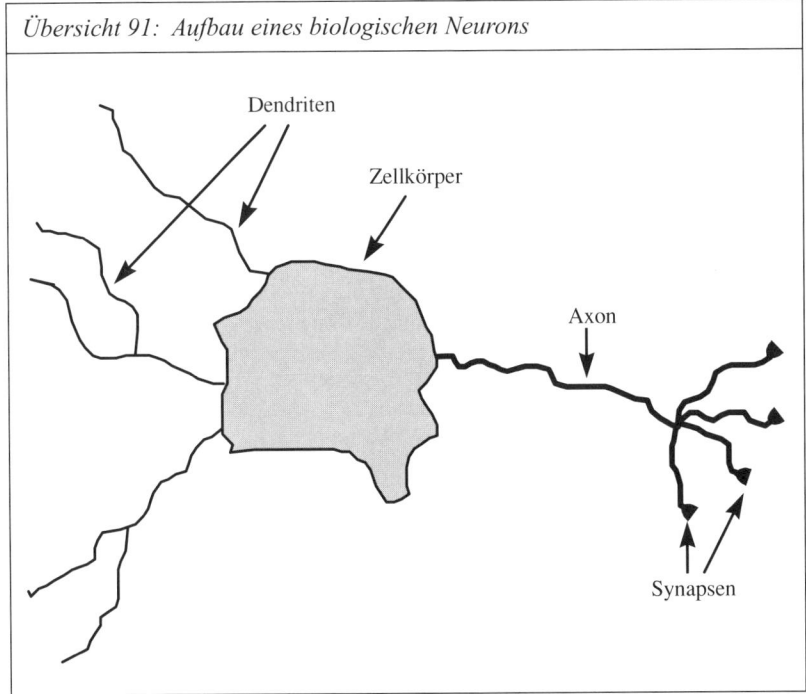

Die Dendriten stellen Eingangskanäle dar, über die das Neuron elektrische Signale von anderen Neuronen empfängt. Im Zellkörper werden diese Eingangssignale zu einem Gesamtreiz addiert. Überschreitet dieser einen bestimmten Schwellwert, »feuert« das Neuron, d.h., es sendet über sein als Ausgangskanal fungierendes Axon einen elektrischen Impuls aus. Das Axon ist an seinen verästelten Enden zu Knöpfchen, den Synapsen, verdickt. In ihnen wird der durch das Axon ankommende Impuls auf chemischem Wege je nach Typ der Synapse entweder verstärkt (excitatorische Synapse) oder gehemmt (inhibitorische Synapse) und nach dieser Veränderung an die Dendriten anderer Neuronen, mit denen die Synapsen verbunden sind, weitergegeben. Wird daher ein Signal auf seinem Weg von einem vorgelagerten zu einem nachfolgenden Neuron durch eine excitatorische Synapse geleitet, erhöht sich die Wahrscheinlichkeit, daß der Schwellwert des nachfolgenden Neurons überschritten wird und dieses Neuron ebenfalls feuert. Entsprechend mindert eine inhibitorische Synapse diese Wahrscheinlichkeit.

Synapsen können ihre excitatorische oder inhibitorische Wirkung im Zeitablauf verändern, wobei diese Veränderung durch Lernprozesse erfolgt. »Das Wissen eines Nervensystems wird durch die synaptische Verbindungsstärke von Nervenzellen gespeichert« (KRAUSE, C. 1993, S. 38).

Biologische neuronale Netze

Das menschliche Gehirn besteht aus ca. 10–100 Milliarden Neuronen, von denen jedes über ca. 1000 Dendriten ca. 10 000 Verbindungen zu benachbarten Neuronen besitzt. Somit enthält ein menschliches neuronales Netz ca. 10^{14} bis 10^{16} Verbindungen. Die Leistungsfähigkeit des Gehirns resultiert dabei weniger aus der Verarbeitungsgeschwindigkeit und -kapazität der einzelnen Neuronen, sondern vielmehr daraus, daß zahlreiche Neuronen »simultan aktiv sind und miteinander kommunizieren« (SCHÖNEBURG, E./HANSEN, N./GAWELCZYK, A. 1990, S. 13) und somit eine hochgradig parallele Informationsverarbeitung stattfindet. »Da auch für anspruchsvolle Denkleistungen der Abruf der Informationen sehr schnell erfolgt, müssen die Informationen räumlich verteilt gespeichert sein, damit der Zugriff auf alle Daten zur gleichen Zeit erfolgen kann« (PYTLIK, M. 1995, S. 151).

2.3.2 Künstliche Neuronen

Simulation biologischer Neuronen

Dem Aufbau biologischer neuronaler Netze folgend setzen sich auch Künstliche Neuronale Netze aus miteinander verbundenen Neuronen zusammen. Diese künstlichen Neuronen, auch Units genannt, stellen ein mathematisches Modell zur Simulation der Funktionsweise natürlicher Neuronen dar. Übersicht 92 zeigt die graphische Darstellung eines künstlichen Neurons (vgl. KRAUSE, C. 1993, S. 40).

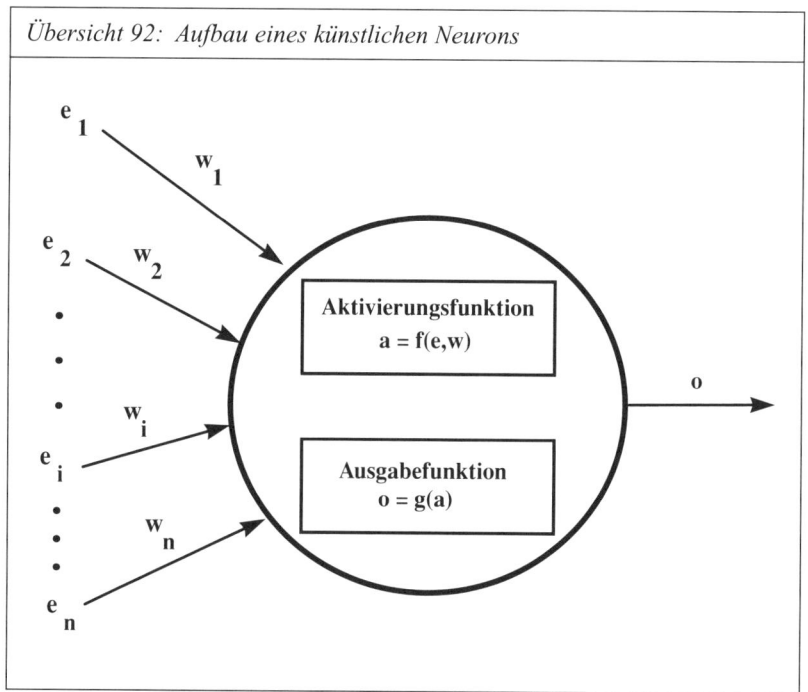

Übersicht 92: Aufbau eines künstlichen Neurons

Entsprechend dem Informationsfluß in biologischen neuronalen Netzen erhält *Funktionsweise* das künstliche Neuron die Signale e_1 bis e_n von anderen Neuronen. Die Verän- *künstlicher* derung dieser Signale durch Synapsen wird durch die Multiplikation der Ein- *Neuronen* gangssignale mit den Gewichten w_1 bis w_n simuliert. Dabei entsprechen positive Gewichte den excitatorischen Synapsen und negative Gewichte den inhibitorischen Synapsen. Wie auch im biologischen Neuron werden die gewichteten Eingangssignale in der Unit zu einem Gesamtreiz zusammengefaßt. Dies geschieht mittels einer Aktivierungsfunktion. In Abhängigkeit des Ergebnisses der Aktivierungsfunktion, das auch als Aktivierungszustand bezeichnet wird (vgl. PYTLIK, M. 1995, S. 159), bestimmt die Ausgabefunktion, welchen Wert die Unit an andere Neuronen weitergibt.

In der Praxis sind verschiedene Aktivierungs- und Ausgabefunktionen ge- *Aktivierungs-* bräuchlich. Die am häufigsten verwendete Aktivierungsfunktion ist jedoch die *funktion* gewichtete Summe der Eingangssignale, die sich mit Bezug auf Übersicht 92 folgendermaßen ausdrücken läßt:

(F.10.1)

$$a = \sum_{1}^{n} w_i \times e_i$$

Als Ausgabefunktionen können sowohl lineare als auch nichtlineare Funktio- *Ausgabefunktion* nen dienen. Jedoch kann ein Künstliches Neuronales Netz nur dann in den Eingangsinformationen enthaltene nichtlineare Strukturen erkennen, wenn nichtlineare Ausgabefunktionen zum Einsatz kommen (vgl. REHKUGLER, H. 1996, S. 572). Die am häufigsten eingesetzte Ausgabefunktion ist die Sigmoidfunktion (vgl. SCHÖNEBURG, E./HANSEN, N./GAWELCZYK, A. 1990, S.93). Sie berechnet für jeden Aktivitätszustand einen Ausgabewert zwischen 0 und 1 und läßt sich graphisch wie folgt darstellen:

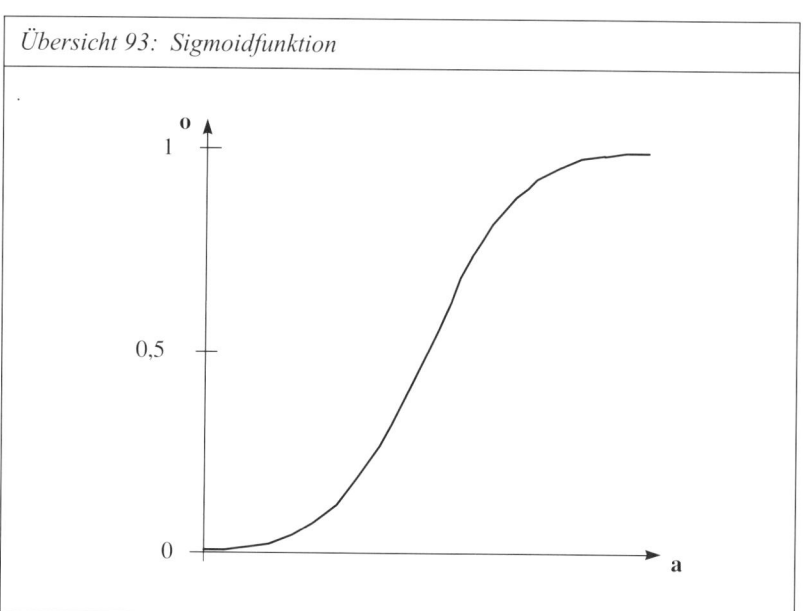

Übersicht 93: Sigmoidfunktion

Alternative Ausgabefunktionen sind z.B. Sinus-Funktionen und der Tangens-Hyperbolicus.

2.3.3 Topologien Künstlicher Neuronaler Netze

Verbindung der Neuronen zu einem Netz

Analog zum biologischen Vorbild entsteht ein Künstliches Neuronales Netz durch eine Vernetzung einer Vielzahl von Units (vgl. REHKUGLER, H./KERLING, M. 1995, S. 311), die entlang der zwischen ihnen bestehenden Verbindungen Informationen austauschen. Die Anordnung der Neuronen in einem Künstlichen Neuronalen Netz sowie die Art der zwischen ihnen bestehenden Verbindungen wird als Topologie bezeichnet.

Geschichtete Netze

In den meisten Topologien Künstlicher Neuronaler Netze bilden jeweils ein oder mehrere Neuronen eine sogenannte Schicht (Layer), von denen ein Künstliches Neuronales Netz i.d.R. mehrere enthält. Derartige Künstliche Neuronale Netze werden daher auch als geschichtete Netze bezeichnet. In Abhängigkeit von den Aufgaben, die die Units einer Schicht übernehmen, lassen sich drei verschiedene Arten von Schichten unterscheiden:

– Eingabe-Schicht (Input Layer): Die Neuronen dieser Schicht (Input-Units) dienen lediglich der Informationsaufnahme aus der Umwelt und nehmen in der Regel keine eigentliche Informationsverarbeitung vor (vgl. PYTLIK, M. 1995, S. 158). Die Zahl der in dieser Schicht angeordneten Input-Units richtet sich nach der Zahl der Merkmale, die in das Künstliche Neuronale Netz eingespeist werden.

– Ausgabe-Schicht (Output Layer): Die auf dieser Schicht angeordneten Neuronen (Output-Units) »deren Anzahl durch die gleichzeitig zu prognostizierenden Zielvariablen bestimmt wird« (REHKUGLER, H./KERLING, M. 1995, S. 311), übernehmen die Aufgabe, die Ergebnisse des Künstlichen Neuronalen Netzes an die Umwelt weiterzugeben. Sie nehmen daneben jedoch auch an der eigentlichen Informationsverarbeitung teil.

– Zwischenschicht (Hidden Layer): Von dieser Schichtart können eine oder mehrere zwischen der Eingabe- und der Ausgabeschicht angeordnet sein. Es existieren jedoch auch Künstliche Neuronale Netze ohne Zwischenschichten. Die auf einer derartigen Schicht angeordneten Neuronen (Hidden Units) sind nicht mit der Außenwelt verbunden und dienen allein der Informationsverarbeitung. Ihre Anzahl wird »maßgeblich durch die Komplexität der zu lösenden Problemstellung geprägt« (REHKUGLER, H./KERLING, M. 1995, S. 311).

Die verschiedenen Netztypen werden häufig durch die Anzahl ihrer Schichten klassifiziert (z.B. dreilagiges Netz). Dabei erfolgt die Benennung jedoch nicht einheitlich, da insbesondere die Eingabe-Schicht nicht in allen Darstellungen zu Künstlichen Neuronalen Netzen mitgezählt wird. Im folgenden wird diese Art der Bezeichnung dergestalt verwendet, daß alle Schichten mitgezählt werden und somit ein dreilagiges Netz neben der Eingabe- und der Ausgabeschicht über eine Zwischenschicht verfügt.

Neben den geschichteten Netztopologien existieren auch solche, bei denen keine Gruppierung der Neuronen vorliegt. Derartige Netze haben jedoch bei finanzwirtschaftlichen Anwendungen bisher keine den geschichteten Netzen entsprechende Bedeutung erlangt und sollen daher nicht weitergehend behandelt werden.

Nicht geschichtete Netze

Die Neuronen eines Künstlichen Neuronalen Netzes können auf unterschiedliche Weise miteinander verbunden werden. Nach der Art dieser Verbindungen lassen sich mit den Feed-Forward-Netzen und den Feed-Backward-Netze zwei verschiedene Modelltypen unterschieden (vgl. REHKUGLER, H. 1996, S. 572; PYTLIK, M. 1995, S. 165).

Verschiedene Arten von Verbindungen

Feed-Forward-Netze (rückkopplungsfreie Netze) sind dadurch charakterisiert (vgl. LOHRBACH, T. 1994, S. 27), daß

Feed-Forward-Netze

– nur Verbindungen zwischen Neuronen verschiedener Schichten bestehen, also Neuronen einer Schicht nicht miteinander verbunden sind und

– ein Informationsfluß nur in einer Richtung, nämlich von der Eingabeschicht über evtl. vorhandene Zwischenschichten zur Ausgabeschicht existiert.

Übersicht 94 zeigt beispielhaft ein Feed-Forward-Netz, daß fünf verschiedene Informationen aus der Außenwelt aufnimmt, über ein Hidden-Layer (mit drei Hidden-Units) verfügt und lediglich ein eindimensionales Ergebnis liefert.

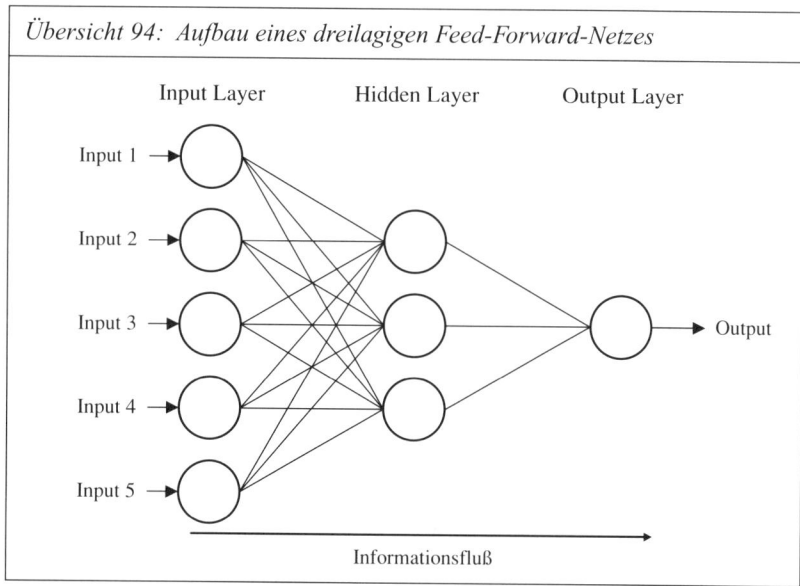

Übersicht 94: Aufbau eines dreilagigen Feed-Forward-Netzes

Feed-Backward- Bei Feed-Backward-Netzen (rückgekoppelte Netze) können im Gegensatz
Netz dazu

– Verbindungen auch zwischen Neuronen einer Schicht bestehen,

– Informationen über die Verbindungen in beide Richtungen fließen und somit
  ein Neuron auch an Units, von denen es selbst ein Signal erhält, eigene Signale weitergeben. In derartigen Netzen ist es sogar möglich, daß ein Neuron sein eigenes Ausgangssignal wiederum als Eingangssignal verwendet.

Einsatz der Keines der beiden Netzmodelle ist dem anderen bei allen Problemstellungen
Netzmodelle überlegen. Trotzdem werden in der Praxis Feed-Forward-Netze häufiger eingesetzt. Dies liegt unter anderem daran, daß die Ergebnisse dieser Netze meistens
leichter nachzuvollziehen sind, sie einen geringeren Rechen- und Zeitaufwand
erfordern und somit schneller Lösungen erreichen (vgl. PYTLIK, M. 1995,
S. 165). Auch im Rahmen der Bilanzanalyse finden insbesondere Feed-Forward-Netze Anwendung (vgl. BURGER, A./SCHELLBERG, B. 1994, S. 870).

2.3.4 Lernprozesse

Lernvorgang Bevor ein Künstliches Neuronales Netz eine Aufgabe lösen kann, muß es die
zugrundeliegenden Zusammenhänge gelernt haben. Dazu werden dem Netz
vor seinem eigentlichen Einsatz in einer Lern- bzw. Trainingsphase Beispieldatensätze präsentiert. Analog zu natürlichen neuronalen Netzen, die durch
eine Veränderung der synaptischen Aktivität lernen, erfolgt das Lernen in
Künstlichen Neuronalen Netzen durch eine Veränderung der Verbindungsgewichte.

Das in betriebswirtschaftlichen Einsätzen von Künstlichen Neuronalen Netzen am häufigsten angewendete Lernverfahren ist das sogenannte Überwachte Lernen (supervised learning). Dabei werden dem Künstlichen Neuronalen Netz neben den Eingabewerten der Beispieldatensätze auch deren erwünschte Ausgabewerte präsentiert. »Das Ziel des Lernvorgangs besteht darin, eine solche Verbindungsstruktur zwischen den Neuronen aufzubauen, die von den präsentierten Eingabedatensätzen möglichst genau die zugehörigen Ausgabedatensätze ableitet« (BAETGE, J. u.a. 1994, S. 338). Dazu werden meist für die Verbindungsgewichte zunächst zufällig ausgewählte Werte gesetzt. Das Netz vergleicht den damit erzielten Ausgabewert (Ist-Wert) mit dem vorgegebenen richtigen Ausgabewert (Soll-Wert) und modifiziert ausgehend vom Ausgabeneuron rückwärtsgerichtet die Verbindungsgewichte, bis die Differenz zwischen Ist-Wert und Soll-Wert minimiert ist. Die Veränderung der Verbindungsgewichte erfolgt dabei nach einer Korrekturformel, dem sogenannten Lernalgorithmus. Wegen der rückwärtsgerichteten Anpassung der Verbindungsgewichte werden derart lernende Netze auch als Backpropagation-Netze bezeichnet.

Überwachtes Lernen

Da Künstliche Neuronale Netze bei diesem Lernverfahren die dem zu lösenden Problem zugrundeliegenden Zusammenhänge aus den Beispieldatensätzen lernen, besteht die Gefahr, daß das Netz nicht nur allgemeingültige Strukturen, sondern auch spezifische Gegebenheiten der Trainingsdaten lernt, die für die Grundgesamtheit nicht charakteristisch sind. Ein derart übertrainiertes Künstliches Neuronales Netz versagt, wenn ihm ein bislang unbekannter Datensatz präsentiert wird, da es seine Generalisierungsfähigkeit verloren hat. Diesem Problem des Overlearning, auch Overfitting, wird begegnet, indem man den Lernvorgang immer wieder unterbricht und anhand einer von den Beispieldatensätzen verschiedenen Kontrollstichprobe überprüft, ob sich die Fehlerquote für diese Stichprobe weiter verbessert hat. »Fängt in dieser Kontrollgruppe der Zuordnungsfehler wieder an zu steigen, wird der Lernvorgang abgebrochen, weil das Netz offenbar beginnt, ›Unsinn‹ zu lernen« (REHKUGLER, H. 1995, S. 251.).

Overlearning

Neben dem Überwachten Lernen können Künstliche Neuronale Netze auch nach zwei anderen Verfahren lernen (vgl. KRAUSE, C. 1993, S. 56ff.; PYTLIK, M. 1995, S. 168ff.)

Andere Lernverfahren

– Bewertetes Lernen (graded/reinforced learning): Im Unterschied zum überwachten Lernen werden dem Künstlichen Neuronalen Netz nicht die gewünschten Sollwerte präsentiert, sondern lediglich mitgeteilt, wie gut der erzielte Ist-Wert war.

– Selbstorganisiertes/Unüberwachtes Lernen (self-organized/unsupervised learning): Dem Künstlichen Neuronalen Netz werden keine Ausgabe- oder Performance-Daten angeboten.

2.3.5 Parameter Künstlicher Neuronaler Netze

Typen- und
Variantenvielfalt

Die bisherigen Ausführungen haben bereits verdeutlicht, daß es nicht »das« Künstliche Neuronale Netz gibt, sondern zahlreiche Parameter zu einer Vielzahl verschiedener Netzwerktypen bzw. -varianten führen. Optimale Ergebnisse im Rahmen einer Anwendung von Künstlichen Neuronalen Netzen können nur »durch systematisches Testen verschiedener Parametereinstellungen« (KRAUSE, C. 1993, S. 102) erzielt werden.. Beschränkt man sich auf geschichtete Netze, sind die wichtigsten dieser Parameter:

Die wichtigsten
Parameter

– der Netztyp: Zur Verfügung stehen Feed-Forward- und Feed-Backward-Netze,

– die Zahl der Zwischenschichten: Es kann auf Zwischenschichten vollständig verzichtet werden oder aber eine oder mehrere dieser Hidden Layer eingefügt werden;

– die Zahl der Neuronen in jeder Schicht: Sie ist lediglich für die Eingabeschicht (durch die Zahl der Merkmalsarten der dem Künstlichen Neuronalen Netz präsentierten Datensätze) sowie die Ausgabeschicht (durch die Zahl der erwarteten Ergebnisse je Datensatz) festgelegt;

– die für die einzelnen Neuronen zu wählenden Aktivierungs- und Outputfunktionen (vgl. oben unter 2.3.3);

– das anzuwendende Lernverfahren (vgl. oben unter 2.3.4);

– die anzuwendende Lernregel, die für eine Anpassung der Gewichte sorgt sowie die Zahl der Lernschritte, die so zu wählen ist, daß kein Overfitting eintritt.

2.4 Vorgehensweise empirischer Untersuchungen

Nachdem die Vorgehensweise empirischer Untersuchungen zum Einsatz der Diskriminanzanalyse anhand eines Kooperationsprojekts zwischen dem des Instituts für Revisionswesen der Universität Münster und der Allgemeinen Kreditversicherung AG dargestellt wurde (vgl. 1.6.2), soll der Einsatz von Künstlichen Neuronalen Netzen nachfolgend exemplarisch anhand einer Studie erläutert werden, die auf der Basis des identischen Datenmaterials Künstliche Neuronale Netze zur Kreditwürdigkeitsprüfung einsetzte und die Klassifikationsergebnisse mit denen der Diskriminanzanalyse verglich (vgl. KRAUSE, C. 1993). Die folgenden Ausführungen beziehen sich auf diese Quelle.

2.4.1 Aufbau der Untersuchung

Die Untersuchung von KRAUSE läßt sich schematisch wie folgt darstellen:

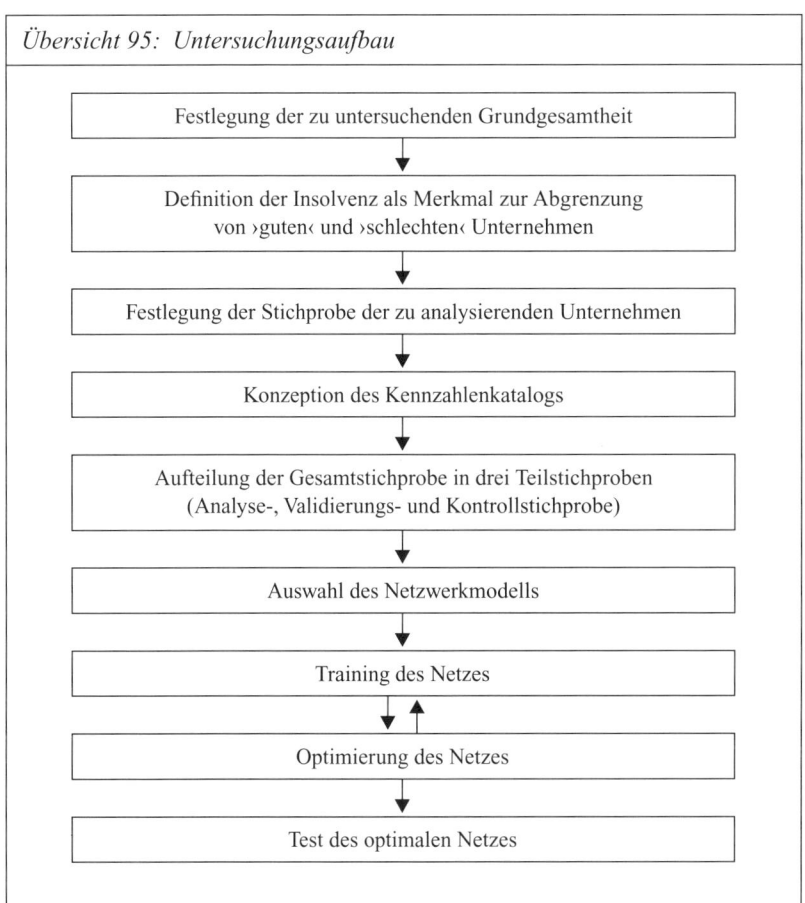

Übersicht 95: Untersuchungsaufbau

Um die Ergebnisse der Untersuchung mit denen der Studie von FEIDICKER vergleichen zu können, wurde auf die gleiche Grundgesamtheit, Stichprobe und Kennzahlenkatalog zurückgegriffen (vgl. 1.6.2.1).

Datenmaterial und Kennzahlenkatalog

Im Rahmen der Untersuchung von FEIDICKER wurde das Datenmaterial zweigeteilt, um anhand einer Analysestichprobe die Diskriminanzfunktion zu ermitteln und anhand einer Validierungsstichprobe die Klassifikationsleistung der Funktion zu messen. Beim Einsatz von Künstlichen Neuronalen Netzen bedarf es jedoch einer weiteren Teilstichprobe, anhand derer zur Vermeidung des Overfitting-Effekts (vgl. oben unter 2.3.4) der Zeitpunkt bestimmt werden soll, zu dem der Lernprozeß abgebrochen werden muß. Zu diesem Zweck

Aufteilung der Stichprobe

wurde die Validierungsstichprobe von FEIDICKER durch Zufallsauswahl in eine Test- und eine Validierungsstichprobe aufgeteilt. Die Analysestichprobe wurde dagegen im Vergleich zur Untersuchung von FEIDICKER unverändert gelassen.

Auswahl des Netzwerkmodells

KRAUSE setzte in seiner Untersuchung zwei verschiedene Typen Künstlicher Neuronaler Netze ein. Dabei verwendete er mit dem Backpropagation-Netz zunächst ein überwacht lernendes Feed-Forward-Netz, »das primär zur Prognose geeignet ist, sich aber auch bei Klassifikationsproblemen einsetzen läßt« (KRAUSE, C. 1993, S. 103). Daneben testete er ein speziell für Klassifikationsaufgaben geeignetes sogenanntes Counterpropagation-Netz, das zwar ebenfalls zu den Feed-Forward-Netzen gehört, jedoch insbesondere durch unüberwachte Lernprozesse in mindestens einer Zwischenschicht charakterisiert ist.

2.4.2 Training und Optimierung des Backpropagation-Netzes

Ausgangstopologie

Ausgangspunkt der Untersuchung von KRAUSE war ein dreilagiges Backpropagation-Netz. Da diesem Netz zunächst nur die vier Kennzahlen präsentiert werden sollten, die in der nach FEIDICKER optimalen Diskriminanzfunktion enthalten waren, enthielt die Eingabeschicht vier Neuronen. Für die Ausgabeschicht wurde nur ein Neuron benötigt, da das Künstliche Neuronale Netz lediglich einen Ausgabewert (0 für solvent, 1 für insolvent) erzeugen mußte. Auch die Zwischenschicht wurde zunächst nur mit einem Neuron besetzt. Jedes Neuron der Eingabe- und Zwischenschicht war mit jedem Neuron der folgenden Schicht verbunden. Als Ausgabefunktion wurde für alle verarbeitenden Neuronen eine Sigmoid-Funktion festgelegt.

Lernphase und Netzoptimierung

Diesem Künstlichen Neuronalen Netz wurden im Rahmen der Lernphase die 672 Datensätze der Analysestichprobe präsentiert. Dabei wurde dem Netz, da es ja überwacht lernte, auch jeweils mitgeteilt, ob es sich um solvente oder insolvente Unternehmen handelt. Zunächst wurden 1000 Lernschritte zugelassen, d.h., daß dem Netz alle Datensätze einmal und ein Teil der Datensätze ein zweites Mal dargeboten wurden, damit es die Zusammenhänge zwischen Eingabe- und erwünschten Ausgabedaten erlernt. Danach erfolgte eine Prüfung, wie gut das Netz auf Basis des in diesen 1000 Durchläufen Gelernten klassifizieren kann. Dazu wurden dem Netz die Eingabedaten der Teststichprobe präsentiert und bestimmt, wie hoch die Fehlerquote bei der Klassifizierung dieser Datensätze ist.

Anschließend wurden die bisher in dem Netz gespeicherten Informationen gelöscht und die Datensätze der Analysestichprobe erneut präsentiert, diesmal jedoch nicht in 1000, sondern in 2000 Lernschritten. Erneut wurden nach dieser Lernphase anhand der Teststichprobe die Klassifikationsgenauigkeit des Künstlichen Neuronalen Netzes ermittelt, um zu vergleichen, ob die Veränderung der Lernschrittzahl zu einer Verbesserung oder Verschlechterung der Klassifikationsleistung geführt hat. Zur Herstellung einer Vergleichbarkeit der erzielten Ergebnisse wurden diese so modifiziert, daß der Alpha-Fehler (Klassifikation von insolventen Unternehmen als solvent) konstant bei 8,75% lag und somit nur noch der Beta-Fehler (Klassifikation von solventen Unternehmen als insolvent) verglichen werden mußte.

Nach dem gleichen Optimierungsverfahren wurde in der Folge unter anderem schrittweise ermittelt, mit welcher Lernregel, welcher Ausgabefunktion, welcher Zahl von Schichten und Neuronenanzahl in den verschiedenen Schichten eine optimale Klassifikationsleistung erzielt werden kann. Dabei wurde unter anderem festgestellt, daß sich die Klassifikationsleistung durch die Erhöhung der Neuronenzahl in der Zwischenschicht sowie durch das Einfügen weiterer Zwischenschichten nicht verbessern läßt.

Da bisher nur die Merkmalsausprägungen der vier Kennzahlen der optimalen Diskriminanzfunktion nach FEIDICKER als Eingabedaten verwendet wurden, kann die erzielte Klassifikationsleistung nur als Ergebnis eines Künstlichen Neuronalen Netzes mit vorgeschalteter Diskriminanzanalyse interpretiert werden. Um feststellen zu können, welche Klassifikationsergebnisse das Künstliche Neuronale Netz mit weniger aufwendigen Vorarbeiten erzielen kann, wurden daher Teile der bisherigen Untersuchung wiederholt, dem Netz nunmehr jedoch die Ausprägungen aller 73 Kennzahlen des Kennzahlenkatalogs präsentiert.

Veränderung der Eingabedaten

2.4.3 Training und Optimierung des Counterpropagation-Netzes

Die grundsätzliche Vorgehensweise der Netzoptimierung unterscheidet sich bei Counterpropagation-Netzen nicht von der oben beschriebenen bei Backpropagation-Netzen. Aufgrund der Spezifika des Counterpropagation-Netzes sind jedoch weniger Parameter zu testen. Da Counterpropagation-Netze schneller zu trainieren sind als ein Backpropagation-Netz, war es außerdem nicht erforderlich, zunächst eine Netzwerkoptimierung auf Basis von nur vier Kennzahlen durchzuführen. Es konnte daher sofort das für die Verarbeitung von 73 Kennzahlen optimale Künstliche Neuronale Netz ermittelt werden. Um jedoch einen weitestgehenden Vergleich zu ermöglichen, wurde auch festgestellt, wie gut ein Counterpropagation-Netz mit den vier Kennzahlen der Diskriminanzanalyse klassifizieren kann.

Geringerer Aufwand bei der Netzopti-mierung

2.4.4 Ergebnisse der Untersuchung

Da sowohl die Analyse- als auch die Teststichprobe im Rahmen der Optimierung der Künstlichen Neuronalen Netze zur Anwendung kamen, sind diese beiden Stichproben zur Bestimmung der Klassifikationsleistung der Künstlichen Neuronalen Netze bei bisher unbekannten Datensätzen nicht verwendbar. Daher wurden – als letzter Schritt der Untersuchung – für die verschiedenen Varianten der Künstlichen Neuronalen Netze (Backpropagation und Counterpropagation mit 4 und 73 Kennzahlen) die Klassifikationsergebnisse auf Basis der Validierungsstichprobe ermittelt. Diese wurden wiederum so modifiziert, daß der Alpha-Fehler konstant bei 8,75% lag. Der gleichen Modifikation wur-

Ergebnis-bestimmung

den die Klassifikationsergebnisse der Diskriminanzfunktion von FEIDICKER unterworfen, um feststellen zu können, ob mit Künstlichen Neuronalen Netze bessere Ergebnisse erzielbar sind.

Übersicht 96 zeigt diese Ergebnisse. Dabei bezeichnet D die Diskriminanzfunktion von FEIDICKER; BP-4 und BP-73 die Backpropagation-Netze mit 4 und 73 Kennzahlen sowie CP-4 und CP-73 die entsprechenden Counterpropagation-Netze:

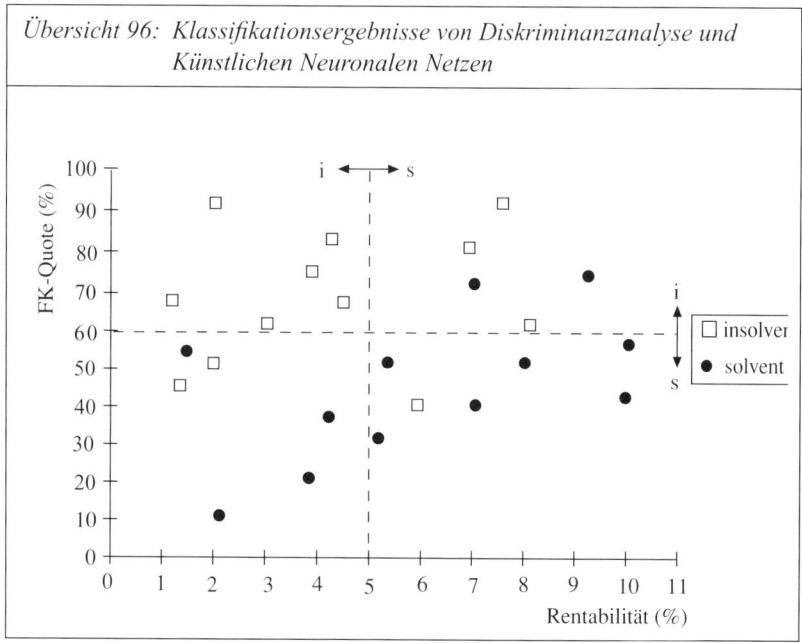

Übersicht 96: Klassifikationsergebnisse von Diskriminanzanalyse und Künstlichen Neuronalen Netzen

Überlegenheit gegenüber der Diskriminanz-analyse

Die Ergebnisse zeigen, daß

(1) die Klassifikationsleistung der Diskriminanzanalyse mit Künstlichen Neuronalen Netzen übertroffen werden kann;

(2) das verwendete Backpropagation-Netz ohne Vorauswahl der Kennzahlen etwas besser zu klassifizieren vermag als die Diskriminanzanalyse;

(3) durch einen auf Basis der Ergebnisse der Diskriminanzanalyse erfolgenden Einsatz eines Counterpropagation-Netzes die Klassifikationsleistung gegenüber der reinen Diskriminanzanalyse deutlich verbessert werden kann;

(4) das Counterpropagation-Netz ohne statistische Vorarbeiten keine guten Klassifikationsergebnisse liefern kann.

2.5 Beurteilung von Künstlichen Neuronalen Netzen

Die Ergebnisse der Untersuchung von KRAUSE konnten – wie auch andere ähn-   *leistungsfähiges*
lich geartete Untersuchungen (vgl. z.B. PYTLIK, M. 1995) – zeigen, daß Künst-   *Instrument*
liche Neuronale Netze bei der Klassifikation von Jahresabschlüssen »ein sehr
leistungsfähiges Instrument« (KRAUSE, C. 1993, S. 213) sind. Trotz der zumeist besseren Klassifikationsleistung sind sie der multivariaten Diskriminanzanalyse nicht in allen Punkten überlegen. Vielmehr »haben beide Verfahren spezifische Stärken und Schwächen für den praktischen Einsatz zur Früherkennung von Unternehmenskrisen« (ERXLEBEN, K. u.a. 1992, S. 1257). Zu
diesen Vor- und Nachteilen gehören (vgl. ERXLEBEN, K. u.a. 1992, S. 1257f.;
PYTLIK, M. 1995, S. 288ff.)

Die multivariate Diskriminanzanalyse ist an bestimmte methodische Anwen-   *Vorteile bei kleinen*
dungsvoraussetzungen gebunden. So müssen die verwendeten Kennzahlen   *Datenmengen*
normalverteilt, trennfähig und unabhängig sein. Zahlreiche Untersuchungen
zeigen zwar, daß diese Prämissen bei großen Datenmengen weniger restriktiv
wirken und derart ermittelte Diskriminanzfunktionen zufriedenstellend tren-
nen können, obwohl diese Voraussetzungen teilweise verletzt waren. Da jedoch
Künstliche Neuronale Netze ohne derartige Voraussetzungen auskommen, sind
sie im Gegensatz zur multivariaten Diskriminanzanalyse auch dann einsetzbar,
wenn die zur Verfügung stehende Datenmenge gering ist.

Da Künstliche Neuronale Netze insbesondere dann einsetzbar sind, »wenn eine   *Vorteile bei Fehlern*
unscharfe Informationsverarbeitung vorliegt« (KINNEBROCK, W. 1994, S. 103),   *im Datenmaterial*
können sie auch Datensätze verarbeiten, deren Merkmalsausprägungen unvollständig und teilweise fehlerhaft sind. Dagegen ist die multivariate Diskriminanzanalyse nicht robust gegen derartige Mängel des zugrundeliegenden Datenmaterials, weshalb sie höhere Ansprüche an dessen Aufbereitung stellt.

Da Künstliche Neuronale Netze im Gegensatz zur multivariaten Diskriminanz-   *Vorteile bei qualita-*
analyse auch qualitative Daten verarbeiten können, kann bei ihrem Einsatz auf   *tiven Daten*
eine weitere Informationsbasis zurückgegriffen werden. Eine Berücksichtigung qualitativer Daten der Jahresabschlüsse, aber auch aus sonstigen Quellen
dürfte die Klassifikationsleistung Künstlicher Neuronaler Netze noch weiter
verbessern und damit deutlicher von der der Diskriminanzanalyse abheben.

Insbesondere wenn man auf aufwendige Vorarbeiten zur Überprüfung der An-   *Entwicklung nur*
wendungsvoraussetzungen verzichtet, können lineare multivariate Diskrimi-   *durch Spezialisten*
nanzfunktionen ohne größere Probleme ermittelt werden. »Bereits ein mathe-
matisch interessierter PC-Anwender kann sich nach einer kurzen Einarbeitung
in ein Statistikprogramm an die Arbeit machen, eine Diskriminanzfunktion zu
entwickeln« (PYTLIK, M. 1995, S. 289). Dagegen erfordern Künstliche Neuronale Netze einen langwierigen Entwicklungsprozeß, weshalb »es beim heutigen Stand der Technik einem nicht mit KNN (Künstliche Neuronale Netze, d.
Verf.) vertrauten Anwender kaum möglich ist, zu brauchbaren Ergebnissen zu

gelangen« (PYTLIK, M. 1995, S. 289). Dies mag sich jedoch in der Zukunft durch Weiterentwicklungen auf diesem Gebiet ändern.

Höhere Anforde- Sowohl die Multivariate Diskriminanzanalyse als auch Künstliche Neuronale
rungen an die EDV Netze erfordern den Einsatz von EDV. Die Anforderungen, die die Entwicklungsphase an die Hardware stellen, unterscheiden sich jedoch. Denn während sich für die Entwicklung einer lineare Diskriminanzfunktionen keine besonderen Ansprüche an den Computertyp ergeben, sind für das Training Künstlicher Neuronaler Netze insbesondere bei großen Trainingsstichproben spezielle EDV-Lösungen (z.B. Workstation, Transputernetz) erforderlich. Ein derartiger Unterschied besteht jedoch beim praktischen Einsatz einer entwickelten Diskriminanzfunktion oder eines trainierten Netzes nicht mehr, da diese wiederum ohne eine besondere EDV-Ausstattung möglich sind.

Geringere Trans- Die Ergebnisse der Diskriminanzanalyse lassen sich bei Kenntnis der Diskri-
parenz minanzfunktion leicht nachvollziehen, da sich die Bedeutung der einzelnen Kennzahlen an den Diskriminanzkoeffizienten ablesen läßt. Dagegen ist die Transparenz von Künstlichen Neuronalen Netzen bisher weniger ausgeprägt. Insbesondere bei komplexen Netzarchitekturen sind die Ergebnisse nur schwer interpretierbar. Die Akzeptanz von Künstlichen Neuronalen Netzen muß daher – zumindest bei einem Benutzer, der nicht nur die Ergebnisse benötigt, sondern sie (z.B. einem Kunden) plausibel machen muß – als geringer eingestuft werden. Es befinden sich jedoch verschiedene Ansätze zur Verbesserung der Transparenz der Ergebnisermittlung von Künstlichen Neuronalen Netzen in der Entwicklung (vgl. REHKUGLER, H. 1995, S. 260f.).

Fazit Auch der Einsatz Künstlicher Neuronaler Netze wird das sich im Rahmen der Bilanzanalyse stellende Prognoseproblem nicht lösen können. Ihr Einsatz kann jedoch dabei helfen, die Unsicherheit von aus Jahresabschlüssen gezogenen Rückschlüssen auf die momentane und zukünftige Unternehmenssituation zu vermindern. Bemerkenswert ist außerdem, daß Künstliche Neuronale Netze bereits jetzt zufriedenstellende Ergebnisse liefern können, obwohl sie erst am Beginn ihrer Entwicklung stehen.

Merksätze:

1. Künstliche Neuronale Netze stellen mathematische Modelle zur Simulation der Funktionsweise des menschlichen Gehirns dar. Sie setzen sich aus miteinander vernetzten künstlichen Neuronen, sogenannten Units, zusammen.

2. Die wichtigste Eigenschaft von Künstlichen Neuronalen Netzen ist ihre Fähigkeit zu lernen, zu tolerieren und Fehler zu ignorieren. Dadurch können Künstliche Neuronale Netze anhand von Beispieldatensätzen Muster erlernen und diese bei anderen Datensätzen erkennen, auch wenn sie dort nur ›verrauscht‹ vorliegen.

3. Bei der Arbeit mit Künstlichen Neuronalen Netzen sind eine Trainings- und eine Verarbeitungsphase zu unterscheiden. Zunächst lernt das Netz anhand einer Traningsstichprobe die interessierenden Zusammenhänge. Anschließend können dem Netz bisher unbekannte Datensätze präsentiert werden, für die es die erwarteten Ausgabewerte ermittelt.

4. Es existieren zahlreiche verschiedene Künstliche Neuronale Netze, die sich unter anderem in ihrem Aufbau, ihrer Verarbeitungsrichtung und ihrer Lerntechnik unterscheiden.

5. Im Rahmen der Jahresabschlußanalyse werden Künstliche Neuronale Netze insbesondere im Bereich der Kreditwürdigkeitsprüfung eingesetzt und darauf untersucht, ob sie bessere Ergebnisse als die multivariate Diskriminanzanalyse liefern können. Bisherige Untersuchungen legen eine tendenzielle Überlegenheit der Künstlichen Neuronalen Netze nahe.

6. Problematisch ist im Rahmen des Einsatzes Künstlicher Neuronaler Netze insbesondere die Netzwerkoptimierung, d.h. die Ermittlung des für das jeweilige Problem opimalen Netzes.

3. Scoringverfahren

Scoringverfahren werden im Rahmen der Bilanzanalyse zur systematischen Beurteilung von Unternehmen angewandt, wobei sich die Gesamtbeurteilung aus der gewichteten Summe von Teilbeurteilungen zusammensetzt. Das Scoring-Modell wird anhand des RSW-Verfahren erläutert, das eine Analysemethode zur Beurteilung börsennotierter Aktiengesellschaften darstellt (vgl. dazu im folgenden insbesondere SCHMIDT, R. 1990; BADEN, K. 1992, S. 92ff.)

3.1 Grundlagen des RSW-Verfahren

Entwickelt wurde das RSW-Verfahren am Institut für Betriebswirtschaftslehre der Universität Kiel, unter der Leitung von SCHMIDT, wo auch die entsprechenden Auswertungen vorgenommem werden. Veröffentlicht wurde dieser Unternehmenstest deutscher Aktiengesellschaften in der Zeitschrift Manager Magazin erstmals im Jahr 1987. Der Untersuchungsumfang betrug damals 304 deutsche Aktiengesellschaften der Branchen Industrie, Handel und Verkehr. Seit 1988 allerdings werden regelmäßig in einer erweiterten Fassung des Verfahrens alle börsennotierten deutschen Aktiengesellschaften sämtlicher Wirtschaftszweige in die Untersuchung einbezogen und die diesbezüglichen Ergebnisse publiziert.

Scoringmodell Das Beurteilungsverfahren basiert auf der Anwendung von sechs Kennzahlen, von denen jeweils zwei Kennzahlen den Analysedimensionen bzw. -gegenständen Rendite, Sicherheit und Wachstum zugeordnet werden können (RSW-Verfahren). Die Kennzahlen werden mit Hilfe statistischer Verfahren zu einem Gesamtwert verdichtet und vergleichbar gemacht (Scoringmodell). Diese Ergebnisse bilden sodann die Grundlage für die Bestimmung der Rangliste der Gesellschaften.

Analyse-dimensionen Die Durchführung dieses Verfahrens dient dem Ziel, »neue vergleichbare Informationen über die deutschen Börsengesellschaften zur Verfügung« (SCHMIDT, R./WILHELM, W. 1987, S. 246) zu stellen, die auf der Grundlage veröffentlichter Daten errechnet werden und für den Interessenten weitgehend nachvollziehbar sind. Dabei wird hinsichtlich des Untersuchungsgegenstands bzw. der Auswahl der verwendeten Kennziffern insbesondere die Interessenlage der Aktionäre berücksichtigt. Dies kommt darin zum Ausdruck, daß zur Beurteilung der Unternehmensqualität in erster Linie Renditemaßstäbe verwendet werden. Darüber hinaus sind aber auch Sicherheitsgesichtspunkte in die Betrachtung mit einzubeziehen, die Auskünfte über die Gewährleistung abgesicherter Renditeerwartungen geben können. Schließlich beschreiben Wachstumskennzahlen innerhalb dieses Verfahrens das zukünftige Leistungspotential des analysierten Unternehmens.

3.2 Darstellung des Verfahrens

Das RSW-Verfahren berücksichtigt in seiner erweiterten Fassung seit November 1988 sämtliche Aktiengesellschaften, die in den Börsensegmenten Amtlicher Handel und Geregelter Markt notiert sind. Bei der Untersuchung werden die Börsengesellschaften in vier Gruppen – Industrie-, Handels- und Verkehrsgesellschaften, Banken und Versicherungen, Verwaltungsgesellschaften sowie Börsenneulinge des jeweiligen Jahrs (seit 1990 aufgenommene und getrennt behandelte Kategorie) – eingeteilt. Wesentlich ist allerdings, daß das Verfahren so konstruiert ist, daß eine branchenübergreifende Vergleichbarkeit der einbezogenen Unternehmen gewährleistet werden soll und überdies durch den Verzicht auf einen Börsenwertfaktor auch auf Nichtbörsenunternehmen angewendet werden kann (vgl. auch im folgenden DEMMER, C. u.a. 1988, S. 130; BADEN, K. 1992, S. 107).

Umfang

Grundlage der Analyse sind die durch die handelsrechtliche Rechnungslegung publizierten Unternehmensdaten. Ausgewertet wird regelmäßig – soweit aufgestellt bzw. veröffentlicht – der Konzernabschluß der Gesellschaft.

Analyse des Konzernabschlusses

Der hohen Bedeutung der Renditeaspekte bei der Unternehmensbeurteilung trägt das RSW-Verfahren insofern Rechnung, als die Dimension Rendite im Rahmen des Gesamt-Score vierfach gewertet wird, während Sicherheit und Wachstum mit dem Gewichtungsfaktor 1 in die Gesamtrechnung eingehen.

Gewichtung

Innerhalb der einzelnen Analysedimensionen findet ebenfalls eine unterschiedliche Gewichtung der beiden, jeweils verwendeten Kennzahlen statt. Die erste Kennzahl, die als standardisierte Meßgröße auf alle Unternehmen angewendet wird und damit gleichsam eine Verbindung zwischen den verschiedenen Branchengruppen herstellt, wird mit dem Faktor 2 gewichtet. Die zweite Kennzahl ist dagegen branchengruppenspezifisch ausgestaltet und fließt mit ihrem einfachen Wert in die Rechnung ein. Dabei sind sämtliche Kennzahlen so definiert, daß sie im Hinblick auf einen Mehrjahresvergleich sowohl auf neues als auch auf altes Bilanzrecht angewendet werden können.

Innerhalb dieses Zeitvergleichs, der bei allen Unternehmen die Renditekennzahlen über die letzten drei (Gruppe Industrie/Handel/Verkehr und Verwaltungsgesellschaften) bzw. fünf (Banken und Versicherungen) Jahre berechnet, findet zusätzlich eine Gewichtung zugunsten der aktuelleren Werte statt.

Zeitvergleich

Als vorläufiges Ergebnis erhält man einen in den Übersichten 86 und 87 dargestellten verdichteten Gesamt-Score (vgl. SCHMIDT, R. 1990, S. 71; BADEN, K. 1992, S. 108), der als einfache Meßzahl angibt, inwiefern ein untersuchtes Unternehmen unter Berücksichtigung branchentypischer Besonderheiten vom Durchschnitt aller Unternehmen abweicht. Dieser Gesamt-Score bildet schließlich die Grundlage für die Beurteilung der Angemessenheit der zu einem bestimmten Stichtag in Form des festgestellten Börsenkurses ausgedrückten Bewertung eines getesteten Unternehmens. Damit sind Tendenzaussagen

Gesamt-Score

darüber möglich, ob der jeweilige Aktienkurs unter fundamentalen Gesichtspunkten niedrig, angemessen oder hoch ist.

Übersicht 97: Aufbau des RSW-Verfahrens					
Standardisierungs-kreis	Teilkompo-nenten	Gewicht	Haupt-kompo-nenten	Gewicht	Resultat
alle Unternehmen	Eigenkapital-rendite	0,444	Rendite	0,666	RSW-Score
Industrie/Handel/ Verkehr Verwaltungsgesell-schaften Geschäftsbanken Hypothekenbanken Schaden-/Rückversi-cherer Lebensversicherer	Betriebs-rendite	0,222			
Industrie/Handel/ Verkehr Verwaltungsgesell-schaften Banken und Versi-cherungen	Eigenkapital-quote	0,111	Sicherheit	0,167	
Industrie/Handel/ Verkehr Verwaltungsgesell-schaften Geschäftsbanken Hypothekenbanken Schaden-/Rückversi-cherer Lebensversicherer	Liquiditäts-quote	0,056			
alle Unternehmen	Bilanz-summen-wachstum	0,111	Wachs-tum	0,167	
Industrie/Handel/ Verkehr Verwaltungsgesell-schaften Banken und Versi-cherungen	betriebliches Wachstum	0,056			

Der RSW-Score ergibt sich – wie bereits angedeutet – als Gesamtwert der Ab- *Berechnungsweise*
weichung des getesteten Unternehmens vom Durchschnitt der Branchen-
gruppe. Hierzu wird für jede Kennzahl des Verfahrens das gewichtete Verhältnis der positiven oder negativen Abweichung vom Mittelwert der Vergleichsgruppe (Branche) zur Standardabweichung der jeweiligen Branchengruppe
errechnet. Aus der Kumulation dieser Teilkomponenten wird sodann der Gesamt-Score abgeleitet. Die konkrete Berechnungsweise verdeutlicht Übersicht
98 (vgl. SCHMIDT, R. 1990, S. 71f.). Danach wird eine Gesellschaft um so besser bewertet, je größer die positive Abweichung ihrer Kennzahlenwerte vom
Durchschnitt der Vergleichs-(Branchen-)gruppe ist und umgekehrt.

Übersicht 98: Berechnungsweise des RSW-Score	
$$RSW_i \; {}_b = \frac{x_{k(b),i} \; ./. \; \bar{x}\,(VG(b,k))}{s\,(VG(b,k))} = g_k$$	
$RSW_i \; {}_b$	RSW-Score des Unternehmens i, das zur Branchengruppe bzw. Bran-che b gehört
k	Laufindex für Kennzahlentyp
$x_{k(b),i}$	Wert der für die Branchengruppe bzw. Branche b definierten Kenn-zahl des Typs k bei dem Unternehmen i (in Prozent)
$\bar{x}(VG(b,k))$	Mittelwert für den Kennzahlentyp k (berechnet über alle Unter-nehmen, die für die Branchengruppe bzw. Branche b die Vergleichs-gruppe bei dem Typ k bilden)
$s\,(VG(b,k))$	Wert der Standardabweichung des Kennzahlentyps k (berechnet über alle Unternehmen, die für die Branchengruppe bzw. Branche b die Vergleichsgruppe bei dem Typ k bilden)
g_k	Gewicht der standardisierten Kennzahl des Typs k

Mit einigen Modifikationen wird das RSW-Verfahren seit Dezember 1990 auch *Unternehmenstest*
auf die 500 größten börsennotierten Unternehmen Europas angewendet. Dieser *Europa*
Unternehmenstest Europa (vgl. BADEN, K. 1992, S. 122f.) wird ebenfalls unter
der Leitung von SCHMIDT am Institut für Betriebswirtschaftslehre der Universität Kiel erstellt und von der Zeitschrift Manager Magazin veröffentlicht. Neben der Einteilung der Unternehmen aus 15 europäischen Ländern in Branchen
(400 aus Industrie, Handel und Verkehr, 50 Banken sowie 50 Versicherungen)
wird eine weitere Klassifikation nach drei Ländergruppen, welche sich an der
vergangenen Inflationsentwicklung orientiert, vorgenommen. Die Standardisierungskreise richten sich demnach sowohl nach Branchengruppen- als auch
nach Ländergruppenzugehörigkeit. In Abweichung zum nationalen RSW-Verfahren werden hier bei Banken und Versicherungen jeweils nur eine Sicher-
heits- und eine Wachstumskennzahl herangezogen.

In den weiteren Ausführungen wird allerdings allein auf das RSW-Verfahren abgestellt, dessen Untersuchungen sich auf die deutschen Börsengesellschaften beschränken.

3.3 Definition der Kennzahlen

Branchen-
abhängigkeit
Die Aufwendigkeit des RSW-Verfahrens drückt sich insbesondere in der sehr differenzierten branchenabhängigen Definition der verwendeten Kennzahlen aus (vgl. dazu ausführlich SCHMIDT, R. 1991, S. 32ff.). Zwar werden für sämtliche Unternehmen die Kennzahlen Eigenkapitalrentabilität, Eigenkapitalquote und Bilanzsummenwachstumsrate herangezogen, jedoch erfahren selbst diese Größen einige branchenspezifische Modifikationen. Für jede Gruppe unterschiedlich definiert ist jeweils die zweite Kennzahl aus den Bereichen Rendite, Sicherheit und Wachstum.

So wird beispielsweise die sogenannte Betriebsrendite in der Branche Industrie, Handel und Verkehr als Umsatzrentabilität ausgestaltet, während für Banken und Versicherungen bestimmte branchenspezifische Ertragsgrößen in der Betriebsrendite zueinander ins Verhältnis gesetzt werden. Für Verwaltungsgesellschaften hingegen fungiert – aufgrund fehlender Umsatzerlöse – die Gesamtkapitalrentabilität als zweite Renditekennzahl. Auch in der Dimension der Wachstumskennzahlen wird ein differenziertes Vorgehen gewählt. Als zusätzlicher Indikator für das künftige Leistungspotential dient im Bereich Industrie, Handel und Verkehr der Umsatz, bei Verwaltungsgesellschaften das Anlagevermögen und bei Banken und Versicherungen der Bruttoertrag (Zins-, Provisions- und Beteiligungserträge) bzw. die Bruttobeiträge.

Vereinfachungen
Die Berücksichtigung der branchenspezifischen Besonderheiten durch die Einrichtung unterschiedlicher Standardisierungskreise und die zahlreichen Modifikationen der Kennzahlen sowie der Auswertungsumfang von mittlerweile über 500 Börsengesellschaften zwingen verständlicherweise zu einigen Vereinfachungen bei der Analyse, insbesondere bei der Definition einzelner Kennzahlen. So wird im Rahmen der Ermittlung des in der Analyse verwendeten Eigenkapitals das bilanzielle Eigenkapital allein um einen nicht durch Eigenkapital gedeckten Fehlbetrag und ohne eine eventuelle Differenzierung um ausstehende Einlagen gekürzt. Auf sonstige Aufbereitungsmaßnahmen, wie sie zur Erstellung einer Einzel- oder Konzern-Strukturbilanz erforderlich sind (vgl. 2. Abschn., 2. Kap. 2. und 4. Abschn. 2.), wird hier gänzlich verzichtet. Dies kann im Zweifel zu einer Beeinträchtigung der Vergleichbarkeit der in die Analyse einbezogenen Unternehmen führen und letzlich auch Einfluß auf die Bildung der Rangfolge nehmen.

Um einen tieferen Einblick in die Definitionen der Kennzahlen des RSW-Verfahrens zu erhalten, sind in Übersicht 99 (vgl. SCHMIDT, R. 1991, S. 32ff.; BADEN, K. 1992, S. 112) beispielhaft sämtliche Kennzahlen der Branchengruppe Industrie, Handel und Verkehr mit den jeweiligen Anwendungszeiträumen und etwaigen Gewichtungsfaktoren dargestellt. Ausgewählt wurden hier ausschließlich Kennzahlen zur Auswertung von Jahresabschlüssen nach neuem Bilanzrecht.

Übersicht 99: Kennzahlen des RSW-Verfahrens für die Branchengruppe Industrie, Handel und Verkehr

Renditekennzahl 1

Jahresüberschuß/Jahresfehlbetrag
+ Steuern vom Einkommen und Ertrag
+ Abgeführte Gewinne
./. Erträge aus Verlustübernahme

$$\text{Eigenkapitalrendite} = \frac{\begin{array}{l}\text{Jahresüberschuß/Jahresfehlbetrag} \\ + \text{ Steuern vom Einkommen und Ertrag} \\ + \text{ Abgeführte Gewinne} \\ ./. \text{ Erträge aus Verlustübernahme}\end{array}}{\begin{array}{l}\text{bilanzielles Eigenkapital} \\ ./. \text{ nicht durch Eigenkapital gedeckter Fehlbetrag} \\ ./. \text{ ausstehende Einlagen}\end{array}} \times 100$$

Über die letzten 3 Jahre zum Geschäftsjahresende berechnet und 3:2:1 gewichtet.

Renditekennzahl 2

$$\text{Betriebsrendite} = \frac{\begin{array}{l}\text{Ergebnis der gewöhnlichen Geschäftstätigkeit} \\ + \text{ sonstige Steuern} \\ + \text{ Beteiligungsergebnis} \\ ./. \text{ Zinsergebnis} \\ + \text{ Finanzabschreibungen}\end{array}}{\text{Umsatz}} \times 100$$

Über die letzten 3 Jahre zum Geschäftsjahresende berechnet und 3:2:1 gewichtet.

Sicherheitskennzahl 1

$$\text{Eigenkapitalquote} = \frac{\begin{array}{l}\text{bilanzielles Eigenkapital} \\ ./. \text{ nicht durch Eigenkapital gedeckter Fehlbetrag} \\ ./. \text{ ausstehende Einlagen}\end{array}}{\begin{array}{l}\text{Bilanzsumme} \\ ./. \text{ nicht durch Eigenkapital gedeckter Fehlbetrag} \\ ./. \text{ ausstehende Einlagen}\end{array}} \times 100$$

Zum Ende des letzten Geschäftsjahrs.

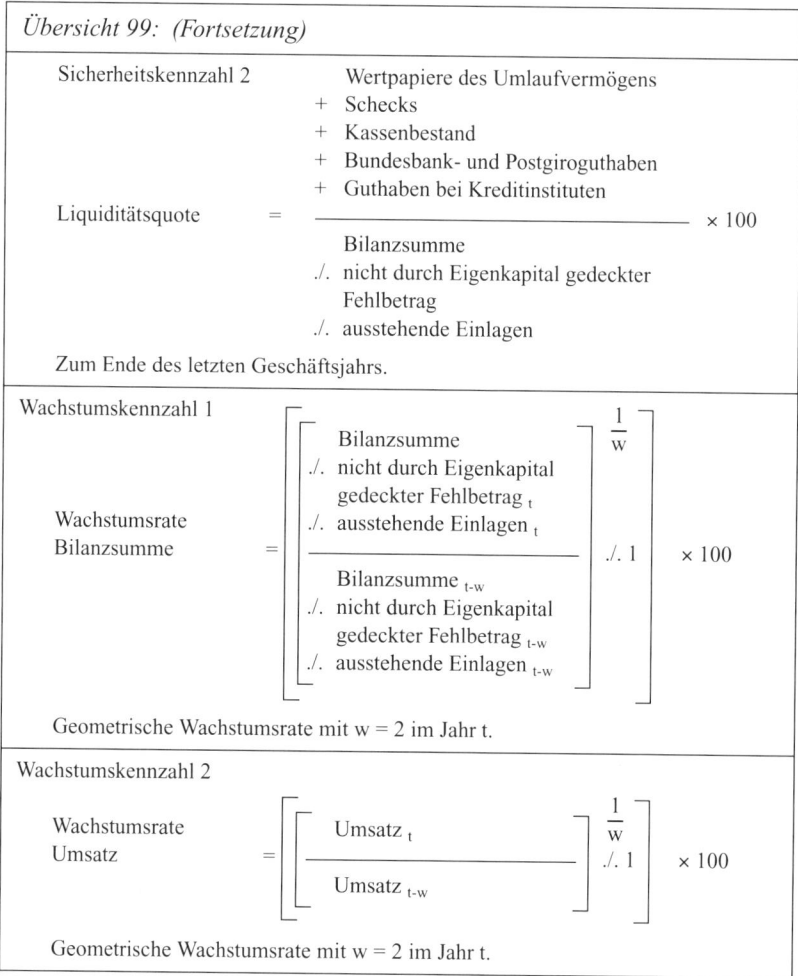

Übersicht 99: (Fortsetzung)

Sicherheitskennzahl 2

$$\text{Liquiditätsquote} = \frac{\begin{array}{l}\text{Wertpapiere des Umlaufvermögens}\\ +\ \text{Schecks}\\ +\ \text{Kassenbestand}\\ +\ \text{Bundesbank- und Postgiroguthaben}\\ +\ \text{Guthaben bei Kreditinstituten}\end{array}}{\begin{array}{l}\text{Bilanzsumme}\\ ./.\ \text{nicht durch Eigenkapital gedeckter}\\ \quad\text{Fehlbetrag}\\ ./.\ \text{ausstehende Einlagen}\end{array}} \times 100$$

Zum Ende des letzten Geschäftsjahrs.

Wachstumskennzahl 1

$$\text{Wachstumsrate Bilanzsumme} = \left[\frac{\begin{array}{l}\text{Bilanzsumme}\\ ./.\ \text{nicht durch Eigenkapital}\\ \quad\text{gedeckter Fehlbetrag}_t\\ ./.\ \text{ausstehende Einlagen}_t\end{array}}{\begin{array}{l}\text{Bilanzsumme}_{t-w}\\ ./.\ \text{nicht durch Eigenkapital}\\ \quad\text{gedeckter Fehlbetrag}_{t-w}\\ ./.\ \text{ausstehende Einlagen}_{t-w}\end{array}}\right]^{\frac{1}{w}} ./.\ 1 \times 100$$

Geometrische Wachstumsrate mit w = 2 im Jahr t.

Wachstumskennzahl 2

$$\text{Wachstumsrate Umsatz} = \left[\frac{\text{Umsatz}_t}{\text{Umsatz}_{t-w}}\right]^{\frac{1}{w}} ./.\ 1 \times 100$$

Geometrische Wachstumsrate mit w = 2 im Jahr t.

3.4 Aktien-Rating auf der Grundlage des RSW-Verfahrens

Das RSW-Verfahren ist grundsätzlich ein Analyseansatz zur Untersuchung des vergangenen Unternehmensgeschehens bzw. -erfolgs. Da sich neben zukünftigen Ertragsentwicklungsmöglichkeiten des Unternehmens und sonstigen Faktoren insbesondere auch der vergangene Erfolg im Börsenkurs widerspiegelt, erscheint es durchaus interessant, die Ergebnisse der RSW-Unternehmensrangfolge mit den Bewertungen an der Aktienbörse zu vergleichen.

Kategorien   Aufbauend auf dem Gesamt-Score des RSW-Verfahrens wird seit 1988 ein Aktien-Rating vorgenommen, das die zwischenzeitlich mehr als 500 in die Untersuchung einbezogenen Börsengesellschaften hinsichtlich ihres Aktienkurses fünf Kategorien zwischen ›sehr niedrig‹ und ›sehr hoch‹ zuordnet.

Dieses in Deutschland wohl umfassendste Aktien-Rating-Verfahren (vgl. dazu SCHMIDT, R. 1990, S. 74f.; BADEN, K. 1992, S. 140f. und 223ff.) stellt nach Ausschluß von Ausreißern auf der Basis einer Korrelationsanalyse einen statistisch gesicherten – allerdings lockeren – Zusammenhang zwischen dem RSW-Score und dem jeweiligen Aktienkurs (Mitte September) fest. Demnach weisen Unternehmen mit einem hohen RSW-Score in der Regel auch einen relativ hohen Börsenkurs auf et vice versa. Der durchschnittliche Zusammenhang zwischen beiden Werten wird mittels einer linearen Regression quantifiziert. Prozentuale Abweichungen von dieser Regressionsgeraden bezeichnen schließlich die Klassifikationsbandbreiten (Rating-Klassen), denen die getesteten Gesellschaften zugeordnet werden.

Korrelation zwischen RSW-Score und Aktienkurs

Ziel dieses Verfahrens ist es nicht, Kauf- oder Verkaufswürdigkeitsbeurteilungen auszusprechen, sondern es soll vielmehr der Aktienkurs der einzelnen Gesellschaft hinsichtlich seiner Angemessenheit in Relation zu den übrigen untersuchten Unternehmen einer groben Einschätzung unterzogen werden.

Ziel

3.5 Wichtige Ergebnisse des RSW-Verfahrens sowie des Aktien-Rating

Die wesentlichen Ergebnisse des RSW-Verfahrens sowie des Aktien-Rating auf der Grundlage des RSW-Scoring lassen sich folgendermaßen zusammenfassen (vgl. BADEN, K. 1992, S. 260ff.):

(1) Es konnte festgestellt werden, daß zwischen den Analysedimensionen Rendite, Sicherheit und Wachstum eine positive Korrelation besteht. Unter Renditegesichtspunkten erfolgreiche Unternehmen haben gleichzeitig eine hohe Eigenkapitalausstattung (eine hohe Rendite bedingt also nicht ein steigendes Risiko) und weisen ebenso Wachstumsstärke auf. Allerdings sollte bei der Untersuchung auf keine der Dimensionen verzichtet werden.

(2) Die höchste Erklärungskraft hinsichtlich der Aktienkurse besitzt die gewichtete Eigenkapitalrendite. Über alle Branchengrenzen hinweg war der deutlichste Zusammenhang mit der Entwicklung der Kurse bei dieser Kennzahl zu konstatieren. Ex post konnte also die dem RSW-Verfahren zugrundeliegende hohe Gewichtung der Eigenkapitalrendite (44,4 %) gestützt werden.

Dieser Zusammenhang besteht auch für die Sicherheits- und Wachstumskennziffern bei Unternehmen der Branche Industrie, Handel und Verkehr. Bei den Unternehmen sämtlicher Branchen konnte schließlich über die Jahre ein gesicherter Zusammenhang zwischen dem Gesamt-Score und den Aktienkursen festgestellt werden.

(3) Auch bleiben die Ergebnisse des RSW-Verfahrens bzw. des Rating nicht ohne Einfluß auf die Kursbildung an der Börse. Zwar waren deutliche Kursreaktionen nicht zu verzeichnen, jedoch konnte eine tendenzielle Ver-

arbeitung der Informationen des Aktien-Rating an der Börse festgestellt werden.

3.6 Kritik

Neben dem mit hinlänglich bekannten Mängeln behafteten veröffentlichten Jahresabschluß als Analysegrundlage sowie der bereits angesprochenen Problematik der Definition der verwendeten Kennzahlen konzentriert sich die Kritik am RSW-Verfahren als Unternehmensbeurteilungsmodell insbesondere auf zwei Punkte:

(1) Auswahl und Eignung der Kennzahlen für die Urteilsbildung;

(2) Gewichtung der Kennzahlen innerhalb des Beurteilungsmodells.

Subjektivität   Diese beiden Kritikpunkte lassen sich mit dem allgemeinen Einwand der Subjektivität bei der Bestimmung der Beurteilungskomponenten beschreiben. Dieser Einwand ist um so bedeutender, je stärker die Rangfolgebildung der Gesellschaften gerade von der Gewichtung einzelner Kriterien (Eigenkapitalrendite zu 44,4 % im Gesamt-Score von sechs Kennzahlen) abhängig ist.

Dennoch läßt sich die Subjektivität innerhalb der Konstruierung eines Scoring-Modells, die im RSW-Verfahren durch die Offenlegung sämtlicher Teilkomponenten allerdings weitgehend nachvollziehbar ist, ebensowenig vermeiden wie bei der Auswahl der Entscheidungskriterien durch einen externen Analysten. Und im Grunde leistet das RSW-Verfahren auf transparente Weise auch nichts anderes als das, was ein externer Analyst zu erreichen versucht: ein subjektiv geprägtes, zusammenfassendes – sachverständiges – Urteil über ein Unternehmen.

Merksätze:

1. Das RSW-Verfahren ist ein Analyseansatz zur Beurteilung börsennotierter Gesellschaften, die dazu in vier Branchengruppen eingeteilt werden. Es basiert auf der Anwendung von sechs Kennzahlen mit den Dimensionen Rendite, Sicherheit und Wachstum. Die Kennzahlen werden mit Hilfe statistischer Verfahren zu einem Gesamtwert verdichtet und vergleichbar gemacht.

2. Innerhalb jeder Analysedimension ist die erste Kennzahl als eine durchgehend standardisierte Meßgröße ausgestaltet, die auf alle Unternehmen angewendet wird. Die zweite Kennzahl ist dagegen branchengruppenspezifisch definiert.

3. Besondere Gewichtungsfaktoren rücken innerhalb des Gesamt-Score die Renditekennziffern insgesamt und jeweils die ersten Kennzahlen der einzelnen Dimensionen in den Vordergrund. Der Eigenkapitalrendite kommt damit eine entscheidende Bedeutung zu.

4. Aufbauend auf dem Gesamt-Score des RSW-Verfahrens, das die Rangfolge der untersuchten Gesellschaften bestimmt, wird zusätzlich ein Aktien-Rating vorgenommen. Denn mittels Korrelationsanalysen kann ein statistisch gesicherter Zusammenhang zwischen RSW-Score und dem jeweiligen Aktienkurs festgestellt werden.

4. Qualitative Bilanzanalyse

Die traditionelle Bilanzanalyse bedient sich vorwiegend der Kennzahlenbildung und des Kennzahlenvergleichs und kann daher als Kennzahlenrechnung charakterisiert werden, die sich auf die Auswertung quantitativer Daten beschränkt. Demgegenüber hat die Analyse qualitativer Informationen – insbesondere der verbalen Berichterstattung in Anhang und Lagebericht – bislang nur eine untergeordnete Bedeutung gespielt, obwohl sich gerade auch in der verbalen Berichterstattung ein wichtiges Analysepotential verbirgt. Die qualitative Bilanzanalyse will durch die verstärkte Auswertung des Anhangs und des Lageberichts neue Wege der Unternehmensbeurteilung erschließen.

Analyse der verbalen Berichterstattung

4.1 Kritik an der traditionellen Kennzahlenrechnung

Wenngleich Kennzahlen in der betrieblichen Praxis ein wichtiges und nicht wegzudenkendes Hilfsmittel darstellen, werden gewichtige Argumente gegen die Kennzahlen vorgetragen (vgl. dazu ausführlich 2. Abschn., 1. Kap. 4.). So wird darauf hingewiesen, daß die Daten der Kennzahlenrechnung in doppelter Weise veraltet und unvollständig sind. Darüber hinaus stellen Kennzahlen zwangsläufig ein vereinfachendes Bild des Unternehmensgeschehens dar und können leicht fehlinterpretiert werden.

Grenzen

Die wichtigste Grenze der traditionellen Kennzahlenrechnung ist schließlich darin zu sehen, daß die Daten der Jahresabschlußanalyse »in wesentlichen Teilen bilanzpolitischem Ermessen des Rechnungslegenden ausgesetzt« (BUCHNER, R. 1981a, S. 109) und damit das »Ergebnis subjektiver Wertungsprozesse« (NAHLIK, W. 1984, S. 217) sind. Sie können bilanzpolitisch durch unterschiedliche Ausnutzung von Bilanzierungs- und Bewertungswahlrechten erheblich beeinflußt werden, ohne daß der externe Bilanzanalyst die Auswirkungen dieser Maßnahmen in einem hinreichenden Maße quantifizieren kann.

Die Zusammenhänge sollen an einem einfachen Beispiel demonstriert werden. In der Übersicht 100 ist eine Bilanz abgebildet, die unter den folgenden Prämissen aufgestellt worden ist:

Beispiel

Daten (1) Aufwandsrückstellungen wurden in Höhe von 30 gebildet.

(2) In den Vorräten wurden nur Einzelkosten erfaßt; die Vollkosten belaufen sich auf 270. In den Verbindlichkeiten sind erhaltene Anzahlungen auf Vorräte in Höhe von 120 ausgewiesen.

(3) Die Pensionsrückstellungen wurden mit 3,5 % abgezinst. Würden sie mit 6 % abgezinst, wären sie in Höhe von 95 auszuweisen.

(4) Steuerrechtliche Sonderabschreibungen in Höhe von 120 wurden aktivisch abgesetzt.

Übersicht 100:   *Bilanz I*

Aktive			Bilanz I			Passiva
I.	Anlagevermögen		220	I.	Eigenkapital	
					1. gezeichnetes Kapital	100
					2. Rücklagen	50
					3. Jahresüberschuß	68	218
II.	Umlaufvermögen			II.	Rückstellungen	
	1. Vorräte	200			1. Rückstellungen für Pensionen	187
	2. sonstiges Vermögen	350	550		2. sonstige Rückstellungen	76	263
				III.	Verbindlichkeiten	289
			770			770

Auf der Grundlage der Bilanz I ergeben sich nachfolgende Kennzahlen.

Übersicht 101:   *Ausgewählte Kennzahlen auf der Grundlage der Bilanz I*

$$\text{Eigenkapitalquote} = \frac{\text{Eigenkapital}}{\text{Gesamtkapital}} = \frac{218}{770} = 28,3\,\%$$

$$\text{Anlagenintensität} = \frac{\text{Anlagevermögen}}{\text{Bilanzsumme}} = \frac{220}{770} = 28,6\,\%$$

$$\text{Gesamtkapital-}\text{rentabilität} = \frac{\text{Jahresüberschuß} + \text{Fremdkapitalzinsen}}{\text{Gesamtkapital}}$$

$$= \frac{68 + 18}{770} = 11,2\,\%$$

Nunmehr sei eine Änderung der Bilanzpolitik unterstellt, es wird jetzt die *Strategiewechsel* nachfolgende Strategie gewählt:

(1) Auf eine Bildung von Aufwandsrückstellungen wird verzichtet.

(2) Die Vorräte werden zu Vollkosten angesetzt und mit den erhaltenen Anzahlungen auf Vorräte saldiert.

(3) Die Pensionsrückstellungen werden mit 6 % abgezinst.

(4) Die steuerrechtlichen Sonderabschreibungen werden in den Sonderposten mit Rücklageanteil eingestellt.

Auf der Grundlage dieser Annahmen wird die Bilanz II erstellt, die in der Übersicht 102 abgebildet ist.

Übersicht 102:	*Bilanz II*					
Aktive			Bilanz II			Passiva
I. Anlagevermögen		340	I. Eigenkapital			
			1. gezeichnetes Kapital	100		
			2. Rücklagen	50		
			3. Jahresüberschuß	260	410	
			II. Sonderposten mit Rücklageanteil		120	
II. Umlaufvermögen			III. Rückstellungen			
1. Vorräte	150		1. Rückstellungen für Pensionen	95		
(erhaltene Anzahlungen 120)			2. sonstige Rückstellungen	46	141	
2. sonstiges Vermögen	350	550	IV. Verbindlichkeiten		169	
		840			840	

Werden auf dieser Basis wiederum die drei Kennzahlen ermittelt, ergeben sich nachfolgende Werte:

Übersicht 103:	*Ausgewählte Kennzahlen auf der Grundlage der Bilanz II*		
Eigenkapitalquote	$=$	$\dfrac{410 + 60}{840}$	$= 56{,}0\,\%$
Anlagenintensität	$=$	$\dfrac{340}{840}$	$= 40{,}5\,\%$
Gesamtkapital-rentabilität	$=$	$\dfrac{260 + 18}{840}$	$= 33{,}1\,\%$

Ergebnis Allein durch die Änderung der Bilanzpolitik hat sich

(1) die Eigenkapitalquote um 97,9 %,

(2) die Anlagenintensität um 41,6 % und

(3) die Gesamtkapitalrentabilität um 195,5 %

erhöht. Wird weiterhin berücksichtigt, daß der externe Analyst in aller Regel nur die Höhe der in Anspruch genommenen steuerrechtlichen Sonderabschreibungen und die erhaltenen Anzahlungen auf Vorräte aus dem Jahresabschluß ersehen kann, wird der unmittelbare Zusammenhang zwischen der Bilanzpolitik und der Kennzahlenrechnung offenkundig. Hier gilt: Je mehr bilanzpolitische Gestaltungsmöglichkeiten bestehen, um so schwieriger wird eine zutreffende Bilanzanalyse – um so engere Grenzen sind der traditionellen Kennzahlenrechnung gesetzt.

Berücksichtigt man nun, daß durch die Umsetzung des europäischen Bilanzrechts »der Gestaltungsspielraum bei der Erstellung des Jahresabschlusses insgesamt erweitert wurde« (PILTZ, E. 1990, S. 5), wird die Notwendigkeit deutlich, der traditionellen, kennzahlenorientierten Bilanzanalyse neue, die Qualität der Unternehmensbeurteilung verbessernde Instrumente zur Seite zu stellen.

4.2 Bedeutung des Anhangs für die Bilanzanalyse

Die Rechnungslegung verfolgt den Zweck, einen möglichst sicheren Einblick in die Vermögens-, Finanz- und Ertragslage zu vermitteln. Die Bilanz und Gewinn- und Verlustrechnung tragen diesem Zweck insofern Rechnung, als sie auf der Grundlage von Zahlenangaben Aufschluß über bestimmte quantitative Größen des Unternehmens geben. Dem Bilanzleser bleibt es vorbehalten, diese Größen auszuwerten und zu interpretieren, um auf diesem Wege Einblick in die Größe, Struktur und wirtschaftliche Lage des Unternehmens zu erhalten.

Die nach bestimmten Bilanzierungsgrundsätzen erfaßten und nach bestimmten Prinzipien strukturierten art- und wertmäßigen Angaben in der Bilanz und Erfolgsrechnung reichen jedoch allein nicht aus, um diese zentrale Aufgabe befriedigend zu lösen, weil beide Rechenwerke aufgrund ihrer »mathematisch abstrakten Natur« (WALB, H.-H. 1938, S. 13) zahlreiche Fragen bereits vom Grundsatz her nicht beantworten.

Basis- oder Überbrückungs- funktion Die Lücke zwischen den mathematisch abstrakten Angaben in der Bilanz und Erfolgsrechnung einerseits und der Forderung nach einem möglichst sicheren Einblick in die Vermögens-, Finanz- und Ertragslage andererseits zu schließen, ist Aufgabe des Anhangs und des Lageberichts. Die nachfolgenden Darlegungen stellen zwar grundsätzlich allein auf den Anhang ab und lassen den Lagebericht zunächst außer Betracht. Jedoch lassen sich die meisten Überlegungen analog auf den Lagebericht übertragen. Letzterem kommt insbesondere im

Rahmen der semiotischen Bilanzanalyse (vgl. 3. Abschn. 4.5) eine zentrale Bedeutung zu.

Die erwähnte Basis- oder Überbrückungsfunktion des Anhangs, die insgesamt im Zusammenhang mit der Erfüllung der allgemeinen Informationsfunktion des Jahresabschlusses zu sehen ist, wird durch mehrere Einzelfunktionen spezifiziert (vgl. KUPSCH, P. 1988, Rn. 9ff.; RUSS, W. 1986, S. 19ff.). *Weitere Einzelfunktionen*

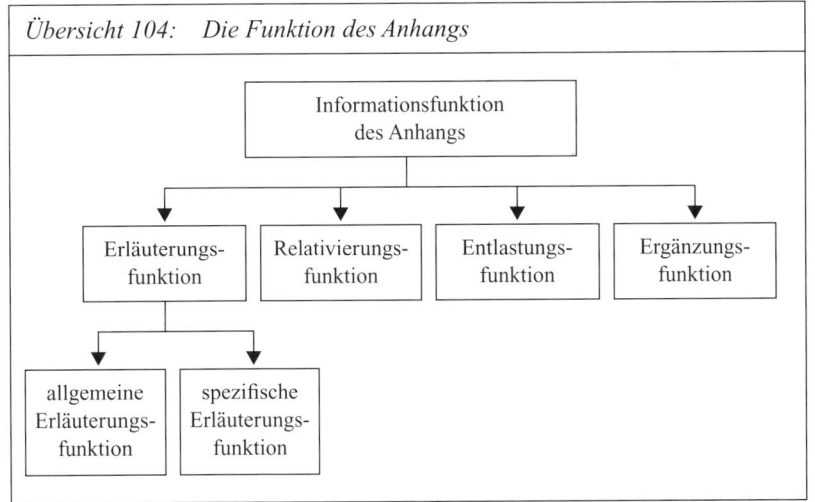

Übersicht 104: Die Funktion des Anhangs

(1) Der Anhang erläutert Bilanz und Erfolgsrechnung, indem er *Erläuterungsfunktion*

   (a) durch postenübergreifende Informationen das durch Bilanz und Erfolgsrechnung vermittelte Bild präzisiert und veranschaulicht (allgemeine Erläuterungsfunktion),

   (b) »Angaben, Darstellungen, Aufgliederungen und Begründungen« (FORSTER, K.-H. 1982, S. 1578) zu einzelnen Bilanz- und Erfolgsrechnungsposten vermittelt (spezifische Erläuterungsfunktion).

(2) Da Anhangangaben – wie z.B. die Angabe der nicht passivierten Pensionsrückstellungen gem. Art. 28 Abs. 2 EGHGB – eine veränderte Beurteilung von Daten der Bilanz oder Erfolgsrechnung zur Folge haben können, kommt ihnen die Funktion zu, »eine Relativierung der Beurteilung der ausgewiesenen Vermögens-, Finanz- und Ertragslage« (KUPSCH, P. 1988, Rn. 10) zu ermöglichen. Die Relativierungsfunktion des Anhangs sowie das mit ihr verfolgte Ziel einer besseren Vergleichbarkeit von Jahresabschlüssen wird besonders deutlich bei den Angaben zu den angewandten Bilanzierungs- und Bewertungsmethoden gem. § 284 Abs. 2 Nr. 1 HGB sowie der Berichtspflicht bei Änderung der Bilanzierungs- und Bewertungsmethoden gem. § 284 Abs. 2 Nr. 3 HGB. *Relativierungsfunktion*

Im Fall des § 264 Abs. 2 Satz 2 HGB, also wenn der Jahresabschluß aufgrund besonderer Umstände ein den tatsächlichen Verhältnissen entsprechendes Bild der Vermögens- Finanz- und Ertragslage nicht vermittelt, erweitert sich die Relativierungsfunktion zu einer Korrekturfunktion.

Da eine Relativierung und ggf. auch Korrektur des durch Bilanz und Erfolgsrechnung vermittelten Bildes notwendig ist, um »die schutzwürdigen Informationsinteressenten vor Fehleinschätzungen und Fehlentscheidungen zu bewahren« (SELCHERT, F.W. 1987, S. 14), kommt dem Anhang insofern auch eine Schutzfunktion zu.

Entlastungsfunktion   (3) Durch zahlreiche Ausweiswahlrechte, die eine Darstellung bestimmter Informationen alternativ in Bilanz bzw. Erfolgsrechnung oder Anhang ermöglichen, werden Bilanz und Erfolgsrechnung von Detailangaben entlastet. Insofern kommt dem Anhang eine Entlastungsfunktion zu. In der deutschen Bilanzierungspraxis geht diese Funktion sogar über den durch die gesetzlich kodifizierten Ausweiswahlrechte hinaus, da z.B. auch untere Ebenen der Bilanz- und Erfolgsrechnungsgliederung im Anhang gezeigt werden.

Ergänzungsfunktion   (4) Schließlich enthält der Anhang auch »nicht bilanzierungsfähige Sachverhalte, die den Jahresabschlußadressaten zur ergänzenden Beurteilung der wirtschaftlichen Lage des Unternehmens zur Verfügung gestellt werden« (KUPSCH, P. 1988, Rn. 16). Insofern ergänzt er Bilanz und Erfolgsrechnung insbesondere um Sachverhalte, die nicht quantifizierbar sind und daher nur verbal dargestellt werden können.

4.3 Gegenstand und Teilgebiete der qualitativen Bilanzanalyse

Schlüsselrolle des Anhangs   Die Ausführungen zur Bedeutung des Anhangs dürften verdeutlicht haben, daß der Anhang eine »Schlüsselrolle im Rahmen der Informationsvermittlung« (RUSS, W. 1986, S. 19) einnimmt, da Bilanz und Erfolgsrechnung erst dann ihren »rechten Sinn erhalten, wenn zu der zahlenmäßigen Darstellung die wortmäßige Erklärung tritt« (WALB, H.-H. 1938, S. 13). Eine Bilanzanalyse, die sich auf die Auswertung der numerischen Daten aus Bilanz und Erfolgsrechnung beschränkt, schließt damit einen nicht unwesentlichen Teil der Informationen aus der Betrachtung aus und läuft Gefahr, durch eine bloße Kennzahlen-Arithmetik zu falschen Schlußfolgerungen zu gelangen.

Gegenstand   Die Aufhebung der für die traditionelle Bilanzanalyse charakteristischen Beschränkung auf die numerischen Daten des Jahresabschlusses ist das Anliegen der qualitativen Bilanzanalyse. Ihr Gegenstand ist die Untersuchung der verbalen Berichterstattung in Anhang und Lagebericht, womit sie berücksichtigt, daß gerade diese Berichterstattung »ein enormes Analysepotential (birgt; d. Verf.), das es mit geeigneten Methoden zu heben gilt« (WERNER, U. 1990, S. 370).

Diese qualitative Bilanzanalyse kann in zwei Teilbereiche untergliedert werden (vgl. Übersicht 105). Der erste Teilbereich untersucht den Einsatz des bilanzpolitischen Instrumentariums und versucht auf diesem Wege, über die Klassifizierung der zielgerichteten Anwendung der einzelnen Parameter zusätzliche Rückschlüsse auf die tatsächliche Unternehmenslage ziehen zu können.

Teilgebiete

Der zweite Teilbereich soll als semiotische Bilanzanalyse bezeichnet werden. Hier wird den Fragen nachgegangen, ob

(1) der Grad der Bestimmtheit von Aussagen (vage versus eindeutige Informationen) weitere Rückschlüsse zuläßt (syntaktische Ebene);

(2) die Intensität der freiwilligen Berichterstattung zusätzliche Erkenntnisse bringt (pragmatische Ebene);

(3) die präferierte Wortwahl – auch im Unternehmens- und Zeitvergleich – der Analyse neue Informationen zur Verfügung stellt (semantische Ebene).

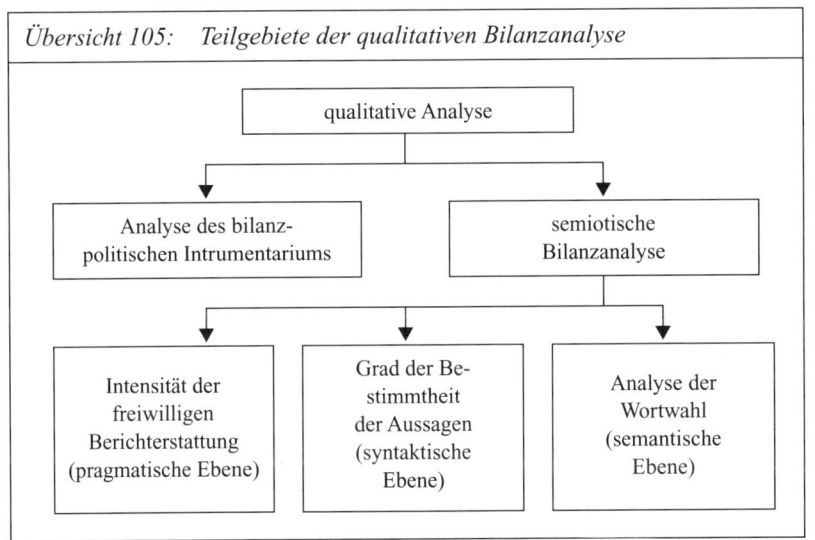

Übersicht 105: *Teilgebiete der qualitativen Bilanzanalyse*

Die klassische Bilanzanalyse bezieht nahezu ausschließlich quantitative Größen in die Betrachtung ein und greift nur in Ausnahmefällen auf qualitative Informationen zurück. Der Grund dafür ist wohl in erster Linie in den Schwierigkeiten zu suchen, die sich bei der Analyse qualitativer Informationen ergeben:

Schwierigkeiten bei der Analyse qualitativer Informationen

(1) Während für die Erstellung der Bilanz und Gewinn- und Verlustrechnung eine (Mindest-)Gliederung sowie die Bezeichnung und der Inhalt einzelner Posten durch Gesetz, aber auch durch die Grundsätze ordnungsmäßi-

ger Bilanzierung und Bewertung vorgegeben sind, gibt es solche Zugriffs- und Analyseerleichterungen für die verbale Berichterstattung nicht.

(2) Im Gegensatz zu den zumindest formal reglementierten numerischen Daten sind qualitative Informationen aufgrund ihrer »syntaktischen, semantischen und pragmatischen Beziehungen nicht unmittelbar miteinander vergleichbar« (WERNER, U. 1990, S. 370).

(3) Durch die bestehenden Ausweiswahlrechte wird die Vergleichbarkeit der Anhangangaben »in formeller Hinsicht gestört« (RUSS, W. 1986, S. 22).

(4) Da freiwillige Informationen nicht ausschließlich auf der pragmatischen Ebene Berücksichtigung finden, ist die Intensität der freiwilligen Berichterstattung nicht nur Gegenstand, sondern zugleich auch Bestimmungsfaktor der Möglichkeiten der qualitativen Bilanzanalyse.

Merksätze:

1. Die qualitative Bilanzanalyse bezieht die bislang vernachlässigten Informationen des Anhangs und des Lageberichts – insbesondere der verbalen Berichterstattung – in eine umfassende Unternehmensbeurteilung mit ein.

2. Neben dem Lagebericht nehmen im Rahmen der qualitativen Bilanzanalyse die Abschlußerläuterungen im Anhang eine Schlüsselrolle ein. Sie bergen ein enormes Analysepotential.

3. Gegenstand der qualitativen Bilanzanalyse ist zum einen die Untersuchung des Einsatzes der Bilanzpolitik sowie die Auswertung der verbalen Berichterstattung durch die Teilinstrumente der semiotischen Bilanzanalyse.

4.4 Analyse des bilanzpolitischen Instrumentariums

4.4.1 Grundlagen

4.4.1.1 Wesen, Instrumente und Einsatz der Bilanzpolitik

Definition der Bilanzpolitik

Unter Bilanzpolitik ist die bewußte und im Hinblick auf die Ziele des Unternehmens zweckorientierte Beeinflussung der publizierten Unternehmensdaten, die sich aus Jahresabschluß und Lagebericht zusammensetzen, zu verstehen. Sie erfolgt mit der Absicht, »die Rechtsfolgen des Jahresabschlusses und das Verhalten der Informationsempfänger entsprechend den Zielen der Unternehmenspolitik zu beeinflussen« (KROPFF, B. 1983, S. 184).

Die bilanzpolitischen Aktivitäten können grundsätzlich zwei Dimensionen zugeordnet werden. Auf der einen Seite steht der Aspekt der Finanzpolitik, der in erster Linie die Steuerung der Ergebnisausschüttung, die Rücklagenbildung sowie die Verringerung der Steuerbelastung betrifft. Auf der anderen Seite ist die Publizitäts- oder auch Rufpolitik zu nennen, die auf die Beeinflussung der Meinungsbildung bzw. der Verhaltensweisen der externen Abschlußadressaten zugunsten des Unternehmens abzielt (vgl. SCHMIDT, F. 1979, S. 9ff.; FORSTER, K.-H. 1983, S. 32).

Finanz- und Publizitätspolitik

Im folgenden soll die Analyse der Bilanzpolitik auf die gesetzlichen und die faktischen Wahlrechte und die sich aus der Praxis ergebenden Ermessensspielräume beschränkt bleiben, die bei der Erstellung des Jahresabschlusses (Bilanz, Gewinn- und Verlustrechnung und Anhang) zur Verfügung stehen. Auszugrenzen ist in diesem Zusammenhang ebenfalls die Gestaltung von Sachverhalten und damit die Beeinflussung des Mengengerüsts, da die vielfältigen diesbezüglichen Maßnahmen zum einen in den meisten Fällen nicht nur bilanzpolitische Gründe haben und zum anderen eine Erkennbarkeit für Externe regelmäßig nicht möglich sein wird.

Üblicherweise werden zwei Formen der Bilanzpolitik unterschieden (vgl. im einzelnen die Übersichten 106 bis 111). Auf der einen Seite steht die materielle Bilanzpolitik, die im wesentlichen auf eine Steuerung der Höhe der ausgewiesenen Abschlußdaten, insbesondere des ausgewiesenen Jahresergebnisses gerichtet ist, und auf der anderen Seite befaßt sich die formelle Bilanzpolitik mit der Form der Darstellung der Vermögens-, Finanz- und Ertragslage im Jahresabschluß (vgl. WÖHE, G. 1985, S. 715ff. und 754ff.). Zu beachten ist bei dieser Einteilung jedoch, daß Interdependenzen zwischen beiden Bereichen in der Weise bestehen, als mit der Mehrzahl der materiellen Instrumente regelmäßig auch Auswirkungen auf die Struktur des Jahresabschlusses verbunden sind.

Formen der Bilanzpolitik

Im Bereich der formellen Bilanzpolitik stehen zum einen sogenannte Ausweiswahlrechte zur Verfügung, die der reinen Informationspolitik dienen (vgl. Übersicht 107). Diese Instrumente sind also ohne jeden Einfluß auf die Bilanzsumme, die Bilanzstruktur oder das Ergebnis des Jahresabschlusses. Im Vordergrund stehen dabei die Pflichtangaben in Bilanz oder Gewinn- und Verlustrechnung, die wahlweise in den Anhang verlagert werden können. Daneben bestehen zur erfolgsneutralen Gestaltung der Bilanzsumme (vgl. VOLK, G. 1988, S. 380ff.) oder der vertikalen Struktur von Bilanz und Gewinn- und Verlustrechnung mehrere Gliederungswahlrechte (vgl. Übersicht 107). Schließlich sind es die Erläuterungswahlrechte, durch die der Bilanzierende Art und Weise, aber zum Teil auch den Umfang der Erfüllung der verschiedenen Berichtspflichten gestalten kann. Im Rahmen der Analyse der Bilanzpolitik ist dabei die Wahl, bestimmte Tatbestände entweder betragsmäßig oder lediglich in verbaler Form zu erläutern, von besonderem Interesse.

Formelle Bilanzpolitik

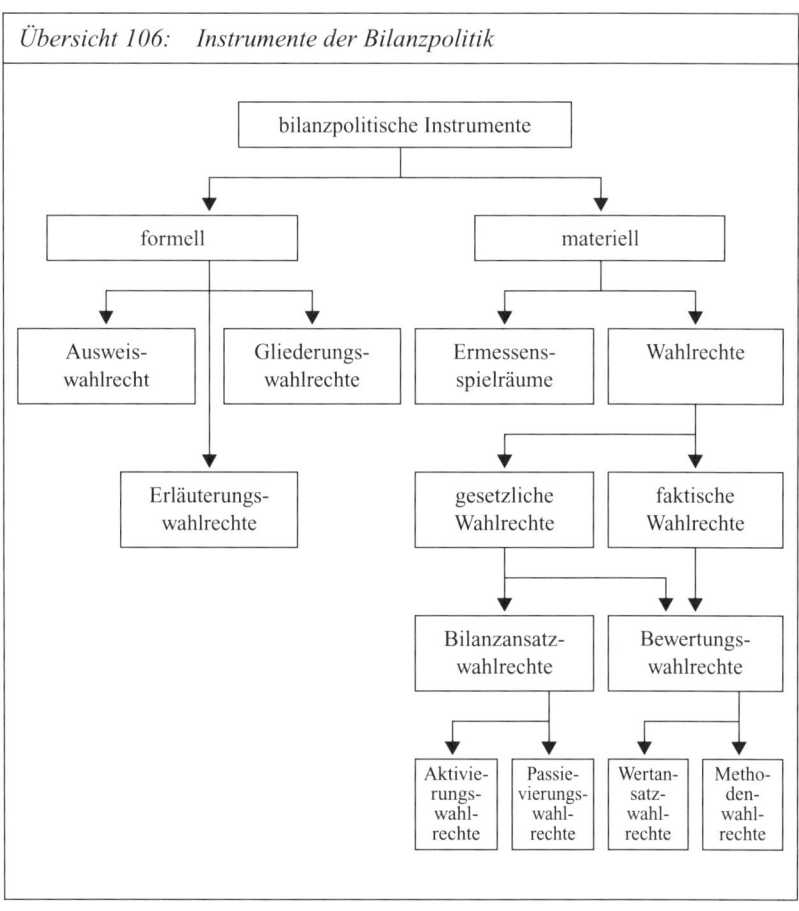

Übersicht 106:   Instrumente der Bilanzpolitik

Materielle *Bilanzpolitik*	Hinsichtlich der materiellen Bilanzpolitik ist zwischen Ermessensspielräumen und Wahlrechten zu unterscheiden.
Ermessens- *spielräume*	Ermessensspielräume (vgl. Übersicht 108) entstehen bei Bilanzierung und Bewertung dadurch, daß vom Gesetzgeber zwar ein bestimmter Wertansatz oder eine bestimmte Wertart vorgeschrieben ist, jedoch nicht die Methode und die jeweiligen Komponenten zur Bestimmung dieses Ansatzes oder Werts. Sie beinhalten keine Entscheidung zwischen objektiv unterscheidbaren Alternativen, sondern berücksichtigen das subjektive Element der Wertfindung, da die vollständige Normierung ökonomischer Tatbestände praktisch unmöglich ist (vgl. SIEGEL, T. 1986, S. 419; PFLEGER, G. 1991, S. 35).

Die Entscheidung hinsichtlich der konkreten Auslegung von Ermessensspielräumen kann nur in Abhängigkeit vom jeweils zu beurteilenden Sachverhalt getroffen werden. Die Ermessensspielräume werden daher vielfach auch als Individualspielräume bezeichnet. Die Folge ist also, daß dem Bilanzierenden eine ganze Bandbreite akzeptabler Größen bei der Festlegung bestimmter Aktionsparameter zur Verfügung steht. Aufgrund unvollkommener Informationen und der Ungewißheit zukünftiger Ereignisse können unternehmensindividuell unterschiedliche Einzelentscheidungen über Ansatz oder Bewertung getroffen werden.

Im Gegensatz zu den Spielräumen besteht ein Wahlrecht immer dann, »wenn an einen gegebenen Tatbestand mindestens zwei eindeutig bestimmte Rechtsfolgen anknüpfen, die sich gegenseitig ausschließen, und wenn der zur Rechnungslegung Verpflichtete entscheidet, welche von ihnen eintritt« (BAUER, J. 1981a, S. 66). Wahlrechte betreffen ebenfalls sowohl Ansatzfragen (vgl. Übersicht 110) als auch Bewertungsfragen (vgl. Übersicht 111) des Jahresabschlusses.

Wahlrechte

Bei den gesetzlichen Wahlrechten handelt es sich um eindeutig erkennbare sowie genau bezeichnete und abgrenzbare Handlungsalternativen, die durch das Gesetz ausdrücklich eröffnet werden. Die Inanspruchnahme dieser Wahlrechte ist vielfach – insbesondere durch pflichtgemäße Anhangangaben – im Jahresabschluß nachvollziehbar.

Gesetzliche Wahlrechte

Von diesen beschriebenen gesetzlichen Wahlrechten sind die sogenannten faktischen Wahlrechte (vgl. SELCHERT, F.W./KARSTEN, J. 1989, S. 838f.) zu unterscheiden (vgl. Übersicht 109). Es handelt sich hierbei um durch die Bilanzierungspraxis und Rechtsprechung entwickelte und standardisierte Auslegungsalternativen, die sich ursprünglich aus Spielräumen aufgrund einzelner unbestimmter Rechtsbegriffe ableiten. PFLEGER bezeichnet diese Parameter daher auch als Verfahrensspielräume (vgl. PFLEGER, G. 1991, S. 35). Wie im Rahmen der gesetzlichen Wahlrechte kann auch die Entscheidung über den Einsatz der faktischen Wahlrechte unabhängig vom zugrundeliegenden betrieblichen Sachverhalt getroffen werden. Wegen ihrer dispositiven Natur ist es daher zweckmäßig, die unterschiedlichen Wertermittlungsarten den Wahlrechten zuzuordnen.

Faktische Wahlrechte

Übersicht 107: *Ausgewählte Instrumente der formellen Bilanzpolitik*	
Entscheidungsparameter	Rechtsgrundlage
Ausweiswahlrechte	
1. gesonderte Angabe des Gewinn- oder Verlust-vortrags	§ 268 Abs. 1 Satz 2 HGB
2. Angabe der Abschreibungen des Geschäftsjahrs	§ 268 Abs. 2 Satz 3 HGB
3. gesonderter Ausweis eines aktivierten Disagios	§ 268 Abs. 6 HGB
4. gesonderter Ausweis der Haftungsverhältnisse gem. § 251 HGB	§ 268 Abs. 7 HGB
5. Angabe von Abschreibungen nach § 253 Abs. 2 Satz 3 und Abs. 3 Satz 3 HGB	§ 277 Abs. 3 Satz 1 HGB
6. Angabe des Betrags steuerrechtlicher Abschrei-bungen (AV/UV)	§ 281 Abs. 2 Satz 1 HGB
Gliederungswahlrecht	
1. Ansatz erhaltener Anzahlungen auf Bestellungen als Verbindlichkeit oder Absetzen von den Vor-räten	§ 268 Abs. 5 Satz 2 HGB
2. nicht eingeforderte ausstehende Einlagen aktiviert oder verrechnet	§ 272 Abs. 1 Satz 2 und 3 HGB
3. Saldierung aktivischer und passivischer latenter Steuern	§ 274 HGB (Gesamtbetrachtung)
4. steuerrechtliche Abschreibungen aktivisch ver-rechnet oder in den Sonderposten mit Rücklagean-teil eingestellt	§ 281 Abs. 1 Satz 1 HGB
5. Ausweis im AV oder UV (z.B. Wertpapiere oder immaterielle Vermögensgegenstände)	§ 247 Abs. 2 HGB (Auslegung)
6. Abgrenzung ordentlicher/außerordentlicher Auf-wand und Ertrag	§ 277 Abs. 4 Satz 1 HGB (Auslegung)
Erläuterungswahlrechte	
1. weitere Untergliederung von Abschlußposten (z.B. sonstige Rückstellungen)	§ 268 Abs. 5 Satz 1 HGB
2. Einfluß der Änderung von Bilanzierungs- und Bewertungsmethoden	§ 284 Abs. 2 Nr. 3 HGB
3. Ergebnisbeeinflussung durch steuerrechtliche Abschreibungen	§ 285 Nr. 5, 1. Halb-satz HGB
4. Ausmaß erheblicher künftiger Belastungen durch Anwendung steuerrechtlicher Abschreibungen	§ 285 Nr. 5, 2. Halb-satz HGB
5. Erläuterung nicht unerheblicher sonstiger Rück-stellungen, die nicht gesondert ausgewiesen sind	§ 285 Nr. 12 HGB

Übersicht 108:   Ausgewählte Ermessensspielräume

Entscheidungsparameter

Bilanzierung betreffend

1. Abgrenzung von Herstellungs- und Erhaltungsaufwand
2. Feststellung des Eintritts bzw. Wegfalls des Rückstellungsgrundes bei drohenden Einzelrisiken

Bewertung betreffend

1. Bestimmung der Nutzungsdauer von Anlagegütern
2. Bemessung von außerplanmäßigen Abschreibungen bei Anlagegütern
3. Bemessung der Abschreibungen auf den zukünftigen Wertschwankungswert im Umlaufvermögen
4. Bemessung von Pauschal- und Einzelwertberichtigungen zu Forderungen
5. Bemessung der Rückstellungen nach vernünftiger kaufmännischer Beurteilung (z.B. Einzelrisiken oder pauschale Garantierückstellungen)

Übersicht 109:   Ausgewählte faktische Wahlrechte

Entscheidungsparameter

1. Gemeinkostenschlüsselung bei der Herstellungskostenermittlung
2. Berücksichtigung von Beschäftigungsschwankungen bei der Herstellungskostenermittlung
3. Ermittlung der Herstellungskosten bei Kuppelprodukten
4. Feststellung des Prozentsatzes zur Abzinsung von Pensionsrückstellungen

Übersicht 110: *Wichtige Bilanzansatzwahlrechte*	
Entscheidungsparameter	Rechtsgrundlage
Aktivierungswahlrechte	
1. Aufwendungen für die Ingangsetzung und Erweiterung des Geschäftsbetriebs	§ 269 HGB
2. derivativer Geschäfts- oder Firmenwert	§ 255 Abs. 4 HGB
3. aktivische latente Steuern	§ 274 Abs. 2 HGB
4. Rechnungsabgrenzungsposten	
– Zölle, Verbrauch- und Umsatzsteuern	§ 250 Abs. 1 Satz 2 Nr. 1 und 2 HGB
– Disagio	§ 250 Abs. 3 HGB
Passivierungswahlrechte	
1. Wertaufholungsrücklagen (EK-Anteil von Zuschreibungen und Preissteigerungsrücklagen)	§ 58 Abs. 2a AktG § 29 Abs. 4 GmbHG
2. Sonderposten mit Rücklageanteil	§ 247 Abs. 3 HGB i.V.m. § 273 HGB
3. Rückstellungen	
– Pensionsrückstellungen (Zusagen vor dem 1.1.1987)	Art. 28 Abs. 1 EGHGB
– Rückstellungen für unterlassene Instandhaltungsaufwendungen (Nachholung vom 4. bis 12. Monat)	§ 249 Abs. 1 Satz 3 HGB
– Aufwandsrückstellungen	§ 249 Abs. 2 HGB

Übersicht 111:	*Wichtige Bewertungswahlrechte*
Entscheidungsparameter	Rechtsgrundlage
Wertansatzwahlrechte	
1. außerplanmäßige Abschreibungen (auf den niedrigeren beizulegenden Wert) im Anlagevermögen bei nur vorübergehender Wertminderung	§ 253 Abs. 2 Satz 3 HGB i.V.m. § 279 Abs. 1 Satz 2 HGB
2. Abschreibungen auf den zukünftigen Wertschwankungswert im Umlaufvermögen	§ 253 Abs. 3 Satz 3 HGB
3. Abschreibungen im Rahmen vernünftiger kaufmännischer Beurteilung	§ 253 Abs. 4 HGB i.V.m. § 279 Abs. 1 Satz 1 HGB
4. rein steuerlich motivierte Abschreibungen	§ 254 HGB i.V.m. § 279 Abs. 2 HGB
5. Beibehaltungswahlrecht für einen niedrigeren Wertansatz	§§ 253 Abs. 5 und 254 Satz 2 HGB i.V.m. § 280 Abs. 1 und 2 HGB
Methodenwahlrechte	
1. Einzel-, Fest-, Gruppenbewertung, Verbrauchsfolgeverfahren	§ 256 HGB i.V.m. § 240 Abs. 3 und 4 HGB
2. Ermittlung der Herstellungskosten	§ 255 Abs. 2 und 3 HGB
3. Abschreibungsmethoden (z.B. linear oder degressiv; Abschreibung des Geschäfts- oder Firmenwerts)	§§ 253 Abs. 2 und 255 Abs. 4 Satz 2 und 3 HGB

4.4.1.2 Bilanzanalyse und Bilanzpolitik – ein natürliches Spannungsverhältnis

Zwischen Bilanzpolitik und Bilanzanalyse besteht eine enge Wechselbeziehung in der Weise, daß sie für einander sowohl Ausgangspunkt als auch Grenze darstellen.

Wechselbeziehung

Übersicht 112:   *Die Interdependenz zwischen Bilanzanalyse und Bilanzpolitik*

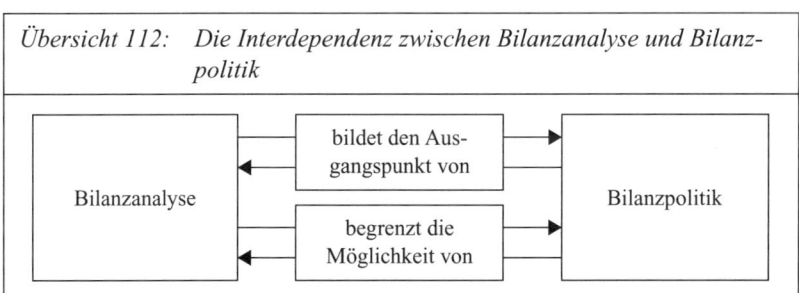

Bilanzanalyse als Ausgangspunkt der Bilanzpolitik

Bilanzpolitik wird mit der Absicht verfolgt, »das Urteil der Bilanzadressaten zu beeinflussen und sie zu einem gewünschten Verhalten zu bewegen« (HAU-SCHILDT, J. 1988a, Sp. 659). Welches Verhalten dabei gewünscht wird, ist von den jeweiligen Unternehmenszielen abhängig.

Um durch Jahresabschlußinformationen gewünschte Verhaltensweisen zu induzieren, muß zunächst sichergestellt sein, daß diese Informationen überhaupt Einfluß auf das Verhalten der Bilanzadressaten ausüben. Des weiteren müssen die vermittelten Informationen die Informationserwartungen erfüllen, auf die sie beim Adressaten stoßen. Daher gilt es, die Informationserwartungen der Adressaten zu antizipieren und bei der Entscheidung über das einzusetzende bilanzpolitische Instrumentarium zu berücksichtigen. Da jedoch die vermittelten Informationen vom Adressaten regelmäßig mittels des Einsatzes bilanzanalytischer Instrumente aufgearbeitet werden, resultiert für das bilanzierende Unternehmen die Notwendigkeit, auch diese Instrumente in sein Kalkül einzubeziehen.

Bilanzanalyse als Grenze der Bilanzpolitik

Bilanzpolitische Maßnahmen können nur dann erfolgreich erwünschte Verhaltensweisen bewirken, wenn sie vom Adressaten nicht entschlüsselt werden können. Erkennbare Maßnahmen werden dagegen – zumindest vom sachkundigen Analytiker – im Rahmen seiner Informationsverarbeitung berücksichtigt und können somit zur Erreichung des Ziels Verhaltensbeeinflussung nicht beitragen. Es besteht im Gegenteil die Gefahr, daß von ihnen auf weitere, nicht erkennbare bilanzpolitische Gestaltungen geschlossen wird. Damit entscheiden aber letztlich die Auswahl und die Qualität der bilanzanalytischen Instrumente über den Erfolg der Bilanzpolitik.

Bilanzpolitik als Ausgangspunkt der Bilanzanalyse

Die Bilanzanalyse strebt einen möglichst sicheren Einblick in die wahre Unternehmenslage an. Erfolgreich kann sie in diesem Bestreben jedoch nur sein, wenn sie berücksichtigt, daß die ihr im Jahresabschluß vermittelte Datenbasis derart manipuliert sein kann, daß das dargestellte Bild der Unternehmenslage dem tatsächlichen Bild nicht entspricht. Nur eine »bilanzpolitische Maßnahmen aufdeckende Bilanzanalyse« (BAETGE, J./BALLWIESER, W. 1978, S. 529) kann daher effektiv sein.

Zunächst muß eine so verstandene Bilanzanalyse bemüht sein, die aus der Anwendung bilanzpolitischer Instrumente resultierende Färbung der Jahresabschlußdaten weitestgehend zu neutralisieren. Die Aussichten dieses Versuchs sind jedoch aufgrund der mangelnden Quantifizierbarkeit der Auswirkungen zahlreicher bilanzpolitischer Maßnahmen »recht skeptisch zu beurteilen« (BAETGE, J./BALLWIESER, W. 1978, S. 529). Dies darf jedoch nicht zu dem Schluß führen, die Bilanzanalyse generell als ein zur Erfolglosigkeit verurteiltes Unterfangen einzustufen. Denn auch das Erkennen einer der Auswahl der eingesetzten bilanzpolitischen Maßnahmen zugrundeliegenden Manipulationsrichtung erlaubt eine Relativierung des durch das Datenmaterial vermittelten Bildes der Unternehmenslage.

Neben den direkt aus der Bilanz und der Erfolgsrechnung ableitbaren Informationen müssen daher auch insbesondere die zahlreichen nichtquantitativen Angabepflichten des Anhangs einer verstärkten Auswertung unterzogen werden.

Aus der Sicht der Bilanzanalyse kann das bilanzpolitische Instrumentarium eingeteilt werden in

Bilanzpolitik als Grenze der Bilanz-analyse

– bilanzpolitische Maßnahmen, deren quantitative Auswirkung auf das vermittelte Bild der Unternehmenslage erkennbar sind,

– bilanzpolitische Maßnahmen, die zwar dem Grunde nach erkennbar sind, deren Auswirkungen jedoch nicht quantifiziert werden können.

– bilanzpolitische Maßnahmen, die weder dem Grunde noch der Höhe nach identifiziert werden können.

Es ist offensichtlich, daß die Bilanzanalyse in ihrem Bestreben nach einem Einblick in die wahre Unternehmenslage nur von den erstgenannten Maßnahmen keine Beeinträchtigung erfährt. Dagegen reduzieren sich die Möglichkeiten der Bilanzanalyse bei der zweiten Maßnahmengruppe auf Tendenzaussagen, während die Anwendung von Maßnahmen der dritten Gruppe die Aussichten auf eine erfolgreiche Bilanzanalyse unkorrigierbar beschneidet. Je intensiver damit der Einsatz von bilanzpolitischen Maßnahmen der zweiten und insbesondere der dritten Gruppe erfolgt, desto geringer ist die Aussagefähigkeit der Bilanzanalyse.

Betrachtet man die verschiedenen Instrumente der sachverhaltsabbildenden Bilanzpolitik, lassen sich hinsichtlich der Erfolgschancen der Bilanzanalyse folgende Aussagen treffen:

Erfolgsausichten der Bilanzanalyse

– Da über Ermessensspielräume in der Regel nicht berichtet werden muß und vielfach – aufgrund ihrer »nicht eindeutig festgelegten oder festlegbaren Grenzen« (PFLEGER, G. 1991, S. 35) – auch nicht berichtet werden kann, ist für die Bilanzanalyse »nicht erkennbar ..., in welcher Richtung – ergebnisverbessernd oder ergebnisverschlechternd – ein Spielraum ausgenutzt wurde« (PFLEGER, G. 1991, S. 35).

– Über die Ausübung faktischer Wahlrechte wird zumeist ebenfalls nicht berichtet, weshalb die Bilanzanalyse diesen Bereich der Bilanzpolitik nur dann in ihre Arbeit einbeziehen kann, wenn ihre diesbezügliche Informationsbasis durch freiwillige Anhangangaben erhöht wird.

– Hinsichtlich der gesetzlichen Wahlrechte sind zwar im HGB weitgehend Berichtspflichten kodifiziert. Damit ist ihre Ausübung zumindest dem Grunde nach erkennbar. Ob jedoch auch eine Erkennbarkeit der Höhe nach gegeben ist, hängt angesichts der erheblichen Gestaltungsspielräume, die dem Bilanzierenden im Rahmen seiner Berichterstattung offenstehen, von den jeweils gegebenen Anhanginformationen ab.

Für den gesamten Bereich der Sachverhaltsgestaltungen gilt, daß sie in aller Regel nicht aus dem Jahresabschluß ersichtlich sind. Daher stellen sie für die Bilanzpolitik ein Instrument ›erster Klasse‹ dar und zählen somit zu den wichtigsten Störfaktoren der Bilanzanalyse.

4.4.2 Analysemethode

Rückschlüsse aus der angewandten Bilanzpolitik

Im Rahmen der Analyse des bilanzpolitischen Instrumentariums als Teilbereich der qualitativen Bilanzanalyse wird versucht, über die Klassifizierung der zielgerichteten Anwendung bilanzpolitischer Mittel zusätzliche Rückschlüsse auf die tatsächliche Unternehmenslage zu ziehen. Damit wird der Tatsache Rechnung getragen, daß durch die unterschiedliche Ausnutzung bilanzpolitischer Möglichkeiten das Bilanzbild enorm beeinflußt werden kann, ohne daß die Auswirkungen dieser Maßnahmen für einen externen Bilanzanalysten in hinreichendem Maße quantifizierbar sind.

Typisches Bilanzierungs- und Bewertungsverhalten

Zwar gibt es Anstrengungen, auch im Rahmen der quantitativen Bilanzanalyse die Auswirkungen eines zweckorientierten Einsatzes des bilanzpolitischen Instrumentariums zu berücksichtigen (vgl. 2. Abschn., 3. Kap. 2.2.2). Das Ziel der Analyse der Bilanzpolitik geht jedoch über den Versuch der Quantifizierung der Auswirkungen des Einsatzes des bilanzpolitischen Gestaltungsspielraumes hinaus. Vielmehr sollen aus der tendenziellen Beeinflussungsrichtung der Abschlußdaten Indikatoren für eine sachgerechtere Unternehmensbeurteilung gewonnen werden. Dieser Vorgehensweise liegt die Annahme zugrunde, daß in Abhängigkeit von einer bestimmten wirtschaftlichen Unternehmenslage ein typisches Bilanzierungs- und Bewertungsverhalten als Ausdruck zielorientierter Bilanzpolitik (wieder-)erkennbar ist.

Suche nach ergebnisbeeinflussenden Maßnahmen

Die Analyse des bilanzpolitischen Instrumentariums kann dabei in drei Schritte unterteilt werden. Zunächst wird insbesondere durch die Auswertung der Anhangangaben nach Hinweisen gesucht, ob im abgelaufenen Geschäftsjahr in erster Linie ergebnisverbessernde oder -verschlechternde (= reservebildende) Maßnahmen angewendet wurden. Allerdings werden sich nur in Ausnahmefällen Zahlenangaben finden lassen, so daß sich der Analyst in aller Regel mit verbalen Angaben zur angewandten Bilanzpolitik begnügen und auf dieser Grundlage seine Schlußfolgerungen ziehen muß.

Suche nach Bewertungswechseln

Anschließend sollte untersucht werden, ob sich die (Bilanzierungs- und) Bewertungsmethoden gegenüber dem Vorjahr geändert haben. Ist ein Methodenwechsel festzustellen, gilt es zu prüfen, ob dieser ergebnisverbessernde oder ergebnisverschlechternde Auswirkungen hatte. Dabei ist zu beachten, daß Bewertungswechsel mit ergebnisverbessernder Wirkung besonders häufig im Fall einer Unternehmenskrise auftreten. Auch für diese Analyse stellen die Anhangangaben das alleinige Informationspotential dar.

Ursachenanalyse

In einem dritten Schritt sollte der externe Analyst nach Gründen suchen, warum ein Unternehmen gerade diese festgestellten bilanzpolitischen Instrumente eingesetzt oder sein bilanzpolitisches Verhalten im Zeitablauf geändert hat. Dabei ist von nachfolgenden Hypothesen auszugehen, die sich auch in der Praktikerregel niederschlagen, wonach »gute Bilanzen meist besser und schlechte Bilanzen meist noch schlechter sind als sie zumindest auf den ersten Blick erscheinen« (CLEMM, H. 1989, S. 360):

(1) Jene Unternehmen, die die bilanzpolitischen Instrumente eindeutig so einsetzen, daß ein möglichst geringer Jahresüberschuß erzielt wird (= konservative Bilanzierung), weisen tatsächlich eine (weit) bessere Vermögens-, Finanz- und Ertragslage auf, als sie im offiziellen Rechenwerk abgebildet wird.

(2) Jene Unternehmen, in denen die Wahlrechte stets so ausgenutzt werden, daß ein möglichst hoher Jahresüberschuß erzielt wird (= progressive Bilanzierung), weisen tatsächlich eine (weit) schlechtere Vermögens-, Finanz- und Ertragslage auf, als sie im offiziellen Rechenwerk abgebildet wird.

(3) Jene Unternehmen, die über ihre Bilanzierung nur vage und nicht eindeutig informieren und darüber hinaus ihre Berichterstattung über den Einsatz des bilanzpolitischen Instrumentariums auf den gesetzlichen Pflichtrahmen begrenzen, beabsichtigen im Zweifel, die Analyse der tatsächlichen Unternehmenslage zu verschleiern.

Ergänzt werden sollte diese Untersuchung der materiellen Bilanzpolitik durch eine Analyse der formellen Bilanzpolitik. Denn die Annahme liegt nahe, daß einer ungünstigen Unternehmenslage durch eine entsprechende Gestaltung von vertikalen Vermögens-, Kapital- oder Erfolgsstrukturen durch bestehende Gliederungswahlrechte entgegengewirkt wird. Dies kann auch durch eine restriktive Informationspolitik in Form undifferenzierter oder ungenauer verbaler Erläuterungen bestimmter Abschlußposten oder berichtspflichtiger Sachverhalte geschehen. *Analyse der formellen Bilanzpolitik*

Auch wenn man der Überprüfung der Qualität der formellen Bilanzpolitik sicherlich keinen eigenständigen Aussagewert zusprechen sollte, so kann sie dennoch gerade im Hinblick auf eine Validierung der aus der Analyse der materiellen Bilanzpolitik gewonnenen Erkenntnisse durchaus nützlich sein.

Eine Analyse des bilanzpolitischen Instrumentariums sollte jedoch berücksichtigen, daß ein eindeutiger Zusammenhang zwischen dem festgestellten Einsatz der bilanzpolitischen Instrumente und der Vermögens-, Finanz- und Ertragslage des Unternehmens nur mit erheblichen Einschränkungen hergestellt werden kann. Zu unterschiedlich sind die zahlreichen unternehmenspolitischen Zielsetzungen, die im jeweiligen Einzelfall unternehmensspezifisch und im Zeitablauf eine unterschiedliche Gewichtung erfahren können. *Einschränkung*

Differenzierte unternehmenspolitische Ziele

Gerade in Zeiten angespannter wirtschaftlicher Verhältnisse können gleichbleibend hohe Ausschüttungsforderungen der Anteilseigner der Notwendigkeit einer angemessenen stillen oder offenen Gewinnthesaurierung gegenüberstehen (vgl. CLEMM, H. 1989, S. 360). Ebenso kann in bestimmten Situationen das Ziel der Beeinflussung der Kreditwürdigkeit zu unlösbaren Konflikten mit einer beabsichtigten Minimierung des steuerpflichtigen Gewinns führen. Es ist nämlich insbesondere die Überlagerung der Zielsetzung der Handelsbilanz durch steuerbilanzielle Zwecke mit Hilfe des Prinzips der Maßgeblichkeit sowie der umgekehrten Maßgeblichkeit, die eine eindeutige Interpretation erschwert. Darüber hinaus können Konflikte zwischen angestrebten Bilanzkennzahlen entstehen, wenn z.B. eine bestimmte Mindesteigenkapitalquote erreicht werden soll, der Jahreserfolg gleichzeitig eine vorgegebene Höhe nicht überschreiten soll und eine simultane Realisierung dieser Ziele nicht möglich ist.

4.4.3 Zusammenführung von quantitativer Bilanzanalyse und Analyse des bilanzpolitischen Instrumentariums: Das Saarbrücker Modell

4.4.3.1 Ziel des Ansatzes

Synthese von qualitativer und quantitativer Analyse

Ausgangspunkt des Saarbrücker Modells zur Unternehmensbeurteilung, das am Institut für Wirtschaftsprüfung an der Universität des Saarlandes entwickelt wurde, ist die Erkenntnis, daß die qualitative Bilanzanalyse die traditionelle quantitative Ausrichtung zwar nicht ersetzen kann, aber zur Ergänzung der klassischen Kennzahlenrechnung zwingend erforderlich ist. Erklärtes Ziel dieses Ansatzes ist es daher, durch eine Synthese von qualitativer und quantitativer Analyse der veröffentlichten Jahresabschlußdaten zu einer zutreffenderen Beurteilung der untersuchten Unternehmen zu gelangen, als dies allein mit Kennzahlen möglich wäre. Es erfolgt demnach eine Integration qualitativer Ansätze in die klassische Kennzahlenrechnung, indem die angewandte Bilanzpolitik mit in die Unternehmensbeurteilung einbezogen wird. Damit nimmt dieser Ansatz »eine besondere Stellung unter den Verfahren zur Unternehmensbeurteilung« (BADEN, K. 1994, S. 132) ein.

4.4.3.2 Quantitativer Teil

Im quantitativen Teil des Saarbrücker Modells erfolgt eine Beurteilung der Ertragsstärke anhand eines Scoringverfahrens. Dazu werden zunächst die folgenden vier Kennzahlen ermittelt:

*Ermittlung
der Ertragsstärke*

Übersicht 113: Kennzahlen des Saarbrücker Modells

Eigenkapitalquote (EQ)	=	$\dfrac{\text{Eigenkapital}}{\text{Gesamtkapital}}$
Return of Investment (ROI)	=	$\dfrac{\text{korrigierter Jahresüberschuß}}{\text{Gesamtkapital}}$
Cash-flow zu Umsatz (CFU)	=	$\dfrac{\text{Cash-flow}}{\text{Nettoumsatzerlöse}}$
Cash-flow zu Gesamtkapital (CFK)	=	$\dfrac{\text{Cash-flow}}{\text{Gesamtkapital}}$

Dabei werden die Bestandteile der Kennzahlen wie folgt berechnet:

Übersicht 114: Bestandteile der Kennzahlen im Saarbrücker Modell	
	Jahresüberschuß vor Steuern vom Einkommen und Ertrag
+	Abschreibungen des Geschäftsjahres
–	Zuschreibungen des Geschäftsjahres
±	Veränderungen der Rückstellungen für Pensionen und ähnliche Verpflichtungen
±	Veränderungen des Sonderpostens mit Rücklageanteil
+	außerordentliche Aufwendungen
–	außerordentliche Erträge
=	**Cash-flow**
	Eigenkapital laut Bilanz
–	ausstehende Einlagen auf das gezeichnete Kapital
+	50 % des Sonderpostens mit Rücklageanteil
–	Dividendenausschüttung des Mutterunternehmens
–	Restbuchwerte aktivierter Geschäfts- oder Firmenwerte
–	50 % der nicht gedeckten Pensionsverpflichtungen
=	**Eigenkapital**
	Bilanzsumme
–	ausstehende Einlagen auf das gezeichnete Kapital
+	erhaltene Anzahlungen, soweit offen von den Vorräten abgesetzt
–	Restbuchwerte aktivierter Geschäfts- oder Firmenwerte
–	50 % der nicht gedeckten Pensionsverpflichtungen
=	**Gesamtkapital**
	Jahresüberschuß vor Ertragssteuern
+	Fremdkapitalzinsen
+	Abschreibungen des Geschäftsjahres auf Geschäfts- oder Firmenwerte
+	außerordentliche Aufwendungen
–	außerordentliche Erträge
=	**korrigierter Jahresüberschuß**

Zur Ermittlung eines Gesamtscores wird zunächst der Ausprägung jeder Kennzahl eine Punktzahl zugeordnet. Die Punktzahlen wurden nach Maßgabe langjähriger Erfahrungswerte festgelegt und ergeben sich aus der folgenden Tabelle:

Ermittlung von Punktzahlen

Übersicht 115: Punktzahlen im Saarbrücker Modell				
Ausprägung der Kennzahl				
EQ	ROI	CFU	CFK	
EQ ≤ 0	ROI ≤ 0	CFU ≤ 0	CFK ≤ 0	0
0 < EQ ≤ 20	0 < ROI ≤ 3	0 < CFU ≤ 5	0 < CFK ≤ 8	0,5
20 < EQ ≤ 28	3 < ROI ≤ 5	5 < CFU ≤ 9	8 < CFK ≤ 12	1
28 < EQ ≤ 38	5 < ROI ≤ 8	8 < CFU ≤ 12	12 < CFK ≤ 16	1,5
38 < EQ ≤ 50	8 < ROI ≤ 10	12 < CFU ≤ 17	16 < CFK ≤ 23	2
EQ > 50	ROI > 10	CFU > 17	CFK > 23	2,5

In dem nun folgenden Schritt werden die für die einzelnen Kennzahlen ermittelten Punktzahlen durch Addition zu einer Gesamtpunktzahl aggregiert.

Gesamtpunktzahl

Übersicht 116: Ermittlung der Gesamtpunktzahl im Saarbrücker Modell
$GP = P_{EQ} + P_{ROI} + P_{CFU} + P_{CFK}$
GP = Gesamtpunktzahl
P_{EQ} = Punktzahl für die Eigenkapitalquote
P_{ROI} = Punktzahl für den Return on Investment
P_{CFU} = Punktzahl für Cash-flow zu Umsatz
P_{CFK} = Punktzahl für Cash-flow zu Gesamtkapital

Anhand der ermittelten Gesamtpunktzahl erfolgt eine Einstufung in eine von fünf Ertragsstärkeklassen.

Ertragsstärkeklassen

Übersicht 117: Ertragsstärkeklassen im Saarbrücker Modell	
Ausprägung der Gesamtpunktzahl	Ertragsstärkeklasse
GP ≤ 2,5	außergewöhnlich ertragsschwach
2,5 < GP ≤ 4,0	unterdurchschnittlich ertragsstark
4,0 < GP ≤ 6,0	durchschnittlich ertragsstark
6,0 < GP ≤ 8,0	überdurchschnittlich ertragsstark
GP > 8,0	außergewöhnlich ertragsstark

4.4.3.3 Qualitativer Teil

Deutsche   Auch der qualitative Teil im Rahmen des Saarbrücker Modells zur Unterneh-
Normbilanzierung mensbeurteilung gliedert sich in mehrere Abschnitte auf. Zunächst wurde em-
pirisch das typische Bilanzierungsverhalten deutscher Unternehmen (deutsche
Normbilanzierung) abgeleitet.

Übersicht 118: Typisches Bilanzierungsverhalten deutscher Unternehmen
(deutsche Normbilanzierung)

1. Ingangsetzungs- und Erweiterungsaufwendungen werden nicht aktiviert.
2. Ein Geschäfts- oder Firmenwert aus der einzelgesellschaftlichen Rechnungslegung wird sofort als Aufwand gebucht.
3. Ansatz der Herstellungskosten erfolgt mit der steuerlichen Wertuntergrenze.
4. Fremdkapitalzinsen werden nicht in die Herstellungskosten einbezogen.
5. Die Abschreibung auf bewegliche Wirtschaftsgüter des Anlagevermögens wird
   aufgrund der gebrochenen Abschreibungsmethode vorgenommen (erst geome-
   trisch degressiv, dann linear).
6. Von der Vereinfachungsregel, wonach von den in der ersten Hälfte des
   Geschäftsjahrs angeschafften beweglichen Wirtschaftsgütern des Anlagevermögens die volle und von den in der zweiten Jahreshälfte angeschafften Gütern
   die halbe Jahresabschreibung abgesetzt werden kann, wird Gebrauch gemacht.
7. Es werden weder außerordentlich kurze noch außerordentlich lange Nutzungsdauern bei der Abschreibungsermittlung zugrunde gelegt.
8. Steuerliche Sonderabschreibungen übersteigen nicht 15 % der gesamten Jahresabschreibung.
9. Geringwertige Wirtschaftsgüter werden sofort abgeschrieben.
10. Abschreibungen auf den nahen Zukunftswert werden nicht in Ansatz gebracht.
11. Verzicht auf Anwendung der Lifo-Methode; allerdings zunehmende Tendenz
    erkennbar.
12. Verzicht auf Anwendung der Festbewertung.
13. Keine Vornahme von Bewertungswechseln im Zeitablauf.
14. Mit Ausnahme bei Ausleihungen werden keine Zuschreibungen vorgenommen,
    es sei denn, daß sie durch die steuerliche Betriebsprüfung veranlaßt waren.
15. Im Rahmen der Langfristfertigung findet die Completed-contract-Methode
    Anwendung.
16. Im Rahmen der einzelgesellschaftlichen Rechnungslegung werden keine akti-
    vischen latenten Steuern erfaßt.
17. Pensionsverpflichtungen werden in voller Höhe passiviert.
18. Der Zinssatz für Pensionsrückstellungen beträgt 6 %.
19. Es werden keine Aufwandsrückstellungen gem. § 249 Abs. 2 HGB gebildet.
20. Volle (einmalige) Verrechnung des Geschäfts- oder Firmenwerts aus der Kon-
    solidierung gegen die Konzernrücklagen.

Ausgehend von diesem (Vergleichs-)Maßstab wurden in einem zweiten Arbeitsschritt die von der deutschen Normbilanzierung abweichenden Bilanzierungsweisen der untersuchten Konzerne eingeteilt in Maßnahmen, die einer progressiven Bilanzpolitik dienen, also ergebnisverbessernde Wirkungen besitzen, und solche, die durch ihren reservebildenden Charakter als Zeichen einer eher konservativen Bilanzpolitik gewertet werden können. Je nachdem, ob ein Unternehmen die konservative oder progressive Bilanzierung wählt, kann im Zweifel davon ausgegangen werden, daß im Fall konservativer Bilanzierung die ermittelten Kennzahlen in Wirklichkeit noch besser sind, während die Kennzahlen von progressiv bilanzierenden Unternehmen im Zweifel kritischer zu beurteilen sind.

Einteilung der Bilanzierungsweise

Wie den Übersichten 119 und 120 zu entnehmen ist, wird die Auswirkung der progressiven oder konservativen Bilanzierung auf den Jahreserfolg in einer gesonderten Wertungsspalte durch entsprechende – subjektiv gewichtete – Kennzeichnungen dargestellt. Zudem wird bei der Analyse des gewählten Bilanzierungsverhaltens zwischen der generellen Wirkungsweise und der Ergebnisbeeinflussung im laufenden Geschäftsjahr unterschieden.

Wertung der Bilanzpolitik

Im darauffolgenden Schritt wurde ermittelt, wie häufig ein Konzern von der Normbilanzierung abweicht. Je nach Häufigkeit der Abweichungen wurde die verfolgte Bilanzierungsstrategie danach eingeteilt, ob sie ›nie‹, ›sehr selten‹, ›selten‹, ›häufiger‹, ›oft‹ oder ›sehr oft‹ vom typischen Bilanzierungsverhalten differierte.

Klassifizierung der Bilanzierungsstrategie

Abschließend wurde analysiert, ob eine bestimmte (konservative oder progressive) Strategie ›ausschließlich‹, ›eindeutig überwiegend‹ oder ›überwiegend‹ verfolgt wurde. Konnte anhand der Häufigkeit der Ausprägungen keine eindeutige Präferenz der einen oder anderen Bilanzierungsstrategie festgestellt werden, wurde die Strategie als ›nicht eindeutig‹ klassifiziert.

Übersicht 119: Checkliste zur Bilanzierungs- und Bewertungspolitik I – Analyse von Varianten der progressiven Bilanzpolitik		
Erscheinungsformen Indikatoren progressiver Bilanzpolitik	Wertung	
	generelle Auswirkung	Auswirkung im lfd. Jahr
1. Ausweis aktivierter Ingangsetzungs und Erweiterungsaufwendungen	–	
2. Erhöhung des Betrags aktivierter Ingangsetzungs- und Erweiterungsaufwendungen		– –
3. Abschreibungsdauer für Ingangsetzungs- aufwendungen nicht unter 4 Jahre	–	
4. Ausweis eines aktivierten Geschäfts- oder Firmen- werts gem. § 255 Abs. 4 HGB	–	
5. Erhöhung eines aktivierten Geschäfts- oder Firmen- werts gem. § 255 Abs. 4 HGB		– –
6. planmäßige Abschreibung eines Geschäfts- oder Firmenwerts (Nutzungsdauer > 15 Jahre)	–	
7. Verzicht auf die Passivierung von Fehlbeträgen von Pensionsrückstellungen	– – –	
8. Einbeziehung der Gemeinkosten bei der Ermittlung der Herstellungskosten bzw. Bewertung mit der steuerrechtlichen Wertobergrenze	–	
9. Einbeziehung der Fremdkapitalzinsen in die Herstellungskosten	–	
10. keine Sofortabschreibung geringwertiger Wirt- schaftsgüter	– –	
11. Vornahme von Bewertungswechseln, die den Jahreserfolg positiv beeinflussen		–/– – –
12. Festlegung ungewöhnlich langer Nutzungsdauern (im Vergleich zu Vorjahren)		–
13. Vornahme von Zuschreibungen (mit Ausnahme bei Ausleihungen sowie durch steuerliche Betriebsprüfungen veranlaßt)		–
14. wesentliche Verminderung der sonstigen Rück- stellungen (sofern > 10% des Jahresüberschusses)		–
15. wesentliche Erhöhung der Erträge aus Anlageab- gängen im Vergleich zum Vorjahr (> 30%) unter besonderer Berücksichtigung der Abgänge von Grund und Boden sowie des Finanzanlagevermögens		–

Übersicht 119: (Fortsetzung)

Erscheinungsformen Indikatoren progressiver Bilanzpolitik	Wertung	
	generelle Auswirkung	Auswirkung im lfd. Jahr
16. Vornahme von Sale-and-Lease-back-Geschäften		– – –
17. wesentliche Verminderung der sonstigen betrieblichen Aufwendungen (außer Einstellungen in den Sonderposten mit Rücklageanteil) im Vergleich zum Vorjahr (> 30 % und sofern > 10 % des Jahresüberschusses)		–
18. wesentliche Erhöhung der außerordentlichen Erträge im Vergleich zum Vorjahr (> 30 % und sofern > 5 % des Jahresüberschusses)		–
19. Anwendung der Percentage-of-completion-Methode	– –	
20. Anwendung der linearen Abschreibung für bewegliche Gegenstände des Anlagevermögens	– –	
21. ratierliche Verrechnung eines Geschäfts- oder Firmenwerts aus der Konsolidierung mit den offenen Rücklagen	–	
22. planmäßige Abschreibung eines Geschäfts oder Firmenwerts aus der Konsolidierung bei einer Nutzungsdauer über 15 Jahre	–	
23. Summe der sonstigen finanziellen Verpflichtungen und Haftungsverhältnisse für a) die nächsten fünf Jahre übersteigt das Eigenkapital b) das Folgejahr übersteigt 25% des Eigenkapitals	– –	
24. Ausgleichsposten für die Anteile anderer Gesellschafter beträgt über a) 10 % b) 25 % des sonstigen Eigenkapitals	– – –	
25. sonstige Indikatoren	– – – – – –	

Übersicht 120:   Checkliste zur Bilanzierungs- und Bewertungspolitik II –
Analyse von Varianten der konservativen Bilanzpolitik

Erscheinungsformen Indikatoren konservativer Bilanzpolitik	Wertung	
	generelle Auswirkung	Auswirkung im lfd. Jahr
1. Ausweis aktivischer latenter Steuern	+	
2. Erhöhung des Betrags aktivischer latenter Steuern		+ +
3. Ausweis von Aufwandsrückstellungen	+	
4. Erhöhung des Betrags passivierter Aufwandsrückstellungen		+ +
5. Anwendung der Gruppenbewertung (wenn gleichzeitig im Anhang eine Angabe gem. § 284 Abs. 2 Nr. 4 HGB erfolgt)	+	
6. Anwendung fiktiver Verbrauchsfolgen, insbesondere der Lifo-Methode (wenn gleichzeitig im Anhang eine Angabe gem. § 284 Abs. 2 Nr. 4 HGB erfolgt)	+	
7. Anwendung der Festbewertung	+	
8. Unterlassung von Zuschreibungen aus steuerrechtlichen Gründen	+	
9. Verzicht auf die Einbeziehung von Gemeinkosten bei der Ermittlung der Herstellungskosten a) Ansatz unter der steuerrechtlichen Wertuntergrenze b) Ansatz zu Einzelkosten	+ + + +	
10. Vornahme von Abschreibungen auf den sogenannte nahen Zukunftswert im Umlaufvermögen	+ +	
11. Wahl des Zinssatzes für Pensionsrückstellungen, der unter 6 % liegt	+ + +	
12. Inanspruchnahme steuerrechtlicher Sonderabschreibungen in einem Umfang, der a) 15 % der Jahresabschreibungen übersteigt b) 30 % der Jahresabschreibungen übersteigt	+ + +	
13. Zunahme der sonstigen Rückstellungen um mehr als 20 % ohne konkrete Erläuterung der Rückstellungsgründe	+ +	
14. Wertpapiere des Umlaufvermögens sowie flüssige Mittel betragen mehr als a) 5 % der Bilanzsumme b) 10 % der Bilanzsumme c) 15 % der Bilanzsumme	+ + + + + +	
15. sonstige Indikatoren	+ + + + + +	

Merksätze:

1. Bilanzpolitik und Bilanzanalyse sind interdependente Prozesse, die füreinander sowohl Ausgangspunkt als auch Grenze darstellen.

2. In Abhängigkeit von einer bestimmten Unternehmenslage ist ein typisches Bilanzierungs- und Bewertungsverhalten als Ausdruck zielorientierter Bilanzpolitik zu erwarten.

3. Unter der Annahme beabsichtigter Gewinnglättung sind ›gute Bilanzen‹ meist besser und ›schlechte Bilanzen‹ meist noch schlechter zu beurteilen als sie zumindest auf den ersten Blick erscheinen (vgl. CLEMM, H. 1989, S. 360).

4. Die Analyse der Bilanzpolitik versucht in erster Linie Hinweise auf die Bildung bzw. Auflösung stiller Reserven zu geben.

5. Das Saarbrücker Modell stellt ein Verfahren zur Unternehmensbeurteilung dar, daß quantitative Aspekte mit einer Analyse der angewandten Bilanzpolitik kombiniert.

4.5 Semiotische Bilanzanalyse

Die Semiotik ist ganz allgemein die Lehre von den sprachlichen Zeichen und damit auch der menschlichen Sprache (vgl. THIEL, H. 1974, S. 62). Auf die Bilanzanalyse bezogen beschäftigt sich dieser Ansatz mit der Form der verbalen Berichterstattung. Wie bereits erwähnt, wird hier im Rahmen einer Inhaltsanalyse den Fragen nachgegangen, ob   *Begriff*

(1) aus dem Präzisionsgrad der Aussagen zusätzliche Informationen gewonnen werden können (syntaktische Ebene),

(2) der Grad der freiwilligen Berichterstattung bestimmte Rückschlüsse erlaubt (pragmatische Ebene),

(3) die präferierte Wortwahl zusätzliche Erkenntnisse gewinnen läßt (semantische Ebene).

4.5.1 Syntaktische Ebene

Im Rahmen der Berichterstattung hat der Bilanzierende einen erheblichen Gestaltungsspielraum. Der Gesetzgeber schreibt nur in den wenigsten Fällen exakt vor, wie eine Informationsvermittlung konkret vorzunehmen ist. Somit hat der Bilanzierende in der Regel eine Bandbreite akzeptabler Formen der Berichterstattung und damit einen Ermessensspielraum, den gesetzlichen Forderungen zur Abschlußerläuterung nachzukommen. Genau an diesem Punkt setzt die syntaktische Ebene der qualitativen Bilanzanalyse an. Sie versucht, aus dem Präzisionsgrad der Berichterstattung zusätzliche Informationen zu gewinnen.   *Präzisionsgrad der Berichterstattung*

Nach dem Präzisionsgrad der Informationen kann zwischen Punktaussagen, Intervallaussagen, komparativen Aussagen, qualitativen Aussagen und nicht zu klassifizierenden Aussagen unterschieden werden (vgl. SORG, P. 1988, S. 384).

Übersicht 121: Präzisionsgrad von Aussagen

Kategorie	Ausprägung
Punktaussagen	Angabe einer exakten Zahl/eines Veränderungs-maßstabs (Absatz 500 Mio. DM)
Intervallaussagen	zahlenmäßige Bereichsangabe (Absatz zwischen 500 und 510 Mio. DM)
komparative Aussagen	größer – kleiner / steigt – sinkt (Absatz wird steigen)
qualitative Aussagen	gut - schlecht / groß - klein (Absatz wird gut sein)
nicht zu klassifizierende Aussagen	»Wir werden uns wieder um Absatz bemühen.«

Verständlichkeit und Überprüf-barkeit der Aussagen

In aller Regel kann davon ausgegangen werden, daß die exakteste Informationsvermittlung mit einer Punktaussage vorgenommen werden kann. Mit einem abnehmenden Präzisionsgrad geht gleichzeitig eine Beeinträchtigung der intersubjektiven Verständlichkeit und insbesondere auch eine abnehmende Überprüfbarkeit und Kontrollierbarkeit der Informationsvermittlung einher (vgl. RÜCKLE, D. 1984, S. 62).

Strebt der Bilanzierende eine möglichst präzise Informationsvermittlung an, sollten weiche Formulierungen wie ›wesentlich‹, ›wenig‹, ›erheblich‹ oder ›leicht rückläufig‹ gänzlich vermieden werden »oder nur dann benutzt werden, wenn sich aus dem Gesamtzusammenhang eine sinnvolle Aussage ergibt« (LÜCK, W., in: KÜTING/WEBER 1995, § 289 HGB, Rn. 24).

Annahmen

Vor diesem Hintergrund geht die syntaktische Ebene der Bilanzanalyse von den beiden Grundannahmen aus:

Präzise Bericht-erstattung

(1) Je präziser (exakter) die Berichterstattung ist, um so eher dürfte davon auszugehen sein, daß die tatsächliche Unternehmenslage auch der abgebildeten Situation entspricht. Das berichtende Unternehmen will möglichst eindeutige Informationen vermitteln und hat offenbar keine Veranlassung, durch eine ›weiche‹ Berichterstattung bestimmte Sachverhalte im unklaren zu lassen bzw. nicht aufhellen zu wollen. Gleichzeitig spricht eine präzise (exakte) Informationsvermittlung dafür, daß der Bilanzierende eine informative Darstellung anstrebt, auf deren Grundlage der Bilanzleser möglichst leicht einen Einblick in die Unternehmenslage erhalten soll. Das

präzise berichtende Unternehmen verfolgt offensichtlich nicht die Strategie, bestimmte Tatbestände durch interpretationsbedürftige Informationen zu verschleiern, um sich damit in ein anderes Licht rücken zu wollen.

(2) Genau umgekehrt ist das andere Extrem zu werten: je unpräziser (vager) die Berichterstattung ist, um so eher ist davon auszugehen, daß das bilanzierende Unternehmen ein Bild von der Unternehmenslage zeichnen und vermitteln will, das von den tatsächlichen Gegebenheiten abweicht. Das Unternehmen kann damit die Absicht verfolgen, bestimmte Sachverhalte verbergen oder aber so präsentieren zu wollen, wie es der Realität nicht entspricht. *Unpräzise Bericht- erstattung*

Es muß natürlich berücksichtigt werden, daß bestimmte qualitative Aussagen, die insbesondere zukünftige Entwicklungen betreffen, nicht in Punktaussagen zu fassen sind. Gerade bei Prognosen besteht nämlich ein »Austauschverhältnis zwischen Sicherheit und Genauigkeit« (BAETGE, J./ FISCHER, T./PASKERT, D. 1989, S. 42) der Aussagen. Daher muß im Wege einer Angemessenheitsprüfung für den einzelnen Berichtssachverhalt ein ›maximaler‹ Präzisionsgrad festgelegt werden.

Eine unpräzise (vage) Berichterstattung kann sowohl die konservative als auch die progressive Bilanzpolitik begleiten. D.h., daß diese Berichterstattung gleichermaßen von Unternehmen präferiert werden kann, deren Vermögens-, Finanz- und Ertragslage als extrem gut oder extrem schlecht zu bezeichnen ist. In beiden Fällen will sich der Bilanzierende mit einer ›weichen‹ Informationsvermittlung der Öffentlichkeit anders darstellen, als es in Wirklichkeit der Fall ist. *Bewertung*

Entweder verfolgt der Bilanzierende dann eine Aufwertung (Beschönigung) der dargestellten Sachverhalte, indem er günstige Seiten hervorheben, ungünstige abschwächen oder verschweigen will (= majorative Strategie) oder aber es wird eine Abwertung (Verschlechterung) angestrebt, indem ungünstige Seiten hervorgehoben, günstige abgeschwächt oder verschwiegen werden (= pejorative Strategie). Konkret dürfte dies im Rahmen der Bilanzpolitik in aller Regel heißen, daß es einem ohnehin ertragsstarken Unternehmen bei einer weichen Berichterstattung in Wirklichkeit noch besser geht, während es bei einem weniger ertragsstarken Unternehmen tatsächlich noch schlechter aussehen dürfte. *Strategien*

Welche Situation tatsächlich gegeben und welche bilanzpolitische Strategie der Bilanzierende auch im Einzelfall verfolgt, kann die syntaktische Ebene nur in Verbindung mit anderen Analysemethoden der qualitativen und quantitativen Bilanzanalyse ermitteln. Auch hier wird deutlich, daß eine möglichst aussagefähige Bilanzanalyse sich nicht allein auf eine einzelne methodische Vorgehensweise beschränken sollte, sondern vielmehr den gleichzeitigen Einsatz der unterschiedlichsten Ansätze erforderlich macht. *Kombinierter Einsatz der Instrumente*

4.5.2 Pragmatische Ebene

Grad der freiwil-
ligen Berichter-
stattung

Der Gesetzgeber schreibt nur einen Mindestrahmen (sogenannte Pflichtanga-ben) der Berichterstattung vor. Diese Pflichtangaben können um freiwillige Angaben ergänzt werden, die dann bei der großen und mittelgroßen Kapitalge-sellschaft der Prüfungspflicht durch den Abschlußprüfer unterliegen. Die Grenze der freiwilligen Berichterstattung ist lediglich dann zu ziehen, wenn der Kern der Berichterstattung hierdurch verwässert oder verschleiert würde, wodurch das Prinzip der ›Klarheit und Übersichtlichkeit‹ (vgl. § 243 Abs. 2 HGB) verletzt wird (vgl. DÖRNER, D./WIRTH, M., in: KÜTING/WEBER 1995, §§ 284 bis 288 HGB, Rn. 4).

Beispiel

Zu diesen freiwilligen Angaben können unter anderem zählen:

– Kapitalflußrechnungen (in Jahresabschlüssen nicht börsennotierter Mutter-unternehmen),

– Substanzerhaltungsrechnungen,

– Wertschöpfungsrechnungen,

– Gewinn pro Aktie nach DVFA/SG,

– Höhe der nicht aktivierten Gemeinkosten im Rahmen der Herstellungsko-stenermittlung,

– Erweiterung der Rückstellungsdarstellung im handelsbilanziellen Gliede-rungsschema.

Bewertung/
Strategien

Beschränkt sich der Bilanzierende lediglich auf den Mindestrahmen der Be-richterstattung, spricht vieles dafür, daß er kein besonderes Interesse an einer möglichst informativen Darstellung verfolgt. Er will über den gesetzlichen Pflichtrahmen hinaus keinen zusätzlichen Einblick in die Vermögens-, Finanz-und Ertragslage gewähren. Ihm ist daran gelegen, bestimmte Informationen zur Unternehmenslage und der von ihm angewandten Bilanzpolitik im Unkla-ren zu lassen.

Die Strategie, auch freiwillige Angaben in die Berichterstattung aufzunehmen, könnte so gedeutet werden, daß der Bilanzierende eine informative Darstellung anstrebt. Er ist bemüht – über den gesetzlichen Pflichtrahmen hinaus –, einen zusätzlichen Einblick in die Unternehmenslage und die von ihm gewählte Bi-lanzpolitik zu gewähren. Freiwillige Informationen können tendenziell so ge-deutet werden, daß die abgebildete Unternehmenslage eher der Realität ent-spricht als dies im Falle der Beschränkung auf den gesetzlichen Mindestrah-men zuträfe.

Annahmen

Zwischen der pragmatischen und syntaktischen Ebene der qualitativen Bilanz-analyse bestehen enge Querverbindungen, denn die Grenze zwischen beiden Ebenen ist nicht immer exakt zu ziehen. Ganz allgemein erscheinen zwei Grundannahmen plausibel:

(1) Je unpräziser ein Unternehmen berichtet und je weniger freiwillige Informationen vermittelt werden, um so eher kann davon ausgegangen werden, daß das Unternehmen ein anderes Bild zeichnen möchte als es der tatsächlichen Unternehmenslage entspricht. Liegt diese Situation vor, ist die Aufgabe des Bilanzanalysten erschwert. In diesem Fall ist besondere Vorsicht bei der Auswertung der Informationen geboten.

(2) Je präziser ein Unternehmen berichtet und je mehr freiwillige Informationen vermittelt werden, um so eher dürfte die abgebildete Unternehmenslage der Realität nahekommen. Die Aufgabe des Analysten wird erleichtert, denn hier entfällt die Schwierigkeit, daß sich der Analyst – basierend auf Vermutungen und Annahmen – erst einmal ein Bild zeichnen muß, das der tatsächlichen Unternehmenslage möglichst nahe kommt.

Wiederum sollte jedoch zur Vermeidung von Fehlurteilen einerseits darauf hingewiesen werden, daß bestimmte Sachverhalte unternehmerischen Geschehens nicht exakt zu beschreiben sind. Andererseits ist es denkbar, daß durch eine umfangreiche und damit vielleicht auch unverständliche Berichterstattung gerade von einer negativen Unternehmenslage abgelenkt werden soll.

4.5.3 Semantische Ebene

Bei der Analyse von verbalen Angaben können die traditionellen Analysemethoden nicht nutzbar gemacht werden. Da einerseits Unternehmen auch mit der Form der verbalen Berichterstattung ihre unternehmenspolitischen Zielsetzungen durchsetzen wollen und andererseits auch danach bewertet werden, »wie sie sich darstellen oder auch nicht darstellen« (WERNER, U. 1990a, S. 1014), liegt es nahe, auch die verbale Berichterstattung in die Bilanzanalyse einzubeziehen.

Präferierte Wortwahl

Ausgehend von den Grundannahmen, daß

Annahmen

(1) derselben Sachverhaltsbeschreibung von mehreren Adressaten unterschiedliche Bedeutungen beigemessen werden können,

(2) derselbe Sachverhalt in gewissen Grenzen von mehreren Personen unterschiedlich dargestellt werden kann, ohne daß die verschiedenen Beschreibungen als sachlich falsch zu bezeichnen wären,

können nicht unwesentliche semantische Bedeutungsverzerrungen herbeigeführt werden, die bis zur bewußten Möglichkeit der Manipulation mittels Sprache einzustufen sind. Vor diesem Hintergrund setzt sich die semantische Ebene der Bilanzanalyse mit den Beziehungen zwischen den Wörtern und ihren Bedeutungen auseinander.

Eine Auswertung kann mit Hilfe der Inhaltsanalyse vorgenommen werden. Diese Vorgehensweise, die sich hier primär als eine Sprachanalyse darstellt, kann ihrerseits wieder in die Wortanalyse, Satzanalyse, textlinguistische Ana-

Inhaltsanalyse

lyse, Stilanalyse und rhetorische Analyse unterteilt werden. Hier könnte z.B. abgestellt werden auf die Fragen

(1) nach der bewußten Auswahl bestimmter Wörter oder Wortgruppen oder -felder als Teil der Wortanalyse; dabei wird als Wortfeld eine Gruppe von Wörtern bezeichnet, für die folgendes gilt:

- alle Wörter müssen einer Wortklasse angehören,

- jedes Wort muß mit allen Wörtern der Gruppe mindestens einen (und zwar ein und denselben) Teilinhalt gemeinsam haben;

(2) nach einem gezielten Einsatz sprach-, sach- und mitteilungswirksamer sprachlicher Mittel;

(3) des bewußten Gebrauchs rhetorischer Mittel, um die Wirkung des Texts zu intensivieren.

Vorgehensweise　Konkret könnte im Rahmen der semantischen Bilanzanalyse die einfachste Gewichtung der verbalen Berichterstattung hinsichtlich ihrer Bedeutung mit dem einfachen Auszählen der Buchstaben, Wörter bzw. Wortfelder und Druckzeilen bezüglich eines Sachverhalts vorgenommen werden. Das bloße Auszählen im Rahmen einer statischen Analyse kann hierbei mit einem Zeit- oder Unternehmensvergleich gekoppelt werden.

Analyse bestimmter　Eine differenzierte Auswertung besteht in der Klassifikation von Textelemen-
Wortfelder　ten nach einem bestimmten Schema, wobei die Aussagefähigkeit dieser Vorgehensweise mit einer problemadäquaten Definition des Kategorienschemas steht und fällt. Ein einfaches Kategorienschema könnte z.B. darin bestehen, bestimmte Wortfelder in die Kategorien ›negative Äußerungen oder Wertungen‹ bzw. ›positive Äußerungen oder Wertungen‹ einzuteilen (vgl. SCHMIDT, R. 1981, S. 372 sowie Übersicht 122). Eine Analyse der verbalen Berichterstattung könnte dahingehend vorgenommen werden, wie häufig ganz generell positive oder negative Wertungen vorgenommen werden oder ob sich eine absolute oder relative Veränderung in den einzelnen Klassifikationskategorien ergeben hat.

Die Feststellung relativer Wortfeldhäufigkeiten oder aber die Veränderung der Wortfeldkategorien im Zeitablauf könnte z.B. so interpretiert werden, daß Unternehmen über bestimmte Sachverhalte bewußt nicht oder aber einseitig und insofern lediglich tendenziell berichten wollen. So konnte WERNER feststellen, daß alle von ihr untersuchten Unternehmen, bei denen Krisen offenbar wurden, diese Thematisierung in der Berichterstattung vermeiden. Folglich liegt in diesem Fall ein vergleichsweise geringer Anteil wortfeld- und damit zielspezifischer Wortformen vor (vgl. WERNER, U. 1990, S. 375).

Übersicht 122:	Klassifikationsschema von negativen und positiven Wertungen
negative Äußerungen	positive Äußerungen
abnehmen	ausbauen
beeinträchtigt	befriedigen
benachteiligen	Erfolg
fällt	erfolgreich
gekürzt	erfreulich
genug	erhöhen
gesunken	gelungen
knapp	gesteigert
leider	gewinnen
Minderung	größere
negativ	großen
niedrig	günstiger
Rückgang	günstiges
rückläufig	gut
schlecht	höher
schwierig	plus
Stagnation	positiv
unbefriedigend	Stärkung
ungünstig	steigern
verhindert	Steigerung
verringert	Steigerungsrate
Verschlechterung	überdurchschnittlich
wenig	verbessert
weniger	zufriedenstellend
zurück	Zunahme
zurückgegangen	Zuwachs

Ein nächster Ansatzpunkt zur Analyse könnte darin bestehen festzustellen, wie *Zeitvergleich* derselbe Sachverhalt im Zeitablauf bewertet wird. So kann die Erfolgslage z.B. mit

- ausgezeichnet,
- sehr gut,
- hervorragend,
- gut,
- zufriedenstellend,
- ausreichend,
- alles in allem noch als ausreichend,
- unbefriedigend

bewertet werden. Ergeben sich hier im Zeitvergleich verschiedene Beurteilungen, dürfte davon auszugehen sein, daß der Berichterstatter hier bewußt eine unterschiedliche Wertung vornehmen will, die dann auch in die Bilanzanalyse aufgenommen werden sollte.

Schließlich könnte analysiert werden, in welcher Weise das zu analysierende Unternehmen eine Beurteilung bestimmter Sachverhalte und hier ganz besonders der erzielten eigenen Kennzahlenwerte vornimmt. Sollte hier festgestellt werden, daß allgemein als überdurchschnittlich gut zu bezeichnende Tatbestände durchweg in ein schlechteres Licht gerückt werden, spricht vieles dafür, daß das berichtende Unternehmen bewußt eine Abwertung vornehmen will. Entsprechend ist eine durchweg als überzogen positiv zu beurteilende Wertung als bewußte Schönfärberei zu bezeichnen.

4.6 Fazit

Analysepotential

»Unternehmen suchen ihre Ziele durch Interaktionen mit der Umwelt zu erreichen. Die Rechnungslegung fungiert hierbei als zweckorientierte Beschreibung des Unternehmensgeschehens« (WERNER, U. 1990a, S. 1014) auf gesetzlicher oder freiwilliger Basis. Während der quantitative Teilbereich der externen Rechnungslegung seit jeher als Gegenstand der Bilanzanalyse betrachtet wurde, indem insbesondere auf der Grundlage von Kennzahlen und Kennzahlensystemen ein möglichst weitgehender Einblick in die Vermögens-, Finanz- und Ertragslage angestrebt wurde, hat die Analyse der verbalen Berichterstattung bislang nur eine völlig untergeordnete Bedeutung erlangt, obwohl sich gerade auch in der verbalen Berichterstattung ein umfangreiches Analysepotential verbirgt.

Vor diesem Hintergrund wurde aufgezeigt, welche Wechselbeziehungen zwischen der Bilanzanalyse und der Bilanzpolitik und der hiermit verbundenen Berichterstattung bestehen. Der Bilanzanalyst darf diese Beziehungen nicht negieren, will er nicht von vornherein wichtige Informationen zur Unternehmensbeurteilung ausschließen.

Die qualitative Bilanzanalyse kann die traditionelle quantitative Ausrichtung nicht ersetzen; vielmehr sollten beide Teilbereiche gleichzeitig eingesetzt werden und dabei die bislang vernachlässigte qualitative Analyse eine Aufwertung erfahren.

Merksätze:

1. Die semiotische Bilanzanalyse untersucht und beurteilt die verbale Form der Berichterstattung im veröffentlichten Jahresabschluß eines Unternehmens. Sie unterteilt sich in die syntaktische, die pragmatische und die semantische Ebene.

2. Gegenstand der semiotischen Bilanzanalyse ist die Untersuchung folgender Parameter:

   (1) Präzisionsgrad der Aussagen;

   (2) Grad der freiwilligen Berichterstattung;

   (3) präferierte Wortwahl (insbesondere Wortfeldanalyse).

3. Die qualitative Bilanzanalyse kann die traditionelle Kennzahlenrechnung nicht ersetzen. Vielmehr sollten beide Teilbereiche gleichzeitig eingesetzt werden.

5. EDV-gestützte Bilanzanalyse (Entwicklungstendenzen)

Den primären Gegenstandsbereich der externen Bilanzanalyse bildet die zielgerichtete Verarbeitung von Informationen auf der Grundlage veröffentlichter Jahresabschlüsse. Moderne Informationstechnologien erleichtern dabei, insbesondere für die überwiegend betroffenen Finanzanalyseinstitute und Banken, die Durchführung von Rechenoperationen und bieten zugleich im Hinblick auf die Bewältigung großer Datenmengen erhebliche Rationalisierungspotentiale bei der Datenerfassung, -verarbeitung und -interpretation (vgl. WÖHE, G. 1997, S. 872).

Bedeutung

Im Bereich der Datenerfassung resultieren Kosteneinsparungen im wesentlichen aus der zunehmenden Nutzung von Scanninggeräten sowie aus der Automatisierung der erforderlichen Plausibilitätskontrollen im Hinblick auf die Vollständigkeit und Konsistenz der eingegebenen Daten. Allerdings wird auch zukünftig ein erheblicher Teil der Daten manuell zu erfassen sein. Hierfür sprechen hauptsächlich zwei Gründe: Erstens muß die Dateneingabe grundsätzlich in standardisierter Form erfolgen, um die Zahlen des Jahresabschlusses in eine einheitliche Gliederung der Bilanz bzw. der Gewinn- und Verlustrechnung zu überführen. In bezug auf die Praxis der bilanzierenden Unternehmen ist aber festzustellen, daß die Form der veröffentlichten Jahresabschlüsse stark variiert und die Präsentation der Daten zunehmend graphisch und textlich individualisiert erfolgt. Zweitens ist die Tendenz, quantitative Informationen in den Anhang zu verlagern und verbal zu kommentieren, unverkennbar. Sollen die daraus zahlenmäßig präzisen oder auch nur approximativ erfaßbaren Erkenntnisse im Rahmen der Bilanzanalyse genutzt werden, sind die verbalen Aussagen zu interpretieren und die Werte der Bilanz sowie der Gewinn- und Verlustrechnung zum Teil bereits im Zuge der Eingabe entsprechend zu modifizieren. Weiterhin sind im Rahmen der Dateneingabe zugleich Charakteristiken des jeweiligen Datensatzes – wie Branchenzugehörigkeit – einzugeben, um solche Datenbankstrukturen aufzubauen, die es zumindest ermöglichen, Vergleichsdaten für Zwecke des Betriebsvergleichs zu erzeugen.

Arbeitsverein-
fachungen
Die Informationsverarbeitung, -verdichtung und deren quantitative Analyse in Form einer multidimensionalen Kennzahlensystemanalyse auf der Grundlage von Gliederungs-, Index- und Beziehungszahlen sowie die Nutzung von mathematisch-statistischen Verfahren, wie Streuungsrechnungen, Signifikanztests, Trendrechnungen, Regressions- und Korrelationsrechnungen und die Bestimmung der Diskriminanzfunktion zur Insolvenzprognose (vgl. 3. Abschn. 1.) können grundsätzlich vollständig vom Computer übernommen werden. Hierunter fällt auch die schnelle und zuverlässige Ermittlung von über- oder unterdurchschnittlichen Werten in bezug auf Branchendurchschnitte oder intern gesetzte Normen sowie von Schlüsselinformationen der interessierenden Jahresabschlüsse und gegebenenfalls deren Präsentation in graphischer Form (vgl. HAUSCHILDT, J. 1992, Sp. 280). Gleichwohl ist hierin bereits ein Übergang zur Dateninterpretation zu sehen. Dies gilt auch für die nunmehr wirtschaftlich eröffnete Möglichkeit durch Eingabe und Verarbeitung alternativer, erwarteter Datenkonstellationen einen für die nächste Periode für wahrscheinlich gehaltenen Jahresabschluß zu prognostizieren, die auch fälschlicherweise als »neues Instrument der Jahresabschlußanalyse« (JACOBS, O.H. 1989, S. 119) bezeichnet wird.

Einsatz von
Expertensystemen
Während bislang die maschinelle textliche Dateninterpretation überwiegend dadurch erfolgt, daß computergespeicherte Textbausteine zusammengeführt werden, sind hierfür zunehmend durchaus leistungsfähige Expertensysteme verfügbar (vgl. 3. Abschn. 5.2). Letztere sind aufgrund des in der Wissensbasis abgelegten Wissens in der Lage, relevante Fakten zu erkennen und unter Berücksichtigung von Interdependenzen zu interpretieren, wobei die gezogenen Schlußfolgerungen in Expertiseform ausgegeben werden. Diese als intelligente Checklisten anzusehenden Untersuchungsergebnisse können in erheblichem Maße die nach wie vor erforderliche manuelle Erstellung von Jahresabschlußbeurteilungen vereinfachen, in die zusätzlich zum Jahresabschluß beispielsweise auch subjektive Beurteilungen von erkannten unternehmensinternen oder unternehmensexternen Entwicklungen (z.B. Branchen- und Konjunkturberichte) Eingang finden müssen.

Nutzung von
Datenbanken
Letztlich ist darauf hinzuweisen, daß auch im Bereich der Speicherung und Katalogisierung von Jahresabschlußanalysen Rationalisierungspotentiale, beispielsweise im Hinblick auf Raum- und Personalkosten, bestehen. Denn Datenbanken repräsentieren Archive, in denen sämtliche relevanten Informationen, wie Ausgangswerte und Analyseergebnisse, systematisch abgelegt werden, um

sie »durch eine problemgerechte Abfragetechnik wieder mobilisierbar zu machen« (HAUSCHILDT, J. 1992, Sp. 283).

In bezug auf den Nutzen, der aus dem Einsatz der elektronischen Datenverarbeitungsanlagen in Verbindung mit geeigneten dialogfähigen Softwareprogrammen entsteht, ist demnach festzuhalten, daß er nicht mehr nur aus der Übertragung von bilanzanalytischen Elementarfunktionen, wie der Übernahme von Rechen- und Zeichenoperationen, resultiert. Dies belegt eindrucksvoll das von der DATEV entwickelte PC-Programmpaket MIDIAS, das dem Anwender eine umfassende und detaillierte Unternehmensanalyse ermöglicht (vgl. HAUSCHILDT, J./KREHL, H. 1992).

5.1 Bilanzanalyse auf der Grundlage von Datenbanken

5.1.1 Grundlagen

In engem Zusammenhang mit der Ausweitung der Publizitätspflicht durch das Bilanzrichtlinien-Gesetz steht der Aufbau von Jahresabschlußdatenbanken in der Bundesrepublik Deutschland. Diese Datenbanken beinhalten die offengelegten Jahresabschlüsse der Unternehmen und können entgeltlich genutzt werden. »Die Datenbank-Publizität von Jahresabschlüssen sollte einen leichteren Zugang zu den Daten gestatten und einen Vergleich der Jahresabschlüsse und eine tiefergehende Analyse ermöglichen« (MÜLLER-BADER, P. 1989, S. 235).

Aufgabe von Jahresabschlußdatenbanken

Hinsichtlich der Einsatzmöglichkeiten von Datenbanken für Zwecke der Bilanzanalyse ergibt sich jedoch ein grundlegendes Dilemma. Vor allem durch die Einbeziehung der GmbH in die Verpflichtung zur Offenlegung des Jahresabschlusses wurde das der Abschlußanalyse zur Verfügung stehende Informationspotential erheblich erweitert. Damit eröffnen sich neue Möglichkeiten einer vergleichenden Analyse von Jahresabschlüssen, z.B. im Rahmen von Unternehmens- oder Branchenvergleichen, da hier die Anzahl zur Verfügung stehender Abschlüsse eine wichtige Voraussetzung darstellt.

Erhebliche Erweiterung des Informationspotentials

Die effiziente Nutzung des vergrößerten Informationspotentials verlangt daher grundsätzlich den Einsatz der EDV bei der Jahresabschlußanalyse, der sich nicht nur auf die analytische Verarbeitung der Jahresabschlußdaten, sondern auch auf die vorgelagerte Phase der Informationsbeschaffung beziehen sollte. Hierfür bieten Datenbanken gute Voraussetzungen.

Die für den Einzelabschluß sowie die in noch größerem Ausmaß für den Konzernabschluß möglichen Bilanzierungs-, Bewertungs- und Ausweiswahlrechte können dagegen die Erfolgschancen des geforderten EDV-Einsatzes mindern. Damit ergibt sich für einen Einsatz von Datenbanken im Rahmen der Bilanzanalyse das Dilemma, daß zwar die bestehende Informationsmenge analytisch verarbeitet werden könnte; der dafür erforderlichen standardisierten Aufbereitung der Jahresabschlußdaten aber durch die Heterogenität der Jahresabschlüsse gravierende Schwierigkeiten entgegenstehen.

Problem der Heterogenität der Jahresabschlüsse

5.1.2 Datenbanken und ihre Nutzung

5.1.2.1 Datenbanken – Grundlagen

Offene versus geschlossene Datenbanken

Datenbanken stellen eine Zusammenfassung von Datenbeständen auf Groß-speichern dar, auf deren Elemente nach unterschiedlichen Kriterien, d.h. selektiv, zugegriffen werden kann (vgl. KOREIMANN, D.S. 1987, S. 15). Grundsätzlich ist zwischen offenen und geschlossenen Datenbanken zu differenzieren. Die Unterscheidung bezieht sich dabei auf den Kreis der Datenbanknutzer. Während offene Datenbanken, um deren Betrachtung es hier geht, jedem Interessenten zur Verfügung stehen, stehen die Informationen geschlossener Datenbanken nur einem begrenzten Nutzerkreis zur Verfügung (vgl. PALME, K. 1988, S. 50f.).

Voraussetzungen für die Nutzung

Die Nutzung von Datenbanken vollzieht sich durch die elektronische Abfrage bestimmter Datenbankinhalte. Eine wichtige Voraussetzung für die Nutzung besteht zunächst in der möglichst genauen Klärung des Informationsbedarfs, da hiervon die Auswahl der Datenbank, die Suchstrategie, die Nutzungsdauer und damit die Kosten der Abfrage bestimmt werden. Weitere Voraussetzungen betreffen technische und ausbildungsbezogene Aspekte. Technische Voraussetzungen für den Datenbankzugriff bilden die Geräte und die Kommunikationssoftware (vgl. Übersicht 123). Dabei ist ein kommunikationsfähiger PC für die direkte Abfrage (Online-Recherche) besonders geeignet. Die Datenübertragung, über die der externe Datenbankzugriff abgewickelt wird, erfolgt mit Hilfe der Telekommunikationseinrichtungen der Bundespost.

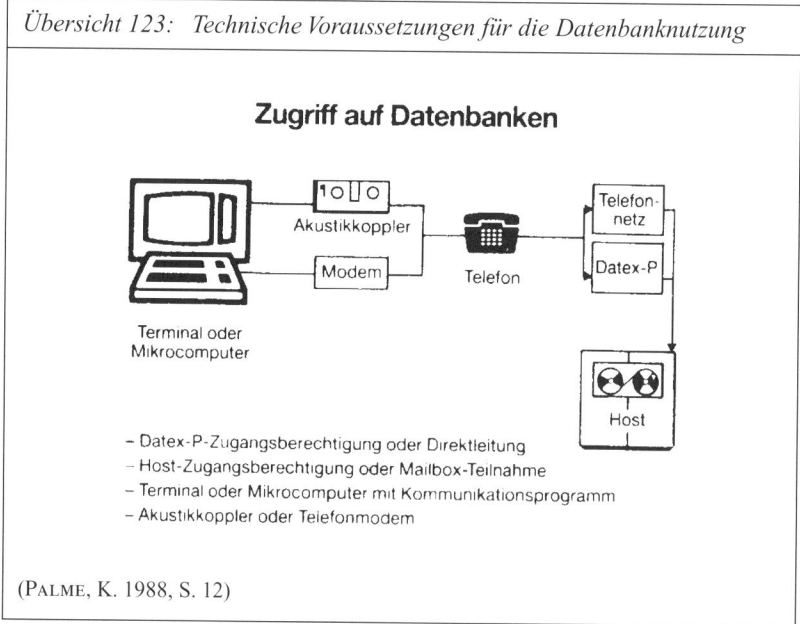

Übersicht 123:   *Technische Voraussetzungen für die Datenbanknutzung*

Zugriff auf Datenbanken

Terminal oder Mikrocomputer

Akustikkoppler

Modem

Telefon

Telefon-netz

Datex-P

Host

– Datex-P-Zugangsberechtigung oder Direktleitung
– Host-Zugangsberechtigung oder Mailbox-Teilnahme
– Terminal oder Mikrocomputer mit Kommunikationsprogramm
– Akustikkoppler oder Telefonmodem

(PALME, K. 1988, S. 12)

Die Verbindung zwischen Rechner und den unterschiedlichen Leitungsnetzen erfolgt mit Hilfe eines Akustikkopplers oder eines Modems. Sind die technischen Voraussetzungen gegeben, ist es möglich, weltweit jede beliebige offene Datenbank zu nutzen.

5.1.2.2 Datenbanknutzung in der Bundesrepublik Deutschland

Dieser notwendigerweise nur kurze Überblick über die Grundlagen und Funktionsweisen einer Datenbank wirft die Frage auf, wie die Praxis der Datenbanknutzung in der Bundesrepublik Deutschland aussieht. Aussagen lassen sich hierzu aus einer 1986 durchgeführten Untersuchung des Ifo-Instituts für Wirtschaftsforschung ableiten (vgl. REINHARD, M. 1987). Auch wenn die Untersuchungsergebnisse bereits einige Jahre alt sind, werden die Grundaussagen über die Verbreitung der Datenbanknutzung auch in einer 1990 vom Rationalisierungskuratorium der deutschen Wirtschaft durchgeführten Umfrage bestätigt (vgl. RATIONALISIERUNGSKURATORIUM DER DEUTSCHEN WIRTSCHAFT 1990). Dabei können die folgenden Punkte als Quintessenz beider Untersuchungen aufgefaßt werden:

Verbreitung der Datenbanknutzung

(1) bei der großen Mehrzahl der Unternehmen spielen Datenbanken bei der Informationsbeschaffung nur eine untergeordnete Rolle;

(2) die Datenbanknutzung und ihre Intensität ist abhängig von der Unternehmensgröße; während große Unternehmen häufiger auf Datenbanken zurückgreifen, spielen bei kleineren Unternehmen die traditionellen Printmedien, häufig aber auch persönliche Kontakte, die wichtigste Informationsquelle.

Ursächlich für diese Ergebnisse ist neben dem noch geringen Kenntnisstand über das Informationsangebot die bislang geringe Akzeptanz der Datenbankdienstleistungen (vgl. REINHARD, M. 1987, S. 158ff.). Dies ist vielfach darauf zurückzuführen, daß der Datenbankzugriff als zu kompliziert und/oder zu teuer angesehen wird. Als weiterer Nachteil wird eine relativ hohe Unzufriedenheit mit dem Datenbankangebot angesehen. Während der Bedarf an Unternehmensinformationen groß ist, entwickelten sich darauf spezialisierte Datenbanken erst im Zuge der neuen Offenlegungsvorschriften des HGB. »Ohne die EG-Bilanzrichtlinie mit ihrer Pflicht zur Offenlegung der GmbH-Bilanzen bei den Registergerichten hätte es den Versuch, ein privates Register aufzubauen, vermutlich nie gegeben« (GUSTAVUS, E. 1990, S. 197).

Gründe für die geringe Nutzung

5.1.3 Angebot an Jahresabschlußdatenbanken in der Bundesrepublik Deutschland

5.1.3.1 Überblick

Untergruppe der Wirtschaftsdatenbanken

Datenbanken, die Jahresabschlußinformationen enthalten, bilden eine Untergruppe der Wirtschaftsdatenbanken. Sie zählen zu den offenen textorientierten Faktenbanken, da sie jedem Interessenten zugänglich sind und neben den Jahresabschlußdaten (Fakten) auch Textelemente (z.B. Name und Sitz der Gesellschaft, Tätigkeitsgebiete und Erläuterungen zu den Jahresabschlüssen) beinhalten. Die Recherche in diesen Datenbanken ist aufgrund der eindeutigen Suchkriterien (Schlüssel) unkompliziert. Die Suche erfolgt dabei zumeist über den Namen der Gesellschaft (Firma) und gegebenenfalls die Postleitzahl des Gesellschaftssitzes.

Anbieter von Jahresabschlußdatenbanken

In der Bundesrepublik können Jahresabschlußdatenbanken derzeit bei vier wesentlichen Anbietern genutzt werden. Hierzu zählen:

(1) der Verband der Vereine Creditreform e.V., Neuss, mit der Creditreform-Bilanzdatenbank;

(2) die Gesellschaft für betriebswirtschaftliche Information GmbH (GBI), München, mit den Datenbanken FINN (Firmeninformationen numerisch) und COIN (Company Information numerical, der englischen Version von FINN);

(3) die Hoppenstedt Wirtschaftsdatenbank GmbH, Darmstadt, mit der Hoppenstedt Bilanzdatenbank und

(4) die Schimmelpfeng GmbH, Frankfurt, mit der Datenbank DunsPrint.

Struktur des Datenbankangebots

Die Struktur der Anbieter zeigt deutlich, daß es sich hierbei größtenteils um Unternehmen handelt, die bereits über langjährige Erfahrungen im Bereich Wirtschaftsinformationen verfügen. Für diese Anbieter ist es bereits im Rahmen ihrer bisherigen Tätigkeit naheliegend und erforderlich, die sich aus der technischen Entwicklung (Datenbanken) ergebenden verbesserten Informationsmöglichkeiten zu nutzen. Die nachstehenden Übersichten ermöglichen einen vergleichenden Überblick über das Angebot an Datenbankdienstleistungen der genannten Anbieter (vgl. Übersicht 124).

Übersicht 124: Das Angebot von Jahresabschlußdatenbanken in der Bundesrepublik Deutschland

Anbieter / Kriterien	Creditreform	GBI	Hoppenstedt	Schimmelpfeng D & B
Datenbankbezeichnung	Creditreform Bilanzdatenbank (identisch mit FINN bei GBI)	FINN (Creditreform)	Hoppenstedt Bilanzdatenbank	DUNSPRINT D & B Access
Sprachen	deutsch/englisch/französisch	deutsch	deutsch/englisch	deutsch und sechs weitere Sprachen
erfaßte Unternehmen	alle publizitätspflichtigen Unternehmen	publizitätspflichtigen Unternehmen	alle publizierenden AG, große GmbH	alle publizitätspflichtigen Unternehmen
Branchenzuordnung	ja	ja	ja	ja
Aktualisierung	monatlich	14tägig	täglich	täglich
Anzahl der erfaßten Unternehmen	ca. 12000	ca. 12000	ca. 4500	20000
Abschlußart	Einzel- und/oder Konzernabschluß	Einzel- und/oder Konzernabschluß	Einzel- und Konzernabschluß	Einzel- und/oder Konzernabschluß
Informationsquelle	Bundesanzeiger Geschäftsberichte Handelsregister	Bundesanzeiger Geschäftsberichte Handelsregister	Geschäftsberichte Bundesanzeiger Handelsregister	Handelsregister Bundesanzeiger Geschäftsberichte
Aufbereitung der Daten	Standardisierung	Standardisierung	Standardisierung	Standardisierung
Bilanz Anzahl Posten	standardisiert 28 Posten	standardisiert 28 Posten	standardisiert 480 Posten	standardisiert 47 Posten
Gewinn- und Verlustrechnung Anzahl der Posten	standardisiert 12 Posten	standardisiert 12 Posten	standardisiert 155 Posten	standardisiert 21 Posten

Übersicht 124: (Fortsetzung)

Anbieter \ Kriterien	Creditreform	GBI	Hoppenstedt	Schimmelpfeng D & B
Anhang	quantitative Angaben z.T. erfaßt	quantitative Angaben z.T. erfaßt	alle quantitative Angaben erfaßt	quantitative Angaben z.T. erfaßt
Lagebericht	nein	nein	nein, aber geplant	nein
Wirtschaftsprüferbericht	nein	nein	nein	nein
Zeitreihe	bis zu 8 Jahren	bis zu 6 Jahren	seit 1981 bis zu 13 Jahren	3 Jahre
Kennzahlenanalyse	ja	ja	ja	ja
Vermögenslage	5 Kennzahlen	5 Kennzahlen		
Finanzlage	4 Kennzahlen	4 Kennzahlen		
Ertragslage	6 Kennzahlen	6 Kennzahlen		
sonstige	6 Kennzahlen	6 Kennzahlen		
Unternehmensvergleich	ja	ja	ja	ja
Branchenvergleich	ja	ja	ja	ja
graphische Unterstützung der Analyse	auf der CD-Dafne	zum Teil	zum Teil	ja, (länderspezifisch)
Vertrieb über Hosts	Data-Star Genios GBI	GBI	GBI, Genios, Datastream, Mead Data	Dun & Bradstreet
Vertrieb über CD-ROM	ja, CD-Dafne	nein	ja	ja
Anzahl der Nutzer	> 5000	keine Angabe	keine Angabe	keine Angabe

5.1.3.2 Vergleich des Angebots im Hinblick auf die Strukturierung der Jahresabschlußdaten

Wie die Übersicht 124 verdeutlicht, ist das Angebot an Jahresabschlußdatenbanken vielseitig. Für den potentiellen Datenbanknutzer ist es daher bei der Auswahl einer bestimmten Datenbank entscheidend, die wesentlichen Charakteristika der angebotenen Datenbanken zu kennen. Die in Übersicht 124 aufgeführten Vergleichsmaßstäbe können dabei gleichzeitig als Auswahlkriterien für den potentiellen Datenbanknutzer dienen. Wesentliche Unterschiede können in der Frage nach der Berücksichtigung des Konzernabschlusses, der Vollständigkeit des Informationsangebots und der Form der Datenaufbereitung gesehen werden. Vor allem der Form der Datenaufbereitung ist eine hohe Relevanz im Rahmen der Bilanzanalyse beizumessen. Die folgende Untersuchung wird daher nur auf die diesbezüglichen Unterschiede der einzelnen Datenbanken beschränkt.

Wesentliche Charakteristika als Auswahlkriterium

Ein wesentlicher Unterschied zwischen den einzelnen Datenbankanbietern besteht in der Darstellungsform der Jahresabschlußdaten. Überwiegend wird der Informationsinhalt der Jahresabschlüsse in einer standardisierten Form erfaßt und zur Verfügung gestellt. Die standardisierte Aufbereitung ist ein Abbild der Probleme, denen sich der Datenbankanbieter bei der Datenerfassung gegenüber sieht. Die den Unternehmen bei der Aufstellung des Jahresabschlusses eingeräumten zahlreichen Wahlrechte, die auch alternative Ausweismöglichkeiten beinhalten, führen zu höchst unterschiedlichen Abschlußbildern. Damit wird sowohl der Zeitvergleich als auch der Unternehmensvergleich erheblich erschwert. »Die Versuchung, Bilanzinformationen komplett und in ihrer Verschiedenartigkeit auf elektronische Datenträger zu nehmen, hatte keine erfolgversprechende Zukunft; eine Vergleichbarkeit, die als Hauptvorteil einer standardisierten und elektronisch verfügbaren Publizität angesehen wird, ist dann nicht gewährleistet« (MÜLLER-BADER, P. 1989, S. 243).

Unterschiede in der Darstellungsform der Jahresabschlußdaten

Die Normierung der Datenerfassung führt dazu, daß nur wenige Informationen aus dem Anhang und dann zumeist nur in ihrer quantitativen Ausprägung in die einzelnen Gliederungsposten der Bilanz und Gewinn- und Verlustrechnung einfließen. Bei dieser Vorgehensweise gehen nicht nur wichtige quantitative Detailinformationen verloren, sondern vor allem die verbalen Erläuterungen zu einzelnen Posten der Bilanz und Gewinn- und Verlustrechnung. Ebenfalls bleiben dadurch die Angaben zu den angewandten Bilanzierungs- und Bewertungsmethoden sowie deren Änderungen im Zeitablauf unberücksichtigt. Dies muß als gravierender Mangel angesehen werden, da in vielen Fällen die Beurteilung des Zahlenwerks nur vor dem Hintergrund dieser Angaben vorgenommen werden kann. Insbesondere können Stetigkeitsbrüche der Rechnungslegung, die Gegenstand der Berichtspflicht im Anhang sind, nicht erkannt werden. Darüber hinaus werden auch die vielfach von den Unternehmen gebotenen freiwilligen Zusatzinformationen nicht erfaßt. Die sich daraus für die Jahresabschlußanalyse ergebenden Konsequenzen werden unten (vgl. 3. Abschn. 5.1.5) an einem konkreten Beispiel aufgezeigt.

Keine Berücksich-
tigung vorhandener
Informationsmög-
lichkeiten

Auch die fehlende Berücksichtigung des Lageberichts sowie des Berichts des Wirtschaftsprüfers ist als zusätzliche Einschränkung der Informationsmöglichkeiten zu bewerten. Als weiterer Nachteil erweist sich das Fehlen von Angaben zum Beteiligungsbesitz. Insbesondere bei der Konzernabschlußanalyse ist es für die Aussagekraft der Analyse wichtig, die Zusammensetzung des Konsolidierungskreises bzw. dessen Veränderung im Zeitablauf zu kennen. Gerade im Hinblick auf die Möglichkeit einer eingehenden Bilanzanalyse setzt die standardisierte Erfassung der Jahresabschlüsse enge Grenzen.

Datenbanken
der Creditreform
und der GBI

Die Creditreform-Bilanzdatenbank und die Datenbanken der GBI fassen die Jahresabschlüsse in insgesamt 28 Posten für die Bilanz und 12 Posten für die Gewinn- und Verlustrechnung zusammen und bieten damit die größte Informationsverdichtung aller Anbieter. Damit ist jedoch der Nachteil verbunden, daß die quantitativen Angaben des Anhangs nur teilweise und die qualitativen Informationen überhaupt nicht erfaßt werden. Insbesondere die mit 12 Posten geringe Gliederungstiefe der Gewinn- und Verlustrechnung läßt eine für die Analyse notwendige Erfolgsspaltung nicht zu. Dies ist vor allem darauf zurückzuführen, daß die für die Erfolgsanalyse wichtigen Größen der sonstigen betrieblichen Erträge und Aufwendungen nur saldiert ausgewiesen werden. Damit können die einzelnen Komponenten dieser Sammelposten analytisch nicht mehr verwertet werden. Gleichzeitig bieten jedoch ausschließlich die Datenbanken der Creditreform und der GBI bilanzanalytische Zusatzinformationen in Form eines Kennzahlenkatalogs zu den Teilgebieten der Bilanzanalyse an.

Datenbank von
Schimmelpfeng

Die Aufbereitung des Jahresabschlusses für die Datenbank von Schimmelpfeng beinhaltet 47 Bilanzposten und 21 Posten für die Gewinn- und Verlustrechnung. Dabei werden die quantitativen Angaben des Anhangs teilweise berücksichtigt, während auch hier die qualitativen Informationen fehlen. Auch wenn keine analytischen Daten angeboten werden, ist der Nutzer aufgrund der tieferen Gliederung in der Lage, eigene Kennzahlenauswertungen vornehmen zu können. Insbesondere die Gliederung der Gewinn- und Verlustrechnung läßt eine Differenzierung einzelner Erfolgskomponenten zu. Dabei ist jedoch zu beachten, daß die im Rahmen der Erfolgsspaltung notwendige Aufteilung der sonstigen betrieblichen Erträge und Aufwendungen nicht möglich ist. Vielmehr gehen beide Erfolgsposten in voller Höhe in die Ermittlung des Betriebsergebnisses ein.

Neben den Daten des Jahresabschlusses beinhaltet diese Datenbank auch eine Übersicht über die Beteiligungsverhältnisse der Gesellschaft. Dabei werden sowohl Daten der Muttergesellschaft als auch Daten der wesentlichen Tochterunternehmen zur Verfügung gestellt. Darüber hinaus werden Interessenverbindungen zu anderen Unternehmen aufgeführt.

Eine differenzierte Position in der Frage der Darstellungsform der Jahresabschlüsse nimmt die Jahresabschlußdatenbank von Hoppenstedt ein. Hier ist die Gliederungstiefe mit 480 Posten für die Bilanz und 155 Posten für die Gewinn- und Verlustrechnung gegenüber den bereits genannten Anbietern erheblich ausgeweitet. Gegenüber den Originalabschlüssen besteht damit der Vorteil der einheitlichen Aufbereitung, der vor allem den Zeitvergleich sowie den Betriebsvergleich erheblich vereinfacht. Die Gliederungstiefe ermöglicht eine vollständige Erfassung der quantitativen Angaben im Anhang. So werden z.B. für alle Posten des Anlagevermögens die Angaben aus dem Anlagespiegel berücksichtigt. Forderungen und Verbindlichkeiten werden nach Laufzeiten aufgeschlüsselt, Verbundbeziehungen werden separat ausgewiesen. Zusätzlich werden wichtige betriebliche Angaben, wie die Segmentierung der Umsatzerlöse, der Auftragseingang und der Auftragsbestand erfaßt. Ein weiterer Vorteil der Datenbank besteht in der Möglichkeit, auch das Umsatzkostenverfahren verarbeiten zu können. Hierzu werden die in den Anhang aufzunehmenden Angaben über den Materialaufwand und den Personalaufwand separat dargestellt.

Datenbank von Hoppenstedt

Vorteilhaft wirkt sich die hohe Gliederungstiefe der Gewinn- und Verlustrechnung bei der für Analysezwecke notwendigen Erfolgsspaltung aus. Bei der Zuordnung der sonstigen betrieblichen Erträge und Aufwendungen werden die als außerordentlich bzw. planmäßig bezeichneten Beträge gesondert ausgewiesen. Darüber hinaus werden auch einzelne Bestandteile der sonstigen betrieblichen Erträge und Aufwendungen gezeigt, soweit diese aus dem Jahresabschluß ersichtlich sind. Das Finanzergebnis wird in das Beteiligungs- und das Zinsergebnis aufgeteilt, wobei ebenfalls die Zusammensetzung der Ergebnisse transparent gemacht wird.

Zwar fehlen auch bei der Datenbank von Hoppenstedt qualitative Informationen über die Bilanzierungs- und Bewertungsmethoden; es besteht jedoch die Möglichkeit, verbale Hinweise auf eine eingeschränkte Vergleichbarkeit mit Vorjahreswerten aufzunehmen. Dem Datenbanknutzer wird dadurch die Notwendigkeit einer zusätzlichen Informationsbeschaffung aufgezeigt. Auch bei diesem Anbieter werden Überlegungen angestellt, Bilanz und Gewinn- und Verlustrechnung um qualitative Angaben zu ergänzen. Hierzu wird es jedoch als erforderlich angesehen, zunächst die Berichtspraxis der Unternehmen, vor allem für den Konzernabschluß, zu untersuchen.

5.1.3.3 Ausländische Jahresabschlußdatenbanken

Da Datenbanken weltweit mit geringen Voraussetzungen genutzt werden können, ist auch das Angebot ausländischer Datenbankbetreiber in die Betrachtung einzubeziehen. Dabei spielt vor allem das Angebot aus dem angelsächsischen Raum (USA, Großbritannien) aufgrund der dortigen intensiven Nutzung dieser Informationsquellen eine wichtige Rolle bei der Frage, wie der Informationsgehalt deutscher Jahresabschlußdatenbanken qualitativ ausgerichtet werden könnte.

Datenbanken aus dem angelsächsischen Raum

Beispiele für eine Orientierung an den spezifischen Informationsinteressen von Finanzanalysten bieten die amerikanische Datenbank Disclosure und die englische Datenbank Extel Annual Cards. Nach den in den USA für börsennotierte Unternehmen geltenden SEC-Vorschriften sind die Unternehmen verpflichtet, ihre Jahresabschlüsse der Datenbank Disclosure auf elektronischem Weg zur Verfügung zu stellen. Dabei ist das Informationsspektrum erheblich weiter gesteckt als in den vorgestellten Datenbanken deutscher Anbieter. Auf der Basis der Jahresabschlüsse wird eine Vielzahl von Analysekennzahlen ermittelt. Besonders hervorzuheben ist die textliche Komponente der Datenbank. Diese betrifft unter anderem die Ausführungen der Geschäftsleitung zur wirtschaftlichen Entwicklung des Unternehmens und die Erläuterung des Jahresabschlusses. Das Informationsangebot umfaßt ebenfalls Börsendaten des Unternehmens.

Ähnlich umfangreiche und vor allem an den Interessen der Analysten orientierte Informationen enthält die englische Datenbank Annual Cards der Extel Financial Ltd., London. Neben der vollständigen Bilanz und Gewinn- und Verlustrechnung werden Analyse-Kennzahlen sowie Segmentinformationen angeboten. Die Datenbank beinhaltet 6500 bedeutende englische und internationale Unternehmen und ist damit auch für börsennotierte deutsche Großunternehmen von Bedeutung. Die Datenbank ICAC der ICC Information Group, London, enthält die vollständigen Jahresabschlüsse der 500 größten europäischen Unternehmen. Unter anderem sind hier auch die Konzernabschlüsse von 24 bundesdeutschen Unternehmen gespeichert. Damit läßt sich zeigen, daß zumindest die großen börsennotierten deutschen Unternehmen nicht mehr nur das deutsche Datenbankangebot zu beachten haben. Ihre Jahresabschlußdaten werden durch die ausländischen, an den Informationsbedürfnissen der Analysten orientierten Datenbanken ebenfalls verbreitet.

5.1.4 Vorteile der Datenbanknutzung für die Jahresabschlußanalyse

Verlagerung von Aufbereitung und Analyse

Als wesentlicher Vorteil des Datenbankeinsatzes ist die Verlagerung der Tätigkeiten, die mit der Aufbereitung und Analyse der Jahresabschlußdaten verbunden sind, anzusehen (vgl. GÖLLERT, K./RINGLING, W. 1986a, S. 531). Insbesondere könnten damit auch die Unternehmen, die nicht über eigenes Personal für derartige Tätigkeiten verfügen, die für eine Urteilsbildung relevanten Ergebnisse nutzen. Diese Möglichkeit bietet sich damit in erster Linie den kleineren Unternehmen. In der Regel unterhalten sie im Unterschied zu Großunternehmen keine Stabsabteilungen, die sowohl für Fragen der Bonitätsprüfung als auch für eine auf den Jahresabschluß gestützte Wettbewerbsbeobachtung zuständig sind. Soweit durch die Qualität der aus Datenbanken gewonnenen Informationen bestehende Vorbehalte gegen den Datenbankeinsatz ausgeräumt werden können, ist mit einem steigenden Informationsbedarf der Nutzer zu rechnen. Damit werden gerade bilanzanalytische Informationen auf eine hohe Nachfrage treffen.

Für einen Datenbankeinsatz bei der Bilanzanalyse sprechen zudem weitere Argumente. Hier ist einerseits zu berücksichtigen, daß durch die erweiterten Offenlegungsvorschriften ein wesentlich umfangreicheres Datenmaterial für die Analyse zur Verfügung steht (vgl. LOISTL, O. 1988, S. 71f.). Dies gilt selbst unter der Einschränkung, daß diese Erweiterung durch die Publizitätspraxis nicht die erwarteten Dimensionen angenommen hat. Allein die Quantität der Informationen läßt daher die Frage nach der angemessenen Form der Verarbeitung berechtigt erscheinen. Bedingt durch die technischen Möglichkeiten der Speicherung und Verarbeitung von Massendaten, können Datenbanken geeignete Beiträge zur Lösung dieses Problems leisten (vgl. HOCH, G. 1987, S. 483). Andererseits zeigt die Rechnungslegungspraxis, daß die Jahresabschlüsse der Unternehmen durch die zahlreichen Wahlrechte des HGB in erheblichem Umfang heterogen ausfallen und damit das Problem der Vergleichbarkeit sowohl im Hinblick auf den Betriebs- als auch auf den Zeitvergleich wesentlich verschärfen. Mit der dadurch notwendigen Standardisierung der Datenaufbereitung und -erfassung ist aber ein erhöhter Aufwand verbunden, der die Frage aufwirft, ob es unter wirtschaftlichen Gesichtspunkten nicht sinnvoller ist, diesen Aufwand auf spezialisierte Unternehmen (Datenbankbetreiber) zu verlagern.

Erfassung und Verarbeitung großer Datenmengen

Auch im Hinblick auf die Bedeutung des Kennzahlenvergleichs können Datenbanken aufgrund der hohen Speicherkapazitäten Vorteile mit sich bringen. »Einzelne Jahresabschlüsse sind schlechte Informationsinstrumente zur Vermittlung entscheidungsrelevanter Daten« (BALLWIESER, W. 1987, S. 57). So ist für den Zeitvergleich zu beachten, daß der überwiegende Teil der angebotenen Datenbanken die Jahresabschlußdaten über einen Zeitraum von fünf Jahren beinhaltet. Damit wird es möglich, die zeitliche Änderung einzelner Abschlußposten im Hinblick auf die Veränderung der wirtschaftlichen Lage des Unternehmens gezielt zu untersuchen. Für den Zeitvergleich ist es jedoch unbedingt erforderlich, daß tatsächlich miteinander vergleichbare Daten vorliegen. Daher ist die Erfassung der Berichterstattung über Stetigkeitsbrüche bei den Datenbankanbietern eine der wichtigsten Voraussetzungen, um die möglichen Vorteile des Datenbankeinsatzes für den Zeitvergleich nutzen zu können.

Umfassender Zeitvergleich möglich

Die Fähigkeit zur strukturierten Speicherung von Massendaten bestimmt einen weiteren Vorteil der Datenbanknutzung bei der Bilanzanalyse. Sie ermöglicht die Durchführung von Branchenvergleichen (vgl. MÜLLER-BADER, P. 1989, S. 237f.). Alle Datenbanken beinhalten daher eine Branchenzuordnung der gespeicherten Unternehmen über einen Branchencode. Dieser kann als Selektionskriterium bei der Informationsbeschaffung genutzt werden und ermöglicht die Bereitstellung und Auswertung von Jahresabschlußdaten derselben Branche. Darüber hinaus kann durch weitere Selektionskriterien die Anzahl der in der Branchenanalyse erfaßten Jahresabschlüsse gesteuert werden. Gerade die Durchführung von Branchenanalysen ist in hohem Maße an die Anzahl zur

Umfassender Branchenvergleich möglich

Verfügung stehender Jahresabschlüsse und die Flexibilität in der Selektion gebunden, um eine maximale Repräsentativität und Vergleichbarkeit der Analyse zu gewährleisten. Auch hier kann die Vergleichbarkeit nur durch eine standardisierte Aufbereitung der Jahresabschlüsse erreicht werden.

Statistische Jahres-abschlußanalyse

Der Datenbankeinsatz für die Bilanzanalyse kann zusätzliche Vorteile auf den Gebieten ermöglichen, für deren Zwecke ein möglichst umfangreicher Datenbestand sowohl hinsichtlich der Anzahl erfaßter Unternehmen als auch der Anzahl erfaßter Jahresabschlüsse notwendig ist. Damit ist vor allem die statistische Bilanzanalyse angesprochen. Für die nähere Behandlung der verschiedenen Verfahren sowie der damit verbundenen Vor- und Nachteile sei auf 3. Abschn. 1. verwiesen. Entscheidend ist hier, daß die Jahresabschlußdaten für diese Analysetechnik in standardisierter Form über mehrere Jahre verfügbar sein müssen. Dies erfordert ebenfalls einen Datenbankeinsatz. Aufgrund der vorgestellten spezifischen Aufbereitung der Jahresabschlüsse durch die einzelnen Anbieter erscheint es jedoch unwahrscheinlich, daß hierfür offene Datenbanken genutzt werden können.

5.1.5 Analysebeispiel: Der Konzernabschluß 1989 der Daimler-Benz AG in der Creditreform-Bilanzdatenbank

5.1.5.1 Vorbemerkung

Konkretes Analyse-beispiel

Die Möglichkeiten des Datenbankeinsatzes im Rahmen der Jahresabschlußanalyse sollen nun anhand eines konkreten Analysebeispiels vorgestellt werden. Mit dieser Vorgehensweise können sowohl Vorteile als auch Nachteile herausgestellt und alternative Überlegungen für die Informationsgestaltung aufgezeigt werden. Hierfür wurde der Konzernabschluß 1989 der Daimler-Benz AG ausgewählt. Der Konzernabschluß 1989 der Daimler-Benz AG stellt ein besonders geeignetes Beispiel für die Wahrnehmung der bilanzpolitischen Gestaltungsmöglichkeiten der Konzernrechnungslegung dar. Die gegenüber dem Vorjahr geänderte Bewertung der Vorräte und der Pensionsrückstellungen werfen für den Analytiker Fragen bezüglich der Vergleichbarkeit des Jahresabschlusses auf. Die ausführlichen Erläuterungen im Jahresabschluß zu den vorgenommenen Bewertungsänderungen und deren Einfluß auf das Bilanzbild und den Konzernjahresüberschuß bieten gleichzeitig aber die Möglichkeit, diese Vergleichbarkeit herbeizuführen. Zur Beurteilung der analytischen Zusatzinformationen der Datenbank ist daher die Frage nach der Erfassung dieser Erläuterungen von besonderer Bedeutung.

Beschränkung auf zwei Datenbanken

Da ausschließlich die Creditreform-Bilanzdatenbank und die inhaltsgleiche Datenbank FINN der GBI bilanzanalytische Zusatzinformationen in Form eines Kennzahlenkatalogs anbieten, beschränken sich die Ausführungen auf diese Datenbanken. Dabei geht es nicht um die Vorstellung und Diskussion des Kennzahlenangebots, sondern um die Frage der Verläßlichkeit der ermittelten Kennzahlenwerte. Zu diesem Zweck kann die Betrachtung auf zwei Punkte konzentriert werden, die gleichwohl für die Analyse von zentraler Bedeutung sind: die Analyse des Konzerneigenkapitals und die Strukturierung der Konzern-Gewinn- und Verlustrechnung. Die Konzernbilanz der Daimler-Benz AG für die Jahre 1988 und 1989, wie sie in der Creditreform-Bilanzdatenbank verfügbar ist, kann der nachstehenden Abbildung (vgl. Übersicht 125) entnommen werden.

Übersicht 125: Konzernstrukturbilanz Daimler-Benz AG

	1988 (Mio. DM)	Verände- rung in %	1989 (Mio. DM)
Bilanz Aktivseite			
Anlagevermögen	17342	15,8	20084
Sach- und immaterielles Anlage- vermögen	16237	15,1	18681
Finanzanlagen	1105	27	1403
Umlaufvermögen	33545	24	41580
Vorräte	8385	47,1	12336
Forderungen	16702	21,2	20243
Wertpapiere	5279	14	6016
flüssige Mittel	3179	./. 6,1	2985
Bilanzverlust	0	0	0
Rechnungsabgrenzung sonstige Aktiva	1044	2,8	1073
Bilanzsumme	51931	20,8	62737
Bilanz Passivseite			
Eigenkapital	11323	49,8	16966
gezeichnetes Kapital	2118	10	2330
Rücklagen	7888	68,7	13309
Anteile in Fremdbesitz	626	22,5	767
Gewinn/Verlust	691	./. 19	560
sonstiges Eigenkapital	0	0	0
Sonderposten mit Rücklageanteil	0	0	0
Rückstellungen	25911	3,1	26710
Verbindlichkeiten	14569	28,9	18773
Anleihen	1482	./. 100	0
Bankverbindlichkeiten	3180	8,1	3438
Verbindlichkeiten aus Lieferungen/Lei- stungen	4837	20,1	5810
übrige Verbindlichkeiten	5070	87,9	9525
davon langfristige Verbindlichkeiten	3771	11,5	4205
Rechnungsabgrenzung sonstige Passiva	128	125	288
Bilanzsumme	51931	20,8	62737

5.1.5.2 Analyse des Eigenkapitals

Die Entwicklung der einzelnen Abschlußgrößen im Zeitvergleich (1989 zu 1988) wird durch die Angabe der prozentualen Änderungen dargestellt. Die Werte aller Bilanzposten sind in Mio. DM ausgedrückt. Das ausgewiesene Eigenkapital entspricht wertmäßig dem der Originalbilanz. Für die Analyse sind dennoch weitere Sachverhalte zu berücksichtigen. Diese betreffen einerseits notwendige Verrechnungen von Posten der Aktivseite und andererseits die Frage der Vorjahresvergleichbarkeit.

Verrechnungen mit erheblicher Wirkung auf das Konzerneigenkapital ergeben sich aus dem ausgewiesenen aktivischen Saldo latenter Steuern in der Konzernbilanz der Daimler-Benz AG in Höhe von 992 Mio. DM und der vorgenommenen offenen Verrechnung der Geschäfts- oder Firmenwerte aus der Kapitalkonsolidierung. Der aktivische Saldo latenter Steuern wird in der Datenbank-Strukturbilanz unter dem Posten Rechnungsabgrenzung ausgewiesen, ohne daß dies allerdings unmittelbar ersichtlich ist. Da es sich bei den aktivischen latenten Steuern nicht um einen Vermögensgegenstand handelt, sondern lediglich um eine Hilfe für die periodengerechte Erfolgsermittlung, erscheint es sinnvoll, diesen Posten als Korrekturposten zum Eigenkapital anzusehen (vgl. 2. Abschn., 2. Kap. 2.1.6). Für die analytische Aufbereitung der Bilanz ist dieser Posten daher mit dem Eigenkapital zu saldieren. Diese Verrechnung kann jedoch nicht aus der Datenbank-Strukturbilanz abgeleitet werden, da kein separater Ausweis der latenten Steuern erfolgt.

Behandlung aktivischer latenter Steuern

Auch dem zusammengefaßten Ausweis der Sachanlagen und immateriellen Vermögensgegenstände ist nicht zu entnehmen, ob und in welcher Höhe die immateriellen Vermögensgegenstände aktivierte Geschäfts- oder Firmenwerte aus der Kapitalkonsolidierung beinhalten. Sowohl bei der Ermittlung des Unterschiedsbetrags aus der Kapitalkonsolidierung als auch bezüglich seiner erfolgswirksamen Behandlung stehen den Unternehmen unterschiedliche Möglichkeiten zur Verfügung. Die unterschiedliche Ausübung dieser Wahlrechte hat einen erheblichen Einfluß auf die Bilanzstruktur und die zukünftigen Konzernergebnisse und beeinträchtigt damit die zwischenbetriebliche Vergleichbarkeit der Konzernabschlüsse. Soweit sich aus der Kapitalkonsolidierung ein aktivischer Unterschiedsbetrag ergibt (Geschäfts- oder Firmenwert), sollte aufgrund der heterogenen Zusammensetzung dieses Werts eine Einstufung dieses Bilanzpostens als Bilanzierungshilfe erfolgen und infolgedessen bei der Erstellung der Konzernstrukturbilanz gegen das Eigenkapital saldiert werden (vgl. 2. Abschn., 2. Kap. 2.1.3). Diese Verrechnung kann gem. § 309 Abs. 1 Satz 3 HGB bereits bei der Aufstellung des Konzernabschlusses vorgenommen werden. Die Daimler-Benz AG hat diese Vorgehensweise gewählt und im Geschäftsjahr 1989 die aus der Kapitalkonsolidierung und der Equity-Bewertung resultierenden Geschäftswerte mit den Gewinnrücklagen des Konzerns verrechnet (vgl. DAIMLER-BENZ AG 1989, S. 77). Das Eigenkapital wurde dadurch um 2,8 Mrd. DM vermindert. »Die im Vorjahr mit 1547 Mio. DM akti-

Behandlung aktivierter Geschäfts- oder Firmenwerte

vierten sowie die in 1989 mit 1218 Mio. DM neu hinzugekommenen Geschäftswerte aus der Kapitalkonsolidierung und der Equity-Bewertung sind in
Höhe von insgesamt 2765 Mio. DM mit den Gewinnrücklagen verrechnet worden« (DAIMLER-BENZ AG 1989, S. 78). Diese Information, die dem Konzernanhang zu entnehmen ist, wird bei der Aufbereitung der Jahresabschlüsse im
Rahmen der hier behandelten Datenbank nicht berücksichtigt.

Nachteile der
Datenbank-
Strukturbilanz

Ohne eine Erfassung der Berichterstattung über die Behandlung des Unterschiedsbetrags ist aber die Vergleichbarkeit mit anderen Unternehmen nicht
gewährleistet. Soweit daher in der Datenbank Konzernabschlüsse miteinander
verglichen werden, ergibt sich ein zu hoher Eigenkapitalausweis bei den Unternehmen, die keine direkte Verrechnung der Geschäftswerte vornehmen, sondern diese in jedem Geschäftsjahr zu mindestens einem Viertel durch Abschreibungen tilgen (gem. § 309 Abs. 1 Satz 1 HGB) oder verteilt über die
voraussichtliche Nutzungsdauer abschreiben (gem. § 309 Abs. 1 Satz 2 HGB).
Erschwerend kommt bei der Datenbank-Strukturbilanz hinzu, daß die unter
den immateriellen Vermögensgegenständen auszuweisenden aktivierten Ge-
schäfts- oder Firmenwerte auf der Aktivseite der Strukturbilanz nicht gesondert gezeigt werden. Damit wird es dem Datenbanknutzer ohne Zusatzinformationen unmöglich, bei den Unternehmen, die die Geschäfts- oder Firmenwerte
aktivieren, die notwendige Verrechnung selber vornehmen zu können. Daraus
ergibt sich für die Datenbank-Bilanzanalyse die Alternative, entweder die aktivierten Geschäfts- oder Firmenwerte getrennt auszuweisen oder aber in standardisierter Form auf die Behandlung der Unterschiedsbeträge aus der Kapitalkonsolidierung und deren Auswirkungen auf das Konzerneigenkapital hinzuweisen.

5.1.5.3 Analyse des Bewertungserfolgs

Notwendigkeit der
Berücksichtigung
von Anhanginfor-
mationen

Eine wesentliche Ursache für die Erhöhung des Eigenkapitals besteht in der
Zuführung von 5870 Mio. DM aus dem Konzernjahresüberschuß zu den Gewinnrücklagen (vgl. DAIMLER-BENZ AG 1989, S. 78). Der Konzernjahresüberschuß ist jedoch in erheblichem Umfang von den vorgenommenen Bewertungsänderungen geprägt (vgl. DAIMLER-BENZ AG 1989, S. 82). Hier zeigt
sich daher die Notwendigkeit der Berücksichtigung der entsprechenden Informationen des Anhangs, ohne die eine aussagefähige Bilanzanalyse nicht möglich ist. Die Auswirkungen der Bewertungsänderungen finden ihren Niederschlag in der Gewinn- und Verlustrechnung des Konzerns. Daher ist der Strukturierung und Erläuterung der Gewinn- und Verlustrechnung im Rahmen der
Abschlußanalyse ebenfalls eine hohe Aufmerksamkeit zu widmen. Die in der
Creditreform-Bilanzdatenbank enthaltene Konzern-Gewinn- und Verlustrechnung der Daimler-Benz AG für die Jahre 1988 und 1989 kann der nachstehenden Übersicht 126 entnommen werden.

Übersicht 126: Strukturierte Konzern-Gewinn- und Verlustrechnung
der Daimler-Benz AG

	1988 (Mio. DM)	Verände-rung in %	1989 (Mio. DM)
Umsatzerlöse	73495	3,9	76392
sonstige betriebliche Erträge	k.A.	0	7977
Materialaufwand	37646	5,1	39552
Personalaufwand	22371	3,7	23199
Abschreibungen	3074	42,7	4387
sonstige betriebliche Aufwendungen	k.A.	0	12292
Erträge aus Beteiligungen	11	45,5	16
Zinserträge und ähnliche Erträge	1626	24,4	2022
Zinsaufwand und ähnliche Aufwendungen	637	45,4	926
außerordentliches Ergebnis	k.A.	0	0
Steuern	3495	./. 6	3287
Saldo sonstige Erträge/Aufwendungen	./. 6207	165,2	4045
Jahresüberschuß	1702	300,1	6809

Die Werte aller Gliederungsposten sind in Mio. DM ausgedrückt; der Vergleich mit dem Vorjahr wird durch die Angabe der prozentualen Veränderungen für jeden Posten vorgenommen. Es ist festzustellen, daß die Posten sonstige betriebliche Erträge und sonstiger betrieblicher Aufwand für 1988 keine Zahlen beinhalten, obwohl diese dem Konzernabschluß entnommen werden können. Damit fehlen hier Vergleichswerte zur Beurteilung der zeitlichen Entwicklung beider Größen.

Deutlicher Informationsverlust

Die Strukturierung der Gewinn- und Verlustrechnung für die Datenbanknutzung besteht nicht in der notwendigen Differenzierung einzelner Erfolgskomponenten, sondern stellt vielmehr eine teilweise Übernahme der Gliederung der Konzern-Gewinn- und Verlustrechnung der Daimler-Benz AG dar. Gegenüber dieser entfallen in der strukturierten Gewinn- und Verlustrechnung jedoch eine Reihe von Posten, die in Form einer Saldierung (Saldo sonstige Erträge/ Aufwendungen) wiedergegeben werden. Zwar enthält die strukturierte Gewinn- und Verlustrechnung auch Erfolgsgrößen, die in der Original-Gewinn- und Verlustrechnung nicht separat ausgewiesen werden, sondern dem Anhang zu entnehmen sind. Damit ist aber kein zusätzlicher Erkenntnisgewinn verbunden. Mit dieser Darstellung ist daher in weiten Bereichen ein deutlicher Informationsverlust verbunden, der es dem Datenbanknutzer unmöglich macht, die erforderliche Erfolgsspaltung selber vorzunehmen.

Wesentliche Mängel Konkret bedeutet das, daß sowohl der Ertrag aus der Anpassung der Pensions-
für die erfolgswirt- rückstellungen an die steuerrechtlich zulässigen Ansätze, der in Höhe von rund
schaftliche Bilanz- 4,9 Mrd. DM unter den sonstigen betrieblichen Erträgen ausgewiesen wird, als
analyse auch der Ertrag aus der Bewertungsänderung der Erzeugnisse in Höhe von 1,3
Mrd. DM, der in den Posten Bestandserhöhung und andere aktivierte Eigenleistungen enthalten ist, für die Analyse nicht ermittelt werden kann. Damit ergibt
sich ein wesentlicher Mangel für die erfolgswirtschaftliche Jahresabschlußanalyse. Dieser ist um so gravierender, als die für die Erfolgsspaltung notwendigen
Informationen dem Anhang des Daimler-Benz Konzernabschlusses entnommen werden können. Bereits an diesen wenigen Sachverhalten wird erkennbar,
daß das Informationsangebot der Datenbank keinen Beitrag zu einer differenzierten Bilanzanalyse liefern kann.

Erhebliche Auch wenn mit diesen Beispielen nur ansatzweise gezeigt werden konnte, wel-
Einschränkungen chen Einschränkungen die datenbankgestützte Abschlußanalyse unterliegt,
der datenbankge- sollte deutlich geworden sein, daß eine ausschließlich quantitative Abschluß-
stützten Analyse analyse, oder bloße ›Kennzahlen-Arithmetik‹ mit erheblichen Unzulänglich-
keiten verbunden ist und damit auch die prinzipiellen Vorteile des Datenbankeinsatzes für Branchenanalysen und Zeitvergleiche beeinträchtigt werden. Das
Angebot an bilanzanalytischen Zusatzinformationen dieser Datenbank ist nicht
für eine anspruchsvolle Analyse und Beurteilung der finanz- und erfolgswirtschaftlichen Unternehmenslage geeignet. Wesentliche Nachteile resultieren
aus der gewählten Strukturierung (vor allem zu geringe Gliederungstiefe) einerseits und den nicht berücksichtigten Informationen des Anhangs bezüglich
der eingeschränkten Vorjahresvergleichbarkeit andererseits.

5.1.6 Vorschlag einer strukturierten Erfassung von Jahresabschluß-
informationen für Datenbanken

5.1.6.1 Strukturierung der Bilanz

Erhöhung der Ausgehend von den genannten Kritikpunkten soll nachfolgend ein Vorschlag
Gliederungstiefe für die Strukturierung der Bilanz in der Datenbank erarbeitet werden, der so
angelegt ist, daß der Datenbanknutzer eigene Analyseziele, die die Berechnung
zusätzlicher Kennzahlen bedingen, verfolgen kann. Daraus ergibt sich die Notwendigkeit, auch Einzelposten der Bilanz in die Gliederung aufzunehmen und
die Strukturierung durch die Bildung geeigneter Summenzeilen zu unterstützen. Einen Vorschlag für diese Bilanzgliederung, bezogen auf den Einzelabschluß, zeigt Übersicht 127. Zur Entlastung der Strukturbilanz wird zudem
vorgeschlagen, die Einteilung der Forderungen und Verbindlichkeiten nach
Fristigkeiten sowie die Darstellung der Entwicklung des Anlagevermögens
(Anlagespiegel gem. § 268 Abs. 2 HGB) als separate Aufstellungen der Bilanz
anzuschließen (vgl. Übersicht 128).

Darüber hinaus müssen auch die Sachverhalte strukturiert erfaßt werden, die eine Qualifizierung der Bilanzstruktur erst ermöglichen. Eine der derzeitigen Informationsschwächen von Jahresabschlußdatenbanken liegt darin, daß den unterschiedlich ausgeübten bilanzpolitischen Gestaltungsspielräumen sowohl im Unternehmensvergleich als auch im Vergleich der Jahresabschlüsse eines Unternehmens im Zeitablauf keine Beachtung geschenkt wird. Ursächlich für diese Kritik ist die fehlende Erfassung der qualitativen Informationen des Anhangs. Im folgenden (vgl. Übersicht 129) wird daher ein auf den Einzelabschluß bezogenes Konzept vorgestellt, das derartige Daten strukturiert erfaßt. Basis der Überlegung ist die Zusammenstellung wesentlicher Bilanzierungs- und Bewertungswahlrechte, deren jeweilige Ausübung (Geschäftsjahr und Vorjahr) damit erkennbar und nachvollziehbar wird. Die Nutzung der hier genannten Gestaltungsspielräume kann prinzipiell zur Erhöhung des Periodenerfolgs und damit zu einer Erhöhung des Eigenkapitals führen oder sich erfolgs- und eigenkapitalmindernd auswirken. Bei der Bilanzanalyse ist es daher für den Unternehmens- und Zeitvergleich entscheidend, auch die Qualität der Bilanzierung zu beurteilen, um Unterschiede in einzelnen Kennzahlenausprägungen bewerten zu können. Umgekehrt sind solche Jahresabschlüsse vorsichtig und im Zweifel kritischer zu beurteilen, in denen stets die Wahlrechte so ausgenutzt werden, daß ein möglichst hoher Jahresüberschuß erzielt wird (vgl. 3. Abschn. 4.4).

Strukturierte Erfassung der Anhanginformationen

Übersicht 127: Vorschlag für eine Datenbank-Strukturbilanz

Aktiv	Passiva

Anlagevermögen (Summe)
1. immaterielles Anlagevermögen (Summe)
   a) Konzessionen, gewerbliche Schutzrechte etc.
   b) geleistete Anzahlungen
2. Sachanlagen (Summe)
   a) Grundstücke, Gebäude etc.
   b) technische Anlagen und Maschinen
   c) andere Anlagen, Betriebs- und Geschäftsausstattung
   d) geleistete Anzahlungen und Anlagen im Bau
3. Finanzanlagen (Summe)
   a) Anteile an verbundenen Unternehmen
   b) Ausleihungen an verbundene Unternehmen
   c) Beteiligungen
   d) Ausleihungen an Unternehmen, mit denen ein Beteiligungsverhältnis besteht
   e) Wertpapiere des Anlagevermögens
   f) sonstige Ausleihungen

Umlaufvermögen (Summe)
1. Vorräte (Summe)
   a) Roh-, Hilfs- und Betriebsstoffe
   b) unfertige Erzeugnisse, unfertige Leistungen
   c) fertige Erzeugnisse und Waren
   d) geleistete Anzahlungen
2. Forderungen und sonstige Vermögensgegenstände (Summe)
   a) Forderungen aus Lieferungen und Leistungen
   b) Forderungen gegen verbundene Unternehmen
   c) Forderungen gegen Unternehmen, mit denen ein Beteiligungsverhältnis besteht
   d) sonstige Vermögensgegenstände (inkl. RAP ./. Disagio, aktivische latente Steuern)
3. Wertpapiere (Summe)
   a) Anteile an verbundenen Unternehmen
   b) sonstige Wertpapiere
4. liquide Mittel, Barliquidität

Eigenkapital (Summe)
1. gezeichnetes Kapital
2. Kapitalrücklage
3. Gewinnrücklagen
4. Gewinn- oder Verlustvortrag
5. Jahresüberschuß/Jahresfehlbetrag

Korrekturposten zum Eigenkapital (Summe)
./. nicht eingeforderte Einlagen
./. Rücklage für eigene Anteile
./. Aufwendungen für Ingangsetzung und Erweiterung des Geschäftsbetriebs
./. aktivierter Geschäfts- oder Firmenwert
./. Disagio
./. aktivische latente Steuern
./. nicht ausgewiesene Rückstellungen für Pensionen und ähnliche Verpflichtungen
./. auszuschüttender Betrag
+ passivische latente Steuern
+ Aufwandsrückstellungen

Sonderposten mit Rücklageanteil

Fremdkapital (Summe)
1. Rückstellungen (Summe)
   a) Rückstellungen für Pensionen und ähnliche Verpflichtungen
   b) Steuerrückstellungen
   c) sonstige Rückstellungen (inkl. nicht ausgewiesene Rückstellungen für Pensionen und ähnliche Verpflichtungen ./. Aufwandsrückstellungen)
2. Verbindlichkeiten (Summe)
   a) Anleihen
   b) Verbindlichkeiten gegenüber Kreditinstituten
   c) erhaltene Anzahlungen auf Bestellungen
   d) Verbindlichkeiten aus Lieferungen und Leistungen
   e) Wechselverbindlichkeiten
   f) Verbindlichkeiten gegenüber verbundenen Unternehmen
   g) Verbindlichkeiten gegenüber Unternehmen, mit denen ein Beteiligungsverhältnis besteht
   h) sonstige Verbindlichkeiten (inkl. RAP ./. passivische latente Steuern)

Übersicht 128: Vorschlag für die Darstellung der Forderungen und Verbindlichkeiten und der Entwicklung des Anlagevermögens in der Datenbank

Art der Forderung	Gesamtbetrag	davon Restlaufzeit ≤ 1 Jahr	davon Restlaufzeit > 1 Jahr
Forderungen aus Lieferungen und Leistungen			
Forderungen gegen verbundene Unternehmen			
Forderungen gegen Unternehmen, mit denen ein Beteiligungsverhältnis besteht			
Summe Forderungen			

Art der Verbindlichkeit	Gesamtbetrag	davon Restlaufzeit ≤ 1 Jahr	davon Restlaufzeit 1–5 Jahren	davon Restlaufzeit > 5 Jahren	gesicherte Beträge	Sicherheit
Verbindlichkeiten aus Lieferungen und Leistungen						
Verbindlichkeiten gegenüber verbundenen Unternehmen						
Verbindlichkeiten gegenüber Unternehmen, mit denen ein Beteiligungsverhältnis besteht						
Summe Verbindlichkeiten						

Vorschlag Anlagespiegel gem. § 268 Abs. 2 HGB

TDM	AHK	Zugänge	Abgänge	Umbuchungen	Zuschreibungen	Abschreibungen (kumuliert)	Buchwert 31.12.19..	Abschreibungen des Geschäftsjahrs (freiw.)
Sachanlagen								

Übersicht 129:	*Vorschlag für die strukturierte Erfassung der Informationen über die Ausübung von Bilanzierungs- und Bewertungswahlrechten*		
Bilanzierungswahlrechte		**Geschäftsjahr**	**Vorjahr**
Aktivierung von Ingangsetzungs- und Erweiterungsaufwendungen			
Aktivierung Geschäfts- oder Firmenwert			
Aktivierung latenter Steuern (bzw. Saldo aus aktivischen und passivischen latenten Steuern)			
Aktivierung Disagio/Damnum			
Aktivierung geringwertiger Wirtschaftsgüter			
Anwendung Vereinfachungsregelung gem. R 44 Abs. 2 EStR			
Passivierung Pensionsrückstellungen – vollständig – unvollständig – Differenzbetrag – angewandter Zinssatz zur Ermittlung der Rückstellung			
Passivierung Aufwandsrückstellungen			
Bewertungswahlrechte		**Geschäftsjahr**	**Vorjahr**
Herstellungskosten			
Einbeziehung handelsrechtlich aktivierungspflichtiger Kosten (Wertuntergrenze Handelsbilanz)			
Einbeziehung handelsrechtlich aktivierungsfähiger Kosten (Wertobergrenze Handelsbilanz)			
Einbeziehung steuerlich aktivierungspflichtiger Kosten (Wertuntergrenze Steuerbilanz)			
Einbeziehung steuerlich aktivierungsfähiger Kosten (Wertobergrenze Steuerbilanz)			
Anwendung Verbrauchsfolgeverfahren			
Abschreibungen zur Vorwegnahme erwarteter Wertschwankungen			

Übersicht 129: *(Fortsetzung)*		
Bewertungswahlrechte	**Geschäftsjahr**	**Vorjahr**
Abschreibungen		
Abschreibung degressiv		
Abschreibung linear		
Nutzung steuerrechtlicher Sonderabschreibungen		
Ausmaß steuerlicher Abschreibungen im Anlage-vermögen		
Ausmaß steuerlicher Abschreibungen im Umlauf-vermögen		
Beibehaltung von Wertansätzen aus steuerlichen Gründen		
außerplanmäßige Abschreibungen auf Vermögens-gegenstände des Finanzanlagevermögens bei voraus-sichtlich nur vorübergehender Wertminderung		
Wertaufholung bei Vermögensgegenständen des Anlagevermögens und des Umlaufvermögens, wenn Gründe der Wertminderung entfallen sind		

5.1.6.2 Strukturierung der Gewinn- und Verlustrechnung

Die Analyse der Ertragslage stellt eine Hauptkomponente bei der Beurteilung der finanziellen Stabilität und der Wettbewerbslage des Unternehmens dar. Hierfür wird vielfach eine sogenannte Erfolgsspaltung vorgenommen, die das ausgewiesene Jahresergebnis im Hinblick auf die Nachhaltigkeit seiner Komponenten differenziert analysiert. Die dafür erforderliche Strukturierung der Gewinn- und Verlustrechnung zielt vor allem auf die sachgerechte Ermittlung des Betriebsergebnisses »als Spiegelbild des Erfolges aus dem Leistungserstellungs- und -verwertungsprozeß, frei von aperiodischen und nicht betriebsbezogenen Einflußfaktoren« (NAHLIK, W. 1989, S. 154) ab. Demnach wird bei der Aufbereitung der Gewinn- und Verlustrechnung vor allem die Strukturierung der einzelnen Posten der Gewinn- und Verlustrechnung nach Erfolgsquellen angestrebt. Eine Möglichkeit zur Differenzierung der Erfolgskomponenten besteht in der gesonderten Ermittlung von Betriebsergebnis, Finanzergebnis, außerordentlichem Ergebnis und Bewertungsergebnis (vgl. GRÄFER, H., in: KÜTING/WEBER 1990a, I. Kap., Rn. 220). Da die hier vorgestellte Erfolgsspaltung jedoch in der Praxis wegen fehlender (Zusatz-)Informationen in der Regel Schwierigkeiten bereitet, bietet es sich an, die Strukturierung der Gewinn- und Verlustrechnung für die Datenbank in Anlehnung an die Gliederung des § 275 Abs. 2 HGB vorzunehmen (vgl. Übersicht 130).

Strukturierung in Anlehnung an § 275 Abs. 2 HGB

Übersicht 130:   Vorschlag für eine strukturierte Gewinn- und
Verlustrechnung

1. Umsatzerlöse
2. Bestandsveränderung fertige und unfertige Erzeugnisse
3. andere aktivierte Eigenleistungen

Gesamtleistung (Summe 1 bis 3)

4. sonstige betriebliche Erträge
5. Materialaufwand (Summe)
   a) Aufwendungen für Roh-, Hilfs- und Betriebsstoffe und für bezogene Waren
   b) Aufwendungen für bezogene Leistungen
6. Personalaufwand (Summe)
7. Abschreibungen
   a) auf immaterielle Vermögensgegenstände des Anlagevermögens und Sach-
      anlagen sowie auf aktivierte Aufwendungen für die Ingangsetzung und Erwei-
      terung des Geschäftsbetriebs
   b) auf Vermögensgegenstände des Umlaufvermögens, soweit diese die üblichen
      Abschreibungen überschreiten
8. sonstige betriebliche Aufwendungen

Zwischensumme (Gesamtleistung + 4 ./. Summe 5 bis 8)

9. Erträge aus Beteiligungen davon aus verbundenen Unternehmen
10. Erträge aus anderen Wertpapieren und Ausleihungen des Finanzanlage-
    vermögens,
    davon aus verbundenen Unternehmen
11. sonstige Zinsen und ähnliche Erträge,
    davon aus verbundenen Unternehmen
12. Abschreibungen auf Finanzanlagen und auf Wertpapiere des Umlaufvermögens
13. Zinsen und ähnliche Aufwendungen,
    davon an verbundene Unternehmen

Finanzergebnis (Summe 9 bis 11 ./. Summe 12 bis 13)

14. Ergebnis der gewöhnlichen Geschäftstätigkeit

15. außerordentliche Erträge
16. außerordentliche Aufwendungen

außerordentliches Ergebnis (Saldo 15 ./. 16)

17. Steuern vom Einkommen und vom Ertrag
19. sonstige Steuern

20. Jahresüberschuß/Jahresfehlbetrag

Im Interesse der Erfassung wichtiger Zusatzinformationen oder der Aufteilung einzelner Posten des Gliederungsschemas sollten auch die Erläuterungen und Angaben zu einzelnen Posten der Gewinn- und Verlustrechnung in strukturierter Form erfaßt und in der Datenbank zur Verfügung gestellt werden (vgl. Übersicht 131). Damit wird die Möglichkeit zur qualitativen Verbesserung des ausschließlich kennzahlenorientierten Unternehmens- oder Zeitvergleichs gegeben.

Strukturierte Erfassung der Anhanginformationen

Soweit Jahresabschlußdatenbanken zur Analyse der Ertragslage beitragen sollen, müssen sie entweder die Strukturierung hinsichtlich der genannten Erfolgsquellen ermöglichen oder, und dies erscheint für die Praxis erfolgversprechender, die Wiedergabe der Gewinn- und Verlustrechnung mit zusätzlichen Erläuterungen gemäß nachfolgendem Vorschlag unterstützen.

Übersicht 131: Erläuterungen zur Gewinn- und Verlustrechnung

Erläuterungen	Betrag
außerplanmäßige Abschreibungen gem. § 253 Abs. 2 Satz 3 HGB	
Abschreibungen zur Vorwegnahme erwarteter Wertschwankungen	
Abschreibungen auf aktivierte Ingangsetzungs- und Erweiterungsaufwendungen	
Abschreibungen auf aktivierte Geschäfts- oder Firmenwerte	
sonstige betriebliche Erträge (freiwillige Aufgliederung) Sachverhalte:	
sonstige betriebliche Aufwendungen (freiwillige Aufgliederung) Sachverhalte:	
periodenfremde Erträge (freiwillige Aufgliederung) Sachverhalte:	
periodenfremde Aufwendungen (freiwillige Aufgliederung) Sachverhalte:	
außerordentliche Erträge Sachverhalte:	
außerordentliche Aufwendungen Sachverhalte:	
Ausmaß der Beeinflussung des Jahresergebnisses durch Übernahme steuerlicher Sonderabschreibungen (Geschäftsjahr und Vorjahr) erhebliche zukünftige Belastungen daraus	
Einstellung in Sonderposten mit Rücklageanteil	
Erträge aus Auflösung von Sonderposten mit Rücklageanteil	

5.1.7 Schlußbetrachtung

Verbesserung der Jahresabschluß-datenbanken

Das zu Beginn geschilderte Dilemma hinsichtlich der Möglichkeiten für den Einsatz von Datenbanken bei der Abschlußanalyse wurde anhand des derzeitigen Angebots an Jahresabschlußdatenbanken in Deutschland bestätigt. Insbesondere die Datenaufbereitung bedarf im Interesse einer aussagefähigen Abschlußanalyse einer wesentlichen Verbesserung. Dabei geht es vor allem um die strukturierte Erfassung qualitativer Aussagen bezüglich der Ausübung von Bilanzierungs- und Bewertungswahlrechten. Hierfür wurde ein Vorschlag unterbreitet. Aufgrund der Bestrebungen der Datenbankanbieter, die Leistungen in dieser Hinsicht zu verbessern, kann davon ausgegangen werden, daß sich die Qualität der Datenbankdienstleistungen für die Jahresabschlußanalyse in der Zukunft wesentlich erhöhen wird. Erst mit der zu erwartenden Qualitätssteigerung können Jahresabschlußdatenbanken die dargelegten Vorteile für die Bilanzanalyse wirkungsvoll erreichen. Insofern spricht einiges dafür, daß trotz der berechtigten Kritik an der Aufbereitung des Informationsangebots die datenbankgestützte Abschlußanalyse in Zukunft an Bedeutung gewinnen wird.

Merksätze:

1. Die Aufgabe von Jahresabschlußdatenbanken besteht darin, den Zugang zu den Daten von offengelegten Jahresabschlüssen zu erleichtern und eine tiefergehende Analyse der Abschlüsse zu ermöglichen.

2. In der Bundesrepublik Deutschland können gegenwärtig bei vier Anbietern Jahresabschlußdatenbanken genutzt werden, die sich vor allem in der Darstellungsform der Jahresabschlußdaten und dem Grad des Informationsangebots unterscheiden. Dennoch werden derartige Datenbanken nur wenig in Anspruch genommen, was zum einen auf den geringen Kenntnisstand über das Informationsangebot und zum anderen auf Akzeptanzprobleme zurückzuführen ist.

3. Neben nationalen Datenbanken stehen den Anwendern auch internationale Datenbanken zur Verfügung, von denen vor allem die aus dem angelsächsischen Raum wegen ihrer Ausrichtung an den spezifischen Interessen von Finanzanalysten hervorzuheben sind.

4. Vorteile der Datenbanknutzung im Rahmen der Jahresabschlußanalyse sind in der Erfassung, Speicherung und Verarbeitung großer Datenmengen zu sehen, die grundsätzlich umfassende Zeit- und Betriebsvergleiche ermöglichen. Ein weiterer Vorteil besteht in der Möglichkeit, statistische Bilanzanalysen durchzuführen. Probleme bereitet jedoch die aufgrund von zahlreichen Bilanzierungs-, Bewertungs- und Ausweiswahlrechten resultierende Heterogenität der Jahresabschlüsse.

5. Wesentliche Nachteile der hier anhand eines Beispiels untersuchten Creditreform und GBI Datenbank resultieren aus der gewählten Strukturierung (zu geringe Gliederungstiefe) und der Nichtberücksichtigung von Anhanginformationen. Aufgrund dieser erheblichen Mängel werden die prinzipiellen Vorteile des Datenbankeinsatzes für anspruchsvolle Branchenanalysen und Zeitvergleiche beeinträchtigt.

6. Infolgedessen ist, um die dargelegten Vorteile für die Jahresabschlußanalyse wirkungsvoll zu erreichen, eine Qualitätssteigerung der Datenaufbereitung unumgänglich.

5.2 Bilanzanalyse mit Expertensystemen

5.2.1 Problemstellung

Nahezu alle Bereiche der Betriebswirtschaftslehre beschäftigen sich zur Zeit mit den Einsatzmöglichkeiten für Expertensysteme oder wissensbasierte Systeme (vgl. GABRIEL, R./FRICK, D. 1991, S. 544ff.). Auch im Gebiet der Bilanzanalyse finden sich Ansätze zur Nutzung von Expertensystemen. Diese Ansätze erstrecken sich sowohl auf die traditionelle Bilanzanalyse in Form von Kennzahlenrechnungen als auch auf mathematisch-statistische Verfahren, z.B. die multivariate Diskriminanzanalyse (vgl. WEISS, B. 1988), und Methoden, die qualitative Daten in die Analyse einbeziehen (vgl. KREBS, M. 1991).

Einsatzmöglichkeiten im Bereich der Bilanzanalyse

Die nachfolgenden Ausführungen stellen zunächst die derzeitige Bedeutung von Expertensystemen vor. Im Anschluß daran wird die Technologie wissensbasierter Systeme in Abgrenzung zur konventionellen EDV erläutert, wobei der Aufbau und die Funktionsweise von Expertensystemen im Mittelpunkt stehen. Anschließend wird ein Expertensystem zur Bilanzanalyse in seinen Grundstrukturen dargestellt.

5.2.2 Bedeutung von Expertensystemen

Die Anstrengungen zur Entwicklung von Expertensystemen haben weltweit einen rasanten Anstieg erfahren. Während 1986 weltweit von MERTENS lediglich 120 wissensbasierte Systeme im betrieblichen Bereich registriert wurden (vgl. MERTENS, P./BORKOWSKI, V./GEIS, W. 1990, S. 25), hat sich die Anzahl der erfaßten Systeme bis Mitte 1991 auf über 2400 erhöht. Eine Datenbankrecherche der Abteilung Wirtschaftsinformatik der Universität Erlangen-Nürnberg ergab, daß mehr als drei Viertel der Systeme von der Industrie entwickelt und zum Teil auch bereits eingesetzt wurden (vgl. Übersicht 132). Immerhin werden 50 Systeme aus der Industrie dem Bereich der Finanzierung und 20 dem Bereich des Rechnungswesens zugeordnet (vgl. Übersicht 133). Hinzu kommen jene nicht spezifizierten Systeme aus den anderen Wirtschaftszweigen. Bevor aber die Einsatzmöglichkeiten von Expertensystemen auf dem Gebiet der Bilanzanalyse vorgestellt werden, sollen zunächst deren Aufbau und deren Funktionsweise dargestellt werden.

Verbreitung der Expertensysteme

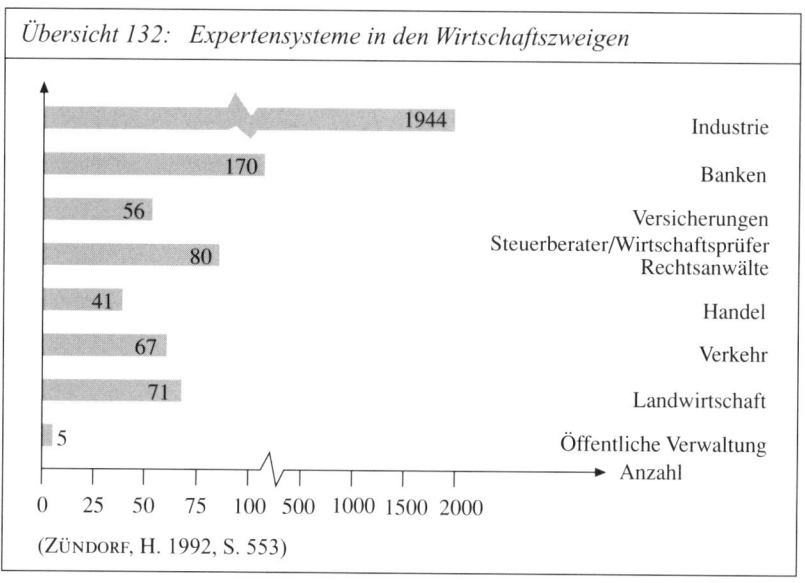

Übersicht 132: Expertensysteme in den Wirtschaftszweigen

(ZÜNDORF, H. 1992, S. 553)

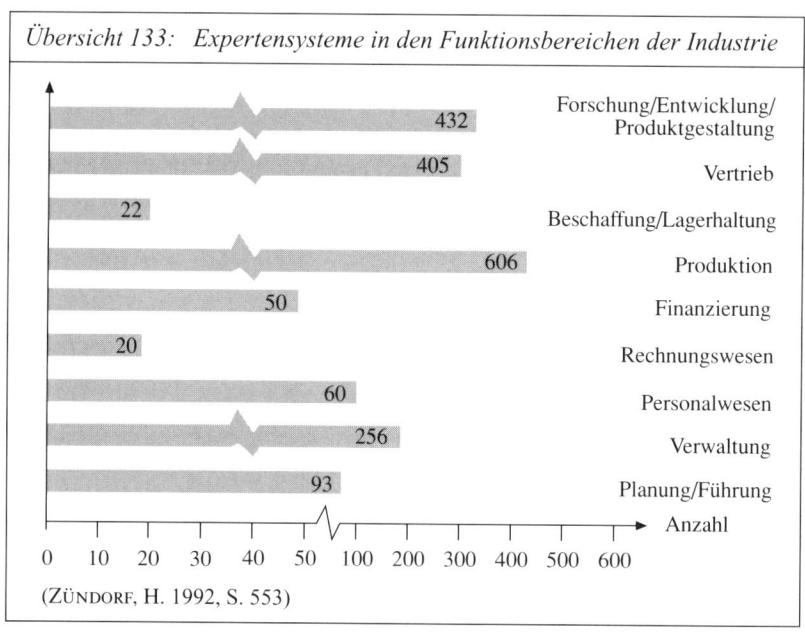

Übersicht 133: Expertensysteme in den Funktionsbereichen der Industrie

(ZÜNDORF, H. 1992, S. 553)

5.2.3 Definition von Expertensystemen und deren Anwendungsgebiete

Nach einer Definition von HARMON/KING ist ein Experte »ein Individuum, das weithin als fähig anerkannt ist, eine bestimmte Art von Problemen zu lösen, die die meisten anderen Menschen nicht annähernd so effizient oder effektiv lösen können« (HARMON, P./KING, D. 1989, S. 36). Ein Experte ist ein Fachmann, der Fakten- und Regelwissen über ein bestimmtes eingegrenztes Gebiet besitzt (vgl. RAUFLES, P. 1982, S. 65). Die Anforderungen an einen Experten bestehen aus:

— Wissen erwerben und strukturieren,

— aus bestimmten Vorgaben präzise Problemstellungen formulieren und in Fachterminologie umsetzen,

— klare Darstellung des Lösungswegs, um ein Nachvollziehen der Lösung zu ermöglichen,

— Hilfestellung bei Unvorhergesehenem.

Ein Experte verfügt auch über Erfahrungen, die im allgemeinen nicht in schriftlicher Form vorliegen. Er weiß nicht genau, ob er den richtigen Weg eingeschlagen hat, er vermutet es nur mit großer Wahrscheinlichkeit (vgl. SAVORY, St. E. 1985, S. 23). Es handelt sich hierbei um ›vages‹ Wissen.

Expertensysteme werden in der Literatur unterschiedlich beschrieben. Eine Definition stammt von STRUSS: »Ein Expertensystem ist ein wissensbasiertes System, welches das Wissen eines qualifizierten Experten für ein bestimmtes Gebiet modelliert und benutzt, um komplexe Probleme eines bestimmten Typs aus diesem Gebiet zu lösen« (STRUSS, P. 1982, S. 50); oder einfacher formuliert, Expertensysteme sind Computerprogramme, die ein Verhalten zeigen, welches für Experten typisch ist (vgl. BORTHICK, A.F./WEST, O.D. 1987, S. 9ff.).

Expertensysteme sind Computersysteme, die das Sach- und Erfahrungswissen von Experten speichern. Da auch Heuristiken und ›vages‹ Wissen vorhanden sind, können sie aus vorgegebenen Daten Schlußfolgerungen ziehen, die Schritte des Schlußfolgerungsprozesses darlegen und erklären, warum ein bestimmter Weg eingeschlagen wurde (vgl. SAVORY, St.E. 1985, S. 23f.).

Expertensysteme sind bei der Lösung solcher Probleme anwendbar, die durch kein mathematisches Modell beschreibbar sind und bei denen man durch heuristische Vorgehensweise Lösungen finden muß. »Die Indikationen für den Einsatz von Expertensystemen liegen also gerade in den Bereichen des noch nicht abschließend präzisierten ›diffusen‹ Spezialistenwissens, welches außerdem meist einer dauernden Weiterentwicklung unterliegt« (FIEDLER, H. 1987, S. 328). Folgende Problembereiche sind für den Einsatz von Expertensystemen prädestiniert (vgl. SCHACHTER-RADIG, M.-J. 1986, S. 24):

– Probleme, für die es keinen Algorithmus gibt, d.h., für die die Problemlösung nicht immer nach dem gleichen, fest vorgegebenen Schema erfolgt;

– Probleme, zu deren Lösung ein hoher Anteil an heuristischem Wissen (Erfahrungswissen) erforderlich ist, das in der Regel nur von einem Experten vermittelt werden kann;

– Probleme, bei denen möglicherweise mehrere richtige Lösungen existieren;

– Probleme, bei denen der Wissensstand und damit auch die Lösung einer ständigen Veränderung unterliegen.

5.2.4 Aufbau und Charakteristika

5.2.4.1 Grundlagen

Ein Expertensystem ist im allgemeinen wie folgt aufgebaut (vgl. PUPPE, F. 1986, S. 2):

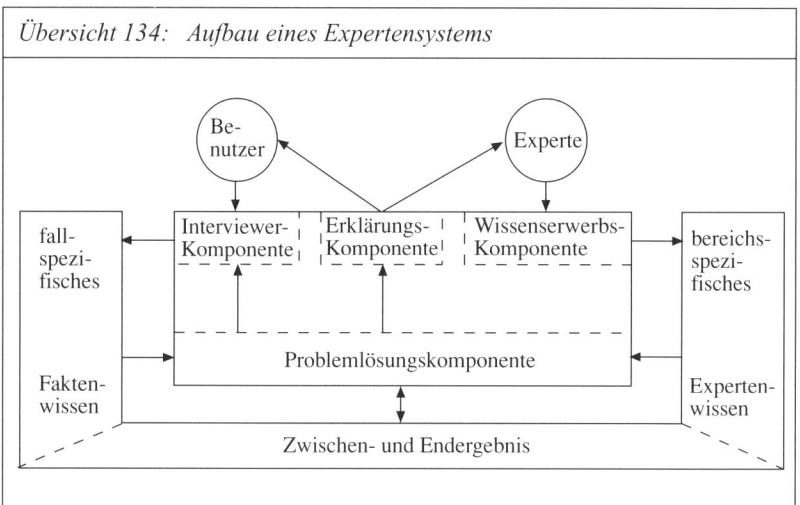

Übersicht 134: Aufbau eines Expertensystems

5.2.4.2 Wissensbasis

5.2.4.2.1 Grundlagen

Inhalt der Wissensbasis

In der Wissensbasis befinden sich alle Fakten, auf die das System zugreift, sowohl das Fachwissen der Experten als auch die Regeln, mit denen das System seine Aufgaben bearbeitet. Auch Zwischen- und Endergebnisse werden dort abgelegt.

Die Wissensbasis enthält das gesamte Fakten- und Regelwissen des Systems. Davon hängen ganz entscheidend die Leistungsfähigkeit und die Qualität eines

Expertensystems ab. Soll Wissen der Wissensbasis geändert, hinzugefügt oder entfernt werden, so muß diese flexibel sein. Es bedarf spezieller Techniken und Verfahren, um das Wissen zu strukturieren (vgl. DRABICH-WAECHTER, G.v. 1986, S. 25).

Die Aufbereitung des Wissens ist wegen der Komplexität und schweren Faßbarkeit des Wissens der ›Flaschenhals‹ bei der Entwicklung von wissensverarbeitenden Systemen (vgl. SCHMITZ, P./LENZ, A. 1986, S. 508). Das auf langjährigen Erfahrungen beruhende Expertenwissen ist nur schwer zu erschließen und erfordert infolgedessen ein methodisches Vorgehen (vgl. dazu HAUSCHILDT, J. 1990a).   *Aufbereitung des Wissens*

Die Strukturierung und Verknüpfung von Wissen und Informationen kann erreicht werden mit Hilfe von semantischen Netzen, Objekt-Attribut-Wert-Tripeln, Produktionsregeln, Frames und logischen Ausdrücken.   *Strukturierung und Verknüpfung*

5.2.4.2.2 Wissensrepräsentation mit Produktionsregeln

Beispielhaft soll nachfolgend die Wissensrepräsentation mit Produktionsregeln dargestellt werden. Sie ist die am häufigsten vorkommende Wissensrepräsentationsform. Es handelt sich um ›Wenn-Dann‹-Beziehungen. Der ›Wenn‹-Teil stellt eine Gültigkeitsprüfung dar, der ›Dann‹-Teil beschreibt etwas, das ausgeführt wird, wenn die Prüfung ein positives Ergebnis hat (vgl. STRUSS, P. 1986, S. 51). Oder anders ausgedrückt: Wenn bestimmte Voraussetzungen vorliegen, dann müssen bestimmte Konsequenzen gezogen werden.   *›Wenn-Dann‹-Beziehungen*

Eine Produktionsregel aus dem Bereich Bilanzanalyse ist z.B.:   *Beispiel*

»Wenn der Jahresüberschuß sich im Vergleich zum Vorjahr wesentlich (mehr als 5 %) verändert hat und wenn der Betriebserfolg erheblich (mehr als 10 %) zurückgegangen ist und

wenn die Zunahme des außerordentlichen Erfolgs diesen Rückgang überkompensiert,

dann ist dies in der Expertise kritisch zu vermerken, und die einzelnen Komponenten des Jahresüberschusses sind tiefer zu analysieren« (DRÄGER, U. u.a. 1986, S. 240).

Solche Regeln werden bei der Erstellung einer Wissensbasis zu einem Netzwerk, dem sogenannten Regelwerk, verknüpft.

5.2.4.3 Problemlösungskomponente

Die Problemlösungskomponente leitet aus den Fakten und Regeln der Wissensbasis Lösungsstrategien und Ergebnisse ab; sie steuert also die Vorgehensweise des Systems.

5.2.4.4 Erklärungskomponente

Transparenz
des Lösungswegs
Die Erklärungskomponente kann den Lösungsweg transparent machen, indem sie auf Wunsch mitteilt, welche Regeln angewandt wurden, welche Lösungsalternativen wie bewertet wurden, wie sicher die gefundene Lösung ist. Sie erlaubt einerseits dem Benutzer, die Lösung nachzuvollziehen, und andererseits dem Experten, mögliche Fehler aufzudecken.

Ziel
Ziel dieser Komponente ist es, die Vorgehensweise des Systems, also den eingeschlagenen Lösungsweg, in einer verständlichen Art und Weise nachvollziehbar zu machen. Der Anwender soll dabei nachvollziehen können (vgl. DRÄGER, U. u.a. 1986, S. 240):

(1) warum eine bestimmte Frage gestellt wird;

(2) in welchem Zusammenhang sie gestellt wird;

(3) welche Strategie das System gerade verfolgt bzw. welches Problem gerade behandelt wird.

Die Erklärungsfähigkeiten von Expertensystemen sind bislang relativ begrenzt und beschränken sich auf die einfache Aufzeichnung und Wiedergabe von Ereignisfolgen. Der Benutzer kann zwischen zwei Arten von Fragen wählen, Fragen nach dem ›Wie‹ (Wie ist das System auf diese Schlußfolgerung gekommen?) und ›Warum‹ (Warum hat das System diese Aktion ausgeführt?) (vgl. PUPPE, F. 1986, S. 2).

Bei der ›Warum‹-Erklärung wird angegeben, warum das wissensbasierte System eine Anfrage an den Benutzer gestellt hat. Dazu wird die Regel mit dem zur Zeit verfolgten Ziel unter Angabe der bereits erfüllten Prämissen (Bedingungsteile) angegeben. Bei der ›Wie‹-Erklärung erfolgt die Anzeige des in Schlußfolgerungsschritten bereits angewandten Wissens. Normalerweise werden die benutzten Wissensquellen und die relevanten Herleitungskontexte angegeben (vgl. SCHMITZ, P./LENZ, A. 1986, S. 502).

5.2.4.5 Wissenserwerbskomponente

Wissensakquisition
als Kernstück
Bei den meisten derzeit zur Verfügung stehenden Expertensystemen handelt es sich um regelbasierte Systeme. Das Herzstück bei der Entwicklung dieser Systeme ist der Wissenserwerb (vgl. z.B. HART, A. 1986; LINSTER, M. 1989, S. 99ff.). »At its simplest, knowledge acquisition can be defined as the process by which expert systems developers discover the knowledge that domain experts use to perform the task of interest« (LAFRANCE, M. 1989, S. 6). Bei der Wissensakquisition kommt es wesentlich auf die Zusammenarbeit zwischen dem Experten und dem Knowledge Engineer an, oder wie BUCHANAN formuliert: »The workhorse of knowledge acquisition for commercial expert systems is still knowledge engineering. It is labor intensive and prone to error because it involves discussions among persons with very different backgrounds« (BUCHANAN, B.G. 1989, S. 251).

Die Qualität des Experten bestimmt die Qualität des Systems. Der Experte muß somit die Fähigkeit haben, sein Wissen zu artikulieren und so seinen Problemlösungsprozeß transparent zu machen. »Häufig trifft man jedoch die Situation an, daß Experten um so weniger in der Lage sind, über ihr Wissen zu reflektieren, je kompetenter sie auf ihrem Gebiet sind (›Paradox der Expertise‹); dies hat seine Ursache darin, daß der Mensch Mechanismen und Denkschemata oft automatisiert und dann anwendet, ohne sich noch über die Einzelschritte oder -schlüsse bewußt zu werden« (FELGENTREU, K.-U./KRASEMANN, H./MESSING, J. 1989, S. 37). Der Knowledge Engineer ist der Mittler zwischen Experte und Expertensystem. Er muß das Wissen des menschlichen Experten sammeln und strukturieren, um es in das System zu implementieren. Der Knowledge Engineer muß den Experten befragen und dessen Problemlösungsverhalten beobachten, um sich einen Einblick in das nicht schriftlich vorhandene Erfahrungswissen zu verschaffen (vgl. STENDER, J. 1989, S. 52ff.) Die Zusammenarbeit zwischen Experte, Knowledge Engineer und Anwender zeigt Übersicht 135.

Mittlerfunktion des Knowledge Engineer

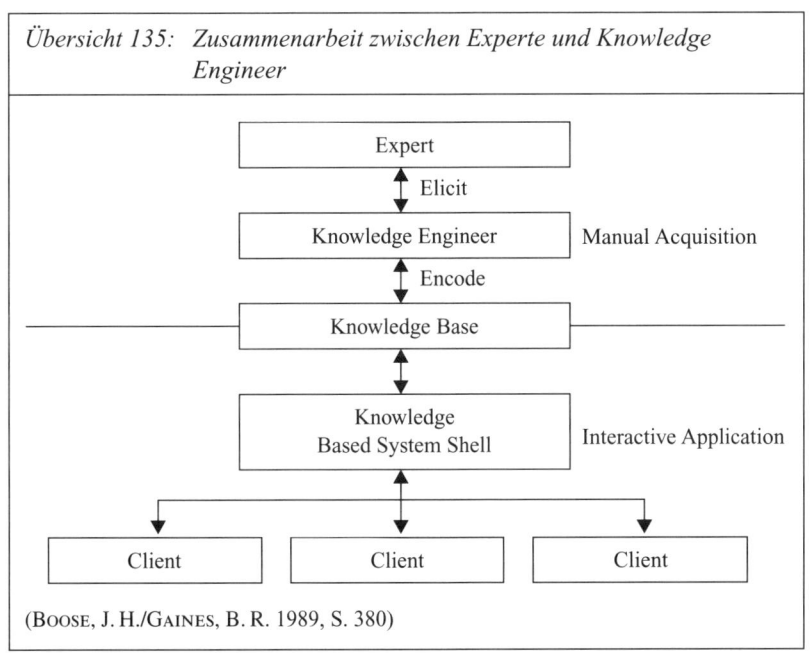

Übersicht 135: Zusammenarbeit zwischen Experte und Knowledge Engineer

(BOOSE, J. H./GAINES, B. R. 1989, S. 380)

Probleme tauchen auch auf, wenn es mehrere Experten gibt, die unterschiedliche Meinungen vertreten und abweichende Problemlösungsstrategien praktizieren. In diesen Fällen ist zu untersuchen, ob zur Aufstellung des Expertensystems nur ein einziger Experte herangezogen werden sollte oder ob von den Experten eine gemeinsame Lösung erarbeitet werden sollte (vgl. dazu LECLAIR, S.R. 1989, S. 34ff.).

Problem der Einar-
beitung von neuem
Wissen

Expertensysteme sollen sich dadurch auszeichnen, »eine hohe Verfügbarkeit aktuellen Wissens zu gewährleisten, das zudem jederzeit erweiterbar ist« (WILDEMANN, H. 1988, S. 7). Das Einfügen von neuem Wissen bereitet bei regelbasierten Systemen Probleme, denn es müssen nicht nur die neuen Daten und Regeln eingegeben werden, sondern auch diejenigen alten Regeln geändert werden, die dadurch beeinflußt werden. Es muß also eine Integration in die bestehenden Regeln erfolgen. Mit zunehmender Größe der Wissensbasis nimmt der Änderungsdienst einen immer größer werdenden Raum ein (vgl. dazu BECKER, B. 1990, S. 31ff.).

Lösung: fallbasierte
Expertensysteme

Um diesen Nachteilen zu entgehen, sind Systeme für bestimmte Anwendungen (vgl. STENDER, J. 1989, S. 38ff.) entwickelt worden, bei denen die »Wissensakquisition vom Experten über dessen Formulierung von Musterbeispielen« (STENDER, J. 1989, S. 67) erfolgt. Es wird dabei im Gegensatz zu den regelbasierten Systemen von fallbasierten oder auch induktiven Systemen gesprochen, wobei jedoch beachtet werden muß, daß sich Fallbasierung und Regelbasierung nicht ausschließen (vgl. dazu RIESBECK, C.K./SCHANK, R.C. 1989, S. 11).

5.2.4.6 Interviewerkomponente

Aufgaben

Die Interviewer- oder Dialogkomponente ist die Schnittstelle zwischen Mensch und System (vgl. MERTENS, P./ALLGEYER, K. 1983, S. 686ff.). Sie erfüllt zwei Aufgaben: Zum einen kann der Benutzer damit auf die verschiedenen Funktionen des Systems zugreifen, zum anderen trägt sie dem Benutzer entstehende Fragen der einzelnen Systemkomponenten zu.

Voraussetzungen

Bei Expertensystemen sollte die Sprache auf Benutzer mit geringen EDV-Kenntnissen zugeschnitten sein. Dazu gehört, daß sie leicht zu erlernen und verständlich ist, daß sie Informationen für den Benutzer über seine Eingabemöglichkeiten und selbsterklärende Fehlermeldungen enthält. Sie sollte auch möglichst kurze Ausdrücke verwenden, um einen schnellen Mensch-Maschine-Dialog zu ermöglichen (vgl. WITTOWSKI, K.M. 1985). In diesem Zusammenhang soll aber auch auf die Schwierigkeiten beim Dialog hingewiesen werden; eine »Problematik der Expertensysteme liegt in den ausführlichen Dialogen, die beim ersten Mal interessant wirken, dann aber rasch den Benutzer ermüden und vor allem dort zur Akzeptanzbarriere werden, wo wenig Zeit zur Verfügung steht« (MERTENS, P. 1987, S. 30).

5.2.4.7 Beteiligte Personen

5.2.4.7.1 Experte

Anforderungen
an den Experten

Die Qualität des Expertenwissens bestimmt die Qualität des Systems. Aus diesem Grund soll der Experte lange in seinem Aufgabenbereich gearbeitet haben und eine Autorität sein. Der Experte muß die Fähigkeit haben, sein Wissen zu artikulieren und so seinen Problemlösungsprozeß transparent zu machen. Oft liegt die Schwierigkeit auch nicht darin, daß der Experte sein Wissen nicht preisgeben will, sondern daß er es nicht kann, weil er sich nicht über seine Gedankenfolge bei einer Problemlösung explizit klar werden kann (vgl. MERTENS, P. 1983, S. 628).

5.2.4.7.2 Knowledge Engineer

Die Aufgabe des Knowledge Engineer oder Wissensingenieurs besteht, wie der Name schon sagt, im ›Knowledge Engineering‹, also dem Prozeß, der das Wissen eines Experten oder anderer Quellen auf die Wissensbank eines Expertensystems abbildet (vgl. NOELKE, U. 1985, S. 109). Den Knowledge Engineer könnte man als Mittler zwischen dem Experten und dem Expertensystem bezeichnen. Er muß das Wissen des menschlichen Experten sammeln und strukturieren, um es in das System zu implementieren (vgl. HARMON, P./KING, D. 1989, S. 218). Diese Aufgabe erfordert neben technischen auch soziale und psychologische Fähigkeiten. Der Knowledge Engineer muß den Experten befragen und dessen Problemlösungsverhalten beobachten, um sich einen Einblick in das nicht schriftlich vorhandene Erfahrungswissen zu verschaffen. Experte und Knowledge Engineer müssen eng zusammenarbeiten. Es ist wichtig, daß der Knowledge Engineer das, was der Experte sagt, versteht und in das System eingibt.

Aufgabe des Knowledge Engineer

5.2.5 Arbeitsweise eines wissensbasierten Systems

Da jetzt alle Bestandteile eines Expertensystems und die mit diesem arbeitenden Personen behandelt worden sind, soll das Zusammenwirken der einzelnen Glieder bezüglich der Konsultation durch den Anwender und der Fehlerkorrektur durch den Experten bzw. Knowledge Engineer aufgezeigt werden.

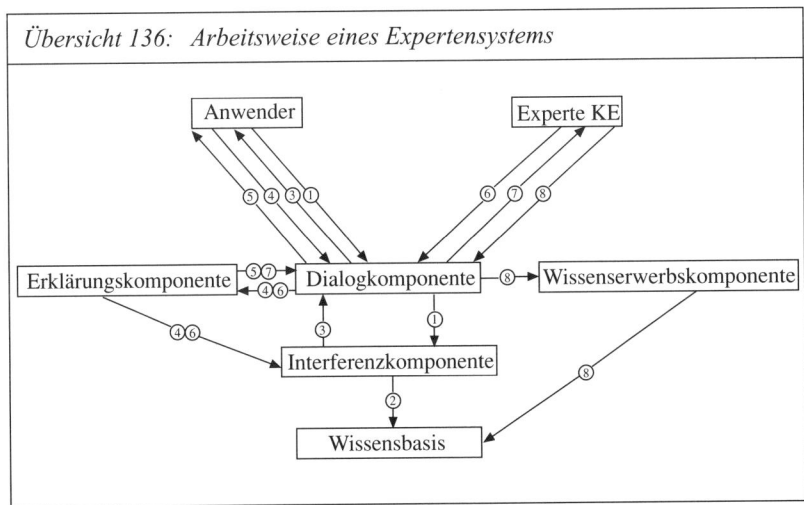

Übersicht 136: Arbeitsweise eines Expertensystems

Ein Anwender konsultiert das System:

(1) Der Anwender gibt sein Problem und die dazugehörigen Daten über die Dialogkomponente ein. Diese Angaben werden zur Inferenzkomponente weitergeleitet.

(2) Die Inferenzkomponente greift auf die Wissensbasis zu, wählt Fakten und Regeln aus, zieht Schlüsse und legt Zwischenergebnisse ab.

(3) Die Problemlösungskomponente erfragt über die Dialogkomponente weitere benötigte Daten vom Anwender oder gibt das Endergebnis aus.

(4) Der Anwender erfragt bei der Erklärungskomponente den Grund für Fragen des Systems oder für gezogene Schlußfolgerungen. Die Erklärungskomponente entwickelt mit Hilfe bestimmter Regeln und gespeicherter Daten die Erklärungen.

(5) Die Erklärungskomponente gibt die Erklärung über die Dialogkomponente an den Anwender weiter.

Ein Experte/Knowledge Engineer erweitert oder korrigiert das System:

(6) Der Experte/Knowledge Engineer verlangt Erklärungen des Systems für gezogene Schlußfolgerungen, also die Vorgehensweise des Systems, um mögliche Fehler aufzudecken (analog zu (4)).

(7) Die Erklärungskomponente gibt die Erklärung aus (analog zu (5)).

(8) Der Experte/Knowledge Engineer gibt neues Wissen über die Dialogkomponente und die Wissenserwerbskomponente in die Wissensbasis ein oder verändert auf diese Weise bestimmte Regeln.

Merksätze:

1. Die Einsatzmöglichkeiten von Expertensystemen liegen nicht nur im Bereich der Bilanzanalyse, sondern aufgrund der heuristischen Vorgehensweise bei der Lösungsfindung in vielen Teilgebieten der Betriebswirtschaftslehre.

2. Expertensysteme sind Computersysteme, die das Sach- und Erfahrungswissen von Experten speichern. Daneben sind Expertensysteme wegen der Einbeziehung von Heuristiken und ›vagem‹ Wissen auch in der Lage, aus vorgegebenen Daten Schlußfolgerungen zu ziehen, die einzelnen Schritte des Schlußfolgerungsprozesses zu erörtern und zu erklären, warum ein bestimmter (Lösungs-)Weg gewählt wurde.

3. Grundlage eines Expertensystems ist seine Wissensbasis, die das gesamte Fakten- und Regelwissen des Systems enthält. Die Problemlösungskomponente leitet aus den Fakten und Regeln der Wissensbasis dann Lösungsstrategien und Ergebnisse ab, während es das Ziel der Erklärungskomponente ist, den Lösungsweg transparent zu machen. Das Kernstück des Expertensystems stellt jedoch die Wissensakquisition dar, bei der es wesentlich auf die Zusammenarbeit zwischen dem Experten und dem Knowledge Engineer ankommt. Die Interviewerkomponente schließlich kann als Schnittstelle zwischen Mensch und System interpretiert werden.

4. Die am Expertensystem beteiligten Personen sind der Experte, dessen Wissen verarbeitet wird, der Knowledge Engineer, der das Wissen des Experten sammelt, strukturiert und in das Expertensystem implementiert, sowie die Anwender des Expertensystems.

5.2.6 Verhältnis zur konventionellen EDV

Da die Abgrenzung der Begriffe Expertensysteme, konventionelle EDV und Datenbanksysteme häufig Schwierigkeiten bereitet (vgl. GEISS, W./STRASSNER, N./MERTENS, P. 1989, S. 68ff.), sollen die Unterschiede zwischen den einzelnen Systemen aufgezeigt werden. Bei der traditionellen DV erfolgt eine Zweiteilung in Programme und Daten, während die wissensverarbeitenden Systeme einer Dreiteilung unterliegen. Man trennt zwischen Programmen (= Problemlösungsvorschriften), Regelbasis (= Wissensbasis) und Daten (vgl. MERTENS, P./ALLGEYER, K. 1987, S. 688f.). Hinzu kommen noch ergänzende Bestandteile wie Erklärungskomponente, Wissenserwerbskomponente und Dialogkomponente.

Komponenten der traditionellen EDV und der Expertensysteme

Übersicht 137: Unterschiede zwischen Expertensystemen und konventionellen Systemen

herkömmliche Datenverarbeitung	Wissensverarbeitung in Expertensystemen
inhaltliche Kriterien	
Automatisierung monotoner, klar strukturierter und wohldefinierter Informationsverarbeitungsprozesse;	Automatisierung komplexer Informationsverarbeitungsprozesse, die den intelligenten Umgang mit diffusem Wissen erfordern;
zu automatisierende Verarbeitungsabläufe sind aus nichtautomatisierten Informationsverarbeitungsprozessen bekannt;	zu automatisierende Verarbeitungsabläufe sind kognitive Prozesse und daher nicht direkt beobachtbar;
Systementwickler schreibt mit Hilfe seines Wissens über den Anwendungsbereich ein Programm;	Wissensträger transferiert sein Wissen über Anwendungsbereich in ein wissensbasiertes System;
nur der Programmierer nicht das System selbst kann einen ausgeführten Verarbeitungsprozeß erklären und rechtfertigen;	das wissensbasierte System selbst kann prinzipiell einen ausgeführten Verarbeitungsprozeß erklären und rechtfertigen;
hauptsächlich Verarbeitung homogen strukturierter Massendaten;	hauptsächlich Verarbeitung heterogen strukturierter Wissenseinheiten;
bei formaler Ein-/Ausgabespezifikation ist prinzipiell die Möglichkeit eines Korrektheitsbeweises gegeben;	da die Verarbeitung durch Heuristiken und diffuses Wissen gesteuert ist, sind Korrektheitsbeweise nicht möglich;
Komplexität entsteht hauptsächlich durch den Umfang der Datenmenge;	Komplexität entsteht hauptsächlich durch die Reichhaltigkeit der Wissensstrukturen;
formale Kriterien	
Ausgangspunkt: Verarbeitung von Zahlen;	Ausgangspunkt: Verarbeitung symbolischer Ausdrücke;
wenige Datentypen, aber viele Instanzen eines Typs;	viele Strukturtypen, oft wenige Instanzen eines Typs;
typische Programmiersprachen: COBOL, C, PASCAL;	typische Programmiersprachen LISP, PROLOG;
Programmiermethodik: strukturiertes Programmieren;	Programmiermethodik: exploratives Programmieren;
Verarbeitungsablauf ist explizit festgelegt;	Verarbeitungsablauf ist nur implizit oder gar nicht vorgegeben;
unvollständige Eingaben werden zurückgewiesen;	Verarbeitung unvollständiger Strukturen ist möglich;
effiziente Verarbeitung mit konventionellen Rechnerarchitekturen möglich	effiziente Verarbeitung mit konventionellen Rechnerarchitekturen nicht möglich

Übersicht 137 zeigt eine Gegenüberstellung von Expertensystemen und konventionellen Systemen, aus der hier beispielhaft einige Punkte aufgegriffen werden sollen (vgl. WAHLSTER, W. 1992, S. 454). In der konventionellen EDV werden in der Regel Zahlen verarbeitet, während bei der Wissensverarbeitung Symbole zugrunde liegen. Bei der konventionellen EDV ist der Verarbeitungsablauf durch einen Algorithmus fest vorgegeben, während er bei der Wissensverarbeitung variiert.

Ausgewählte Unterschiede

Algorithmen sind schrittweise Verfahren, die immer zur Lösung führen, wenn die Daten korrekt eingegeben werden (vgl. HARMON, P./KING, D. 1989, S. 8). Es gibt bei der konventionellen EDV also einen fest vorgegebenen Lösungsweg, dem das Programm folgt. Es gibt keine ›Überraschungen‹ im Lauf der Verarbeitung (vgl. WOLLMERSDORFER, H. 1986, S. 52).

Ein Expertensystem erkennt, ob im Hinblick auf den Problemlösungsprozeß Informationen fehlen, und kann diese beim Benutzer nachfragen. Bei der konventionellen EDV gibt es in der Regel nur sinnvolle Ergebnisse, wenn vor Programmbeginn alle Eingaben korrekt und vollständig erfolgt sind.

Ein weiterer Unterschied liegt darin, daß bei der konventionellen EDV ein Systementwickler ein Programm schreibt und so sein Wissen in wohlstrukturierter Form in das System einbringt. Begründungen kann höchstens der Systementwickler geben. Dagegen steht beim Expertensystem der Knowledge Engineer in ständigem Kontakt zu einem Experten, mit dem das Wissen gemeinsam in das System eingegeben wird. Das System kann später die Problemlösungsschritte im einzelnen begründen. Die Wartung übernimmt bei wissensverarbeitenden Systemen der Knowledge Engineer bzw. der Experte, während diese Aufgabe bei konventionellen Programmen vom Programmierer ausgeführt wird.

Oft ist der Wahrheitsgehalt von Informationen nur unvollständig bekannt. Während konventionelle Systeme mit solchen ›vagen‹ Informationen nicht arbeiten können, verwenden wissensbasierte Systeme Sicherheitsfaktoren, wodurch sie mit ›vagen‹ Informationen arbeiten können (vgl. HARMON, P./KING, D. 1989, S. 58f.). Auch wenn der Benutzer aufgrund mangelnder Informationen bestimmte Daten nicht eingeben kann, kann das Expertensystem Analysen und Schlußfolgerungen durchführen. Konventionelle EDV ist also gekennzeichnet durch die vorhersehbaren und somit exakt planbaren Abläufe mit vollständiger Eingabe der Problemlösung bis ins Detail (vgl. SCHACHTER-RADIG, M.-J. 1986, S. 18).

Ein mögliches Beispiel, an dem man die Unterschiede deutlich machen kann, ist ein Bilanzanalyseprogramm. Ist es nach konventionellem Muster erstellt, so errechnet es aus eingegebenen Daten Kennzahlen, vergleicht diese möglicherweise mit Kennzahlen der Vorjahre und gibt die Zahlen und Abweichungen in aufbereiteter Form auf dem Bildschirm aus. Ein wissensverarbeitendes System fragt den Benutzer während der Verarbeitung nach weiteren benötigten Infor-

Beispiel eines Bilanzanalyseprogramms

mationen, gibt Ursachen für das Entstehen bestimmter Kennzahlen an und weist auf zukünftige Entwicklungen, vielleicht mit Angabe des Sicherheitsgrades, hin. Bei der Ausgabe der Ergebnisse oder während der Verarbeitung gibt es Erklärungen für gezogene Schlußfolgerungen.

Datenbanken und Expertensysteme

Auch zwischen Datenbanken und Expertensystemen besteht ein entscheidender Unterschied. Eine Datenbank kann zwar eine Art von Wissen in Form von Daten und Informationen enthalten, es fehlt aber das Wissen, diese Informationen durch Schlußfolgerungen zu verarbeiten (vgl. STRUSS, P. 1982, S. 50). Datenbanksysteme erfassen die Daten, speichern sie, werten sie aus, verdichten sie und zeigen sie an. Die Expertensysteme benötigen diese Daten als Basis ihrer mehr zukunftsorientierten Aufgabenstellungen, wie Planung, Projektion und Simulation (vgl. WURR, P.R. 1986, S. 1090ff.). Die Expertensysteme sind also eine Ergänzung zu den Datenbanksystemen.

5.2.7 Einsatz von Expertensystemen bei der Bilanzanalyse

Verbesserte Informationsaufbereitung und -auswertung

Ebenso wie bei konventionellen Systemen ist der zentrale Aspekt von wissensbasierten Systemen »die Untersuchung umfangreichen Zahlenmaterials aus Buchhaltung und Jahresabschluß. Neben qualitativen Verbesserungen gegenüber herkömmlichen Vorgehensweisen zeichnen sich viele (Expertensysteme, d. Verf.) durch eine Präsentation der Ergebnisse in Textform aus« (MERTENS, P./BORKOWSKI, V./GEIS, W. 1990, S. 280). Während also bei konventionellem EDV-Einsatz lediglich die manuelle Aufbereitung und Auswertung von Jahresabschlüssen in Form von Kennzahlenanalysen automatisiert wird, interpretieren Expertensysteme die während des Analyseprozesses ermittelten Ergebnisse. Diese »Textausgabe beschränkt sich nicht auf die Veränderungsrichtung einer Kennzahl, wie etwa ›gestiegen‹ oder ›gesunken‹, sondern beinhaltet auch Wertungen« (BÜTTNER, U. u.a. 1988, S. 231).

Beispiel: ›Unternehmensreport‹

Als Beispiel für ein regelbasiertes System soll die Entwicklungsgeschichte des Systems ›Unternehmensreport‹, das von der DATEV angeboten wird, vorgestellt werden. Das System entstand aus einem Kooperationsprojekt zwischen DATEV und Hochschule (vgl. MERTENS, P./BORKOWSKI, V./GEIS, W. 1990, S. 280). Grundlage des Systems waren folgende Analysekomponenten, die allerdings nur teilweise in Unternehmensreport integriert wurden (vgl. BÜTTNER, U. u.a. 1988, S. 231ff.):

- Gewinn- und Verlustanalyse,
- Bilanzanalyse,
- Finanzanalyse,
- Schwerpunktanalyse,
- Branchenanalyse,
- Mehrjahresanalyse,
- Anhanganalyse.

Als ein Baustein soll nachfolgend das Modul Gewinn- und Verlustanalyse kurz
vorgestellt werden (vgl. Übersicht 138).

Das Ziel des Systems zur Gewinn- und Verlustanalyse (vgl. DRÄGER, U. u.a.   *Ziel der GuV-*
1986a) ist nicht, Wertungen hinsichtlich der Überlebensfähigkeit von Unter-   *Analyse*
nehmen abzugeben, sondern Entwicklungen und Besonderheiten der Erfolgs-
entstehung aufzuzeigen und auf positive und negative Tendenzen hinzuweisen.

Übersicht 138: Aufbau der Gewinn- und Verlustanalyse

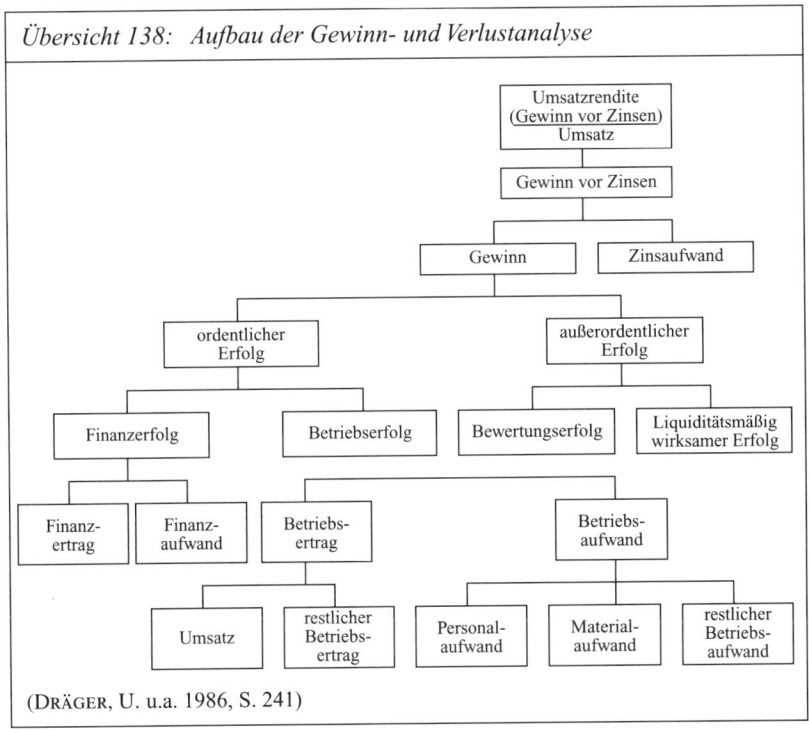

(DRÄGER, U. u.a. 1986, S. 241)

Es sind vier Erfolgsbereiche gebildet worden, die mit Hilfe von Signifikanzschwellen unterschiedlich gewichtet werden.

Zunächst werden die Abweichungen der Einzelposten durch Vergleich mit den   *Vorgehensweise*
Vorjahreswerten festgestellt. Danach wird die eigentliche Ursachenforschung
für die vier Einzelbereiche Finanzerfolg, Betriebserfolg, Bewertungserfolg
und liquiditätsmäßig wirksamer Erfolg durchgeführt. Dabei werden Kennzahlen berücksichtigt, zusätzliche Fragen an den Benutzer gestellt und so die Posten besonders analysiert, die sich signifikant verändert haben und für das Unternehmen besonders wichtig erscheinen.

Ausgangspunkt:
Kennzahlen-
rechnung

Ausgangspunkt des Expertensystems ist wie bei konventionellen Systemen grundsätzlich eine Kennzahlenrechnung. Die Kennzahlen werden mit Vorjahreswerten oder Branchenwerten verglichen; Abweichungen werden analysiert und anschließend kritisch hinterfragt und beurteilt. »Die Analysetiefe ist – wie auch beim menschlichen Experten – ausschließlich datengesteuert. Das Expertensystem analysiert nur dort tiefer, wo eine Abweichung des Zahlenmaterials über eine vorbelegte bzw. vom Benutzer selbst vorzugebende Schwelle eingetreten ist. Liegt die Veränderung innerhalb dieser Signifikanzschwellen, so wird die Analyse an dieser Stelle beendet, allerdings nicht ohne vorher zu prüfen, ob die relativ geringe Änderung nur aufgrund von Kompensationswirkungen untergeordneter Kennzahlen entstanden ist. Sollte dies zutreffen, so wird die Untersuchung vertieft« (BÜTTNER, U. u.a. 1988, S. 231; vgl. auch KIND, J. 1991, S. 196).

Beispiel: Analyse
der Lagerbestände

Ein Beispiel soll den Analyseablauf demonstrieren. Im Beispiel werden die Lagerbestände analysiert (vgl. BÜTTNER, U. u.a. 1988, S. 239 und Übersicht 139); gegenüber dem Vorjahr haben sie sich verdoppelt. Da die Signifikanzschwelle von 10 % überschritten wird, erfolgt eine Ursachenanalyse für die starke Steigerung. Bei dieser Ursachenforschung fragt das System zunächst im Dialog nach, ob die starke Erhöhung vom Unternehmen gewollt ist, z.B. aufgrund befürchteter Rohstoffpreissteigerungen. Wird dies verneint, »so baut das System die kritisierende Textpassage auf und liefert gleichzeitig Hinweise auf Verbesserungsmöglichkeiten« (BÜTTNER, U. u.a. 1988, S. 238). Der Umfang der generierten Kritik hängt von der eingegebenen Signifikanzschwelle ab. Übersicht 140 zeigt ein Beispiel für eine Gewinn- und Verlustanalyse mit viel Kritik, während in Übersicht 141 dieselben Erfolgsrechnungsdaten aufgrund höherer Signifikanzschwellen weniger kritisch beurteilt werden.

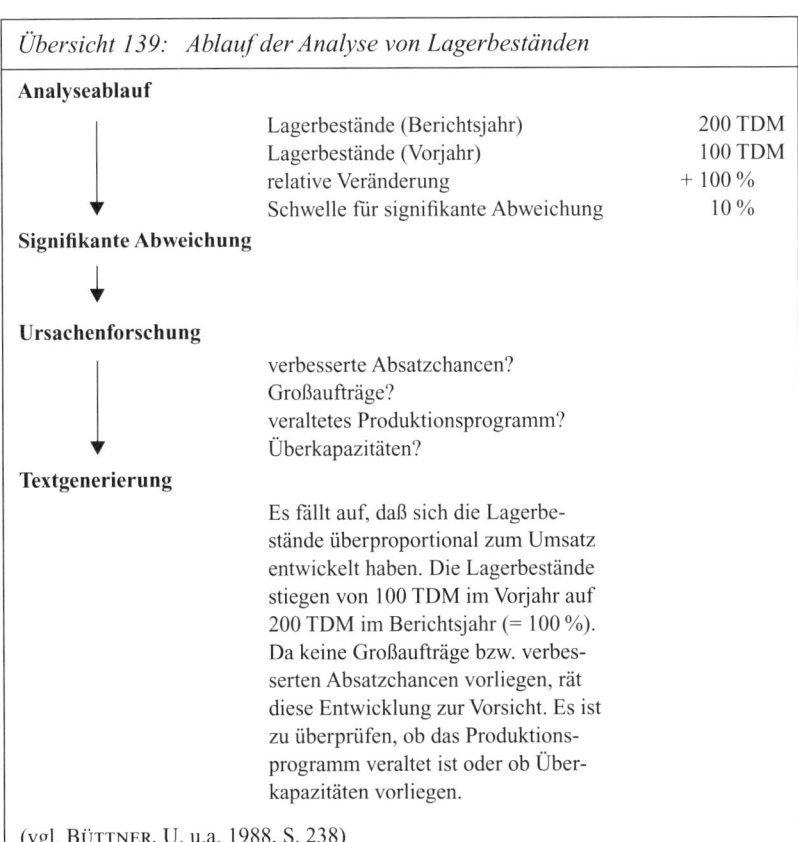

Übersicht 139: Ablauf der Analyse von Lagerbeständen

Analyseablauf

Lagerbestände (Berichtsjahr)	200 TDM
Lagerbestände (Vorjahr)	100 TDM
relative Veränderung	+ 100 %
Schwelle für signifikante Abweichung	10 %

Signifikante Abweichung

Ursachenforschung

verbesserte Absatzchancen?
Großaufträge?
veraltetes Produktionsprogramm?
Überkapazitäten?

Textgenerierung

Es fällt auf, daß sich die Lagerbestände überproportional zum Umsatz entwickelt haben. Die Lagerbestände stiegen von 100 TDM im Vorjahr auf 200 TDM im Berichtsjahr (= 100 %). Da keine Großaufträge bzw. verbesserten Absatzchancen vorliegen, rät diese Entwicklung zur Vorsicht. Es ist zu überprüfen, ob das Produktionsprogramm veraltet ist oder ob Überkapazitäten vorliegen.

(vgl. BÜTTNER, U. u.a. 1988, S. 238)

Übersicht 140:   GuV-Analyse mit niedriger Signifikanzsschwelle

Die Umsatzrentabilität dient als Einstieg in die Untersuchung der Gewinn- und Verlustrechnung. Sie beträgt in der Berichtsperiode ./. 4%. Dieser Wert ergibt sich aus einem Umsatz von 15800 TDM sowie einem dazugehörigen Gewinn vor Zinsen in Höhe von ./. 648 TDM. Im Vorjahr betrug die Umsatzrentabilität noch 2 %. Im folgenden wird ihr Zustandekommen im Berichtsjahr untersucht.

Des weiteren werden auffällige Entwicklungen vom Vorjahr zum Berichtsjahr herausgestellt.

	Berichts-periode TDM	Index %	Vor-periode TDM	Index %
ordentlicher Erfolg	./. 1045		./. 54	100
außerordentlicher Erfolg	67	75	89	100
Jahresüberschuß	./. 978		35	100
+ Zinsaufwand	330	106	310	100
Gewinn vor Zinsen	./. 648		345	100

Der Gewinn vor Zinsen ist im Vergleich zum Vorjahr bedrohlich gesunken (./. 287 %, relative Veränderung). Er betrug im Vorjahr 345 TDM, im Berichtsjahr ./. 648 TDM. Zurückzuführen ist dies auf einen gesunkenen Jahresüberschuß (./. 1013 TDM) und eine Zunahme beim Zinsaufwand um 20 TDM . Diese Zunahme ergibt sich aus einer Erhöhung des allgemeinen Zinsniveaus. Die Entwicklung des Jahresüberschusses, der sich als Summe aus ordentlichem und außerordentlichem Erfolg darstellt, wird in den nächsten Schritten untersucht.

	Berichts-periode TDM	Index %	Vor-periode TDM	Index %
Umsatz	15800	94	16800	100
Bestandsveränderungen	206		./. 147	100
aktivierte Eigenleistungen	0		0	100
sonstige betriebliche Erträge	0		0	100
restliche betriebliche Erträge	206		./. 147	100
gesamte betriebliche Erträge	16006	96	16653	100

Die betrieblichen Erträge (BERT) werden im vorliegenden Analyseprogramm aus den Komponenten Umsatz (U) und restlicher Betriebsertrag (RBE) gebildet.

Dieser wiederum setzt sich aus den aktivierten Eigenleistungen sowie den sonstigen betrieblichen Erträgen zusammen. Gegenüber der Vorperiode (16653 TDM) war bei den BERT eine leichte Abnahme in der Berichtsperiode (16006 TDM) zu beobachten (absolute Veränderung ./. 647 TDM). Dies ist im gleichen Maße sowohl auf den Rückgang des U als auch der RBE zurückzuführen.

Der Umsatz betrug in der Vorperiode 16800 TDM. Somit lag in der Berichtsperiode (15800 TDM) eine starke Abnahme vor (./. 5%).

(vgl. BÜTTNER, U. u.a. 1988, S. 236)

Übersicht 141: GuV-Analyse mit hoher Signifikanzschwelle

Die Umsatzrentabilität dient als Einstieg in die Untersuchung der Gewinn- und Verlustrechnung. Sie beträgt in der Berichtsperiode ./. 4%. Dieser Wert ergibt sich aus einem Umsatz von 15800 TDM sowie einem dazugehörigen Gewinn vor Zinsen in Höhe von ./. 648 TDM. Im Vorjahr betrug die Umsatzrentabilität noch 2 %. Im folgenden wird ihr Zustandekommen im Berichtsjahr untersucht.

Der Gewinn vor Zinsen ist im Vergleich zum Vorjahr gesunken (./. 287%, relative Veränderung). Er betrug im Vorjahr 345 TDM, im Berichtsjahr ./. 648 TDM. Zurückzuführen ist dies auf einen gesunkenen Jahresüberschuß (./. 1013 TDM), während die Erhöhung des Zinsaufwands um 20 TDM weniger ins Gewicht fällt. Diese Veränderung wird nicht näher untersucht.

Die betrieblichen Erträge (BERT) werden im vorliegenden Analyseprogramm aus den Komponenten Umsatz (U) und restlicher Betriebsertrag (RBE) gebildet.

Dieser wiederum setzt sich aus den aktivierten Eigenleistungen sowie den sonstigen betrieblichen Erträgen zusammen. Gegenüber der Vorperiode (16653 TDM) war bei den BERT eine leichte Abnahme in der Berichtsperiode (16006 TDM) zu beobachten (absolute Veränderung: ./. 647 TDM). Dies ist im gleichen Maße sowohl auf den Rückgang des U als auch des RBE zurückzuführen.

(vgl. BÜTTNER, U. u.a. 1988, S. 237)

5.2.8 Ausblick

Der zukünftige Markt für Produkte der künstlichen Intelligenz wird sehr positiv eingeschätzt. So rechnet z.B. FEIGENBAUM damit, daß der Anteil von KI (Künstlicher Intelligenz)-Produkten am gesamten EDV-Geschäft im Jahr 2000 mehr als ein Viertel betragen wird (vgl. FEIGENBAUM, E.A. 1987, S. 15).

Positive Einschätzung der künftigen Marktchancen

Auch den Expertensystemen werden dabei langfristig gute Marktchancen eingeräumt. Bei einer vom Roland-Berger-Forschungs-Institut für Markt- und Systemforschung vorgenommenen Befragung von 150 Fachleuten zeigte sich, daß der Einsatz von Expertensystemen für zahlreiche Branchen prognostiziert wird (vgl. MILLER, P./WÜHRER, G. 1988, S. 66f.).

Interessant ist dabei die Einschätzung der Branchen Banken/Versicherungen und Unternehmensberater/Steuerberater, denen eine bedeutende Rolle bei der Anwendung der neuen Technologie beigemessen wird. Die Bilanzanalyse ist dabei nur als ein Anwendungsfeld zu nennen.

Merksätze:

1. Zwischen Expertensystemen und der traditionellen Datenverarbeitung bestehen zahlreiche Unterschiede sowohl inhaltlicher als auch formaler Natur. Der Unterschied zwischen Datenbanken und Expertensystemen besteht darin, daß letztere als Ergänzung zu den Datenbanken anzusehen sind, weil sie in der Lage sind, die gespeicherten Daten in Schlußfolgerungsprozessen zu verarbeiten.

2. Der Einsatz von Expertensystemen bei der Bilanzanalyse beinhaltet nicht nur eine automatisierte Aufbereitung und Auswertung von Jahresabschlüssen, sondern vor allem eine Interpretation und Wertung der während des Analyseprozesses ermittelten Ergebnisse.

3. Eine Möglichkeit der Gewinn- und Verlustanalyse mit Hilfe eines Expertensystems besteht darin, wie im Projekt ›Unternehmensreport‹ durchgeführt, von der Analyse der Einzelposten auszugehen, an die sich die eigentliche Ursachenforschung für vier abgegrenzte Erfolgsbereiche anschließt. Eine vertiefende Analyse erfolgt nur dort, wo vorgegebene Signifikanzschwellen überschritten werden.

4. Ganz generell werden Expertensystemen langfristig gute Marktchancen nicht nur für den Anwendungsbereich der Bilanzanalyse eingeräumt.

4. Abschnitt
Besonderheiten der Konzernbilanzanalyse

Die Konzernrechnungslegung hat in den letzten Jahren in Deutschland, nicht zuletzt durch die Transformation der 7. EG-Richtlinie, ständig an Bedeutung gewonnen. Das neue Konzernbilanzrecht führte nicht nur zu neuen Offenlegungspflichten für eine große Anzahl von Konzernen, sondern auch zu vielfältigen Änderungen in der Konsolidierungspraxis. Die Konzernrechnungslegung erhält durch diese Entwicklung eine neue Stellung – die erweiterten Möglichkeiten der Konzernbilanzpolitik sowie die Beurteilung des Konzernabschlusses als »eigentlichen Abschluß« (BUSSE VON COLBE, W. 1987, S. 204) demonstrieren dies deutlich.

Bedeutung der Konzernrechnungslegung

Es entspricht daher internationaler Übung, daß »die Unternehmen in erster Linie nach ihrem Konzern- bzw. Weltabschluß analysiert und beurteilt werden« (PILTZ, K. 1990, S. 7); denn »wer Bilanzanalyse betreibt, handelt fahrlässig, wenn er den Konzernabschluß aus der Betrachtung herausläßt« (REUTER, E. 1988, S. 285; vgl. auch RIEBELL, C. 1992 a, S. 11). Diese Ansicht wird z.B. auch von der Deutschen Vereinigung für Finanzanalyse und Anlageberatung (DVFA) und der Schmalenbach-Gesellschaft – Deutsche Gesellschaft für Betriebswirtschaft (SG) geteilt, die das Ergebnis nach DVFA/SG (vgl. BUSSE VON COLBE, W. u.a. 1996) auf der Grundlage des Konzernabschlusses ermitteln. »Die Relevanz des Konzernabschlusses wird demgemäß für die externe Bilanzanalyse zunehmen« (COENENBERG, A.G. 1989, S. 7).

Notwendigkeit der Konzernbilanzanalyse

1. Grundlagen

1.1 Zur Bedeutung der Konzernbilanzanalyse

Im Vergleich zur einzelgesellschaftlichen Rechnungslegung hat die Konzernrechnungslegung erheblich an Bedeutung zugenommen. Damit dürfte auch eine wesentliche Aufwertung der Konzernbilanzanalyse verbunden sein.

Für die Aussage spricht zunächst der Tatbestand, daß die Anzahl der abschlußpflichtigen Konzerne sprunghaft angestiegen ist. Während nach altem Konzernbilanzrecht grundsätzlich immer eine Unternehmung in der Rechtsform der AG oder KGaA im Konzernverbund sein mußte, um die Abschlußpflicht zu begründen, tritt diese Rechtsfolge nach neuem Recht auch dann ein, wenn das Mutterunternehmen in der Rechtsform der GmbH und künftig auch einer Kapitalgesellschaft & Co. geführt wird. Indem somit auch der sogenannte GmbH-Konzern einen Konzernabschluß aufstellen muß, steigt die Anzahl der Konzernabschlüsse sprunghaft an.

Gestiegene Anzahl von Konzernabschlüssen

Darüber hinaus wurden grundlegende Mängel der Konzernrechnungslegung beseitigt. So werden insbesondere das Weltabschlußprinzip und die Substitution des Maßgeblichkeitsgrundsatzes der Einzelabschlüsse für den Konzernabschluß durch die Maßgeblichkeit des Bilanzierungs- und Bewertungsrahmens

Grundlegende Mängel beseitigt

des Mutterunternehmens dazu führen, daß das »Gewicht des Konzernabschlusses bei der Beurteilung von Unternehmensgruppen« (MÜLLER, H. 1988, S. 146) deutlich zunehmen wird.

Aufgrund der zahlreichen Gestaltungsmöglichkeiten sollte, »das Anspruchsniveau an die Analyse von publizierten Konzernjahresabschlüssen ... keinesfalls zu hoch gesteckt werden. Exakte Ergebnisse sind, ohne Anreicherung mit internen Daten, nicht zu erwarten« (REUTER, E. 1988, S. 300).

Stellung des Konzernabschlusses

Besonders soll auf drei – nur scheinbar formelle – Nebensächlichkeiten hingewiesen werden, die gleichwohl die Stellung des Konzernabschlusses verdeutlichen und in mehreren Konzernen heftige Grundsatzdiskussionen auslösten:

(1) Immer mehr Unternehmen gehen dazu über, den Konzernabschluß dem Einzelabschluß des Mutterunternehmens voranzustellen, und dokumentieren damit ganz offensichtlich den hohen Stellenwert der Konzernrechnungslegung.

(2) Auch im Rahmen der Abschlußerläuterungen wird immer häufiger grundsätzlich der Konzernanhang dargestellt, um dann auf spezifische Sachverhalte der einzelgesellschaftlichen Rechnungslegung gesondert einzugehen.

(3) Einige Konzerne veröffentlichen nur noch den Konzernabschluß und versenden den Abschluß des Mutterunternehmens nur noch auf Anforderung.

Diese drei Sachverhalte sind auf der Grundlage des AktG 1965 undenkbar gewesen. Der Einzelabschluß dominierte damals noch, und der Konzernabschluß wurde lediglich als lästiges Anhängsel der einzelgesellschaftlichen Rechnungslegung betrachtet.

Konzernabschluß als ›eigentlicher‹ Abschluß

Zwar dürfte die These von SIELAFF (vgl. SIELAFF, M., in: KÜTING/WEBER 1990, II. Kap., Rn. 64), wonach im Mittelpunkt der Betrachtung von Konzernunternehmen nur die Konzernabschlüsse stehen, während die Einzelabschlüsse nur noch als Unterlagen für die Gewinnverteilung und als Brücke zur Steuerbilanz dienen, den Sachverhalt zu extrem sehen, gleichwohl erfährt der Konzernabschluß auch für die Unternehmensbeurteilung eine erhebliche Aufwertung. BUSSE VON COLBE vertritt in diesem Zusammenhang die These, daß der Konzernabschluß insbesondere für solche Unternehmen, die international tätig sind und ausländische Kapitalmärkte beanspruchen, »zum ›eigentlichen‹ Abschluß (wird, d. Verf.), wie das in den USA längst der Fall« (BUSSE VON COLBE, W. 1987, S. 204) ist.

Auch im Rahmen der Haupt- oder Gesellschafterversammlungen und in Pressekonferenzen anläßlich der Vorstellung des Jahresabschlusses wird die Bedeutung der Konzernrechnungslegung zunehmen und zu einem wichtigen Erörterungsgegenstand werden. Zutreffend bemerkt daher auch PILTZ, daß »der Stellenwert des Konzernabschlusses stark gestiegen« (PILTZ, K. 1988, S. 235) sei.

1.2 Zum Schwierigkeitsgrad der Konzernbilanzanalyse

Auf der Grundlage des neuen Bilanzrechts wird die Konzernbilanzanalyse erheblich schwieriger; darüber hinaus sind einer zweckentsprechenden Konzernbilanzanalyse systembedingte Grenzen gesetzt. Auf zwei Sachverhalte soll in diesem Zusammenhang besonders hingewiesen werden:

(1) Zunächst ist festzustellen, daß dem Konzernabschluß ein neues Konzernkonzept zugrunde liegt. Der Konzernabschluß ist kein Abschluß des Konzerns i.S.d. § 18 AktG mehr, »sondern vielmehr ein Abschluß über die Einflußsphäre des Konzerns« (EISELE, W./RENTSCHLER, R. 1989, S. 311), indem nunmehr im Konzernabschluß gleichzeitig Konzernunternehmen, Gemeinschaftsunternehmen und assoziierte Unternehmen erfaßt werden. Die Gemeinschaftsunternehmen und assoziierten Unternehmen sind nicht Teile der Einheit Konzern, sondern vielmehr Unternehmensverbindungen eigener Art, mit deren Erfassung im Konzernabschluß der Gesetzgeber versucht, der »Grauzone zwischen Markt und Unternehmung erfolgsrechnerische Konturen zu geben« (ORDELHEIDE, D. 1989, S. 393).

Neues Konzernkonzept

Die drei Unternehmensgruppen werden auf der Grundlage unterschiedlicher Konsolidierungstechniken mit verschiedenen Unterformen erfaßt. Der Analyst aber weiß nicht, in welchem Umfang die einzelnen Aktivitäten berücksichtigt wurden, vielmehr geht das gesamte Konsolidierungsergebnis in eine einzige Endspalte der Bilanz ein.

Unterschiedliche Konsolidierungstechniken

(2) Zwischen der Bilanzpolitik und der Bilanzanalyse besteht eine enge Wechselbeziehung in der Weise, daß mit einer Zunahme der bilanzpolitischen Gestaltungsmöglichkeiten die Aussagefähigkeit der Bilanzanalyse gleichzeitig abnimmt und umgekehrt (vgl. auch 3. Abschn. 4. Kap. 4.1.2).

Bilanzpolitik

Wenn die These überwiegend anerkannt wird, daß die bilanzpolitischen Gestaltungsmöglichkeiten im Einzelabschluß zugenommen haben, gilt dies erst recht für den Konzernabschluß. Möglichkeiten zur zielorientierten Gestaltung von Konzernabschlüssen ergeben sich bereits bei der Aufstellung des Einzelabschlusses, bei der Aufstellung der sogenannten Handelsbilanz II und im Zuge des Konsolidierungsprozesses selbst. Auf nachfolgende Punkte sei besonders aufmerksam gemacht:

Umfangreiche Gestaltungsmöglichkeiten

(1) Das bilanzpolitische Instrumentarium des Einzelabschlusses kann vollständig auch für Konzernabschlußzwecke eingesetzt werden, und zwar auch anders als im Einzelabschluß, so daß derselbe Sachverhalt im Einzel- und Konzernabschluß unterschiedlich dargestellt werden kann.

Instrumente der Einzelbilanzpolitik

(2) Zahlreiche wichtige Konsolidierungsfragen sind im Gesetz nicht geklärt. Gleichwohl werden bei der Diskussion dieser nicht geklärten Konsolidierungsfragen die unterschiedlichsten Konsolidierungstechniken diskutiert und damit alternative Lösungswege eröffnet.

Ungeklärte Konsolidierungsfragen

Erweiterung der Konsolidierungs- wahlrechte

(3) Im Vergleich zum AktG 1965 hat der Gesetzgeber bedeutend mehr Konso- lidierungswahlrechte eingeräumt und damit das konzernbilanzpolitische Instrumentarium maßgeblich erweitert. Diese Wahlrechte »eröffnen den Konzernleitungen ein weites Feld für eine von den Einzelabschlüssen un- abhängige Konzernbilanzpolitik. Aus ihrer Sicht mag das reizvoll sein. Die Einräumung der Wahlrechte wurde damit zu rechtfertigen versucht, daß im Konzernanhang über ihre Ausnutzung zu berichten ist, Konsolidie- rungsstetigkeit gefordert wird (vgl. § 297 Abs. 3 HGB) und daß deutsche Unternehmen nicht schlechter gestellt werden sollten als Unternehmen in einem anderen Land der EU. Für den externen Benutzer der Konzernab- schlüsse ist die Vielfalt jedoch überaus mißlich. Ein Vergleich von Konzer- nen aufgrund ihrer Abschlüsse, insbesondere für Anlageentscheidungen, ist nur noch sehr eingeschränkt sinnvoll, weil die quantitativen Auswir- kungen der unterschiedlichen Ausnutzung der Wahlrechte durch die ein- zelnen Konzerne, insbesondere im Zeitablauf aus den Angaben im Kon- zernabschluß nicht erkennbar sind« (BUSSE VON COLBE, W. 1989, S. 399).

Neue Techniken

(4) Der Gesetzgeber hat zahlreiche grundlegend neue Konsolidierungstechni- ken eingeführt. In diesem Zusammenhang sind mehrere wichtige und be- deutende Fragen, z.B. im Rahmen der Ermittlung latenter Steuern oder im Rahmen der Kapitalkonsolidierung, ungeklärt. Auch fehlen vielfach Er- fahrungswerte.

Unbestimmte Rechtsbegriffe

(5) Im neuen Konzernbilanzrecht hat sich die Anzahl jener Vorschriften, in denen der Gesetzgeber sogenannte unbestimmte Rechtsbegriffe verwen- det, erheblich erhöht. So sind z.B. die Begriffe der geringen oder besonde- ren Bedeutung bzw. einer wesentlichen oder nachhaltigen Beeinträchti- gung recht häufig zu finden und eröffnen damit einen nicht geringen Inter- pretationsspielraum.

Nicht zuletzt diese fünf Gründe haben dazu geführt, daß die Konsolidierung mehr darstellt als eine bloße Anwendung von Konsolidierungstechniken. Da die Möglichkeiten zur Konzernbilanzpolitik wesentlich zugenommen haben, tritt damit auch immer stärker die zweckorientierte Beeinflussung und Gestal- tung des Konzernabschlusses in den Vordergrund. Dies bedeutet aber auch gleichzeitig, daß die externe Unternehmensbeurteilung »im zwischenbetriebli- chen Vergleich problematischer« (MÜLLER, H. 1988a, S. 40) wird. Darüber hinaus wird ganz generell der Schwierigkeitsgrad der Bilanzanalyse erhöht. Auch STAKS weist auf diese Problematik hin, wenn er bemerkt, daß die Vielzahl von Gestaltungsmöglichkeiten zu einer Abnahme der Aussagefähigkeit und zu einer mangelnden Vergleichbarkeit der Konzernabschlüsse führen kann (vgl. STAKS, H. 1988, S. 325).

Es werden daher hohe Anforderungen an den Analysten von Konzernbilanzen gestellt. Die Schwierigkeiten wiegen um so schwerer, als kein Gebiet der Bilanzanalyse in der betriebswirtschaftlichen Literatur so unzureichend diskutiert worden ist wie das, dessen Analyseobjekt ein international tätiger Konzern ist. Das bilanzanalytische Instrumentarium zur Analyse von Weltabschlüssen scheint zwar dem zur Analyse von Einzelabschlüssen durchaus gleichwertig zu sein, doch muß bedacht werden, daß sowohl das Analyseobjekt als auch der Anwendungsbereich um einiges komplexer sind (vgl. REUTER, E. 1988, S. 285). Trotz dieser Komplexität und der in der Literatur geäußerten Kritik am bilanzanalytischen Instrumentarium »scheinen Kennzahlenvergleiche für die analytische Praxis unentbehrlich« (REUTER, E. 1988, S. 297).

Hohe Anforderungen an die Analyse von Weltabschlüssen

Merksätze:

1. Mit der erheblichen Zunahme der Bedeutung der Konzernrechnungslegung, nicht zuletzt seit der Transformierung der 7. EG-Richtlinie, ist auch eine wesentliche Aufwertung der Konzernbilanzanalyse verbunden.

2. Besondere Probleme bei der Analyse ergeben sich insbesondere infolge des neuen Konzepts, das dem Konzernabschluß zugrunde liegt. Denn neben den Konzernunternehmen werden nunmehr gleichzeitig auch Gemeinschaftsunternehmen und assoziierte Unternehmen jeweils nach unterschiedlichen Konsolidierungstechniken mit verschiedenen Unterformen im Konzernabschluß erfaßt.

3. Darüber hinaus hat der Gesetzgeber im Vergleich zum AktG 1965 bedeutend mehr Konsolidierungswahlrechte eingeräumt und damit den konzernbilanzpolitischen Handlungsspielraum maßgeblich vergrößert. In diesem Zusammenhang führt auch die Loslösung von Einzel- und Konzernabschluß, also die Möglichkeit zu einer eigenständigen Konzernbilanzpolitik, zu weiteren Schwierigkeiten für eine aussagefähige Bilanzanalyse.

2. Erstellung der Konzernstrukturbilanz

2.1 Auswirkungen einzelner Konsolidierungsmaßnahmen

2.1.1 Grundsatz des Bewertungsrahmens des Mutterunternehmens

2.1.1.1 Grundlagen

Auf der Grundlage der §§ 300 Abs. 2, 308 HGB sind die für den Einzelabschluß des Mutterunternehmens geltenden Ansatz- und Bewertungsvorschriften auch für die Erstellung des Konzernabschlusses maßgeblich und für Zwecke der Bewertung einheitlich anzuwenden. Hierbei gilt, daß nach dem Recht des Mutterunternehmens zulässige Bilanzierungs- und Bewertungswahlrechte im Konzernabschluß »unabhängig von ihrer Ausübung in den Jahresabschlüssen der in den Konzernabschluß einbezogenen Unternehmen ausgeübt werden« (§§ 300 Abs. 2 Satz 2, 308 Abs. 1 Satz 2 HGB) dürfen. Entscheidend ist dabei der mögliche Bewertungsrahmen des Mutterunternehmens. Auf der Grundlage dieser Basisvorschrift können sich zwangsweise oder freiwillige Neubewertungen ergeben.

Zwangsweise Neubewertung

(1) Sind die in den Konzernabschluß zu übernehmenden Aktiv- und/oder Passivposten in den Einzelabschlüssen der einbezogenen Mutter- und/oder Tochterunternehmen nach Methoden bewertet worden, die sich von den auf den Konzernabschluß anwendbaren Methoden unterscheiden, so verlangt § 308 Abs. 2 Satz 1 HGB auf der Grundlage einer sogenannten Handelsbilanz II eine entsprechende Neubewertung nach konzerneinheitlichen Bewertungsmethoden.

Freiwillige Neubewertung

(2) Da eine Umbewertung im Zuge der Konsolidierung gem. § 300 Abs. 2 HGB sowie gem. § 308 HGB auch auf freiwilliger Basis vorgenommen werden kann, eröffnet sich damit dem Mutterunternehmen im Vergleich zum alten Recht ein erheblicher eigenständiger konzernbilanzpolitischer Bewertungsspielraum. Konkret heißt dies, daß ein bestimmter Bewertungssachverhalt im Rahmen des Einzelabschlusses völlig anders als im Rahmen der Konzernrechnungslegung behandelt werden kann. Entscheidend ist, daß sich der Bilanzierende im Rahmen des Bewertungsspielraums bewegt, der dem Mutterunternehmen im Zuge der einzelgesellschaftlichen Rechnungslegung eingeräumt wurde. So kann z.B. ein Unternehmen im Rahmen der einzelgesellschaftlichen Rechnungslegung steuerrechtliche Sonderabschreibungen in Anspruch nehmen und sie im Zuge der Konzernbilanzierung rückgängig machen. Es können aber auch die handelsbilanziellen Herstellungskosten im Einzelabschluß zu Einzelkosten angesetzt werden, während im Konzernabschluß der Ansatz zu Einzel- und Gemeinkosten erfolgt.

2.1.1.2 Konsequenzen für die Bilanzanalyse

Auf der Grundlage des Grundsatzes des Bewertungsrahmens des Mutterunternehmens können im Vergleich zu den Originärbilanzen der einbezogenen Unternehmen erhebliche Umbewertungen vorgenommen werden. Diese Bewertungsmaßnahmen können Wertansätze erhöhen oder vermindern und damit das bilanzmäßige Reinvermögen aufstocken oder absenken. Darüber hinaus können die Bewertungsmaßnahmen Einfluß auf den Jahreserfolg nehmen.

Vergleich mit den Originärbilanzen

Die Korrekturen werden in aller Regel in der Handelsbilanz II vorgenommen, die dann in den Summenabschluß eingeht und somit dem eigentlichen Konsolidierungsprozeß vorgelagert ist. Sie erfolgen somit zeitlich nach der Erstellung der Originärbilanz, aber noch vor der eigentlichen Konsolidierung.

Im Konzernabschluß sind die Umbewertungen nicht ohne weiteres erkennbar; es sei denn, daß die Konzerne (freiwillig) hierüber berichten. Obwohl auf der Grundlage einer Neubewertung unter Umständen ein erheblicher Einfluß auf die Darstellung der Unternehmenslage genommen werden kann, hat der Analytiker häufig nicht die Informationen, die Auswirkungen dieser Bewertungskorrekturen hinreichend erkennen und quantifizieren zu können. Damit sind der externen Konzernbilanzanalyse – systembedingt – wichtige Grenzen gesetzt.

Erkennbarkeit der Umbewertungen

Aufbereitungsmaßnahmen werden bei der Erstellung einer Konzernstrukturbilanz nicht erforderlich. Abgesehen davon, daß konkrete Zahlen nicht genannt werden müssen, bewegen sich die Konzerne auch im Zuge der Umbewertung noch im bilanzpolitisch zulässigen Bewertungsrahmen. Auch im Rahmen der einzelgesellschaftlichen Bilanzanalyse hätte eine geänderte Bilanzpolitik keinen Einfluß auf die Strukturbilanz genommen.

Keine Aufbereitungsmaßnahmen

2.1.2 Kapitalkonsolidierung und kapitalkonsolidierungsähnliche Verfahren

2.1.2.1 Grundlagen

Anhand des untenstehenden Beispiels sollen die allgemeine Problematik und der Zweck der Kapitalkonsolidierung auch im Hinblick auf die Fragestellungen der Konzernbilanzanalyse erläutert werden.

Das Unternehmen A weist zum 31.12.1994 nachfolgende Bilanz aus (vgl. im folgenden KÜTING, K./WEBER, C.-P./ZÜNDORF, H. 1990, S. 63ff.):

Beispiel

Bilanz von A zum 31.12.1994			
Aktiva	600	gezeichnetes Kapital	400
		Rücklagen	200

Am 1.1.1995 soll A seine sämtlichen Vermögensgegenstände auf das neugegründete Unternehmen B übertragen. Dabei erwirbt das Unternehmen A sämtliche Anteile von B mit einem Agio in Höhe von insgesamt 200, so daß das gesamte Vermögen von A durch die Beteiligung an B repräsentiert wird. Die Bilanzen von A und B haben nach diesem konzerninternen Vorgang folgendes Aussehen.

Bilanz von A zum 31.12.1995			
Anteile an verbundenen Unternehmen	600	gezeichnetes Kapital	400
		Rücklagen	200

Bilanz von B zum 31.12.1995			
Aktiva	600	gezeichnetes Kapital	400
		Rücklagen	200

Ein Vergleich der Summation der Größen von A und B mit der Bilanz von A zum 31.12.1994 zeigt, daß die Summation der Einzelabschlüsse zu einer Verdopplung sowohl der Aktiva als auch der Passiva führt, obwohl weder das Vermögen noch das Kapital eine Änderung erfahren haben.

Summenbilanz von A und B zum 31.12.1995			
Anteile an verbundenen Unternehmen	600	gezeichnetes Kapital	
		– von A	400
		– von B	400
		Rücklagen	
Aktiva	600	– von A	200
		– von B	200

Der geschilderte konzerninterne Vorgang führt somit bei einer alleinigen Summation der Einzelabschlußwerte zu einer Aufblähung beider Bilanzseiten. Im Zuge der (Kapital-)Konsolidierung ist daher dieser konzerninterne Vorgang in der Weise rückgängig zu machen, daß die Anteile gegen das gezeichnete Kapital und gegen die Rücklagen des Tochterunternehmens aufgerechnet werden.

Notwendigkeit der Aufrechnung Die Notwendigkeit dieser Aufrechnung ergibt sich auch aus der Überlegung, »daß es sich bei dem Beteiligungskonto und den Konten des Eigenkapitals der Tochtergesellschaft um Spiegelbildkonten handelt. Sie repräsentieren beide ... das gleiche Recht an dem betreffenden Unternehmen und seinen Geschäftsergebnissen« (DREGER, K.-M. 1969, S. 51). Als Ausnahmefall dürfte der Sachverhalt zu bezeichnen sein, daß der Buchwert der Anteile einerseits und das damit zu verrechnende gezeichnete Kapital einschließlich der Rücklagen sowie des Ergebnisses und des Ergebnisvortrags andererseits gleich hohe Werte aufweisen. Übersteigt der Buchwert der Anteile die entsprechenden Werte des Eigenkapitals, entsteht ein Unterschiedsbetrag auf der Aktivseite (= sogenannter aktivischer Unterschiedsbetrag). Im umgekehrten Fall entsteht ein (= sogenannter passivischer) Unterschiedsbetrag auf der Passivseite.

Wie die Kapitalkonsolidierung im einzelnen durchzuführen ist und wie eventuell auftretende Unterschiedsbeträge zu verrechnen sind, ist davon abhängig, ob es sich bei den einzubeziehenden Gesellschaften um Konzern-, Gemeinschafts- oder assoziierte Unternehmen handelt und welche Konsolidierungstechniken zur Anwendung gelangen.

Einzubeziehende Unternehmen

2.1.2.2 Einbeziehung von Konzernunternehmen

Konzernunternehmen werden auf der Grundlage der Vollkonsolidierung und hier insbesondere auf der Basis der Purchase-Methode in den Konzernabschluß einbezogen. Auch dann, wenn der Konzern nicht alle Anteile an den Konzernunternehmen hält und somit andere Gesellschafter an den Tochterunternehmen beteiligt sind, werden aus den Bilanzen der Tochterunternehmen die Vermögensgegenstände, Verbindlichkeiten usw. in voller Höhe in die Konzernbilanz übernommen. Es ist aber gem. § 307 Abs. 1 Satz 1 HGB in der Konzernbilanz »für nicht dem Mutterunternehmen gehörende Anteile an in den Konzernabschluß einbezogenen Tochterunternehmen ein Ausgleichsposten für die Anteile der anderen Gesellschafter in Höhe ihres Anteils am Eigenkapital unter entsprechender Bezeichnung innerhalb des Eigenkapitals gesondert auszuweisen«. Somit wird – auf eine Kurzformel gebracht – das auf die anderen Gesellschafter entfallende Kapital in einen eigenen Ausgleichsposten eingestellt.

Vollkonsolidierung mit Minderheitenausweis

Im Rahmen der Konzernbilanzanalyse stellt sich somit die Frage, wie neben dem aktivischen und passivischen Unterschiedsbetrag der Ausgleichsposten für die Anteile der anderen Gesellschafter zu behandeln ist.

2.1.2.2.1 Aktivischer Unterschiedsbetrag

Ein nach der Aufdeckung von stillen Reserven/Lasten verbleibender aktivischer Unterschiedsbetrag aus der Kapitalkonsolidierung hat stets den Charakter eines Geschäfts- oder Firmenwerts. Hier wird die Ansicht vertreten, daß es sich beim Geschäfts- oder Firmenwert um eine Bilanzierungshilfe handelt, obwohl durchaus auch Argumente gegen diese Auffassung angeführt werden können.

Geschäfts- oder Firmenwert

Aufgrund der Einstufung des Geschäfts- oder Firmenwerts als Bilanzierungshilfe sollte dieser Posten bei der Erstellung der Konzernstrukturbilanz gegen das Eigenkapital saldiert werden. Damit würde im übrigen eine Gleichstellung mit jenen Konzernen erreicht, die gem. § 309 Abs. 1 Satz 3 HGB den Geschäfts- oder Firmenwert in voller Höhe offen mit den Rücklagen verrechnen.

Saldierung mit dem Eigenkapital

Die Saldierung ist nur bei der Erstkonsolidierung nachvollziehbar, während sie in den Folgejahren nicht mehr erkennbar ist.

2.1.2.2.2 Passivischer Unterschiedsbetrag

Ursachen Im Zuge der Aufrechnung des Buchansatzes der Anteile an einem Tochterunternehmen mit dem anteiligen Eigenkapital kann auch der Fall eines verbleibenden passivischen Unterschiedsbetrags auftreten. Die Ursachen für einen solchen verbleibenden passivischen Unterschiedsbetrag können verschieden sein, insbesondere kommen in Betracht:

(1) ein Kaufpreis für die Anteile, der unter dem Wert des anteiligen Kapitals liegt, weil dem Käufer ein Lucky Buy gelang oder negative Entwicklungen beim Tochterunternehmen erwartet werden, die im Kaufpreis bereits berücksichtigt worden sind;

(2) Abschreibungen auf die Anteile vor dem Zeitpunkt der erstmaligen Einbeziehung des Tochterunternehmens in die Konsolidierung;

(3) Gewinnthesaurierungen bei den Tochterunternehmen, die sich infolge der Inanspruchnahme der Übergangsvorschriften als passivischer Unterschiedsbetrag niederschlagen. Es handelt sich hierbei um Rücklagenbewegungen, die zwar während der Konzernzugehörigkeit, aber vor der Erstkonsolidierung stattfanden.

Charakter Der nach der Aufdeckung vorhandener stiller Reserven/Lasten verbleibende passivische Unterschiedsbetrag kann somit je nach Entstehungsursache einen unterschiedlichen Charakter aufweisen:

(1) Eigenkapitalcharakter, wenn für den Anteil weniger bezahlt wurde, als er tatsächlich wert ist. Es handelt sich in diesem Fall um einen günstigen Kauf, auch Lucky Buy genannt, so daß »der Unterschiedsbetrag als Rücklage zu interpretieren und ... Bestandteil des Konzerneigenkapitals« (SAHNER, F. 1983, S. 44) ist. Die gleiche Aussage gilt für Rücklagenerhöhungen, die zwar während der Konzernzugehörigkeit, aber vor der Erstkonsolidierung vorgenommen wurden;

(2) Fremdkapitalcharakter, wenn für das Unternehmen, das erworben wurde, pessimistische Zukunftserwartungen bestehen. Die erwartete ungünstige Entwicklung des Unternehmens wurde bereits im Kaufpreis berücksichtigt (vgl. NIEHUS, R.J. 1984, S. 324). Treten die ungünstigen Entwicklungen in der Zukunft ein, so darf die passivische Differenz nach § 309 Abs. 2 HGB aufgelöst werden. Somit »kann die passive Differenz wie ein Zuschuß zur Verbesserung der Ertragslage« (HAVERMANN, H. 1978, S. 434) angesehen werden.

Ein aus der Anwendung der Kapitalkonsolidierung resultierender passivischer Unterschiedsbetrag ist auf der Passivseite der Konzernbilanz auszuweisen.

Über den Ausweis des Postens im einzelnen sagt der Gesetzestext nichts aus, so daß für die Entscheidung, wo dieser Posten auszuweisen ist, im jeweiligen Einzelfall auf seinen bilanziellen Charakter abzustellen ist.

Aus der Sicht des Bilanzanalytikers ist der passivische Unterschiedsbetrag mit Eigenkapitalcharakter im Rahmen der Erstellung einer Konzernstrukturbilanz dem bilanzanalytischen Eigenkapital zuzuordnen. Bestehen für das erworbene Unternehmen hingegen pessimistische Zukunftserwartungen, die bereits im Kaufpreis berücksichtigt wurden, so besitzt der passivische Unterschiedsbetrag Rückstellungscharakter und ist somit dem Fremdkapital zuzurechnen.

Analytische Behandlung

Der externe Bilanzanalytiker wird jedoch aufgrund des ihm zur Verfügung stehenden Informationsmaterials nur selten entscheiden können, welchen bilanziellen Charakter der Posten aufweist. Bei fehlender Informationsbasis sollte der passivische Unterschiedsbetrag aufgrund des Vorsichtsprinzips dem Fremdkapital zugerechnet werden. Nur so kann sicher gestellt werden, daß das Eigenkapital nicht zu hoch zum Ansatz gelangt.

2.1.2.2.3 Anteile der anderen Gesellschafter

Soweit die Anteile der anderen Gesellschafter am Kapital und an den Rücklagen betroffen sind, handelt es sich eindeutig um Eigenkapitalbestandteile; denn auch die anderen Gesellschafter zählen – nach der Einheitstheorie – zu den Anteilseignern des Konzerns. Dies bringt der Gesetzgeber klar zum Ausdruck, indem er gem. § 307 Abs. 1 HGB fordert, daß der auf die anderen Gesellschafter entfallende Kapitalanteil »innerhalb des Eigenkapitals gesondert auszuweisen« ist. Bilanzanalytisch stellen die Kapital- und Rücklagenanteile der anderen Gesellschafter somit – der Einheitstheorie entsprechend – Eigenkapital des Konzerns dar.

Eigenkapitalbestandteil

Die auf andere Gesellschafter entfallenden Verlustanteile haben als negative Eigenkapitalkomponenten bereits den Anteil der anderen Gesellschafter gekürzt und sind aus der Sicht der Bilanzanalyse zutreffend behandelt worden.

Verlustanteile

Bei den Anteilen der anderen Gesellschafter am Gewinn handelt es sich um kurzfristiges Fremdkapital, da in aller Regel eine Ausschüttung an die anderen Gesellschafter vorzunehmen ist. Im Rahmen der Erstellung der Konzernstrukturbilanz sind diese Anteile entsprechend vom Eigenkapital in das Fremdkapital umzugliedern.

Gewinnanteile

2.1.2.3 Einbeziehung von Gemeinschaftsunternehmen

Gemeinschaftsunternehmen sind eine Form der wirtschaftlichen Zusammenarbeit zwischen zwei oder mehreren voneinander unabhängigen Unternehmen – den sogenannten Gesellschafterunternehmen oder Stammunternehmen –, die sich darin niederschlägt, daß ein rechtlich selbständiges Unternehmen mit dem

Ziel gegründet oder erworben wird, Aufgaben im gemeinsamen Interesse der Gesellschafterunternehmen auszuführen.

Quotale
Einbeziehung

Gemeinschaftsunternehmen dürfen gem. § 310 HGB auf der Grundlage der Quotenkonsolidierung einbezogen werden. Hierbei werden die Abschlußposten aus der Bilanz des Gemeinschaftsunternehmens in der Konzernbilanz nur in Höhe des Konzernanteils erfaßt. Entscheidend ist nicht der Stimmen-, sondern der Kapitalanteil. Die Quotenkonsolidierung abstrahiert somit völlig von den Kapitalanteilen der anderen Gesellschafterunternehmen. Der Ausgleichsposten für die Anteile der anderen Gesellschafter entfällt daher.

Ansonsten finden bei der Quotenkonsolidierung die gleichen Konsolidierungsregeln wie bei der Purchase-Methode Anwendung. Infolgedessen können die dort abgeleiteten bilanzanalytischen Zuordnungsregeln analog bei der bilanzanalytischen Behandlung von Gemeinschaftsunternehmen Anwendung finden.

Demnach gilt:

(1) Ein aktivischer Unterschiedsbetrag ist als Geschäfts- oder Firmenwert zu betrachten und mit dem Eigenkapital zu saldieren.

(2) Ein passivischer Unterschiedsbetrag ist in der Regel dem Fremdkapital zuzuordnen.

Unterschieds-
beträge

Im übrigen ist zu beachten, daß in der Bilanzierungspraxis in aller Regel die aktivischen Unterschiedsbeträge aus der Vollkonsolidierung mit denen aus der Quotenkonsolidierung zusammengefaßt werden. Sie werden damit als ein einziger Posten ausgewiesen. Entsprechend wird eine Zusammenfassung der passivischen Unterschiedsbeträge aus der Voll- und der Quotenkonsolidierung vorgenommen.

2.1.2.4 Einbeziehung von assoziierten Unternehmen

Wird von einem in die Konsolidierung einbezogenen Unternehmen ein maßgeblicher (nicht wie beim Konzerntatbestand ein beherrschender) Einfluß auf die Geschäfts- und Finanzpolitik eines nicht in die Konsolidierung einbezogenen Unternehmens (assoziiertes Unternehmen) ausgeübt, an dem eine Beteiligung i.S.d. § 271 Abs. 1 HGB besteht, ist diese Beteiligung gem. § 311 Abs. 1 HGB in der Konzernbilanz unter einem gesonderten Posten mit entsprechender Bezeichnung auszuweisen. Der Gesetzgeber spricht die widerlegbare Vermutung aus, daß ein Unternehmen einen maßgeblichen Einfluß auf ein anderes Unternehmen ausübt, wenn es 20 % oder mehr der Stimmrechte der Gesellschafter dieses Unternehmens hält.

Equity-Methode

Assoziierte Unternehmen werden auf der Grundlage der Equity-Methode in den Konzernabschluß einbezogen. Diese Methode wiederum kennt mit der Buchwert- und der Kapitalanteilsmethode zwei als formal gleichwertig zu betrachtende Varianten.

Bei Anwendung der Buchwertmethode kann der zu ermittelnde Unterschiedsbetrag zwei Komponenten enthalten:

(1) stille Reserven/Lasten in den Wertansätzen der assoziierten Unternehmen,

(2) einen Geschäfts- oder Firmenwert.

Komponenten des Unterschiedsbetrags

Diese beiden Teilkomponenten müssen nicht betragsmäßig angegeben werden. Auch auf freiwilliger Basis werden hierüber in aller Regel keine Informationen vermittelt. Darüber hinaus ist zu beachten, daß der Unterschiedsbetrag überhaupt nur bei der erstmaligen Konsolidierung entweder in der Konzernbilanz vermerkt oder im Konzernanhang angegeben werden muß.

Aufgrund der mangelnden Information können somit bei Anwendung der Buchwertmethode im Rahmen der Bilanzanalyse keine Aufbereitungsmaßnahmen vorgenommen werden. Dies ist unbefriedigend, da im Posten »Anteile an assoziierten Unternehmen« unter Umständen hohe Geschäfts- oder Firmenwerte enthalten sein können, die bei einer sachgerechten Bilanzanalyse gegen das Eigenkapital aufzurechnen wären.

Buchwertmethode

Bei der Kapitalanteilsmethode hat ein sich bei der Aufrechnung von Anschaffungskosten und Eigenkapital ergebender Unterschiedsbetrag immer den Charakter eines Geschäfts- oder Firmenwerts. Dieser Unterschiedsbetrag ist – dies schreibt der Gesetzgeber ausdrücklich vor – gem. § 312 Abs. 1 Satz 3, 2. Halbsatz HGB »in der Konzernbilanz gesondert auszuweisen oder im Konzernanhang anzugeben«. Allerdings bezieht sich diese gesonderte Ausweis- oder Angabepflicht ausdrücklich nur auf die erstmalige Konsolidierung.

Kapitalanteilsmethode

Für den Fall, daß der Betrag in den Folgejahren in der Konzernbilanz nicht gesondert ausgewiesen wird, dürfte er in aller Regel Bestandteil des Postens »Geschäfts- oder Firmenwert« (§ 266 Abs. 2 A. I. 2. HGB) sein. Dieser Posten wird dann ohnehin im Rahmen der Strukturbilanz gegen das Eigenkapital aufgerechnet. Ein eventuell gesonderter Ausweis eines Postens »Geschäfts- oder Firmenwert aus der Equity-Bewertung« wäre ebenfalls mit dem Eigenkapital zu saldieren.

Analytische Behandlung

Zwei Feststellungen sind bemerkenswert:

(1) Während ein Geschäfts- oder Firmenwert bei der Buchwertmethode nicht festgestellt werden kann und gegebenenfalls im Beteiligungsbuchwert verbleibt, wird ein Geschäfts- oder Firmenwert bei der Kapitalanteilsmethode gegen das Eigenkapital aufgerechnet. Indem somit die Equity-Beteiligungen je nach Anwendung der Equity-Variante unterschiedlich behandelt werden (müssen), ist dies aus bilanzanalytischer Sicht ein unbefriedigendes Ergebnis. Dies gilt um so mehr, als in mehreren Konzernen gleichzeitig Buchwert- und Kapitalanteilsmethode angewendet werden und die Anteile an assoziierten Unternehmen in der Konsolidierungspraxis eine große Rolle spielen.

(2) Der Posten »Geschäfts- oder Firmenwert« in der Konzernbilanz kann sich nach neuem Recht aus mehreren Komponenten zusammensetzen. In diesem Posten können zum einen in den Einzelabschlüssen der einbezogenen Unternehmen aktivierte Beträge nach § 255 Abs. 4 HGB enthalten sein, die unter Beachtung von § 300 Abs. 2 HGB in den Konzernabschluß übernommen wurden. Zum anderen nimmt der Posten jene (Rest-)Unterschiedsbeträge auf, die aus den verschiedenen Varianten der Anwendung der Kapitalkonsolidierung resultieren. Dabei kann es sich handeln um Geschäfts- oder Firmenwerte aus der Anwendung der

- Purchase-Methode im Rahmen der Vollkonsolidierung nach § 301 HGB,

- Quotenkonsolidierung nach § 310 HGB,

- Kapitalanteilsmethode im Rahmen der Equity-Methode nach § 312 HGB.

2.1.3 Zwischenergebniseliminierung

2.1.3.1 Grundlagen

Ausgangspunkt der Konzernrechnungslegung bilden die Einzelabschlüsse der rechtlich zwar selbständigen, aber wirtschaftlich unter einheitlicher Leitung stehenden Konzernunternehmen. Die Einzelabschlüsse dieser Konzernunternehmen erfassen konzerninterne Beziehungen regelmäßig wie Beziehungen zu Konzernfremden, da die Rechnungslegung der einzelnen Konzernunternehmen aus der Sicht ihrer rechtlichen Selbständigkeit grundsätzlich keinen Unterschied zwischen Konzernfremden und Konzernunternehmen macht. So werden auch jene Erfolge, die gegenüber Konzernunternehmen erzielt werden, als realisierte Erfolge in den Einzelabschlüssen der Konzernunternehmen ausgewiesen.

Einheitstheorie Auf der Grundlage der Einheitstheorie jedoch, wonach die einzelnen Konzernunternehmen den Status von rechtlich und wirtschaftlich unselbständigen Betriebsstätten annehmen, gelten Erfolge erst dann als realisiert, wenn der Abnehmer nicht wieder ein einbezogenes Konzernunternehmen ist, d.h., wenn die Lieferung den Konzernbereich verläßt. Denn ein einzelnes Unternehmen mit mehreren Teilbetrieben darf nach den Grundsätzen ordnungsmäßiger Buchführung lieferungsbedingte Erfolge ebenfalls erst berücksichtigen, wenn die Vermögensgegenstände an Kunden des Unternehmens verkauft wurden, und nicht schon dann, wenn ein Teilbetrieb an einen anderen Teilbetrieb liefert.

Im Zuge der Konsolidierung sind daher konzerninterne Erfolge (= Zwischenergebnisse) zu eliminieren, so daß die Aufgabe der Zwischenergebniseliminierung darin besteht, Zwischenergebnisse im Rahmen der Konsolidierung zu neutralisieren und erst im Zeitpunkt ihrer endgültigen Realisierung durch einen Verkauf an Konzernfremde zu verrechnen.

Eliminierung und Realisierung konzerninterner Erfolge

Neben Zwischengewinnen können auch sogenannte Zwischenverluste auftreten. Sie sind dann gegeben, wenn innerkonzernliche Verrechnungspreise so niedrig angesetzt werden, daß willkürlich stille Reserven gelegt und damit Verluste ausgewiesen werden, die aus Konzernsicht überhaupt nicht entstanden sind. Es können daher Aufwertungen erforderlich werden, die dann den Gegenstand der Zwischenergebniseliminierung darstellen.

2.1.3.2 Konsequenzen für die Bilanzanalyse

Zwischengewinne kürzen in voller Höhe den entsprechenden Wertansatz, während die Zwischenverluste den Wertansatz aufstocken. Demgegenüber darf nicht die gesamte Höhe der Zwischengewinne bzw. Zwischenverluste Einfluß auf den Konzernjahreserfolg nehmen. Vielmehr gilt die Konsolidierungsregel, daß der Konzernjahreserfolg nur um die Veränderung der Zwischengewinne bzw. Zwischenverluste gegenüber dem Vorjahr zu korrigieren ist. Somit gilt:

Konsolidierungsregeln

(1) für Zwischenverluste:

Jahresüberschuß der Summen-Gewinn- und Verlustrechnung
+ neu entstandene Zwischenverluste aus der Betrachtungsperiode
./. aus Vorperioden stammende und in der Betrachtungsperiode abgebaute Zwischenverluste

= Konzernerfolg

das aber muß zum gleichen Ergebnis wie nachfolgende Rechnung führen:

Jahresüberschuß der Summen-Gewinn- und Verlustrechnung
+ Zunahme der Zwischenverluste gegenüber dem Vorjahr
./. Abnahme der Zwischenverluste gegenüber dem Vorjahr

= Konzernerfolg

(2) für Zwischengewinne:

Jahresüberschuß der Summen-Gewinn- und Verlustrechnung
./. neu entstandene Zwischengewinne aus der Betrachtungsperiode
+ aus Vorperioden stammende und in der Betrachtungsperiode abgebaute Zwischengewinne

= Konzernerfolg

das aber muß zum gleichen Ergebnis wie nachfolgende Rechnung führen:

Jahresüberschuß der Summen-Gewinn- und Verlustrechnung

./. Zunahme der Zwischengewinne gegenüber dem Vorjahr

+ Abnahme der Zwischengewinne gegenüber dem Vorjahr

= Konzernerfolg

Zwischenergebnis nach dem Stand am Ende des Vorjahrs

Wie die Zwischenergebnisse nach dem Stand am Ende des Vorjahrs zu verrechnen sind, wird im Gesetz nicht geregelt und in der Konsolidierungspraxis unterschiedlich praktiziert. Häufig werden diese Beträge in den Ergebnisvortrag eingestellt oder aber mit den Gewinnrücklagen verrechnet. Ohne weitere Informationen auf freiwilliger Basis besteht für den externen Analysten bei dieser Vorgehensweise keine Möglichkeit die Auswirkungen aufgrund einer vorgenommenen Zwischenergebniseliminierung nachzuvollziehen.

Werden allerdings die Zwischenergebnisse nach dem Stand am Ende des Vorjahrs in einen spezifischen Ausgleichsposten aus der Zwischenergebniseliminierung bzw. aus der Erfolgskonsolidierung eingestellt, so wäre für Zwecke der Analyse ein aktivischer Ausgleichsposten gegen das Eigenkapital aufzurechnen, während ein etwaiger passivischer Ausgleichsposten als Eigenkapitalkomponente zu betrachten wäre.

2.1.4 Schuldenkonsolidierung

Ausgehend von der Fiktion der rechtlichen Einheit kann der Konzern keine Forderungen und Verbindlichkeiten sich selbst gegenüber haben. Werden in den Einzelbilanzen der Konzernunternehmen dennoch Forderungen oder Verbindlichkeiten gegenüber Konzernunternehmen ausgewiesen, ist dieser Ausweis auf die rechtliche Selbständigkeit der Konzernunternehmen zurückzuführen. Eine bloße Summation der Einzelabschlußwerte würde der Fiktion der rechtlichen Einheit insofern nicht gerecht, als dann im Konzernabschluß Vorgänge dargestellt würden, die vom Standpunkt des Konzerns nicht denkbar sind. Forderungen und Verbindlichkeiten gegenüber konsolidierten Unternehmen sind daher im Zuge der Konsolidierung zu eliminieren; dieser Eliminierungsvorgang ist Gegenstand der Schuldenkonsolidierung gem. § 303 HGB.

Aufrechnungs-differenzen

Im Rahmen der Schuldenkonsolidierung können sich Aufrechnungsdifferenzen ergeben, wenn z.B.

(1) Fremdwährungsforderungen und Fremdwährungsverbindlichkeiten mit unterschiedlichen Kursen umgerechnet werden,

(2) Darlehen unverzinslich oder niedrig verzinslich gewährt werden,

(3) Rückstellungen keine entsprechenden Aktivposten gegenüberstehen. Konsolidierung

Konsolidierung

Auf den Konzernjahreserfolg darf nicht die gesamte Aufrechnungsdifferenz, sondern nur die Veränderung der Aufrechnungsdifferenz im Vergleich zum

Vorjahr Einfluß nehmen. Die Aufrechnungsdifferenz nach dem Stand am Ende des Vorjahrs ist in den Ergebnisvortrag oder einen eigenen Ausgleichsposten aus der Schuldenkonsolidierung bzw. Erfolgskonsolidierung einzustellen. Eine weitere Verrechnungstechnik besteht darin, die Differenz nach dem Stand am Ende des Vorjahrs mit den Gewinnrücklagen zu verrechnen.

Wird ein eigener Ausgleichsposten ausgewiesen, dürfte dies in aller Regel eine passivische Differenz sein (Verbindlichkeiten > Forderungen). Eine derartige Differenz ist dem Eigenkapital hinzuzufügen, während eine aktivische Differenz mit dem Eigenkapital zu saldieren ist. *Analytische Behandlung*

Wurde die Aufrechnungsdifferenz in den Ergebnisvortrag eingestellt oder mit den Gewinnrücklagen verrechnet, sind keine weiteren Aufbereitungsmaßnahmen im Rahmen der Strukturbilanz erforderlich.

2.1.5 Aufwands- und Ertragskonsolidierung

Im Rahmen der Aufwands- und Ertragskonsolidierung müssen auch die Ergebnisübernahmen von konsolidierten Konzernunternehmen besonders berücksichtigt werden. *Ergebnisübernahmen*

Im Falle des Bestehens von Ergebnisübernahmeverträgen erfolgt eine Übertragung des Periodenergebnisses jeweils in derselben Periode, in der es entsteht. Da Aufwendungen und Erträge, die aus Ergebnisübernahmeverträgen resultieren, grundsätzlich in gleicher Höhe entstehen, können sie direkt gegeneinander aufgerechnet werden (vgl. WYSOCKI, K.v./WOHLGEMUTH, M. 1996, S. 288).

Werden Erträge aus Beteiligungen im Jahr der Erwirtschaftung durch das Tochterunternehmen bei dem Mutterunternehmen vereinnahmt, ohne daß ein Ergebnisübernahmevertrag besteht, »so ist der Beteiligungsertrag der empfangenden Gesellschaft aus dem summierten Abschluß zu eliminieren und der Jahresüberschuß noch in diesem Jahr entsprechend zu senken« (BUSSE VON COLBE, W./ORDELHEIDE, D. 1984, S. 291), um eine Doppelerfassung in der Konzern-Gewinn- und Verlustrechnung zu vermeiden. *Zeitverschobene Vereinnahmung*

Werden die Beteiligungserträge dagegen zeitverschoben vereinnahmt, so führt dies dazu, daß der gleiche Ertrag im Jahr der Entstehung und im Jahr der Vereinnahmung in der Summen-Gewinn- und Verlustrechnung ausgewiesen wird, obwohl aus Konzernsicht nur der erste Fall zulässig ist. Dieses Problem verschärft sich mit zunehmender Anzahl der Konzernstufen; denn hier könnte der Konzernerfolg – je nach der Konzernstruktur gleich mehrfach – verfälscht werden.

Um den Konzernerfolg zutreffend auszuweisen, muß der Abschlußposten »Beteiligungsertrag« im Jahr der Vereinnahmung des Gewinns vermindert werden. Während diese Konsolidierungsregel unstrittig ist, wird die Frage unterschiedlich beantwortet, wo die entsprechende Gegenbuchung vorzunehmen ist.

Analytische
Behandlung

Einzelne Konzerne stellen Beteiligungserträge in den Ergebnisvortrag ein oder wählen die Konzernrücklagen als Gegenposten. Denkbar wäre es aber auch, einen eigenen Abschlußposten für vereinnahmte Vorjahresergebnisse oder einen Ausgleichsposten aus der Erfolgskonsolidierung einzufügen. Insbesondere in tiefgestaffelten Konzernen könnte dieser Posten Werte aufnehmen, die den Jahreserfolg des Konzerns (mehrfach) übersteigen. Insofern kommt der Zuordnung dieses Postens in der Strukturbilanz eine große Bedeutung zu. Nach dem Charakter des Ausgleichspostens ist die Größe unstrittig dem Eigenkapital des Konzerns zuzurechnen; denn es handelt sich um Gewinngrößen, die den Konzernbereich nicht verlassen haben und als ›Quasi-Thesaurierung‹ zu betrachten sind.

2.1.6 Währungsumrechnung

In den Konzernabschluß müssen auch ausländische Tochterunternehmen einbezogen werden. Doch das Gesetz regelt nicht, wie die in einer fremden Währung aufgestellten Jahresabschlüsse umzurechnen sind. In § 313 Abs. 1 Satz 2 Nr. 2 HGB wird lediglich gefordert: »Im Konzernanhang müssen ... die Grundlagen für die Umrechnung in Deutsche Mark angegeben werden, sofern der Konzernabschluß Posten enthält, denen Beträge zugrunde liegen, die auf fremde Währung lauten oder ursprünglich auf fremde Währung lauteten«.

Umrechnungs-
differenzen

Die Veränderung der Wechselkurse im Zeitablauf einerseits, also z.B. zwischen zwei Bilanzstichtagen, sowie die Verwendung unterschiedlicher Kurse (historischer bzw. Stichtagskurs) bei der Umrechnung der einzelnen Abschlußposten andererseits führen zwangsläufig zu Differenzen, die im umgerechneten Jahresabschluß in irgendeiner Form berücksichtigt werden müssen, da andernfalls der Bilanzausgleich nicht möglich wäre.

Analytische
Behandlung

Bei der Verrechnung dieser Unterschiedsbeträge finden die unterschiedlichsten Konsolidierungstechniken Anwendung. So werden unter anderem die Varianten praktiziert, daß die Differenzen in den Ergebnisvortrag, in spezifische Posten der Erfolgsrechnung oder aber in die Rücklagen eingestellt werden. Denkbar wäre aber auch, einen eigenen Ausgleichsposten aus der Währungsumrechnung in die Bilanz einzustellen. Wird dieser Weg präferiert, sollte ein aktivischer Abschlußposten mit dem Eigenkapital saldiert werden, während ein passivischer Unterschiedsbetrag als Eigenkapitalkomponente betrachtet werden sollte.

2.1.7 Latente Steuern

2.1.7.1 Grundlagen

Im Rahmen der Konzernrechnungslegung müssen sowohl passivische als auch aktivische latente Steuern erfaßt werden. Allerdings schränkt der Gesetzgeber die Berücksichtigung latenter Steuern auf solche Konsolidierungsmaßnahmen ein, die im Vierten Titel des Zweiten Unterabschnitts – also in den §§ 300 bis

307 HGB unter der Bezeichnung »Vollkonsolidierung« – geregelt sind. Somit unterliegen nicht alle zeitlichen Differenzen der Erfassungspflicht.

Auf der Grundlage des § 306 HGB, der die Steuerabgrenzung vornimmt, gelten folgende Konsolidierungsregeln: *Konsolidierungs-regeln*

(1) Differenzen aus der Zwischenergebniseliminierung und der Schuldenkonsolidierung führen grundsätzlich zur Verrechnung latenter Steuern.

(2) Differenzen fallen auch im Rahmen der angelsächsischen Methode der Kapitalkonsolidierung an (Abschreibungen des Goodwill bzw. Aufwandsverrechnungen aufgedeckter stiller Reserven). Bei diesen Differenzen handelt es sich um permanente (oder quasi-permanente) Beträge, die nur einseitig auftreten und damit nicht die Voraussetzung von zeitlichen Differenzen erfüllen. Folglich dürfen nach herrschender Meinung auch keine latenten Steuern für diese Sachverhalte erfaßt werden.

(3) Soweit im Rahmen der Equity-Methode zeitliche Differenzen anfallen, besteht keine Erfassungspflicht latenter Steuern, da die Equity-Methode außerhalb des Vierten Titels (Vollkonsolidierung; vgl. §§ 300 bis 307 HGB) geregelt ist. Gegen eine freiwillige Erfassung bestehen jedoch keine Bedenken.

(4) Erfolgswirksame Differenzen aus der Währungsumrechnung führen nicht zur Abgrenzung latenter Steuern, da es sich nicht um zeitliche, sondern quasi-permanente Erfolgsdifferenzen handelt (vgl. KESSLER/STRICKMANN 1998, Rn. 2784).

2.1.7.2 Konsequenzen für die Bilanzanalyse

Latente Steuern können im Rahmen der Konzernrechnungslegung erhebliche Werte annehmen. Insofern ist die Frage von Bedeutung, wie latente Steuern im Rahmen der Strukturbilanz zu behandeln sind.

Auch bei diesen sekundären latenten Steuern gilt die Grundvoraussetzung, daß die Steuerabgrenzung der periodengerechten Erfolgsermittlung dient und der in der Bilanz ausgewiesene Abschlußposten »in erster Linie Abgrenzungscharakter hat« (ADLER/DÜRING/SCHMALTZ 1997, § 274 HGB, Rn. 11). Weder hat ein aktivischer Abschlußposten Vermögenscharakter, noch weist ein passivischer Abschlußposten Schuldcharakter auf. Ein passivischer Abschlußposten wird im Fremdkapital unter den Rückstellungen ausgewiesen und hat den Konzernerfolg vermindert. Ein aktivischer Abschlußposten wird im Umlaufvermögen unter den Rechnungsabgrenzungsposten oder als spezifischer Posten ausgewiesen und hat den Konzernerfolg erhöht. *Abgrenzungs-charakter*

Korrekturen in der
Strukturbilanz

Da aus der Zielsetzung der Strukturbilanz heraus die tatsächliche Erfassung im Konzernabschluß nicht mit der Forderung im Einklang steht, in der Strukturbilanz nur echte Vermögens- und Kapitalgrößen auszuweisen, werden nachfolgende Korrekturen erforderlich:

(1) Aktivische latente Steuern sind gegen das Eigenkapital aufzurechnen.

(2) Passivische latente Steuern sind im Fremdkapital zu eliminieren. Das Eigenkapital ist um den Betrag der passivischen latenten Steuern zu erhöhen.

2.1.8 Konzerngewinn/Konzernverlust

2.1.8.1 Grundlagen

Keine Gewinnver-
wendungsfunktion
des Konzern-
abschlusses

Der Konzern stellt nur ein wirtschaftliches Gebilde dar, das keine eigene Rechtspersönlichkeit besitzt. Der Konzern hat auch keine Anteilseigner, und der Konzern nimmt keine Gewinnverwendung vor. Insofern kann dem Konzernabschluß, der die Vermögens-, Finanz- und Ertragslage einer rechtlich nicht existierenden Einheit Konzern darstellen soll, keine originäre oder unmittelbare Gewinnverwendungsfunktion zufallen.

Eine in einem Konzernabschluß dennoch vorgenommene Ableitung vom Konzernjahresüberschuß/Konzernjahresfehlbetrag bis hin zum Konzerngewinn/Konzernverlust hat daher hypothetischen Charakter. Es müssen in diesem Fall Annahmen darüber getroffen werden, wie die fiktiven Gesellschaftsorgane des Konzerns eine fiktive Gewinnverwendung vorgenommen hätten.

Darüber hinaus ist zu beachten, daß der Konzerngewinn(-verlust) nicht mit dem Bilanzgewinn(-verlust) der einzelgesellschaftlichen Rechnungslegung vergleichbar ist. Der Bilanzgewinn stellt im handelsrechtlichen Jahresabschluß den verteilungsfähigen Gewinn dar. Er kann ausgeschüttet oder aufgrund eines Beschlusses der entsprechenden Gremien den Rücklagen zugeführt werden. Ferner können Beträge in den Ergebnisvortrag eingestellt werden.

Reine Rechengröße
ohne Erfolgsindika-
torfunktion

Der Konzerngewinn hingegen ist eine reine Rechengröße, die unter anderem durch Konsolidierungsmaßnahmen beeinflußt wurde. Darüber hinaus enthält sie nur die Bestandteile, die auf den – durch die Mehrheitsgesellschafter repräsentierten – Konzern entfallen, so daß der Konzerngewinn – vom System her – nicht jene Größen erfaßt, die auf die gesamte Einheit Konzern bezogen sind. Vielmehr sind die auf die anderen Gesellschafter entfallenden Ergebnisanteile schon vor dem Konzerngewinn verrechnet worden. Aus den genannten Gründen ist festzustellen, daß der Konzerngewinn nicht jene Größe darstellt, die als Ausschüttungsbetrag den Konzern verläßt und damit als kurzfristiges Fremdkapital zu betrachten wäre. Er ist auch nicht als Erfolgsindikator geeignet.

2.1.8.2 Konsequenzen für die Bilanzanalyse

Für Fragen der Erstellung einer Konzernstrukturbilanz sind daraus folgende Konsequenzen zu ziehen: *Konsequenzen*

(1) Die Ausschüttung des Mutterunternehmens ist als kurzfristiges Fremdkapital zu betrachten, da dieser Betrag den Konzernbereich verläßt. Dieser Ausschüttungsbetrag muß nicht identisch mit dem ausgewiesenen Bilanzgewinn des Mutterunternehmens sein.

(2) Bei den auf andere Gesellschafter bezogenen Gewinnanteilen handelt es sich um jene Ergebnisgrößen, die auf niedrigeren Konzernstufen auf die dort vorhandenen anderen Gesellschafter entfallen. Hier sollte davon ausgegangen werden, daß diese Beträge ebenfalls in aller Regel den Konzern als Ausschüttungsbeträge verlassen. Auch diese Beträge sollten – vereinfachend – in voller Höhe dem kurzfristigen Fremdkapital zugerechnet werden.

Ganz generell ist zu bemerken, daß die hypothetisch abgeleitete Rechengröße keine eigenständige Funktion hat, so daß damit auch gleichzeitig die Frage nach der Existenzberechtigung dieser Größe aufgeworfen wird. Dies um so mehr, als der nicht oder weniger geschulte Bilanzanalytiker mit dieser Größe einen Indikator für die Ertragslage des Konzerns verbinden könnte. Diese Indikatorfunktion kann der Konzerngewinn/Konzernverlust nicht übernehmen; hierzu ist diese Größe völlig ungeeignet. Wenn Aussagen über die Ertragslage zu treffen sind, ist vielmehr – mit Einschränkungen – zunächst der Konzernjahresüberschuß/Konzernjahresfehlbetrag heranzuziehen. Ferner müssen weitergehende Rechnungen und Analysen vorgenommen werden.

Vollends fragwürdig wird die Aussagefähigkeit des Konzerngewinns/Konzernverlusts dann, wenn – wie in der Konsolidierungspraxis insbesondere von Großkonzernen präferiert – eine Identität des Konzerngewinns/Konzernverlusts mit dem Bilanzgewinn/Bilanzverlust des Mutterunternehmens an der Konzernspitze festzustellen ist. Hierzu ist zu bemerken, daß diese Identität durch spezifische Konsolidierungsmaßnahmen bewußt herbeigeführt werden kann. Gegen diese Maßnahmen können gewichtige Argumente vorgetragen werden, so daß ganz grundsätzlich die Frage diskutiert werden sollte, ob diese Konsolidierungstechnik überhaupt noch als zweckentsprechend zu bezeichnen ist. *Aussagefähigkeit*

2.2 Ergebnis: Die Strukturbilanz für den Konzernabschluß

Aus den vorangegangenen Überlegungen ergibt sich aufbauend auf den grundsätzlichen Erkenntnissen aus der Ableitung einer einzelgesellschaftlichen Strukturbilanz (vgl. 2. Abschn., 2. Kap. 2.) die in der nachfolgenden Übersicht gezeigte Strukturbilanz für den Konzernabschluß.

Übersicht 142: Strukturbilanz für den Konzernabschluß (Aktiva)

Strukturbilanz - Aktiva

A. ~~Ausstehende Einlagen auf das gezeichnete Kapital~~
   ~~– davon eingefordert –~~

B. ~~Aufwendungen für die Ingangsetzung und Erweiterung des Geschäfts-~~
   ~~betriebs~~

C. **Bilanzanalytisches Anlagevermögen**

     I. immaterielle Vermögensgegenstände
   (./. aktivierter Geschäfts- oder Firmenwert aus den Einzelabschlüssen, aus
   der Purchase-Methode, der Quotenkonsolidierung und der Equity-Methode)

     II. Sachanlagen

     III. Finanzanlagen

D. ~~Ausgleichsposten aus der Währungsumrechnung und/oder aus der Erfolgs-~~
   ~~konsolidierung~~

E. **Bilanzanalytisches Umlaufvermögen**

     I. Vorräte (bei offener Absetzung einschl. »erhaltene Anzahlungen auf
   Bestellungen«)

     II. Forderungen und sonstige Vermögensgegenstände

     III. Wertpapiere (evtl. ./. eigene Anteile)

     IV. Schecks, Kassenbestand, Bundesbank- und Postgiroguthaben, Guthaben bei
   Kreditinstituten

     V. Rechnungsabgrenzungsposten (./. Disagio)

F. ~~Latente Steuern~~

Übersicht 143: Strukturbilanz für den Konzernabschluß (Passiva)

Strukturbilanz - Passiva

A. Bilanzanalytisches Eigenkapital

gezeichnetes Kapital (ggf. gemindert um den Nennwert/rechnerischen Betrag eigener Anteile)
(./. nicht eingeforderte Einlagen)

+   Kapitalrücklage

+   Gewinnrücklagen
(evtl. ./. Rücklage für eigene Anteile)

+   Ausgleichsposten für Anteile anderer Gesellschafter
(./. der den anderen Gesellschaftern zustehende Gewinn)

+   passivischer Ausgleichsposten aus der Währungsumrechnung und/oder aus der Erfolgskonsolidierung

./.   aktivischer Ausgleichsposten aus der Währungsumrechnung und/oder aus der Erfolgskonsolidierung

+   vereinnahmte Vorjahresergebnisse

./.   Aufwendungen für die Ingangsetzung und Erweiterung des Geschäftsbetriebs

./.   aktivierter Geschäfts- oder Firmenwert aus den Einzelabschlüssen, aus der Purchase-Methode, der Quotenkonsolidierung und der Equity-Methode

./.   Disagio

./.   aktivische latente Steuern aus den Einzelabschlüssen sowie aus der Konzernrechnungslegung

+   passivische latente Steuern aus den Einzelabschlüssen sowie aus der Konzernrechnungslegung

./.   in den Einzelbilanzen nicht ausgewiesene Rückstellungen für Pensionen und ähnliche Verpflichtungen

+   Aufwandsrückstellungen

+   50 % der Sonderposten mit Rücklageanteil (gilt auch für die in diesem Posten unter Umständen enthaltenen steuerrechtlichen Mehrabschreibungen)

+   66 $^2/_3$ % der Baukostenzuschüsse

+   50 % der Sonderposten für Investitionszuschüsse im Anlagevermögen

+   Sonderposten für Investitionszulagen im Anlagevermögen
Berücksichtigung der Gewinnverwendung:

    a) vor erfolgter Gewinnverwendung
       ± Konzernjahresüberschuß/Konzernjahresfehlbetrag
       ± Gewinnvortrag/Verlustvortrag
       ./. auszuschüttender Betrag des Mutterunternehmens

    b) nach teilweiser oder vollständiger Gewinnverwendung
       ± Konzernbilanzgewirin/Konzernbilanzverlust
       ./. auszuschüttender Betrag des Mutterunternehmens

Übersicht 143: (Fortsetzung)

Strukturbilanz - Passiva

B.   Bilanzanalytisches Fremdkapital

  50 % der Sonderposten mit Rücklageanteil
+ 33$^1/_3$ % der Baukostenzuschüsse
+ 50 % der Soriderposten für Investitionszuschüsse im Anlagevermögen
+ der den anderen Gesellschaftern zustehende Gewinn
+ auszuschüttender Betrag des Mutterunternehmens
+ Rückstellungen aus der Bilanz
  (./. Aufwandsrückstellungen; ./. passivische latente Steuern aus den Einzelabschlüssen sowie der Konzernrechnungslegung)
+ in den Einzelbilanzen nicht ausgewiesene Rückstellungen für Pensionen und
  ähnliche Verpflichtungen
+ passivische Unterschiedsbeträge aus der Purchase-Methode und aus der Equity-
  Methode
+ Verbindlichkeiten
  (einschl. »erhaltene Anzahlungen auf Bestellungen«)
+ Rechnungsabgrenzungsposten

| kurzfristig = vor Ablauf eines Jahres fällig | mittelfristig = Fälligkeit zwischen einem und fünf Jahren | langfristig = nach Ablauf von fünf Jahren fällig |

Merksätze:

1. Neben den Aufbereitungsmaßnahmen, die auch schon im Rahmen der Analyse des Einzelabschlusses erforderlich sind, müssen zur Erstellung einer Strukturbilanz für den Konzernabschluß weitere spezifische Korrekturen durchgeführt werden.

2. Bei der Einbeziehung von Konzernunternehmen sollte ein entstehender Geschäfts- oder Firmenwert aus der Kapitalkonsolidierung mit dem Eigenkapital saldiert werden, während ein passivischer Unterschiedsbetrag im Zweifel dem Fremdkapital zuzuordnen wäre.

   Die Anteile anderer Gesellschafter stellen Eigenkapital des Konzerns dar; entsprechende Gewinnanteile sollten ins Fremdkapital umgegliedert werden.

3. Sich ergebende Unterschiedsbeträge aus der Einbeziehung von Gemeinschaftsunternehmen oder assoziierten Unternehmen sind, soweit überhaupt erkennbar, innerhalb der Konzernstrukturbilanz entsprechend (vgl. 2.) zu behandeln.

4. Werden im Konzernabschluß Ausgleichsposten aus der Währungsumrechnung und/oder aus der Erfolgskonsolidierung ausgewiesen, so sollte ein solcher aktivischer Posten mit dem Eigenkapital saldiert und ein passivischer Posten dem Eigenkapital hinzugerechnet werden.

5. Der Posten »Konzerngewinn/Konzernverlust« stellt eine durch spezifische Konsolidierungsmaßnahmen beeinflußte, zum Teil bewußt herbeigeführte Rechengröße dar, der keine eigenständige Analysefunktion zugesprochen werden sollte.

Literaturverzeichnis

ADLER, H./DÜRING, W./SCHMALTZ, K. (1997), Rechnungslegung und Prüfung der Unternehmen. Kommentar zum HGB, AktG, GmbHG, PublG nach den Vorschriften des Bilanzrichtlinien-Gesetzes, Bearbeiter: Forster, K.-H./Goerdeler, R./Lanfermann, J./Müller, H.-P./Siepe, G./Stolberg, K., 6. Aufl., Stuttgart 1997.

ADLER, H./DÜRING, W./SCHMALTZ, K. (1995), Rechnungslegung und Prüfung der Unternehmen. Kommentar zum HGB, AktG, GmbHG, PublG nach den Vorschriften des Bilanzrichtlinien-Gesetzes, Bearbeiter: Forster, K.-H./Goerdeler, R./Lanfermann, J./Müller, H.-P./Siepe, G./Stolberg, K., 6. Aufl. Stuttgart 1995.

ALBACH, H. (1978), Die Verteilung des Unternehmereinkommens, in: ZfB 1978, S. 626-631.

ALTMAN, E.I. (1967), The Prediction of Corporate Bankruptcy: A Discriminant Analysis, University of California, Los Angeles 1967.

AMERICAN INSTITUTE OF CERTIFIED PUBLIC ACCOUNTANTS (1992), Accounting Trends and Techniques, New York 1992.

ARBEITSKREIS FINANZIERUNGSRECHNUNG DER SCHMALENBACHGESELLSCHAFT – DEUTSCHE GESELLSCHAFT FÜR BETRIEBSWIRTSCHAFT e.V. (1990), in: Buchmann, R./Chmielewicz, K. (Hrsg.), Finanzierungsrechnung, ZfbF-Sonderheft 26/1990, Düsseldorf 1990.

ASB (1991), Accounting Standards Board (Hrsg.), Financial Reporting Standard No. 1, Cash Flow Statements, in: Accountancy November 1991, S. 129-140.

ASC (1990), Accounting Standards Committee (Hrsg.), Exposure Draft No. 54, Cash Flow Statements, in: Accountancy September 1990, S. 151-160.

BAATZ, E. (1983), Die Gewinn- und Renditeentwicklung in der deutschen Wirtschaft, in: ZfB 1983, S. 774-792.

BACKHAUS, K. u.a. (1994), Multivariate Analysemethoden. Eine anwendungsorientierte Einführung, 7. Aufl., Berlin u.a. 1994.

BADEN, K. (1992), Vergleichende Unternehmensbeurteilungen und Aktienkurse, Kiel 1992.

BADEN, K. (1994), Alternative Ansätze zur Performance-Messung von Unternehmen, in: Höfner, K./Pohl, A. (Hrsg.), Wertsteigerungs-Management, Frankfurt/Main 1994.

BAETGE, J. (1980), Früherkennung negativer Entwicklungen der zu prüfenden Unternehmung mit Hilfe von Kennzahlen, in: WPg 1980, S. 651-665.

BAETGE, J. (1989), Möglichkeiten der Früherkennung negativer Unternehmensentwicklungen mit Hilfe statistischer Jahresabschlußanalysen, in: ZfbF 1989, S. 792-811.

BAETGE, J. u.a. (1994), Bonitätsbeurteilung von Jahresabschlüssen nach neuem Recht (HGB 1985) mit Künstlichen Neuronalen Netzen auf der Basis von Clusteranalysen, in: DB 1994, S. 337–343.

BAETGE, J./BALLWIESER, W. (1978), Probleme einer rationalen Bilanzpolitik, in: BFuP 1978, S. 511-530.

BAETGE, J./BEUTER, H.B./FEIDICKER, M. (1992), Kreditwürdigkeitsprüfung mit Diskriminanzanalyse, in: WPg 1992, S. 749-761.

BAETGE, J./COMMANDEUR, D. (1995), Kommentierung des § 264 HGB, in: Küting, K./ Weber, C.-P. (Hrsg.), Handbuch der Rechnungslegung. Kommentar zur Bilanzierung und Prüfung, 4. Aufl., Stuttgart 1995.

BAETGE, J./FEY, D./FEY, G. (1995), Kommentierung des § 243 HGB, in: Küting, K./ Weber, C.-P. (Hrsg.), Handbuch der Rechnungslegung. Kommentar zur Bilanzierung und Prüfung, 4. Aufl., Stuttgart 1995.

BAETGE, J./FISCHER, T. (1988), Externe Erfolgsanalyse auf der Grundlage des Umsatzkostenverfahrens, in: BFuP 1988, S. 1-21.

BAETGE, J./FISCHER, T./PASKERT, D. (1989), Lagebericht. – Aufstellung, Prüfung und Offenlegung –, Stuttgart 1989.

BAETGE, J./HÜLS, D./UTHOFF, C. (1994), Bilanzbonitätsanalyse mit Hilfe der Diskriminanzanalyse nach neuem Bilanzrecht, Controlling 1994,S. 320-327.

BAETGE, J./HUSS, M./NIEHAUS, H.-J. (1986), Die statistische Auswertung von Jahresabschlüssen zur Informationsgewinnung bei der Abschlußprüfung, in: WPg 1986, S. 605-613.

BAETGE, J./HUSS, M./NIEHAUS, H.-J. (1987), Betriebswirtschaftliche Möglichkeit zur Erkennung einer drohenden Insolvenz, in: IdW (Hrsg.), Beiträge zur Reform des Insolvenzrechts, Düsseldorf 1987.

BAETGE, J./NIEHAUS, H.-J. (1989), Moderne Verfahren der Jahresabschlußanalyse, in: Baetge, J. (Hrsg.), Bilanzanalyse und Bilanzpolitik, Düsseldorf 1989, S. 139-174.

BAETGE, J./NIEHAUS, H.-J. (1990), Prognosefähigkeit von Vermögens-, Finanz- und Ertragskennzahlen im empirischen Test, in: Coenenberg, A.G. (Hrsg.), Bilanzanalyse nach neuem Recht, 2. Aufl., Landsberg a.L. 1990, S. 69-89.

BALLWIESER, W. (1987), Die Analyse von Jahresabschlüssen nach neuem Recht, in: WPg 1987, S. 57-68.

BALLWIESER, W. (1989), Die Einflüsse des neuen Bilanzrechts auf die Jahresabschlußanalyse, in: Baetge, J. (Hrsg.), Bilanzanalyse und Bilanzpolitik, Düsseldorf 1989, S. 15-49.

BALLWIESER, W. (1993), Bilanzanalyse, in: Chmielewicz, K./Schweitzer, M. (Hrsg.), Handwörterbuch des Rechnungswesens, 3. Aufl., Stuttgart 1993, Sp. 211-221.

BARTELS, H. (1960), Das Kontensystem für die Volkswirtschaftlichen Gesamtrechnungen der Bundesrepublik Deutschland. Erster Teil: Das angestrebte Kontensystem, in: Wirtschaft und Statistik 1960, S. 317-344.

BARTRAM, W. (1989), Einblick in die Finanzlage eines Unternehmens aufgrund seiner Jahresabschlüsse, in: DB 1989, S. 2389-2395.

BAUER, J. (1981), Zur Rechtfertigung von Wahlrechten in der Bilanz, in: BB 1981, S. 766-772.

BAUER, J. (1981a), Grundlagen einer handels- und steuerrechtlichen Rechnungslegungspolitik der Unternehmung, Wiesbaden 1981.

BAUER, W./FÜSER, K./SCHMIDTMEIER, S. (1997), Von der neuronalen Kreditwürdigkeitsprüfung zur neuronalen Einzelwertberichtigung, in: WPg 1997, S. 281–287.

BEA, F.X. (1993), Rentabilität, in: Chmielewicz, K./Schweitzer, M. (Hrsg.), Handwörterbuch des Rechnungswesens, 3. Aufl., Stuttgart 1993, Sp. 1717-1728.

BEAVER, W. (1965), Financial Ratios as Predictors of Failure, University of Chicago 1965.

BEAVER, W. (1966), Financial Ratios as Predictors of Failure, in: Empirical Research in Accounting: Selected Studies, in: JoAR 1966, S. 71-111.

BECKER, B. (1990), Die Veränderung von (Experten-)wissen durch den Prozeß der Wissensakquisition, in: KI 2/1990, S. 31-34.

BEIER, J./SCHLOSSAREK, G. (1980), Wertschöpfungs- und Finanzierungsrechnung (Teil 1 und 2), in: DB 1980, S. 1129-1135, S. 1177-1185.

BENDER, J. (1996), Grundsatzfragen der Ergebnisbereinigung nach DVFA/SG – Möglichkeiten und Grenzen der Ermittlung einer aktienanalytischen Erfolgsgröße –, Stuttgart 1996.

BERING, R. (1975), Prüfung der Deckungsstockfähigkeit von Industriekrediten durch das Bundesaufsichtsamt für das Versicherungswesen, in: ZfB 1975, S. 25-54.

BERSTEIN, A.L. (1989), Financial Statement Analysis: Theory, Application and Interpretation, 4. Aufl., Homewood Ill. 1989.

BETRIEBSWIRTSCHAFTLICHER AUSSCHUSS DES ZENTRALVERBANDES DER ELEKTROTECHNISCHEN INDUSTRIE e.V. (1989) (Hrsg.), ZVEI-Kennzahlensystem, 4. Aufl., Frankfurt 1989.

BIEG, H. (1983), Finanzierungsregeln, in: WiSt 1983, S. 491-496.

BITZ, M./SCHNEELOCH, D./WITTSTOCK, W. (1995), Der Jahresabschluß, 2. Aufl., München 1995.

BOEMLE, M. (1981), Theorie und Praxis der Kapitalflußrechnung, in: Die Unternehmung 1981, S. 18-41.

BÖNING, D.-J. (1973), Zum Aussagewert von Cash-flow-Kennziffern. Eine kritische Stellungnahme, in: DB 1973, S. 437-440.

BOOSE, J.H./GAINES, B.R. (1989), Knowledge Acquisition for Knowledge-Based-Systems: Notes on the State-of-the-Art, in: Machine Learning 1989, S. 377-394.

BORCHERT, D. (1995), Kommentierung des § 275 HGB, in: Küting, K./Weber, C.-P. (Hrsg.), Handbuch der Rechnungslegung. Kommentar zur Bilanzierung und Prüfung, 4. Aufl., Stuttgart 1995.

BORN, K. (1994), Bilanzanalyse international, Stuttgart 1994.

BORTHICK, A.F./WEST, O.D. (1987), Expert Systems – A New Tool for the Professionals, in: Accounting Horizons, März 1987, S. 9-16.

BRAUN, S. (1994), Neuronale Netze in der Aktienkursprognose, in: Rehkugler, H./Zimmermann, H.G. (Hrsg.), Neuronale Netze in der Ökonomie, München 1994, S. 131-207.

BREYCHA, O./SCHÄFER, W. (1990), Kommentierung des § 321 HGB, in: Küting, K./Weber, C.-P. (Hrsg.), Handbuch der Rechnungslegung. Kommentar zur Bilanzierung und Prüfung, 3. Aufl., Stuttgart 1990.

BT-Drucksache (10/317), Gesetzentwurf der Bundesregierung. Entwurf eines Gesetzes zur Durchführung der Vierten Richtlinie des Rates der Europäischen Gemeinschaften zur Koordinierung des Gesellschaftsrechts (Bilanzrichtlinie-Gesetz) mit Begründung vom 26.8.1983.

BT-Drucksache (10/4268), Beschlußempfehlung und Bericht des Rechtsausschusses (6. Ausschuß) zu dem von der Bundesregierung eingebrachten Entwurf eines Gesetzes zur Durchführung der Vierten Richtlinie des Rates der Europäischen Gemeinschaften zur Koordinierung des Gesellschaftsrechts (Bilanzrichtlinie-Gesetz) – Drucksache 10/317 –; Entwurf eines Gesetzes zur Durchführung der Siebenten und Achten Richtlinie des Rates der Europäischen Gemeinschaften zur Koordinierung des Gesellschaftsrechts – Drucksache 10/3440 – vom 18.11.1985.

BUCHANAN, B.G. (1989), Can Machine Learning Offer Anything to Expert Systems, in: Machine Learning 1989, S. 251-254.

BUCHNER, R. (1981), Bilanzanalyse und Bilanzkritik, in: Kosiol, E./Chmielewicz, K./Schweitzer, M. (Hrsg.), Handwörterbuch des Rechnungswesens, 2. Aufl., Stuttgart 1981, Sp. 194-205.

BUCHNER, R. (1981a), Grundzüge der Finanzanalyse, München 1981.

BUCHNER, R. (1985), Finanzwirtschaftliche Statistik und Kennzahlenrechnung, München 1985.

BUDDE, W.D. u.a. (1995) (Hrsg.), Beck'scher Bilanz-Kommentar. Handels- und Steuerrecht – §§ 238 bis 339 HGB –, 3. Aufl., München 1995.

BURGARD, H. (1983), Empirische Bilanzforschung in der Praxis, in: ZfbF 1983, S. 303-320.

BURGER, A. (1995), Jahresabschlußanalyse, München/Wien 1995.

BURGER, A./SCHELLBERG, B. (1994), Rating von Unternehmen mit neuronalen Netzen, in: BB 1994, S. 869–872.

BUSSE VON COLBE, W. (1976), Cash-Flow, in: Büschgen, H. (Hrsg.), Handwörterbuch der Finanzwirtschaft, Stuttgart 1976, Sp. 241-252.

BUSSE VON COLBE, W. (1976a), Finanzanalyse, in: Büschgen, H. (Hrsg.), Handwörterbuch der Finanzwirtschaft, Stuttgart 1976, Sp. 384-401.

BUSSE VON COLBE, W. (1987), Die neuen Rechnungslegungsvorschriften aus betriebswirtschaftlicher Sicht, in: ZfbF 1987, S. 191-205.

BUSSE VON COLBE, W. (1989), Meinungsspiegel, in: BFuP 1989, S. 387-409.

BUSSE VON COLBE, W. (1990), Ergebnis je Aktie – Zu den Empfehlungen eines Arbeitskreises der Schmalenbach-Gesellschaft – DGfB, in: Coenenberg, A.G. (Hrsg.), Bilanzanalyse nach neuem Recht, 2. Aufl., Landsberg a.L. 1990, S. 209-221.

BUSSE VON COLBE, W. (1993), Kapitalflußrechnung, in: Chmielewicz, K./Schweitzer, M. (Hrsg.), Handwörterbuch des Rechnungswesens, 3. Aufl., Stuttgart 1993, Sp. 1074-1085.

BUSSE VON COLBE, W. u.a. (1996), Ergebnis nach DVFA/SG. Gemeinsame Empfehlung, 2. Aufl., Stuttgart 1996.

BUSSE VON COLBE, W./ORDELHEIDE, D. (1984), Konzernabschlüsse. Rechnungslegung für Konzerne nach betriebswirtschaftlichen Grundsätzen und gesetzlichen Vorschriften, mit Text und Erläuterung der 7. EG-Richtlinie, 5. Aufl., Wiesbaden 1984.

BUSSE VON COLBE, W./ORDELHEIDE, D. (1993), Konzernabschlüsse. Rechnungslegung für Konzerne nach betriebswirtschaftlichen Grundsätzen und gesetzlichen Vorschriften, 6. Aufl., Wiesbaden 1993.

BÜTTNER, U. u.a. (1988), Expertensysteme zur Jahresabschlußanalyse für mittlere und kleine Unternehmen, in: ZfB 1988, S. 229-251.

CHASTEEN, L.G./FLAHERTY, R.E./O'CONNOR, M.C. (1992), Intermediate Accounting, 4. Aufl., New York u.a. 1992.

CHMIELEWICZ, K. (1982), Unternehmensanalyse mit Hilfe von Kennziffern: Rentabilität (I) und (II), in: WISU 1982, S. 271-275, S. 323-331.

CHMIELEWICZ, K./CASPARI, B. (1985), Zur Problematik von Finanzierungsrechnungen, in: DBW 1985, S. 156-169.

CLEMM, H. (1989), Bilanzpolitik und Ehrlichkeits-(»true and fair view« -) Gebot, in: WPg 1989, S. 357-366.

COENENBERG, A.G. (1989), Die Konzernbilanz nach neuem Handelsrecht, Düsseldorf 1989.

COENENBERG, A.G. (1990), Vorwort zu Coenenberg, A.G. (Hrsg.), Bilanzanalyse nach neuem Recht, 2. Aufl., Landsberg a.L. 1990, S. 13-14.

COENENBERG, A.G. (1990a), Konzept der Bilanzanalyse und Probleme aufgrund des neuen Bilanzrechts, in: Coenenberg, A.G. (Hrsg.), Bilanzanalyse nach neuem Recht, 2. Aufl., Landsberg a.L. 1990, S. 15-31.

COENENBERG, A.G. (1997), Jahresabschluß und Jahresabschlußanalyse. Betriebswirtschaftliche, handels- und steuerrechtliche Grundlagen, 16. Aufl., Landsberg a.L. 1997.

COENENBERG, A.G./SCHMIDT, F. (1978), Die Kapitalflußrechnung als Ergänzungsrechnung des veröffentlichten Jahresabschlusses, in: ZfB 1978, S. 507-516.

DAIMLER-BENZ AG (1989), Geschäftsbericht 1989.

DANERT, G. (1980), Bilanzstrukturen und Fremdfinanzierung – Ein Beitrag zu praktischen Fragen der Bilanzanalyse und Unternehmensplanung, in: ZfbF 1980, S. 989-995.

DELLMANN, K. (1988), Renaissance des Cash Flow, in: BB 1988, S. 1630-1634.

DELLMANN, K. (1990), Kapitalflußrechnung und Finanzierungsrechnung, in: Wysocki, K.v./Schulze-Osterloh, J. (Hrsg.), Handbuch des Jahresabschlusses in Einzeldarstellungen, Abt. IV/6, Köln 1990.

DELLMANN, K./KALINSKI, R. (1986), Die Rechnungslegung zur Finanzlage der Unternehmung, in: DBW 1986, S. 174-187.

DEMMER, C. u.a. (1988), 500 Börsenunternehmen im Test: Was deutsche Aktien wirklich wert sind, in: Manager Magazin 11/1988, S. 126-203.

DÖRING, U. (1993), Bilanzgewinn, in: Lück, W. (Hrsg.), Lexikon der Betriebswirtschaft, 5. Aufl., Landsberg a.L. 1993, S. 198-199.

DÖRING, U. (1995), Bilanzanalyse, in: Corsten, H. (Hrsg.), Lexikon der Betriebswirtschaftslehre, 3. Aufl., München/Wien 1995, S. 134-137.

DÖRNER, D./WIRTH, M. (1995), Kommentierung der §§ 284-288 HGB, in: Küting, K./Weber, C.-P. (Hrsg.), Handbuch der Rechnungslegung. Kommentar zur Bilanzierung und Prüfung, 4. Aufl., Stuttgart 1995.

DRABICH-WAECHTER, G.v. (1986), Expertensysteme ziehen in Banken ein, in: Computerwoche vom 29.08.1986, S. 24-25.

DRÄGER, U. u.a. (1986), Expertensysteme und Jahresabschlußanalyse, in: DSWR 1986, S. 239-244.

DRÄGER, U. u.a. (1986a), Stand des Expertensystems zur GuV-Analyse, Arbeitspapiere, Informatik Forschungsgruppe VIII, Friedrich-Alexander-Universität, Erlangen-Nürnberg 7/1986.

DREGER, K.-M. (1969), Der Konzernabschluß, Wiesbaden 1969.

DRUKARCZYK, J. (1981), Rücklagen, in: Kosiol, E./Chmielewicz, K./Schweitzer, M. (Hrsg.), Handwörterbuch des Rechnungswesens, 2. Aufl., Stuttgart 1981, Sp. 1464-1473.

DÜRRHAMMER, W.W. (1980), Ernst Walbs Beitrag zur Bilanzlehre, in: ZfbF 1980, S. 966-974.

DVFA/SG (1993), Cash Flow nach DVFA/SG – Gemeinsame Empfehlung der Kommission für Methodik der Finanzanalyse der Deutschen Vereinigung für Finanzanalyse und Anlageberatung (DVFA) und dem Arbeitskreis »Externe Unternehmensrechnung« der Schmalenbach-Gesellschaft – Deutsche Gesellschaft für Betriebswirtschaft (SG), in: Wpg 1993, S. 599-602.

DZIEMBOWSKI, H. v./MERTENS, P. (1962), Return on Investment. Eine Übersicht über seine Formen und die Verfahren seiner Berechnung, in: krp 1962, S. 193-199.

EGGER, A. (1994), Rentabilität, in: Busse von Colbe, W. (Hrsg.), Lexikon des Rechnungswesens, 3. Aufl., München/Wien 1994, S. 526-528.

EHRT, R. (1995), Die Einheitlichkeit der Bewertung im Konzern – Theorie und Konsolidierungswirklichkeit, in: Küting, K./Weber, C.-P. (Hrsg.), Das Rechnungswesen im Konzern. Intern – Extern, Stuttgart 1995, S. 153-174.

E.I. DU PONT NEMOURS AND COMPANY (1959), Executive Committee, Control Charts, A Description of the Du Pont Chart System for Appraising Operating Performance, 3. Aufl., Wilmington, Delaware 1959.

EISELE, W./RENTSCHLER, R. (1989), Gemeinschaftsunternehmen im Konzernabschluß, in: BFuP 1989, S. 309-324.

ELLROTT, H. (1995), Kommentierung des § 284 HGB, in: Budde, W.D. u.a. (Hrsg.), Beck'scher Bilanz-Kommentar. Handels- und Steuerrecht – §§ 238 bis 339 HGB, 3. Aufl., München 1995.

ELLROTT, H. (1995a), Kommentierung des § 285 HGB, in: Budde, W.D. u.a. (Hrsg.), Beck'scher Bilanz-Kommentar. Handels- und Steuerrecht – §§ 238 bis 339 HGB, 3. Aufl., München 1995.

ELLROTT, H./SCHMIDT-WENDT, D. (1995), Kommentierung des § 255 HGB, in: Budde, W.D. u.a. (Hrsg.), Beck'scher Bilanz-Kommentar. Handels- und Steuerrecht – §§ 238 bis 339 HGB –, 3. Aufl., München 1995.

ERXLEBEN, K. u.a. (1992), Klassifikation von Unternehmen – ein Vergleich von Neuronalen Netzen und Diskriminanzanalyse, in: ZfB 1992, S. 1237-1262.

FEIDICKER, M. (1992), Kreditwürdigkeitsprüfung – Entwicklung eines Bonitätsindikators, Düsseldorf 1992.

FEIGENBAUM, E.A. (1987), Expertensysteme, in: UNISYS-Magazin 1/1987, S. 15.

FELGENTREU, K.-U./KRASEMANN, H./MESSING, J. (1989), Entwicklungsstrategien, in: HMD 147/1989, S. 35-43.

FIEDLER, H. (1987), Orientierung über juristische Expertensysteme, in: CR 1987, S. 325-331.

FLASKÄMPER, P. (1928), Theorie der Indexzahlen, Berlin/Leipzig 1928.

FÖRSCHLE, G. (1995), Kommentierung des § 277 HGB, in: Budde, W.D. u.a. (Bearb.), Beck'scher Bilanzkommentar. Handels- und Steuerrecht – §§ 238 bis 339 HGB –, 3. Auflage, München 1995.

FORSTER, K.-H. (1982), Anhang, Lagebericht, Prüfung und Publizität im Regierungsentwurf eines Bilanzrichtlinien-Gesetzes (Teil I und II), in: DB 1982, S. 1577-1582, S. 1631-1635.

FORSTER, K.-H. (1983), Bilanzpolitik und Bilanzrichtlinie-Gesetz – welche Freiräume bleiben noch?, in: BB 1983, S. 32-37.

FOSTER, George: Financial Statement Analysis, 2. Aufl., Englewoodcliffs 1986.

FRANKE, G./HAX, H. (1994), Finanzwirtschaft des Unternehmens und Kapitalmarkt, 3. Aufl., Berlin u.a. 1994.

FRÄNKISCHE ÜBERLANDWERKE AG (1994), Geschäftsbericht 1994.

GABRIEL, R./FRICK, D. (1991), Expertensysteme zur Lösung betriebswirtschaftlicher Problemstellungen, in: ZfbF 1991, S. 544-565.

GEBHARDT, G. (1980), Insolvenzprognosen aus aktienrechtlichen Jahresabschlüssen. Eine Beurteilung der Reform der Rechnungslegung durch das Aktiengesetz 1965 aus der Sicht unternehmensexterner Adressaten, in: Besters, H. u.a. (Hrsg.), Bochumer Beiträge zur Unternehmensführung und Unternehmensforschung, Bd. 22, Wiesbaden 1980.

GEBHARDT, G. (1984), Kapitalflußrechnungen als Mittel zur Darstellung der »Finanzlage«, in: WPg 1984, S. 481-491.

GEISS, W./STRASSNER, N./MERTENS, P. (1989), Ausgewählte Vergleiche von Expertensystemen mit alternativen Entscheidungsunterstützungs-Methoden, in: KI 1989, S. 68-72.

GEMÜNDEN, H.-G. (1988), Defizite der empirischen Insolvenzforschung, in: Hauschildt, J. (Hrsg.), Krisendiagnose durch Bilanzanalyse, Köln 1988, S. 135-152.

GÖLLERT, K. (1984), Auswirkungen des Bilanzrichtlinien-Gesetzes auf die Bilanzanalyse, in: BB 1984, S. 1845-1853.

GÖLLERT, K./RINGLING, W. (1986), Bilanzanalyse nach dem Bilanzrichtlinien-Gesetz: Fallbezogener Kennzahlenvergleich, in: Die Bank 1986, S. 124-133.

GÖLLERT, K./RINGLING, W. (1986a), Erste Abschlüsse nach neuem Recht: Testmaterial für die Analysepraxis, in: Die Bank 1986, S. 527-531.

GRÄFER, H. (1990), Möglichkeiten der Bilanzanalyse, in: Küting, K./Weber, C.-P. (Hrsg.), Handbuch der Rechnungslegung. Kommentar zur Bilanzierung und Prüfung, 3. Aufl., Stuttgart 1990, I. Kap., Rn. 192-265.

GRÄFER, H. (1994), Bilanzanalyse. Eine Einführung mit Aufgaben und Lösungen, 6. Aufl., Herne/Berlin 1994.

GRÄFER, H. (1997): Bilanzanalyse, 7. Aufl., Herne/Berlin 1997.

GRENZ, T. (1987), Dimensionen und Typen von Unternehmenskrisen. Analysemöglichkeiten auf der Grundlage von Jahresabschlußinformationen, Frankfurt a.M./Bern/ New York 1987.

GUHR, H.-M. (1972), Gewinn und Cash Flow als Bewertungskriterien, in: Siebert, G. (Hrsg.), Aktienanalyse, Frankfurt 1972, S. 26-53.

GUSTAVUS, E. (1990), Handelsregister-Datenbank – Pro und Contra, in: GmbHR 1990, S. 197-200.

HABERSTOCK, L. (1982), Grundzüge der Kosten- und Erfolgsrechnung, 3. Aufl., Hamburg 1982.

HAHN, D. (1969), Ergebnisorientierte Planungsrechnung mehrgliedriger Unternehmungen auf der Basis des »Return on Investment« ROI, in: ZfO 1969, S. 177-192.

HAHN, D. (1976), Return on Investment, in: Grochla, E./Wittmann, W. (Hrsg.), Handwörterbuch der Betriebswirtschaft, 4. Aufl., Bd. 3, Stuttgart 1976, Sp. 3420-3428.

HAHN, O. (1971), Die Wahlkriterien finanzwirtschaftlicher Entscheidungen, in: Hahn, O. (Hrsg.), Handbuch der Unternehmensfinanzierung, München 1971, S. 121-172.

HAHN, O. (1990), Allgemeine Betriebswirtschaftslehre, München 1990.

HÄRLE, D. (1961), Finanzierungsregeln und ihre Problematik, Wiesbaden 1961.

HÄRLE, D. (1970), Finanzierungsregeln und Liquiditätsbeurteilung, in: Janberg, H. (Hrsg.), Finanzierungshandbuch, 2. Aufl., Wiesbaden 1970, S. 89-110.

HARMON, P./KING, D. (1989), Expertensysteme in der Praxis, 3. Aufl., München/Wien 1989.

HARMS, J.E./KÜTING, K. (1983), Das Dilemma der Eigenkapitalbeurteilung im Rahmen der externen Bilanzanalyse, in: BB 1983, S. 1067-1072.

HARRMANN, A. (1986), Cash-flow-Ermittlung, Bedeutung und Aussagefähigkeit, in: DB 1986, S. 2612-2616.

HARRMANN, A. (1988), Bilanzanalyse für die Praxis unter Berücksichtigung moderner Kennzahlen und Einbeziehung der neuen Rechnungslegung (BiRiLiG), 3. Aufl., Herne/Berlin 1988.

HART, A. (1986), Knowledge Acquisition for Expert Systems, London 1986.

HARTMANN, B. (1985), Angewandte Betriebsanalyse, 3. Aufl., Freiburg i.Br. 1985.

HARTMANN-WENDELS, T. (1986), Cash-Flow, in: WISU 1986, S. 472.

HAUSCHILDT, J. (1971), Entwicklungslinien der Bilanzanalyse, in: ZfbF 1971, S. 335-351.

HAUSCHILDT, J. (1996), Erfolgs- und Finanz-Analyse. Fragengeleitete, computergestützte Analyse der »Vermögens-, Finanz- und Ertragslage des Unternehmens« nach dem Bilanzrichtlinien-Gesetz, 3. Aufl., Köln 1996.

HAUSCHILDT, J. (1988), Vorgehensweise und Ergebnisse der statistischen Insolvenzdiagnose, in: Hauschildt, J. (Hrsg.), Krisendiagnose durch Bilanzanalyse, Köln 1988, S. 115-152.

HAUSCHILDT, J. (1988a), Bilanzanalyse, Bilanzkritik und Bilanzpolitik, in: Albers, W. u.a. (Hrsg.), Handwörterbuch der Wirtschaftswissenschaft, Stuttgart 1988.

HAUSCHILDT, J. (1990), Erfolgsspaltung: Ermittlungsmöglichkeiten und empirischer Test, in: Coenenberg, A.G. (Hrsg.), Bilanzanalyse nach neuem Recht, 2. Aufl., Landsberg a.L. 1990, S. 189-208.

HAUSCHILDT, J. (1990a), Methodische Anforderungen an die Ermittlung der Wissensbasis von Expertensystemen, in: DBW 1990, S. 525-537.

HAUSCHILDT, J. (1992), Bilanzanalyse, computergestützte, in: Coenenberg, A.G./Wysocki, K.v. (Hrsg.), Handwörterbuch der Revision, 2. Aufl., Stuttgart 1992, Sp. 278-283.

HAUSCHILDT, J./GRENZ, T./GEMÜNDEN, H.-G. (1985), Entschlüsselung von Unternehmenskrisen durch Erfolgsspaltung, in: DB 1985, S. 877-885.

HAUSCHILDT, J./KREHL, H. (1992), Erweiterungen der Erfolgs- und Bilanzanalyse mit der MIDIAS-Version 4.0, insbesondere für kleinere und mittlere Unternehmen, in: HAUSCHILDT, J. (Hrsg.), Erfolgs- und Finanzanalyse, 2. Aufl., Ergänzungslieferung, Köln 1992.

HAUSCHILDT, J./LEKER, J. (1995), Bilanzanalyse unter dem Einfluß moderner Analyse- und Prognoseverfahren, in: BFuP 1995, S. 249-268.

HAUSCHILDT, J./RÖSLER, J./GEMÜNDEN, H.-G. (1984), Der Cash Flow – Ein Krisensignalwert?, in: DBW 1984, S. 353-370.

HAVERMANN, H. (1978), Methoden der Bilanzierung von Beteiligungen (einschließlich der »equity«-Methode), in: IdW (Hrsg.), Rechnungslegung und Prüfung in internationaler Sicht, Bericht über den 11. Internationalen Accountants-Kongreß München 1977, 10. bis 14. Oktober, Düsseldorf 1978, S. 405-442.

HECKER, R. (1975), Ein Kennzahlensystem zur externen Analyse der Ertrags- und Finanzkraft von Industriegesellschaften, Frankfurt a.M./Zürich 1975.

HEIGL, A. (1989), Controlling – Interne Revision, 2. Aufl., Stuttgart 1989.

HEINEN, E. (1976), Betriebliche Kennzahlen. Eine organisationstheoretische und kyber-
netische Analyse, in: Heinen, E. (Hrsg.), Grundfragen der entscheidungsorientierten
Betriebswirtschaftslehre, München 1976, S. 145-160.

HEINEN, E. (1986), Handelsbilanzen, 12. Aufl., Wiesbaden 1986.

HEINHOLD, M. (1994), Stille Rücklagen, in: Busse von Colbe, W. (Hrsg.), Lexikon des
Rechnungswesens. Handbuch der Bilanzierung und Prüfung, der Erlös-, Finanz-, In-
vestitions- und Kostenrechnung, 3. Aufl., München/Wien 1994, S. 591-595.

HENI, B. (1992), Cash Flow Analyse, in: Hofbauer, M.A./Kupsch, P. (Hrsg.), Bonner
Handbuch Rechnungslegung, Bd. 4, Fach 5, Querschnittsthemen, Bonn 1992.

HENSELER, E. (1979), Unternehmensanalyse, Stuttgart u.a. 1979.

HFA 2/1988, Pensionsverpflichtungen im Jahresabschluß, Stellungnahme 2/1988, in:
WPg 1988, S. 403-405.

HFA 1/1995, Die Kapitalflußrechnung als Ergänzung des Jahres- und Konzernabschlusses, Stellungnahme HFA 1/1995, in: WPg 1995, S. 210-213.

HOCH, G. (1987), Zur Entwicklung der Jahresabschlußanalyse, in: BiBu 1987, S. 477-
483.

HÖFER, R. (1995), Kommentierung des § 249 HGB, in: Küting, K./Weber, C.-P. (Hrsg.),
Handbuch der Rechnungslegung. Kommentar zur Bilanzierung und Prüfung, 4. Aufl.,
Stuttgart 1995.

HOFMANN, R. (1977), Bilanzkennzahlen, Industrielle Bilanzanalyse und Bilanzkritik,
4. Aufl., Wiesbaden 1977.

HOLZER, H.P./HÄUSLER, H. (1989), Die moderne Kapitalflußrechnung und die internationale Konzernrechnungslegung, in: WPg 1989, S. 221-231.

HOLZER, H.P./JUNG, U. (1990), Der Beitrag von zahlungsstromorientierten Kapitalflußrechnungen (Statement of Cash Flows) zur Beurteilung der Qualität des Jahresergebnisses, in: WPg 1990, S. 281-288.

HÜBNER, O. (1854), Die Banken, Leipzig 1854.

HÜLS, D. (1995), Früherkennung insolvenzgefährdeter Unternehmen, Düsseldorf 1995.

IFAC (1992), IFAC Handbook 1992 – Technical Pronouncements, International Federa-
tion of Accountants, New York 1992.

JACOBS, O.H. (1989), EDV-gestützte Jahresabschlußanalyse als Planungs- und Entschei-
dungsrechnung. Lehrbuch und Anwendungsprogramm zur Beurteilung von Jahresabschlüssen mit Hilfe von Kennzahlen, unter Mitarbeit von Oestreicher, A., München
1989.

JACOBS, O.H./GREIF, M./WEBER, D. (1972), Möglichkeiten und Grenzen der Informationsgewinnung mit Hilfe der Bilanzanalyse, in: WiSt 1972, S. 425-431.

JONAS, H.H. (1984), Die Finanzbewegungsrechnung: Ein Hilfsmittel für die Unternehmensführung und Finanzanalyse, Freiburg i.Br. 1984.

JONES, C.P. (1991), Investments. Analysis and Management, 3. Aufl., New York u.a.
1991.

JUESTEN, W./VILLIEZ, C. Frhr.v. (1992), Cash-Flow und Unternehmensbeurteilung. Ermöglicht die Cash-Flow-Rechnung eine Schnell-Analyse?, 6. Aufl., Berlin 1992.

KÄFER, K. (1976), Kapitalflußrechnung, in: Büschgen, H.E. (Hrsg.), Handwörterbuch der Finanzwirtschaft, Stuttgart 1976, Sp. 1040-1050.

KÄFER, K. (1984), Kapitalflußrechnungen, 2. Aufl., Stuttgart 1984.

KALINSKI, R. (1986), Die Rechnungslegung zur Finanzlage der Unternehmung, Kiel 1986.

KAPPLER, E. (1972), Das Informationsverhalten der Bilanzinteressenten, München 1972.

KAPPLER, E. (1974), Bilanzanalyse und Bilanzkritik, in: Grochla, E./Wittmann, W. (Hrsg.), Handwörterbuch der Betriebswirtschaft, 4. Aufl., Bd. 1, Stuttgart 1974, Sp. 899-909.

KELLER, M. (1977), Der Zusammenhang zwischen aktienrechtlicher Ergebnisrechnung und volkswirtschaftlicher Inlandsproduktberechnung (Wertschöpfung), in: DB 1977, S. 1713-1716.

KERN, W. (1960), Rentabilitätsanalyse, in: ZfhF 1960, S. 17-40.

KERN, W. (1978), Break-Even-Analyse, in: Grochla, E. (Hrsg.), Betriebswirtschaftslehre, Teil 2: Betriebsführung, Stuttgart 1978, S. 373-376.

KERTH, A./WOLF, J. (1986), Bilanzanalyse und Bilanzpolitik, München/Wien 1986.

KERTH, A./WOLF, J. (1993), Bilanzanalyse und Bilanzpolitik, 2. Aufl., München/Wien 1993.

KESSLER, H. (1992), Rückstellungen und Dauerschuldverhältnisse. Neue Ansätze zur Lösung aktueller Passivierungsfragen der Handels- und Steuerbilanz, Stuttgart 1992.

KESSLER, H./STRICKMANN, M. (1998), Konzernrechnungslegung und Konzernbilanzpolitik, in: Küting, K. (Hrsg.), Saarbrücker Handbuch der Betriebswirtschaftlichen Beratung, Herne/Berlin 1998, S. 591-770.

KILGER, W. (1962), Kurzfristige Erfolgsrechnung, Wiesbaden 1962.

KILGER, W. (1993), Flexible Plankostenrechnung und Deckungsbeitragsrechnung, 10. Aufl., Wiesbaden 1993.

KIND, J. (1991), Bilanzanalyse in der Rechnungswesens-Software von SAP, in: Küting, K./Weber, C.-P. (Hrsg.), Das Konzernrechnungswesen des Jahres 2000, Stuttgart 1991, S. 177-198.

KINNEBROCK, W. (1994), Neuronale Netze, 2. Aufl., München/Wien 1994.

KLECKA, W.R. (1990), Discriminant Analysis, 11. Aufl., Newbury Park u.a. 1990.

KLINGER, K. (1966), Zur Kennzahl ›Return on Investment‹, in: DB 1966, S. 233-237.

KLOOCK, J. (1979), Kapitalflußrechnungen als den aktienrechtlichen Jahresabschluß ergänzende Dokumentationsrechnungen, in: BFuP 1979, S. 469-484.

KNOP, W. (1995), Kommentierung des § 268 Abs. 1 HGB, in: Küting, K./Weber, C.-P. (Hrsg.), Handbuch der Rechnungslegung. Kommentar zur Bilanzierung und Prüfung, 4. Aufl., Stuttgart 1995.

KNOP, W./KÜTING, K. (1995), Kommentierung des § 255 HGB, in: Küting, K./Weber, C.-P. (Hrsg.), Handbuch der Rechnungslegung. Kommentar zur Bilanzierung und Prüfung, 4. Aufl., Stuttgart 1995.

KÖHLER, R. (1970), Ermittlungsziele und Aussagefähigkeit von Cash-Flow-Analysen, in: WPg 1970, S. 385-392.

KOREIMANN, D.S. (1987), Leitfaden für das Datenbankmanagement, in: Heilmann, W. (Hrsg.), Integrierte Datenverarbeitung in der Praxis, Bd. 38, Wiesbaden 1987.

KOSIOL, E. (1960), Rentabilität, in: Seischab, H./Schwantag, K. (Hrsg.), Handwörterbuch der Betriebswirtschaft, 3. Aufl., Bd. 3, Stuttgart 1960, Sp. 4642-4649.

KOSIOL, E. (1976), Pagatorische Bilanz. Die Bewegungsbilanz als Grundlage einer integrativ verbundenen Erfolgs-, Bestands- und Finanzrechnung, Berlin 1976.

KRAUSE, C. (1993), Kreditwürdigkeitsprüfung mit Neuronalen Netzen, Düsseldorf 1993.

KREBS, M. (1991), UNEX – Ein Expertensystem für quantitative und qualitative Unternehmensanalysen, Frankfurt a.M. u.a. 1991.

KREHL, H. (1985), Der Informationsbedarf der Bilanzanalyse, Kiel 1985.

KROPFF, B. (1965), Aktiengesetz. Textausgabe des Aktiengesetzes vom 6. September 1965 und des Einführungsgesetzes zum Aktiengesetz vom 6. September 1965 mit der Begründung des Regierungsentwurfs und dem Bericht des Rechtsausschusses des Deutschen Bundestags, Düsseldorf 1965.

KROPFF, B. (1973), Kommentierung der §§ 148-178 AktG, in: Gessler, E. u.a. (Hrsg.), Aktiengesetz. Kommentar, Bd. III, München 1973.

KROPFF, B. (1983), Sinn und Grenzen von Bilanzpolitik – im Hinblick auf den Entwurf des Bilanzrichtlinie-Gesetzes –, in: Baetge, J. (Hrsg.), Der Jahresabschluß im Widerstreit der Interessen, Düsseldorf 1983.

KRUMNOW, J. (1985), Bilanzanalyse auf der Basis der neuen Rechnungslegungsvorschriften, in: ZfbF 1985, S. 783-809.

KUHN, K.D./STEIN, H.G. (1984), Finanzplanung, in: Busse von Colbe, W./Müller, E. (Hrsg.), Planungs- und Kontrollrechnung im internationalen Konzern, ZfbF-Sonderheft Nr. 17, Düsseldorf 1984, S. 117-128.

KUPSCH, P. (1988), Der Anhang, in: Wysocki, K. v./Schulze-Osterloh, J. (Hrsg.), Handbuch des Jahresabschlusses in Einzeldarstellungen, Abt. IV/4, Köln 1988.

KUSSMAUL, H. (1984), Kennzahlen und Kennzahlensysteme – ihre Möglichkeiten und Grenzen für die externe Analyse des Jahresabschlusses (Teil I und II), in: StB 1984, S. 145-159, S. 192-201.

KUSSMAUL, H. (1985), Die Kapitalflußrechnung, in: WiSt 1985, S. 439-445.

KÜTING, K. (1981), Die Erfolgsspaltung – ein Instrument der Bilanzanalyse, in: BB 1981, S. 529-535.

KÜTING, K. (1985), Die spartenorientierte Rentabilitäts- (Kapitalergebnis-) Rechnung als Instrument der Unternehmensführung, in: BB 1985, Beilage 8.

KÜTING, K. (1989), Aktuelle Probleme bei der Ermittlung der handelsrechtlichen Herstellungskosten, in: BB 1989, S. 587-596.

KÜTING, K./BENDER, J. (1992), Das Ergebnis je Aktie nach DVFA/SG. Analyse und kritische Würdigung einer wichtigen Kennzahl zur Unternehmens- und Aktienkursbeurteilung, in: BB 1992, Beilage 16 zu Heft 30.

KÜTING, K./HÜTTEN, C./LORSON, P. (1995), Shareholder-Value: Grundüberlegungen zu Benchmarks der Kommunikationsstrategie in der externen Berichterstattung, in DStR 1995, S. 1805-1809 (Teil I), 1846-1851 (Teil II).

KÜTING, K./NARDMANN, B. (1993), Pensionsverpflichtungen im Lichte der Bilanzpolitik und Bilanzanalyse, in: DStR 1993, S. 1834-1840.

KÜTING, K./WEBER, C.-P. (1989) (Hrsg.), Handbuch der Konzernrechnungslegung. Kommentar zur Bilanzierung und Prüfung, Stuttgart 1989.

KÜTING, K./WEBER, C.-P. (1998) (Hrsg.), Handbuch der Konzernrechnungslegung. Kommentar zur Bilanzierung und Prüfung, 2. Aufl., Stuttgart 1998.

KÜTING, K./WEBER, C.-P. (1990) (Hrsg.), Handbuch der Rechnungslegung. Kommentar zur Bilanzierung und Prüfung, 3. Aufl., Stuttgart 1990.

KÜTING, K./WEBER, C.-P. (1995), Handbuch der Rechnungslegung. Kommentar zur Bilanzierung und Prüfung, 4. Aufl., Stuttgart 1995.

KÜTING, K./WEBER, C.-P./ZÜNDORF, H. (1990), Praxis der Konzernbilanzanalyse. Grundsatzfragen zur Erstellung einer Konzernstrukturbilanz, Stuttgart 1990.

LACHENBRUCH, P.A. (1975), Discriminant Analysis, New York 1975.

LACHNIT, L. (1973), Wesen, Ermittlung und Aussage des Cash Flow, in: ZfbF 1973, S. 59-77.

LACHNIT, L. (1976), Technik und Aussage der Bilanzanalyse (Teil I und II), in: WISU 1976, S. 49-52, S. 97-101.

LACHNIT, L. (1976a), Zur Weiterentwicklung betriebswirtschaftlicher Kennzahlensysteme, in: ZfbF 1976, S. 216-230.

LACHNIT, L. (1979), Systemorientierte Jahresabschlußanalyse, Wiesbaden 1979.

LACHNIT, L. (1987), Externe Erfolgsanalyse auf der Grundlage der GuV nach dem Gesamtkostenverfahren, in: BFuP 1987, S. 33-53.

LACHNIT, L. (1991), Erfolgsspaltung auf der Grundlage der GuV nach Gesamt- und Umsatzkostenverfahren, in: WPg 1991, S. 773-783.

LACHNIT, L./AMMANN, H. (1995), Sachgemäße Ermittlung des Finanzergebnisses in der externen Jahresabschlußanalyse, in: DStR 1995, S. 1281-1288.

LAFRANCE, M. (1989), The Quality of Expertise: Implications of Expert-Novice Differences for Knowledge Acquisition, in: Sigart Newsletter, April 1989, S. 6-14.

LANGE, C. (1989), Jahresabschlußinformationen und Unternehmensbeurteilung, Stuttgart 1989.

LECLAIR, S.R. (1989), Interactive Learning: A Multiexpert Paradigm for Acquiring new Knowledge, in: Sigart Newsletter April 1989, S. 34-44.

LEFFSON, U. (1984), Bilanzanalyse, 3. Aufl., Stuttgart 1984.

LEFFSON, U. (1986), Wesentlich, in: Leffson, U./Rückle, D./Großfeld, B. (Hrsg.), Handwörterbuch unbestimmter Rechtsbegriffe im Bilanzrecht des HGB, Köln 1986, S. 434-447.

LEFFSON, U./BÖNKHOFF, F.J. (1982), Zu Materiality-Entscheidungen bei Jahresabschlußprüfungen, in: WPg 1982, S. 389-397.

LEHMANN, M.R. (1954), Leistungsmessung durch Wertschöpfungsrechnung, Essen 1954.

LEONARDI, H. (1990), Externe Erfolgsanalysen auf der Grundlage handelsrechtlicher Jahresabschlüsse, Bergisch Gladbach/Köln 1990.

LEV, B. (1974), Financial Statement Analysis, Englewood Cliffs 1974.

LINSTER, M. (1989), Wissensakquisition: Stand der Dinge und Perspektiven, in: Kruse, H.-G./Frank, U. (Hrsg.), Praxis der Expertensysteme, München/Wien 1989, S. 99-119.

LÖFFELHOLZ, J. (1976), Wirtschaftlichkeit und Rentabilität, in: Grochla, E./Wittmann, W. (Hrsg.), Handwörterbuch der Betriebswirtschaft, 4. Aufl., Bd. 3, Stuttgart 1976, Sp. 4461-4467.

LOHRBACH, T. (1994), Einsatz von Künstlichen Neuronalen Netzen für ausgewählte betriebswirtschaftliche Aufgabenstellungen und Vergleich mit konventionellen Lösungsverfahren, Göttingen 1994.

LOISTL, O. (1988), Meinungsspiegel zur Bilanzpolitik nach neuem Bilanzrecht und den Möglichkeiten der Bilanzanalyse, in: BFuP 1988, S. 65-78.

LORSON, P. (1992), Möglichkeiten und Grenzen der Break-Even-Analyse als Instrument der Betriebsanalyse, in: DStR 1992, S. 300-307.

LÜCK, W. (1995), Kommentierung des § 289 HGB, in: Küting, K./Weber, C.-P. (Hrsg.), Handbuch der Rechnungslegung. Kommentar zur Bilanzierung und Prüfung, 4. Aufl., Stuttgart 1995.

LÜCKE, W. (1984), Liquidität, Liquidierbarkeit und Tilgbarkeit (Teil I und II), in: DB 1984, S. 2320-2323, S. 2361-2365.

MANSCH, H. u.a. (1995), Die Kapitalflußrechnung als Ergänzung des Jahres- und Konzernabschlusses – Anmerkungen zur gemeinsamen Stellungnahme HFA 1/1995 des Hauptfachausschusses und der Schmalenbach-Gesellschaft –, in: WPg 1995, S. 185-203.

MÄRZ, T. (1983), Interdependenzen in einem Kennzahlensystem, München 1983.

MAYER, A. (1989), Auswirkungen des Bilanzrichtlinien-Gesetzes auf die externe Analyse der Einzelabschlüsse von Kapitalgesellschaften, Frankfurt u.a. 1989.

MAYER-WEGELIN, E. (1995), Kommentierung des § 249 HGB, in: Küting, K./Weber, C.-P. (Hrsg.), Handbuch der Rechnungslegung. Kommentar zur Bilanzierung und Prüfung, 4. Aufl., Stuttgart 1995.

MERKLE, E. (1982), Betriebswirtschaftliche Formeln und deren betriebswirtschaftliche Relevanz, in: WiSt 1982, S. 325-330.

MERTENS, P. (1983), Künstliche Intelligenz und Expertensysteme, in: WiSt 1983, S. 628-631.

MERTENS, P. (1987), Expertensysteme gewinnen Schritt für Schritt an Boden, in: Computerwoche vom 18.12.1987, S. 30.

MERTENS, P./ALLGEYER, K. (1983), Künstliche Intelligenz in der Betriebswirtschaft, in: ZfB 1983, S. 686-709.

MERTENS, P./BORKOWSKI, V./GEISS, W. (1990), Betriebliche Expertensystem-Anwendungen, 2. Aufl., Berlin u.a. 1990.

MILLER, P./WÜHRER, G. (1988), Marktforschung für strategische Schlüsseltechnologien: Expertensysteme-Markt und Wettbewerb, in: Marktforschung & Management 2/1988, S. 64-67.

MÖSER, H.D. (1982), Die Liquidität dritten Grades: kein Gradmesser der Liquidität?, in: DB 1982, S. 185-189.

MOXTER, A. (1975), Aussagegrenzen von ›Bilanzen‹, in: WISU 1975, S. 325-329.

MÜLLER, H. (1988), Konzernabschluß nach neuem Bilanzrecht aus der Sicht des Analysten, in: Mellwig, W./Moxter, A./Ordelheide, D. (Hrsg.), Einzel- und Konzernabschluß. Beiträge zum neuen Bilanzrecht, Bd. 1, Wiesbaden 1988, S. 141-152.

MÜLLER, H. (1988a), Konzernabschluß nach neuem Bilanzrecht aus Sicht des Analysten, in: Die Bank 1988, S. 35-40.

MÜLLER-BADER, P. (1989), Publizität und neue Medien. Wird der Jahresabschluß zu einem neuen Informationsinstrument?, in: BFuP 1989, S. 231-244.

MÜLLER-WIEGAND, M. (1988), Möglichkeiten und Grenzen der Bildung stiller Reserven der Kapitalgesellschaft nach neuem Bilanzrecht, in: BB 1988, S. 1921-1927.

NAHLIK, W. (1984), Bilanzrichtliniengesetz: Auswirkungen auf die Jahresabschlußkritik, in: Die Bank 1984, S. 217-224.

NAHLIK, W. (1989), Betriebsergebnisermittlung – ein Hindernislauf über bilanzpolitische Hürden, in: Die Bank 1989, S. 142-154.

NAHLIK, W. (1993), Praxis der Jahresabschlußanalyse, Recht-Risiko-Rentabilität, 2. Aufl., Wiesbaden 1993.

NEUBAUER, W. (1968), Makroökonomische Kostenstrukturen im System der Statistik des Sozialprodukts und der Input-Output-Verflechtung, Heft 19 der Frankfurter Wirtschafts- und Sozialwissenschaftlichen Studien, Berlin 1968.

NEUBERT, H. (1987), Über den Aussagewert von Jahresabschlüssen, in: WPg 1987, S. 349-351.

NIEHUS, R.J. (1982), Rechnungslegung und Prüfung der GmbH nach neuem Recht. Kommentar zu den die GmbH betreffenden Vorschriften des Regierungsentwurfs eines Bilanzrichtlinien-Gesetzes vom 12.2.1982, Berlin/New York 1982.

NIEHUS, R.J. (1984), Vor-Bemerkungen zu einer Konzernbilanzrichtlinie. Die 7. EG-Richtlinie und einige Probleme der Konsolidierungstechnik nach zukünftigem Recht, in: WPg 1984, S. 320-326.

NOELKE, U. (1985), Das Wesen des Knowledge Engineering, in: Savory, St.E. (Hrsg.), Künstliche Intelligenz und Expertensysteme. Ein Forschungsbericht der Nixdorf Computer AG, 2. Aufl., München/Wien 1985, S. 109-123.

OEBEL, C. (1988), Zuordnungsfragen in der Gewinn- und Verlustrechnung nach dem Gesamtkostenverfahren, in: WPg 1988, S. 125-128.

ORDELHEIDE, D. (1987), Konzernerfolgskonzeption und Risikokoordination, in: ZfbF 1987, S. 975-986.

ORDELHEIDE, D. (1989), Meinungsspiegel, in: BFuP 1989, S. 387-409.

ORDELHEIDE, D. (1991), Vergleichbarkeit und Unternehmensindividualität, in: Busse von Colbe, W. u.a. (Hrsg.), Ergebnis nach DVFA/SG – Gemeinsame Empfehlung, Stuttgart 1991, S. 79-80.

PALME, K. (1988), Zugriff auf Datenbanken, in: Institut der deutschen Wirtschaft (Hrsg.), IW-Dossier 6, Köln 1988.

PEEMÖLLER, V./HÜTTCHE, T. (1992), Auswirkungen des D-Markbilanzgesetzes auf die Bilanzanalyse, Düsseldorf 1992.

PELLENS, B. (1989), Der Informationswert von Konzernabschlüssen, Wiesbaden 1989.

PERRIDON, L. (1969), Vorwort zu Staehle, W., Kennzahlen und Kennzahlensysteme als Mittel der Organisation und Führung von Unternehmen, Wiesbaden 1969, S. 5-7.

PERRIDON, L./STEINER, M. (1997), Finanzwirtschaft der Unternehmung, 9. Aufl., München 1997.

PFLEGER, G. (1985), Bilanzpolitische Sachverhaltsgestaltungen im Dezember, in: DB 1985, S. 2465-2468.

PFLEGER, G. (1991), Die neue Praxis der Bilanzpolitik. Strategien und Gestaltungsmöglichkeiten im handels- und steuerrechtlichen Jahresabschluß, 4. Aufl., Freiburg i.Br. 1991.

PILTZ, E. (1990), Bilanzpolitik heute, in: Busse von Colbe, W./Reinhard, H. (Hrsg.), Erste Erfahrungen mit den neuen Rechnungslegungsvorschriften, Stuttgart 1990.

PILTZ, K. (1986), Wertpapieranalyse aus der Sicht der Unternehmen, in: DVFA (Hrsg.), Beiträge zur Wertpapieranalyse 1986, S. 11-13.

PILTZ, K. (1988), zitiert aus: Cronos, W., Weltmarktstrategien und Erfahrungen mit dem neuen Bilanzrecht, Bericht über den 42. Deutschen Betriebswirtschaftertag in Berlin, in: DB 1988, S. 233-239.

PILTZ, K. (1990), Bilanzpolitik heute, in: Busse von Colbe, W./Reinhard, H. (Hrsg.), Erste Erfahrungen mit den neuen Rechnungslegungsvorschriften. Stellungnahmen auf dem Deutschen Betriebswirtschaftertag 1988, Stuttgart 1990, S. 3-19.

PODDIG, T. (1994), Mittelfristige Zinsprognosen mittels KNN und ökonometrischer Verfahren, in: Rehkugler, H./Zimmermann, H.G. (Hrsg.), Neuronale Netze in der Ökonomie, München 1994, S. 209-289.

POHMER, D./KROENLEIN, G. (1970), Wertschöpfungsrechnung, betriebliche, in: Kosiol, E. (Hrsg.), Handwörterbuch des Rechnungswesens, Stuttgart 1970, Sp. 1913-1921.

PUPPE, F. (1986), Expertensysteme, in: Informatik-Spektrum 9/1986, S. 1-13.

PYTLIK, M. (1995), Diskriminanzanalyse und Künstliche Neuronale Netze zur Klassifizierung von Jahresabschlüssen, Frankfurt/M. 1995.

RAPPAPORT, A. (1995), Shareholder Value. Wertsteigerung als Maßstab für die Unternehmensführung, Stuttgart 1995.

RATIONALISIERUNGSKURATORIUM DER DEUTSCHEN WIRTSCHAFT (1990), Landesgruppe Bayern, Information und Dokumentation in bayerischen Unternehmen, Kurzbericht über die Ergebnisse einer Umfrage, München 1990.

RAUFLES, P. (1982), Expertensysteme, in: Bibel, W./Siekmann, J.H. (Hrsg.), Informatik Fachberichte 59, Künstliche Intelligenz, Frühjahrsschule Teisendorf, Berlin u.a. 1982, S. 61-98.

REHKUGLER, H./PODDIG, T. (1993), Bilanzanalyse, 3. Aufl., München/Wien 1993.

REHKUGLER, H. (1995), Neuronale Netze als Instrument der Jahresabschlußanalyse, in: Scheer, A.-W. (Hrsg.), Rechnungswesen und EDV, 16. Saarbrücker Arbeitstagung, Heidelberg 1995, S. 247-253.

REHKUGLER, H. (1996), Neuronale Netze in der Ökonomie, in: WiSt 1996, S. 572–576.

REHKUGLER, H./KERLING, M. (1995), Einsatz Neuronaler Netze für Analyse- und Prognose-Zwecke, in: BFuP 1995, S. 306–324.

REHKUGLER, H./PODDIG, T. (1990), Entwicklung leistungsfähiger Prognosesysteme auf Basis Künstlicher Neuronaler Netzwerke am Beispiel des Dollars – Eine Fallstudie –, Bamberger Betriebswirtschaftliche Beiträge 76/1990, Universität Bamberg, Bamberg 1990.

REHKUGLER, H./SCHMIDT-VON RHEIN, A. (1993), Kreditwürdigkeitsanalyse und -prognose für Privatkundenkredite mittels statistischer Methoden und Künstlicher Neuronaler Netze, – Eine empirisch-vergleichende Studie –, Bamberger Betriebswirtschaftliche Beiträge 93/1993, Universität Bamberg, Bamberg 1993.

REICHMANN, T. (1993), Controlling mit Kennzahlen und Managementberichten. Grundlagen einer computergestützten Controlling-Konzeption, 3. Aufl., München 1993.

REICHMANN, T./LACHNIT, L. (1976), Planung, Steuerung und Kontrolle mit Hilfe von Kennzahlen, in: ZfbF 1976, S. 705-723.

REICHMANN, T./LANGE, C. (1980), Kapitalflußrechnung und Wertschöpfungsrechnung als Ergänzungsrechnung des Jahresabschlusses im Rahmen einer gesellschaftsbezogenen Rechnungslegung, in: ZfB 1980, S. 518-542.

REINHARD, M. (1987), Wirtschaftsinformationen in der Bundesrepublik Deutschland. Angebot und Nutzung aus der Sicht der Nachfrager, in: Institut für Wirtschaftsforschung (Hrsg.), Studien zu Handels- und Dienstleistungsfragen, Bd. 30, München 1987.

REUTER, E. (1988), Analyse von Weltabschlüssen nach Bilanzrichtlinien-Gesetz, in: ZfB 1988, S. 285-303.

RIEBELL, C. (1995), Die Praxis der Bilanzauswertung, 6. Aufl., Stuttgart 1995.

RIEBELL, C. (1992 a), Die Konzernbilanzanalyse. Die Auswertung in- und ausländischer Konzernabschlüsse im Spiegel von Bilanzrecht und Bilanzpolitik, Stuttgart 1992.

RIEBELL, C./GRÜN, D.J. (1982), Cash-Flow und Bewegungsbilanz. Instrumente zur Analyse des Jahresabschlusses, Stuttgart 1982.

RIEMER, R. (1979), Bilanzanalysen, 2. Aufl., Bonn 1979.

RIESBECK, C.K./SCHANK, R.C. (1989), Inside Case-based Reasoning, Hillsdale N.J. 1989.

RÖSLER, J. (1986), Bilanzanalyse durch den Vergleich von projizierten und realisierten Jahresabschlüssen: Eine empirische Untersuchung über Projektionstechniken in der Bilanzauswertung und ihre Einsatzmöglichkeiten, Kiel 1986.

RÖSLER, J. (1988), Die Entwicklung der statistischen Insolvenzdiagnose, in: Hauschildt, J. (Hrsg.), Krisendiagnose durch Bilanzanalyse, Köln 1988, S. 102-114.

RÜCKLE, D. (1984), Externe Prognosen und Prognoseprüfung, in: DB 1984, S. 57-69.

RÜCKLE, D. (1986), Finanzlage, in: Leffson, U./Rückle, D./ Großfeld, B. (Hrsg.), Handwörterbuch unbestimmter Rechtsbegriffe im Bilanzrecht des HGB, Köln 1986, S. 168-184.

RUSS, W. (1986), Der Anhang als dritter Teil des Jahresabschlusses. Eine Analyse der bisherigen und der zukünftigen Erläuterungsvorschriften für die Aktiengesellschaft, 2. Aufl., Bergisch-Gladbach 1986.

SAHNER, F. (1983), Kapitalkonsolidierung nach der 7. EG-Richtlinie, in: Kempe, H.G. (Hrsg.), Der konsolidierte Abschluß. Unter Berücksichtigung der 4. und 7. EG-Richtlinie, Würzburg/Wien 1983, S. 38-70.

SANDIG, C. (1976), Fremdkapital, Finanzierung mit, in: Büschgen, H.E. (Hrsg.), Handwörterbuch der Finanzwirtschaft, Stuttgart 1976, Sp. 646-658.

SAVORY, St.E. (1985), Artificial Intelligence – State of the Art 1984, in: Savory, St. E. (Hrsg.), Künstliche Intelligenz und Expertensysteme. Ein Forschungsbericht der Nixdorf Computer AG, 2. Aufl., München/Wien 1985, S. 13-34.

SCHACHTER-RADIG, M.-J. (1986), Neue Ansätze der Software Technologie, in: Schnupp, P. (Hrsg.), State of the Art 1/86, Expertensysteme, o.O. 1986, S. 17-25.

SCHÄR, J. (1923), Allgemeine Betriebswirtschaftslehre, 5. Aufl., Leipzig 1923.

SCHEDLBAUER, H. (1978), Bilanzanalyse in der Praxis, in: DB 1978, S. 2425-2430.

SCHEDLBAUER, H. (1990), Erfolgsbereinigung um stille Reserven, in: Coenenberg, A.G. (Hrsg.), Bilanzanalyse nach neuem Recht, 2. Aufl., Landsberg a.L. 1990, S. 135-152.

SCHENK, H. (1939), Die Betriebskennzahlen. Begriff, Ordnung und Bedeutung für die Betriebsbeurteilung, Leipzig 1939.

SCHLEMBACH, H. (1967), Der Unternehmensgewinn in der Aktienanalyse, in: DVFA (Hrsg.), Beiträge zur Aktienanalyse, Heft 5, Darmstadt 1967, S. 9-15.

SCHMIDT, F. (1979), Bilanzpolitik deutscher Aktiengesellschaften, Wiesbaden 1979.

SCHMIDT, R. (1981), Diagnose von Unternehmensentwicklungen auf Basis computerunterstützter Inhaltsanalyse, in: Bratschitsch, R./Schnellinger, W. (Hrsg.), Unternehmenskrisen – Ursachen, Frühwarnung, Bewältigung, Stuttgart 1981, S. 355-379.

SCHMIDT, R. (1990), Rating börsennotierter Unternehmen, in: Gehrke, W. (Hrsg.), Anleger an die Börse, Berlin u.a. 1990, S. 55-88.

SCHMIDT, R. (1991), Handbuch »Manager Magazin 500 – Unternehmenstest Deutschland 1991«, Hamburg 1991.

SCHMIDT, R./WILHELM, W. (1987), Rendite – Sicherheit – Wachstum, 300 Börsengesellschaften unter der Lupe, in: Manager Magazin 11/1987, S. 233-265.

SCHMITZ, P./LENZ, A. (1986), Abgrenzung von Expertensystemen und konventioneller ADV, in: BFuP 1986, S. 499-516.

SCHMITZ, T. (1981), Stille Reserven und externe Jahresabschluß-Analyse. Unter besonderer Berücksichtigung der Auswirkungen von stillen Reserven auf Kennzahlen, Thun/Frankfurt a.M. 1981.

SCHNEIDER, D. (1985), Eine Warnung vor Frühwarnsystemen, in: DB 1985, S. 1489-1494.

SCHNEIDER, D. (1989), Erste Schritte zu einer Theorie der Bilanzanalyse, in: WPg 1989, S. 633-642.

SCHNETTLER, A. (1960), Betriebsanalyse, 2. Aufl., Stuttgart 1960.

SCHNETTLER, A. (1961), Betriebsvergleich, 3. Aufl., Stuttgart 1961.

SCHÖNEBURG, E./HANSEN, N./GAWELCZYK, A. (1990), Neuronale Netzwerke, Haar bei München 1990.

SCHULT, E. (1991), Bilanzanalyse. Möglichkeiten und Grenzen externer Unternehmensbeurteilung, 8. Aufl., Freiburg i.Br. 1991.

SCHULTE, K.-W. (1986), Inhalt und Gliederung des Anhangs, in: BB 1986, S. 1468-1480.

SCHULZ-MERIN, O. (1956), Betriebswirtschaftliche Kennzahlen, in: Steinbring, W./ Schnaufer, E./Rode, G. (Hrsg.), Taschenbuch für den Betriebswirt, Berlin/Stuttgart 1956, S. 95-112.

SCHWEITZER, M./TROSSMANN, E. (1986), Break-even-Analyse. Grundmodell, Varianten, Erweiterungen, Stuttgart 1986.

SEICHT, G. (1986), Stille Rücklagen I – allgemein –, in: Leffson, U./Rückle, D./Großfeld, B. (Hrsg.), Handwörterbuch unbestimmter Rechtsbegriffe im Bilanzrecht des HGB, Köln 1986, S. 281-286.

SELCHERT, F.W. (1987), Der Anhang als Instrument der Informationspolitik, Stuttgart 1987.

SELCHERT, F.W./KARSTEN, J. (1989), Konzernabschlußpolitik und Konzerneinheitlichkeit. – Gestaltungsmöglichkeiten der Rechnungslegung im Konzernabschluß, in: DB 1989, S. 837-843.

SERFLING, K. (1984), Die Kapitalflußrechnung, Herne/Berlin 1984.

SERFLING, K./MARX, M. (1991), Die Bedeutung der Richtlinie SFAS No. 95 für die Praxis der Kapitalflußrechnung, in: WPg 1991, S. 345-350.

SHARPE, W.F./ALEXANDER, G. J. (1990), Investments, 4. Aufl., Englewood Cliffs 1990.

SIEGEL, T. (1986), Wahlrecht, in: Leffson, U./Rückle, D./Großfeld, B. (Hrsg.), Handwörterbuch unbestimmter Rechtsbegriffe im Bilanzrecht des HGB, Köln 1986, S. 417-427.

SIELAFF, M. (1990), Verhältnis Handels-/Steuerbilanz (Maßgeblichkeitsprinzip), in: Küting, K./Weber, C.-P. (Hrsg.), Handbuch der Rechnungslegung. Kommentar zur Bilanzierung und Prüfung, 3. Aufl., Stuttgart 1990, II. Kap., Rn. 15-67.

SIENER, F. (1991), Der Cash-Flow als Instrument der Bilanzanalyse. Praktische Bedeutung für die Beurteilung von Einzel- und Konzernabschluß, Stuttgart 1991.

SORG, P. (1988), Die voraussichtliche Entwicklung der Kapitalgesellschaft – Anmerkungen zu Form und Inhalt der Angaben im Lagebericht –, in: WPg 1988, S. 381-389.

STAEHLE, W. (1969), Kennzahlen und Kennzahlensysteme als Mittel der Organisation und Führung von Unternehmen, Wiesbaden 1969.

STAEHLE, W. (1975), Das Du Pont-System und verwandte Konzepte der Unternehmenskontrolle, in: Böcker, F./Dichtl, E. (Hrsg.), Erfolgskontrolle im Marketing, Berlin 1975, S. 317-336.

STAKS, H. (1988), Konzernbilanzpolitik im Übergang zum neuen Bilanzrecht, in: BFuP 1988, S. 325-337.

STATISTISCHES BUNDESAMT (1995) (Hrsg.), Volkswirtschaftliche Gesamtrechnungen, Hauptbericht 1994, Fachserie 18, Reihe 1.3, Konten und Standardtabellen, Wiesbaden 1995.

STENDER, J. (1989), Wissenserhebung und -strukturierung in Expertensystemen, Haar bei München 1989.

STEINER, M. (1982), Formeln und Kennzahlen der betrieblichen Finanzwirtschaft, in: WiSt 1982, S. 471-476.

STROBEL, A. (1953), Die Liquidität, 2. Aufl., Stuttgart 1953.

STRUSS, P. (1982), Methoden des Wissenserwerbs in Systemen der Künstlichen Intelligenz, München 1982.

STRUSS, P. (1986), Gibt es Expertensysteme?, in: Computer Magazin 5/1986, S. 49-53.

THIEL, H. (1974), Einführung in die Linguistik, Frankfurt a.M./Berlin/München 1974.

THOMAS, K. (1983), Erkenntnisse aus dem Jahresabschluß für die Bonität von Wirtschaftsunternehmen, in: Baetge, J. (Hrsg.), Der Jahresabschluß im Widerstreit der Interessen, Düsseldorf 1983, S. 69-84.

THYSSEN AG (1989/90), Geschäftsbericht 1989/90.

TIETZE, H. (1995), Kommentierung des § 281 HGB, in: Küting, K./Weber, C.-P. (Hrsg.), Handbuch der Rechnungslegung. Kommentar zur Bilanzierung und Prüfung, 4. Aufl., Stuttgart 1995.

TREUARBEIT (1990) (Hrsg.), Jahres- und Konzernabschlüsse '88, Ergebnisse einer Untersuchung von 100 großen Kapitalgesellschaften und Konzernen, Düsseldorf 1990.

TREUARBEIT (1990a) (Hrsg.), Konzernabschlüsse '89, – Ausweis, Gestaltung, Berichterstattung. Ergebnisse einer Untersuchung von 100 großen Konzernen, Düsseldorf 1990.

ULRICH, W. (1989), Untersuchung über den Stand des Berichtswesens in Österreich; Seminararbeit am Institut für Industrie, Gewerbe und Fertigungswirtschaft, Abteilung Industrie, WU Wien 1987.

VEBA AG (1994), Geschäftsbericht 1994.

VERBAND DER CHEMISCHEN INDUSTRIE e.V. (1981) (Hrsg.), Aufgabenstellung für das Rechnungswesen aus der Spartenorganisation, Frankfurt 1981.

VERBAND DER CHEMISCHEN INDUSTRIE e.V. (1991) (Hrsg.), Cash Flow und Finanzierungsrechnungen unter besonderer Berücksichtigung des Konzernabschlusses, Heft 198 der Schriftenreihe des Betriebswirtschaftlichen Ausschusses und Finanzausschusses, Frankfurt 1991.

VOGLER, G./MATTES, H. (1976), Theorie und Praxis der Bilanzanalyse, 2. Aufl., Berlin 1976.

VOLK, G. (1988), Möglichkeiten zur erfolgsneutralen Beeinflussung des Betriebsgrößenmerkmals »Bilanzsumme«, in: DStR 1988, S. 380-385.

WAGNER, J. (1985), Die Aussagefähigkeit von Cash-flow-Ziffern für die Beurteilung der finanziellen Lage einer Unternehmung (Teil I und II), in: DB 1985, S. 1601-1607, S. 1649-1653.

WAHLSTER, W. (1992), Unterschiede zwischen der herkömmlichen Datenverarbeitung und der Wissensverarbeitung in Expertensystemen, in: Hansen, H.R. (Hrsg.), Wirtschaftsinformatik I, 6. Aufl., Stuttgart 1992, S. 454.

WALB, H.-H. (1938), Der Geschäftsbericht der Aktiengesellschaft, Halle-Saale 1938.

WEBER, C.-P. (1990), Möglichkeiten der Bilanzpolitik, in: Küting, K./Weber, C.-P. (Hrsg.), Handbuch der Rechnungslegung. Kommentar zur Bilanzierung und Prüfung, 3. Aufl., Stuttgart 1990, I. Kap., Rn. 159-191.

WEBER, C.-P. (1993), Informationsgehalt der originären und derivaten Rechnungslegungsgrößen: Jahresüberschuß vs DVFA/SG, in: Loistl, Otto (Hrsg.), Effiziente Kommunikation zwischen Unternehmen und der Investment Community. Beiträge zur Wertpapieranalyse, Heft 29, Dreieich 1993, S. 112-120.

WEBER, H.K. (1980), Bilanzanalyse mit dem Ziel der Rentabilitätsermittlung, in: DB 1980, S. 1453-1460.

WEBER, H.K. (1980a), Wertschöpfungsrechnung, Stuttgart 1980.

WEBER, H.K. (1993), Betriebswirtschaftliches Rechnungswesen, Bd. 1: Bilanz und Erfolgsrechnung, 4. Aufl., München 1993.

WEBER, H.K. (1993), Wertschöpfung, in: Wittmann, W. u.a. (Hrsg.), Handwörterbuch der Betriebswirtschaft, 5. Aufl., Bd. 3, Stuttgart 1993, Sp. 4659-4671.

WEBER, H.K. (1994), Die Wertschöpfungsrechnung auf der Grundlage des Jahresabschlusses, in: Wysocki, K. v./Schulze-Osterloh, J. (Hrsg.), Handbuch des Jahresabschlusses in Einzeldarstellungen, Abt. IV/7, 2. Aufl., Köln 1994.

WEDELL, H. (1976), Die Wertschöpfung als Maßgröße für die Leistungskraft eines Unternehmens, in: DB 1976, S. 205-213.

WEILENMANN, P. (1985), Praxis der Kapitalflußrechnung, Zürich 1985.

WEISS, B. (1988), Ansatz einer Expertensystementwicklung zur jahresabschlußorientierten Kreditwürdigkeitsprüfung und -überwachung, unveröffentlichtes Manuskript, Berlin 1988.

WENZEL, B. (1978), Die Aussagekraft der Wertschöpfungsrechnung in der Sozialbilanz, in: Personal 1978, S. 130-133.

WERNER, U. (1990), Die Berücksichtigung nichtnumerischer Daten im Rahmen der Bilanzanalyse, in: WPg 1990, S. 369-376.

WERNER, U. (1990a), Die Analyse des Lageberichts als Instrument empirischer Zielforschung, in: ZfbF 1990, S. 1014-1035.

WILDEMANN, H. (1988), Mehr als ein neuer Problemlösungsansatz? Viele Expertensysteme weisen noch große Mängel auf, in: BddW vom 15.01.1988, S. 7.

WITTOWSKI, K.M. (1985), Ein Expertensystem zur Datenhaltung und Methodenauswahl für statistische Anwendungen, Stuttgart 1985.

WÖHE, G. (1980), Zur Bilanzierung und Bewertung des Firmenwerts, in: StuW 1980, S. 89-108.

WÖHE, G. (1985), Möglichkeiten und Grenzen der Bilanzpolitik im geltenden und im neuen Bilanzrecht – I und II –, in: DStR 1985, S. 715-721, S. 754-761.

WÖHE, G. (1988), Bilanzpolitische Spielräume nach neuem Handelsrecht, in: BFuP 1988, S. 51-64.

WÖHE, G. (1997), Bilanzierung und Bilanzpolitik, 9. Aufl., München 1997.

WÖHE, G. (1996), Einführung in die Allgemeine Betriebswirtschaftslehre, 19. Aufl., München 1996.

WÖHE, G./BILSTEIN, J. (1994), Grundzüge der Unternehmensfinanzierung, 7. Aufl., München 1994.

WOLLMERSDORFER, H. (1986), Expertensysteme als Rationalisierungsinstrument, in: Der Wirtschaftsingenieur 18/1986, S. 52-55.

WP-HANDBUCH (1996), IDW (Hrsg.), Handbuch für Rechnungslegung, Prüfung und Beratung, Bd. I, 11. Aufl., Düsseldorf 1996.

WURR, P.R. (1986), Bei Expertensystemen sind auch die Organisatorien gefordert, in: Office Management 1986, S. 1090-1092.

WYSOCKI, K.v. (1981), Sozialbilanzen, Stuttgart/New York 1981.

WYSOCKI, K.v./WOHLGEMUTH, M. (1996), Konzernrechnungslegung, 4. Aufl., Düsseldorf 1996.

ZIOLKOWSKI, U. (1990), Erfolgsspaltung: Aussagefähigkeit und Grenzen, in: Coenenberg, A.G. (Hrsg.), Bilanzanalyse nach neuem Recht, 2. Aufl., Landsberg a.L. 1990, S. 153-188.

ZÜNDORF, H. (1992), Bilanzanalyse mit Expertensystemen (Teil I und II), in: DStR 1992, S. 553-556, S. 593-596.

Stichwortverzeichnis

D

E